Das Kapital

《资本论》研读

（上卷）

胡世祯　著

暨南大学出版社
JINAN UNIVERSITY PRESS

中国·广州

图书在版编目（CIP）数据

《资本论》研读（上下卷）/胡世祯著. —广州：暨南大学出版社，2012. 10
ISBN 978-7-5668-0167-8

Ⅰ. ①资… Ⅱ. ①胡… Ⅲ. ①资本论—马克思著作研究 Ⅳ. ①A811. 23

中国版本图书馆 CIP 数据核字（2012）第 066450 号

出版发行：暨南大学出版社

地　址：中国广州暨南大学
电　话：总编室（8620）85221601
营销部（8620）85225284　85228291　85228292（邮购）
传　真：（8620）85221583（办公室）　85223774（营销部）
邮　编：510630
网　址：http：//www. jnupress. com　http：//press. jnu. edu. cn

排　版：广州市天河星辰文化发展部照排中心
印　刷：佛山市浩文彩色印刷有限公司

开　本：787mm×1092mm　1/16
印　张：57. 25
字　数：1416 千
版　次：2012 年 10 月第 1 版
印　次：2012 年 10 月第 1 次

总定价：260. 00 元（上下卷）

前排老师左起依次为江诗永、熊正文、徐毓枏、陈岱孙、周炳琳、赵迺抟、罗志如、樊弘、闵庆全、张友仁。后排左起第四人为本书作者

在北京大学百年校庆聚会上，本书作者（右一）与老师赵靖（右三）、胡代光（右二）及同学廖集仁（左一）、吴朝林（左二）合影

凡　例

1．本卷采用的《资本论》著作版本系中共中央马恩列斯著作编译局编译的第2版。

2．本卷中凡未注明出处的括弧内或脚注中的页码，均为《资本论》第1卷第2版的页码。

3．引用的《剩余价值理论》系中译本第1版（部分引文据已出版的《马克思恩格斯全集》中译本第2版进行修订）；《马克思恩格斯全集》凡未注明是中译本第2版的，均为第1版；《马克思恩格斯选集》和《列宁全集》均为中译本第2版；《列宁选集》系中译本第3版。

4．引用的著作未注明出版单位的均指人民出版社。

目 录

第一部 《资本论》序言与跋研读

第二部 《资本论》第一卷研读

第一篇 商品和货币

第二篇 货币转化为资本

第三篇 绝对剩余价值的生产

第四篇 相对剩余价值的生产

第五篇 绝对剩余价值和相对剩余价值的生产

第六篇 工 资

第七篇 资本的积累过程

前　言

《〈资本论〉研读》这部著作是我在长期从事《资本论》的教学与研究的过程中，断断续续地写完的，其中主要内容涉及的还只是《资本论》第1—3卷，不包括《资本论》第4卷，即《剩余价值理论》。20世纪50年代初，在北京大学江诗永先生的教授下，我开始接触马克思写的《资本论》这部伟大著作，至今已过去了半个世纪，深感在《资本论》中蕴藏着人类极其丰富的文化遗产，只有认真学习，才能逐渐汲取其中的精华。

一

马克思的《资本论》问世至今，已有一百多年历史了，这部著作阐明了资本主义社会的历史地位，指出了它的灭亡和它的产生一样，是不可避免的运动过程，共产主义必将取代资本主义，生产资料的全社会的公有制必将代替资本主义的私有制，揭示了人类历史的发展规律。《资本论》这部伟大著作不仅是工人阶级联合广大农民推翻资本主义制度的强大武器，也为走上社会主义道路的国家提供了建设社会主义和共产主义的理论基础。人类在改造客观世界的同时，也改造着自己，学习《资本论》将使我们能够建立起科学的世界观和为工农大众谋利益的人生观。

在马克思生活的年代，已存在五花八门的社会主义学说，与之不同的是，马克思的社会主义学说是科学的社会主义学说，它是建立在唯物史观和剩余价值理论两个重要理论基础之上的。不学习马克思的唯物史观和剩余价值理论，为共产主义事业而奋斗终生只能是空谈。

我国是以共产主义为奋斗目标的社会主义国家，指导社会主义建设的理论基础只能是马克思主义，而不是形形色色的资产阶级庸俗经济学。对西方资产阶级经济学者在应用经济学方面取得的成就，我们应虚心学习，但在借鉴时也必须适合我国的国情，不能照抄照搬，更不能东施效颦。必须警惕的是西方新自由主义者为中国开出的药方，如吞食这副药方中的毒饵，后果将不堪设想。

以马克思主义理论为我国社会主义建设的指南，具体地说，主要就是以马克思的《资本论》中阐述的理论为指南，离开《资本论》谈坚持马克思主义，只能是一句空话。

多年来，我国高等院校的经济专业课程中《资本论》的学习被削弱了，甚至停开了这门课程。在社会主义市场经济的实践中，不懂得市场价格和市场价值，不懂得区分名义工资和实际工资，不懂得资金的循环和周转等等，恐怕不是个别现象。当前亟须进行补课，补马克思主义基础理论的课。

二

本书力求做到雅俗共赏，一方面，对《资本论》第1—3卷进行通俗的解释，使这本书成为广大读者都能借此读懂《资本论》原著的辅导教材；另一方面，在此基础上，还要进行深入的研究，使这本书成为具有一定学术价值的论著。

我在本书中所做的工作有：

1. 对《资本论》第1—3卷提纲挈领，厘清脉络，归纳要点

初读《资本论》遇到的一个困难是，对书中的每一句话都可以大体上明白，但对整节整章的叙述层次却不太理解。有时看到了书中起段时有“首先”二字，但在后面的段落中却找不到“其次”或“再次”；马克思在论证一个观点时，提出了哪些论据，有时不容易看得清楚。我在本书中对《资本论》第1—3卷中的每一章节都列出了纲目，各个层次的大小标题组成了较为详细的提纲，归纳出了若干要点，阐明了马克思的立论根据或对问题逐步展开的顺序。

例如，第1卷第3章的第1节，讲价值尺度职能，我将全节归纳成三个问题，先从大的方面掌握住这一节的主要内容，然后再对这三个问题分别展开论述，这样马克思对这些问题分析的条理就显现出来了。

又如，第1卷第7章的第3节，对西尼耳的“最后一小时”谬论的批判，我归纳了5点内容，读者读了之后，我相信会更能理解马克思对西尼耳的批判。

2. 对难点和要点多费些笔墨，将它展开论述

在《资本论》中，有许多难点，例如，在第1卷第24章第7节中读到的“重新建立个人所有制”问题，究竟如何理解，学术界有很多争论。我在本书中将这一问题全面展开，从八个方面论证了马克思在这里所说的重建个人所有制指的是建立全社会的生产资料公有制。

在《资本论》中，也有些看似好懂，实际上读来似懂非懂的语句，例如，第1卷第49页中的一句话，“交换价值首先表现为一种使用价值同另一种使用价值相交换的量的关系或比例”，对这句话如不仔细推敲，就不能懂得交换价值的本质，甚至产生误解，将交换价值理解为一种物与物的关系。我在本书中从三个方面分析了这句话，有利于读者深入理解交换价值的本质，避免可能产生的误解。

3. 从全局上理解每一局部的内容

在写作《资本论》时，马克思是按照各个范畴的逻辑发展过程展开论述的，例如上面提到的交换价值，就是在历史上最早产生并表现在人们面前的交换价值。如果停留在这一认识水平上，就不是科学了。在第1卷第3章讲货币贮藏的职能时，只讲到它具有调节货币流通量的职能，如果不注意马克思在这里说的是货币贮藏的“第一个职能”，就会误认为货币贮藏就只有这一个职能了。为此，我将各卷乃至《资本论》手稿中列出的货币贮藏的职能都集中在一起加以归纳，使对这一职能有一个比较全面的理解。当然，从写作方法上看，这样做是不必要的，也是不合乎逻辑过程的，但从读书方法上，注意从全局上、从前后关联上去把握每一个局部的内容，是十分重要的。

在《资本论》及其手稿中，对提高劳动强度属于绝对剩余价值还是相对剩余价值，商品的使用价值指的是物还是物的效用，货币是一般商品还是特殊商品，扩大企业规模是内涵的扩大再生产还是外延的扩大再生产等问题，都有两种不同的说法，只有从全局上、本质上看，才能对这些问题有正确的认识。

要深入理解《资本论》第1—3卷，学习这3卷之外的其他手稿（包括《剩余价值理论》）是必不可少的。在本书中，我对《资本论》第1—3卷中的劳动力商品理论、生产劳动理论、重建个人所有制理论、两大部类交换关系理论、地租及生息资本理论等方面，都吸收了未编入《资本论》第1—3卷的马克思手稿中的内容。

4. 对某些学术问题的不同认识进行探讨

我国学术界针对政治经济学理论问题发表过大量的论著，对许多问题展开了争论，如第二种涵义的社会必要劳动时间问题、生产劳动问题、重建个人所有制问题等等。在本书中我对这些争论问题或多或少都有所探讨，发表了我自己的见解。在这里我着重要说的是，在本书中还有不少地方对学术界比较一致的认识阐述了不同的看法。例如，学术界普遍认为纸币已经取代黄金成为货币，表现商品的价值，因而纸币超量发行就会引起物价上涨；商品流通就是以货币为媒介的商品交换；纸币工资量就是名义工资，用这一纸币量购买到的商品量就是实际工资；资本周转就是一次又一次不间断的周而复始的循环；可变资本周转的加快可以增加年剩余价值量，并由此提高了年剩余价值率等等。

《资本论》第3卷第4章是由恩格斯补写的，我认为这一部分的观点与马克思的想法并不一致，在本书中我对两种不同的计算方法进行了详细的对比。

《资本论》第2卷中关于两大部类交换关系，涉及对两大部类的具体分类。在马克思手稿中，对两大部类都进行了具体分类，恩格斯在编辑该卷时，将第Ⅰ部类的具体分类略去了，我在本书中恢复了对第Ⅰ部类的具体分类，并进行了补充，在此基础上，还研究了两大部类的具体交换关系，形成了一个完整的交换体系，得出了一些新的结论。

在本书中，对已出版的个别《资本论》辅导教材的某些部分，发表了一些不同意见。

三

“十月革命一声炮响，给我们送来了马克思列宁主义。”中国人接受马克思列宁主义是通过俄国介绍过来的。不足之处是长期以来不是借此将主要精力用来攻读马克思的原著，特别是《资本论》，而是借助苏联的第二手、第三手的著作学习马克思理论。产生的最大危害是急于过渡，抛弃符合我国国情的新民主主义纲领，在新民主主义革命取得胜利后不久，就转向社会主义革命，并很快宣布进入了社会主义社会（共产主义第一阶段），紧接着又试图在短短几年内跑步进入共产主义社会。当这一决策在实践中遭到失败后，有些学者将之归罪于马克思主义理论，于是以反教条主义为名，否定马克思主义理论的科学性。有些人写文章对马克思的许多基本原理进行否定，甚至认为马克思的社会主义学说也是空想的而加以抛弃。

苏东剧变后，以瓦解社会主义制度为目标的新自由主义抬头，我的老师陈岱孙先生在1995年时就揭露了新自由主义思潮对社会主义中国的“险恶用心”，提醒人们警惕新自由主义的危害性。近些年来，这种思潮在我国的一个重要特点是从根本上否定马克思的劳动价值论，否认资本主义剥削的存在，否定生产资料的社会主义公有制，主张私有化。他们中间固然有赤膊上阵、公开敌视马克思主义的文痞，更多的是以创新为名、鼓吹资产阶级庸俗经济学的广义价值论、要素价值论、效用价值论、供求价值论、新公有制论、人力资本论等等。“在这里，所谓新，几乎总是倒退到早已被驳倒的观点上去。”[①] 只要我们用马克思主义理论充实自己，就能识破这些伪装下的反科学的谬论。本书的一个重要任务就是运用马克思在《资本论》中阐明的理论，批驳各种否定马克思主义的基本原理、主张私有化的谬论。

当前，更应警惕民主社会主义思潮对我国的侵袭。在新自由主义主张遭到我国马克思主义理论工作者的彻底揭露和深刻批判之后，他们又重新打着更带有欺骗性的民主社会主义的旗号再次掀起一股逆流。

1989 年 12 月的香港《争鸣》杂志发表了一篇被称作是新闻工作者的温辉的题为《出路唯民主社会主义》的文章，喊出“唯民主社会主义可以救中国、兴中国！”当时对国内并未产生什么影响。随着世界政治气候的变幻，民主社会主义主张在我国逐渐兴起。2006 年 9 月，来自 60 多家单位的学者参加了由北京三家单位主办的所谓首届全国社会主义论坛，其中一部分学者在这次论坛上大肆鼓吹民主社会主义，标志着民主社会主义主张在我国已形成一股潮流。

谢韬在 2007 年第 2 期的《炎黄春秋》杂志发表的《民主社会主义模式与中国前途》一文，以及随之在第 6 期发表的与辛子陵合写的另一篇文章《试解马克思重建个人所有制的理论与中国改革》，污蔑俄国十月社会主义革命和中国新民主主义革命取得胜利后建立的政权为“暴力社会主义”，竭力歪曲马克思和恩格斯的著作，鼓吹私有化，从而引起人们极大的愤怒，遭到严厉的谴责和坚决的回击。

主张实行民主社会主义的人认为，资本家只要将获取的一部分剩余价值通过纳税转给“社会占有”，这就是社会主义的公有制了，而且“是一种比传统公有制社会化程度更高的公有制”。在他们设计的民主社会主义乐园里，露宿街头的乞丐也因获得社会救济而间接占有了资本家的生产资料。

认真学习马克思的《资本论》，批驳民主社会主义与马克思的科学社会主义理论背道而驰的各种谬论，关系到中国的命运与前途，人们不能不予以关注。

四

《资本论》是马克思以其毕生的精力完成的一部具有划时代意义的理论著作，学习马克思主义，主要任务就是学习《资本论》。

为了学好《资本论》，首先要对该书的写作情况作全面的了解。马克思和恩格斯为《资本论》第 1—3 卷先后写了 10 篇序言和跋，如果包括早些时候写的《政治经济学批判》导言和序言，共有 12 篇。此外，还有大量的有关书信。这些文章和书信详细介绍了《资本论》的写作与出版情况，内容极为丰富，构成了《资本论》著作的重要组成部分。本书将以这些文章和书信涉及的内容对《资本论》的写作与出版展开全面的介绍。

---

① 《资本论》第 3 卷第 884 页。

《〈资本论〉研读》一书的写作概述

一

《〈资本论〉研读》一书是我在长达五十多年从事《资本论》的教学与研究的过程中陆续写成的一部学术性专著。在此期间，相关《资本论》的研究成果先后形成数十篇文章进行了发表，目前这些研究成果已汇集到这部准备公开出版的著作中。

《〈资本论〉研读》一书计划分上下卷出版，内容包括对《资本论》序言与跋的研读和对《资本论》第1—3卷的研读，对作为《资本论》第4卷的《剩余价值理论》虽未写出专册进行研读，但在我这部书稿的不少章节中，对《剩余价值理论》及马克思的其他经济学手稿进行了阐述。

二

马克思的《资本论》是一部具有伟大理论意义、历史意义和现实意义的经济理论著作，它揭示了资本主义经济关系的产生、发展和变革的运行规律，从而阐明了资本主义的历史地位，论证了共产主义取代资本主义的必然性，使广大工人阶级树立起推翻资本主义制度的必胜信心。

马克思的《资本论》不仅是批判资本主义制度的理论武器，也是建设社会主义的指南。在社会主义市场经济中，不懂得商品的价格与价值，不懂得区分名义工资和实际工资，不懂得资本的循环与周转，不懂得商业等基本范畴，在我国广大经济工作者身上不是个别现象。因此，在高等院校的财经类院系中，不仅政治经济学专业学生要学好《资本论》，即使非政治经济学专业学生，也应学习这门课程。遗憾的是，在很长一个时期里，《资本论》课程得不到应有的重视，被日益淡化和边缘化。

马克思的《资本论》指明了人类历史的发展方向，广大青年只有认真学习《资本论》的基本原理，才能建立正确的奋斗目标，树立为工农大众服务的人生观，不至于在五光十色的市场经济浪潮中迷失方向，甚至被吞没。

马克思主义是指导我国建设社会主义的理论基础，关系到我国改革发展和举什么旗的根本问题，而马克思主义的主要内容就是《资本论》这一部伟大著作以及对其中基本原理的运用与发展。我国在“文革”结束后的很长时间里，曾在全国范围内掀起学习《资本论》的热潮。1981 年 11 月在无锡市成立的中国《资本论》研究会，对推动我国《资本论》的学习与研究起了重要作用，先后出版了大量研究与宣传《资本论》的专著和辅导教材，在报刊上发表了大量研究《资本论》的文章，学术界也因此而掀起了广泛而又热烈的讨论。

三

《〈资本论〉研读》这部专著有以下几个特点：

（一）具有较强的学术性

该著作的学术性表现在以下三个方面：

1. 在学习与研究《资本论》的基础上，提出许多自己的学术见解，对流行在政治经济学教科书中许多不符合《资本论》原著的不正确观点提出了质疑

（1）关于政治经济学的研究对象问题，长期以来，学术界几乎一致认为其研究对象就是生产关系，虽然也有学者提出要研究生产方式，但是他们或者将生产方式范畴解释成生产关系再加上生产力，或者将生产方式范畴与生产关系等同。本书根据《资本论》的阐述，认为生产方式是介于生产力与生产关系之间的一个独立范畴，对这一问题如果认识不清，就会引起混乱。书中批评了谢韬将《资本论》第 3 卷中马克思指出的股份公司形式是对旧的资本主义生产方式的扬弃解释成“资本主义就这样完成了向社会主义的和平过渡”，从而将资本主义生产方式与资本主义生产关系混为一谈，为他的民主社会主义主张制造理论根据。

（2）关于货币的起源与本质，流行的教科书都是用价值形式的产生与发展即《资本论》第 1 卷第 3 节的内容去阐述的，忽略了还应从商品交换内容上即《资本论》第 1 卷第 2 章的内容上去阐述。在第 2 章，马克思提出了许多基本观点和重要内容，这是在研究货币的起源与本质的问题时不能忽略的。

如果缺乏对马克思这一理论的学习，对货币问题的认识就会产生种种混乱，突出表现在将货币符号即纸币与货币本身混为一谈，从而将价格符号与价格本身混为一谈，将因通货膨胀引起的纸币贬值（纸币所代表的货币量减少）说成是引起物价上涨，陷入了货币数量论。

（3）什么是商品流通？我国许多教科书都认为商品流通就是以货币为媒介的商品交换，这是从苏联教科书中抄来的。而马克思认为商品流通是从总体上考察的商品交换，他从商品的两个形态变化入手，讲到商品的循环，再讲到商品的流通，这些丰富的内容被许多教科书忽略了。

（4）什么是名义工资和实际工资？对名义工资，虽然几乎所有的教科书都认为它是以货币形式表现出来的工资，但是由于将货币与纸币混为一谈，从而将名义工资解释成以纸币形式表现出来的工资，而实际工资却被解释为用这一纸币工资购买到的生活资料数量，这是离开马克思的价值理论，也就是离开工资的本质去解释工资了。

（5）什么是资本周转？我国许多教科书都将资本周转解释成不间断的、周而复始的资本循环，本书从多方面指出这种解释的错误，指出这种说法的基本错误在于用资本循环的次数的多少来区分资本循环和资本周转，而马克思是用是否从周期性的角度去考察二者的区别。

(6) 如何计算年剩余价值率？计算年剩余价值率的公式是 $M'=\frac{M}{v}$，M 是年剩余价值总量，v 是预付可变资本量，不少教科书用通过周转速度加快增加了 M 来说明年剩余价值率的提高。根据马克思的观点，周转速度的变化并不能改变年剩余价值量，在周转速度加快后年剩余价值率之所以会提高是因为在同样企业规模的条件下，用更少的预付可变资本量可以获得同量的年剩余价值。

年利润率是年剩余价值率的转化形式，年剩余价值率的计算方法如果错了，年利润率的计算方法也必然会错误。

(7) 斯密教条的错误何在？学术界普遍认为斯密教条的错误仅仅在于他认为商品价值由工资、利润和地租构成，排除了不变资本 c。本书根据马克思的观点指出，即使包括了不变资本 c，说商品价值由工资、利润、地租和不变资本 c 构成，仍然是错误的。首先，资本主义商品价值中包括的是可变资本 v 而不是工资；其次，我们只能说资本主义商品价值分解为 $c+v+m$，而不是由 $c+v+m$ 构成。

上述问题在书稿中举不胜举，对这些问题的探讨对我们正确阐述马克思主义经济理论，从而编写出一部更科学的政治经济学教材无疑是颇为有益的。

2. 在《〈资本论〉研读》一书的不少章节中，对已出版的学习《资本论》的教材中的有些内容提出了不同的见解

诸如对生产方式范畴的理解，价值形式的两极对立何时固定下来，工资的变动能否改变商品价值，在信用介入下原有的货币流通次数能否减少，能否将利息说成是借贷资本的价格，两大部类之间是如何进行交换的等等，对这些问题本书都进行了探讨，这有利于学术交流，统一认识。

3. 对《资本论》中的某些内容具体地展开论述，还指出其中个别章节在计算上的误差，对恩格斯补充的个别内容提出了质疑

(1) 对相对价值形式的量的规定性，马克思列出了四种情况，对第四种情况，马克思只是说按上述三种情况推算，究竟如何推算，没有具体说明，在《〈资本论〉研读》中，作者将此内容展开，又从第四种情况中列出 6 种具体情况。

(2) 对《资本论》第 2 卷第 15 章论述的流动资本的周转速度对预付流动资本量及其构成的影响这一内容，本书除了用文字和表格说明外，还用图式加以说明；将马克思列出的各种资本周转的表格合并成一个总表；对马克思列表中序数上的误差进行了修正；对有的表格按照新的方法进行了调整，避免了计算上的误差；补充了马克思的有些例子中对年产值及年周转额未进行的计算。

(3) 在恩格斯整理出版的《资本论》第 2 卷，对两大部类中的第一部类未作进一步分类，因而未能考察两大部类的具体交换关系。本书参考了马克思的手稿，对第一部类作了进一步的具体分类，补充了个别分部类，具体考察了两大部类的交换关系，建构了一个完整的交换体系，得出了一些新的认识。

(4)《资本论》第 3 卷第 4 章是由恩格斯补写的，对于周转对利润率的影响，恩格斯通过年剩余价值量的变动来说明，而且预付的资本量包括预付的固定资本量和预付的流动资本量均不因周转速度的变动而变动，这在理论上与马克思的观点是不一致的，在计算结果上也产生很大的出入。由此，我也怀疑在第 3 卷第 8 章中所说“利润率和周转时间成反比；……如果同一个可变资本的周转时间不同，它生产的年剩余价值量就会不等”① 不是马克思原著中所有的。

（5）按照马克思的观点，生产价格的总额和商品价值的总额是相等的，但在《资本论》第 3 卷第 11 章的举例中，二者却发生了偏离，在计算上发生了误差，本书发现了这一误差，并重新进行了核算，试图修正这一计算上的误差。

（6）本书提出在《资本论》第 3 卷中恩格斯与马克思在票据贴现性质上的不同观点。马克思认为票据贴现是属于贷款的一种形式。② 而恩格斯认为汇票贴现不属于贷款，而只是通常的买和卖或购买商品。③

（二）具有较强的论战性

二十多年来，在我国逐步形成一股否定马克思主义，鼓吹资产阶级庸俗经济学的思潮，宣扬资源贡献价值论、效用价值论、供求价值论、物化劳动价值论、成本推动论、新公有制论、人力资本论等五花八门的陈词滥调，反对马克思的劳动价值论与剩余价值理论，否定资本家对工人的剥削，否定生产资料的社会主义公有制，主张私有化。在本书中，根据马克思在《资本论》中阐述的理论，对上述论调予以坚决回击，并且已在刊物上发表了多篇文章与之展开论战。

在这场大论战中，我在运用马克思的基本原理对各种否定马克思主义的谬论进行批判的同时，提出了一些新的观点，对马克思的有关论述进行了发挥。

例如，对于资本、土地和劳动不仅共同创造使用价值而且共同创造价值的谬论，不仅指出其所说的资本和土地创造价值是错误的，而且指出其所说的劳动创造价值和马克思的劳动价值论有着本质上的区别，还指出其所说的资本和土地创造使用价值的说法也是错误的。

又如，对物化劳动不仅能转移价值，也能创造价值的谬论，本书不仅指出物化劳动不能创造价值，也不能转移价值。还指出，随着劳动生产率的不断提高，作为物化劳动存在的生产资料不仅不能增殖，反而会不断贬值。

再如，对成本推动论，本书指出在通货膨胀中，与其说是成本的上升推动物价的上升，不如说是物价的上升在推动成本的上升。实际上，在通货膨胀中，既不能使成本费用上升，也不能使商品价格上涨，出现的成本上升和物价上涨都是一种假象。

（三）深入浅出，通俗易懂

《资本论》是一部非常抽象的经济理论著作，要使这一深奥的理论阐述得既有深度又能为广大读者理解，是一项十分艰巨的工程，为此，我做了以下工作：

（1）对《资本论》第 1—3 卷提纲挈领，厘清脉络，归纳要点。

（2）对难点和要点多费些笔墨，将它展开论述。

（3）从全局上理解每一局部的内容。

对上述三项工作，在本书前言中都举了一些例子进行了说明，现在再作一些补充。

例如，对物化劳动能够转移价值并创造价值的说法归纳了 8 点错误；对超额剩余价值和相对剩余价值的区别归纳了 5 点；对马克思所说的重建个人所有制为什么应理解为生产

---

① 《资本论》第 3 卷第 169 页。

② 参见《资本论》第 3 卷第 454 页。

③ 参见《资本论》第 3 卷第 485、517、604 页。

资料的社会公有制的理由，归纳了8点；对纯粹流通费用参与下的平均利润率的变动分三个步骤来进行比较，最后又作了5点说明。这些使读者能全面而又深入地理解一些基本理论观点。

又如，本书根据《资本论》第1卷第23章第2节中对资本集中作用的论述，指出它可以不受本企业剩余价值量的限制，使单个企业的规模迅速扩大，获得更多的剩余价值；又从下一节补充了资本集中还起了加剧排斥在业工人的作用；引用了列宁的帝国主义理论，提出了资本集中的第三个作用，即资本集中发展到一定阶段，就会引起垄断，使自由资本主义走向垄断资本主义。

本书在论述过程中对涉及的许多问题都注明了出处，从而为学习与研究提供了方便。

（注：以上概述部分收入西南交通大学出版社2010年7月出版的《马克思的〈资本论〉与当代世界金融危机》一书）

四

作为上卷第1部的《〈资本论〉序言与跋研读》原名为《〈资本论〉是怎样写成的》，是一部介绍马克思从事政治经济学理论的研究、写作和出版过程的资料性和研究性的著作，是学习和研究《资本论》时首先必须了解和明确的。我在20世纪60年代初就从这一问题入手，但是当时限于资料的匮乏，往往不得不借助于第二手资料。70年代上半叶，由于马克思和恩格斯的书信先后系统出版，提供了大量研究《资本论》的资料，在这一基础上，我于1974年底至1975年底整整一年的时间里，搜集和整理了有关资料，并对一些理论上的问题进行了研究，完成了这部手稿。为了便于学习和研究，我尽可能直接引用原始资料，并注明出处。1977年下半年由中山大学打印后作为《资本论》课程的教材发给学生，并在全国各高等院校进行交流。

本书印发后受到一些高等院校的重视，在有的公开出版的《资本论》辅导教材中，还直接摘引了我对马克思从事政治经济学理论研究和写作过程划分的各个阶段的具体论述。青年学生从本书中了解到马克思是在如此贫困和疾病缠身的条件下献身科学事业，受到极为深刻的思想教育。

1981年12月成立的中国《资本论》研究会，推动了我国对《资本论》创作史的研究。我在参加这方面的学术活动过程中，深受裨益，为我进行此书的修订工作准备了条件。2000年上半年书稿经修订后再次印发作为《资本论》课程教材，现在利用正式公开出版的机会又一次进行了修订。但是，由于我国至今未能系统翻译出版马克思的读书笔记和经济学手稿，修订工作受到一些限制。此外，国内外学者对马克思写作读书笔记和手稿的起止时间说法不一，目前尚难以统一，也使修订工作受到一些影响。

《〈资本论〉序言与跋研读》一书中提出和探讨的问题主要有：

（1）写作《资本论》时的历史背景如何概括？1975年我概括为两句话："资本主义社会矛盾的尖锐化"和"资产阶级经济学说的庸俗化"。2000年我将第一句话改为"资本主义社会矛盾日益尖锐"，现在又改为"社会主要矛盾发生转化"；第二句改为"资产阶级庸俗经济学取代古典经济学"。

（2）什么是《资本论》的研究对象？核心问题是如何理解马克思提到的生产方式以及生产力、生产关系和经济基础等范畴。

（3）在排列顺序上，是生产、交换、分配和消费，还是生产、分配、交换和消费？交换和分配谁先谁后，谁决定谁？

（4）在政治经济学的研究中，是否要区分两种不同含义（广义和狭义）的生产、交换、分配和消费？

（5）能否将约翰·斯图亚特·穆勒说成是庸俗经济学家？

（6）能否将《资本论》中从抽象到具体的写作方法简称为抽象法？

（7）从抽象到具体的写作方法能否理解成从现象到本质、从形式到内容、从感性认识到理性认识的写作过程？

（8）能否说《资本论》第1卷是抽象的，第2卷由抽象转向具体，第3卷完成了从抽象到具体的转化？

（9）能否说从抽象到具体的写作方法是政治经济学著作特有的写作方法，并且是特有的研究方法？

（10）《政治经济学批判》6分册的写作计划和后来出版的《资本论》3卷4册是什么关系？能否说马克思放弃了原来6分册的写作计划，用《资本论》著作取而代之，将6分册主要内容纳入《资本论》著作中去？

作为《资本论》的创作史，除包含本书中所介绍的内容之外，还应包括马克思经济理论形成和发展的历史，这将是一个庞大的工程，我个人目前尚难以胜任。作为本书附录的《马克思劳动力商品学说的建立与发展》一文，仅仅是我对马克思在这一问题上的思想发展过程进行的系统研究。我国于1981年年底成立了《资本论》创作史研究组，在这方面进行全国性的有组织的研究，取得了不少的成果。但我国在这方面的专职研究人员极少，研究的队伍后继乏人，当年建立起来的《资本论》创作史研究组后来也由于各种原因停止了活动。

五

作为上卷第2部的《〈资本论〉第1卷研读》我在20世纪60年代初开始写作，完成了第1篇研读；经过多年停顿之后，到了70年代又恢复动笔；完成之后作为教材印发给学生，已是90年代后期的事了。

在写作过程中，我发表了多篇有关《资本论》第1卷的论文，现在已将其中的研究成果吸收到这本书中。

在《〈资本论〉第1卷研读》一书中提出和探讨的问题主要有：

（1）马克思在第1章第1节分析的是什么商品？

（2）什么是商品的使用价值？使用价值是商品的自然属性还是社会属性？

（3）效用价值论的错误在哪里？

（4）马克思在第1章第1节论述社会必要劳动时间时，为什么撇开简单劳动与复杂劳动问题，而将它留在第2节再去论述？

（5）价值形式的两极对立是何时才固定下来的？

(6) 在一般价值形式中，马克思以麻布担任等价形式角色，而许多教科书以羊担任等价形式角色，这有何区别？

(7) 货币的本质是一般商品还是特殊商品？

(8) 第2章对研究货币理论的重要性。

(9) 什么是商品流通？对商品流通能解释为以货币为媒介的商品交换吗？

(10) 纸币能取代黄金执行价值尺度职能吗？

(11) 黄金有无价格？纸币能表现黄金的价格吗？

(12) 通货膨胀能引起物价上涨吗？

(13) 货币贮藏的职能有哪些？

(14) 如何计算货币执行支付手段时对流通货币的需要量？

这里的问题有：在163页上讲到决定这一货币需要量的诸多因素时，先讲流通速度，最后又讲流通次数，这是同一个因素的不同表述还是两个不同的因素？在第165—166页上说一切周期性的支付所必需的支付手段量“与支付期限的长短成反比”是笔误吗？什么是“待实现的商品价格总额”，这里是否已扣除了赊售的商品价格总额？在计算流通货币需要量时，是否要减去赊售的商品价格总额？对流通次数是用减法还是除法？

(15) 劳动过程与生产过程有何区别？土地是劳动对象还是劳动资料？资本是不是生产要素？

(16) 能说购买生产资料的资本是不变资本，购买劳动力的资本是可变资本吗？

(17) 物化劳动能生产使用价值和价值吗？

(18) 商品价值是由c+v+m构成的吗？

(19) 仅仅是劳动力成为商品，货币就能转化为资本吗？

(20) 马克思划分小业主与资本家的界限有无现实意义？

(21) 资本主义生产方式是否经历了简单协作、工场手工业和机器大工业三个阶段？

(22) 科技劳动是生产劳动并能创造出更多的价值吗？

(23) 提高劳动强度属于相对剩余价值生产还是绝对剩余价值生产？

(24) 社会主义国家是否应当禁止童工？

(25) 不生产物质产品的劳动能否是生产劳动？能否创造价值？

(26) 什么是名义工资和实际工资？

(27) 国与国之间按国际价值进行交换是否是等价交换，是否存在剥削？

(28) 在第742页上，马克思说的“他们的贫困同他们所受的劳动折磨成反比”这句话是否为笔误？

(29) 如何理解马克思说的“重新建立个人所有制”？

六

作为下卷第3部的《〈资本论〉第2卷研读》是我在中山大学经济系任教期间，从1976年4月开始执笔写作的，1977年8月作为教材印发了第1章至第14章的研读，并参与了全国高等院校进行的交流。1978年暨南大学复办后，我回到了暨南大学，陆续补写了后面各章的研读，并于2000年11月完整地印发给学生作为《资本论》课程的教材。

在写作过程中，我发表了多篇有关《资本论》第2卷内容的论文，其中多半是吸收了我在这本著作中的研究成果；反过来，这些论文中新的研究成果又被吸收到这本著作中来。

在《〈资本论〉第2卷研读》中提出和探讨的问题主要有：

（1）什么是产业资本的循环？这里包括能否将购买阶段（$G—W<\begin{smallmatrix}A\\Pm\end{smallmatrix}$）称为产业资本循环的第一阶段，并依次类推？产业资本循环是否都只是有三个阶段？生产阶段是否包括$W<\begin{smallmatrix}A\\Pm\end{smallmatrix}$和$W'$，即$W<\begin{smallmatrix}A\\Pm\end{smallmatrix}\cdots P\cdots W'$？马克思在《资本论》第2卷手稿中对购买阶段表述为$G—W<\begin{smallmatrix}A\\Pm\end{smallmatrix}$，现在整理出版后的《资本论》第2卷写成$G—W<\begin{smallmatrix}A\\Pm\end{smallmatrix}$，二者有何区别？什么是产业部门？文教卫生部门及各种服务部门都是产业部门吗？

（2）什么是资本周转？能否以资本循环次数的多少来区分资本循环和资本周转？

（3）生产时间由哪些部分构成？如何区分生产时间和生产过程时间、生产过程时间和劳动过程时间、劳动过程时间和劳动过程中断时间？

（4）如何研究被许多教材忽略的第15章？

（5）两个生产规模相同（雇工人数相等）的企业，其中可变资本周转速度更快的企业能否产生出更多的年剩余价值量？年剩余价值率$M' = \frac{\text{年剩余价值量}M}{\text{预付可变资本}v}$，加快可变资本周转速度会提高年剩余价值率$M'$，但它是通过减少预付可变资本v还是通过增加年剩余价值量实现的？

（6）如何正确理解马克思在《资本论》中和其他有关著作中对共产主义社会的论述？

（7）魁奈的贡献有哪些？不足之处是什么？

（8）能否说商品价值是由$c+v+m$构成？

（9）斯密教条的错误在什么地方？在对商品价值的分解中是否包括工资在内？

（10）研究社会总资本的再生产时，需要有哪些假定？是否像多数教科书中所说的共有4个？

（11）在研究社会总资本的再生产时，马克思在他的手稿中对两大部类都作了进一步的具体分类，并在此基础上研究了相互之间的交换关系。恩格斯在整理出版《资本论》第2卷时，删去了第Ⅰ部类的具体分类以及在此基础上的具体交换关系，由此产生一系列的问题，如：社会总产品是如何进行具体交换的？在简单再生产中，两大部类之间的交换关系能否概括为Ⅰ$(v+m)=$Ⅱc？Ⅰ$(v+m)=$Ⅱc是否是供求平衡的基本条件？供求平衡的条件是否只有3个？货币是怎样流通的？Ⅰc的特点是什么？等等。

（12）为什么说流行的“人力资本”用语是错误的？

七

作为下卷第4部的《〈资本论〉第3卷研读》是我于1977年在中山大学经济系任教《资本论》课程时动笔写作的，其中对《资本论》第3卷前三篇的研读曾作为教材印发给学生参考。1978年暨南大学复办，我又回到暨南大学经济学系从事《资本论》的教学工作，继续写作本书余下的部分。由于各种原因，写作时断时续，直到2005年初才最后完成。随着时间的推移，又不断进行修改完善。

在《〈资本论〉第3卷研读》中提出和探讨的问题主要有：

（1）生产价格的形成过程能否简单解释为随着利润转化为平均利润，市场价值就转化为生产价格？

（2）物价上升是由成本推动的说法是否正确？

（3）如何计算利润率？周转速度的快慢是通过年剩余价值量还是预付资本量影响年利润率？周转时间如果延长1倍，利润率是否就“下降了一半”（第87页）？如何评价恩格斯补写的第4章？

（4）在《资本论》第2卷第346页上，马克思在讲到可变资本周转的快慢产生的影响时，指出它“显然是一件和剩余价值的生产本身完全无关的事情”，但在第3卷第8章中却出现：“如果同一个可变资本的周转时间不同，它生产的年剩余价值量就会不等。”（第169页）如何解释这种相互矛盾的不同说法呢？

（5）在第8章中，又出现：“利润率和周转时间成反比”（第169页），周转时间越短，利润率就越高，二者呈相反方向变动，这是毫无疑问的，但是这里所说的“反比”是否指的是一种等量的反比呢？由于利润率 $=\frac{\text{年剩余价值量}}{\text{预付资本量}}$，其中预付资本量 = 预付固定资本量 + 预付流动资本量，按照马克思的观点，周转速度的快慢改变的只是预付资本量而不是年剩余价值量，再根据马克思在《资本论》第2卷第309页上的观点，周转速度“涉及的问题同固定资本无关”，即无论预付流动资本在一年内周转多少次，都不能改变固定资本的预付量，既然预付固定资本是一个不变量，利润率怎么会和周转时间成等量的反比呢？

（6）供求与价格、价值的关系如何？某些学者鼓吹的供求决定论为什么是错误的？

（7）马克思认为：“如果把社会当作一切生产部门的总体来看，社会本身所生产的商品的生产价格的总和等于它们的价值的总和。”（第179页）但在第11章马克思的举例中，当工资提高25%后，生产价格总额（$365\frac{3}{14}$）就会大于商品价值总额（360）；当工资降低25%后，生产价格总额（$354\frac{9}{16}$）又会小于商品价值总额（360），如何解决这一矛盾？

（8）工资的变动能否引起商品价值的变动？

（9）马克思指出：“认为商业利润是单纯的加价，是商品价格在名义上高于它的价值的结果，这只不过是一种假象。”（第314页）按照马克思的举例，商品价值为1 080（720c + 180v + 180m），马克思一方面对商业利润采取扣除法计算，即产业资本家按照扣除商业利润后的价格（$720c + 180v + 180m - 25\frac{5}{7} = 1\,054\frac{2}{7}$）卖给商业资本家；另一方面对纯粹流通费用的补偿又采用了加价法计算，即商人不是按照商品的价值1 080（$1\,054\frac{2}{7} + 25\frac{5}{7}$）出售，而是按照高出商品的价值出售，即按照1 130的价格出售，其中除包含1 080的商品价值外，还包括纯粹流通费用50的补偿。这里的问题是，纯粹流通费用是通过对商品的加价进行补偿呢，还是通过对商品价值的扣除，具体地说是通过对剩余价值的扣除来补偿？

（10）资本主义社会中的股份制能否说成是“资本主义生产关系的自我扬弃”（陈征），“是对资本主义的扬弃”（张元元）？能否说“社会主义社会的这种个人股份所有制，……已经不是私有制，而是公有制的一种表现形式和一个组成部分”（张元元）？或者说是“新型的公有制”（李维森）、“新公有制形式”（厉以宁）？

（11）我国国有企业改革的方向能否将国有资产以股份形式“把股权分散掌握在广大群众个人手上”（张元元）？

（12）管理劳动能否创造价值？

（13）银行能实行商业化吗？

（14）“利息率毕竟是生息资本的价格”（王珏等）吗？

（15）资本主义生产的周期究竟包括几个阶段？这几个阶段又如何表述？排列顺序如何？在马克思和恩格斯的著作中先后出现过：“中等活跃、繁荣、生产过剩、危机、停滞”；“松弛、中等活跃、急剧上升和危机”；“沉寂状态、逐渐活跃、繁荣、生产过剩、崩溃、停滞、沉寂状态”；“萧条、复苏、繁荣、危机”；“停滞、繁荣、生产过剩和危机”。

（16）能否将资本主义生产周期的各个阶段称之为“产业资本循环的各个阶段”（陈征）？

（17）如何认识“另一种意义”的社会必要劳动？

（18）如果绝对地租来自农产品按照高于社会生产价格出售产生的超额利润，土地等级越高，产量越多，这部分超额利润就越多，绝对地租是否也因此而越多，也产生了级差？

（19）萨伊的三位一体公式有哪些错误？这一公式的错误是否仅仅在于将价值的分配和价值的生产混为一谈？

第一部
《资本论》序言与跋研读

《资本论》是马克思以其毕生的精力完成的一部具有划时代意义的理论著作，学习马克思主义，主要内容就是学习《资本论》。

为了学好《资本论》，首先要对该书的写作情况作全面的了解。马克思和恩格斯为《资本论》第1—3卷先后写了10篇序言和跋，如果包括早些时候写的《政治经济学批判》导言和序言，共有12篇。这些文章详细介绍了《资本论》的写作与出版情况，内容极为丰富，构成了《资本论》著作的重要组成部分，本书第一部将以这些文章涉及的内容对《资本论》的写作与出版展开全面的介绍。

第一章 《资本论》写作的历史背景

《资本论》是一部研究资本主义生产方式以及和它相适应的生产关系和交换关系的伟大著作。

资本主义生产的萌芽是在14、15世纪地中海沿岸的某些城市开始出现的，马克思指出："在意大利，资本主义生产发展得最早，农奴制关系也瓦解得最早。"① 但是，资本主义生产方式最早形成、资产阶级革命最先取得胜利的却是英国，英国是资本主义生产方式的典型，马克思的《资本论》主要就是用英国作为例证进行写作的。

马克思在写作和开始出版《资本论》的时候，资产阶级在英国和法国都已夺得了政权，资本主义的生产方式有了充分的发展，资本主义的生产关系与生产力之间的矛盾日益突出，无产阶级登上了历史舞台，与资产阶级展开了搏斗。

一、社会主要矛盾发生转化

马克思和恩格斯指出："资本主义制度诞生于……15世纪"②，"资本主义时代是从16世纪才开始的"③，"英国是资产阶级世界的缔造者"④。英国资本主义生产方式的形成是随着15世纪最后三十多年到16世纪最初几十年的圈地运动而逐步奠定基础的。马克思说："为资本主义生产方式奠定基础的变革的序幕，是在15世纪最后30多年和16世纪最初几十年演出的。"⑤ 1640年，英国发动了资产阶级革命，经历了1642—1646年及1648年两次内战和1688年11月的一次政变（"光荣革命"），资产阶级建立了自己的统治。马克思指出："爆发了两次霹雳般的震动，即1640年和1688年的革命。一切旧的经济形式、一切和这些形式相适应的社会关系、曾经是旧社会的正式表现的政治国家，当时在英国都被破坏了。"⑥

继英国之后，法国资产阶级于1789年进行了大革命，"它把政权也夺到手了"⑦，经过巴黎人民起义，建立了法兰西第一共和国，又经历了1794年大资产阶级热月党发动的热月政变，1799年路易·波拿巴发动的雾月政变，1815年波旁王朝路易十八的复辟等各种曲折，最后经过巴黎人民的武装斗争，于1830年7月，推翻复辟的波旁王朝，建立了以路易·菲力浦为首的金融贵族集团的七月王朝，实现了资产阶级的政治统治。"1830年的革命使政权从地主手里转到了资本家手里，也就是从离工人阶级较远的敌人手里转到了

---

①③ 《资本论》第1卷第823页。

② 恩格斯写给保尔·拉法格的信（1884年8月11日左右），《马克思恩格斯全集》第36卷第194页。

④ 马克思：《1848年至1850年的法兰西阶级斗争》，《马克思恩格斯选集》第1卷第470页。

⑤ 《资本论》第1卷第825页。

⑥ 马克思写给帕·瓦·安年科夫的信（1846年12月28日），《马克思恩格斯选集》第4卷第533页。

⑦ 恩格斯：《卡尔·马克思》，《马克思恩格斯选集》第3卷第335页。

工人阶级的更为直接的敌人手里。”①

恩格斯指出：“为了争取社会的和政治的统治，英国中间阶级不是经过了48年，而法国中间阶级不是经过了40年空前的斗争吗？”②

英法资产阶级的革命具有伟大意义，马克思指出：“1648年革命和1789年革命，并不是英国的革命和法国的革命；这是欧洲范围的革命。……这两次革命不仅反映了它们发生的地区即英法两国的要求，而且在更大的程度上反映了当时整个世界的要求。”③ 资产阶级革命的胜利，推动着生产力的飞跃发展，从18世纪60年代末起，英国开始了产业革命，即由手工业生产过渡到大机器生产，这个革命完成于19世纪三四十年代；从19世纪20年代起，法国也开始了产业革命，至60年代完成了这一革命。

1848年2月，从法国开始，接着在德、奥、匈、波、捷、意等欧洲大陆，广泛掀起了反对封建制度或外来侵略压迫的资产阶级革命运动和民族解放运动，“资产阶级共和党人以二月革命的名义夺取了国家政权”④。1848年革命以后，无论是法国或英国，资本主义经济迅猛发展，在封建割据的德国，资本主义生产也迅速发展起来了，“但发展最快的还是美国”⑤。

随着资本主义生产的发展，资本主义制度所固有的矛盾日益发展起来。1825年，在英国发生了第一次经济危机，这是资本主义生产关系与生产力之间发生冲突的标志。以后，每隔10年左右，就爆发一次经济危机，且波及的范围越来越广，发展为世界性的经济危机，危机的后果也越来越严重。

反映资本主义生产关系与生产力之间矛盾的无产阶级与资产阶级之间的阶级斗争，也日益突出。

无产阶级与资产阶级之间的阶级斗争，最先在英国展开。19世纪初的1807—1808年，英国就发生了工人捣毁机器的路丁派运动，这时的无产阶级还没有认识到受剥削受压迫的根源在于资本主义制度。

1830年是阶级斗争形势变化的一个转折点。资产阶级先是在英国，接着又在法国夺得了政权，实现了资产阶级的政治统治。马克思在《资本论》第1卷第2版跋中指出：“资产阶级在法国和英国夺得了政权。从那时起，阶级斗争在实践方面和理论方面采取了日益鲜明的和带有威胁性的形式。”⑥

首先反映这一阶级斗争形势变化的是法国里昂的工人在1831年11月和1834年4月先后两次发动的武装起义。在此以前，无产阶级总是处于资产阶级附属的地位，参加反对封建制度的革命斗争。现在，无产阶级终于作为一支独立的政治力量，登上了历史舞台，展开了反对资本主义制度的武装斗争。1831年的里昂工人起义是“第一次工人起义”⑦。

接着在英国，工人阶级从1836年到1848年，开展了十多年的宪章运动，于1839年、1842年和1848年掀起3次大高潮。这是“第一次全国性的工人运动”⑧，“世界上第一次

---

①④ 马克思：《法兰西内战》，《马克思恩格斯选集》第3卷第53页。
② 《德国的革命和反革命》，《马克思恩格斯选集》第1卷第482页。
③ 《资产阶级和反革命》，《马克思恩格斯选集》第1卷第318页。
⑤ 恩格斯：《英国工人阶级状况》1892年德文第2版序言，《马克思恩格斯选集》第4卷第419页。
⑥ 《资本论》第1卷第17页。
⑦⑧ 恩格斯：《反杜林论》，《马克思恩格斯选集》第3卷第364页。

广泛的、真正群众性的、政治上已经成型的无产阶级革命运动”[①]。1840 年 7 月，宪章派在曼彻斯特建立了“全国宪章派协会”，会员在 1842 年时达 5 万多人，恩格斯称之为“世界历史上第一个工人党”[②]。

在德国，西里西亚的纺织工人在 1844 年爆发了反对当地手工工场主的武装起义。

1848 年 6 月 22 日，继二月革命之后，巴黎的无产阶级举行了大规模的武装起义，“这是分裂现代社会的两个阶级之间的第一次大规模的战斗。这是为资产阶级制度的存亡而进行的斗争”[③]。这是“无产阶级和资产阶级争夺统治权的第一次大搏斗”[④]，“无产阶级和资产阶级之间的第一次伟大的国内战争”[⑤]。法国六月起义失败后，欧洲的工人运动走向低潮。

马克思在六月起义失败后指出：“新的革命，只有在新的危机之后才可能发生，但它正如新的危机一样肯定会来临。”[⑥] 随着 1857 年爆发的世界性经济危机，工人运动又迅速发展起来，欧美和亚洲的民族解放运动同反对封建制度及反对奴隶制度的革命斗争都不断高涨。在斗争中，各国无产阶级互相声援，加强联合，突出表现在西欧各国对 1863 年波兰人民掀起的反对沙皇制度起义的声援，以及随之产生的国际工人协会（第一国际）上。

无产阶级革命运动的发展迫切需要有正确的理论作指导；迫切需要有在这一正确理论指导下制定出来的路线；迫切需要有一个能制定和执行这一路线的工人阶级自己的政党来领导。

但是，从 19 世纪 30 年代到 60 年代，工人运动却受到各种空想社会主义和形形色色的机会主义的影响。在法国，先是圣西门（1760—1825）、傅立叶（1772—1837）的空想社会主义，后来又有布朗基（1805—1881）的空想社会主义及蒲鲁东（1809—1865）、路易·勃朗（1811—1882）的小资产阶级社会主义。在英国，先是欧文（1771—1858）的空想社会主义，后来又有以乔·奥哲尔（1820—1877）、威·朗·克里默（1838—1908）为首的工联主义。在德国，有魏德林（1806—1871）的空想社会主义，赫斯（1812—1875）、格律恩（1817—1887）、吕宁（1818—1868）和克利盖（1820—1850）的“真正社会主义”，以及拉萨尔（1825—1864）的机会主义。工人运动要走上胜利的道路，必须克服各种背离科学社会主义理论的错误，战胜各种假社会主义和机会主义的流派。

马克思主义理论的产生适应了这一时代的要求，成为各国工人运动的指南。在马克思和恩格斯的帮助下，1847 年 6 月，将“正义者同盟”改组为“共产主义者同盟”，建立了历史上第一个以科学社会主义理论为指导的无产阶级政党，马克思和恩格斯以及威廉·沃尔弗还为这个同盟拟定了国际共运史上第一个党章——《共产主义者同盟章程》。1847 年 11 月底召开的共产主义者同盟第二次代表大会上，通过了《共产主义者同盟章程》，会后，马克思和恩格斯受大会的委托，起草了党的纲领——《共产党宣言》。列宁指出：“这部著作以天才的透彻而鲜明的语言描述了新的世界观，即把社会生活领域也包括在内的彻底的唯物主义、作为最全面最深刻的发展学说的辩证法，以及关于阶级斗争和共产主

①⑤列宁：《第三国际及其在历史上的地位》，《列宁选集》第 3 卷第 792 页。

② 《工人党》，《马克思恩格斯全集》第 19 卷第 306 页。

③ 马克思：《1848 年至 1850 年的法兰西阶级斗争》，《马克思恩格斯选集》第 1 卷第 398 页。

④ 恩格斯：《卡·马克思〈1848 年至 1850 年的法兰西阶级斗争〉一书导言》，《马克思恩格斯选集》第 4 卷第 509 页。

⑥ 马克思：《1848 年至 1850 年的法兰西阶级斗争》，《马克思恩格斯选集》第 1 卷第 471 页。

义新社会创造者无产阶级肩负的世界历史性的革命使命的理论。"[①]《共产党宣言》的发表标志着马克思主义理论的诞生。

在马克思主义理论武装下，无产阶级才能由一个自在的阶级变成自为的阶级。

政治经济学是马克思主义理论的主要内容，马克思以毕生的精力从事政治经济学的研究与写作。随着革命形势的发展，马克思加紧自己的研究与写作。1864 年 10 月，马克思起草的《国际工人协会成立宣言》提出了"夺取政权已成为工人阶级的伟大使命"[②]。马克思随即迅速完成了《资本论》的再修订的工作，于 1867 年 7 月出版了《资本论》第 1 卷，为无产阶级革命提供了强大的思想武器。

综上所述，马克思写作《资本论》所处的时代是：资本主义生产方式已经形成，资本主义生产关系和生产力之间的矛盾日益发展，伴随着资本主义反对封建制度的胜利，社会主要矛盾发生转化，无产阶级和资产阶级的矛盾日益突出，无产阶级作为独立的政治力量登上了历史舞台，并由自在的阶级转变成自为的阶级。无产阶级的任务，第一步是参加资产阶级的民主革命或民族革命，反对封建制度，反对外国的侵略与压迫。从欧洲范围来说，这个任务直到 1871 年的普法战争才基本完成。第二步是实行无产阶级革命，推翻资本主义制度，建立无产阶级专政。这个革命从 1831 年里昂工人起义开始，特别是 1848 年巴黎六月起义开始。由于直到普法战争以前，资本主义还处于上升的时期，资产阶级仍然是一个进步的阶级，因此无产阶级夺取政权的斗争是不可能很快取得胜利的，巴黎六月革命的失败，以及后来巴黎公社的失败，都充分说明了这一点。无产阶级这时的任务主要在于从思想上（理论上）、政治上、组织上进行夺取政权的准备工作。马克思和恩格斯领导各国无产阶级，努力进行这一准备工作。

二、资产阶级的庸俗经济学说取代古典经济学

早在 19 世纪 40 年代马克思开始研究政治经济学的时候，资产阶级经济学就已经堕落为庸俗经济学。

资产阶级最早的经济思想是重商主义，它是最先研究资本主义经济关系的。重商主义流行于封建社会瓦解和资本主义生产方式产生的时期，早在 15 世纪时形成，到 16、17 世纪进入晚期。重商主义的研究局限于资本主义的流通范围，对事物的研究停留在现象上，因此还不是一种科学的理论。重商主义以商为重，把它看得高于一切，这是由于商业资本在这一时期"产生过压倒一切的影响"[③]。

重商主义的发展分为两个阶段，第一阶段是重金主义或货币主义，是早期的重商主义；第二阶段是重工主义，是晚期的重商主义，也是真正的重商主义。

重商主义者的代表人物在英国有约翰·海尔斯（？—1571）、威廉·斯泰福（1554—1612）、托马斯·曼（1571—1641）和詹姆斯·斯图亚特（1712—1780）；在法国有安多尼·德·蒙古来田（1575—1622）和让·巴蒂斯特·柯尔培尔（1619—1683）；在意大利有斯卡鲁菲（1519—1584）和达旺查蒂（1529—1606）；在俄国有伊·吉·波索希可夫（1652—1726）。

---

① 《卡尔·马克思》，《列宁全集》第 26 卷第 50 页。

② 《马克思恩格斯选集》第 2 卷第 606 页。

③ 《资本论》第 3 卷第 376 页。

17 世纪是重商主义解体的时期，同时也是另一种资产阶级学说——古典政治经济学开始兴起的时期。

古典政治经济学开始于英国资产阶级革命以后，结束于英法资产阶级夺取政权、建立自己的阶级统治的时期。社会主要矛盾是资产阶级和封建阶级的矛盾，无产阶级和农民群众虽然是反对封建主义的主力军，但却处于附属的地位，无产阶级和资产阶级之间的阶级斗争尚未展开。马克思指出："英国古典政治经济学是属于阶级斗争不发展的时期的。"①正是在这样的历史条件下，资产阶级的古典政治经济学产生和发展起来，对资本主义社会发表了不少科学的见解。

古典政治经济学的科学性在于它把研究范围从流通领域扩大到生产领域。马克思指出："真正的现代经济科学，只是当理论研究从流通过程转向生产过程的时候才开始。"②

古典政治经济学的代表人物在英国有威廉·配第（1623—1687）、亚当·斯密（1723—1790）和大卫·李嘉图（1772—1823）；在法国，有重农主义的先驱者布阿吉尔贝尔（1646—1714）、重农主义者魁奈医生（1694—1774）、重农主义者杜尔哥（1727—1781）和小资产阶级经济学家西斯蒙第（1773—1842）。马克思指出："古典政治经济学在英国从威廉·配第开始，到李嘉图结束，在法国从布阿吉尔贝尔开始，到西斯蒙第结束。"③

古典政治经济学在英国得到最充分的发展，威廉·配第是英国古典政治经济学的创始人，到亚当·斯密时，古典政治经济学已经成熟，李嘉图则将古典政治经济学发展到最高水平。正是亚当·斯密和大卫·李嘉图的英国古典政治经济学，成为马克思主义的三大来源之一。

马克思指出："只要政治经济学是资产阶级的政治经济学，就是说，只要它把资本主义制度不是看作历史上过渡的发展阶段，而是看作社会生产的绝对的最后的形式，那就只有在阶级斗争处于潜伏状态或只是在个别的现象上表现出来的时候，它还能够是科学。"④亚当·斯密和大卫·李嘉图的经济学本身就包含有庸俗的因素，"只是在政治经济学达到一定的发展程度（即在亚当·斯密以后）和形成稳固的形式时，政治经济学中的一个因素，即作为现象观念的单纯的现象复写，即它的庸俗因素，才作为政治经济学的特殊表现形式从中分离出来"⑤。当无产阶级和资产阶级之间的阶级斗争逐渐展开，资产阶级就需要这种庸俗经济学来为其辩护了。

1820—1830 年，古典政治经济学被庸俗化，1830 年以后，终于为庸俗经济学所取代。马克思指出："1830 年，最终决定一切的危机发生了。资产阶级在法国和英国夺得了政权。从那时起，阶级斗争在实践方面和理论方面采取了日益鲜明的和带有威胁性的形式。它敲响了科学的资产阶级经济学的丧钟。现在问题不再是这个或那个原理是否正确，而是它对资本有利还是有害，方便还是不方便，违背警章还是不违背警章。无私的研究让位于豢养的文丐的争斗，不偏不倚的科学探讨让位于辩护士的坏心恶意。"⑥

庸俗经济学和古典经济学都是资产阶级经济学，都为资本主义制度辩护，但是二者之

---

①④ 《资本论》第 1 卷第 2 版跋，《资本论》第 1 卷第 16 页。

② 《资本论》第 3 卷第 376 页。

③ 《政治经济学批判》第 1 分册，《马克思恩格斯全集》第 2 版第 31 卷第 445 页。

⑤ 马克思：《剩余价值理论》第 3 分册第 556—557 页。

⑥ 《资本论》第 1 卷第 2 版跋，《资本论》第 1 卷第 17 页。

间也有很大区别。古典经济学家是以独立的思想家的身份，在深入研究了资本主义经济关系之后，深信资本主义制度是一个好的制度而为资本主义制度辩护的；而庸俗经济学者是在资产阶级豢养下作为一个奴仆身份出现的，他们完全根据主子的赏钱办事，而不考虑科学。庸俗经济学抛弃了古典经济学的科学成分，而把其中的庸俗因素分离出来，加以继承和发展。恩格斯指出："庸俗经济学的精髓，即替资本家剥削工人辩解。"①

马克思在世时，庸俗经济学的代表人物在法国有让·巴蒂斯特·萨伊（1767—1832）和弗雷德里克·巴师夏（1801—1850）；在英国有牧师托马斯·罗伯特·马尔萨斯（1766—1834）、詹姆斯·穆勒（1773—1836）、约翰·拉姆赛·麦克库洛赫（1789—1864）和纳索·威廉·西尼耳（1790—1864）；在德国有历史学派的先驱弗里德里希·李斯特（1789—1846）和历史学派的奠基人威廉·罗雪尔（1817—1894）；在美国有亨利·查理·凯里（1793—1879）。

马克思指出：巴师夏是庸俗经济学中"最浅薄的因而也是最成功的代表"②，"在所有的现代经济学家中，巴师夏先生的《经济的谐和》集庸俗之大成。只有癞蛤蟆才能搞出这种谐和的烂泥汤"③。

在古典经济学和庸俗经济学之间，还产生了以英国约翰·斯图亚特·穆勒（1806—1873）为代表的混合主义，这些"要求有科学地位、不愿单纯充当统治阶级的诡辩家和献媚者的人，力图使资本的政治经济学同这时已不容忽视的无产阶级的要求调和起来"④。他们"企图调和不能调和的东西"⑤，从而"宣告了'资产阶级'经济学的破产"⑥。

对长期处于封建割据状态的德国的政治经济学，马克思在1873年1月写的《资本论》第1卷第2版跋中用一句话作了概括："在德国，直到现在，政治经济学一直是外来的科学。"⑦ 德国的这种状况完全是由其历史条件决定的。1830年以前，英法资产阶级的古典政治经济学已得到充分的发展，而德国却由于容克地主的反动统治，直到1848年初，资本主义经济仍未得到发展，因而不可能创立科学的政治经济学理论。这就是马克思所指出的："政治经济学在我国缺乏生长的土壤。它作为成品从英国和法国输入；德国的政治经济学教授一直是学生。别国的现实在理论上的表现，在他们手中变成了教条集成，被他们用包围着他们的小资产阶级世界的精神去解释，就是说，被曲解了。"⑧

1848年欧洲革命以后，资本主义生产在德国迅速地发展起来。但是这时英法两国的无产阶级与资产阶级的阶级斗争早已公开爆发，德国西里西亚的纺织工人也举行了武装起义，声势浩大的工人运动，矛头直接指向资本主义制度，德国的新兴资产阶级受到极大的

---

① 恩格斯写给保尔·拉法格的信（1884年8月11日左右），《马克思恩格斯全集》第36卷第197页。

②⑤ 《资本论》第1卷第2版跋，《资本论》第1卷第18页。

③ 马克思写给恩格斯的信（1858年1月14日），《马克思恩格斯全集》第29卷第250页。《经济的谐和》，1850年巴黎出版。癞蛤蟆，原意是"池塘里的癞蛤蟆"，讽刺坐在国民公会会议大厅的最低的地方并经常投票拥护政府的一些法国国民公会成员。

④ 《资本论》第1卷第2版跋，《资本论》第1卷第17页。

⑥ 《资本论》第1卷第2版跋，《资本论》第1卷第17页。陈征教授在他的《〈资本论〉解说》中把约翰·斯图亚特·穆勒称为资产阶级的庸俗经济学家，这是不恰当的。马克思在《资本论》第1卷第705页中曾专门写了一个注，指出："为了避免误解，我说明一下，像约·斯·穆勒这类人由于他们的陈旧的经济学教条和他们的现代倾向发生矛盾，固然应当受到谴责，但是，如果把他们和庸俗经济学的一帮辩护士混为一谈，也是很不公平的。"

⑦⑧ 《资本论》第1卷第2版跋，《资本论》第1卷第15页。

震动，科学的资产阶级经济学在德国依然不能出现。马克思针对这种情况指出：“当他们能够不偏不倚地研究政治经济学时，在德国的现实中没有现代的经济关系。而当这些关系出现时，他们所处的境况已经不再容许他们在资产阶级的视野之内进行不偏不倚的研究了。”①“德国人在资产阶级经济学衰落时期，也同在它的古典时期一样，始终只是学生、盲从者和模仿者，是外国大商行的小贩。”②

但是，德国的无产阶级却对政治经济学作出了伟大的贡献，马克思指出：“德国社会特殊的历史发展，排除了‘资产阶级’经济学在德国取得任何独创的成就的可能性，但是没有排除对它进行批判的可能性。”③这方面的杰出代表就是马克思和恩格斯。马克思所写的伟大著作《资本论》，彻底批判了资本主义制度以及维护这一制度的资产阶级经济学。

---

① 《资本论》第1卷第2版跋，《资本论》第1卷第16页。

②③ 《资本论》第1卷第2版跋，《资本论》第1卷第18页。

第二章 《资本论》的研究对象和写作方法

一、《资本论》的研究对象

（一）《资本论》的研究对象是资本主义生产方式以及和它相适应的生产关系和交换关系

《资本论》是马克思最主要的一部政治经济学著作，因此，对《资本论》研究对象的理解，总是和对政治经济学研究对象的认识联系在一起。

政治经济学的研究对象是什么？从列宁到斯大林，都认为政治经济学是一门研究生产关系的经济科学。列宁在评论《资本论》时认为，“这个分析仅限于社会成员之间的生产关系。马克思一次也没有利用这些生产关系以外的任何因素来说明问题”[①]。1952 年，斯大林在《苏联社会主义经济问题》一书中为政治经济学的研究对象作了如下的规定：“政治经济学的对象是人们的生产关系，即经济关系。这里包括：（一）生产资料的所有制形式；（二）由此产生的各种社会集团在生产中的地位以及他们的相互关系，或如马克思所说的，‘互相交换其活动’；（三）完全以它们为转移的产品分配形式。这一切共同构成政治经济学的对象。”[②] 一直到今天，我国许多政治经济学的教科书，都根据这一观点阐述政治经济学的研究对象。

但是，只要我们读一读马克思的《资本论》第 1 卷第 1 版序言，就会发现列宁、斯大林的说法和马克思的观点是有很大差别的。在这篇序言中，马克思向读者说明：“我要在本书研究的，是资本主义生产方式以及和它相适应的生产关系和交换关系。”[③] 这里的差别是：第一，在内容上，马克思一开始就提出了生产方式，而在列宁、斯大林的定义中却没有生产方式；第二，在概念上，斯大林把生产关系和经济关系等同起来，因而在生产关系中又包括生产关系、交换关系和分配关系，列宁没有说明在生产关系中是否还包括交换关系和分配关系。而马克思在谈到生产关系时，却不包括交换、分配等其他方面的经济关系，因而在生产关系之后，又提出了交换关系。这里没有提到分配关系，并不是说马克思认为分配关系不是政治经济学的研究对象，否则就难以解释他在《资本论》第 3 卷中专门论述了分配问题。马克思在这篇序言中之所以没有提到分配关系，是因为分配关系取决于生产关系及交换关系，与生产关系及交换关系相比较，分配关系处于从属的地位。

从有关资料上看，我国经济学家王学文早在 1949 年就提出政治经济学要以生产方式为研究对象，他对生产方式的解释是：生产力和生产关系的统一。[④] 这就是说，政治经济

---

① 列宁：《什么是“人民之友”以及他们如何攻击社会民主党人?》，《列宁选集》第 1 卷第 9 页。

② 《斯大林文集》1985 年版第 655 页。

③ 《资本论》第 1 卷第 8 页。

④ 参见《政治经济学教程绪论》，《人民日报》1949 年 10 月 9 日—1950 年 1 月 3 日。

学不仅要研究生产关系，还要研究生产力。50 年代末和 60 年代初，李平心和方文两位学者先后在《新建设》和《经济研究》上继续发表上述观点，① 当时遭到学术界的坚决反对。反对者认为对马克思的生产方式概念可作多种解释，马克思在这里所说的生产方式，实质上指的是生产关系，因而坚持认为政治经济学的研究对象仍然只限于生产关系。

十年“文化大革命”结束后，情况有了新的变化，经济建设成为我国的中心任务，越来越多的学者认为政治经济学应该研究生产力，甚至主张“政治经济学要把生产力的研究放在首位”②。

主张政治经济学要研究生产方式，包括生产关系和生产力，这是对列宁和斯大林所规定的政治经济学研究对象的一个突破，但是在对生产方式的解释上，却照搬了斯大林在 20 世纪 30 年代写的《论辩证唯物主义和历史唯物主义》一文中对这一经济范畴所下的定义，和马克思所阐述的生产方式范畴是不一致的。

显然，根据上述认识去解释马克思所说的《资本论》研究对象中的生产方式，必然会产生逻辑上的混乱，《资本论》的研究对象将是资本主义的生产力和生产关系以及和它相适应的生产关系和交换关系，这是人们无法接受的。

究竟什么是马克思在《资本论》第 1 卷第 1 版序言中所说的生产方式呢？

马克思认为，生产方式也就是劳动的生产条件，包括劳动过程的技术条件和社会条件，或劳动的技术过程和社会组织。③ 生产方式是由生产资料和劳动者构成的，一定的生产资料和一定的劳动者结合起来，就构成一定的生产方式。

生产方式和生产关系、生产力三者之间并不是像斯大林所说的是一种谁包括谁的关系（“生产方式既包括社会生产力，也包括人们的生产关系”④），而是谁决定谁的关系。生产方式一方面要受生产力决定，另一方面它又决定着生产关系以及交换关系和分配关系。早在 1846 年 12 月 28 日马克思写给帕·瓦·安年科夫的信中，就指出了：“随着新的生产力的获得，人们便改变自己的生产方式，而随着生产方式的改变，他们便改变所有不过是这一特定生产方式的必然关系的经济关系。”⑤ 马克思在这里提出了一个重要的公式：生产力决定生产方式，生产方式决定经济关系。我们经常说生产力决定生产关系，这是一个简化了的公式，不应忘记，更不应否定，生产力是通过生产方式去决定生产关系的。在《资本论》第 3 卷第 994 页上，马克思又一次重复了这一原理。

如果我们按照马克思提出的上述公式去理解《资本论》第 1 卷第 1 版序言中的那句话，就不会遇到什么困难了。我们可以很明确地了解到，马克思关于政治经济学的研究对象是不限于生产关系的，首先还包括生产方式，其次还包括交换关系，但不包括生产力。而《资本论》这部著作就是专门研究资本主义的生产方式以及和它相适应的生产关系和交换关系的。

陈招顺和李石泉两位学者在《学术月刊》1963 年第 2 期发表的《试探生产方式的涵义》一文，不仅把生产方式作为政治经济学的研究对象提了出来，而且对生产方式作了符

---

① 《新建设》1959 年第 7、9 期；《经济研究》1961 年第 7 期。

② 熊映梧：《经济科学要把生产力的研究放在首位》，《经济科学》1980 年第 2 期。

③ 参见《资本论》第 1 卷第 366、583 页；《资本论》第 1 卷法文版中译本，中国社会科学出版社 1983 年版第 316 页。

④ 《论辩证唯物主义和历史唯物主义》，《斯大林文集》，人民出版社 1985 年版第 219 页。

⑤ 《马克思恩格斯选集》第 4 卷第 533 页。

合马克思原意的阐述，该文认为：“我们绝不能把生产方式这一范畴和生产力、生产关系等范畴混淆起来，它有着自己的内涵，这就是：在人们为谋得生计而从事物质资料的生产过程中，生产的各种因素自身和各种因素之间相互结合的方式方法。”这是我所看到的我国最早的一篇正确阐述马克思关于政治经济学研究对象的学术论文。

把生产力排除在政治经济学研究对象之外，并不意味着生产力不重要。有些学者正是根据生产力的重要性以及在这方面的经验教训，提出要把生产力列入政治经济学的研究对象。但是学科的划分毕竟不是根据重要性的程度来划分的，不能因为生产力重要，就把生产力列入政治经济学的对象，消费问题重要，又把消费列入政治经济学的对象，这样做，势必把政治经济学变得很庞杂，并把其他一切学科列为次要学科。

为了正确理解生产方式的涵义，还有必要正确理解生产力和生产关系的涵义。以下从几个有关概念的对比中来认清生产力和生产关系的涵义。

1. 生产力和生产方式

生产力即生产能力，它回答的是物质资料生产过程中各要素的状况，如劳动者的健康状况、受教育的程度、实际操作的水平和经验，生产工具的先进与落后，资源的贫富，基础设施的完善与否等等。一个社会的生产力水平表现出这个社会人们利用和改造自然的能力。在生产过程中，人们能够利用和改造自然，但不能征服自然。科学运用到生产中，就会转化为生产力，它虽不是生产力中一个独立的要素，但却渗透到生产力的各个要素之中，在现代社会中，科学技术对生产的发展起着决定性作用。教育通过其对象进行物质生产，也会转化为生产力。

劳动者、劳动对象和劳动资料不仅是生产力的要素，也是生产方式和生产关系的要素。要进行生产，必须使生产的各个要素结合起来，劳动者和生产资料结合的方式和方法，称之为生产方式。社会分工是由生产力状况决定的，历史上的各次社会大分工也表现了生产发展的不同阶段，但是社会分工本身的内容是说明在一定的生产力基础上劳动者和生产资料是如何结合的，生产是怎样组织的，因而它是属于由生产力所决定的生产方式，而不是生产力本身。旧的分工属于旧的生产方式，新的分工属于新的生产方式。[①] 使用手工工具和牲畜耕种土地的小农业属于旧的生产方式，使用机器耕种土地属于新的生产方式。[②] 不同的生产方式构成不同的经济时期，18 世纪 60 年代末开始的产业革命，用社会化的机器大生产代替分散的手工业生产，这是生产方式的一次重大变革，从此建立起资本主义的生产方式。1866 年经济危机以后股份公司的迅速发展，使资本主义生产方式发生了新的重大变化。

20 世纪 30 年代以来的说法是把人与生产工具（后来又扩大为生产资料）相结合，构成生产力，这是把生产方式说成是生产力，因而人们在谈生产力决定生产关系时，实际上谈的却是生产方式决定生产关系。从字面上看，在生产力和生产关系之间没有生产方式这一中间项；从内容上看，这里的生产力就是生产方式，不是没有生产方式这个中间项，而是没有处于第一项的生产力。马克思在谈到决定生产关系的生产力时，曾经举了从手推磨到蒸汽磨的例子，这才是在字面上与内容上相一致的生产力。

我们在了解了生产力与生产方式这两个概念的差别之后，就会发现主张政治经济学要

---

① 参见《马克思恩格斯选集》第 3 卷第 644 页。
② 参见《马克思恩格斯全集》第 38 卷第 306 页。

研究生产力的学者，实际要研究的是马克思所说的生产方式，而不是生产力本身。

2. 生产方式和生产关系

生产方式就是劳动者与生产资料的结合方式，这并不是说，生产方式只是一种人与物的关系。为了组织生产，在劳动者与生产资料的结合过程中，劳动者相互之间以及劳动者和生产管理者之间，必然会发生一定的关系。按照通常的说法，把这种在生产过程中发生的一切人与人之间的关系，都称之为生产关系，是不确切的，我们应当区分生产方式中的人与人之间的关系和生产关系中的人与人之间的关系。

生产方式中的人与人之间的关系是在一定的劳动者与一定的生产资料相结合的过程中，按照一定的组织形式与方法建立起来的。生产关系中的人与人之间的关系是按照与生产方式相适应的一定的社会性质建立起来的，如租佃关系、雇佣关系、互助合作关系等，这些关系建立在一定的生产资料所有制或占有制基础上，[①] 因而在生产关系中也不仅仅是人与人之间的关系，同时包含有这种人与物（生产资料）之间的关系。

资本主义社会的基本矛盾是生产的社会化与生产资料的资本主义私有制之间的矛盾，在这里，不仅资本主义的生产资料私有制是资本主义生产中的人与人之间的关系，生产的社会化同样也包含有资本主义生产中的人与人之间的关系。如果我们对生产过程中这两种不同的人与人之间的关系不加以区分，同样会把生产的社会化、社会分工、合作制、股份制、托拉斯和管理体制等，看作是一种生产关系，把上述资本主义基本矛盾说成是资本主义的生产关系与生产关系之间的矛盾。实际上，生产的社会化却是一种生产方式，上述基本矛盾指的是资本主义社会中生产方式与生产关系发生的冲突。

人类历史的发展首先是从生产力的变革开始的，随着新的生产力的出现，生产方式就会发生改变，生产方式的改变，又会引起生产关系、交换关系和分配关系等全部经济关系的改变，这里的公式是生产力决定生产方式，生产方式决定经济关系。另一方面，生产关系对生产方式和生产力也有反作用。

把马克思所说的生产方式等同于生产关系，不符合马克思的原意，在阅读马克思的著作时，必然会遇到难以解决的矛盾。

例如，马克思说："资本起初是在历史上既有的技术条件下使劳动服从自己的。因此，它并没有直接改变生产方式。所以我们上面所考察的、单靠延长工作日这种形式的剩余价值的生产，看来是与生产方式本身的任何变化无关的。它在旧式面包业中和在现代棉纺业中同样有效。"[②] "绝对剩余价值的生产只同工作日的长度有关；相对剩余价值的生产使劳动的技术过程和社会组织发生彻底的革命。因此，相对剩余价值的生产以特殊的资本主义的生产方式为前提……"[③] 很清楚，这里的生产方式指的是"劳动的技术过程和社会组织"，并非生产关系，否则就会解释成相对剩余价值的生产要以资本主义的生产关系为前提，而绝对剩余价值的生产却无需资本主义生产关系这个前提。

又如，马克思以"有了机器纺纱，就必须有机器织布，而这二者又使漂白业、印花业和染色业必须进行力学和化学革命"[④] 为例，说明："一个工业部门生产方式的变革，会

---

① 马克思曾经指出在原始社会中"存在着还只是占有，而没有所有权的家庭和部落整体"（《马克思恩格斯全集》第2版第30卷第43页）。

② 《资本论》第1卷第359页。

③ 《资本论》第1卷第583页。

④ 《资本论》第1卷第440页。

引起其他部门生产方式的变革。”[①] 很明显，这里的生产方式指的是手工纺纱或机器纺纱，手工织布或机器织布，并非生产关系。如果硬把生产方式说成是生产关系，就会把马克思的观点曲解为纺纱部门发生由手工纺纱到机器纺纱的生产关系变革，必定引起织布部门发生由手工织布到机器织布的生产关系变革。显然，这绝不是马克思的观点。

再如，资本主义股份公司的建立与发展，使新的资本主义生产方式（生产资料共同占有）取代了旧的资本主义生产方式（生产资料个人占有），马克思称为“这是资本主义生产方式在资本主义生产方式本身范围内的扬弃”[②]。如果将这里的生产方式解释为生产关系，就会曲解马克思的原意。

有的学者认为马克思所说的生产方式指的是生产资料所有制，资本主义生产方式就是资本主义的私有制。这同样不符合马克思的原意，因为马克思十分明确地指出资本主义私有制是“从资本主义生产方式产生的”[③]，资本主义生产方式产生资本主义私有制和资本主义生产方式就是资本主义私有制完全是两回事。

3. 生产关系和经济关系

马克思关于生产关系的概念是比较窄的，生产关系就是生产关系，不包括交换关系和分配关系。斯大林关于生产关系的概念却很宽，生产关系等同于经济关系，因而在生产关系中又有生产关系、交换关系和分配关系。这就是关于政治经济学的研究对象，斯大林只说生产关系，而马克思却在生产关系之后，又加上交换关系的原因。

斯大林的说法存在两个问题：第一，把生产关系决定交换关系和分配关系同生产关系包括交换关系和分配关系二者混为一谈；第二，没能区分两种不同的交换关系和分配关系。作为生产资料和劳动的交换及分配，直接归入生产的要素，起决定性的作用；作为消费资料的交换及分配，独立于生产之外，对生产来说，处于被决定的地位，不能归入生产的要素。

4. 生产关系和经济基础

马克思在《政治经济学批判》序言中指出：“人们在自己生活的社会生产中发生一定的、必然的、不以他们的意志为转移的关系，即同他们的物质生产力的一定发展阶段相适合的生产关系。这些生产关系的总和构成社会的经济结构，即有法律的和政治的上层建筑竖立其上并有一定的社会意识形式与之相适应的现实基础。”[④] 有些学者据此把经济基础与生产关系等同起来，并且根据斯大林在《苏联社会主义经济问题》一书中所阐述的生产关系的三点内容去理解经济基础的内容，这是不确切的。

第一，经济基础和生产关系在人类社会中所处的地位不同，经济基础是对上层建筑而言，生产关系是对生产方式或生产力而言。

第二，作为经济基础的生产关系是生产关系的总和，所谓生产关系的总和也就是在一定社会中占统治地位的生产关系的系统和体系。

第三，经济基础范畴和通常所说的生产关系，在内容上也有很大不同。构成经济基础的不仅是生产关系，整个物质生活资料的生产以及随之而来的产品交换，都构成一个社会的经济基础，但却不包括分配关系。

---

① 《资本论》第1卷第440页。
② 《资本论》第3卷第497页。
③ 《资本论》第1卷第874页。
④ 《马克思恩格斯全集》第2版第31卷第412页。

恩格斯在《反杜林论》中指出："唯物主义历史观从下述原理出发：生产以及随生产而来的产品交换是一切社会制度的基础；在每个历史地出现的社会中，产品分配以及和它相伴随的社会之划分为阶级或等级，是由生产什么、怎样生产以及怎样交换产品来决定的。"① 在1894年1月25日写给瓦·博尔吉乌斯的信中，恩格斯又具体指出："我们视之为社会历史的决定性基础的经济关系，是指一定社会的人们生产生活资料和彼此交换产品（在有分工的条件下）的方式。因此，这里包括生产和运输的全部技术。……此外，包括在经济关系中的还有这些关系赖以发展的地理基础和事实上由过去沿袭下来的先前各经济发展阶段的残余（这些残余往往只是由于传统或惰性才继续保存着），当然还有围绕着这一社会形式的外部环境。"② 人们阅读马克思在《政治经济学批判》序言中说的"生产关系的总和构成社会的经济结构"这句话时，往往容易产生两方面的误解，一方面，把经济基础的内容理解成只是由生产关系构成的，不再包括其他，没有注意到马克思在这句话的后面，接着又指出："物质生活的生产方式制约着整个社会生活、政治生活和精神生活的过程。"③ 更没有注意到马克思在《资本论》中对上述"社会经济结构"所作的解释是"一定的生产方式以及与它相适应的生产关系"④，从而对经济基础的内容理解得太狭窄。有的学者把社会主义制度通过先夺取政权，后建立生产关系这一原理，误认为社会主义制度是"先有社会主义的上层建筑，然后才有社会主义的经济基础"⑤，就是由于把经济基础等同于生产关系而产生的。另一方面，把分配关系包括到生产关系的内容中去，从而认为经济基础的内容包括分配关系，这又不恰当地扩大了经济基础的内容。

（二）生产、交换、分配和消费的相互关系

《资本论》的研究对象是资本主义的生产方式以及和它相适应的生产关系、交换关系和分配关系。现在进一步研究生产、交换、分配和消费的相互关系。

1. 生产和交换的关系

交换，从广义上说，包括劳动的交换、生产资料的交换及消费品的交换。马克思指出："交换就其一切要素来说，或者是直接包含在生产之中，或者是由生产决定。"⑥ 劳动及生产资料这两个要素的交换，直接属于生产，是生产过程中不可缺少的一个组成部分，因而是一种生产行为。我们现在所说的交换是指"表现为独立于生产之旁，与生产漠不相干"⑦，直接为了消费而进行的产品交换，这种产品交换在商品经济条件下表现为商品交换。

消费品的交换是由生产决定的，生产对这种交换的决定性作用有以下三个方面：第一，没有生产，交换就不能发生。由于交换一开始就是产品的交换，没有产品的生产，就不可能有产品的交换。相反，没有交换，生产仍然可以进行，如原始社会的氏族经济和农奴制社会的小农经济，就是如此。第二，生产的性质决定交换的性质。马克思指出，"私人交换以私人生产为前提"⑧。第三，生产的发展和结构决定交换的深度、广度和方式。例如，在原始社会的很长时期里，由于生产力水平低下，偶尔才有剩余产品，产品的交换

---

① 《马克思恩格斯选集》第3卷第617页。

② 《马克思恩格斯选集》第4卷第731页。

③ 《马克思恩格斯全集》第2版第31卷第412页。

④ 《资本论》第1卷第100页。

⑤ 李达：《我国现阶段的上层建筑和经济基础的关系》，《学习》杂志1958年第12期。《人民日报》1977年9月17日乌疆的文章《无产阶级专政下继续革命的伟大任务》，重复了这一观点。

⑥⑦⑧ 马克思：《政治经济学批判》导言，《马克思恩格斯全集》第2版第30卷第40页。

因而也是偶然发生的。随着生产力水平的逐步提高，人类出现了第一次社会大分工，产品的种类和数量日益增多，交换也日益发展起来。

生产决定交换，但是不能代替和取消交换，交换有着自己的职能，并且通过它的活动对生产发生反作用。交换对生产的影响表现在以下两个方面：第一，影响生产的规模和分工。例如，当开辟了新的市场，从而扩大了交换范围之后，生产规模也会扩大，分工也会更细。第二，交换对生产关系方面也有重大影响。列宁在论述遗产制度时指出："遗产制度以私有制为前提，而私有制则是随着交换的出现而产生的。"① 在奴隶制度下，奴隶被当作商品投入市场买卖，也是在商品交换发展起来的基础上发展起来的。在资本主义制度下，商品交换和在这一基础上发展起来的劳动力的买卖，成为资本主义生产关系产生的历史前提。

2. **生产及交换和分配的关系**

分配，从广义上说，包括生产资料的分配、劳动力的分配和消费品的分配。生产资料和劳动力的分配，构成生产的要素，因而属于生产本身，我们这里所说的分配指的是消费品的分配。

马克思指出："消费资料的任何一种分配，都不过是生产条件本身分配的结果；而生产条件的分配，则表现生产方式本身的性质。"② 生产决定分配，表现在两个方面：一个方面是生产的对象决定分配的对象，因为能分配的东西只能是生产的成果。另一个方面是生产的形式决定分配的形式，个人以雇佣劳动的形式参与生产，就以工资的形式参与生产成果的分配。此外，生产的结构也决定着分配的结构。

消费品的分配不仅受生产支配，也受交换支配。从历史上看，分配上的差别就是由交换关系的发展而引起的。在农奴制社会，由实物地租形式向货币地租形式的转变，直接取决于商品交换发展的情况；在资本主义社会，劳动力被当作商品进行买卖，这种交换形式决定了工人新创造的价值被分割为劳动力价值和剩余价值，工人以工资形式获得劳动力价值，资产者以利润和利息的形式获得剩余价值；在商品经济中，生产过程结束之后，继起的是交换过程，然后才是分配过程，产品只有在卖出了之后，使用价值转化为价值，然后才有可能进行分配。

但是，分配不仅仅是生产和交换的消极的产物，它反过来又会影响生产和交换，或者是阻碍新的生产方式和交换方式的发展，或者是促使新的生产方式和交换方式的发展。

3. **生产和消费的关系**

原来意义上的生产指的是劳动者和生产资料在劳动过程中结合起来制造产品的活动，这也称作是第一种生产。广义上的生产还包括人们在生活中对第一种生产的产品进行消费之后，生产人的身体，这是第二种生产，也称之为消费的生产。我们现在要研究的生产是原来意义上的生产，至于和消费同一的生产，即第二种生产，划入消费范畴。第二种生产有时也指人类自身的生产，即人口的繁殖。

同样，原来意义上的消费指的是人们在生活中对第一种生产的产品进行的消费。广义上的消费还包括在生产过程中对劳动力和生产资料的使用和消耗，即生产的消费。我们现在要研究的消费是原来意义上的消费，即个人生活的消费，至于直接与生产合一的消费，

---

① 《什么是"人民之友"以及他们如何攻击社会民主党人?》，《列宁选集》第1卷第21页。

② 《哥达纲领批判》，《马克思恩格斯选集》第3卷第306页。

划入生产范畴。

在生产和消费的关系中，生产起着决定作用，表现在：第一，为消费提供产品，没有生产，消费就没有对象；第二，消费的方式也取决于生产，当生产不能提供刀叉和火时，人们就只能靠手和牙齿啃吃生肉而不能用刀叉吃熟肉；第三，消费的动力来自于生产的产品，如同艺术品创造出能欣赏艺术的大众一样。

消费也反作用于生产：第一，通过消费，使劳动者得以生存和发展，这是再生产的必要条件；第二，生产的目的是消费，消费创造出生产的动力，创造出新的生产的需要；第三，生产只有通过消费才最后完成，没有消费，产品不成其为产品，生产者也不成其为生产者。

（三）揭示资本主义经济运动的规律是写作《资本论》的最终目的

经济规律是在经济运动过程中各种经济现象表现出的内在的、本质上的联系，写作《资本论》的目的在于揭示出被各种经济现象掩盖着的经济规律，促进人类社会的发展。

1. 经济规律的普遍性和历史规定性

经济规律反映了社会经济的本质联系，如追求剩余价值是资本主义生产关系的必然产物，剩余价值的规律就成了资本主义的经济运动规律，它既适用于资本主义的英国，也适用于资本主义的德国、法国等。马克思说："我在理论阐述上主要用英国作为例证。但是，如果德国读者看到英国工农业工人所处的境况而伪善地耸耸肩膀，或者以德国的情况远不是那样坏而乐观地自我安慰，那我就要大声地对他说：这正是说的阁下的事情！"①

经济规律的普遍性是建立在历史性的基础上的，一定的经济条件产生一定的经济规律，经济条件变了，经济规律也就变了，旧的经济规律退出历史舞台，新的经济规律开始发生作用。马克思赞赏俄国资产阶级经济学家伊·伊·考夫曼（1848—1916）对马克思的观点作的这样的介绍："每个历史时期都有它自己的规律……一旦生活经过了一定的发展时期，由一定阶段进入另一阶段时，它就开始受另外的规律支配。"

2. 共有的经济规律和特有的经济规律

经济规律共有两类，一类称之为特有的经济规律，是在特定的生产方式和交换方式下产生出来的经济规律；另一类称之为共有的经济规律，如社会生产按比例发展的规律、生产关系和生产力性质相适应的规律，它适用于人类的一切生产方式。共有的经济规律也称一般经济规律，在不同生产方式中表现形式不同，考夫曼介绍了马克思的观点，"经济生活的一般规律，不管是应用于现在或过去，都是一样的。……这样的抽象规律是不存在的"。马克思肯定了这一介绍。

除了上述两类经济规律外，还有一种经济规律如价值规律，是在商品经济条件下发生作用的规律，因而它既不是属于某一社会形态所特有的经济规律，也不是属于一切社会形态所共有的经济规律，而是属于若干社会形态所共有的经济规律。

3. 经济规律的客观性和人们的主观能动性

经济规律是客观存在的，它的产生与变化以一定的经济条件为基础，而不以人们的主观意志为转移。具体地说：第一，人们不能消灭、改造或跳越现有的经济规律；第二，当人们违反经济规律时，经济规律可能会因此改变表现形式，减缓经济规律的运行，但不会改变它的作用和发展的趋向；第三，人们也不能创造出新的经济规律。

---

① 《资本论》第1卷第1版序言，《资本论》第1卷第8页。

但是，人们在客观经济规律面前也不是无能为力的：第一，人们能够发现、认识和利用经济规律；第二，创造条件为经济规律发挥作用提供更充分、更广阔的场所；第三，限制经济规律的活动范围；第四，把某些经济规律的破坏作用引导到另一方面，如转嫁资本主义经济危机到他国；第五，缩短和加快经济规律运动的进程。马克思指出：“一个社会即使探索到了本身运动的自然规律，……它还是既不能跳过也不能用法令取消自然的发展阶段。但是它能缩短和减轻分娩的痛苦。”①

在我国学术界的一些论著中，经常可以读到“在私有制经济中，经济规律自发地发挥作用”，这种说法欠妥。经济规律是客观存在，并无自发与自觉之分，我们只能说，在私有制下人们不能自觉地运用经济规律，而是自发地或盲目地受经济规律支配。

即使这样说，也并非是说在现实生活中，在私有制下人们就一定不能自觉地运用经济规律，在公有制下人们就一定能够自觉地运用经济规律。

二、《资本论》的写作方法

唯物辩证法是研究和写作《资本论》的根本方法，从抽象到具体则是建立经济学科学体系唯一正确的方法。

（一）唯物辩证法

1. 唯物辩证法的特征

在自然科学和社会科学的研究中，有许多具体的方法，如实验的或实证的方法和抽象的方法，逻辑的方法和历史的方法，分析的方法和综合的方法，归纳的方法和演绎的方法，数学的方法等等，但根本的方法则是唯物辩证法。唯物辩证法是指导任何具体科学进行研究和论述的根本方法，政治经济学也不例外。

马克思在《资本论》第1卷第2版跋中引用了俄国经济学者考夫曼关于《资本论》方法的叙述之后说：“这位作者先生把他称为我的实际方法的东西描述得这样恰当，并且在谈到我个人对这种方法的运用时又抱着这样的好感，那他所描述的不正是辩证方法吗？”②

唯物辩证法是和形而上学相对立的一种宇宙观。形而上学的特征是用孤立的、静止的和片面的，也是表面的观点去观察世界和认识人类社会，18世纪的机械唯物论、19世纪末和20世纪初的庸俗进化论都属于这种思想体系。和形而上学的宇宙观相反，唯物辩证法主张用矛盾的方法，透过现象，从事物的发展和相互关系中探寻事物的本质，揭示出物与物背后的人与人之间的关系，研究事物发展的原因，包括内因和外因。将唯物辩证法运用到观察人类社会的发展，就形成了历史唯物主义，又称唯物史观。

2. 唯物辩证法的三大规律

唯物辩证法包含三大规律，即对立统一规律、量变质变规律和否定之否定规律。③

对立统一规律，又称矛盾的规律。矛盾是普遍存在的，不同的事物、不同的发展阶段，矛盾的表现各不相同，事物内部的矛盾是事物发展的内因，也是事物发展的根本原因。

---

① 《资本论》第1卷第1版序言，《资本论》第1卷第9—10页。

② 《资本论》第1卷第1版序言，《资本论》第1卷第21页。

③ 参见恩格斯：《自然辩证法》，《马克思恩格斯选集》第4卷第310页。

量变质变规律。事物的发展有一个从量变到质变的过程，量变是渐进的，不易为人们觉察，量变发展到一定程度，就会引起突发的质变，所谓“冰冻三尺，非一日之寒”，就是这个道理。质变也可分为局部的质变和全面的质变。

否定之否定规律。事物的发展经历三个阶段，首先是肯定阶段，接着是对肯定进行否定的阶段，最后，是对这一否定再次否定的阶段。最后的否定并非是退回到原来的肯定阶段上来，而是波浪式的前进，螺旋式的上升。

毛泽东认为，唯物辩证法中最基本的规律是对立统一规律，量变质变规律和否定之否定规律是对立统一规律作用的表现和后果。

3. 马克思创建的唯物辩证法

辩证法的思想早在古代的社会中就已出现了，进入资本主义社会后，德国古典哲学家黑格尔（1770—1831）在他的哲学著作中进行了专门的论述，但是他的辩证法建立在唯心主义的基础上，因而是倒立着的，内核是合理的，外壳却是神秘的。马克思剥去这一神秘的外壳，吸收了合理的内核，创建了唯物辩证法。

按照唯物辩证法的要求，不仅从生产力、生产方式和经济关系的相互关系中以及生产、交换、分配和消费的相互关系中去研究经济问题，而且还要从上层建筑和经济基础的相互关系中去研究经济关系。构成经济基础的是生产以及随生产而来的产品交换，构成上层建筑的是政治、法律制度，教育制度，以及道德观念和意识形态。经济基础对上层建筑起决定作用，上层建筑对经济基础也有促进或阻碍的反作用。

（二）从抽象到具体的方法

1. 如何理解从抽象到具体的方法

（1）具体和抽象的两种涵义。

具体和抽象有两种不同的涵义。第一种涵义，也是通常所说的涵义，具体指的是对客观世界中具体事物的直观认识。人们在实践中，首先看到的是具体事物的表面现象，有了一些感性认识，然后由表及里，从形式到内容，经过去粗存精的抽象过程，从现象深入到本质，揭示事物发展的规律，从感性认识逐步上升到理性认识，总结出理论。如果说具体是直观的感性认识的话，抽象就是对客观具体事物的本质上的理性认识。第二种涵义，具体指的是规定性复杂的范畴，抽象指的是规定性简单的范畴。在建立政治经济学科学体系时所说的从抽象到具体的方法，也就是从最简单的经济范畴开始，逐步上升到越来越复杂的经济范畴。例如对资本主义经济的分析就是从最简单的经济范畴商品和价值开始，进而分析货币、资本、地租，最后上升到国际贸易和世界市场。这种进程也是政治经济学的写作方法和叙述方法。

（2）从抽象到具体的方法的特点。

从抽象到具体的方法的特点在于，前面的简单的抽象范畴一定要排除后面较复杂的具体范畴的进一步规定性，而后面较复杂的具体范畴则会包括前面较简单的抽象范畴的主要规定性。例如，商品这一最简单的经济范畴的主要规定性是进行交换的劳动产品，它包含使用价值与价值两个属性。当这一商品中的贵金属用来充当一般等价物时，这种商品就转化为货币，货币首先也是商品，不过是用来充当一般等价物的一般商品，商品这一范畴不包括成为货币的进一步规定性，即充当一般等价物，而作为货币，却一定会包括商品范畴的主要规定性；当货币不再是单纯地用来充当交换的中介，而是用来进行价值增殖时，货币就转化为资本，作为资本的货币包含有作为货币的货币的主要规定性，即充当一般等价物，而作为货币的货币却绝不包含有成为资本的货币的进一步规定性，即不断带来剩余价值的价值。

（3）研究方法和写作方法的比较。

在研究过程中，从客观世界与主观世界的关系上看，从具体到抽象的过程就是从形式深入到内容，从现象深入到本质，从感性认识提高到理性认识的过程；在建立理论体系过程中，是从抽象到具体，即从简单范畴到复杂范畴。对后一过程不能理解为前一过程的颠倒，否则的话，简单范畴成为内容、本质、理性认识，复杂范畴成为表现形式、现象、感性认识。这样理解当然是不正确的，因为无论是简单范畴或复杂范畴，都是通过从形式深入到内容，从现象深入到本质，从感性认识上升到理性认识这一过程抽象出来，即使是最抽象最简单的经济范畴如价值，也是通过 20 码麻布 =1 件上衣这一表现形式分析出来的。但这是属于研究方法问题，和这里谈的从抽象到具体的建立理论体系的方法是两回事。从抽象到具体的方法不能简称为抽象法，因为抽象法往往指的是研究方法，不能反映出在研究的基础上建立理论框架时从抽象到具体的逻辑思维过程。

（4）政治经济学体系终点的具体范畴。

在思维过程中，简单范畴不断补充越来越多的规定性，最后形成由许多规定性综合而成的具体范畴。现在出现在我们面前的具体已不同于作为研究起点的现实生活中的具体，那种具体是客观存在而尚未被人们认识的混沌的整体表象，现在的具体是在思维中再现出来的具有许多规定性构成的丰富的总体。

（5）政治经济学科学体系的客观性。

从抽象到具体展开的理论结构给人以错觉，认为这个结构是先验的，由人们主观编造出来的，产生这一错觉的原因是没有区分研究方法和叙述方法。从研究方法看，必须从大量的具体材料入手，经过分析得出一些科学的结论，这一过程一旦完成，如何从理论上把具体再现出来，这就是另一回事了。从抽象到具体的表述方法是以大量的研究作为基础和前提的，因而并不是先验的。

2. 马克思在政治经济学方法论上的贡献

从抽象到具体的政治经济学理论体系是由马克思总结了前人的经验教训之后建立起来的。17 世纪的经济学家的著作往往从人口、民族、国家等具体范畴开始，最后分析一些抽象的一般的关系，如分工、货币、价值等简单范畴。威廉·配第在他的《赋税论》（1662 年）著作中，从赋税入手，逐步分析出价值，从完整的表象中，提炼出一些抽象的规定，为建立科学的政治经济学体系准备了条件。但这并不是建立政治经济学体系的正确方法，因为作为剩余价值表现形式的赋税，离开了作为出发点的价值就不可能阐明剩余价值，离开剩余价值又不可能阐明赋税。因此，要阐明赋税，还得从抽象的价值入手，逐步进展到对比较具体的赋税范畴的分析，否则将寸步难行。17 世纪的经济学家在这应该作为开始的地方却停住了，因而没有建立起自己的理论体系。进入 18 世纪以后的经济学家如亚当·斯密和大卫·李嘉图，在他们的著作一开始就从价值与货币入手展开他们的理论体系，他们的缺点之一是没能形成从简单到复杂的系列范畴。例如，在李嘉图的主要著作《政治经济学及赋税原理》中，第一章标题是“论价值”，第二章标题就是“论地租”，从价值范畴一下子跳越到地租范畴，因而不能形成严密的科学体系。

从抽象到具体的方法并非属于政治经济学所采用的特有的方法，而是适用于一切科学理论体系的一般方法，这种方法最先是由黑格尔提出来的，他认为：“逻辑理念的开展是由抽象进展到具体"[①]，"首先，这种前进是这样规定自身的，即：它从单纯的规定性开始，而后继的总是愈加丰富和愈加具体。因为结果包含它的开端，而开端的过程以新的规定性丰富了结果。普遍的东西构成基础；……普遍的东西在它的特殊化中、在判断和实在中，保持自身；普遍的东西在以后规定的每一阶段，都提高了它以前的全部内容，它不仅没有因它的辩证的前进而丧失什么，丢下什么，而且还带着一切收获和自己一起，使自身更丰富、更密实"[②]。但是，黑格尔是个唯心论者，他认为事物的发展是概念的自我运动的表现，颠倒了主观世界和客观世界的关系。马克思汲取了黑格尔的逻辑方法，将它建立在唯物论的基础上，并且运用到政治经济学中来，建立起科学的政治经济学理论体系。

在生物学研究中，人们借助于显微镜进行观察；在化学研究中，人们借助于化学试剂进行分析；而在政治经济学中，则用抽象力来代替显微镜和化学试剂。只有在完成这一研究过程之后，才能转入写作或叙述过程。

3. 逻辑方法和历史方法的比较

逻辑的方法是和历史的方法相对而言的分析和综合的方法，所谓历史的方法是按照历史的实际演变过程进行写作，对于政治经济学理论来说，这条路是行不通的，因为"历史常常是跳跃式地和曲折地前进的，如果必须处处跟随着它，那就势必不仅会注意许多无关紧要的材料，而且也会常常打断思想进程"[③]。历史的发展有多种情况，一种是历史的反复与曲折，例如资本主义制度是经过多次复辟和反复辟的过程最后才确立起来的；另一种是历史的交替与交错，在历史发展的新旧交替过程中，往往多种经济形式交错在一起，在同一时期，不同的国家实行不同的经济制度，甚至同一国家也会并存着多种经济关系；此外，历史还会出现跳跃式地发展，跳过某一个阶段或历史时期。如果按照历史的方法写作经济学理论，就会按照历史的上述演变而反复交错地甚至跳跃式地展开，内容既重复杂乱，思路也经常中断，忽进忽退，忽左忽右，打乱了逻辑体系。

从抽象上升到具体的逻辑方法"只是思维用来掌握具体，把它当作一个精神上的具体再现出来的方式"[④]。例如，作为资本主义现实生活中客观存在的地租，尽管从历史上看它早于资本存在，但从思维过程来说，只能是从资本进而到地租，而不能相反；又如，在资本主义现实生活中，受供求关系影响，商品价格极少会与商品价值一致，而按逻辑的方法，却先假定商品价格与商品价值相一致。逻辑的方法与历史的方法是两种不同的方法，但不是相互对立的两种方法，从一定意义上说，逻辑的方法也就是摆脱历史发展中对思维进程起干扰作用的历史的方法。

---

① 《小逻辑》，商务印书馆 1980 年版第 190 页。
② 《逻辑学》（下卷），商务印书馆 1976 年版第 549 页。
③ 恩格斯：《卡尔·马克思〈政治经济学批判。第 1 分册〉》，《马克思恩格斯选集》第 2 卷第 43 页。
④ 马克思：《政治经济学批判》导言，《马克思恩格斯全集》第 2 版第 30 卷第 42 页。

第三章　政治经济学写作的准备阶段

（1843 年 10 月—1857 年 7 月）

一、马克思的生平

（一）在德国出生、读书和办报（1818 年 5 月 5 日—1843 年 10 月底，共 25 年）

卡尔·马克思，1818 年 5 月 5 日诞生于普鲁士莱茵省特里尔城的一个犹太人律师家庭。1830 年秋至 1835 年 9 月在特利尔中学读书，中学毕业后进了大学。马克思在大学里是学法律的，开始时是在波恩大学法律系（1835 年 10 月—1836 年 10 月），一年后，转入柏林大学的法律系（1836 年 10 月—1841 年 3 月），一直读到大学毕业。马克思虽然进的是法律系，但主要精力是用在哲学和历史上。在柏林大学，马克思参加了"黑格尔左派"的小组。大学毕业时提交一篇学位论文《德谟克利特的自然哲学和伊壁鸠鲁的自然哲学的区别》，被授予哲学博士证书，从这篇论文可以看出当时"马克思所持的还完全是黑格尔唯心主义的观点"①。

1841 年 7 月初，马克思来到波恩，打算当教授，由于各大学解聘进步学者，这就使马克思不得不放弃做学者的志愿。

从 1836 年起，青年黑格尔派中的费尔巴哈开始批判神学，转向唯物主义。1841 年，出版了《基督教的本质》一书，唯物主义在他的思想中完全占了上风。恩格斯说："这部书的解放作用，只有亲身体验过的人才能想象得到。那时大家都很兴奋；我们一时都成为费尔巴哈派了。"②

1842 年 1 月 1 日，同黑格尔左派接近的莱茵激进资产者，在科隆创办了反对派的报纸《莱茵报》，马克思成为该报主要撰稿人之一。马克思发表了对第六届莱茵省议会上关于出版自由的辩论，关于林木盗窃法的辩论的评论，以及维护政教分离等文章，"从这些文章可以看出马克思开始从唯心主义转向唯物主义，从革命民主主义转向共产主义"③。

1842 年 10 月，马克思担任《莱茵报》主编，该报在马克思的指导下，革命民主趋向愈来愈明确。普鲁士政府在 1842 年年底下令自 1843 年 3 月 31 日起封闭《莱茵报》，《莱茵报》股东企图妥协，马克思坚决反对。1843 年 1 月 1 日，马克思离开了主编的职务，但仍不公开地为该报撰稿，3 月 17 日他发表声明退出了编辑部。

在办报期间，马克思遇到了有关经济问题的争论，他在《政治经济学批判》序言中列举了以下三件事：（一）莱茵省议会关于林木盗窃和地产析分的讨论；（二）莱茵省总督冯·沙培尔先生就摩泽尔农民状况同《莱茵报》展开的官方论战；（三）关于自由贸易和

---

①③　列宁：《卡尔·马克思》，《列宁全集》第 26 卷第 83 页。

②　《路德维希·费尔巴哈和德国古典哲学的终结》，《马克思恩格斯选集》第 4 卷第 222 页。

保护关税的辩论。马克思说：这些问题的争论“是促使我去研究经济问题的最初动因”[①]。恩格斯后来也回忆说：“我曾不止一次地听到马克思说，正是他对林木盗窃法和摩泽尔河地区农民处境的研究，推动他由纯政治转向研究经济关系，并从而走向社会主义。”[②]

（二）在巴黎编辑杂志和研究经济学（1843 年 10 月底—1845 年 2 月初，共 1 年多）

1843 年 10 月底，马克思来到巴黎，与资产阶级激进分子阿·卢格共同主编《德法年鉴》，因为马克思与卢格存在着原则上的分歧，这个杂志只在 1844 年 2 月出了一期双刊号便停刊了。马克思在这一期上发表了《论犹太人问题》及《黑格尔法哲学批判》导言，“马克思在这个杂志上发表的文章表明他已经是一个革命家。他主张‘对现存的一切进行无情的批判’，尤其是‘武器的批判’；他诉诸群众，诉诸无产阶级”[③]。这些论文标志着马克思从唯心主义转向唯物主义，从革命民主主义转向共产主义的过程已“彻底完成”[④]。恩格斯在《共产党宣言》1888 年英文版序言中说他和马克思“早在 1845 年前的几年中就已经逐渐接近了”在《共产党宣言》中表述的唯物主义，1845 年春，马克思“已经把这个思想考虑成熟”，并明晰表述出来。[⑤] 恩格斯在《资本论》第 3 卷序言中指出马克思在 1845 年作出了“政治状态和政治事件无论何时何地都可以在相应的经济状态中找到说明这样一个发现”[⑥]。列宁在《卡尔·马克思》一文中说马克思的观点形成于 1844—1845 年。[⑦]

（三）在布鲁塞尔继续研究经济学（1845 年 2 月初—1848 年 3 月，共 3 年）

马克思是在来到巴黎之后开始研究政治经济学的。1845 年 1 月 25 日，法国政府在普鲁士政府的压力下，下令驱逐马克思。2 月初，马克思到了比利时的布鲁塞尔，继续研究政治经济学。7 月至 8 月，马克思和恩格斯同往伦敦及曼彻斯特研究英国经济学家的著作，进一步了解英国的经济政治状况。

（四）流亡于法、德（1848 年 3 月—1849 年 8 月，共 1 年多）

1848 年 2 月，从法国开始，欧洲爆发了资产阶级革命。二月革命发生，打断了马克思的经济研究工作。1848 年 3 月，在比利时被捕，并被驱逐出境后，马克思立即重返巴黎。到巴黎时，德国三月革命已经开始，马克思很快离开巴黎回德国参加革命，在科隆创办了《新莱茵报》。1849 年 5 月，马克思被逐出德国，再次来到巴黎，一个月后又被法国政府驱逐出境。

（五）在伦敦定居（1849 年 8 月—1883 年 3 月 14 日，共 33 年多）

1849 年 8 月，马克思由巴黎到了伦敦，从此定居在伦敦，直到 1883 年 3 月 14 日逝世。到达伦敦的第二年，马克思恢复了政治经济学的研究工作，其最终成果是为全世界无产者写出了一部最伟大的著作——《资本论》。

二、马克思从事政治经济学的研究与写作的进程

从 1843 年 10 月底到 1883 年 3 月，马克思用了约 40 年的时间从事政治经济学的研究

---

① 《政治经济学批判》序言，《马克思恩格斯全集》第 2 版第 31 卷第 411 页。

② 恩格斯写给理·费舍的信（1895 年 4 月 15 日），《马克思恩格斯全集》第 39 卷第 446 页。

③ 列宁：《卡尔·马克思》，《列宁全集》第 26 卷第 49 页。

④ 列宁：《卡尔·马克思》，《列宁全集》第 26 卷第 83 页。

⑤ 参见《马克思恩格斯选集》第 1 卷第 257—258 页。

⑥ 《资本论》第 3 卷第 21 页。

⑦ 参见《列宁全集》第 26 卷第 52 页。

与写作。根据整个工作的进展过程，这40年可分为以下三个阶段。

（一）搜集资料，写政治经济学的读书笔记

这一阶段从时间上来说，由1843年10月底开始，到1857年7月，共14年，是为政治经济学著作的写作做准备的阶段。由于这个准备工作时断时续，这些笔记包括三部分，即1843—1847年读书笔记、1850—1853年读书笔记和1857年读书笔记。

（二）写作与出版《政治经济学批判》

这一阶段从1857年8月下旬开始，到1863年6—8月止，共6年时间。在搜集了大量资料和定下了纲要之后，马克思就动手写作了。马克思当时计划这部著作的名称叫“政治经济学批判”，于1857年8月下旬至1858年3月完成了初稿，打算修订后分6册出版。第1册的第1分册谈商品和货币，相当于现在的《资本论》第1卷第1篇，于1859年1月写完，6月出版。第1分册写完后，马克思立即着手第2分册《资本》的写作，在写作过程中，马克思对政治经济学又进行了大量的研究工作，写下了1861—1863年经济学手稿，并且决定书名改为“资本论”，而以“政治经济学批判”作为副题出版他的经济学著作。1861—1863年经济学手稿也就成了《资本论》的第一个手稿。

（三）《资本论》手稿的修订与出版

从1863年8月开始，马克思动手对1861—1863年经济学手稿进行整理，到1865年底，写出了《资本论》的第二个手稿。从1866年1月1日开始，对《资本论》第1卷进行誊清与加工，1867年4月2日完成。1867年9月《资本论》第1卷（第1册）德文版在德国汉堡出版发行。从1867年8月开始，马克思着手对《资本论》以下各卷的整理与修订，1881年10月后因病情恶化，这项工作未能完成便去世了。这一阶段共经历了近20年。

整理与出版《资本论》第2至4册的任务由恩格斯担当下来。1885年7月出版了《资本论》第2卷（第2册），1894年12月出版了《资本论》第3卷（第3册）。但是，恩格斯没有来得及整理出版作为《资本论》第4卷（第4册）的《剩余价值理论》，也去世了，原稿保存在卡·考茨基手中，经过他的整理和编辑之后，于1904—1910年出版，书名为《剩余价值学说史》。

三、早期的政治经济学读书笔记和手稿（1843年10月底—1857年7月）

（一）1843—1847年读书笔记和手稿（1843年10月底—1847年底）

1843年10月底，马克思为创办《德法年鉴》杂志来到巴黎，开始研究政治经济学。1844年4月至8月，着手写经济学哲学手稿，批判资产阶级政治经济学。1844年8月，恩格斯来到巴黎，开始与马克思密切合作，《神圣家族》一书是他们最早产生的一个成果，在这本书中“马克思接近劳动价值论了”①。由于写作《神圣家族》一书，马克思暂时放下了对政治经济学的研究，到12月才又恢复研究英、法及其他国家的经济学著作，写了大量的摘要、札记和大纲，继续写经济学哲学手稿。1845年1月20日，恩格斯从德国巴门写信给马克思，催促他“尽快把它写完”②。

1845年2月1日，马克思与巴黎出版商列斯凯签订了合同，确定以《政治和政治经济学批判》为书名，出版40印张以上的两卷集。1845年2月3日，马克思被法国政府驱逐

---

① 列宁：马克思和恩格斯《神圣家族》一书摘要，《列宁全集》第55卷第13页。

② 《马克思恩格斯全集》第27卷第18页。

出境后到了比利时的布鲁塞尔，继续研究政治经济学。1846 年，马克思决定先写完《德意志意识形态》这部哲学著作，然后再出版上述政治经济学著作。8 月 1 日马克思写信告诉出版商列斯凯说："由于同德国资本家商定要出版那部著作，我就把《政治经济学》的写作工作搁下来了。因为我认为，在发表我的正面阐述以前，先发表一部反对德国哲学和那一时期产生的德国社会主义的论战性著作是很重要的。为了使读者能够了解我的同迄今为止的德国科学根本对立的政治经济学的观点，这是必要的。"①

这个合同后来没有能执行，1847 年 2 月被出版商取消了。马克思写下的手稿由于各种原因一直没有出版，并散失，俄国十月革命后发现马克思在 1844 年时写下的手稿，收集在 1927 年出版的《马克思恩格斯文库》第 3 卷中，但被编者加上一个错误的标题：《神圣家族的准备材料》。1932 年又改以《1844 年的经济学哲学手稿》为书名出版，显然，这仍然是一个错误的标题。我国学者李建平教授在 1988 年以后对这一手稿进行了考证和深入的研究，主张对这一手稿定名为《政治和政治经济学批判手稿（1844 年）》，这一意见值得学术界重视和认可。

在 1843 至 1847 年的四年间，马克思取得了重大研究成果。在哲学方面，写下了《黑格尔法哲学批判》②（1843 年）、《德意志意识形态》③（1845—1846 年）等著作，清算了从前的哲学信仰，创建了唯物辩证法和唯物史观，为创建马克思主义政治经济学奠定了理论基础。在政治经济学方面，共写下了总篇幅有 140 印张的 24 大本笔记，摘录了从 17 世纪到 19 世纪大约 70 个经济学家的著作，写出了《政治和政治经济学批判》手稿（《1844 年经济学哲学手稿》是其中留存下来的部分）、《哲学的贫困》（1847 年），作了题为《雇佣劳动与资本》的讲演（1847 年）。在这一时期研究成果的基础上，于 1847 年底至 1848 年初和恩格斯共同写下了《共产党宣言》这一伟大著作。

根据马克思在生活地点上的变动，学术界将 1843—1847 年读书笔记区分为巴黎笔记（1843 年 10 月至 1845 年 1 月，共 9 本）和布鲁塞尔笔记（1845 年 2 月至 1847 年 11 月，共 15 本）。在同一期间，马克思还写了曼彻斯特笔记（1845 年 7 月至 8 月）。

恩格斯以 1847 年的《哲学的贫困》及《雇佣劳动与资本》为例，说明马克思这时"不仅已经非常清楚地知道'资本家的剩余价值'是从哪里'产生'的，而且已经非常清楚地知道它是怎样'产生'的"④。但是相对于后来写成的《资本论》来说，这时马克思的经济学说仍"处于萌芽状态"⑤之中，没有变成理论。列宁称《哲学的贫困》和《共产党宣言》是"成熟的马克思主义的头两部著作"⑥。

马克思是在极端困难的经济条件下从事他的政治经济学研究的，1847 年 11 月底，马克思从布鲁塞尔去伦敦参加共产主义者同盟第二次代表大会，家庭已处于极其艰难和无望的困境之中，马克思说："问题还不仅是我的妻子和孩子们都在生病。我的经济状况目前

① 《马克思恩格斯全集》第 27 卷第 473 页。
② 马克思在《政治经济学批判》序言中称之为"我写的第一部著作"。
③ 和恩格斯合著。
④ 《资本论》第 2 卷序言，《资本论》第 2 卷第 12 页。
⑤ 马克思：《关于〈哲学的贫困〉》，《马克思恩格斯全集》第 19 卷第 248 页。
⑥ 《国家与革命》，《列宁选集》第 3 卷第 128 页。

也十分危急，我的妻子可以说正受到债主们的围攻，她遇到了极端严重的经济困难。”①

（二）1850—1853 年读书笔记（1850 年 9 月底—1853 年 8 月）

1848 年欧洲二月革命发生后，马克思中断了政治经济学的研究。3 月 3 日在比利时被捕，随即离开布鲁塞尔去巴黎，在巴黎居住一个月后又返回德国参加革命，与恩格斯一起创办《新莱茵报》。该报于 1848 年 6 月 1 日创刊，1849 年 5 月被勒令停刊。1949 年 6 月，马克思又到了巴黎，8 月下旬，马克思被法国政府驱逐后到了伦敦，一直定居到逝世。到伦敦后的第二年夏季，马克思恢复了中断已有两年半之久的政治经济学研究工作。

伦敦地区物价高昂，气候恶劣，社会生活中等级森严，人们互不往来。马克思曾描述过伦敦地区“天气很坏，阴郁多雨，黑黄烟雾弥漫，以致我现在整个上午都不得不点煤气灯”②，恩格斯也讲过为了应付这种黑黄烟雾，不得不经常过着“门窗紧闭的室内生活”③，大部分人的情绪也和这种天气一样阴郁。马克思后来曾反复考虑过迁居日内瓦的问题，他说：“在这里，我每年要花费四百至五百英镑，在日内瓦，我有二百英镑就够生活了。”④伦敦的生活对处于贫病交加困境中的马克思是极不适宜的，但是马克思为什么要到这个地区定居下来呢？首先是由于伦敦的不列颠博物馆中的图书馆藏书丰富，其中“堆积着政治经济学史的大量资料”⑤；其次，英国是资产阶级革命发生得最早、资本主义经济发展得最成熟、资本主义社会中各种矛盾暴露得最充分的社会。于是，“伦敦对于考察资产阶级社会是一个方便的地点”⑥。

由于这两个原因，以及“随着加利福尼亚和澳大利亚金矿的发现，资产阶级社会看来进入了新的发展阶段”⑦，马克思决定“再从头开始，批判地仔细钻研新的材料”⑧。从 1850 年 9 月底和 10 月初开始，马克思重新研究了古典经济学家，包括亚当·斯密和大卫·李嘉图等人的著作，重读了欧文的著作，阅读了富拉尔顿、图克等人有关货币、信贷、财政等方面的优秀作品。在 1850 年至 1851 年的 1 年多时间里，马克思做的摘记和提纲，写满了 18 个大笔记本。1851 年 4 月 2 日马克思在写给恩格斯的信中曾预计“再有大约 5 个星期我就可以把这整个的经济学的玩意儿干完”⑨。恩格斯立即回信说：“你终于把政治经济学搞完了，我很高兴。这个事情确实拖了很久，而只要你那里有一本你认为是重要的书还没有看，你是不会动笔去写的。”⑩ 但是过不久，马克思又说：“从早晨 9 点到晚上 7 点，我通常是在英国博物馆里。我正在研究的材料多得要命，虽然竭尽一切力量，还是不能在 6 至 8 个星期之内结束这一工作。”⑪ 过了 6 至 8 个星期之后，工作不仅未能结束，反而由于经济上的困难和各种干扰，使政治经济学的写作长期中断下来。

从 1850 年 9 月至 1853 年 8 月，马克思用密密麻麻的小字写满了 24 个笔记本，共 1 250多页，超过 100 印张。

---

① 马克思写给帕·瓦·安年柯夫的信（1847 年 12 月 9 日），《马克思恩格斯全集》第 27 卷第 497 页。

② 马克思写给斐·弗累克勒斯的信（1877 年 1 月 21 日），《马克思恩格斯全集》第 34 卷第 227 页。

③ 恩格斯写给敏·考茨基的信（1885 年 11 月 26 日），《马克思恩格斯全集》第 36 卷第 383 页。

④ 马克思写给路·库格曼的信（1868 年 3 月 17 日），《马克思恩格斯全集》第 32 卷第 527 页。

⑤⑥⑦⑧ 马克思：《政治经济学批判》序言，《马克思恩格斯全集》第 2 版第 31 卷第 414 页。

⑨ 《马克思恩格斯全集》第 27 卷第 246 页。

⑩ 恩格斯写给马克思的信（1851 年 4 月 3 日），《马克思恩格斯全集》第 27 卷第 252 页。

⑪ 马克思写给约·魏德迈的信（1851 年 6 月 27 日），《马克思恩格斯全集》第 27 卷第 582 页。

1851年11月，马克思在曼彻斯特恩格斯的住处商计了经济学著作的写作，打算写3卷：第1卷，政治经济学批判；第2卷，社会主义者批判；第3卷，政治经济学史。和几个出版商联系出版，但没能成功。

欧洲二月革命发生后，马克思的经济状况更恶化了，他在1848年11月29日由科隆写给恩格斯的信中说“我们现在一点钱也没有了”[①]，1849年7月13日在巴黎写给约·魏德迈的信中又说：“我全家在这里已无分文。”“如果我得不到任何方面的援助，我就完了，因为我全家都在这里，而且我妻子的最后一件首饰也已经送到当铺里去了。”[②] 1849年8月，马克思夫人及所有的3个孩子都患病，马克思“当了1个星期的护士”[③]。8月下旬，马克思从巴黎流亡到伦敦，却找不到钱把又临产的燕妮·马克思接来。

流亡伦敦后，生活更艰难了。1850年4月，由于无钱交房租，房东叫来了两个法警，将马克思一家已经剩下不多的全部家当，包括床铺、衣物、摇篮、玩具等，都查封了。当晚，燕妮·马克思和冻得发抖的孩子们睡在光地板上，其中最小的一个男孩刚生下几个月，体弱多病，正患着剧烈的抽风，终日在死亡线上挣扎。第二天，马克思在阴雨寒冷的天气中，到处寻找住处，各方面债主听说马克思的财产被查封，突然一齐跑来要债。马克思在1850年7月17日的信中说自己“确实是身无分文了”[④]。1850年11月19日，差几天一周岁的小儿子亨利希·格维多（小福克斯）死去了，马克思十分难过，尤其是燕妮·马克思，受到很大刺激，为了挽救孩子的生命，她在极其困难的条件下付出极大的牺牲，尤其使她伤心的是，“这个不幸的孩子成了家庭生活困难的牺牲品”[⑤]。之后，马克思一家继续过着举债度日的生活，由于各方面人物经常来逼债逼租，马克思不得不写信向恩格斯告急，1851年1月6日的告急信中说：“如果你能立即寄钱给我，我将非常感激你。我的女房东非常穷，我已经是第二个星期没有付房租给她了，她逼着要钱，逼得很紧。”[⑥] 3月31日又一封告急信中说：“当你在研究战争史的时候，我正在进行一场小型战争，而我不久就有战败的危险”，“我家里现在简直是一文钱没有，但欠小商人、肉铺老板、面包铺老板等等的账却越来越多。”[⑦] 这时，燕妮·马克思又生下第五个孩子，分娩虽顺利，但燕妮·马克思却病得很厉害。

马克思就是在这种贫困条件下，在常常有各种各样实际干扰的情况下，从早晨9点或10点到晚上7点，通常都在英国图书馆里进行研究。

从1851年8月起，由于“谋生的迫切需要”[⑧]，马克思开始为美国进步报纸《纽约每日论坛报》撰稿，一直继续到1862年3月。在这十年里，经常每周要写两篇稿寄去。威廉·李卜克内西在《忆马克思》一文中说：“流亡者中间很少有比马克思和他的家庭受苦更大的。就后来他的收入较多而且比较经常的时候，马克思一家也没有摆脱每天为吃饭问

---

① 《马克思恩格斯全集》第27卷第149页。
② 《马克思恩格斯全集》第27卷第524、525页。
③ 马克思写给约·魏德迈的信（1849年8月中），《马克思恩格斯全集》第27卷第532页。
④ 马克思写给卡·布林德的信，《马克思恩格斯全集》第27卷第563页。
⑤ 马克思写给恩格斯的信（1850年11月23日），《马克思恩格斯全集》第27卷第163页。
⑥ 《马克思恩格斯全集》第27卷第174页。
⑦ 《马克思恩格斯全集》第27卷第243、244页。
⑧ 马克思：《政治经济学批判》序言，《马克思恩格斯全集》第2版第31卷第414页。

题而忧虑。在最苦的时期已经过去后的好几年中，马克思给《纽约每日论坛报》写文章而每礼拜得到一个英镑（20马克）的报酬，便是他一家仅有的固定收入”①。寄给该报的文章虽然不少是由恩格斯代笔的，但已严重影响了马克思对政治经济学的研究，使这一研究工作“时时间断”②。

1851年底，路易·波拿巴发动政变，马克思的注意力集中到这一事件上，研究政治经济学的工作终于中断了下来。

由于马克思的生活非常困苦，过了很长时间都难以恢复对政治经济学的研究与写作。1852年2月20日马克思在写给约·魏德迈的信中说：“一个多星期以来，我陷入可恶的经济困境之中，以致我无法继续在图书馆从事研究，更不用说写文章了。”③ 再过一个星期，情况依旧，2月27日马克思写给恩格斯的信中说：“一个星期以来，我已达到非常痛快的地步：因为外衣进了当铺，我不能再出门，因为不让赊账，我不能再吃肉，所有这一切都算不了什么，不过我担心这种困境总有一天会弄得出丑。”④ 马克思在白天为家务而奔走，为了弥补时间的损失，进行紧张的夜间工作，眼睛因而痛得很厉害。4月14日，马克思的一个刚满1周岁的最小的女儿弗兰契斯卡病死，马克思向邻居——一个法国流亡者借到钱后才把她埋葬。9月初，妻子、大女儿和女仆都病了，但是却没钱看病，马克思写信给恩格斯说：“医生，我过去不能请，现在也不能请，因为我没有买药的钱。8至10天以来，家里吃的是面包和土豆，今天是否能够弄到这些，还成问题。在现在的气候条件下，这样的饮食自然没有什么益处。”“我把所有债权人付款的期限拖到了9月初，你知道，对他们的债务，总是一小部分一小部分偿还的。现在，四面八方都在袭击我了。我想尽了办法，但是都枉然。”“怎样才能还清所有这些鬼账呢？最后，在最近8至10天，我从某些庸人那里借了几先令和便士，这对我来说是最不痛快的事情；不过，为了不致饿死，这是必要的。”⑤ 马克思已不可能从事政治经济学的研究与写作了。10天后，马克思的又一封信中说：“这个星期是在毫无结果的事务奔忙中和同债主的令人讨厌的争吵中度过的。”⑥ 11月初，马克思因患痔疮不能坐下来写字，连写信都得用口授的办法，寒冷的冬天降临了，但是马克思却“因无裤子和鞋子而被囚禁在家里，他的一家人过去和现在每分钟都受到极端贫困的威胁”⑦。

1853年2月，马克思的老肝病在伦敦第一次复发，病了好几个星期，这次病得很严重，几乎送掉了马克思的性命，到了3月上旬才脱离危险。4月底，马克思一家面临断粮的危机，燕妮·马克思写信向恩格斯告急，信中说：“您能给我们寄点什么来吗？面包铺老板已声明从星期五起不再赊售面包了。”⑧ 到了8月，仍无法摆脱危机，马克思写给恩格斯的信中说：“我现在不仅像通常一样处境困难，而且更糟的是我的妻子以为能及时拿到钱，给各种债主说定了还债的日期，所以这些狗现在简直是包围了我的家。同时我不得不

---

① 《回忆马克思恩格斯》1973年版第73页。
② 马克思：《政治经济学批判》序言，《马克思恩格斯全集》第2版第31卷第415页。
③ 《马克思恩格斯全集》第28卷第492页。
④ 《马克思恩格斯全集》第28卷第28页。
⑤ 马克思写于1852年9月8日，《马克思恩格斯全集》第28卷第126—128页。
⑥ 马克思写给恩格斯的信（1852年9月18日），《马克思恩格斯全集》第28卷第132页。
⑦ 马克思写给阿·克路斯的信（1852年12月7日），《马克思恩格斯全集》第28卷第563页。
⑧ 马克思写于1853年4月27日，《马克思恩格斯全集》第28卷第654页。

拼命快地写文章。……为了弄到几文钱，把我四分之三的时间都用在奔走上了。"①

1854 年，马克思一家仍然过着贫病交加的生活。5 月，马克思患急性神经痛，包括牙齿、耳朵和整个面部都痛不可忍，多少天来弄得马克思没有一个夜晚能入睡。9 月，马克思一家一贫如洗，9 月 13 日马克思在写给恩格斯的信中说："我家在危机时通常动用的特殊手段又已耗尽，什么东西都当光了，同西班牙的国库一样。"② 11 月底，给马克思看病的一个医生第三次向马克思催债，想要"采取极端措施"③。

1855 年 3 月，马克思这时唯一的 8 岁的男孩埃德加尔（穆希）病危，马克思亲自看护，在很长一段时间里值夜班，弄得疲惫不堪。这个儿子没有被挽救过来，不久也死去了，这时马克思已经丧失了两个儿子和一个女儿，这对马克思一家是一个沉重的打击。5 月 17 日，燕妮·马克思病倒了，马克思这时一点钱也没有，马克思写信给恩格斯说："你如果能寄点钱来，那就太好了，数目极小也行。"④ 不久，马克思也牙痛起来，6 月 26 日马克思写信给恩格斯说："牙痛得要命，这已经折磨我一个星期了。"⑤

1856 年，马克思仍是在贫病中度过的。1 月 18 日马克思在写给恩格斯的信中说："今天服完了第六瓶也是最后的一瓶药。病大体上又好了，不过最阴险的痔疮还在折磨人。"⑥ 2 月，痔疮仍在折磨着马克思。5 月 23 日，马克思写信给恩格斯说："这个星期我无力工作，一方面因为家务繁忙，另一方面因为背部的风湿病更厉害了。""我碰到一个难题，现在是去旅行还是不去。一方面，为了弄到钱，我必须埋头工作。另一方面，医生告诉我，而且我觉得他是对的，我应当去旅行，换换空气，因为我的肝脏功能又不正常了。"⑦ 12 月初，燕妮·马克思一直在病中，马克思说："家里仍然混乱不堪，使我难以动笔。"⑧

（三）1857 年读书笔记和手稿（1857 年 1—7 月）

从 1851 年底到 1856 年底，在这 5 年期间，马克思对政治经济学的研究与写作，经常被迫中断。1857 年 1 月，马克思不顾一切，又恢复了对政治经济学的研究。他重新研究了货币问题，3 至 4 月，仔细研究了图克的《1792 年到现在的价格史》第 5 至 6 卷《1848—1856 年 9 年中的价格和流通状况的历史》，作了大量摘录。7 月，写下了未完成的手稿《巴师夏和凯里》。

---

① 马克思写于 1853 年 8 月 18 日，《马克思恩格斯全集》第 28 卷第 280 页。
② 《马克思恩格斯全集》第 28 卷第 389 页。
③ 马克思写给恩格斯的信（1854 年 11 月 30 日），《马克思恩格斯全集》第 28 卷第 410 页。
④ 马克思写于 1855 年 5 月 18 日，《马克思恩格斯全集》第 28 卷第 444 页。
⑤ 《马克思恩格斯全集》第 28 卷第 447 页。
⑥ 《马克思恩格斯全集》第 29 卷第 5 页。
⑦ 《马克思恩格斯全集》第 29 卷第 53、54 页。
⑧ 马克思写给恩格斯的信（1856 年 12 月 2 日），《马克思恩格斯全集》第 29 卷第 83 页。

第四章 《政治经济学批判》的写作和出版

（1857 年 8 月—1863 年 8 月）

1857 年 8 月下旬，马克思为他的计划中的经济学巨著的开头部分写了一篇《总导言》，开始了《政治经济学批判》的写作。

一、《政治经济学批判》的写作计划

早在 1857 年 8 月下旬，马克思在写作《总导言》时，就拟定了《政治经济学批判》的结构，计划全书分 5 篇来写。

1858 年 2 月 22 日，马克思在写给斐·拉萨尔的信中再一次提出，打算写三大部著作，第一部是“对经济学范畴的批判”，即当时已着手写的《政治经济学批判》，第二部是“政治经济学和社会主义的批判和历史”，第三部是“对经济学范畴或经济关系的发展的简短历史概述”。马克思考虑到自己的健康状况（肝病经常发作）及无钱维持生活，不可能集中时间从从容容地连续不断地把书写完，就决定不定期的分册出版自己的第一部著作，将原来计划写的 5 篇调整为 6 个分册。第 1 分册：资本（包括一些绪论性的章节）；第 2 分册：地产或土地所有制；第 3 分册：雇佣劳动；第 4 分册：国家；第 5 分册：国际贸易或对外贸易；第 6 分册：世界市场。[1]

在上述 6 个分册中，“前三册专门阐述基本经济原理”[2]，“研究现代资产阶级社会分成的三大阶级的经济生活条件”[3]。世界市场作为最后一个分册，是由于“资产阶级社会的真实任务是建立世界市场（至少是一个轮廓）和以这种市场为基础的生产”[4]，随着这一任务的完成，资产阶级社会将会退出历史舞台，“资产阶级社会已经第二次经历了它的 16 世纪，我希望这个 16 世纪把它送进坟墓，正像第一个 16 世纪给它带来了生命一样”[5]。

1858 年 3 月 11 日，马克思在写给斐·拉萨尔的信中，对第 1 分册《资本》的结构加以具体化，指出：“这一分册包括：（1）价值，（2）货币，（3）资本一般（资本的生产过程，资本的流通过程，两者的统一，或资本和利润、利息）。”[6]

1858 年 4 月 2 日，马克思在写给恩格斯的信中，将第 1 分册《资本》又具体化为 4 篇。第 1 篇：资本一般；第 2 篇：竞争；第 3 篇：信用；第 4 篇：股份资本。第 1 篇资本一般又包括价值、货币及资本三部分，其中资本这一部分“是这第 1 分册中最重要的部分”[7]。

---

① 参见《马克思恩格斯全集》第 29 卷第 273、530—531 页，第 2 版第 31 卷第 411 页。

②⑥ 马克思写给斐·拉萨尔的信（1858 年 3 月 11 日），《马克思恩格斯全集》第 29 卷第 534 页。

③ 马克思：《政治经济学批判》序言，《马克思恩格斯全集》第 2 版第 31 卷第 411 页。

④⑤ 马克思写给恩格斯的信（1858 年 10 月 8 日），《马克思恩格斯全集》第 29 卷第 348 页。

⑦ 马克思写给恩格斯的信（1858 年 10 月 8 日），《马克思恩格斯全集》第 29 卷第 299—306 页。

至此，马克思的《政治经济学批判》全书6分册的结构呈现在我们面前的就是：①

第1分册 资本

　　第1篇 资本一般

　　　　第1章 商品

　　　　第2章 货币或简单流通

　　　　第3章 资本（资本的生产过程，资本的流通过程，两者的统一，或资本和利润、利息）

　　第2篇 竞争

　　第3篇 信用

　　第4篇 股份资本

第2分册 地产或土地所有制

第3分册 雇佣劳动

第4分册 国家

第5分册 国际贸易或对外贸易

第6分册 世界市场

从马克思的全部政治经济学著作的写作计划中，我们可以看到，后来单独出版的《资本论》只是其中的一个部分，并且是开端部分（第1分册第1篇）。这给予我们两点启示：第一，既然《资本论》只是全部政治经济学理论体系的一个部分，因此以《资本论》为框架的我国政治经济学教材，无论是资本主义部分或社会主义部分，都是不完整的，完整的政治经济学理论体系还有待于创造和建立。第二，既然第1—3卷的《资本论》都只是政治经济学理论体系的开端部分，因而从逻辑学的方法论上来看，都是属于抽象的部分，只是把《资本论》第1卷说成是抽象的，第2卷由抽象转向具体，第3卷就完成由抽象到具体的过程，这种看法是不正确的。当然，这并不排斥在抽象中也有程度上的差别，不仅第1卷和第3卷相比，即使第1卷的前后相比，在抽象程度上也是有相当差别的。

马克思自从提出6分册的写作计划以后，对第2至6分册，一直没有加以具体化，将第1分册划分为4篇后，没有再进行变动，只是对其中的第1篇越来越加以具体化，政治经济学的理论史单独成册，如何进行分册出版在技术上先是作了些调整，后来改用卷、册、篇、章的名称。

二、1857—1858年《政治经济学批判》手稿的写作（1857年8月—1858年3月）

1857年8月，马克思着手写《政治经济学批判》的《总导言》，这一工作最终未能完成。留到今天称之为《政治经济学批判》导言的著作，只是这篇《总导言》的部分草稿。这篇导言阐述了政治经济学的研究对象与方法，提出了最基本的结论与原理。由于马克思考虑到“预先说出正要证明的结论总是有妨害的”②，因此，没有急于写完它。这篇著作是1902年在马克思的遗稿中发现的，1903年在柏林《新时代》杂志上第一次发表出来。

1857年10月初，马克思去泽西岛探望正在那里休养的恩格斯，住了几天后回伦敦，动手写经济学著作的手稿。从1857年10月至1858年3月（另一说是从1857年11月至

① 马克思写给恩格斯的信（1858年10月8日），《马克思恩格斯全集》第29卷第553—554页。

② 马克思：《政治经济学批判》序言，《马克思恩格斯全集》第2版第31卷第411页。

1858年5月)，马克思通宵达旦地工作，用了7个笔记本写了约有50印张篇幅的手稿，“推翻了迄今存在的全部利润学说”①。这部1857—1858年经济学手稿于1939年用德文在莫斯科出版，题为《政治经济学批判大纲》（草稿）（1857—1858），我国从1962年到1978年先后分5册出版了由刘潇然先生翻译的这部手稿。后来，这部手稿被收集在《马克思恩格斯全集》第46卷中，标题改为《政治经济学批判》（1857—1858年草稿），我国于1979年和1980年分上、下两册出版，由中共中央马恩列斯著作编译局重新翻译。1995年和1998年，又先后编入《马克思恩格斯全集》中文第2版第30卷和第31卷。

为了方便进一步整理加工，写成著作，1858年6月，马克思对这部手稿编了个索引。马克思说：“我把自己的手稿从头到尾看一遍差不多就要花1个星期。困难的是，这些手稿（印出来有很厚一大本）很乱，其中有许多东西只是以后的篇章才用得上。因此我得编一个目录，好很快地在某册某页上找到我工作中首先需要的东西。”②

恩格斯对马克思在50年代所取得的成就给予很高的评价，他说：“在40年代，马克思还没有完成他的政治经济学批判工作。这个工作只是到50年代末才告完成。”③“他自己的政治经济学批判不仅在纲要上已经完成，而且在最重要的细节上也已经完成。”④马克思的剩余价值理论正是在这一时期制定和创造的。⑤

马克思是在日益贫困的条件下，在忍受着各种疾病带来的痛苦的情况下，去完成1857—1858年经济学手稿的写作任务的。

1857年1月20日，马克思写信告诉恩格斯说：“我根本不知道怎么办才好，我的处境的确比5年前更惨。我曾以为苦水已喝到头了，但是不然。而且最糟糕的是，这回的危机不是暂时的。我不知道如何才能脱身。”⑥3月24日，马克思又写信给恩格斯说：“我感到十分难过的是，我暂时还不得不压榨你，因为我的一身亏空使我把一切能够典当的东西都典当了，我只有找到新的收入来源，才能弥补收入上的亏损。”⑦

1857年4月，马克思苦于牙痛及耳朵、脑袋、眼睛、喉咙等疼痛。待拔了牙后，才得以安宁。5月，肝病复发，马克思“已完全不能工作”⑧。

1857年7月24日，马克思又写信给恩格斯，要求寄一点钱，因为连续两个星期都身无分文，想到贷款社借点钱，贷款社要求必须有两名体面的保人，马克思找不到这样的保人。由于马克思交不起捐税，称之为评价员的英国小官员来到马克思的家里对家当进行一番“评价”，紧接着就要强行标价出售，抵还税款。这时，房东也来访问马克思，加以威胁。

1857年秋，美国发生经济危机，《纽约每日论坛报》编辑部减少马克思的写稿数量，马克思也受到这次经济危机的冲击。11月24日，马克思正在楼上写信，债主们又来围攻

① 马克思写给恩格斯的信（1858年1月14日），《马克思恩格斯全集》第29卷第250页。
② 马克思写给恩格斯的信（1858年5月31日），《马克思恩格斯全集》第29卷第316—317页。
③《雇佣劳动与资本》导言，《马克思恩格斯选集》第1卷第321页。
④《资本论》第2卷序言，《资本论》第2卷第11页。
⑤ 参见《马克思恩格斯全集》第38卷第50页，第39卷第25页。
⑥《马克思恩格斯全集》第29卷第92—93页。
⑦《马克思恩格斯全集》第29卷第111页。
⑧ 马克思写给恩格斯的信（1857年5月22日），《马克思恩格斯全集》第29卷第132页。

了，马克思后来写信告诉恩格斯说："我妻子在楼下被一群饿狼包围，他们借口'困难时期'逼她要钱，而她没有。"① 12月18日，马克思写信向恩格斯告急，信中说："刚刚接到可恶的税务检察官的第三次也是最后一次警告：如果我在星期一以前不付款，星期一下午就派评价员来我家。所以，如有可能，请在星期一以前寄来几英镑。目前我的经济困难比平日更加严重，因为已有大约3个星期，一切都必须用现金支付，任何一种赊账都停止了，而同时，我得到的钱，总是有三分之二立即用于偿还旧债。外加我的收入很少，因为到目前为止，我给《论坛报》的文章不得超过1篇。"② 1858年1月28日，马克思写给恩格斯的信中说："这里严寒已经降临，我们家里一点煤都没有，这逼着我又来压榨你，虽然对我来说这是世界上最苦恼的事。……她已把自己的披肩等等拿去典当，但还是一筹莫展。总而言之，我不得不写信给你，而且也在这样做。的确，如果这样的情况继续下去，我宁愿被埋葬在百丈深渊之下，也不愿这样苟延残喘。老是牵累别人，同时自己也总是疲于同卑微的日常琐事作战，长此以往，实在难以忍受。"③

从1856年11月到1857年年底，燕妮·马克思一直患病，家中一切事情都乱作一团。

在这样的生活条件下，马克思简直无法执笔写作。1857年11月24日马克思在写给恩格斯的信中说："我很多时间在为家务奔忙，以致必要的工作时间都几乎没有了。"④ 12月8日，燕妮·马克思在写给康·施拉姆的信中说："卡尔白天为糊口而工作，夜里则为完成他的政治经济学而工作。"⑤ 12月21日，马克思在写给斐·拉萨尔的信中说："我不得不为了挣钱的工作而消耗……白天。我［只］剩下夜晚来做真正的工作，而且还有病痛来［打扰］。"⑥ 1858年2月22日马克思又写信给拉萨尔说："我并不是我的时间的主人，而宁可说是它的奴隶。给我自己留下的仅仅是夜里的时间，而肝病的经常侵袭和复发，又使这种夜间工作受到妨碍。"⑦ 所谓夜间工作，往往是通宵达旦，1857年12月8日马克思在写给恩格斯的信中说："我现在发狂似的通宵总结我的经济学研究，为的是在洪水之前至少把一切基本问题搞清楚。"⑧ 12月18日在写给恩格斯的又一封信中说："我的工作量很大，多半都工作到早晨4点钟。"⑨马克思决心完成他的政治经济学著作，他说："哪怕是整个房子塌下来压在我的头上也要完成"⑩。

经济上的烦恼和繁重的写作任务，使马克思经常生病。1858年1月14日，马克思在写给恩格斯的信中说："我却又一连吃了3个星期的药，今天才停止。我经常夜间工作，工作时虽然只喝些柠檬水，但是抽了大量的烟。"⑪ 3月上旬，由于冬季过度在夜里工作，马克思先是肝病，后是胆病又复发了，并很快加重，既不能动脑思考，又不能看书写字，写作被迫停了下来。但是为了给《纽约每日论坛报》写稿，解决一点用钱的困难，马克思

---

① 马克思写于1857年12月8日，《马克思恩格斯全集》第29卷第215—216页。
②⑨ 《马克思恩格斯全集》第29卷第226页。
③ 《马克思恩格斯全集》第29卷第256—257页。
④ 《马克思恩格斯全集》第29卷第208页。
⑤ 《马克思恩格斯全集》第29卷第632页。
⑥ 《马克思恩格斯全集》第29卷第527—528页。
⑦ 《马克思恩格斯全集》第29卷第530—531页。
⑧ 《马克思恩格斯全集》第29卷第219页。
⑩ 马克思写给恩格斯的信（1858年1月5日），《马克思恩格斯全集》第29卷第241页。
⑪ 《马克思恩格斯全集》第29卷第250页。

服用了烈性的兴奋剂，然后向燕妮·马克思口授文章的内容。肝病拖了一个多月仍不见效，在医生和家里人的坚持下，马克思在5月6日前往曼彻斯特恩格斯住处去休养，进行骑马、击剑等各项运动，身体健康日益改善，住了4个星期，马克思甚至认为“终于完全恢复了健康”①。5月24日，马克思返回伦敦，头一星期，马克思又感到不大舒服，到5月底才比较正常，马克思这时写信告诉恩格斯说：“头一星期我必须重新适应水土，加上突然停止骑马，最初也不大舒服。就这样勉勉强强拖到今天，终于觉得好过了，就像离开曼彻斯特那天那样。现在我已能工作，马上就着手整理［手稿］付印”②。

三、《政治经济学批判》第1分册（《商品》、《货币或简单流通》）的写作与出版（1858年6月初—1859年6月）

（一）1857—1858年经济学手稿的增补、充实与润色（1858年6月初—11月下旬）

1858年2月22日，当1857—1858年经济学手稿将要完成时，马克思给住在德国的拉萨尔写了一封信，委托他在柏林找一个出版商，分册出版他的经济学著作。3月29日，马克思收到拉萨尔的回信，信中说，马克思的经济学著作将由敦克尔的贝塞尔出版社负责出版，每隔两个月出版一个分册，每分册3至6印张，第1分册要求在5月底写完。但是，这时马克思的肝病与胆病已经复发多日，病倒在床上，不能马上动手去写经济学著作的第1分册。马克思去曼彻斯特休息了1个月，回伦敦后又休息了1个星期，至6月初才开始《政治经济学批判》第1分册的写作。

马克思非常严肃认真地对待自己的写作，虽然他在1858年3月已完成了他的1857—1858年经济学手稿，但在5月从曼彻斯特休息后回到伦敦时，发现在他离开伦敦时出版了麦克拉伦的一本关于货币的书，马克思见到《经济学家》杂志上登的这本书的摘引后就去找原书，而图书馆却要过几个月后才能借阅，只好马上去书店买，书价是9先令6便士，马克思家里的钱全部拿出来也没有这么多，马克思不得不写信向恩格斯要钱。马克思在信中说：“也许这本书对我说来没有什么新东西；不过，由于《经济学家》的推荐和我自己读了这些摘引，我的理论良心不允许我不读这本书就写下去。”③

1958年6月初开始的《政治经济学批判》第1分册的写作进行得不顺利，刚动手一个月，马克思就写信告诉恩格斯说：“最小的孩子患百日咳已经好几个星期了，病很危险；而我妻子的身体也很不好。加上家里其他一些乱七八糟的事，常常该死地中断我的工作。”④ 越来越严重的经济困难压得马克思喘不过气来，马克思在7月15日写给恩格斯的信中说：“这种处境再也不能忍受下去了。这一切的直接结果，就是我完全不能工作，因为一方面为了筹钱我把大好时光浪费在四处奔走和毫无效果的尝试上，另一方面由于家务杂乱而且也许由于我的健康状况恶化而使我的抽象思维能力衰退。我的妻子被这种糟糕情况弄得精神恍惚”，“伦敦有一些所谓贷款社，据说，无需抵押，只要有保就可以贷款5至200英镑，我曾试过一次，……结果白白花掉大约两英镑印花税”。“我让妻子把你借给的

① 马克思写给斐·拉萨尔的信（1858年5月31日），《马克思恩格斯全集》第29卷第539页。

② 马克思写于1858年5月31日，《马克思恩格斯全集》第29卷第315页。

③ 马克思写于1858年5月31日，《马克思恩格斯全集》第29卷第316页。

④ 马克思写于1858年7月2日，《马克思恩格斯全集》第29卷第321页。

20英镑和我在6月16日向《论坛报》支取的24英镑（内有两英镑是透支）给我开了一个账单。你从这里可以看到，刚有这样一笔较大的款子进来，就马上分文不剩地全都花在最迫切的日常开支上了，根本谈不上什么享受；第二天又完全同样地开始这种讨厌的斗争，债主们只得到极其微小的满足，过不多久又同样地施加压力，提出更高的要求。同时你还会看到，例如，我的妻子没有花过一法寻替自己添置衣物，而孩子们的夏季衣服比贫民还不如。”“自6月17日以来，家中又无分文了”，“整个情况总是这样：微薄的收入永不能作为来月的用途，常常是扣除房租、学费、税款和当铺费用等日常开支后，剩下的仅仅勉强够偿还一点债务，使全家不致被直接赶出大门”。“房东本人被债主们包围，因而像疯子似的逼我。”“即使决定把开支缩减到最低限度，——例如，让孩子们退学，搬进一个十足的贫民窟，辞退女仆，用马铃薯糊口，——那么，就是把家具拍卖，也满足不了哪怕是住在周围的债主们，也不能顺利地搬进某个贫民区。至今还维持住的表面尊严，是防止彻底垮台的唯一手段。”“我在泥沼中已经挣扎了8个星期，而且，由于一大堆家务琐事毁灭了我的才智，破坏了我的工作能力，使我极端愤怒；像这样的泥沼，甚至是我最凶恶的敌人，我也不希望他在其中跋涉。”①

马克思的肝病也不像他在5月底时所说的完全好了，1858年9月21日马克思在写给恩格斯的信中说：“我在离开曼彻斯特以前所患的病，拖了整整一个夏天，又转成慢性的了，因而不论写什么东西都要费很大劲。”② 11月份，马克思患牙痛，11月10日马克思在写给恩格斯的信中说：“已经有10天了，我的牙痛得非常厉害，口腔全肿了，牙床全发炎了。所以情绪很坏，加上还有其他不愉快的事。”③ 马克思说，这次可恶的牙痛使他“历尽艰险”④。

1858年11月，马克思经济上“又陷入‘特殊的’困境”，马克思欠下报贩一年多的订报钱，现在不得不一下子付给他8英镑多，身上的钱全都掏光了，紧接着却又要付给当铺1英镑多的利息。

从1858年6月开始的《政治经济学批判》第1分册的写作，直到11月底才告完成。马克思在11月12日写给拉萨尔的信中解释说：“至于手稿寄迟一事，起初是病耽搁了，后来我为了稿酬必须赶写其他著作。但是，主要的原因是：材料我已经搞好了；所差的只是给它一个形式。然而，在我所写的一切东西中，我从文体上感觉出了肝病的影响。而我有双重理由不允许这部著作由于医疗上的原因而受到损害：1. 它是15年的、即我一生的黄金时代的研究成果。2. 这部著作第一次科学地表述了对社会关系具有重大意义的观点。因此，我必须对党负责，不让这东西受肝病期间出现的那种低沉的呆板的笔调所损害。我所追求的不是优美的叙述，而只是写出我平素的风格。我在患病的这几个月中至少在这个题目上未能做到这一点，……大约过1个月，我才能完成，因为实际上我刚刚开始写。”⑤

1858年11月29日，马克思写完了《政治经济学批判》第1分册手稿，这一天，马克思又写信给恩格斯解释拖延的原因。信中说：“拖延的原因是长时期身体不适，现在天气

① 《马克思恩格斯全集》第29卷第326—330页。
② 《马克思恩格斯全集》第29卷第341页。
③ 《马克思恩格斯全集》第29卷第354页。
④ 马克思写给斐·拉萨尔的信（1858年11月12日），《马克思恩格斯全集》第29卷第545页。
⑤ 《马克思恩格斯全集》第29卷第545—546页。

冷了才好了。家务和钱财上的麻烦事太多。最后，第1篇内容更充实了，因为头两章比原来计划的要写得更详细。其中第1章《商品》，在草稿里根本没有写，第2章《货币或简单流通》只有一个简单的轮廓。”①

在写作过程中，马克思改变了原来的分册计划。原计划第1分册包括4篇，现在只包括第1篇《资本一般》，就是这一篇，也只包括前两章，第1章的《商品》及第2章的《货币或简单流通》，第3章《资本》改为第2分册。马克思说：“第1篇《资本一般》很可能一下子就占两分册，因为我在定稿过程中发现，这里正是叙述政治经济学的最抽象的部分，写得过于简短，读者不易理解。但是另一方面，这两分册必须同时出版。内部的联系要求这样做，整个的效果也取决于这样做。”② 由于各种原因，马克思同时出版第1、2两个分册的愿望没能实现，而是先付印出版了第1分册。

（二）《政治经济学批判》第1分册手稿的誊抄（1858年11月下旬—1859年1月下旬）

1858年11月下旬，《政治经济学批判》第1分册的手稿完成，开始由燕妮·马克思帮助誊写清楚。11月29日在马克思写给恩格斯的信中提到：“我的妻子正在誊抄手稿”③，马克思这时仍“忙得不可开交”④。

马克思的家庭生活这时过得“从来没有这样黯淡、凄凉过”，燕妮·马克思一面誊抄手稿，一面要对付各方面债主的催逼，抽空还要到城里跑当铺。⑤

工作进展得仍然很迅速，马克思在1858年12月16日写给恩格斯的信中说：“鲁普斯很快就会听到手稿寄出的消息，如果有另外一个人也生这种讨厌的肝病，也处在我这样的条件下，而能这样快地完成这项工作，那才真是怪事哩。”⑥

1859年1月21日，《政治经济学批判》第1分册誊抄完毕，但是不能马上寄出。马克思在这一天写给恩格斯的信中说：“倒霉的手稿写完了，但不能寄走，因为身边一分钱也没有，付不起邮资和保险金；而保险又是必要的，因为我没有手稿的副本。”⑦ 马克思这时十分感慨地说：“未必有人会在这样缺货币的情况下来写关于‘货币’的文章！写这个问题的大多数作者都同自己研究的对象有最好的关系。”⑧ 恩格斯收到信后，立即寄来两英镑，马克思于1月26日回信说：“两英镑已收到无误，手稿已寄走。”⑨

（三）《政治经济学批判》第1分册的付印与出版（1859年1月下旬—6月中旬）

《政治经济学批判》第1分册手稿于1859年1月下旬寄出后，在付印过程中，被一再拖延。马克思在了解了其中原因之后，于5月24日、5月25日及6月7日多次写信给恩格斯，指出：“你知道谁在跟我捣鬼？不是别人，正是拉萨尔。”⑩ 第一次，正在付排马克思的这部著作时，拉萨尔插进了自己的一个剧本《济金根》，马克思的著作被搁置一旁有

①③ 《马克思恩格斯全集》第29卷第358页。
② 马克思写给斐·拉萨尔的信（1858年11月12日），《马克思恩格斯全集》第29卷第546页。
④ 马克思写给约·魏德迈的信（1859年2月1日），《马克思恩格斯全集》第29卷第550页。
⑤ 参见《马克思恩格斯全集》第29卷第360页。
⑥ 《马克思恩格斯全集》第29卷第361—362页。
⑦ 《马克思恩格斯全集》第29卷第370页。
⑧ 马克思写给恩格斯的信（1859年1月21日），《马克思恩格斯全集》第29卷第371页。
⑨ 《马克思恩格斯全集》第29卷第372页。
⑩ 马克思写于1859年5月24日，《马克思恩格斯全集》第29卷第421页。

1个月之久。第二次，在马克思的著作只剩下3个印张而充其量只需要3个小时就可以印完时，拉萨尔又插进去另一本他写的小册子《意大利战争和普鲁士的任务》。“为了给拉萨尔先生腾出地方”①，马克思的这3张校样再一次被扣压两三个星期，马克思忍无可忍，去信柏林，把出版商敦克尔臭骂了一顿，迫使敦克尔立即付印出版了马克思的这部光辉著作。

这本著作虽然只包括了两章内容，却有着重大的理论意义。马克思说：“在这两章里从根本上打击了目前在法国流行的蒲鲁东社会主义。它要保存私人的生产，但是私人产品的交换要加以组织，它要商品，但是不要货币。共产主义必须首先摆脱这个‘假兄弟’。”②

这本著作出版后，资产阶级使用“沉默的阴谋”③，德国党内的朋友虽然在私人通信中“过甚其词地赞扬”这本著作，但在公开场合却不表态。威·李卜克内西甚至对在伦敦出版的《人民报》编辑比斯康普说，“从来没有一本书使他这样失望过”，而比斯康普也对马克思说，他不明白这本书“有什么用处”④。

针对这种情况，马克思要求恩格斯对这本著作写一篇短评，在这篇短评中，要阐明马克思在这本著作中的两个贡献：“（1）蒲鲁东主义被连根铲除了，（2）通过最简单的形式，即商品形式，阐明了资产阶级生产的特殊社会的，而决不是绝对的性质。”⑤ 恩格斯接受了这一要求，于1859年8月6日和20日的《人民报》上，连续发表了《卡尔·马克思〈政治经济学批判〉》一文。

由于现在出版的《政治经济学批判》第1分册只是包括原计划写的第1分册第1篇中的第1、2章，因而当现在的第1分册出版时，马克思随即将原来计划写的《政治经济学批判》6分册改称为6册，现在的第1分册就成为第1册的第1分册，下一步准备出版的第2分册《资本》就成为第1册的第2分册。⑥

四、《政治经济学批判》第2分册（《资本》）——《资本论》手稿的写作（1859年2月—1863年8月）

《政治经济学批判》第1分册手稿誊抄工作结束后，马克思还没有动手修订第2分册，就先将第1分册寄出付印，改变了两个分册同时付印的计划。马克思说：“从政治上考虑，我认为这是适当的，因为真正的战斗正是从第3章开始，我认为一开始就使人感到害怕是不明智的。”⑦ 于是，在第1分册完成之后，着手进行第2分册的修订出版，就成为马克思的紧迫任务。

对于第2分册，马克思极为重视，马克思认为由第1篇第3章构成的这个第2分册，是第1篇中“主要的一章”⑧，“这个分册具有决定性的重要意义。实际上，这是全部资产

---

① 马克思写于1859年5月25日，《马克思恩格斯全集》第29卷第423页。
② 马克思写给约·魏德迈的信（1859年2月1日），《马克思恩格斯全集》第29卷第554页。
③ 马克思写给恩格斯的信（1859年10月5日），《马克思恩格斯全集》第29卷第469页。
④ 参见《马克思恩格斯全集》第29卷第445页，第30卷第638页。
⑤ 马克思写给恩格斯的信（1859年7月22日），《马克思恩格斯全集》第29卷第445页。
⑥ 参见《马克思恩格斯全集》第2版第31卷第411页；《马克思恩格斯全集》第29卷第553—554页。
⑦⑧ 写给斐·拉萨尔的信（1859年3月28日），《马克思恩格斯全集》第29卷第568页。

阶级污垢的核心”①，“包含有全部精髓”②。

（一）对1857—1858年《政治经济学批判》手稿中有关第2分册部分的整理工作（1859年2月—1860年1月）

1859年1月下旬，马克思寄出第1分册手稿后，立即着手第2分册的工作。2月21日马克思在写给恩格斯的信中就已提到“我现在正在整理《资本》”③，这里的《资本》，属原来第1分册第1篇第3章。

第2分册手稿的整理工作更为艰巨，马克思说：“我现在应当全部重新加以修改，因为第2分册的手稿是1年以前写的。”④ 1859年10月至1860年1月，马克思去图书馆写读书笔记，重读了恩格斯的《英国工人阶级状况》，研究了1855—1859年工厂视察员的报告。但是由于家庭经济处于危急状况，马克思一直不能安下心来写他的第2分册。

1859年2月1日马克思在写给约·魏德迈的信中说：“近两年来，我的情况不是好了，而是坏了。一方面，可尊敬的《论坛报》由于危机把我的收入减少了一半，尽管它在繁荣时期从来没有给我增加一个分尼；另一方面，由于需要抽出许多时间来研究我的政治经济学（下面再详谈），不得不拒绝（虽然很不乐意）人们在伦敦和维也纳向我提出的收入极其可观的建议。但是我必须不惜任何代价走向自己的目标，不允许资产阶级社会把我变成制造金钱的机器。”⑤

马克思身上经常连一分钱也拿不出来，但是为了接济一些钱给国际工运活动家约·格·埃卡留斯，马克思把妻子的最后一件所谓“闲着的”衣服典当掉。已经典当掉的家传银器和钟表等物，因付不出利息，面临死当的威胁。马克思交不起房租、学费、煤气费，一拖再拖，最后完全处于束手无策的境地。正当债主们向马克思“发起了总攻击”的危急时刻，恩格斯的钱寄到了，这笔钱被马克思称之为“救命钱”。但是危机只是暂时缓和一下，不久，紧急时刻又来到了，马克思的债主们要不到债，就去郡的法院告马克思，债务再也拖不下去了。

严重的经济困难使马克思没有多少时间和精力去写经济学著作了，1859年11月3日马克思写给恩格斯的信中说：“我的工作进展很慢。过多的家庭琐事和乱七八糟的东西拖我的后腿。”⑥ 11月6日在写给斐·拉萨尔的信中说：“我的经济状况这样危急，以致几乎没有时间给《论坛报》写文章，更没有时间写《政治经济学》。”⑦ 1860年1月11日左右马克思在写给恩格斯的信中说：债主们一个又一个去郡法院告他，“这些不断发生的麻烦事特别令人难以忍受，因为这使我完全无法进行我的工作”⑧。

从1860年1月底开始，马克思为了回击波拿巴代理人福格特的挑衅，写作第2分册的工作几乎完全中断了下来。

---

① 马克思写给恩格斯的信（1859年11月7日），《马克思恩格斯全集》第29卷第483页。

② 马克思写给斐·拉萨尔的信（1860年1月30日），《马克思恩格斯全集》第30卷第431页。

③ 《马克思恩格斯全集》第29卷第382页。

④ 马克思写给斐·拉萨尔的信（1859年10月2日），《马克思恩格斯全集》第29卷第599页。

⑤ 《马克思恩格斯全集》第29卷第550—551页。

⑥ 《马克思恩格斯全集》第29卷第476页。

⑦ 《马克思恩格斯全集》第29卷第608页。

⑧ 《马克思恩格斯全集》第30卷第6页。

（二）对1857—1858年《政治经济学批判》手稿中有关第2分册部分的整理工作近乎中断（1860年1月—1861年6月）

1859年12月，德国小资产阶级庸俗民主主义者、波拿巴的代理人福格特（1817—1895），出版了《我对〈总汇报〉的诉讼》这本小册子，对马克思进行诽谤。1860年1月22日及25日，柏林资产阶级报纸《国民报》连续发表两篇社论，转述了这本小册子的内容。为此，1860年1月底，马克思开始搜集材料，以便写书反驳福格特，并对《国民报》起诉。2月初，马克思在《改革报》发表了《致德国报纸编辑部的声明》，同一月，又对《国民报》主编弗·察贝尔起诉，但先后4次（4月26日、6月8日、7月11日、10月5日）遭到检察长、市法院、上诉法院及最高法院的拒绝。1860年11月，马克思写完了《福格特先生》一书，12月1日，马克思又于《总汇报》上发表了《致〈总汇报〉和其他德国报纸编辑部的声明》。在1870年法国政府公布的文件中，波拿巴雇佣人员名单里写着："福格特——1859年8月付给他4万法郎。"完全证实了马克思的揭露。

福格特挑起的事件使马克思写作《政治经济学批判》第2分册的工作近乎中断，而这时马克思的健康状况也使他不能继续进行这一写作。1860年5月开始，肝病又来折磨着马克思，肝病转成慢性，1861年1月肝病急性发作，使马克思几乎不能握笔。1860年9、10月间，整个左边头部患神经痛。11月，牙痛，并造成满脸肿胀疼痛，咽喉有一半闭塞。1861年1月一开始，马克思患伤风咳嗽，病情较重。

马克思一直念念不忘《政治经济学批判》第2分册的写作任务，一有机会就动手写作。1860年2月3日在写给恩格斯的信中说："除了收集诉讼所必需的材料（我差不多已经给所有的人写了信），我还在加工我的《资本论》。如果我坐下来专心弄它，那么6个星期就可以完成，在这个案件以后，它将受到欢迎。"① 9月15日在写给斐·拉萨尔的信中，马克思又说："希望在复活节以前能出版第二部分。形式将稍有不同，将稍微通俗一些。这决不是出于我内心的要求，而是因为第二部分有直接的革命任务，而且，我在那里所叙述的关系也比较具体。"②

在福格特诽谤事件发生后，马克思的经济状况仍然很差，马克思在写给恩格斯的信中多次提到："我的钱包已经空空的了"③，"我现在经济非常困难"④。"我一个钱也没有了。"⑤ 和福格特的斗争告一段落后，马克思的经济生活更困难了。一方面，由于出版《福格特先生》一书，加上诉讼费用以及其他开支，马克思用去了几乎一百英镑，燕妮·马克思于1860年11月中旬患天花，连续病了两个月，在患病期间，采取隔离措施，孩子们都搬出居住，马克思必须维持两个家的开支。另一方面，马克思的收入却越来越少了，1861年初，美国爆发内战，由马克思撰稿的《美国新百科全书》完全停止出版，作为马克思主要收入来源的《纽约每日论坛报》，这时也要马克思暂停撰稿。马克思的处境十分窘迫，"债主四面八方逼债"⑥，马克思说："我今后怎么才能对付过去，连自己也不知道，

① 《马克思恩格斯全集》第30卷第24页。
② 《马克思恩格斯全集》第30卷第563页。
③ 马克思写于1860年2月13日，《马克思恩格斯全集》第30卷第41页。
④ 马克思写于1860年8月27日，《马克思恩格斯全集》第30卷第84页。
⑤ 马克思写于1860年10月2日，《马克思恩格斯全集》第30卷第102页。
⑥ 马克思写给恩格斯的信（1860年11月28日），《马克思恩格斯全集》第30卷第117页。

因为赋税、学校、住房、食品商、肉商以至上帝和魔鬼都不允许我有丝毫的迟延了。”①马克思生了病，却请不起医生，不能外出疗养。

1861 年 2 月 7 日，马克思决定亲自去一次荷兰找他的表舅，因为马克思母亲的财产由表舅管理，过去表舅经常从马克思父亲的遗产中支钱给马克思，这次为了摆脱困境，马克思又要找他表舅解决了。2 月 28 日，马克思动身去荷兰，3 月 16 日离开荷兰，又去了德国的柏林、爱北斐特、巴门、科隆和特里尔等地，4 月 29 日返回伦敦。

1981 年的荷兰之行收获很大，从表舅那里挤出了 160 英镑；德国之行，母亲又销毁了马克思开给她的几张借据。回伦敦后，马克思偿还了大部分债务，暂时摆脱了危机，恢复了《政治经济学批判》第 2 分册的写作。在此之前进行的准备工作包括他写下的三篇手稿，即《资本章计划草稿》、《引文笔记索引》和《我自己的笔记本的提要》。

（三）恢复对政治经济学的研究，写作 1861—1863 年经济学手稿——《资本论》第一个手稿（1861 年 6 月—1863 年 6 月）

1861 年 6 月 10 日，马克思写信告诉恩格斯说：“一星期以来，我在认真写我的著作。”② 马克思着手重写《政治经济学批判》第 2 分册《资本》的手稿了。

从 1861 年 6 月至 1863 年 6 月，马克思用四开纸的笔记簿，写下了多达 23 本的手稿，共有 1472 页，用打字机誊清后则有四千多页，约 150 印张。

从 1861 年 6 月至 1862 年初，写了第 I—V 号笔记本（第 1—200 页），内容属于后来《资本论》的第 1 卷。在这一期间，马克思去过曼彻斯特恩格斯的住处（1861 年 8 月底至 9 月中）。

从 1862 年初到 1862 年 12 月，马克思写了笔记本 VI—XV 号（第 200—972 页），内容是剩余价值学说史，属于后来的《资本论》第 4 卷。这 10 本笔记是 1861—1863 年经济学手稿的“主体部分”③。在这一部分的笔记本中，也附带地提到后来的《资本论》第 2、3 卷中的一些内容。1862 年 4 月底，马克思曾预言他的著作还需要两个月的时间才能写完，这次预言仍不能实现。在这一期间，马克思在恩格斯那里住了将近一个月（1862 年 3 月 30 日至 4 月 25 日）。

1862 年 12 月至 1863 年 1 月，马克思写下了笔记本 XVI—XVⅢ号（第 973—1158 页），内容属于后来《资本论》的第 3 卷。

1863 年 1 月至 6 月，马克思写下了笔记本第 XIX—XXⅢ号（第 1159—1472 页）后，又回过头探讨了属于以后《资本论》第 1 卷中的许多题目。

此外，在写 XXⅡ号（5 月）及 XXⅢ号（6 月）笔记本之前，马克思还摘录了政治经济学学说史的资料，成为 8 个单独的“补充本”，以字母 A 至 H 标示出来。④

马克思写作《政治经济学批判》续篇的工作到此告一段落。1863 年 6 月 22 日，马克思在写给恩格斯的信中说：“只要能有一个安静的环境，我就一定着手誊清我那可咒的书，我想把它亲自带到德国去，并在那里出版。”⑤

---

① 马克思写给恩格斯的信（1861 年 1 月 29 日），《马克思恩格斯全集》第 30 卷第 148 页。
② 《马克思恩格斯全集》第 30 卷第 172 页。
③ 恩格斯：《资本论》第 2 卷序言，《资本论》第 2 卷第 4 页。
④ 参见《马克思恩格斯全集》第 30 卷第 742 页注 330。
⑤ 《马克思恩格斯全集》第 30 卷第 354 页。

1861年6月开始着手写的1861—1863年经济学手稿，是按照《政治经济学批判》第1册中第2分册的要求进行的，但在写作过程中，对原计划又作了变更。1862年12月28日马克思在写给路·库格曼的信中提出，对《政治经济学批判》第1分册的续篇“将以《资本论》为标题单独出版，而《政治经济学批判》这个名称只作为副标题”①。这样，1861—1863年写的《政治经济学批判》续篇的手稿也就成了《资本论》的第一个手稿。②

1861—1863年经济学手稿是在极其艰难的条件下写成的。

首先是生活上的困难。为《纽约每日论坛报》撰稿在1861年初被中断之后，到9月才有所恢复，每周限登一篇，稿酬两英镑，而过去每周登两篇，稿酬6英镑。到1862年3月，马克思与该报断绝了关系。1861年2至3月从表舅那里拿到的一笔钱，也很快就用完了。为了“整顿一下财务”，能有些间隙时间安静写书，马克思从1861年11月起，又成为维也纳《新闻报》的固定撰稿人。马克思“几乎每天都在给《新闻报》写东西”③，指望《新闻报》像奶牛一样供养自己的一家，但因这家报纸很少采用马克思的文章，这个指望落空了。马克思提起这件事时写道：“说来每篇文章我得1英镑。但是这些家伙每四篇文章只登一篇，往往连一篇也不登，结果我得的就少得可怜，此外，由于写东西要碰运气，不知道仁慈的编辑是否会恩准发表某一篇文章，白费时间和令人生气的事就不用说了。”④ 1862年7月，《新闻报》付了马克思3个月的稿酬，总数只有6英镑，还不够偿还肉商的欠款。马克思这时穷得经常“一文不名”，1862年4月《新闻报》曾要马克思采访在伦敦开幕的博览会，但是马克思买不起一套衣服，也没钱买季票，既不能上街，更不能进博览会采访。孩子们上街都没有衣服和鞋子穿，马克思再也没有能力送孩子们去上学了。

马克思不仅身无分文，还一身是债，马克思“把家里所有能够拿出去的东西都典当了”⑤，“当的不仅有孩子们的东西，而且有女仆的东西（甚至有鞋子）”⑥。有些东西刚从当铺里赎出来，但是不久把这“从当铺赎出来的东西又送去典当”⑦。马克思到处欠账，除当铺外，还有肉商、面包商、茶叶商、油商、牛奶商、蔬菜商、房东、学校、鞋匠、杂货商、报贩、服装商、音乐教师等等，负债额高达一百英镑。债主们经常来催债，马克思有时不得不采取用借债来还欠债的办法，但这个办法往往遭到失败。马克思还采取了躲债的办法，1862年4月25日马克思从曼彻斯特恩格斯住处作客归来，好几天都不露面，要妻子告诉房东说他还没有回来，“尽力把欠款无限期地拖下去”⑧。当然这是不可能的，学费在12月底前不付清，到第二年1月份就要加倍，债主们也采取发索债通知、吵闹、停止赊账、请评价员出面、去法院控告等手段对付马克思。马克思“被逼得喘不过气来”⑨，

---

① 《马克思恩格斯全集》第30卷第636页。

② 目前学术界称1857—1858年经济学手稿为《资本论》第一个手稿，1861—1863年经济学手稿为《资本论》第二个手稿，而按照恩格斯的说法，1861—1863年经济学手稿为《资本论》第一个手稿，这一说法可参见《马克思恩格斯全集》第36卷第111、114、134页。

③ 马克思写给恩格斯的信（1861年11月18日），《马克思恩格斯全集》第30卷第203页。

④ 马克思写给恩格斯的信（1862年2月25日），《马克思恩格斯全集》第30卷第216页。

⑤ 马克思写给恩格斯的信（1861年10月30日），《马克思恩格斯全集》第30卷第199页。

⑥⑧ 马克思写给恩格斯的信（1862年4月28日），《马克思恩格斯全集》第30卷第230页。

⑦ 马克思写给恩格斯的信（1862年6月18日），《马克思恩格斯全集》第30卷第251页。

⑨ 马克思写给恩格斯的信（1863年1月8日），《马克思恩格斯全集》第30卷第309页。

为了缓和一下紧张局面，马克思先拿出一点现金支付给债主，但是这丝毫解决不了问题，马克思说："那些得到了几英镑债款的债主，狡猾地把这些钱塞进口袋里，又更使劲地向我逼债。"①

1861年底，出版《福格特先生》一书的佩奇公司股东之一的科勒尔，通过法院控告马克思，结果马克思被敲诈了18英镑。1862年女仆琳蘅的一个妹妹病死在马克思家中，马克思又支付了7英镑半的安葬费，这些"倒霉的事"和"不幸事情"都给马克思的生活带来更大的困难。

马克思叙述这一时期的家庭经济生活时说："这样穷困的生活实在不值得过下去。"②"我们由于目前处境而忍受的屈辱、痛苦和可怕的事情实在非笔墨所能形容。……在伦敦这种地方7个星期不名一文的极其危急的境况……我们已经习以为常了。"③"危机到了灾难性的地步。"④"我正处于极端穷困的境地。"⑤作"最后绝望的挣扎"⑥。"我们至今所处的状况，这样在文火上烤，把脑袋和心都烧光了，而且吞没了宝贵的光阴。"⑦

为了不致"饿死"和"流落街头"，马克思不得不一直"从事最乏味的机械呆板的工作"和"从事大量的零星工作"。⑧ 1862年8月28日至9月7日，为了弄钱，马克思又去了荷兰表舅家及特利尔的母亲那里，结果落空。回伦敦后马克思决心去一个铁路营业所工作，由于字写得不好，没有成功。

极端贫困的生活，严重影响马克思的工作，1861年12月9日马克思在写给恩格斯的信中说："我的著作有进展，但很慢。在当前情况下，要迅速完成这种理论性的东西实际上是不可能的。"⑨ 1862年3月15日马克思在写给恩格斯的信中又说："我的书进展不很快，由于家务琐事，工作经常整个星期难于进行，也就是说被打断。"⑩ 1862年4月28日马克思在写给斐·拉萨尔的信中说："往往整月整月不能为我的这部著作写一行字。此外，我还有这样一个特点：要是隔一个月重看自己所写的一些东西，就会感到不满意，于是又得全部改写。"⑪ 1862年12月28日马克思在写给路·库格曼的信中说："我时间很少而且也不大能安静下来从事理论工作。很可能就是由于同样这些原因，我的著作付排前的最后准备工作，将拖延得比我预期的还要久。"⑫

贫困的生活给家里带来种种不幸，首先给燕妮·马克思很大的刺激，她几乎天天抱怨说，这样的生活不如同孩子们进坟墓，她一直患病，病得很厉害，出现过很危险的神经发作症状。大女儿小燕妮也经常生病，马克思在一封信中说："小燕妮在医生的护理下差不多已经有两个月，这孩子眼见得瘦了下去。燕妮现在已经长大，她已经意识到我们景况的全部艰难困苦，我认为，这就是她生病的主要原因。"⑬小女儿爱琳娜也从1861年起患类似黄疸那样的病。

---

①⑥ 马克思写给恩格斯的信（1863年1月8日），《马克思恩格斯全集》第30卷第309页。
②⑬ 马克思写给恩格斯的信（1862年2月25日），《马克思恩格斯全集》第30卷第217页。
③ 马克思写给恩格斯的信（1862年6月18日），《马克思恩格斯全集》第30卷第251页。
④ 马克思写给恩格斯的信（1862年8月7日），《马克思恩格斯全集》第30卷第271页。
⑤ 马克思写给恩格斯的信（1862年8月20日），《马克思恩格斯全集》第30卷第281页。
⑦ 马克思写给恩格斯的信（1863年1月24日），《马克思恩格斯全集》第30卷第312页。
⑧ 参见《马克思恩格斯全集》第30卷第617、637页。
⑨ 《马克思恩格斯全集》第30卷第209页。
⑩ 《马克思恩格斯全集》第30卷第228页。
⑪ 《马克思恩格斯全集》第30卷第617页。
⑫ 《马克思恩格斯全集》第30卷第637页。

贫困的生活和过度的劳累，使马克思的身体越来越差。1861 年 7 月份大半个月患眼炎，难以看书写字。1863 年 2 月上半月，连续半个月，又患眼病，脑神经也疼痛起来，被严禁看书写字。眼病好后，马克思为了弥补耽误了的时间，加紧工作，不久肝病复发，直到 5 月中旬才有好转。马克思谈到这次肝病时说："它使人感到头脑迟钝，四肢麻木。什么事都不能做，甚至信也不能写。"①

1862 年 7 月，正当马克思紧张地批判李嘉图的地租理论，赶写第 XI、XⅡ、XⅢ笔记本时，拉萨尔来到了伦敦，从 7 月 9 日住到 8 月初，为了答谢 1861 年春天在柏林时拉萨尔的接待，马克思不得不在拉萨尔身上消磨了大量时间，为了满足拉萨尔的大吃大喝，马克思"不得不把所有东西一丝不留地送进当铺"②。临别前，拉萨尔答允为马克思承兑一张期票，声称"怎么办都可以"，但是走后马上来信推卸掉。

1861—1863 年经济学手稿编入我国已出版的《马克思恩格斯全集》第 1 版的第 26、47、48 卷。在新的第 2 版中，根据在 1976—1982 年首次用德文发表于《马克思恩格斯全集》的历史考证版，编入第 32—37 卷，1998 年 1 月出版了第 32 卷，2004 年 6 月出版了第 33 卷，2008 年 7 月出版了第 34 卷。

---

① 马克思写给恩格斯的信（1863 年 5 月 29 日），《马克思恩格斯全集》第 30 卷第 346 页。
② 马克思写给恩格斯的信（1862 年 7 月 30 日），《马克思恩格斯全集》第 30 卷第 260 页。

第五章 《资本论》手稿的修订与出版

（1863年8月—1881年10月）

1863年6月，当1861—1863年经济学手稿的写作工作结束后，马克思已确定以“资本论”作为书名整理与修订这份手稿，一直到1883年3月去世时为止，用去近20年的光阴。在这一期间，先出版了《资本论》第1卷（第1册）。

一、《资本论》的写作计划

早在1858年3月11日马克思写给斐·拉萨尔的信中，马克思对《政治经济学批判》第1分册中的《资本一般》，规定了三个部分内容，即：资本的生产过程，资本的流通过程，两者的统一，或资本和利润、利息，① 是我们见到今天已出版的《资本论》第1—3卷结构的轮廓。不久，马克思又将《政治经济学批判》中《资本一般》这一章规定为四个部分内容，即资本的生产过程、资本的流通过程、资本和利润，以及其他问题（主要是剩余价值理论史），这已经和后来出版的《资本论》第1—4卷相一致了。②

《资本论》的书名最早出现在1860年2月3日马克思写给恩格斯的一封信中，当时仍是作为《政治经济学批判》第1册的第2分册，没有独立的意义。1862年12月28日，马克思在写给路·库格曼的信中，透露了他决定以“资本论”为书名，而以“政治经济学批判”为副标题出版他的《政治经济学批判》的续篇。关于《资本论》的内容，马克思明确指出：“它只包括本来应构成第1篇第3章的内容，即《资本一般》。这样，这里没有包括资本的竞争和信用。这一卷的内容就是英国人称为‘政治经济学原理’的东西，这是精髓（同第一部分合起来），至于余下的问题（除了国家的各种不同形式对社会的各种不同的经济结构的关系以外），别人就容易在已经打好的基础上去探讨了。”③ 在这封信里，马克思还没有提出对《资本论》再分卷、册、篇、章的计划。

1863年1月，马克思在他的1861—1863年经济学手稿第XVⅢ号笔记本中，提出了对《资本论》分篇和分章的计划，他将《资本的生产过程》称为第1篇，共有9个题目；《资本和利润》称为第3篇，共有12个题目，在谈到第3篇第二个题目时，马克思称之为“第3部分第2章”，可见其他各个题目也就是各个章。④

1865年7月31日，在写给恩格斯的信中，马克思提出了分册写作与出版《资本论》的方案。计划全书分4册，前3册是“理论部分”，第4册是“历史文献部分”。⑤

---

① 参见《马克思恩格斯全集》第29卷第534页。

② 参见《马克思恩格斯全集》第2版第31卷第585—593页。

③ 《马克思恩格斯全集》第30卷第636页。

④ 参见《剩余价值理论》第1分册第446—447页。

⑤ 参见《马克思恩格斯全集》第31卷第135页。

1866年10月13日，在写给路·库格曼的信中，马克思对上述4册具体列出：第1册，资本的生产过程；第2册，资本的流通过程；第3册，总过程的各种形式；第4册，理论史。在这封信里，马克思还同时提出了《资本论》的分卷计划：第1、2册编为第1卷，第3册编为第2卷，第4册编为第3卷。①

1867年3月底，当马克思修改和誊清了《资本论》第1册的手稿后，又改变了分卷计划，决定把《资本论》第1册编为第1卷单独出版，《资本论》第2、3册编为第2卷，《资本论》第4册不变，仍编为第3卷。② 以后，马克思没有再改变他的分卷计划，因此，从《资本论》第1册写完付印直到马克思逝世这一期间，凡是马克思提到的《资本论》第2卷，均指《资本论》第2、3册，即现在的《资本论》第2、3卷；而马克思所说的《资本论》第3卷，指的是《资本论》第4册，即现在的《资本论》第4卷，又称《剩余价值理论》。

二、1861—1863年经济学手稿的整理与修订（1863年8月—1865年12月底）

1863年8月，马克思开始整理与修订1861—1863年经济学手稿，8月15日马克思写信给恩格斯说："我的工作（整理手稿，准备付印），一方面进行得很好。我觉得这些东西在最后审订中，除了一些不可避免的G—W和W—G以外，已经变得相当通俗了。另一方面，虽然我整天整天地写，但是进展得并不像我久经磨练的耐心所希望的那样快。无论如何，这比起第一部来要容易懂百分之百。总之，现在我看着这整个庞然大物，而且回想起我曾不得不把一切统统推翻，而历史部分甚至要根据一部分以前根本不知道的材料去加工时，就感到伊戚希的确可笑，'他的'政治经济学居然已经完成了。"③

马克思的整理与审订工作一直进行到1865年12月底，用去了将近两年半的时间。这一工作本来是能够较快完成的，但是由于健康状况恶化、生活贫困和忙于第一国际的工作，整理手稿的工作被拖延了，马克思在更艰难的条件下去完成这一任务。

整理手稿的工作开始后两个月左右，痈病在马克思身上发作了，这是一种血液病，马克思说："我过于习惯在夜间工作：白天研究，夜间写。如果再加上各种家务和公事的烦扰，以及——当我工作非常忙的时候——不注意按时进餐和运动等等，那就不能不使血液变坏。"④ 因此，患此病后，"一切工作中要算搞纯理论工作最不相宜了"⑤。从1863年10月左右，一直到1865年上半年，痈病不断发作，先是在背上，接着又在胸部、右腿上部等各个部位，包括"各个敏感的和'不方便的'地方折磨"着马克思。痈病发作时"两膝颤抖"，有时"整夜没有合眼"，"一直经受着剧烈的疼痛，特别是在夜里"。有时不仅"不能走动，不能站，也不能坐，甚至连躺着也非常难受"⑥。痈病严重地影响马克思的写作，马克思甚至感到"自己已经一只脚踏进坟墓了"⑦。1863年12月2日，马克思接到母

① 参见《马克思恩格斯全集》第31卷第535—536页。
② 参见《马克思恩格斯全集》第31卷第542、544页。
③ 《马克思恩格斯全集》第30卷第364页。伊戚希即拉萨尔。
④ 马克思写给路·库格曼的信（1866年4月6日），《马克思恩格斯全集》第31卷第517页。
⑤ 马克思写给恩格斯的信（1866年11月10日），《马克思恩格斯全集》第31卷第265页。
⑥ 参见《马克思恩格斯全集》第30卷第373、375、376、380页，第31卷第90页。
⑦ 马克思写给恩格斯的信（1863年12月2日），《马克思恩格斯全集》第30卷第371页。

亲去世的电报，为了处理遗产问题，马克思在12月12日赶往特利尔，12月21日又赶往作为遗产执行人的荷兰表舅家里，就在表舅家里，痈病又发作，耽搁到来年2月19日才返回伦敦。

从荷兰回伦敦后，连续两个来月，马克思继续整理1861—1863年经济学手稿，但到了5月初，因马克思的朋友威廉·沃尔弗在曼彻斯特病危，马克思赶往探望，5月9日，威廉·沃尔弗病逝，马克思从5月3日到19日，停留在曼彻斯特。回伦敦后，恢复紧张的写作任务，到了6月，痈病又发作了。关于痈病，马克思说："这是一种真正基督教式的阴险的疾病"①，"这种讨厌的病很妨碍我工作"②，"要不是这样，我的政治经济学著作《资本论》就已经出版了"③。紧接痈病的发作，7月份又患流感，在这一段时间内，马克思完全不能工作。

进入1864年8月后，马克思才恢复了工作，但是他的妻子这时却得了霍乱，影响了马克思的工作，特别是随着这一年9月第一国际的创立，使马克思忙得不可开交。

1865年3月13日马克思在给恩格斯的一封信中写道："我最近以来，除了继续长疖子以外，也是累得不可开交，例如昨夜我到清晨4点才上床。除写书以外，国际协会也占去了我的许多时间，因为实际上我是它的首脑。"④ 5月1日马克思在给恩格斯的另一封信中写道："工作实在太忙了，一方面要完成我的书，另一方面国际协会简直占去了我的全部时间。"⑤ 马克思忍受着痈病的疼痛，顽强地"像匹马一样地工作着"⑥。

就在这时，马克思的胆病又发作了，1865年7月31日马克思写给恩格斯的信中说："因为天气炎热，以及由此引起的胆病，我已经又有3个月几乎每天呕吐，和从前在布鲁塞尔一样。"⑦ 8月初，在右臂，特别是肩胛骨处得了风湿病，写字感到困难。

在经济生活上，这段时间有所改善。1864年3月马克思得到了母亲的遗产后，迁居到较好的住宅。1864年5月威廉·沃尔弗病逝后，马克思又从他那里得到820多英镑的遗产。但是，由于马克思没有固定的收入的来源，又花去500英镑还债和迁居，到1865年下半年，生活又陷入困境。1865年7月31日马克思在写给恩格斯的信中说："我已经有两个月完全靠典当维持生活，愈来愈多的而且一天比一天使人更难忍受的要求纠缠着我。"⑧ 这里所说的"纠缠"就是指房东、肉铺老板之类的人物向马克思逼租逼债。整整半年时间，马克思深受其苦。1865年12月26日马克思在写给恩格斯的信中说："我在整个这段时间里操了不少心，花了很多时间到处奔走，左也谈判，右也交涉，满足了甲，又陷入了乙的纠缠中，如此等等，以致我的工作大部分只能在夜间进行。"⑨

从1863年8月到1865年12月底的近两年半时间里，工作进程大致如下：1864年年

① 马克思写给恩格斯的信（1864年1月20日），《马克思恩格斯全集》第30卷第380页。
② 马克思写给莱·菲力浦斯的信（1864年6月25日），《马克思恩格斯全集》第30卷第662页。
③ 马克思写给卡·克林格斯的信（1864年10月4日），《马克思恩格斯全集》第31卷第425页。
④ 《马克思恩格斯全集》第31卷第101—102页。
⑤ 《马克思恩格斯全集》第31卷第112页。
⑥ 马克思在写给恩格斯的信（1865年5月20日），《马克思恩格斯全集》第31卷第124页。
⑦ 《马克思恩格斯全集》第31卷第137页。
⑧ 《马克思恩格斯全集》第31卷第134页。
⑨ 《马克思恩格斯全集》第31卷第165页。

中以前修订《资本论》第1册，1864年下半年修订第2册，1865年修订第3册。①

1865年7月，只差最后三章（原来的章相当于后来的篇），马克思就修订完《资本论》前三册，马克思决心不仅要写完最后三章，而且要写完《资本论》第4册，然后再一起或逐卷出版。马克思说："第4册，即历史文献部分；对我来说这是最容易的一部分，因为所有的问题都在前三册中解决了，最后这一册大半是以历史的形式重述一遍。但是我不能下决心在一个完整的东西还没有摆在我面前时，就送出任何一部分。不论我的著作有什么缺点，它们却有一个长处，即它们是一个艺术的整体；但是要达到这一点，只有用我的方法，在它们没有完整地摆在我面前时，不拿去付印。"②

1865年下半年，马克思紧张地写作，1866年2月13日，马克思在写给恩格斯的信中说："关于这本'可诅咒的'书，它的情况是：12月底已经完成。单是讨论地租的倒数第2章，按现在的结构看，就几乎构成一本书。我白天去博物馆，夜间写作。……就像1848—1850年英国狗厂主把'换班制度'用在同一些工人身上一样，我也把这个制度用在自己的身上。"③

三、《资本论》第1卷（第1册）的誊清与出版（1866年1月1日—1867年9月14日）

（一）《资本论》第1卷（第1册）的誊清（1866年1月1日—1867年4月2日）

1866年1月1日，马克思开始对《资本论》的修订稿进行誊清与润色，④ 打算先用两个月多点时间完成第1卷（第1册），在3月间亲自将手稿带往德国的汉堡出版。由于疾病的周期性发作，担任国际工人协会的领导工作及各种干扰，迫使马克思把每一分钟的空闲时间都用来誊清手稿，每天竟挤出12个小时做这一工作。马克思说："经过这么长的产痛以后，我自然乐于舔净这孩子。"⑤

开始时"工作进展得非常迅速"⑥，但是半个月后，马克思身上生出了一个痈，不久，又生了一个痈，患痈的部位（臀部、腹股沟）使马克思只能躺倒在床上，并使马克思"彻夜不能成眠"，马克思与疾病作了顽强的斗争，到了白天，哪怕只有短暂的时间，马克思"也还是躺着继续苦干"⑦。马克思说，"在长痈的时候我只有忍受剧痛才能坐下来（当然，也才能写）。我没有服砒剂，因为服了会使我糊涂，而我至少在能写作的时候，需要清醒的头脑"⑧。病情一度很危险。从1866年3月16日到4月10日，马克思去伦敦附近

---

① 参见《阿多拉茨基选集》，三联书店1964年版第259—262页。对1863年8月至1865年12月底这一时期马克思的创作进程，学术界有不同的见解。苏联学者伊·鲍尔迪列夫在《经济问题》杂志1980年第2期发表的《1863—1867年马克思写作〈资本论〉的情况》一文中认为："在完成1861—1863年手稿的写作以后，马克思没有写《资本论》第1册和第2册的草稿，第3册手稿是1863—1865年这一时期唯一的手稿；第1册的最后一稿创作于1865年年底—1867年3月；……第2册的第一稿写于1866年年底—1867年初，也就是在第1册最后完成之前；按照写作时间顺序，第1章是第1册的最后一部分。"第1册第1章《商品和货币》"很可能是在1867年年初写成的"。"第1册的附录——《价值形式》是1867年6月17—22日写成的。"（译文见1981年5月中国人民大学马列主义发展史研究所出版的《马列主义发展史参考资料》第1辑）

② 马克思写给恩格斯的信（1865年7月31日），《马克思恩格斯全集》第31卷第135页。

③ 《马克思恩格斯全集》第31卷第180—181页。

④ 参见《马克思恩格斯全集》第31卷第177、181页。

⑤⑥ 马克思写给恩格斯的信（1866年2月13日），《马克思恩格斯全集》第31卷第181页。

⑦ 参见《马克思恩格斯全集》第31卷第184、177页。

⑧ 马克思写给恩格斯的信（1867年4月2日），《马克思恩格斯全集》第31卷第283页。

海滨马尔吉特疗养，返回伦敦后，又连续两个星期苦于牙痛、风湿痛，5月中旬才恢复了工作，但由于身体很弱，又患肝病，拔牙，工作“一直进展得不好”①。

1866年6月下旬开始，痈自行消失，健康好转，虽然肝病仍使马克思“遭受着极大的痛苦”，马克思又开始“全力地工作”，健康状况只允许马克思在白天工作，“因为偶尔试试（一两次）夜间工作，立刻就引起很不好的后果”。白天也只能做几小时的有效工作。② 马克思开始时信心很足，“希望在8月底完成第1卷，把它单独出版”③。过一段时间后，马克思已知道在10月以前是送不出第1卷稿子的。1867年1月，失眠症仍使马克思不得安宁，左腰部长有几个小痈，但是不严重。

长期生病造成经济上更加困难，1866年2月，因无钱交市政税及国税，马克思两次面临被查封财产的危险，幸亏恩格斯及时寄来10英镑，解除了危机。马克思在1866年6月7日写给恩格斯的信中说：“我的处境很困难，因为再也没有可以典当的东西了，而人们又在猛烈地向我进逼。”④ 马克思“费了很大劲”，才使欠款拖延几天。情况越来越严重，1866年8月7日这一天，“肉铺老板已不再供应肉了”，甚至储存的纸张再过几天也用完了。⑤ 马克思说，“由于我长期患病，我的经济状况达到了危机。我负债累累，这些债务像恶梦般压迫着我”⑥。9月，马克思从当铺借来的一点点钱也用光了，好几个星期马克思身上一个钱也没有，而负债越来越重，利率高达20%～50%，马克思面临“彻底破产的危险”。⑦ 11月，情况更紧急了，马克思在11月8日写给恩格斯的信中说：“所有我想在德国或荷兰弄点钱的打算都落空了。当铺（我的妻子已当尽了一切，以致她几乎无法出门）使人想到的就是它要利息。所以我不得不像在流亡中的最困难时期那样，在伦敦左借一点，右借一点（这也只限于几个自己也缺钱的人），来维持最必要的现金开支。另一方面，给我们供应东西的人又采取了咄咄逼人的态度，其中有几个已经声明停止赊售，并且以向法院起诉相威胁。”⑧ 1867年1月19日马克思又写信给恩格斯说：“我现在处境一天比一天糟，一切都使我严重地受到了破产的威胁。单单是面包铺老板就要讨20英镑的债，还有肉铺、杂货铺老板和各种捐税等等鬼东西。”⑨ 2月，因无钱支付杂货铺老板的欠款，面临家产被查封的威胁。

经济上的困难常常中断马克思的工作，白天没法写作，马克思“竭力想在夜间弥补白天损失的时间”，结果又长了痈，⑩ 马克思仍不顾一切地拼命去干，甚至连写信也停止了，马克思对此解释说：“因为我一直在坟墓的边缘徘徊。因此，我不得不利用我还能工作的每时每刻来完成我的著作，为了它，我已经牺牲了我的健康、幸福和家庭。”⑪

---

① 马克思写给恩格斯的信（1866年6月9日），《马克思恩格斯全集》第31卷第225页。
② 参见《马克思恩格斯全集》第31卷第240、233页。
③ 马克思写给恩格斯的信（1866年7月7日），《马克思恩格斯全集》第31卷第233页。
④ 《马克思恩格斯全集》第31卷第223—224页。
⑤ 参见《马克思恩格斯全集》第31卷第249页。
⑥ 写给路·库格曼的信（1866年8月23日），《马克思恩格斯全集》第31卷第522页。
⑦ 参见《马克思恩格斯全集》第31卷第535页。
⑧ 《马克思恩格斯全集》第31卷第264页。
⑨ 参见《马克思恩格斯全集》第31卷第276页。
⑩ 《马克思恩格斯全集》第31卷第264—265页。
⑪ 马克思写给齐·迈耶尔的信（1867年4月30日），《马克思恩格斯全集》第31卷第543页。

1867年4月2日，马克思写信告诉恩格斯说，《资本论》第1卷已完成，可以交出付印了。

（二）《资本论》第1卷（第1册）的付印与出版（1866年11月中旬—1867年9月14日）

鉴于敦克尔在出版《政治经济学批判》第1分册时的所作所为，马克思再也不让他出版《政治经济学批判》的续篇了。马克思改由德国汉堡的出版商迈斯纳来出版他的经济学著作，并打算在《资本论》第1卷手稿完成之后，亲自带往汉堡出版。

1866年11月中旬，马克思将先完成的《资本论》第1卷一部分手稿寄给迈斯纳。① 1867年4月10日早晨8点钟，马克思亲自带着《资本论》第1卷的其余部分手稿，乘船离开伦敦，经历了一路上的风暴，于4月12日中午12点到达汉堡，书名正式定为《资本论。政治经济学批判》，第1卷只包括第1册：《资本的生产过程》。

迈斯纳—贝勒汉堡出版社规模很小，缺乏印刷能力，马克思的手稿被迈斯纳转送到莱比锡奥托·维干德出版社付印。

利用付印校对的空隙，马克思于4月16日去汉诺威的库格曼医生家作客，5月19日经汉堡回伦敦。8月15日校完了序言并寄出。8月16日深夜，校完了《资本论》第1卷最后一个印张（第49印张）。9月14日，《资本论》第1卷在汉堡出版，印数一千册，全书共6章。原计划作为最后一章的《直接生产过程的结果》没有编入，但听取了库格曼的建议，临时写了一篇《价值形式》，作为第1章《商品和货币》的附录。

马克思对自己的《资本论》第1卷是满意的，马克思说："我的书最好的地方是：(1) 在第1章就着重指出了按不同情况表现为使用价值或交换价值的劳动二重性（这是对事实的全部理解的基础）；(2) 研究剩余价值时，撇开了它的特殊形态——利润、利息、地租等等。这一点将特别在第2卷中表现出来。古典经济学总是把特殊形态和一般形态混淆起来，所以在这种经济学中对特殊形态的研究是乱七八糟的。"②

在1867年，恩格斯寄给马克思不少钱，但是由于马克思负债已达二百多英镑，因此仍然不能摆脱困境，马克思去德国付印《资本论》期间，债主们都迫不及待地等着马克思回来，马克思很怕回伦敦，回来之后，果然面临着因交不上税而家产被查封的威胁，面临着典当的物品因付不出利息而死当的危险，还要穷于应付各种债主。

四、《资本论》第2卷（第2、3册）手稿的再修订（1867年8月—1881年10月）

在《资本论》第1卷送出付印期间，马克思的下一步打算是在夏季准备第2卷（第2、3册）的付印工作，最迟在秋末前完成，冬季完成第3卷（第4册），这样，在1868年的春天，就可使《资本论》全部付印出版。③

（一）《资本论》第2卷（第2、3册）第I—IV号再修订稿（1867年8月—1870年3月）

1867年8月，当马克思校对完《资本论》第1卷的印刷稿后，立即投入《资本论》

---

① 马克思在1866年11月10日写给恩格斯的信中说："手稿的第一部分终于将在下星期寄给迈斯纳了。"

② 马克思写给恩格斯的信（1867年8月24日），《马克思恩格斯全集》第31卷第331页。

③ 参见《马克思恩格斯全集》第31卷第545、300页。

第2卷（第2、3册）手稿的再修订工作。8月24日马克思写给恩格斯的信中就提到，“我现在正在写第2册（流通过程）”①。

动笔仅1个多月，马克思由于肝病、失眠、痈病等，体力难以支持。1867年10月19日马克思在写给恩格斯的信中说：“在最近几个星期里，一天想写作两小时以上都不可能。”② 到11月，情况更严重，11月27日马克思在写给恩格斯的信中说：“我的健康状况已经大大恶化，根本谈不上工作了。此外，我每天都等着法院的起诉，真不知道日子该怎样打发。”③ 直到1868年4月，才恢复工作能力，中断时间达半年之久。在这半年时间里，马克思行走不便，坐也困难，经常卧床，既不能写作，也不能做一些补助收入的工作，处境非常困难。马克思虽然请了医生看病，但无钱治疗，马克思在1868年1月8日写给恩格斯的信中说：“要按照他们的处方生活，那就必须是个食利者，而不是我这样一个穷得像教堂里的老鼠的人。”④

马克思虽然不能写作，但还是继续搜集资料，1868年3月6日马克思在写给路·库格曼的信中说：“在我生病期间（现在但愿病很快会痊愈），我是无法写作的，但是，我吞下了大批统计学方面和其他方面的‘材料’，对于那些肠胃不习惯于这类食物并且不能把它们迅速消化的人来说，这些材料本身就足以致病。”⑤ 在1868年1月至3月间，为了再修订第3册中地租这一章（相当于后来出版的《资本论》中的篇），马克思研究了农业问题。长期躺在家中使马克思不可忍受，尽管行走不便，马克思有时还是去英国图书馆看书，有一次看书过程中，他突然两眼发黑，头痛得要命，胸部闷得慌，只得慢慢走回家中。⑥

1868年4月，马克思恢复了工作，4月22日马克思在写给恩格斯的信中说：“我又开始工作了，而且情况良好。只是必须限制工作时间，因为持续3个小时左右，我的头就开始嗡嗡作响，痛得像针扎一般。”⑦ 在这封信中，马克思论述了货币或黄金的价值变动与利润率的关系。但是，马克思这时在经济上的困难却逐渐严重起来。

1868年5月5日，是马克思50周岁的日子，马克思感叹地说：“苦干半个世纪了，可还是一个穷叫化子！”⑧ 马克思虽用毕生的精力写出了最伟大的作品《资本论》，但却无法维持生活。有一次他对二女婿保尔·拉法格说：“《资本论》甚至将不够偿付我写作它时所吸的雪茄烟烟钱。”马克思的火柴用得更多，他聚精会神地思考问题，火柴划着了，却常常忘记去点他的烟斗或雪茄。⑨ 5月29日至6月15日，马克思带着小女儿去曼彻斯特拜

---

① 《马克思恩格斯全集》第31卷第331页。

② 《马克思恩格斯全集》第31卷第373页。

③ 《马克思恩格斯全集》第31卷第395页。

④ 《马克思恩格斯全集》第32卷第15页。在英国作家萨克雷1847年发表的小说《名利场》第23章中有“像教学里的耗子那么穷”这一句话。

⑤ 《马克思恩格斯全集》第32卷第526页。

⑥ 《马克思恩格斯全集》第32卷第51页。

⑦ 《马克思恩格斯全集》第32卷第65页。

⑧ 写给恩格斯的信（1868年4月30日），《马克思恩格斯全集》第32卷第76页。

⑨ 参见《回忆马克思恩格斯》1973年版第3页。

访恩格斯，马克思一回到伦敦，债主们如接到电报一样，马上送来一大沓的催款信和恫吓信，[①] 连续几个月，马克思都陷入债主们的包围中，到11月底统计，马克思负债已达210英镑，这笔账还不包括两个女儿患猩红热的治疗费用。[②]

即使不是身体上或经济上的原因，修订《资本论》第2卷（第2、3册）的工作也要推迟。1868年10月7日，马克思写信给《资本论》俄文版译者尼·弗·丹尼尔逊说："您不必等待第2卷，因为它可能还要推迟6个月才出版。只要去年和1866年法国、美国和英国所进行的某些官方调查还没有结束，或者这些调查的资料还没有公布，我对它的最后加工就不可能完成。何况第1卷已经是一个完整的部分。"[③]

几年来，马克思的痈病总是在10月份发作，到第二年1月份最严重。1868至1869年冬季由于马克思一开始就服用砒剂，使痈没有发作，但从1869年1月开始患重伤风，呕吐、咳嗽，多次发作，加上忙于国际事务，马克思在这一个冬季没有多少时间去进行《资本论》第2卷（第2、3册）的写作，但还是研究了地租、信贷等问题。

1869年3、4月间，马克思又努力写作，4月中旬，发生了肝痛，马克思在4月24日写给恩格斯的信中说："12天来我的肝脏的老毛病使我异常痛苦。我服了龚佩尔特原来开的那种药，但至今毫无效果，我的脑子因此完全麻木了。每年春天都出现这种状况。我如果不能战胜这个病，过后又要长痈。"[④] 恩格斯收到信后，要马克思来曼彻斯特休息，马克思没有同意马上去，其中一个考虑是："不管我身体怎样不好，我也要把几页稿子写完，因为继续写某个中断了的问题总要比开始写新的困难一些。"[⑤] 马克思的身体没有能够复原，肝病之后，接着又是痈病、脓肿。

1869年9月18日至10月初，马克思去汉诺威的库格曼家作客，回伦敦后身体更差了，10月下旬患严重的流行性感冒，不停地咳嗽，接着，腋下的痈肿大变硬，《资本论》第2卷的工作逐渐停顿下来。

从1867年8月到1870年3月，马克思写了4份有关第2卷（第2、3册）的对开纸手稿，马克思自己作了I－IV的编号。"其中第I稿（150页），大概写于1865年或1867年，这是现在这样编排的第2卷的最早的一个独立的、但多少带有片断性质的修订稿。""第Ⅲ稿一部分是引文和马克思札记本的提示的汇编（多半和第2卷第1篇有关），一部分是经过修订的个别论点，特别是对亚当·斯密关于固定资本和流动资本以及关于利润源泉的见解的批判；此外，还有属于第3卷范围的关于剩余价值率和利润率的关系的论述。""第IV稿是第2卷第1篇和第2篇前几章的已经可以付印的修订稿"，第Ⅱ稿是上述四稿中最后写的一个稿，"是第2卷的唯一相当完整的修订稿，稿上注明的日期是1870年"。马克思在后来写的笔记中提到："第二个文稿必须作为基础。"[⑥]

《资本论》第2卷中译本的注释提到，第I稿写于1865年上半年，第Ⅲ稿写于1867年9月，第IV稿写于1868年4—5月，第Ⅱ稿写于1868年12月至1870年7月。

---

① 参见《马克思恩格斯全集》第32卷第94页。

② 参见《马克思恩格斯全集》第32卷第202—203、324页。

③《马克思恩格斯全集》第32卷第551页。

④《马克思恩格斯全集》第32卷第288页。

⑤ 马克思写给恩格斯的信（1869年4月26日），《马克思恩格斯全集》第32卷第290页。

⑥ 参见《资本论》第2卷第7页。

在上述期间总的进展情况是：对第2册写下一份完整的草稿（大约写于1868年），并对第3册进行了修订（1869至1870年），在此以后，马克思又继续研究与修订第2册，而对第3册，“马克思再也没有去碰过它”①。

（二）修订《资本论》第2卷（第2、3册）手稿的间歇时期（1870年3月—1877年3月）

马克思从汉诺威回伦敦后，身体越来越差，《资本论》第2卷（第2、3册）手稿的修订工作逐渐停了下来。1870年6月27日马克思在写给路·库格曼的信中说：“至于迈斯纳催着要第2卷的问题，这项工作整整中断了一个冬天，这不仅仅是因为我生病。我发现有必要认真学习一下俄文，因为在探讨土地问题时，就不可避免地要从原文材料中去研究俄国的土地所有制关系。加之，由于爱尔兰的土地问题，英国政府出版了一套关于各国土地关系的蓝皮书（很快就出齐）。最后——请勿外传——我希望先出第1卷第2版。如果这一工作和第2卷最后的结尾工作搅在一起，那只会造成不方便。”② 马克思是在1870年初病中开始自学俄文的，很快就能做到相当自如地阅读俄文书籍了。马克思在1871年1月21日写给齐·迈耶尔的信中说：“1870年初我开始自学俄语，现在我可以相当自如地阅读了。……为了学会一种与古典语、日耳曼语和罗曼语截然不同的语言，是要下一番功夫的。”③

从1869年秋一直到1876年底的7年间，马克思经常患病，痈病、肝病、咳嗽、急性坐骨神经痛、失眠等等，不断袭击马克思，疾病不仅给马克思带来肉体上的痛苦，而且造成精神上的更大痛苦。马克思在1874年8月4日即将离开伦敦去卡尔斯巴德（卡罗维发利）休养时写信给弗·阿·左尔格说：“我非常不愿意遵照医嘱到卡尔斯巴德去。他们向我担保说，我回来以后会完全恢复工作能力的，而丧失工作能力对于任何一个不愿意当牲畜的人来说，事实上等于宣判死刑。”④

1870年夏季开始的普法战争以及1871年3月巴黎公社起义，又使马克思大量的精力用于国际事务中去了。1872年6月27日马克思的大女儿燕妮·马克思说：“摩尔除了起草宣言，阅读堆积如山的信件和写回信以外，不仅要出席拉脱本广场平常每周举行的会议，而且还要参加在我们家里和恩格斯家里举行的补充会议。最近一次补充会议，从下午4点一直继续到半夜1点钟。这完全是国际的事务。”⑤ 马克思要负责“处理几乎所有的国际通信”，要接待和救济大批因巴黎公社失败来英国的流亡者。马克思说：“我的时间全部被‘国际的事务’占去了，以致从来不能在夜里3点钟以前睡觉。”⑥ 马克思完全不顾自己的身体，他在1871年1月21日写给齐·迈耶尔的信中说：“最近几个月来，我的健康又处于令人厌恶的状况，但是，谁能面对这样伟大的历史事件而去考虑诸如此类的小事呢！”⑦

---

① 参见《马克思恩格斯全集》第36卷第21、31、285页，第19卷第383页。

② 《马克思恩格斯全集》第32卷第672—673页。

③ 《马克思恩格斯全集》第33卷第177—178页。

④ 《马克思恩格斯全集》第33卷第636页。

⑤ 燕妮·马克思写给路·库格曼和盖·库格曼的信，《马克思恩格斯全集》第33卷第686页。摩尔是马克思的绰号。

⑥ 马克思写给路·库格曼的信（1870年9月14日），《马克思恩格斯全集》第33卷第156页。

⑦ 《马克思恩格斯全集》第33卷第177页。

1872年5月26日马克思的妻子在写给威·李卜克内西的信中说："您想象不到，自从公社覆灭以来，我们在伦敦这里过着什么样的生活。难以形容的贫困，无穷无尽的痛苦！此外还有国际的非常繁重的工作。……他要是能够继续安安静静地工作，为战斗着的人们发展斗争的理论，那对他该是多好，多有益。现在，不管是白天或者是黑夜，连一分钟也不得安宁！"①

除国际事务外，马克思还忙于出版《资本论》第1卷的再版本、俄文本及法文本。

在1870年至1876年期间，马克思主要还是利用了生病的时间，从事《资本论》第2卷（第2、3册）的搜集材料和研究工作。马克思在1874年5月18日写给路·库格曼的信中说："在我不能写作的期间，我为第2卷搜集了大量新材料。但是，在法文本完全结束和我的健康完全恢复以前，我无法对这些材料进行最后的加工。"② 在1875年，马克思写了论述剩余价值率和利润率关系的手稿。1876年4月4日，马克思又向弗·阿·左尔格打听美国从1873年以来出版的书目，为了修订第2卷第3册，想"亲自看看关于美国农业和土地所有制关系，以及关于信贷（恐慌、货币等，以及与此有关的一切）方面是否出版了什么有用的东西"③。

对这一时期修订《资本论》第2卷手稿的工作，恩格斯有个概括："1870年以后，又有一个间歇期间，这主要是由马克思的病情造成的。他照例是利用这类时间进行各种研究。农学，美国的特别是俄国的土地关系，货币市场和银行业，最后，还有自然科学，如地质学和生理学，特别是独立的数学研究，成了这个时期的许多札记本的内容。1877年初，他感到健康已经恢复到可以进行原来的工作了。"④

（三）《资本论》第2卷第2册第Ⅴ—Ⅷ号再修订稿（1877年3月—1881年10月）

1877年3月底，马克思对1867年8月至1870年3月间写的4份手稿作出提示和笔记，并以此作为重新修订第2卷的基础。

由于马克思的健康没有得到很好的恢复，神经衰弱、痉挛性咳嗽、感冒、咽喉痛、风湿病、神经痛、慢性鼻炎等一系列病症都在马克思身上出现，医生严格规定他"不许做任何事情"，并且要通过优哉游哉的疗养生活来恢复自己的神经系统。马克思也几次被迫中断自己的工作外出疗养。⑤《资本论》第2卷进展缓慢，1878年11月15日马克思写信告诉尼·弗·丹尼尔逊说，"《资本论》第2卷付印……未必会早于1879年底"⑥。

1878年10月21日，俾斯麦实施反社会党人法，使《资本论》第2卷（第2、3册）不可能在德国出版。马克思听到这个消息后既没有"感到惊奇"，也没有"感到气愤"，这是因为他估计到不能在较短时间内完成《资本论》第2卷。他说："第一，在英国目前的工业危机还没有达到顶峰之前，我决不出版第2卷。……必须注视事件的目前进程，直到它们完全成熟，然后才能把它们'消费'到'生产上'，我的意思是'理论上'""第二，我不仅从俄国而且也从美国等地得到了大批资料，这使我幸运地得到一个能够继续进

① 《马克思恩格斯全集》第33卷第684页。
② 《马克思恩格斯全集》第33卷第631页。
③ 《马克思恩格斯全集》第34卷第169页。
④ 《资本论》第2卷序言，《资本论》第2卷第7页。
⑤ 参见《马克思恩格斯全集》第34卷第385—386、438页。
⑥ 《马克思恩格斯全集》第34卷第332—333页。

行我的研究的‘借口’，而不是最后结束这项研究以便发表。第三，我的医生警告我，要我把我的‘工作日’大大缩短，否则就难免重新陷入1874年和以后几年的境地，那时我时常头晕，只要专心致志地工作几小时就不能再坚持下去。”① 在另一封信里，马克思甚至说：“在目前条件下，《资本论》的第2册在德国不可能出版，这一点我很高兴，因为恰恰是在目前某些经济现象进入了新的发展阶段，因而需要重新加以研究。”②

恩格斯在马克思逝世后写给弗·阿·左尔格的信中说：“要不是有那么多美国和俄国的材料（单是俄国统计学方面的书籍就有两个多立方米），第2卷早就印出来了。这种详细的研究工作使第2卷的进展耽误了许多年。他向来这样，总是要把直到最后一天的所有材料都搜集齐全。”③

唯一不幸的是，马克思不能再去卡尔斯巴德疗养了，这使马克思的病情进一步恶化。1880年8月初到9月13日，马克思在兰兹格特休养，回伦敦后，健康恢复不少，马克思费力地阅读了一大堆从各国特别是美国寄来的政府公布的正式材料。

1881年10月，马克思病情开始恶化，研究与写作被迫停止。

从1877年3月底到1881年10月，为出版《资本论》第2卷第2册，马克思抱病写下了第Ⅴ-Ⅷ号4份再修订稿。

第Ⅴ稿，写于1877年4—9月，内容是现在的第2卷第1篇的前四章，是一些搜集在一起而没有怎么加工的材料，一些要点在正文下面的注释中阐述。这是对《资本论》第2册“第1篇的最重要部分的最后的完整的论述”④。

第Ⅵ稿，是根据第Ⅴ稿整理出来的可以付印的手稿，只有四开纸17页，内容也只是第2册第1章的大部分，写于1877年10月至1878年7月之间。

第Ⅶ稿，是继续根据第Ⅴ稿整理出来的又一份可以付印的手稿，但只有对开纸7页，写成于1878年7月2日。

第Ⅷ稿，写于1880年至1881年，内容是现在的第2卷第3篇，即《社会总资本的再生产和流通》，是对1870年第Ⅱ稿的改写，是一个只有四开纸70页的笔记本。

马克思为什么抛开没有完成的第1篇，跳过了没有着手的第2篇，先去修订第3篇呢？因为“这时马克思已经明白了，如果他的健康状况不根本好转，他就决不能完成他的第2册和第3册的写作工作，使之达到自己满意的程度”⑤。马克思不再按部就班地去进行他的修订工作了，而是先抓着最紧迫的地方修订。摆在马克思面前的情况是：第2册“第1篇最难的部分在第Ⅴ稿重新改写了；第1篇其余的部分和整个第2篇（第17章除外）没有什么重大的理论上的困难；但是第3篇，即社会资本的再生产和流通，在马克思看来，非重写不可。因为第Ⅱ稿在论述再生产时，起初没有考虑到作为再生产中介的货币流通，后来考虑到这种货币流通就再一次作了论述。这种情况应当消除，全篇应当改写，以适应作者已经扩大的眼界”⑥。这样，就先着手对现在的第3篇进行修订了。

根据恩格斯的说明，《资本论》第2卷（第2、3册）的再修订稿共有8个，“全书有

---

① 马克思写给弗·阿·丹尼尔逊的信（1879年4月10日），《马克思恩格斯全集》第34卷第345、347页。
② 马克思写给斐·多·纽文胡斯的信（1880年6月27日），《马克思恩格斯全集》第34卷第424页。
③ 马克思写于1883年6月29日，《马克思恩格斯全集》第36卷第47页。
④⑤⑥ 恩格斯：《资本论》第2卷序言，《资本论》第2卷第8页。

两种稿本，个别部分有6种稿本”[①]。据查，苏联中央马列主义研究院中央档案馆还保存有另外5个片段修订稿：第1章（1868—1870）；第三部分开头（1870年）；第1章（1877年3月）；第1章（1877年4月）；第1章（1877年10月）。[②]

1881年10月，马克思得了由支气管炎及肋膜炎引起的非常危险的胸膜炎。12月2日，燕妮·马克思病逝，马克思受到很大打击。病愈后，马克思在1882年2月9日前往阿尔及尔治病，路上碰到寒冷潮湿的天气，到阿尔及尔时，胸膜炎复发了。天气一直很坏，但马克思直到5月2日才离开阿尔及尔，前往蒙特卡罗（摩洛哥），这里天气也很坏，马克思又第三次患胸膜炎。病愈后，马克思于6月3日离开那里前往阿尔让台大女儿的家里，用附近恩吉安的硫矿泉水治疗他的慢性支气管炎，收效较好，从6月6日一直住到8月22日才离开。接着于8月27日到9月25日在瑞士日内瓦湖畔的斐维（窝州）住了1个月，10月初回到伦敦，身体恢复较好。由于雾季开始，马克思于10月底又被送去威特岛的文特诺尔疗养，由于阴雨连绵，他又感冒了。1883年1月11日，大女儿病逝，马克思第二天离开威特岛回伦敦，又得了支气管炎，出现了许多并发症，开始时是喉头炎，二月发现了肺脓肿，体力迅速衰竭，3月14日下午两点三刻，在内出血之后，他就安详地毫无痛苦地坐在写字桌前的安乐椅上与世长辞了。

马克思没有完成的《资本论》出版工作，由恩格斯承担了下来。

① 恩格斯写给弗·阿·左尔格的信（1884年12月31日），《马克思恩格斯全集》第36卷第264页。
② 参见格里哥里扬：《关于卡·马克思〈资本论〉第2卷的手稿》，《马列主义研究资料》1982年第2辑。

第六章 恩格斯对《资本论》第2至4卷（第2至4册）的编辑与出版

（1883年3月—1895年8月）

整理与出版《资本论》第2至4册的工作，是一个极为艰巨的任务。当1865年底马克思写出《资本论》第一个修订稿后，曾写信给恩格斯说："手稿虽已完成，但它现在的篇幅十分庞大，除我以外，任何人甚至连你在内都不能编纂出版。"①

恩格斯完全意识到这一点，但在马克思逝世以后，继续整理与出版《资本论》已成为恩格斯不可推卸的责任，恩格斯坚决承担了这一任务。面对马克思的大量遗稿，恩格斯写道："我最紧迫的任务——把我的亡友马克思的遗稿准备好以便付印。我有责任为此献出自己的全部时间。"②"这里一切都保存完好，但是还非常乱。我暂时只好把所有信件和其他东西放在一个大箱子里，等我有时间再加以分类整理。目前绝对必须把《资本论》最后几卷的手稿誊写清楚，并加工成可以付印的稿子。这两件事，在所有健在的人中间只有我能胜任。如果我没有完成这些工作就去世的话，那就没有其他人能够辨认这些手稿，这些手稿连马克思本人也往往在事后认不出来，大概只有他的夫人和我才能辨认。"③

一、《资本论》第2至4卷（第2至4册）手稿的初步整理（1883年3月下旬—1884年6月中旬）

《资本论》第2、3册的手稿是马克思家里的女仆海伦·德穆特在1883年3月25日找到的，一大包，共有五百多页对开纸。过不了几天，恩格斯写信告诉彼·拉·拉甫罗夫说："我找到了《资本的流通》和第3册中《总过程的各种形式》的手稿，约一千页对开纸。"④

马克思去世后，遗留下大量的书刊、报纸、信件、文稿等，这些东西一大堆，而且非常乱。只有恩格斯熟悉马克思的书稿和能够辨认字迹，因而这些遗物几乎都得由恩格斯亲自动手整理。由于马克思逝世以后，恩格斯忙于处理丧事，准备出版《资本论》第1卷的第3版及英文本等，到1883年的6月中旬，马克思遗物中许多纸包和箱子甚至还没有打开。下半年恩格斯患病，同时要继续准备出版《资本论》第1卷的第3版及英文本，校订加·杰维尔写的《资本论》第1卷法文通俗本：《卡尔·马克思的〈资本论〉》。直到1884年1月，恩格斯在一封信中才提到："我现在忙于整理马克思遗留下来的书籍等等，健康状况终于允许我做这件事情了。""至于第2卷，我终于开始整理它了。"⑤ 恩格斯将已找

---

① 马克思写于1866年2月13日，《马克思恩格斯全集》第31卷第181页。

② 马克思写给查·菲兹吉拉德的信（1884年1月），《马克思恩格斯全集》第36卷第92页。

③ 马克思写给约·菲·贝克尔的信（1884年6月20日），《马克思恩格斯全集》第36卷第165页。

④ 马克思写于1883年4月2日，《马克思恩格斯全集》第36卷第3页。

⑤ 马克思写给彼·拉·拉甫罗夫的信（1月28日），《马克思恩格斯全集》第36卷第96、97页。

出的《资本论》第2卷手稿进行了分类，哪些是属于第2册的，哪些是属于第3册的，哪些又是属于第2、3册中哪一部分的。

找出这些手稿并进行了编排之后，还不能立即作进一步整理，因为首先还得将马克思所有的书籍、文稿、报纸等整理好，恩格斯的健康状况只允许每天工作几小时，第2卷的整理工作不可能进展得很快。1884年2月16日恩格斯在写给马克思的二女儿劳拉的信中提到，在马克思的手稿中找到了"《资本论》的第一种稿本"①，即1861—1863年经济学手稿，从中发现有几百页的《剩余价值理论》。由于《资本论》第2卷（第2、3册）的篇幅庞大，恩格斯这时考虑"把第2卷扩大为第2卷和第3卷"②。3月31日恩格斯在给劳拉的信中谈到和汉堡出版商迈斯纳商定"第2册《资本的流通过程》先单独出版，等粗活一完成，我就可以开始干了。接着便是第3册和《剩余价值理论》"③。

由于校订《资本论》第1卷的德文第3版及英文本，写作《家庭、私有制和国家的起源》，校订德文本的《哲学的贫困》，为《哲学的贫困》法文第2版写序加注等等，整理马克思遗物的工作拖延了，进一步整理《资本论》第2卷的工作也推迟了。

1884年5月26日，恩格斯写完了《家庭、私有制和国家的起源》，这一天，恩格斯写信告诉劳拉·拉法格说："现在我将着手搞《资本论》第2卷，白天搞它，晚上校订手头已经有的和可能会有的各种译文。"④

6月中旬，恩格斯开始紧张地投入到《资本论》第2卷（第2册）的整理与编辑的工作中。

二、《资本论》第2卷（第2册）的编辑出版（1884年6月中旬—1885年7月初）

1884年6月21日至22日恩格斯在一封信中说："现在我终于开始搞第2卷了。"⑤ 恩格斯这时的任务是整理与编辑马克思的《资本论》第2卷（第2册）手稿，然后送去付印出版。

恩格斯对自己提出的要求是："使本书既成为一部连贯的、尽可能完整的著作，又成为一部只是作者的而不是编者的著作。"⑥ 马克思留下的第2册修订稿很多，但是多半是片断性的、文字上没有推敲过的甚至是提示性的手稿。只有一个稿子（第Ⅳ稿）是经过马克思彻底修订过的、可照原样付印的稿子，但是因为又有以后的修订稿，这个稿子大部分变得陈旧而不宜于采用了。在这种情况下，按照上述要求完成付印出版《资本论》第2卷的任务是十分艰巨的。

为实现上述要求，恩格斯采取了严密的工作步骤。

第一步，辨认手稿字迹，加以誊清。自1883年下半年以来，恩格斯患了连医生也弄不大清楚的类似疝气的病，经常躺卧，不能久坐。1884年上半年，恩格斯好转之后又每天伏案8至10个小时，加紧工作，结果病又有些复发。恩格斯在1884年10月11日写给奥·倍倍尔的信中说："从6月初以来，我只有强忍疼痛，违背医嘱，才能坐到书桌旁写

①② 《马克思恩格斯全集》第36卷第114页。
③ 《马克思恩格斯全集》第36卷第134页。
④ 《马克思恩格斯全集》第36卷第156页。
⑤ 马克思写给卡·考茨基的信，《马克思恩格斯全集》第36卷第166页。
⑥ 《资本论》第2卷序言，《资本论》第2卷第3页。

东西。”① 在这种情况下，恩格斯请了个勤奋肯干的秘书艾森加尔滕，每天从上午 10 点到下午 5 点，躺在沙发上向他口授手稿，“把这些手稿尽可能逐字地抄录下来”。这种方法很有效，不仅誊清的工作进展很快（4 个月就完成了口授工作），恩格斯的健康也逐渐恢复。②

第二步，对口授稿进行加工，整理出一个“初定稿”。这个工作一般是在晚上进行的，恩格斯对白天口授的记录稿进行加工校订。恩格斯说：“在文体上，仅仅改动了马克思自己也会改动的地方，只是在绝对必要而且意思不会引起怀疑的地方，才加进几句解释性的话和承上启下的字句。意思上只要略有疑难的句子，我就宁愿原封不动地编入。我所改写和插入的文句，总共还不到 10 个印刷页，而且只是形式上的改动。”③

第三步，定稿。恩格斯的口授在 1884 年 10 月间就已经完成了，但是第 2 册手稿的最后部分是在 1885 年 2 月 23 日才寄出付印的，间隔了 4 个多月，用来进行最后的定稿。这一工作只有在整个口授工作结束之后才能进行，例如第 3 篇的定稿工作是在 1884 年 11 月 12 日才开始进行的。定稿之后，还得誊清，恩格斯最后要再看一遍。

第四步，付印出版。恩格斯在口授工作全部结束之后，采取分批定稿、分批寄出的办法进行付印出版。恩格斯的定稿工作是在 1884 年 10 月至 1885 年 2 月下旬进行的，而付印工作从 1885 年 1 月就开始了。1885 年 2 月 23 日恩格斯寄出最后一批手稿，1885 年 7 月初，在恩格斯的辛勤劳动下，在艾森加尔滕的帮助下，《资本论》第 2 卷（第 2 册）在汉堡出版了。

《资本论》第 2 卷的出版使恩格斯非常高兴，但他也深深感到重大的战斗任务还在后面。恩格斯说：“在这一卷里，理论阐发得确实是精辟高深，庸俗的读者是不会花力气去深入领会它们并坚持到底的。目前德国的情况就是如此。在德国，全部历史科学，包括政治经济学在内，已经堕落到几乎是无以复加的地步。……德国‘学术界’对这卷新书目瞪口呆，无法理解。只是由于对后果的正当恐惧，才使得他们不敢对它进行公开的批评，因此，官方的经济书刊对它保持谨慎的沉默。可是，第 3 卷会迫使他们开口的。”④

三、《资本论》第 3 卷（第 3 册）的编辑出版（1885 年 2 月下旬—1894 年 12 月初）

《资本论》第 2 卷的定稿工作一结束，恩格斯就立即动手整理出版第 3 卷。1885 年 2 月 22 日恩格斯在写给海·施留特尔的信中说：“《资本论》第 2 册手稿的最后部分明天寄出，后天我就开始搞第 3 册。当我心里还放不下这件事时，我就无法认真考虑其他任何事情。”⑤

和第 2 册一样，恩格斯对编印第 3 册的要求仍然是：“我认为一字不差地用马克思本人的提法整理出马克思的原文，就是尽了我的职责，虽然这可能要逼着读者更努力地去进行独立思考。”⑥

第 3 册工作进行的方式和第 2 册类似，恩格斯说：“我的工作首先是按照原文把全部

---

① 《马克思恩格斯全集》第 36 卷第 214 页。
② 参见《马克思恩格斯全集》第 36 卷第 166 页。
③ 《资本论》第 2 卷序言，《资本论》第 2 卷第 3—4 页。
④ 恩格斯写给尼·弗·丹尼尔逊的信（1885 年 11 月 13 日），《马克思恩格斯全集》第 36 卷第 375 页。
⑤ 《马克思恩格斯全集》第 36 卷第 284 页。
⑥ 恩格斯写给威·桑巴特的信（1895 年 3 月 11 日），《马克思恩格斯全集》第 39 卷第 406 页。

手稿口授一遍，弄出一个易读的抄本；这个手稿的原文，甚至我也往往费很大劲才能辨认。这件事就花费了相当多的时间。抄完以后，才能开始真正的编辑工作。我把这种编辑工作限制在最必要的范围内。”①

马克思留下的《资本论》第3册手稿主要是1864—1865年写下的一个初稿。恩格斯说：“第3册可用的材料，除了手稿《政治经济学批判》中最初的论述，除了第Ⅲ稿中前面提到的部分和一些随手记入札记本的简短笔记，只有上述1864年到1865年写的那个对开纸的手稿，它经过和第2册的第Ⅱ稿大致同样充分的加工，最后，还有一本1875年的手稿，是论述剩余价值率和利润率的关系的，这是用数学的方法（用方程式）来说明的。”② 而这个1864—1865年的初稿也极不完全。恩格斯说：“第3册只有一个初稿，而且极不完全。每一篇的开端通常都相当细心地撰写过，甚至文字多半也经过推敲。但是越往下，文稿就越是带有草稿性质，越不完全，越是离开本题谈论那些在研究过程中冒出来的、其最终位置尚待以后安排的枝节问题，句子也由于表达的思想是按照形成时的原样写下来的而越冗长，越复杂。在许多地方，笔迹和叙述非常清楚地显露出，作者由于过度工作而得的病发作了，并且逐渐加重；这种情况起先使他独自进行工作越来越困难，最后竟时常使他的工作完全无法进行。这并不奇怪。在1863年和1867年之间，马克思不仅已经为《资本论》后两册写成了初稿，把第1册整理好准备付印，而且还为国际工人协会的创立和扩大做了大量的工作。但是，由于这个原因，他的病体的严重症状在1864年和1865年就显露出来了，这使他不能亲手完成第2册和第3册的工作。”③ 这个初稿共分7章，恩格斯按第1卷第2版的体裁，将章改为篇。

编印《资本论》第3卷的工作首先是誊清原稿。这一工作既繁重又紧迫，因为全部第3卷手稿体积约占1立方英尺，恩格斯说：“这份原稿除了我以外，简直是谁也不能读下去，因此，在没有把全文誊清成在任何情况下其他人都能阅读的东西以前，我就不放心。在这以后，我才能从事最后的校订，这将是一个艰巨的任务，因为原稿没有完成。即使是我也未必定能完成这项工作，但是无论如何手稿将被抢救出来，不会全部毁掉，必要时可以按照它的原样出版。”④

每天从上午10点到下午5点，由恩格斯口授马克思原稿，秘书艾森加尔滕记录，晚上由恩格斯通读一遍口授稿。工作进展很快，《资本论》第3册共525页，从1985年2月下旬开始工作，到3月8日已整理了230页，到5月19日，恩格斯写信告诉保尔·拉法格说已经口授了一多半，现在开始搞地租部分。7月24日恩格斯写信告诉奥·倍倍尔说：“第3卷的手稿，我已经尽可能地口授完了。我稍微休息一下并处理完其他各种紧急工作之后，到秋天就着手定稿。不过现在我已经放心了，因为手稿已经誊写清楚，假如在这段时间我的歌子唱完了的话，那在最坏的情况下也可以照现在这个样子刊印。在这项工作没有完成的时候，我没有片刻安宁过。”⑤

完成定稿的工作是十分艰巨的：

第一，恩格斯的健康状况大不如前。恩格斯说：“首先而且主要妨碍我的，是长期视

---

① 《资本论》第3卷序言，《资本论》第3卷第7页。
② 《资本论》第2卷序言，《资本论》第2卷第9页。
③ 《资本论》第3卷序言，《资本论》第3卷第4—7页。
④ 恩格斯写给尼·弗·丹尼尔逊的信（1885年4月23日），《马克思恩格斯全集》第36卷第299页。
⑤ 《马克思恩格斯全集》第36卷第344页。

力衰退，因此，我多年来不得不把写作时间限制到最低限度，直到现在，我在灯光下写东西也只是很偶尔的事情。”[①] 恩格斯的眼病主要是轻度慢性结膜炎和由于疲劳过度眼球后壁扩张而引起左眼近视加重。除眼病外，类似疝气的病也经常使恩格斯行动不便。1886 年 7 月 9 日恩格斯在写给约·菲·贝克尔的信中说：“3 个月来我又处在残废者的状况，最多能走二三百步路，而且要听从各个医生的嘱咐。情况倒没有什么严重的，只是把我给束缚住了，但是如果我举止不安静，随时都可能恶化，因此长途旅行也就谈不上了。如果我的希望实现，到秋天又能活动活动的话，那这一次我一定要尽可能地根治这个 3 年来经常使我成为残废的旧病。”[②]

第二，除《资本论》第 3 卷外，还有许多工作要做。恩格斯说：“还有一些别的无法推卸的工作，如马克思和我本人以前各种著作的重新出版和翻译，就是说要订正、作序、增补（而这些工作没有新的研究往往是不可能进行的）等等。首先要提到的是第 1 册英文版，我对这个版本的文字负最后责任，所以它占了我许多时间。……从我们开始公开活动的那些日子起，各国的社会主义者和工人在本国进行的运动之间的联络工作，大部分落到马克思和我身上；这项工作随着整个运动的壮大而相应地增加了。但在马克思去世以前，这方面的工作主要由马克思担负，在他去世以后，这项不断增加的工作就落到我一个人身上了。”[③] 在口授期间，恩格斯说：“白天我得从 10 点工作到 5 点，而晚上，除了接待客人，我还要答复日益增加的许许多多的来信，而且还要通读口授稿，校订我们的著作的法译文、意大利译文、丹麦译文和英译文（包括《资本论》的英译文），我真不知道到哪里去找时间再来做其他工作。”[④] 即使这样忙，仍积压了大量的工作，口授稿也不能在当晚做好初步的加工工作，使定稿的工作更艰巨了。

第三，马克思《资本论》第 3 册手稿中最重要的几篇比较乱。恩格斯在第 3 册口授工作结束后发现：“其中四分之三几乎都可以按照现在这个样子拿去出版；但是，最后的四分之一，也许是三分之一，还要花费大量的劳动：第 1 篇（剩余价值率和利润率的关系）以及下面的关于信用、而部分地也是关于地租的各篇；此外，还有几乎所有其他各篇中的某些部分。”[⑤] 1886 年 11 月 9 日恩格斯在写给尼·弗·丹尼尔逊的信中又说：“该卷的大部分不需要大加校订，但是关于剩余价值率转化为利润率的那一章、关于银行资本的那一章以及（在某种程度上）关于地租的那一章，还需要花不少功夫。”[⑥] 这里讲的是第 1、5、6 章，即现在的第 1、5、6 篇。1888 年 10 月 8 日恩格斯在写给康·施米特的信中也说：“大部分已经几乎可以付印，但是 7 篇中有两三篇需要大大加工整理，特别是有两种稿本的第 1 篇。”[⑦]

恩格斯的口授工作是 1885 年 7 月结束的，校订工作却直到 1888 年 10 月才开始，间隔了 3 年多的时间。

---

① 《资本论》第 3 卷序言，《资本论》第 3 卷第 3 页。
② 《马克思恩格斯全集》第 36 卷第 485 页。
③ 《资本论》第 3 卷序言，《资本论》第 3 卷第 3—4 页。
④ 恩格斯写给海·施留特尔的信（1885 年 6 月 16 日），《马克思恩格斯全集》第 36 卷第 331 页。
⑤ 恩格斯写给尼·弗·丹尼尔逊的信（1885 年 11 月 13 日），《马克思恩格斯全集》第 36 卷第 375 页。
⑥ 《马克思恩格斯全集》第 36 卷第 555 页。
⑦ 《马克思恩格斯全集》第 37 卷第 94 页。

口授工作结束后有好几个月，恩格斯忙于处理在口授期间积压下来的工作，1885年11月13日恩格斯在写给尼·弗·丹尼尔逊的信中说：“最近两个月来，我不得不去做许多别的工作，这都是因为我专心于第2卷和第3卷而耽搁下来的。这还要继续一些时候。接下去也许还要花1个月的时间校订已接近完成的第1卷英译稿，再接下去我就要开始搞第3卷了，并且一直搞完。这一卷也许分两册出版，因为它大约将有一千页。”①

由于《资本论》第1卷英文译稿的拖延，以及恩格斯忙于校订美国凯利－威士涅威茨基夫人译的《英国工人阶级状况》英译稿，恩格斯在1886年2月下旬才开始校订《资本论》第1卷英文译稿，8月中旬完成了校订工作，但接着又忙于付印校对工作，到1886年11月下旬，恩格斯才宣布“英译本的工作我差不多已经结束”②。

《资本论》第1卷英译本校订付印工作结束后，恩格斯仍不能很快转到《资本论》第3册的校订工作上来，因为有许多积压了的信件要回复，更有许多积压的稿件要处理。恩格斯写给海·施留特尔的信中说：“这些稿件按时间顺序排列如下：

(1)《雇佣劳动与资本》的意大利文译稿——搁置了10个月。

(2)《雾月十八日》的法文译稿——搁置了8个月。

(3) 您的关于宪章派的稿子。

(4) 和 (5) 我的《住宅问题》等以及《极端爱国主义者》。

现在您又给我增加了 (6) 和 (7)。

(6)《暴力论》。……

(7)《论俄国的社会问题》。”③

1886年12月下旬，恩格斯患轻度结膜炎，妨碍了一切正常工作。1887年12月7日恩格斯又写信告诉海·施留特尔说：“我还是一天只能写几个小时，而且只能在白昼的光线下，可是白昼的光线在这里往往是有钱也买不到的，此外还有大量的通信往来。”④ 1888年8月上旬，为了彻底改换一下空气等，以便完全克服眼睛视力的衰弱和慢性结膜炎，恩格斯去美国游览，9月底回到伦敦，眼睛有所好转。

1888年10月初，恩格斯开始校订《资本论》第3卷，打算这一年的冬季就送出付印。工作一开始，恩格斯就加紧地干，但是为了精心保护眼睛，每天写东西不超过两小时，而且只是在白天。第1篇第3章是很重要的一章，但马克思留下来的却都是草稿，恩格斯说，“我不得不完全加以重写”⑤。12月初恩格斯完成了这一章的重写工作，12月4日恩格斯在写给保尔·拉法格的信中说：“我刚校订完马克思留下的第3卷尚未完成的很重要的一章，而且这是运用数学的一章。”⑥ 接下的第4章也只有一个标题，恩格斯又得自己来写。恩格斯这时说，“第3卷花的力气比我想象的要多”⑦。1889年1月完成了第1篇的校订，1月11日恩格斯写信告诉康·施米特说：“第1篇（共7章）已可付印，第2篇

① 《马克思恩格斯全集》第36卷第375—376页。
② 恩格斯写给海·施留特尔的信（1886年11月26日），《马克思恩格斯全集》第36卷第562页。
③ 《马克思恩格斯全集》第36卷第562—563页。
④ 《马克思恩格斯全集》第36卷第704页。
⑤ 恩格斯写给劳拉·拉法格的信（1888年11月24日），《马克思恩格斯全集》第37卷第112页。
⑥ 《马克思恩格斯全集》第37卷第113页。
⑦ 恩格斯写给弗·阿·左尔格的信（1888年12月15日），《马克思恩格斯全集》第37卷第117页。

和第3篇我正在进行，希望很快完成。”[①] 2月11日恩格斯又写信告诉劳拉·拉法格说：“昨天我结束了《资本论》第3卷第4篇——约占1立方英尺的全部手稿的三分之一。”[②]

从1889年2月到1892年10月中旬之间，恩格斯的《资本论》第3卷校订工作基本上处于中断状态。

1889年10月17日恩格斯在写给康·施米特的信中说：“从2月起，第3卷的工作我一点也没有做。该死的巴黎代表大会把那么多来自世界各地的信件都压到我身上，以致所有其他事情都不得不搁下来。……幸而这一切终于已经克服了，也正是在这时候，通知我需要出第1卷第4版。”[③] 这里所说的巴黎代表大会是指在1889年7月14日举行的国际社会主义工人代表大会，即第二国际成立大会。

1889年11月，《资本论》第1卷第4版送出付印，恩格斯恢复对《资本论》第3卷的校订工作，11月16日恩格斯写信告诉劳拉·拉法格说：“第1卷第4版正在印刷，我又重新整理第3卷了。”[④] 但是这一工作开始后不久就中断了，由于忙于国际运动（迎接德国革命事变）、视力衰退、准备出版马克思和恩格斯的其他一些著作，直到1891年11月恩格斯才又开始恢复第3卷的校订工作。

1891年11月1日恩格斯写信告诉康·施米特说：“下星期，我要着手第3卷”[⑤]，恩格斯随即进行第5篇的校订工作，“这一篇无论从内容本身或就手稿的状况来说，都是最困难的”[⑥]。篇幅占《资本论》第3卷手稿的又一个三分之一。由于国际事务（看报、写信之类）的繁重，1892年1月开始，校订《资本论》第3卷的工作又中断了。在中断之前，恩格斯为第5篇的校订“做了扎实的准备工作”[⑦]。

1892年10月中旬，恩格斯才真正恢复《资本论》第3卷的校订工作。恩格斯说：“假若近4年来我哪怕有一次能安静地工作3个月，这本书也早就完成了。但这样如意的事我却一次也没碰到过。”[⑧] 这次恩格斯的决心很大，他说：“我正埋头于《资本论》第3卷，这回一定要把它最终完成。”[⑨] 为此，“尽量对一切通信和其他事务置之不理”[⑩]，恩格斯的精力这时也比较好，再加上前一段扎实的准备工作，因此校订工作进展很快。12月22日，恩格斯写信告诉奥·倍倍尔说：“最难的一篇中的一些困难地方已经解决。”[⑪]

1893年2月24日恩格斯写信告诉尼·弗·丹尼尔逊说，“现在，除一些形式方面的工作以外，我已经结束了第5篇（银行和信用）的校订工作”[⑫]。3月，第5篇校订工作最后

① 《马克思恩格斯全集》第37卷第127页。
② 《马克思恩格斯全集》第37卷第142页。
③ 《马克思恩格斯全集》第37卷第284页。
④ 《马克思恩格斯全集》第37卷第304页。
⑤ 《马克思恩格斯全集》第38卷第201页。
⑥ 恩格斯写给尼·弗·丹尼尔逊的信（1893年2月24日），《马克思恩格斯全集》第39卷第37页。
⑦ 恩格斯写给弗·阿·左尔格的信（1892年11月5日），《马克思恩格斯全集》第38卷第507页。
⑧⑩ 恩格斯写给维·阿德勒的信（1892年10月23日），《马克思恩格斯全集》第38卷第502页。
⑨ 恩格斯写给保尔·拉法格的信（1892年11月3日），《马克思恩格斯全集》第38卷第504页。
⑪ 《马克思恩格斯全集》第38卷第554页。
⑫ 《马克思恩格斯全集》第39卷第37页。

完成，恩格斯在3月20日写给考茨基的一封信中说："第3卷共7篇，有5篇已搞完，连表面形式都可以算最后定稿了。主要的困难——关于信用的那一篇，已经解决。"①

过去的这一个冬天，恩格斯的工作是很艰苦的，恩格斯说：由于国际形势的发展，"我的通信要增加1倍到两倍；再加上眼睛不好，禁止我在灯光下写东西，这一切怎么应付得了啊？冬季的伦敦又有多少白昼的光亮呢？白昼持续四五个小时，我们就满意了，但常常是一点光亮也没有；因为雾气浓重，我们整天坐在煤气灯下"②。

1893年3月，在结束第5篇的校订工作之后，恩格斯立即转入最后两篇即第6、7篇手稿的校订工作，他在3月20日写给考茨基的信中说，"目前我在整理地租那一篇"③，这两篇的篇幅又占《资本论》第3卷手稿的三分之一。工作进展很顺利，5月17日恩格斯在写给弗·阿·左尔格的信中说："第3卷的工作一直在进行。我正在搞最后两篇，我认为这两篇的主要的困难已经过去了。虽然如此，还需要再干上好几个星期才行。然后转入最后校订。我很想在夏天休假以前就把部分手稿送出付印，但不知能否办到。最后校订可以在排印期间再做。事不宜迟。一切情况表明，在德国我们似乎将面临一个充满动乱和斗争的时期，因此事情必须在此以前做完。"④

1893年8月1日至9月29日，恩格斯去德国、瑞士和奥匈帝国旅行，在这次旅行之前，由于忙于《资本论》第2卷第2版的工作，《资本论》第3卷校订没能按原计划结束，留下了最后一遍的校订工作，到12月初，恩格斯才开始进行最后校订的工作。12月2日恩格斯在写给海·施留特尔的信中说，"我又着手第3卷的工作"⑤。恩格斯把手稿分成三等分进行最后校订。第一部分是第1至4篇，最后校订的工作从1893年12月初开始，12月底完成，完成后立即寄出付印。恩格斯在12月30日写给弗·阿·左尔格的信中说："第3卷手稿的前三分之一昨天已用结实的油布包装好（像过去科隆的那本尽人皆知的伪造记录那样），并将在日内付印。其余三分之二还需要进行最后的，主要是技术上的校订。如果一切进展顺利，将在9月出书。"⑥ 从1894年1月初开始，加工第二部分，即第5篇，2月下半月完成，然后开始加工第三部分，即第6、7篇。1894年2月22日恩格斯在写给爱·伯恩斯坦的信中说，"我刚刚着手第41章（地租）"⑦，有关地租的最后校订工作花了不少时间，"因为摩尔表格里的计算，差不多无例外地都弄错了……因而需要重算"⑧。再加上这时已付印的部分不断地涌来，需要及时校对，第6、7篇手稿的最后校订工作就拖长了时间，但在5月11日这一天也最终完成了这一工作，这一天，恩格斯写信告诉劳拉·拉法格说："我刚从城里回来，我们在那里把第3卷的最后一部分手稿发送出去。"⑨

第一部分手稿（第1至4篇）寄出后不久，恩格斯又投入繁重的校对工作中去。恩格

---

① 《马克思恩格斯全集》第38卷第57页。

② 恩格斯写给路·肖莱马的信（1892年12月1日），《马克思恩格斯全集》第38卷第530页。

③ 《马克思恩格斯全集》第39卷第57页。

④ 《马克思恩格斯全集》第39卷第71页。

⑤ 《马克思恩格斯全集》第39卷第171页。

⑥ 《马克思恩格斯全集》第39卷第183页。

⑦ 《马克思恩格斯全集》第39卷第204—205页。

⑧ 恩格斯写给劳拉·拉法格的信（1894年4月11日），《马克思恩格斯全集》第39卷第227页。

⑨ 《马克思恩格斯全集》第39卷第232页。

斯说："校样花去我多少劳动；时时需要全神贯注，令人非常疲倦！此外，迈斯纳使用的那个印刷所工作相当马虎，这也给我增加了麻烦。同时狄茨又在印我的《反杜林论》第3版，您应当完全相信，我实在是为校样忙得不可开交了。"① 1894年9月底，恩格斯着手写序言，写完后又负责付印校对。整个1894年，恩格斯都是在看校样中度过的。这一年，恩格斯的健康状况很差，1895年1月12日恩格斯在写给他弟弟海尔曼·恩格斯的一封信中说："去年春天我患了支气管炎，虽然很轻，但仍持续了不下6个星期；最近一年来胃痛和便秘等等使我受苦不少。"②

1894年12月初，《资本论》第3卷在汉堡出版了。

早在1885年恩格斯着手整理《资本论》第3卷时就说："我钻研得越深，就越觉得《资本论》第3册伟大，……一个人有了这么巨大的发现，实行了这么完全和彻底的科学革命，竟会把它们在自己身边搁置20年之久，这几乎是不可想象的。"③ 恩格斯当时就预料着："这个包含着最后的并且是极其出色的研究成果的第3卷，一定会使整个经济学发生彻底的变革，并将引起巨大的反响。"④ "它是卓越的，出色的。这对整个旧经济学确实是一场闻所未闻的变革。只是由于这一点，我们的理论才具有不可摧毁的基础，我们才能在各条战线上胜利地发动起来。只要书一出来，党内的庸人习气也会再次受到久久不会忘记的打击。"⑤ 恩格斯同意尼·弗·丹尼尔逊的这样的意见：只有到第3卷问世时，作者的整个体系才会为人们彻底了解，而现在对它提出的那许多愚蠢的反对意见也就会站不住脚了。恩格斯在和第1卷相比较时说："这是圆满完成全著的结束部分，甚至使第1卷相形见绌。……这个第3卷是我所读过的著作中最惊人的著作，……最困难的问题这样容易地得到阐明和解决，简直像是做儿童游戏似的，并且整个体系具有一种新的简明的形式。"⑥ "这是一部光彩夺目的著作，在学术上甚至超过第1卷。"⑦ 恩格斯又和第2卷比较说："《资本论》第2卷即将出版，……这一卷定会使人大失所望，因为它在颇大程度上是纯学术性的，很少鼓动性的材料。可是第3卷则又如雷鸣电闪，因为它第一次从总的联系中考察了全部资本主义生产，完全驳倒了全部官方的资产阶级经济学。"⑧ 不久，恩格斯又说："书是光彩夺目的，它将给人以雷鸣电闪般的印象。"⑨

《资本论》第3卷出版后不久，恩格斯又赶写了两篇补充性的文章。1895年5月21日恩格斯在写给当时《新时代》杂志主编卡·考茨基的信中说："我打算给你一篇使你高兴的著作在《新时代》上刊登，这就是《资本论》第3卷增补：Ⅰ.《价值规律和利润率》，答桑巴特和康·施米特的疑问。随后就是Ⅱ.从1865年马克思著文论述交易所以后交易所作用的巨大变化。然后看需要和时间如何，再决定是否继续写下去。"⑩ 结果，恩格斯只写完了《价值规律和利润率》这一篇，第2篇《交易所》只写了一个提纲就去世了。

---

① 恩格斯写给保尔·拉法格的信（1894年6月2日），《马克思恩格斯全集》第39卷第245页。
② 《马克思恩格斯全集》第39卷第361页。
③ 恩格斯写给劳拉·拉法格的信（1885年3月8日），《马克思恩格斯全集》第36卷第285页。
④ 恩格斯写给约·菲·贝克尔的信（1885年4月2日），《马克思恩格斯全集》第36卷第288页。
⑤ 恩格斯写给奥·倍倍尔的信（1885年4月4日），《马克思恩格斯全集》第36卷第293页。
⑥ 恩格斯写给尼·弗·丹尼尔逊的信（1885年4月23日），《马克思恩格斯全集》第36卷第299页。
⑦ 恩格斯写给约·菲·贝克尔的信（1885年6月15日），《马克思恩格斯全集》第36卷第325页。
⑧ 恩格斯写给弗·阿·左尔格的信（1885年6月3日），《马克思恩格斯全集》第36卷第322页。
⑨ 恩格斯写给奥·倍倍尔的信（1885年6月22—24日），《马克思恩格斯全集》第36卷第336页。
⑩ 《马克思恩格斯全集》第39卷第461页。

在编辑《资本论》第3卷手稿的过程中，恩格斯进行了不少增删和改动，随着1992年马克思这一手稿的完整出版，学术界对如何评价恩格斯的编辑工作展开热烈争论。[①]

四、《资本论》第4卷（第4册）编辑出版的准备工作（1889年1月—1895年8月）

《资本论》第4卷即《剩余价值理论》是马克思在1861—1863年写成的唯一的一份手稿，后来一直没有再加工过，原稿约750页（包括已收入第3卷的部分）。

早在1889年1月，即《资本论》第3卷的校订工作开始后不久，恩格斯就把整理《资本论》第4卷的工作提到议事日程上来了。恩格斯说："我预感到，在最好的情况下，我也还需要长时期地保护我的眼睛，以便恢复正常。这样，我至少在几年内不能亲自给人口授《资本论》第4册的手稿。另外，我应当考虑到，不仅使马克思的这一部手稿，而且使其他手稿离了我也能为人们所利用。要做到这一点，我得教会一些人辨认这些潦草的笔迹，以便必要时能代替我，在目前哪怕能够帮助做些出版工作也好。"[②] 当时恩格斯考虑到有两个人可以参加这一工作，一个是考茨基，另一个是伯恩斯坦。由于伯恩斯坦忙于《社会民主党人报》的编辑部工作，恩格斯就着重动员考茨基来参加这一工作，并要他的妻子路易莎·考茨基帮忙。恩格斯不仅给考茨基写了信，后来还和他面谈，准备给他一百英镑的报酬，考茨基同意了。不久，考茨基离开了伦敦，带走了马克思的一个笔记本，恩格斯在收到考茨基寄回来的一部分誊清了的手稿后，又寄去了第二个笔记本，但从此就得不到音信了。

1892年底，恩格斯基本完成了第3卷第5篇的校订工作，从而使《资本论》第3卷的校订工作接近完成时，恩格斯又一次提出准备整理第4卷的工作，要考茨基送回马克思的笔记本连同誊清的部分。1893年3月20日，恩格斯再次去信催要留在考茨基手里的马克思的笔记本。

1894年12月《资本论》第3卷出版后，由于要处理一大堆积压下来的出版马恩的早期著作及恩格斯的其他著作，出版拉萨尔写给马克思的书信集，观察欧洲5个大国和许多小国运动的情况及美国运动的情况，再加上已经高龄，恩格斯很难胜任《资本论》第4卷的编辑出版工作。1895年3月，恩格斯虽已打算着手这一工作，但不久因颈腺肿瘤而病倒了。1895年8月5日，又一位伟大的无产阶级革命导师——恩格斯因患食道癌不幸逝世。

直至1905—1910年，考茨基对马克思的手稿作了许多删改和变动后，出版了这部《资本论》第4卷。1954—1961年按马克思的手稿次序编辑出版了《剩余价值理论》俄文新版本；[③] 1956—1962年出版了该书德文新版本；1962—1964年作为《马克思恩格斯全集》第26卷（共3册）出版了该书的俄文第2版。

五、恩格斯对马克思的支持与帮助

恩格斯对马克思在写作、出版和传播《资本论》上的帮助十分巨大而又全面，没有恩格斯的这种巨大支援，马克思是不可能写作和出版他的这一伟大著作的。

---

① 参见卢晓萍：《〈资本论〉第3卷马克思手稿发表再度引起争论》，《当代经济研究》1999年第3期。

② 恩格斯写给卡·考茨基的信（1889年1月28日），《马克思恩格斯全集》第37卷第135页。

③ 关于这个新版本的情况，可参阅1961年6月24日《人民日报》转载的苏联《共产党人》杂志1961年第8期上弗·布鲁什林斯基的文章：《马克思〈剩余价值学说史〉的新版本》。

这种帮助首先表现在研究工作上的合作。

马克思和恩格斯第一次会面是在1842年。这一年11月底，恩格斯离开巴门的家，去英国的曼彻斯特他父亲和欧门兄弟合股的纺纱厂学习经商，路经科隆时，恩格斯访问了《莱茵报》编辑部，遇见了马克思，由于当时互相还不了解，会面是十分冷淡的。在英国逗留期间，恩格斯调查了英国的工人阶级状况，参加了各种集会，研究了资产阶级经济学家及空想社会主义者的一系列著作。1843年底到1844年1月写了《政治经济学批判大纲》这篇著作，发表在马克思和卢格合编的在巴黎出版的德文刊物《德法年鉴》上，这篇被马克思称之为"天才大纲"的著作发表之后，马克思与恩格斯就不断通信交换意见。列宁指出："还在《神圣家族》一书出版以前，恩格斯就在马克思和卢格两人合编的《德法杂志》上发表了《政治经济学批判大纲》一文，从社会主义的观点考察了现代经济制度的基本现象，认为那些现象是私有制统治的必然结果。同恩格斯的交往显然促使马克思下决心去研究政治经济学，而马克思的著作使这门科学发生了真正的革命。"①

1844年8月底，恩格斯离开英国回德国，在巴黎与马克思第二次会面，相处十天左右，两人合写了《神圣家族》一书，从此开始了密切合作。

马克思在长期写作政治经济学著作的过程中，从写作提纲到理论与实际中遇到的疑难问题，都经常通过写信或会面的方式和恩格斯交换意见，对弄不清的问题，虚心向恩格斯请教。例如，马克思在1867年8月24日写给恩格斯的信中就说："我现在正在写第2册（流通过程），在这一册的结尾部分，和许多年前一样，有一点我必须再向你请教一下！"②接着马克思向恩格斯请教了固定资本补偿问题。对于马克思提出的各种疑难问题，恩格斯想方设法通过调查研究和搜集资料，详尽地给予回答，并在精神上给予大力支持。

恩格斯对马克思的帮助还突出表现在经济上的大力支援。

早在1850年11月，恩格斯为了从经济上帮助马克思，不惜作出巨大的自我牺牲，迁居曼彻斯特，重新回到欧门—恩格斯公司，担任德国本店驻曼彻斯特的代表（办事员），年薪约二百英镑。恩格斯的父亲在这家企业的资本共一万英镑，1860年3月，父亲死去，1864年恩格斯担任股东，接收了一万英镑的资本，另继承一笔现款。1869年夏，恩格斯与欧门兄弟合股的契约满期，恩格斯退出股份，脱离了商业。恩格斯的商业活动前后共达19年之久，消耗了大量的精力。在此期间，恩格斯经常不断地从曼彻斯特寄钱给马克思，维持马克思一家的最低限度的生活。有好几次，在马克思最紧急的时刻，即被饿狼般的债主包围的危急关头，恩格斯的钱寄到了，马克思风趣地称之为"救命钱"或"一个奇迹般的意外礼物"，从而引起全家的欢腾。

年薪二百英镑，却要维持两家的生活，给恩格斯带来很大的负担，按照恩格斯原来的计划每月给马克思寄五英镑，都会引起恩格斯在年终结算后负一身债，而实际上远远不止这个数字。恩格斯不顾一切，为了使马克思摆脱困境，尽一切力量支援马克思，直到自己也负债。恩格斯说："我虽然因此相当时期将囊空如洗，但只要你能摆脱困境，小燕妮能去海滨，也就无所谓了。"③

对于恩格斯的这种自我牺牲与革命情谊，马克思的内心是十分不安的。1867年5月7

① 《弗里德里希·恩格斯》，《列宁选集》第1卷第93页。

② 《马克思恩格斯全集》第31卷第331—332页。

③ 恩格斯写给马克思的信（1862年8月8日），《马克思恩格斯全集》第30卷第274页。

日，当马克思完成了《资本论》第1卷，将手稿亲自送往德国付印时，他从汉诺威写了封信给恩格斯，信中说："没有你，我永远不能完成这部著作。坦白地向你说，我的良心经常像被梦魇压着一样感到沉重，因为你的卓越才能主要是为了我才浪费在经商上面，才让它们荒废，而且还要分担我的一切琐碎的忧患。"① 1867年8月16日，已经深夜两点了，刚刚校完《资本论》第1卷手稿的马克思，心情十分激动，立即又写了短短几行的信给恩格斯，信中说："没有你为我作的牺牲，我是决不可能完成这三卷书的巨大工作的。我满怀感激的心情拥抱你！"②

恩格斯十分厌烦在曼彻斯特的商业活动，他觉得自己在这里生活就如同鱼在沙土上一样难受。他说："我最渴望不过的事情，就是摆脱这个鬼商业，它占去了一切时间，使我的精神完全沮丧了。只要我还在经商，我就什么也不能干；尤其是我当上老板之后，负的责任更大，情况也就更糟了。如果不是为了增加收入，我真想再当办事员。"③

1869年6月30日，是恩格斯最后一次去营业所与欧门就结束曼彻斯特公司的主要条款达成协议的日子，马克思的小女儿爱琳娜当时正在恩格斯那里做客，她后来回忆了这一天生动的情景："我永远不会忘记，那天早晨当他穿上皮靴最后一次到营业所去的时候，他是多么高兴地喊着：'最后一次了！'几小时以后，我们站在大门口等他回来，只见他从门前的一小片田野里走过来，挥舞着手杖，容光焕发地唱着歌。然后我们就像过节一样大吃一顿，喝香槟酒，陶醉在幸福中。"④ 第二天（7月1日），恩格斯写信给他的母亲说："我刚刚获得的自由使我高兴极了。从昨天起，我已经完全变成另一个人了，年轻了10岁。今天早晨，我没有到那阴郁的城市里去，而是趁天气晴朗在田野里漫步了几个小时。"⑤

对恩格斯长期从事商业活动是无可非难的，恩格斯后来提到这个问题时说过："要是有人想要在这方面责难我，那他就会遭到惨重的失败。"⑥

恩格斯在大量精力用之于商业活动的情况下，仍能勤奋学习，刻苦钻研。他精通政治经济学、哲学、军事学、语言学、化学、植物学等等。他掌握的各国语言有20种左右，其中许多种可以说是非常精通的。

恩格斯对马克思的帮助还表现在编辑出版了《资本论》第2、3卷，为第4卷的编辑出版也做了不少准备工作。在《资本论》各卷出版之后，他又做了大量的传播工作，包括宣传工作、写论战性文章以及出版《资本论》的再版本和各国文本的工作，继续完成马克思所未能完成的事业。

《资本论》第1卷出版后，资产阶级使用了沉默的阴谋，妄图扼杀这部伟大著作。粉碎这一阴谋的重担主要落在恩格斯的身上，恩格斯为《资本论》第1卷写了9篇书评，通过德国的库格曼医生，到处发表，造成舆论，打开了《资本论》第1卷的销路，取得了胜利。

马克思逝世后，恩格斯又将自己的主要精力用之于编辑出版《资本论》以下各卷的工

① 马克思写于1867年5月7日，《马克思恩格斯全集》第31卷第301页。
② 《马克思恩格斯全集》第31卷第329页。
③ 恩格斯写给马克思的信（1867年4月27日），《马克思恩格斯全集》第31卷第297页。
④ 《弗里德里希·恩格斯》，《回忆马克思恩格斯》1973年版第163页。
⑤ 《马克思恩格斯全集》第32卷第606页。
⑥ 恩格斯写给爱·伯恩斯坦的信（1883年3月1日），《马克思恩格斯全集》第35卷第445页。

作上来，一直到自己病逝为止。恩格斯说：“不管怎样，我要把整理摩尔的书的工作坚持下去。这部书将成为他的纪念碑，这是他自己树立起来的，比别人能为他树立的任何纪念碑都更加宏伟。”① 在恩格斯的辛勤劳动下，《资本论》第2、3卷出版了。列宁说：“奥地利社会民主党人阿德勒说得很对：恩格斯出版《资本论》第2卷和第3卷，就是替他的天才朋友建立了一座庄严宏伟的纪念碑，无意中也把自己的名字不可磨灭地铭刻在上面了。的确，这两卷《资本论》是马克思和恩格斯两人的著作。”②

恩格斯不断反对人们对他的过度赞扬，他说：“不幸的倒是，自从我们失掉了马克思之后，我必须代替他。我一生所做的是我注定要做的事，就是拉第二小提琴，而且我想我还做得不错。我高兴我有像马克思这样出色的第一小提琴手。”③

六、关于威廉·沃尔弗和海伦·德穆特

和马克思结下最深厚的革命友谊的，除恩格斯外，恐怕要算威廉·沃尔弗了。

威廉·沃尔弗，又称鲁普斯（沃尔弗，译意为狼，拉丁语读狼为鲁普斯），1809年6月21日诞生于德国西里西亚弗兰肯施坦附近的塔尔瑙（波兰称作塔尔努夫），父亲是世袭的依附农（农奴），兼营一家小饭店。

沃尔弗早在1834年大学将毕业时因参加大学生协会而被普鲁士政府逮捕入狱，直到1839年因健康恶化而被赦免。出狱后很久，才被政府允许在布勒斯劳任私人教师，他在报刊上不断发表文章揭露官吏、庄园主及工厂主的罪恶，因而成了经常光临高等法院的主顾。对沃尔弗来说，最大的乐趣莫过于愚弄书报检察机关，他曾把他在赞美诗集中发现的一首自比为“狗”和“蠢驴”的忏悔诗发表在报纸上，传遍德国，使宗教徒们十分难堪。

普鲁士政府一再陷害沃尔弗，为此，沃尔弗不得不在1846年初逃去伦敦，加入了德意志工人共产主义教育协会，不久又去了布鲁塞尔，1846—1847年为布鲁塞尔共产主义通讯委员会委员。1847年8月底，马克思和恩格斯在布鲁塞尔创办了德意志工人协会，沃尔弗每个星期都到这里做时事评论，成为最受欢迎的演讲人之一。二月革命后，沃尔弗被押送出境，来到法国的巴黎，1848年3月起为共产主义者同盟中央委员会委员。1848年6月1日，《新莱茵报》在科隆出版，马克思任主编，沃尔弗担任编辑，写了一系列政论性文章，经常去有无产阶级、手工业者及小资产阶级民主主义者参加的科隆民主协会做时事评论，影响很大。1849年5月19日，《新莱茵报》出版了最后一号后被查封了，沃尔弗来到法兰克福，担任法兰克福国民议会议员，揭露了德国反动政府的叛卖活动，引起了路易·波拿巴代理人卡·福格特的抗议。几天后，即5月底或6月初，沃尔弗逃亡斯图加特、巴登和瑞士的苏黎世，1851年流亡伦敦，生活十分困苦。他在1853年6月21日的日记中写道：“我不得不在极度贫困之中度过自己的生日。”这一年年底，他欠下了37英镑的债款。1853年9月，沃尔弗由在布勒斯劳相识的一个医生介绍，找到了一个私人教师的工作，他来到曼彻斯特，很快就受到广大的英国人和旅居英国的德国人的敬爱。

1864年春，沃尔弗由于劳累过度，犯了严重的头痛病，彻夜不眠，但仍坚持工作，5月9日因脑溢血复发去世。

---

① 恩格斯写给劳拉·拉法格的信（1885年3月8日）《马克思恩格斯全集》第36卷第286页。

② 《弗里德里希·恩格斯》，《列宁选集》第1卷第95页。

③ 恩格斯写给约·菲·贝克尔的信（1884年10月15日），《马克思恩格斯全集》第36卷第219页。

马克思和恩格斯早在1846年4月底，住在布鲁塞尔郊区合写《德意志意识形态》一书时，开始会见刚从德国流亡国外的沃尔弗。恩格斯回忆说："第一眼看到他，我们并没有料想到，这个外表并不出众的人，竟是一个十分难得的人物。没过几天，我们就同这位新的流亡伙伴建立了诚挚的友谊，而且我们相信，我们交结的不是一个平凡的人。"①

威廉·沃尔弗勤勉工作，节俭度日，留下了1 384英镑17先令的遗产，其中除支付丧费、税收等项费用以外，绝大部分（824英镑14先令9便士）留给了马克思一家。燕妮·马克思说："他给了我们帮助，减轻了我们的负担，使我们从生活的烦恼中摆脱出来。"②

威廉·沃尔弗病危期间，马克思亲自赶往曼彻斯特探望。威廉·沃尔弗的不幸逝世，使马克思和恩格斯十分悲痛。恩格斯说："马克思和我失去了一位最忠实的朋友，德国革命失去了一位价值无比的人。"③《资本论》第1卷付印时，马克思在扉页上加印了这样几行黑体字：

献给我的不能忘记的朋友　勇敢的忠实的高尚的无产阶级先锋战士威廉·沃尔弗

1809年6月21日生于塔尔瑙　1864年5月9日死于曼彻斯特流亡生活中

对马克思在写作《资本论》时给予很大帮助的人中，还值得一提的是马克思家里的女佣和忠实的朋友海伦·德穆特（琳蘅、尼姆）。她生于1803年1月1日，原是马克思妻子家里的女佣，从1845年4月开始，照料马克思一家的生活，患难与共。马克思去世后，又来到恩格斯的家里，照料恩格斯的生活。1890年11月4日她因病去世，恩格斯十分悲痛，他写道："我们是最后的两个1848年前的老战士。现在又只剩下我一个人了。如果说马克思能够长年地，而我能够在这7年里安静地工作，这在很大程度上我们要归功于她。我还不知道现在我将怎样。听不到她对党的事务的极中肯的忠告，我会痛感到是个损失。"④

海伦·德穆特终身未婚，她已成了马克思家庭中的一个成员，去世后和马克思及燕妮葬在一起。

海伦·德穆特观察问题很敏锐，例如，当拉萨尔不顾马克思的贫困，在马克思家大吃大喝时，海伦·德穆特把这种行为和他平时惯于剽窃马克思的著作以骗取人们对他个人的威信这两件事联系在一起，向马克思尖锐地指出："你看，摩尔，他吃掉了你的所有一切最好的烤牛肉块，剽窃了你的所有一切最好的思想。"

---

① 《威廉·沃尔弗》，《马克思恩格斯全集》第19卷第63页。

② 《动荡的生活简讯》，《回忆马克思恩格斯》1973年版第155页。

③ 《威廉·沃尔弗》，《马克思恩格斯全集》第19卷第106页。

④ 恩格斯写给弗·阿·左尔格的信（1890年11月5日），《马克思恩格斯全集》第37卷第494页。

第七章　《资本论》的伟大意义与广泛传播

一、《资本论》的伟大意义

《资本论》第1卷发表后，恩格斯指出："自从世界上有资本家和工人以来，没有一本书像我们面前这本书那样，对于工人具有如此重要的意义。资本和劳动的关系，是我们全部现代社会体系所围绕旋转的轴心，这种关系在这里第一次得到了科学的说明，而这种说明之透彻和精辟，只有一个德国人才能做得到"。①

马克思主义政治经济学是马克思主义的主要内容，《资本论》则是马克思的政治经济学中的主要著作，在马克思主义理论中占有重要地位，有着伟大的理论意义和革命意义。

第一，《资本论》的出版使唯物史观得到了证明。

唯物史观是马克思发现的，早在1845年春，马克思对唯物史观作了明确的表述，但是当时提出的唯物史观仍然是一种假设，还没有得到具体的证明。《资本论》出版后，情况不同了。列宁指出："自从《资本论》问世以来，唯物主义历史观已经不是假设，而是科学地证明了的原理"，"既然运用唯物主义去分析和说明一种社会形态就取得了这样辉煌的成果，那么，十分自然，历史唯物主义已不再是什么假设，而是经过科学检验的理论了；十分自然，这种方法也必然适用于其余各种社会形态，虽然这些社会形态还没有经过专门的实际研究和详细分析"②。

第二，唯物史观和剩余价值理论是马克思的两个伟大的发现和贡献，由于这两大发现，社会主义学说由空想变为科学。

19世纪初，出现了以法国的圣西门（1760—1825）、傅立叶（1772—1837）和英国的欧文（1771—1858）为代表的三大空想社会主义者，他们尖锐地揭露了资本主义的丑恶，对未来社会制度提出许多有价值的见解，以圣西门、傅立叶为代表的法国空想社会主义成为马克思主义的一个重要来源。但是，他们对资本主义的揭露还是停留在资本主义制度所造成的恶果上，而不能揭露这一恶果产生的根源，没有揭露资本主义生产关系与交换关系的产生和发展的规律，他们反对通过无产阶级革命去推翻资本主义制度，而是幻想资产阶级发善心，因而这种社会主义学说是空想的。

马克思创立了唯物史观和剩余价值学说，从资本主义的生产关系和交换关系方面，深刻揭露了资本主义矛盾的根源，指明了资本主义必然灭亡和社会主义必然胜利的客观规律，使社会主义学说由空想变为科学。《资本论》不仅是一部伟大的政治经济学著作，也

---

① 恩格斯：《卡尔·马克思〈资本论〉第1卷书评》，《马克思恩格斯选集》第2卷第589页。

② 列宁：《什么是"人民之友"以及他们如何攻击社会民主党人？》，《列宁选集》第1卷第10、13页。

是“叙述科学社会主义的主要的和基本的著作”[①]。

第三,《资本论》的出版是政治经济学本身的一场革命。

马克思在写作《资本论》的过程中，对资产阶级经济学家及其著作，进行了全面的大审查。马克思“第一个使重农学派重见天日”[②]，肯定了古典经济学家的劳动价值学说的科学成分，揭开了李嘉图在利润问题上和他的正确的价值定义发生矛盾时表现出来的折中主义，揭露了李嘉图在地租问题上的骗局，彻底批判了资产阶级庸俗经济学，“从根本上打击了目前在法国流行的蒲鲁东社会主义”[③]，还刺痛了拉萨尔、杜林之流。

第四,《资本论》是推翻资本主义制度的强大思想武器。

《资本论》揭露了资产阶级的发家史和资产阶级（包括土地所有者）怎样榨取工人阶级的剩余价值，揭露了无产阶级受剥削受压迫的根源在于资本主义的生产关系和交换关系，阐述了在这一基础上展开的阶级和阶级斗争，揭示了资本主义必然灭亡和社会主义必然胜利的客观规律。《资本论》的传播大大提高了工人阶级的觉悟，使之树立了必胜的信心，为推翻资本主义制度及建立社会主义的新制度造了舆论，成为“向资产者（包括土地所有者在内）脑袋发射的最厉害的炮弹”[④]。

马克思和工人运动相结合，产生了无产阶级自己的政党，恩格斯在讲到当时的德国的无产阶级政党时指出：“它的全部理论内容来自对政治经济学的研究”[⑤]，没有这样的理论指导党的领导，无产阶级的胜利是不可能的。

第五,《资本论》为研究古代社会经济形态提供了钥匙。

马克思指出：“人体解剖对于猴体解剖是一把钥匙。反过来说，低等动物身上表露的高等动物的征兆，只有在高等动物本身已被认识之后才能理解。因此，资产阶级经济为古代经济等等提供了钥匙。”[⑥] 可见，学习《资本论》不仅对认识资本主义社会经济形态有根本意义，而且对认识人类社会以往各形态均有指导意义。在《资本论》中，马克思根据当时掌握的材料，对资本主义社会以前各社会形态进行了科学的分析。

第六,《资本论》是建设社会主义和共产主义的指南。

社会主义革命的实践告诉我们，在资本主义制度被推翻以后，随着社会主义生产资料公有制的建立和发展，形成了以生产资料社会主义公有制为主体的商品经济体系，社会主义国家的任务在于大力发展这种商品经济。马克思在《资本论》中阐明的有关商品和货币的许多基本原理，仍然是指导我们发展社会主义商品经济包括市场经济的理论基础。在今天，坚持马克思的劳动价值论还是贩卖萨伊的资本、劳动和土地共同创造价值以及与此相联系的效用决定论和供求决定论，关系到我国商品经济发展方向的原则问题。

社会主义的公有制取代资本主义的私有制，这是资本主义基本矛盾发展的必然历史趋势，在我国现阶段多种经济成分并存的条件下，只有坚持马克思重建个人所有制的理论，坚持和发展占主导地位的社会主义公有制经济，才能坚持社会主义的方向。在社会主义公有制的基础上，生产的目的是为了保证和发展人民群众物质生活和精神生活的需要，而不

---

① 列宁:《什么是“人民之友”以及他们如何攻击社会民主党人?》,《列宁选集》第1卷第51页。

② 恩格斯写给斯·鲍威尔的信（1895年4月10日),《马克思恩格斯全集》第39卷第442页。

③ 马克思写给约·魏德迈的信（1859年2月1日),《马克思恩格斯全集》第29第554页。

④ 马克思写给约·菲·贝克尔的信（1867年4月17日),《马克思恩格斯全集》第31卷第542—543页。

⑤ 恩格斯:《卡尔·马克思〈政治经济学批判〉。第1分册》,《马克思恩格斯选集》第2卷第37页。

⑥ 马克思:《政治经济学批判》导言,《马克思恩格斯全集》第2版第30卷第47页。

是追求利润最大化。以追求利润为目的的生产、流通和各种服务，必然腐蚀人们的灵魂，导向资本主义。

社会主义商品经济要求加强宏观调节，按照社会需要的比例发展国民经济各个部门产品的生产是商品经济的客观要求，如何处理好国民经济各个部门的比例关系，如何预先计划好短期内不提供任何有用效果的长期投资项目，要认识和解决这些重大现实问题，也必须学习《资本论》，学习马克思的商品经济理论、资本周转理论、再生产理论等等。

要加快发展我国国民经济，就需要调整产业结构，转变发展方式，加快资金的循环和周转，提高经济效益，这也只有通过《资本论》的学习才能从理论上提高认识，具体指导实践。

要建设社会主义的农业、工业、商业、交通运输业，做好外贸和财政信贷工作，都离不开《资本论》的学习。学习《资本论》将使我们认识各个经济部门的地位与职能，对做好这些部门的工作具有重大的意义。

直到今天，《资本论》在全世界包括中国在内仍然表现出强大的生命力。很难设想，不认真学习马克思在《资本论》中阐述的商品和货币理论、工作日和工资的理论、协作和分工的理论、资本积累的理论、产业资本的循环和周转的理论、社会再生产的理论、市场价值和生产价格的理论、商业资本和生息资本的理论、利息和地租的理论等等，却能指导中国的社会主义经济建设，正确处理好我国的对外经济关系，解决中国经济体制改革中的各种实际问题。

二、《资本论》的广泛传播

《资本论》出版后，资产阶级企图用沉默的阴谋来扼杀这部伟大著作，但终于失败了，迫使他们的辩护士一个个出来攻击和诽谤《资本论》，但结果适得其反，《资本论》更广泛地传播开来。

在 1868 年 9 月 11 日第一国际的布鲁塞尔代表大会上，根据列斯纳的建议，德国代表团提出了下列决议案："我们，布鲁塞尔国际工人代表大会的德国代表，建议所有国家的工人都来学习去年出版的卡尔·马克思的《资本论》；呼吁协助把这部重要著作翻译成目前还没有翻译出来的各种文字。马克思的功绩是不可估量的，他是经济学家当中对资本和它的组成部分作出科学分析的第一个人。"这项决议由代表大会一致通过。

《资本论》出版后，销售很快，第 1 卷很快出了第 2 版，一直出到第 4 版，第 2 卷出版后也很畅销。报刊上发表了许多论述《资本论》的文章，各国的社会主义者和进步学者积极翻译和出版《资本论》的译文本，到处都在学习、讨论和宣传《资本论》。外文译本的《资本论》很畅销，如《资本论》第 1 卷英文本，销路好得惊人，连该书的出版人对自己的业务都赞叹不已。1887 年 1 月初出版五百本，到 3 月中旬就卖完了，马上印第 2 版。

对《资本论》的广泛传播，特别是在工人中的广泛传播，马克思十分满意，他说："《资本论》在德国工人阶级广大范围内迅速得到理解，是对我的劳动的最好的报酬。"①

（一）《资本论》的再版本

《资本论》原文是德文，马克思和恩格斯在世的时候，《资本论》第 1 卷德文本共出

① 《资本论》第 1 卷第 2 版跋，《资本论》第 1 卷第 15 页。

了4版。

1.《资本论》第1卷第2版（1872年7月中旬—1873年4月底）

早在1867年8月出版《资本论》第1卷第1版时，马克思就考虑到出第2版的问题了。马克思在寄出《资本论》第1卷第1版的清样给恩格斯时说："请把你的要求、批评、问题等等都写到清样上。这对我非常重要，因为我预期迟早会出第2版的。"①

1871年秋，出版商迈斯纳向马克思提出准备在1872年1月出《资本论》第1卷第2版。这年冬天，马克思着手出版的准备工作。12月18日，马克思写信告诉二女儿劳拉·拉法格说，"由于各种情况的巧合，正是现在需要出德文第2版。我正全力以赴地忙于准备工作"②。准备工作是不公开的，"因为还需要把第1版剩下的卖完，而且最好是让这颗炸弹在罗雪尔、孚赫之流的头顶上突然爆炸"③。

第2版的工作量很大，马克思对第1版作了很大的变动与修改。第1卷第1版全书分为6章，第2版将章改为篇，原来的第5章中的《工资》这一节独立出来成为第6篇，这样，共有7篇25章；第1版中的第1章《商品和货币》及作为附录的《价值形式》，在第2版中合为一篇，篇名仍为《商品和货币》，但对原来的内容作了很大的修改，原来的《价值形式》全部改写后编入第1篇第1章的第3节。马克思在修改《资本论》的同时，还忙于准备出版法文版的《资本论》第1卷，马克思的小女儿爱琳娜在介绍马克思这一时期的工作时说："他一直要写到深夜，白天也整天不离开自己的房间。"④ 这一时期马克思还忙于救济与安排因巴黎公社失败而来伦敦的法国流亡者。

1872年7月中旬至1873年4月底，《资本论》第1卷德文第2版在汉堡先后分成9册出版，共印三千套，第1册加印了五百本。最后一批校样是在1873年4月5日寄出的。

2.《资本论》第1卷第3版（1884年2月初）

1881年10月24日左右，马克思又收到了汉堡出版商迈斯纳准备出《资本论》第1卷第3版的建议。

对《资本论》第1卷的进一步修改，马克思也早已想到，"马克思原想把第1卷原文大部分改写一下，把某些论点表达得更明确一些，把新的论点增添进去，把直到最近时期的历史材料和统计材料补充进去"⑤。但是在收到迈斯纳的来信时，马克思身患极其危险的胸膜炎，绝不适宜做这项工作。马克思说："我的德国出版者通知我，要出《资本论》第3版。这个通知来得很不适时。第一，我首先应该恢复自己的健康；第二，我想尽快地完成第2卷（即使是我不得不在国外出版它）。我现在特别想完成它，以献给我的妻子。不过，无论如何，我要同我的出版者商妥，我对第3版只作尽量少的修改和补充；但是，另一方面，我将要求他这一次只印一千册，而不是像他所希望的那样，印三千册。将来作为第3版的这一千册售完的时候，我也许能够对该书作出目前如换一种情况本来要作的那些修改。"⑥

1882年10月30日至1883年1月12日，马克思在文特诺尔养病期间，对《资本论》

① 马克思写给恩格斯的信（1867年8月24日），《马克思恩格斯全集》第31卷第331页。

②《马克思恩格斯全集》第33卷第365页。

③ 恩格斯写给威·李卜克内西的信（1872年1月18日），《马克思恩格斯全集》第33卷第381页。

④ 爱琳娜·马克思写给尼·弗·丹尼尔逊的信（1872年1月23日），《马克思恩格斯全集》第33卷第679页。

⑤ 恩格斯：《资本论》第1卷第3版序言，《资本论》第1卷第28页。

⑥ 马克思写给尼·弗·丹尼尔逊的信（1881年12月13日），《马克思恩格斯全集》第35卷第238页。

第1卷第2版作了修改。“他只作了一些最必要的修改，只把当时出版的法文版中已有的增补收了进去。”“这些修改和增补，除少数外，都属于本书的最后一部分，即资本的积累过程那一篇。”①

马克思没有完成第3版的工作就去世了，留下的有关遗物包括：已经作了修改的一个德文本第1卷，其中“标明何处应参看法文版”②；作了一些标记的法文本第1卷，“其中准确地标出了所要采用的地方”③；为出版法文本《资本论》第1卷而对德文本《资本论》第2版所作的修改笔记，“笔记注明第2版的哪些地方应当改成1873年法文版中被标出的文句”④；为了准备在美国出版《资本论》，1877年9、10月间，马克思在《资本论》第1卷手稿页边上写了译成英文的批注，寄给在美国的弗·阿·左尔格，1886年初恩格斯收到左尔格寄回的这份英文批注。以上4份遗物内容大体上是一致的。

恩格斯在马克思去世后不久就根据前三份遗物（第四份不在恩格斯手中）着手准备出第1卷第3版，包括看校样，花了很大工夫。1884年2月初，《资本论》第1卷德文第3版付印出版。

3.《资本论》第1卷第4版（1890年6月以后）

1889年9月，恩格斯得到出《资本论》第1卷第4版的通知，恩格斯立即着手这一工作，11月就送出付印，1890年6月以后就出了这一版。

在第4版中，恩格斯的修改包括：“把法文版的一些地方补充到德文原文中去”⑤；“按照法文版和英文版把一个很长的关于矿工的注解……移入正文”⑥；“补加了一些说明性的注释，特别是在那些由于历史情况的改变看来需要加注的地方”⑦；《资本论》中占绝大多数的英文引文根据爱琳娜核对过的英文版进行了改正，主要是标点、符号和页码有些搞错了，有些译文不准确；“使提到第3卷的地方的文字表达准确。”⑧

4.《资本论》第2卷第2版（1893年7月以后）

《资本论》第2卷德文第2版是在1893年7月以后出版的，恩格斯在第2版序言中说：“这里印出的第2版，基本上是按第1版原样翻印的。印刷错误改正了，若干文体上不讲究的地方纠正了，若干短的、内容重复的段落删掉了。”⑨

（二）《资本论》的各国译文本

《资本论》第1卷出版时，在书的扉页上注明有“翻译权归出版者所有”。德国激进派政治家、小资产阶级民主主义者卡尔·海因岑（1809—1880）见到后，对这句话大加嘲弄，他说：“谁会想到去翻译这种毫无意思的东西！”历史是无情的，被嘲弄的不是马克思，而是他自己。

马克思在世的时候，已经先后出版了《资本论》第1卷的俄文版和法文版，马克思逝世以后而恩格斯在世的时候，又先后出版了《资本论》第1卷的下列各种版本：3个伦敦版英文本（1888、1889和1891年），3个纽约版英文本（1887、1889和1890年），巴黎版法文本（1885年），哥本哈根版丹麦文本（1885年），马德里版西班牙文本（1886年），都灵版意大利文本（1886年），莱比锡版波兰文本（1884—1889年），阿姆斯特丹版荷兰

①②③ 恩格斯：《资本论》第1卷第3版序言，《资本论》第1卷第28页。

④ 恩格斯：《资本论》第1卷英文版序言，《资本论》第1卷第32页。

⑤⑥⑦ 恩格斯：《资本论》第1卷第4版序言，《资本论》第1卷第36页。

⑧ 恩格斯写给弗·阿·左尔格的信（1889年9月26日），《马克思恩格斯全集》第37卷第270页。

⑨《资本论》第2卷第26页。

文本（1894 年），以及许多其他的不完全版本。此外，还出版了《资本论》第 2 卷的俄文本（1885 年）。

以下是马克思和恩格斯亲自指导、校订、组织和过问的几种《资本论》译文本。

1.《资本论》第 1—3 卷俄译本（1872、1885 和 1896 年）

1868 年 9 月 18 日，俄国经济学家尼·弗·丹尼尔逊（1884—1918）代表彼得堡出版商尼·彼·波利亚科夫写信给马克思，联系出版《资本论》的俄文本。1869 年底，由巴枯宁着手翻译，经过长时间的拖延后，巴枯宁又拒绝了这一工作。1870 年初，俄国革命家格·亚·洛帕廷（1845—1918）逗留伦敦，担任了翻译工作。由于马克思准备修订第 1 卷第 1 章（第 2 版的第 1 篇），翻译从第 2 章（第 2 版的第 2 篇）开始，洛帕廷很快就译完了第 1 卷德文第 1 版的第 2 至 5 章（相当于第 1 卷德文第 2 版的第 2 至 6 篇）。1870 年底，洛帕廷回俄国组织营救被沙皇流放的车尔尼雪夫斯基，翻译工作中断，余下部分由丹尼尔逊完成，1871 年 10 月，译完第 1 卷。由于巴黎公社革命以来，马克思一直很忙，为了不耽误出版，对第 1 章“不得不只作极少的修改”①。

1872 年 4 月 8 日（俄历 3 月 27 日），《资本论》第 1 卷俄文本在彼得堡出版了，这是《资本论》第一个译文本。马克思对这个版本很满意，他说：“这本书装订得很美观。翻译得很出色。”②

俄译本在销售前要接受书报检查机关的检查，检查委员会的结论是：“尽管作者就其观点来说是坚定的社会主义者，而且全书具有十分明显的社会主义性质，然而，鉴于该书的论述绝非所有人都能接受和理解，作者的论证方法又处处具有严谨的数学科学形式，委员会认为不能对该著作提出司法上的追究。”根据这理由，俄译本准予发行，印了三千册，不到两个月就售出一千册，极受欢迎。

为了加快《资本论》第 2、3 卷俄译本的出版，恩格斯在出版德文本《资本论》第 2、3 卷的付排过程中，就把校样分批寄给俄译者丹尼尔逊。1885 年，丹尼尔逊译的《资本论》第 2 卷俄文本在彼得堡出版。1896 年，又出版了俄文本的《资本论》第 3 卷。

2.《资本论》第 1 卷法译本（1872 年 9 月—1875 年 11 月）

马克思的《资本论》第 1 卷原稿是用德文写成的，早在写作初稿的时候，马克思已经考虑到用各国文字进行翻译的问题了。马克思最先想到的《资本论》译文本就是法文本。1862 年 12 月，燕妮·马克思亲自去巴黎联系《资本论》法文本的出版工作，而这时马克思还正在写德文本《资本论》的初稿，马克思希望他的《资本论》德文本一出版，法文本也紧接着出版。燕妮·马克思在巴黎通过阿巴伯尔内认识了一个懂德语的经济学家埃·勒克律，谈妥了翻译出版《资本论》法文本的问题。

马克思为什么这样重视《资本论》的法文译本呢？一个重要原因是出于批判蒲鲁东的需要。1867 年 5 月 1 日马克思在写给路·毕希纳的信中说：“我认为，使法国人摆脱蒲鲁东用对小资产阶级的理想化把他们引入的谬误观点，是非常重要的。不久前在日内瓦召开的代表大会上，以及在我作为国际工人协会总委员会委员同巴黎支部的联系中，经常遇到

---

① 马克思写给保尔·拉法格及劳拉·拉法格的信（1871 年 11 月 24—25 日），《马克思恩格斯全集》第 33 卷第 344 页。

② 马克思写给尼·弗·丹尼尔逊的信（1872 年 5 月 28 日），《马克思恩格斯全集》第 33 卷第 478 页。

蒲鲁东主义的最恶劣的后果。”①

考虑到蒲鲁东在法国有很大的恶劣影响，出版《资本论》法文版有着迫切性。

《资本论》第1卷德文本出版后，1867年11月27日席利写信给马克思说，赫斯建议同埃·勒克律一起翻译出版《资本论》第1卷法文本，马克思同他们谈判了3年仍无结果，后查明勒克律是巴枯宁的社会民主同盟的领导成员之一。

1869年3月，马克思打算亲自去巴黎联系法文本的出版，他在3月20日写给恩格斯的信中说：“我打算加入英国国籍，为的是能够安全地去巴黎。如果不去一趟，我的书的法文版永远也出不成。我到那里去是完全必要的。”②

1869年10月，由国际巴黎支部成员沙·凯累尔着手翻译工作，至1870年4月，有了四百页左右的译稿，马克思作了修改。但在巴黎公社失败后，凯累尔流亡瑞士，与巴枯宁关系密切，马克思与他中断了来往。

1871年12月，马克思的二女婿拉法格与在西班牙的公社逃亡者、巴黎的一个出版社负责人莫里斯·拉沙特尔取得联系，1872年2月签订了合同，规定分44个分册出版，共9辑，每辑5分册（最后一辑为4分册），每分册一印张③，每次同时出版两分册，1875年出齐。马克思认为，定期分册出版《资本论》的译本，“更容易到达工人阶级的手里，在我看来，这种考虑是最为重要的”④。

法文译者约瑟夫·鲁瓦（图尔）于1872年开始这项工作，他是精通两种语言的大行家，但是他在这部著作上译得过死，马克思“不得不对法译文整段整段地加以改写，以便使法国读者读懂”⑤。马克思说：“修改译文本身需要我进行非常艰巨的工作。如果我一开始就自己翻译，大概还会少花些力气。而且，这种用打补丁的方式作的修改，总是使一部著作显得很糟。”⑥

马克思在出版法文本时，还对原版本作了大量的修订和补充，马克思在1875年2月11日写给彼·拉·拉甫罗夫的信中说：“法文版中有很多修订和补充（例如，见第6册第222页，驳斥约·斯·穆勒，就是一个鲜明的例子，说明资产阶级经济学家即使怀着最良好的愿望，甚至在他们好像已经掌握真理的时候，也是本能地沿着错误道路走的）。但是法文版中最重要的修订，是在尚未出版的各部分里面，即在关于积累的几章里面。”⑦

这里着重介绍马克思有关未来社会论述的两处修改。

一处是关于自由人联合体的论述。从整个内容看，描述的是共产主义社会第一阶段。在《资本论》第1卷德文第1版和第2版的第1章中，表述为：“他们用公共的生产资料进行劳动，并且自觉地把他们许多个人劳动力当作一个社会劳动力来使用。”⑧ 在法文版

---

① 《马克思恩格斯全集》第31卷第546页。

② 《马克思恩格斯全集》第32卷第264页。

③ 一印张有多少页？有的书注明是16页，张仲朴、冯文光在《法文版〈资本论〉介绍》一书第7页上说明是8页。准确页数需查《资本论》第1卷法文版的原书页数。如每印张为8页，总页数应为44分册×8页/册=352页；如每印张为16页，总页数应为44分册×16页/册=704页，相差1倍。

④ 马克思写给莫里斯·拉沙特尔的信（1872年3月18日），《马克思恩格斯全集》第33卷第433页。

⑤ 马克思写给尼·弗·丹尼尔逊的信（1872年5月28日），《马克思恩格斯全集》第33卷第478页。

⑥ 马克思写给尼·弗·丹尼尔逊的信（1873年1月18日），《马克思恩格斯全集》第33卷第561页。

⑦ 《马克思恩格斯全集》第34卷第117页。

⑧ 《资本论》第1卷德文第1版中译本，经济科学出版社1987年版第45页。

中，将其中“自觉地”三个字改换成“按照预先商定的计划”[①] 这句话。这种计划是“在社会范围内”[②]进行的，表现在“劳动时间在社会中的分配，精确地调节着各种职能同各种需要的比例”[③]。在共产主义社会第一阶段，商品与货币已经消亡，上述计划经济也只有在商品经济消亡之后才能实现。

由此可见，与市场经济相比，计划经济代表着更高历史阶段的经济体制。在存在商品经济的条件下是不可能超越历史阶段实行计划经济的。从计划经济向市场经济转变，这在我国已经是十分流行的说法，这里存在两个误区。首先，颠倒了计划经济与市场经济所代表的历史阶段。产生这一误区的原因是将受诸多限制的鸟笼经济当成是计划经济了，甚至将限量供应称之为计划供应，节制生育称之为计划生育，使人们需要长期奋斗才能实现的计划经济遭到人们的唾弃，有的学者还鼓吹“商品经济万岁论”。其次，计划经济与市场经济并非对应的范畴，和计划经济对应的是生产无政府状态，和市场经济对应的在前是闭关自守的自然经济，在后是消灭了商品和货币之后的产品经济。从计划经济向市场经济转变的说法是将两个不对应的范畴拼凑在一起了。

另一处是关于重建个人所有制的论述。从整个内容看，描述的也是共产主义社会的第一阶段。在《资本论》第1卷德文第1版中，对这种个人所有制，认为“是在资本主义时代的成就的基础上，在自由劳动者的协作的基础上和他们对土地及靠劳动本身生产的生产资料的公有制上来重新建立”[④]。如果说，将马克思所说的重建个人所有制解释为建立的是生产资料公有制，在文字上会遇到矛盾，这就是在生产资料公有制基础上建立生产资料公有制。为此，恩格斯将重建个人所有制解释为重建生活资料的个人所有制，但这种解释，又会引起种种质疑。

在法文版中，马克思将这段话修订为：“是在资本主义时代的成就的基础上，在协作和共同占有包括土地在内的一切生产资料的基础上，重新建立劳动者的个人所有制。”[⑤] 这里的重要修改是将德文第1版和第2版中的“生产资料的公有制”修订为生产资料的“共同占有”，生产资料的共同占有属于生产方式范畴，在生产资料共同占有的基础上重新建立的劳动者的个人所有制解释为生产资料的公有制（现在的《资本论》中译本第2版中已改译为生产资料的社会所有制）完全合乎逻辑。

马克思的身体状况本来就很差，法文版的繁重工作，使他病情恶化了。1874年7、8月间马克思病得很重，7月中旬至7月底，马克思在威特岛上赖德休养。回伦敦后，医生要他去卡尔斯巴德疗养。马克思很不愿放下工作去疗养，8月4日在写给弗·阿·左尔格的信中说：“可恶的肝病发作得很厉害，以致使我完全不能继续校订法译本（实际上几乎等于全部改写），我非常不愿意遵照医嘱到卡尔斯巴德去。他们向我担保说，我回来以后会完全恢复工作能力的，而丧失工作能力对于任何一个不愿意当牲畜的人来说，事实上等于宣判死刑。”[⑥]

1875年1月20日，马克思“改完《资本论》尚未出版的各册的译文（法文）”[⑦]。

---

①② 《资本论》第1卷法文版中译本，中国社会科学出版社1983年版第58页。

③ 《资本论》第1卷法文版中译本，中国社会科学出版社1983年版第59页。

④ 《资本论》第1卷德文第1版中译本，经济科学出版社1987年版第731页。

⑤ 《资本论》第1卷法文版中译本，中国社会科学出版社1983年版第826页。

⑥ 《马克思恩格斯全集》第33卷第636页。

⑦ 马克思写给麦·奥本海姆的信（1875年1月20日），《马克思恩格斯全集》第34卷第115页。

1月30日，马克思把《资本论》第1卷法文稿的最后部分（除跋、目录和勘误表外）寄往巴黎。

在付排期间，拉羽尔印刷厂一再拖延排印。1875年年中，法国政府把拉沙特尔在巴黎的出版社的管理权转给了反动分子阿道夫·凯，他不择手段地阻止这部著作的印刷和发行，但未能得逞。

《资本论》第1卷法文版于1872年9月开始出版，1875年11月出齐，因篇幅上的限制（不能超过44个印张），马克思编的名目索引未附入。法文本扉页上印有全部经作者校订的字样，印一万册，其中八千册在第1分册出版前就预售出去了。

法文版的《资本论》第1卷是按照德文本的第2版进行翻译的，但是不仅在内容上作了大量的修订和补充，在篇章的安排上也作了很多调整。德文第2版只有7篇25章，现在调整为8篇33章。和现在流行的包括7篇25章的德文第4版的中文译本相对照，我们可以看到，德文版的第24章《所谓原始积累》在法文版中独立成第8篇，题目简化为《原始积累》，因而多出了一篇。德文版第4章中的3节，第24章中的7节，都独立成章，这样，在法文版中又多出了8章。

由于马克思对《资本论》第1卷的法文本作了许多重要的修改和补充，许多问题的阐述比原德文版好得多，从而使这部法文本"在原本之外有独立的科学价值，甚至对懂德语的读者也有参考价值"①。在对法文本进行了校正工作后，马克思就提出了根据法文本对德文原本的修改意见："有些论述要简化，另一些要加以完善，一些补充的历史材料或统计材料要加进去，一些批判性的评注要增加，等等。"②对《资本论》第1卷其他的译文本，例如英译本和俄译本的第2版，马克思都提出了参照法文版进行翻译的意见。马克思逝世以后，恩格斯根据马克思的意见，出版了《资本论》第1卷的德文第3版和第4版，校订了《资本论》第1卷的英文版。

在写给《资本论》第1卷法文本出版者拉沙特尔的信中，马克思针对法国读者的缺点写了这样一段名言："在科学上没有平坦的大道，只有不畏劳苦沿着陡峭山路攀登的人，才有希望达到光辉的顶点。"③ 这封信后来被马克思用作《资本论》法文版的序言。

《资本论》第1卷法文版中译本出版后，中国社会科学出版社出版了由中共中央马恩列斯著作编译局的张仲朴和冯文光两位专家写的《法文版〈资本论〉介绍》一书，详尽介绍了《资本论》第1卷法文版的出版经过和它的传播情况，对这一版本进行了深入的研究。

3. 《资本论》第1卷英译本（1887年1月初）

马克思在世的时候，已经考虑了要出英文本的《资本论》，为了准备在美国出版《资本论》英文本，马克思于1877年10月19日把《资本论》第1卷德文手稿及法文版的《资本论》第1卷寄给在美国的弗·阿·左尔格，请他转交给译者杜埃。在德文手稿的页边上，马克思用英文写下了批注，在批注中，"除了德文本中的某些改动以外，还指明了在哪些地方应当用法文版代替德文版"④。手稿上的批注"大部分就是马克思在第3版付

---

①② 《资本论》第1卷法文版跋，《资本论》第1卷第27页。

③ 《资本论》第1卷法文版跋，《资本论》第1卷第24页。

④ 马克思写给弗·阿·左尔格的信（1877年10月19日），《马克思恩格斯全集》第34卷第280页。

排本上所写的那些意见。其他一些意见主要涉及对法文版的增补"①，寄去的《资本论》第1卷法文版中，标明有手稿批注中所指出的地方。

1883年马克思逝世后不久，恩格斯约请了马克思和恩格斯的老朋友赛米尔·穆尔律师担任英译本的翻译工作，当时商定译后由恩格斯负责校订。这时，左尔格也将马克思寄给他的材料退回给恩格斯。

穆尔对工作非常认真，目光敏锐，人也十分机灵，译得很好。但因为忙于律师业务，翻译进度很慢，于是又由马克思小女儿爱琳娜的丈夫艾威林参加一部分的翻译工作，爱琳娜负责查回德文版的英文引文。

1886年1月底，除艾威林没译完的一小部分外，其他都译完了。但是这时恩格斯忙于校订美国凯利－威士涅威茨基夫人译的恩格斯著的《英国工人阶级状况》英文稿，到2月25日才开始着手校订《资本论》第1卷的英译稿。

恩格斯于1886年5月和斯旺·桑菊夏恩公司达成出版英文本《资本论》的协议。8月中旬恩格斯校订工作完成并付印。9至11月，恩格斯忙于校对，每一印张都要校3次。1887年1月初，《资本论》第1卷英文本出版。

为出版《资本论》第1卷英文译本，恩格斯花费了不少精力，他说："把《资本论》翻译成英文是一项非常艰巨的工作。先由他们翻译，然后我来审查译文并用铅笔写上我的意见。再把译稿退给他们，然后进行协商，解决有争论的问题。然后我得再通看一遍，从文体和技术角度检查一下，看是否准备好可以付印，同时还要检查一下杜西在英文原著中找到的引文是否正确。"②

4.《资本论》第1卷波兰文本（1884—1890年）

1884年1月23日，波兰经济学家路·克齐维茨基（1859—1941）写信给恩格斯，要求允许他用波兰文出版《资本论》第1卷，1月28日恩格斯回信表示同意。该卷由波兰革命青年代表斯·克鲁辛斯基、卡·普拉文斯基、米·布谢金斯基、约·谢马什柯和路·克齐维茨基翻译，路·克齐维茨基校订。1884年出版了第1分册，1886年出版了第2分册，1889年出版了第3分册。全书于1890年在莱比锡出版。

5.《资本论》第1卷意大利文本（1886年）

马克思于1872年与意大利的国际会员拉·塞西利亚及《人民报》编辑比尼亚米通信，联系翻译问题。由于找不到出版人，1872年10月，塞西利亚停止了翻译工作。又由于政府加紧对社会主义者的迫害，1873年4月，比尼亚米也放弃了出版《资本论》的想法。

1877年，意大利社会主义者乌里埃勒·卡瓦尼亚里在那不勒斯筹备出《资本论》意大利文版，打算自己出钱印刷，但没有成功。

1879年卡·卡菲埃罗在米兰用意大利文发表了《资本论》第1卷的简述。

《资本论》第1卷意大利文版在1886年于都灵出版。

（三）《资本论》在中国的传播

从19世纪末开始，在我国或国外的中国人出版的书刊和报纸上，不断提到马克思和《资本论》著作。例如，1899年4月《万国公报》月刊上登载的英国资产阶级社会学家杰明·颉德著的《社会演化》译文中提到了"德国之马客偲"及其《资本论》著作；1902

---

① 恩格斯写给弗·阿·左尔格的信（1886年4月29日），《马克思恩格斯全集》第36卷第467页。

② 恩格斯写给劳拉·拉法格的信（1886年4月28日），《马克思恩格斯全集》第36卷第464页。

年，梁启超在《新民丛报》上发表的《进化论革命者颉德之学说》一文中提到了“麦喀士”；1906年在日本东京用中文发行的同盟会机关刊物《民报》第2号上，朱执信用笔名势伸发表的《德意志社会革命家小传》中，介绍了马尔克（马克思）和嫣及尔（恩格斯）的生平，提到了《资本论》；在1912年上海出版的《新世界》第2期上，又刊载了朱执信译述的日本煮尘重治的文章《社会主义大家马儿克之学说》。由于这些作者的世界观所限，以上都谈不上是宣传和传播马克思主义。

值得我们注意的是，孙中山先生于1917年在上海所作的关于社会主义的演讲中，推崇了马克思的《资本论》著作和他的社会主义学说。

在中国宣传和传播马克思的《资本论》是从俄国十月革命爆发后开始的。中国共产党创始人之一的李大钊在1919年《新青年》杂志第6卷第5—6号上，发表了《我的马克思主义观》，宣传了《资本论》中的基本思想，对中国知识界产生了很大的影响。1920年，周恩来在天津因参加革命斗争被捕入狱期间，多次宣讲了马克思的《资本论》。

在广东，最早宣传马克思主义理论的是共产党员杨匏安，在1919年11月11日至12月4日的《广东中华新报》上，连载了他写的《马克斯主义》一文，系统宣传马克思主义，文中指出：“自马克斯出，从来之社会主义，于理论及实际上，皆顿失其光辉。所著《资本论》一书，劳动者奉为经典。”①

在《资本论》的中文译本出版以前，我国知识界主要是通过日文版的《资本论》及其解说和各国《资本论》解说的中文译本来学习马克思的《资本论》。考茨基写的《马克思的经济学说》早于1919年6月2日至11月11日，在北京《晨报》“马克思研究”专栏上连续刊载，达138次。同年11月至1920年6月，这本书的另一种译文又在《建设》杂志上连载（没有登载完）。1920年9月，考茨基的这本书以《马克思经济学说》为书名，由上海商务印书馆出版，译者陈溥贤。在同一个月，社会主义研究社出版了马尔西著的《马克思资本论入门》一书，译者李汉俊。20年代我国还翻译出版了影响较大的日本河上肇著的《资本论入门》一书。

1920年10月，上海出版的《国民》月刊第2卷第3号上，登载了费觉天译的《马克思底资本论自叙》，即《资本论》第1卷德文版第1版序言。1924年，郭沫若同商务印书馆洽商了翻译出版《资本论》的事宜，但未能成功。1930年2月，社会科学研究会在上海出版了李一氓翻译的《马克思论文选译》，其中一篇《资本积蓄的历史倾向》，即《资本论》第1卷第24章第7节。1930年3月，上海昆仑书店出版了陈启修（陈豹隐）译的《资本论》第1卷的第1分册（第1篇）。1932年8月和1933年1月，北平东亚书局出版了潘冬舟译的第1卷第2分册（第2、3篇）和第3分册（第4篇）。1932年9月，由北平新华印刷厂秘密排印，由虚构的国际学社出版了王慎明（即王思华）和侯外庐译的《资本论》第1卷上册；1936年6月，接着由世界名著译社出版中、下册。在1936年又出了合订本，译者改名为玉枢（侯外庐）、右铭（王思华）。从1933年开始，侯外庐又翻译了《资本论》第2、3卷，其中大部分译稿在转运延安的途中不幸遗失。1934年5月，商务印书馆出版了吴半农翻译、千家驹校订的《资本论》第1卷第1分册（第1、2篇）。

早在1928年，郭大力就独自译出了《资本论》第1卷，译稿不幸毁于战火之中，后来郭大力又与王亚南合作重新翻译。1938年8—9月由上海读书生活出版社出版了他们翻

① 转引自2011年6月21日《广州日报》。

译的《资本论》第1—3卷，1940年在重庆再版，1947年在上海重印了两千套，自1948年至1949年又在哈尔滨重印三千部。中华人民共和国成立以后，他们的译本一再大量重印，1953年由人民出版社出版了他们重新校订过的《资本论》第1—3卷。后来，郭大力、王亚南再次对《资本论》译文作了校订，1963年12月出版了他们再次校订过的《资本论》第1卷，1964年11月出版了第2卷，1966年6月出版了第3卷。

1972年9月，中共中央马恩列斯著作编译局新译的《马克思恩格斯全集》第23卷（《资本论》第1卷）出版发行，1972年12月出版发行了《马克思恩格斯全集》第24卷（《资本论》第2卷），1974年11月出版发行了《马克思恩格斯全集》第25卷（《资本论》第3卷）。1983年3月又出版了《资本论》第1卷法文版的中译本。1987年9月，出版了《资本论》第1卷德文第1版的中译本。

作为《资本论》第4卷的《剩余价值理论》，从1940年春开始，由郭大力根据考茨基编的版本进行翻译，1943年11月译完，1948年完成校订，1949年8月由三联书店在上海出版发行，至1957年6月，进行了第5次重印。书名《剩余价值学说史》，共3卷。从1972年开始，经中共中央马恩列斯著作编译局重新翻译后，分3册陆续出版：1972年6月出版了《马克思恩格斯全集》第26卷第1册，即《剩余价值理论》第1分册；1973年7月出版了《马克思恩格斯全集》第26卷第2册，即《剩余价值理论》第2分册；1974年12月出版了《马克思恩格斯全集》第26卷第3册，即《剩余价值理论》第3分册。

自2001年6月以来，人民出版社又陆续出版了由中共中央马恩列斯著作编译局重新校订后的《资本论》中文第2版。

早在20世纪二三十年代，《资本论》著作已作为一门课程进入高等院校课堂。1929年6月北京大学正式复校之后，蒋梦麟校长亲自规定马克思的《资本论》是经济系的必修课。

据暨南大学的校史资料，抗战时期该校在闽北山区建阳县办学时，在极困难的条件下，马克思的《资本论》著作已进入课堂，并成为学生在课外学习的重要内容。周宪文、吴大琨、卓如等教员在课堂上宣讲马克思的经济理论，中共党员卓如开设的经济学原理课程的主要内容就是《资本论》第1卷。1945年9月何炳松校长邀请王亚南来校讲学，更是掀起学生学习《资本论》的热潮，以至于“桐油灯下啃《资本论》，蔚然成风”。由各院系学生组织的经济学会，系统学习了包括《资本论》在内的马克思主义理论。

中华人民共和国成立后，许多高等院校都开设了《资本论》课程。全国各地马克思主义理论的研究工作者、教育工作者、宣传工作者和翻译出版工作者，为传播马克思的《资本论》做了大量的工作，《资本论》的学习和运用已在全国范围内展开。1981年12月在无锡市成立的中国《资本论》研究会，对组织和推动我国《资本论》的学习和研究，发挥了重要的作用。

第八章　马克思和恩格斯对攻击与污蔑《资本论》的驳斥

《资本论》开始出版时，资产阶级像对待《政治经济学批判》第 1 分册的出版一样，使用沉默的阴谋，妄图以此来扼杀《资本论》，这种沉默，引起了马克思的不安。恩格斯说："德国报刊对于《资本论》仍然保持沉默，而十分重要的是使人们说话。……那些勇敢的庸俗经济学家毕竟是相当聪明的，他们对这本书小心翼翼，不强迫他们，他们就绝口不谈它。因此，我们必须强迫他们发表意见。"①

资产阶级沉默的阴谋被击败了，他们不得不公开站出来反对《资本论》，但是在马克思、恩格斯和马克思的小女儿爱琳娜的反击下，他们遭到了失败。

一、对杜林攻击《资本论》的批判

杜林（1833—1921），柏林大学讲师，德国折中主义哲学家和庸俗经济学家，反动的小资产阶级社会主义的代表，他在希尔德堡豪森出版的《现代知识补充材料》杂志第 3 卷第 3 期上发表了题为《马克思〈资本论。政治经济学批判〉1867 年汉堡第 1 卷》的文章，攻击《资本论》。马克思见到后，寄给了恩格斯，恩格斯看后回信说："……可笑极了。整篇文章显得狼狈不堪，惶恐不安。这位神气的庸俗经济学家显然被刺痛了。他没法说别的，只好说什么要对第 1 卷作出评论只能到第 3 卷出版以后，什么劳动时间决定价值并非无可争议，什么有人怀疑劳动价值由劳动生产费用决定是否正确。你看，对这类人来说你的学问还远远不够，竟没有在要害处把伟大的麦克劳德驳倒！不过，他在字里行间又怕陷入罗雪尔的处境。这家伙文章写完时兴高采烈，付邮时无疑胆战心惊。"②

马克思见到恩格斯的信后，也发表了对杜林的批判意见，马克思说："关于杜林……这个家伙并没有觉察到这部书中的三个崭新的因素：

（1）过去的一切经济学一开始就把表现为地租、利润、利息等固定形式的剩余价值特殊部分当作已知的东西来加以研究，与此相反，我首先研究剩余价值的一般形式。在这种形式中所有这一切都还没有区分开来，可以说还处于融合状态中。

（2）经济学家们毫无例外地都忽略了这样一个简单的事实：既然商品是二重物——使用价值和交换价值，那么，体现在商品中的劳动也必然具有二重性，而像斯密、李嘉图等人那样只是单纯地分析劳动本身，就必然处处都碰到不能解释的现象。实际上，这就是批判地理解问题的全部秘密。

（3）工资第一次被描写为隐藏在它后面的一种关系的不合理的表现形式。这一点通过

---

① 恩格斯写给路·库格曼的信（1867 年 11 月 8 日），《马克思恩格斯全集》第 31 卷第 568—569 页。

② 恩格斯写于 1868 年 1 月 7 日，《马克思恩格斯全集》第 32 卷第 8 页。

工资的两种形式即计时工资和计件工资得到了确切的说明。（在高等数学中常常可以找到这样的公式，这对我很有帮助。）”[①]

二、对布伦坦诺和泰勒污蔑《资本论》捏造引文的驳斥

1872 年 3 月，由德国资产阶级教授、讲坛社会主义者和新历史学派主要代表路·布伦坦诺（1844—1931）发动，污蔑马克思在 1864 年 10 月写的《国际工人协会成立宣言》中的一处引文是捏造的，这一引文在 1867 年 9 月出版的《资本论》第 1 卷中被引用了，[②] 所以，布伦坦诺对《国际工人协会成立宣言》的污蔑，也是对《资本论》的污蔑。后来，英国剑桥三一学院的塞·泰勒也参与了这个诽谤。马克思、马克思逝世后又有恩格斯及马克思的小女儿爱琳娜，予以回击，展开了一场大论战。这场论战从 1872 年 3 月开始，一直进行到 1891 年 3 月，在这长达 19 年的时间里，反复较量了三次。

第一次较量，先是由布伦坦诺发动，在 1872 年 3 月 7 日柏林《协和》杂志第 10 期上匿名发表了《卡尔·马克思是怎样引证的》一文，控告马克思在《国际工人协会成立宣言》有一处引文中的一句话原文是没有的，而是“马克思在形式上和实质上增添了这句话”[③]。所谓马克思“增添”的这句话是：“财富和实力这样令人陶醉的增长……完全限于有产阶级！”马克思的这句话引自当时的英国财政部长格莱斯顿 1863 年 7 月 16 日在下院的预算演说，伦敦当时共有 8 家互相独立的晨报，都各自派有驻议会的记者。在格莱斯顿演说后的第二天，这 8 家晨报都刊登了格莱斯顿的这篇演说，也都登有所谓被马克思“增添”上去的这句话，其中《泰晤士报》还是格莱斯顿自己的机关报。在这 8 家报纸中，有 4 家报纸转述的这句话和马克思的引文完全相同，另有 4 家报纸在语气上更加强了。只是后来，格莱斯顿觉得这句话未免太自我暴露了，才在经他修改过的半官方刊物《汉萨德议会议事录》第 3 辑第 170 卷第 244 页上删去了这句话。布伦坦诺却根据《汉萨德》的所谓速记记录，诽谤马克思。

马克思于 1872 年 5 月收到从德国寄来的《协和》杂志第 10 期，6 月 1 日及 8 月 7 日马克思先后两次在德国社会民主工党（爱森纳赫派）的中央机关报上发表了答辩文章，根据手中的已有材料，批驳了布伦坦诺。布伦坦诺在“增添”问题上的攻击遭到了失败。

布伦坦诺在 7 月 4 日及 8 月 22 日的《协和》杂志上一再反扑，只是强词夺理，硬说《泰晤士报》登载的和《汉萨德》“在实质上完全一致”，而和马克思的引文却“正好相反”，马克思是“恶意引证”、“断章取义”。继而又说《泰晤士报》虽然登有马克思引的那句话，但却是“为我们说话的”。布伦坦诺不得不放弃了最初对马克思所谓“增添”的控告，却节外生枝的说马克思“删掉了一个附句”，因而“歪曲”了原意，“力图掩盖……格莱斯顿也直截了当地、明确地肯定了英国工人阶级状况的改善”等等。布伦坦诺完全转向别的攻击目标了。

所谓马克思删去的附句指的是“应该课税的收入”这几个字，无论是在《国际工人协会成立宣言》中，还是《资本论》中，这一内容都已引上去了，格莱斯顿鼓吹的所谓英国工人状况“已经有了改善”的谎言，在《国际工人协会成立宣言》中也引用了。马

---

① 马克思写给恩格斯的信（1868 年 1 月 8 日），《马克思恩格斯全集》第 32 卷第 11—12 页。

② 这两处引文见《马克思恩格斯选集》第 2 卷第 601 页；《资本论》第 1 卷第 751 页。

③ 转引自《马克思恩格斯全集》第 22 卷第 161 页。

克思在《资本论》中考虑到这句话属于英国每一个财政大臣的惯用语，本身并无意义，加上格莱斯顿在一年后的另一次演说中，自己也否定了这个说法，所以就没有再引用它。如果马克思引上格莱斯顿在1863年4月16日说的关于工人状况“已经有了改善”的话，同时再引上当时英国议会自己发表的官方公告中关于群众贫困的材料，那倒会充分揭露了格莱斯顿的谎言，马克思放过了这个机会，没有去揭露这一谎言。布伦坦诺却把格莱斯顿的谎言当成了真理，其结果，除了更暴露了格莱斯顿及其帮倒忙的奴才，还会得到别的什么呢？

第二次较量。经过第一次较量，布伦坦诺被击败，战斗平静下来，但是到1883年11月26日，即马克思去世后8个月，从英国剑桥三一学院冒出个塞·泰勒这个人，向《泰晤士报》写了一封信，透露1872年3月7日《协和》杂志第10期上诽谤马克思的匿名作者是布伦坦诺。泰勒在信中吹嘘布伦坦诺当年由于“巧妙的攻击”而很快“打垮了”马克思，于是，马克思作“垂死的挣扎”。令人啼笑皆非的是，泰勒如此吹嘘布伦坦诺的辉煌战果，却对布伦坦诺所攻击的马克思的《国际工人协会成立宣言》连看也没有看过，直到后来由恩格斯送一份给他以后他才见到。不仅如此，他连布伦坦诺攻击的目标是什么也没搞清楚，布伦坦诺攻击的目标是马克思在成立宣言中的一处引文“增添”了一句话，而泰勒却说成“揭露了在国际宣言中引用格莱斯顿演说时所怀的恶意”、“狡猾的断章取义”等等，把布伦坦诺原来的攻击目标丢在一边。①

泰勒的这封信登在1883年11月29日的《泰晤士报》上，马克思的小女儿爱琳娜见报后第二天就给《泰晤士报》寄去了答辩信，《泰晤士报》拒绝刊登。爱琳娜又给该报主编写去第二封信，又没有刊登。爱琳娜再写信给《每日新闻》，也没有刊登。于是她把泰勒的信及自己的答辩信一并发表在社会主义月刊《今日》1884年2月号上。爱琳娜的答辩，引述了马克思对布伦坦诺原来控告的答辩材料，证明了被“打垮”的不是马克思，而是布伦坦诺，泰勒这次新的挑战却表明布伦坦诺在作“垂死的挣扎”。

泰勒在1884年3月《今日》月刊上进行反扑，继续为布伦坦诺辩护，但却像布伦坦诺为格莱斯顿辩护时一样，又为布伦坦诺帮了个倒忙。他在三个问题上都背离了布伦坦诺：第一，对布伦坦诺原来控告马克思增添了格莱斯顿的一句话，泰勒却说：“这个问题完全是次要问题，更主要的是，引用这句话的目的是正确传达格莱斯顿先生的意思，还是歪曲他的意思。”一个说马克思增添了一句话，一个说没有增添，只是引这句话时心怀恶意。第二，泰勒不再和布伦坦诺一样“按照惯例”从所谓绝对正确的《汉萨德》上引证原文，却从布伦坦诺所谴责的“必然不怀好意的报纸”中的《泰晤士报》上去引证原文。第三，泰勒没有像布伦坦诺一样从《国际工人协会成立宣言》中找马克思的引文，却从《资本论》中找出马克思的这一引文，这是因为泰勒没有看过这篇宣言。

爱琳娜在同一期《今日》月刊上发表了第二篇答辩信，迫使泰勒去找宣言来读。泰勒通过不列颠博物馆的介绍，找爱琳娜借阅，爱琳娜从恩格斯手中要到一份给他，泰勒收到后，从此沉默了下来。

第三次较量，是由恩格斯发动的，由于出版《资本论》第1卷第4版，恩格斯在1890年6月25日写的序言中回顾了以往和布伦坦诺及泰勒的论战。这篇序言迫使布伦坦诺作了答复，发表了以《我和卡尔·马克思的论战》为题的小册子，其中包括了论战双方的文

① 参见《马克思恩格斯全集》第22卷第186页。

章，两个附录及布伦坦诺为此书写的一篇序言。序言中引起人们注意的是：第一，不再谈“增添”问题了。第二，供认引文之争的原因在于对反驳社会民主党关于“富者必然愈富，贫者必然愈贫”的论断“具有巨大的意义”。第三，供认自己当初匿名的原因之一是“根据编辑部为了它的报纸的声誉而提出的希望”。第四，借他人之口，污蔑马克思“像墨鱼那样行动起来，向水中放出黑色液体，把水弄浑，使敌人难于追击，也就是说，他在毫无意义的小事上吹毛求疵，竭力把争论的目标模糊起来；而最后，他就逃之夭夭”，结果，却把自己形象地刻画出来了。就在这篇序言中，布伦坦诺仍像墨鱼一样不断喷射墨汁，借以逃遁。第五，供认了自己的失败，布伦坦诺最后只想“逐字逐句地转载全部论战文件来回答”，但是“最适于做这件事的专门杂志，却拒绝转载”。

布伦坦诺的小册子发表后，格莱斯顿于11月22日及11月28日，连写两封信给布伦坦诺。布伦坦诺不敢全文公布这两封信，只透露了其中无头无尾的两句话：“您完全正确，而马克思绝对错误”，“我没有做过任何修改”。连究竟指的是什么也没有说，因而什么也说明不了。

1890年12月至1891年2月，恩格斯针对布伦坦诺的小册子，编写了《布伦坦诺CONTRA马克思。关于所谓捏造引文问题。事情的经过和文件》，对这场大论战作了系统的总结。

三、恩格斯对指责马克思剽窃洛贝尔图斯著作的驳斥

《资本论》第1卷出版后，又有洛贝尔图斯－亚格措夫出来诽谤马克思在《资本论》中剽窃了他的著作。

洛贝尔图斯（1805—1875）是德国庸俗经济学家，普鲁士国家社会主义的鼓吹者和奠基人，当过议员和总务大臣。他在1871年11月29日写给鲁·迈耶尔的信中以及1875年3月14日写给约·泽勒尔的信中，指责马克思“在自己的《资本论》中不指明出处大量利用了”他的《关于我国国家经济状况的认识》（1842年）一书。1881年由鲁·迈耶尔出版的《洛贝尔图斯－亚格措夫博士的书信和社会政治论文集》中，又发表了洛贝尔图斯在第48封信和第60封信中诽谤马克思剽窃了他的著作的言论，其中提到马克思关于剩余价值来源的论述是从洛贝尔图斯的关于社会问题的第三封信中剽窃来的。

洛贝尔图斯对马克思的诽谤，开始时是在暗地里个别进行的。1874年，鲁·迈耶尔在柏林出版了《第四等级的解放斗争》第1卷，把洛贝尔图斯对马克思的诽谤公开了，不过，这时鲁·迈耶尔是由自己出面来诽谤的。1879年在杜宾根出版的《一般政治学杂志》，发表了洛贝尔图斯在1875年写的上述那封信，洛贝尔图斯才公开站了出来。马克思对这种指责开始时一无所知，后来马克思也只知道上述第48封信，这封信是由迈耶尔交给马克思的小女儿爱琳娜后才看到的，马克思看后没有加以理睬。马克思逝世后，德国的讲坛社会主义者及其信徒，把这种诽谤当作不可否认的事实加以宣扬，不仅在德国，而且在英国甚至美国流传开来，这就需要予以澄清。这项工作主要由恩格斯承担了下来，恩格斯连续写了两篇驳斥的文章，一篇是《马克思和洛贝尔图斯》，是1884年10月23日写成的，作为马克思《哲学的贫困》一书德文第1版的序言。第二篇是《资本论》第2卷的序言，是1885年5月5日写成的。恩格斯的这两篇文章主要从以下四个方面对洛贝尔图斯所谓剽窃的指控进行了驳斥：

（1）马克思生前只读过洛贝尔图斯的三封关于社会问题的书简，并且是在1859年以

后读到的，而这时马克思的政治经济学批判已经完成。

马克思是从1843年秋在巴黎开始研究政治经济学的，主要是读英法两国经济学的著作，对德国人，马克思只知道劳和李斯特两个人。

1847年，马克思出版了《哲学的贫困》一书，还作了题为《雇佣劳动与资本》的讲演，表明马克思这时“不仅已经非常清楚地知道‘资本家的剩余价值’是从哪里‘产生’的，而且已经非常清楚地知道它是怎样‘产生’的”①。当时无论是马克思还是恩格斯，都根本没有听说过洛贝尔图斯这个人。

1848年，当马克思和恩格斯要在《新莱茵报》上批判作为议员与大臣身份的洛贝尔图斯时，才知道这个人，但对这个人在经济学方面有何见解还是什么也不了解，找人打听情况，也没有人介绍他在经济学方面有什么东西。因此，在《新莱茵报》上，马克思和恩格斯对洛贝尔图斯的批判，只限于他的政治思想和政治活动方面，未涉及经济学上的批判。

1859年前后，马克思的“政治经济学批判不仅在纲要上已经完成，而且在最重要的细节上也已经完成”②。只是在这个时候，马克思才从拉萨尔那里知道洛贝尔图斯还是一个经济学家，但“他对洛贝尔图斯的全部文字活动还是一无所知”③。

直到1859年以后，马克思才看到洛贝尔图斯关于社会问题的三封书简（1850年和1851年以《给冯·基尔希曼的社会问题书简》为题出版的洛贝尔图斯的三本单独的著作），而且是生前仅仅读过的洛贝尔图斯的著作。

（2）马克思见到洛贝尔图斯的第三封社会问题书简后，即在1861—1863年《政治经济学批判》手稿第X册中予以批判。

1859年以后，马克思在英国博物馆见到了洛贝尔图斯在1851年写的《给冯·基尔希曼的第三封信：驳李嘉图的地租学说，对新的地租理论的论证》。马克思读到后，在1861—1863年经济学手稿，即《资本论》第一个手稿中，用相当讽刺的笔调对洛贝尔图斯的所谓剩余价值的理论，即租的理论，进行了详尽的批判，这一批判后来编入《资本论》第4卷。

洛贝尔图斯的所谓租，包括利润和地租，只是剩余价值的一种转化形式。对于洛贝尔图斯的自我吹嘘，即租是来源于无酬劳动，来自于对劳动产品价值的扣除，而不是“价值追加”，这是由他提出的一种新的理论，是划时代的发现等等。马克思在1861—1863年经济学手稿中，一开始就讽刺地批驳了这种说法，指出他所研究的前提是“土地占有和资本占有没有分离的国家”，这种国家是资本主义生产关系发展还很不成熟的国家，如普鲁士，因而没有什么典型意义。即使是这样一种前提，恩格斯在驳斥杜林时也指出，前人如亚当·斯密在他的《国民财富的性质和原因的研究》一书中已研究过了，因而也不是什么新东西。

洛贝尔图斯的所谓新的地租理论，在于提出了绝对地租理论，而古典经济学家只提出级差地租理论，认为土地条件越好，收入越高，地租也越多。洛贝尔图斯认为由于农业不需要购买原料（种子、肥料、耕牛饲料），因此成本比工业低，形成了超额利润，从而有了地租。马克思详尽地批判了这种谬论。

---

① 恩格斯：《资本论》第2卷序言，《资本论》第2卷第12页。

②③ 恩格斯：《资本论》第2卷序言，《资本论》第2卷第11页。

洛贝尔图斯的所谓利润，被说成是资本家理应得到的一种报酬，这是接受了以往的资产阶级经济学家的观点。

实际上，马克思早在 1847 年出版的《哲学的贫困》一书就已“预先批判了（虽然他本人不知道这一点）这位洛贝尔图斯已经写的和其他还没有写的著作”①。因为洛贝尔图斯在 1850 年第二封信关于社会问题的书简（《给冯·基尔希曼的社会问题书简。第二封：基尔希曼的社会理论和我的社会理论》）中宣称马克思在《哲学的贫困》中所批判的蒲鲁东的构成价值理论是他早在 1842 年时最先发现的，因而他自命是蒲鲁东第一。

1859 年，马克思在《政治经济学批判》第 1 分册中，不仅又一次批判了蒲鲁东，而且还批判了洛贝尔图斯的鼻祖约翰·格雷。

（3）不是马克思剽窃洛贝尔图斯，而是德国人对英国的古典政治经济学及英国的早期社会主义著作（反资本主义文献）一无所知或忘记得一干二净。

马克思为什么要讽刺洛贝尔图斯自我标榜的所谓新的理论呢？因为洛贝尔图斯的租的理论及根据这一租的理论提出的一些社会主义的结论，除了一些新的错误观点是属于他自己的以外，不是英国的古典政治经济学著作，就是英国的早期的社会主义文献早就已经讲过了的，洛贝尔图斯及其信徒却把这一切都归之于洛贝尔图斯的划时代的发现，表明这些德国人对英国的古典经济学著作和早期社会主义文献是一无所知或忘记得干干净净。恩格斯为了揭露这一点，在《哲学的贫困》德文版序言及《资本论》第 2 卷序言中比较详细地介绍了英国古典经济学及英国早期社会主义的有关论述，与洛贝尔图斯进行了对照。

第一，古典经济学关于价值及剩余价值的学说与洛贝尔图斯的租的理论。

资本家和土地所有者的剩余价值是从哪里产生的？这个问题，古典经济学家亚当·斯密已经解答了。他在《国富论》（《国民财富的性质和原因的研究》）一书中把利润作为一般范畴，指出它是来自于对工人新创造的价值的扣除，看出它是来自超过支付工人工资的剩余劳动，即由工人劳动的无酬部分构成，这是亚当·斯密的贡献。马克思继承了这一学说，在 1861 年时坦率地承认亚当·斯密在这一问题上的贡献。李嘉图比亚当·斯密更进一步，他把他的剩余价值理论建立在新的价值论基础上，主要表现在提出无论怎样改变工资、利润和地租的分配比例，价值量不会因此而增大或减少，一方的增加就会引起另一方或两方的减少，从而揭露了资本主义社会中的雇佣劳动者、资本家和土地占有者三大阶级的对抗。李嘉图也认识到地租是一种超额利润。洛贝尔图斯及其信徒把从古典经济学中可以读到的东西，说成是洛贝尔图斯的伟大发现，还要诽谤马克思剽窃了他的著作，说明了他们的无知和堕落。

古典经济学的剩余价值理论的一个主要错误是没有把剩余价值作为一个专门范畴同剩余价值的具体形式（产业利润、商业利润、利息和地租）区分开来，从而看到了现象，却看不清本质，引出许多其他错误和缺点。而洛贝尔图斯的新的理论同样没有解决这个问题，犯了和斯密及李嘉图同样的错误。

不仅如此，在洛贝尔图斯的租的理论中还提供了一些新的错误，例如，他的所谓“新的地租理论”认为农产品的生产费用是根本不计算原料的，因此租地资本家除了和工业资本家一样获得一份平均利润外，还另有一部分超额利润作为地租交给土地所有者。马克思指出了洛贝尔图斯关于农业中不存在原料价值的论点是站不住脚的，马克思说：“实际上，

---

① 恩格斯写给爱·伯恩斯坦的信（1884 年 4 月 11 日），《马克思恩格斯全集》第 36 卷第 138 页。

这里的种子等等的预付是不变资本的组成部分，租地农场主也是把它们作为不变资本的组成部分来计算的。随着农业变成一个纯粹的工业部门以及资本主义生产在农村中确立，随着农业为市场而生产，生产商品，生产为出卖而不是为自己消费的物品，农业也就计算它的支出，把支出的每个项目都看成商品，不管该物品是农业从本身（即从自己生产中）购买的还是向第三者购买的。"[①] 马克思指出英国租地农场主这样计算已有150年以上，按照洛贝尔图斯看来，英国租地农场主是无租可交了，或者是由于计算错误而把自己的平均利润作为地租交出，但这些都不合乎事实。

第二，早期的英国社会主义与洛贝尔图斯的国家社会主义。

恩格斯的《哲学的贫困》德文版序言主要内容是有关这一问题对洛贝尔图斯的揭露。在《资本论》第2卷序言中也谈到了这一问题。

洛贝尔图斯根据李嘉图的价值理论作出了社会主义的结论，就这点而论，"他比李嘉图前进了一步"[②]，对李嘉图理论应用的结果，还"产生了李嘉图望尘莫及的对于剩余价值的起源和本质的认识"[③]。但是，这些也不是洛贝尔图斯的新发现，19世纪20年代开始的英国早期社会主义的著作就已作出这样的结论了。早在1821年，伦敦出版了题为《根据政治经济学基本原理得出的国民困难的根源及其解决办法。给约翰·罗素勋爵的信》的匿名小册子，就根据李嘉图的价值理论作出了社会主义的结论。这种李嘉图学派的社会主义著作，在19世纪20年代到30年代不断出现。这些著作在19世纪40年代也是不难找到的，而且在40年代马克思又在已发表的《哲学的贫困》中提到了这些著作。50年代马克思在德国发表了《政治经济学批判》第1分册，再一次提到英国的早期社会主义。但是洛贝尔图斯却不顾一切，一再宣告他在1842年写的东西是举世无双的新发现，谁要是提到这个社会主义而不说明是来自洛贝尔图斯，谁就是剽窃。

和英国的早期社会主义相比较，洛贝尔图斯确实也有一些新东西。英国的早期社会主义"用资产阶级自己的武器来和资产阶级进行斗争"[④]，他们根据李嘉图提出的劳动是价值的尺度这一理论，要求工人能按照他的所谓"劳动价值"进行交换，工人有获得全部劳动产品的权利，其途径是通过一定的社会机构发行劳动货币，直接用劳动小时作为货币单位，工人劳动几小时，就得几小时的货币，从而换取同样小时的消费品，得到十足的"劳动价值"。这种"劳动货币交换经济论"在理论上是错误的（错误在于认为劳动本身有价值，个人劳动在私有制下不通过迂回曲折的途径直接表现为社会劳动），是一种乌托邦，但是这些人的主张在当时历史条件下反映了工人群众的要求，"目的是要废除资本对雇佣劳动的剥削。每个生产者应该取得他的产品的十足劳动价值。他们在这一点上，从格雷到蒲鲁东，都是一致的"[⑤]。而洛贝尔图斯却认为地主和资本家都从事了对社会有益的甚至是必需的活动，因而地租和利润应该不折不扣地保存下去，而且至少要保存五百年。在这五百年内，他还设想剩余价值率为200%，即工人一天劳动12小时，只能拿到4小时所谓的劳动货币，而且所有这一切，都要由当时的普鲁士国家去决定和实行，把英国的早期社会主义，改变为国家社会主义。恩格斯讽刺说："如果说，洛贝尔图斯以前的不幸是他的

---

① 《剩余价值理论》第2分册第58页。

②④ 恩格斯：《资本论》第2卷序言，《资本论》第2卷第18页。

③ 恩格斯：《哲学的贫困》德文版序言，《马克思恩格斯全集》第21卷第208页。

⑤ 恩格斯：《哲学的贫困》德文版序言，《马克思恩格斯全集》第21卷第217页。

新发现总是来得太迟，那么，这一次他至少在一种独创性上建立了功勋。”①

真正继承和发展了斯密和李嘉图的古典政治经济学，提出了完整的科学的剩余价值理论，建立了科学社会主义学说的是马克思。

（4）马克思对剩余价值学说的贡献。

恩格斯在《资本论》第2卷序言中具体介绍了马克思在剩余价值学说上的贡献，从而进一步批驳了马克思的剩余价值理论是剽窃了洛贝尔图斯著作的谬论。

马克思的贡献包括：

第一，发现了剩余价值这个专门范畴。以往资产阶级经济学家虽然已发现了作为剩余价值的那部分产品价值的存在，知道它是由工人的无偿劳动部分构成的，甚至还认识到作为剩余价值形式的利润与雇佣工人的工资的对立，但不懂得这部分的价值是剩余价值。

第二，建立了科学的价值理论。马克思的价值理论解决了一系列前人没有解决的问题，如：什么劳动才形成价值，为什么形成价值，怎样形成价值，价值实体是什么等等。这些问题的解决，为马克思的剩余价值理论建立了基础。

第三，研究了商品和货币的关系，从这一关系中阐明了货币的起源与本质。

第四，区分了劳动与劳动力，在此基础上建立了货币转化为资本的学说。李嘉图学派由于没能解决这个问题而遭到破产。

第五，区分了不变资本与可变资本，阐明了剩余价值的形成。

第六，发现了剩余价值的两种形式（绝对剩余价值和相对剩余价值）。

第七，根据剩余价值学说展开科学的工资理论。

第八，提出了资本积累历史的各种基本特征，说明了资本主义积累的历史趋势。

第九，提出了生产价格与平均利润学说，解决了价值规律与利润平均化规律的矛盾。李嘉图没能解决这个问题，这是他遭到破产的又一个重要原因。

四、恩格斯对洛里亚攻击马克思价值理论的批判

阿·洛里亚（1857—1943）是意大利的庸俗经济学家，大学教授。

马克思逝世前两年，洛里亚曾把他的《地租和地租的自然消失》（1880年米兰版）一书寄给马克思，同时附了一封用德文写的信，信中自称是马克思的学生和崇拜者。1882年在他出版的《意大利经济学家的价值理论》一书中却又诽谤马克思有意篡改引文，马克思读了以后，把自己的和洛里亚的引文查对了原著，结果，马克思的引文是正确的，篡改引文的却是洛里亚。这年夏天，他来到伦敦，两次拜访恩格斯，第二次拜访时，恩格斯对他进行了严肃的批评。

1883年3月，马克思逝世，洛里亚在4月出版的《科学、文学和艺术新文选》杂志上发表了《卡尔·马克思》一文，全凭臆想写出了一个错误百出的马克思传略，还歪曲马克思的唯物史观，对马克思进行了恶毒的攻击，污蔑马克思用“自觉的诡辩支配着这一切”，“不惜作出虚假的结论，虽然他明明知道这些结论是虚假的”，“常常是一个愿意以牺牲真理来否定现存制度的诡辩者”，“玩弄谎言和真理”等等。洛里亚还攻击马克思在《资本论》第1卷中关于剩余价值的量取决于可变资本的观点，认为这与现实相矛盾，现实生活中利润是由包括不变资本在内的全部资本决定的。洛里亚在谈到马克思写的剩余价

---

① 恩格斯：《哲学的贫困》德文版序言，《马克思恩格斯全集》第21卷第214页。

值的地方，统统篡改为利润，而马克思多次指出过剩余价值和利润是两种不同的东西，剩余价值是生产领域的范畴，利润是分配领域的范畴；剩余价值是本质，利润是假象；剩余价值包括全部剥削量，利润只包括部分剥削量。关于利润量与剩余价值量的不一致，利润率的平均化和价值规律的矛盾，马克思原计划是要在现在的第 3 卷（当时称第 3 册，属第 2 卷）来解决的。洛里亚却以自己丑恶的灵魂来设想马克思也是和他一样的人，胡说马克思“根本没有想过”要写第 3 卷，马克思抛出这个虚构的第 3 卷是“马克思借以回避科学论据的狡猾诡计”，用第 3 卷来“威胁自己的反对者”等等。恩格斯读到洛里亚寄来的该文清样时，十分愤怒，当即予以痛斥，对于洛里亚的诽谤，恩格斯说：“我们认为这种说法是有损名誉的指责，因为我们知道，这是捏造的，因此我们把它奉还给那些说这种话的人，他们臆造这种说法只能败坏自己的名声。”① 对于洛里亚信口开河说马克思“根本没有想过”要写的第 3 卷，恩格斯回答说：“这个第 2 卷是有的，不久就要发表。那时，您大概终于会懂得剩余价值和利润的区别。”②

1886 年，洛里亚出版了《关于政治制度的经济学说》一书，大言不惭地把马克思在 1845 年提出的唯物史观说成是他在这本书中才第一次提出的。后来谎言被揭穿，洛里亚在 1895 年 2 月 25 日的《社会改革》刊物上又改口说这个理论如果不是由亚里士多德早就大体上提了出来，那么至少哈林顿在 1656 年已经明确无误地宣布了它，并且在马克思之前很久，已经有一连串历史学家、政治家、法学家和经济学家对这个理论作了阐述。总之，唯物史观虽然不是洛里亚提出的，但也不是马克思提出的。恩格斯在编辑马克思遗著过程中，决定把原来的《资本论》第 3 册作为第 3 卷单独出版，1885 年先出版了这个不包括第 3 册的第 2 卷。洛里亚看到后，在《关于政治制度的经济学说》一书中洋洋得意地说：“可见，我过去的说法不是没有道理的，我曾说过，马克思经常拿第 2 卷来威胁自己的反对者，但这第 2 卷始终没有出版，这第 2 卷很可能是马克思在拿不出科学论据时使用的一种诡计。”

洛里亚高兴得未免太早了，1894 年 10 月，《资本论》第 3 卷出版了，这是对洛里亚的一个沉重的打击。马克思在《资本论》第 3 卷中解决了“相等的平均利润率怎样能够并且必须不仅不违反价值规律，而且反而要以价值规律为基础来形成”。这个问题是恩格斯在《资本论》第 2 卷序言中提出来的，要那些把洛贝尔图斯吹捧为马克思的卓越先驱者的名利之徒指出，洛贝尔图斯是否能够回答这个问题。这些人没有一个能够指出这一点。

《资本论》第 3 卷出版后，斗争并未停止，恩格斯说，价值规律和利润率“这两个因素之间的表面矛盾的解决，在马克思的原文发表之后会和发表之前一样引起争论，本来是预料中的事”③。洛里亚又在 1895 年 2 月 1 日的《科学、文学和艺术新文选》杂志上发表了《卡尔·马克思的遗著》一文，胡说《资本论》第 3 卷和第 1 卷互相矛盾，第 1 卷说商品按照它们里面包含的劳动量的比例进行交换，而第 3 卷则说商品按照完全不同的比例进行交换。洛里亚这时表现得万分愤慨，说：“什么时候见过这样十足的谬论，这样重大的理论上的破产？什么时候见过这样大吹大擂的、这样庄重的科学上的自杀行为？”

马克思在《资本论》第 3 卷中指出：“全部困难是由这样一个事实产生的：商品不只是当作商品来交换，而是当作资本的产品来交换。这些资本要求从剩余价值的总量中，分

---

①② 写给阿·洛里亚的信（1883 年 4 月底），《马克思恩格斯全集》第 36 卷第 18 页。

③ 《资本论》第 3 卷第 1006 页。

到和它们各自的量成比例的一份，或者在它们的量相等时，要求分到相等的一份。"① 这种现象和价值规律并不矛盾，这里改变的只是剩余价值的重新分配，并不改变剩余价值的总量，个别商品的价格偏离了价值，总的商品价格却仍和商品总价值相一致，生产价格的变动也仍然随着商品中包含的劳动量的变动而变动。

洛里亚却坚决反对商品的价值由劳动决定这一观点，提出"因为价值既然不外是一个商品和另一个商品相交换的比例，所以单是总价值这个观念，就已经是荒谬的，是胡说……是形容语的矛盾"。洛里亚认为商品交换比例是由供求状况决定的，于是，同一种商品可以有几种价值，洛里亚显然是把价值与价格或交换价值混淆了。按照洛里亚的逻辑，在社会上供求一致的情况下，总价值只能等于零了。

为了答复恩格斯在《资本论》第3卷序言中的批判，洛里亚又在1895年2月25日的《社会改革》刊物上发表了一个东西，竟然仍坚持说马克思没有打算写《资本论》第3卷，他说："马克思真的为了发表而写下这么一大堆不连贯的笔记，好让恩格斯怀着虔敬的友谊把它们编在一起吗？真的可以设想，马克思……以为这些文稿会成为他的著作和他的体系的王冠吗？真的可以相信，马克思会发表关于平均利润率的那一章吗，在这一章里，好多年前就答应要提出的解决，被归结为最无聊的故弄玄虚和最庸俗的文字游戏。这至少是可以怀疑的……在我看来，这证明马克思在发表他的光辉著作以后就没有打算写什么续卷，说不定，他原来就是想把他的巨著交给他的继承人去完成，而自己不担负什么责任。"这完全是信口雌黄。

《资本论》第3卷出版后，恩格斯针对洛里亚制造的《资本论》第3卷和第1卷互相矛盾的喧嚷，写下了《价值规律和利润率》一文，作为《资本论》第3卷的补遗。这篇文章对处于困境中的洛里亚给予了毁灭性的打击，为这一斗争作了胜利的总结。

*　　　*　　　*

回顾这段历史，仍然具有现实意义。20世纪60年代，我国因发动"文化大革命"使国民经济遭受到破坏，学术界就有人将矛头指向马克思主义理论，认为我国国民经济面临困境是长期遵循马克思主义理论指导的结果，从而否定马克思社会主义理论的指导作用。至20世纪80年代末和90年代初，又有人转向集中攻击作为马克思主义理论基石的劳动价值论，反对马克思主义的指导地位。还有一些人打着马克思主义旗号，以"创新"为名，贩卖资产阶级庸俗经济学。对这种"创新"，马克思早已揭露过："在这里，所谓新，几乎总是倒退到早已被驳倒的观点上去。"②

---

① 《资本论》第3卷第196页。
② 《资本论》第3卷第884页。

第九章 《资本论》的结构与体系

《资本论》全书共4卷。第1卷《资本的生产过程》，第2卷《资本的流通过程》，第3卷《资本主义生产的总过程》，第4卷《剩余价值理论》。

马克思在《资本论》第3卷一开始扼要地介绍了《资本论》第1至3卷的结构和体系，他说："在第1册中，我们研究的是资本主义生产过程本身作为直接生产过程考察时呈现的各种现象，而撇开了这个过程以外的各种情况引起的一切次要影响。但是，这个直接的生产过程并没有结束资本的生活过程。在现实世界里，它还要由流通过程来补充，而流通过程则是第2册研究的对象。在第2册中，特别是在把流通过程作为社会再生产过程的中介来考察的第3篇中指出：资本主义生产过程，就整体来看，是生产过程和流通过程的统一。至于这个第3册的内容，它不能是对于这个统一的一般的考察。相反地，这一册要揭示和说明资本运动过程作为整体考察时所产生的各种具体形式。"①

整部《资本论》都是围绕着揭露资产阶级无偿占有和分配雇佣劳动者所创造的剩余价值而写作的。恩格斯指出："第1卷表明，资本家怎样从工人那里榨取剩余价值，第2卷则表明，这个最初包含在商品里的剩余价值怎样实现为货币。可见前两卷所谈到的剩余价值，只是它在第一个占有者即工业资本家手里的情形；然而剩余价值只有一部分留在这个第一个占有者的手里；随后它就以商业利润、企业主收入、利息、地租等形式在各个有关方面的人中间进行分配；第3卷所阐述的就是剩余价值的分配规律。""第4卷将对剩余价值理论作历史的批判性的概述。"②

总之，《资本论》前三卷是理论部分，第4卷是历史文献部分。《资本论》第1卷《资本的生产过程》，揭露剩余价值和资本的生产，第2、3卷是理论的续篇和结尾。第2卷《资本的流通过程》，研究资本的生产过程开始之前（购买劳动力和生产资料）以及结束之后（销售商品）的流通过程，并联系了资本的生产和再生产过程，研究了资本流通的总过程，中心内容是揭露剩余价值的实现问题，没有生产之前的流通，资本主义生产过程就无从进行，没有生产之后的流通，剩余价值就无法实现。第3卷《资本主义生产的总过程》研究了总过程的各种形式。在资本方面，具体表现为产业资本、商业资本、借贷资本等形式。在剩余价值方面，具体表现为产业利润、商业利润、利息和地租等形式。作为资本运动的结果，雇佣劳动者新创造的价值采取了工资、利润（包括利息）和地租这三种形式进行总分配，和这三种分配形式相适应的，就有三种分配形式的所得者——工人、资本家和土地所有者，组成资本主义社会中各个对抗的阶级。恩格斯说："可惜，这最后一部

① 《资本论》第3卷第29页。

② 恩格斯：《马克思的〈资本论〉。第3卷》，《马克思恩格斯全集》第22卷第511页。

分——阶级，马克思没有完成。”① 现在的最后一卷《剩余价值理论》，是 17 世纪中叶以来的政治经济学理论史。按历史先后对资产阶级经济学家进行了详细的分析和批判，这种批判在前三卷中已经按照有关问题进行过了，而现在大半是以历史的形式重述一遍。

一、《资本论》第 1 卷的结构

《资本论》第 1 卷共 7 篇，归纳起来，有以下三个部分。

第一部分，包括第 1 篇“商品和货币”和第 2 篇“货币转化为资本”。中心内容是讲资本和剩余价值产生的历史前提。资本是货币的转化形式，而货币又是商品的转化形式，要解开资本之谜，就要循着商品—货币—资本这一进程，逐步分析商品是怎样变成货币的，货币又在怎样的历史条件下变成资本的。资本是能够带来剩余价值的一种价值，不懂商品的价值，也就不可能懂得资本带来的剩余价值。资本的历史前提，首先是出现自由劳动者，劳动力成为商品。因此，要学习好第一部分，就要掌握商品、货币、资本和劳动力这四个经济范畴。

第 1 篇“商品和货币”是学好第 1 卷以及后面各卷的理论基础。这一篇最主要的内容是马克思的劳动价值论，包括价值实体、价值量和价值形式三个方面。在价值量问题上包括商品价值量的决定、商品价值量的变动和在第 3 篇第 5 章中论述的商品价值的形成过程。在价值形式问题上包括货币的起源和本质、货币的职能和第 3 卷中论述的生产价格及市场价格等。马克思的劳动价值论的核心是劳动二重性学说，它是理解政治经济学的枢纽。

第 2 篇“货币转化为资本”中最主要的内容是马克思的劳动力商品学说。不过，这里涉及的还只是劳动力变成商品的条件以及劳动力商品的价值和使用价值，至于如何区分劳动和劳动力以及劳动力价值的表现形式等问题，则在第 6 篇第 17 章中才加以论述，而马克思正是在区分劳动和劳动力的基础上建立起劳动力商品的学说。

第二部分，包括第 3 篇“绝对剩余价值的生产”、第 4 篇“相对剩余价值的生产”、第 5 篇“绝对剩余价值和相对剩余价值的生产”和第 6 篇“工资”。这一部分研究了资本（产业资本、单个资本）的直接生产过程，通过这一研究，揭露剩余价值的来源、资本家提高剥削程度的两种基本方法以及由此产生的后果。

什么是直接生产过程？马克思说：“资本的直接生产过程，就是资本的劳动过程和价值增殖过程。”② 它有两个涵义，首先，是指不包括为生产服务，对生产发生影响作用的交换（流通）及分配的从事物质资料生产的过程，把交换及分配对生产的影响因素暂不考虑进去，对生产进行纯粹的研究。其次，是指产品的现实生产过程，在资本主义条件下，它是价值增殖过程，例如棉纱的全部生产过程除了纺纱过程外，还有种棉过程、生产纺纱机过程、炼钢过程、采煤过程……但是对于棉纱的生产来说，只有纺纱才是直接的现实的生产过程，以往的种棉过程及今后用棉纱织布和用棉布制造服装的过程都不是直接生产过程，都不是棉纱生产的价值增殖过程。

《资本论》第 1 卷研究的是资本的直接生产过程，但在必要的限度内也涉及流通领域和分配领域。马克思说：“我们在那里需要考察的流通领域中的唯一行为，是作为资本主

① 恩格斯：《关于〈资本论〉第 3 卷的内容》，《马克思恩格斯全集》第 22 卷第 513 页。

② 《资本论》第 2 卷第 389 页。

义生产的基本条件的劳动力的买和卖。"① 与此相联系，在第1卷中，马克思也考察了作为资本运动总过程表现形式之一的，属于分配领域的劳动力价值的转化形式——工资。

第三部分，包括第7篇"资本的积累过程"。这一部分研究了资本（产业资本、单个资本）的再生产过程。从一再反复的生产运动中，进一步揭露出资本的来源、资本积累的实质与后果。结论是，不仅剩余价值是雇佣工人创造而被资本家无偿占有的，而且资本家手里的资本也来自对劳动者的生产资料的剥夺和由雇佣工人创造的剩余价值。资本积累的后果是，越来越多的财富集中在少数大资产阶级手中，而工人失业越来越严重，受剥削程度不断加深。马克思在这里揭露了无产阶级和资产阶级之间对抗的经济基础，指明了剥夺者将被剥夺的历史趋势。

马克思在第1卷中论述的再生产过程也是作为直接生产过程进行考察的，这就是说，首先，这里仍然撇开了流通过程和分配过程对生产的影响，尽管流通过程包括在再生产的过程中，也暂时不去研究它。其次，这里虽然研究了某种产品例如棉纱的反复生产过程，但却不同时研究种棉、织布、制衣等再生产过程。

上述第二部分和第三部分考察的都是资本主义的直接生产过程，区别在于，第二部分研究的是直接生产的孤立过程，通过这一研究，揭露了剩余价值的生产。第三部分研究的是直接生产的反复过程，通过这一研究，揭露了资本本身的生产。马克思说："在本书第1册，我们把资本主义生产过程，既作为孤立过程，又作为再生产过程来分析，我们分析了剩余价值的生产和资本本身的生产。资本在流通领域所经历的形式变换和物质变换被假定为前提，而没有进一步加以论述。我们假定，一方面，资本家按照产品的价值出售产品；另一方面，他在流通领域找到使过程重新开始或连续进行所必需的各种物质生产资料。"②

二、《资本论》第2卷的结构

在第2卷中，马克思把研究对象从资本的直接生产过程转到资本的流通过程上来。只有经过流通过程，资本家购买了生产资料和劳动力，资本的生产过程才能进行；只有经过流通过程，资本家销售了商品，资本的生产过程中所创造的剩余价值才能实现，并转入再生产过程。

正如在第1卷中为理解资本的生产过程所必要的范围内，研究了流通过程，在第2卷中为理解资本的流通过程所必要的范围内，也研究了生产过程。如果说，我们把购买与销售两个阶段构成的"真正流通过程"③ 称之为狭义的流通过程，那么，把包括生产过程在内的全部资本运动过程（阶段与形式、时间与速度、流通与生产的相互作用等），则可称之为广义的流通过程。第2卷研究的正是这种广义的流通过程。

本卷研究的对象仍然是产业资本。考察时假定商品按照价值出售，不考虑供求对价格的影响，还假定价值不发生变化。马克思说："在这整个第2册中，我们所说的货币，是指金属货币，不包括象征性的货币，即只是某些国家所特有的单纯价值符号，也不包括尚未阐明的信用货币。"④

---

①② 《资本论》第2卷第391页。

③ 《资本论》第2卷第389页。

④ 《资本论》第2卷第129页。

第2卷共三篇，归纳起来有两部分内容：

第一部分，考察的是单个资本的流通过程。包括第1篇“资本形态变化及其循环”和第2篇“资本周转”，研究的是单个产业资本的循环和周转。第1篇研究的是产业资本的循环，中心内容是产业资本运动的阶段和形式，着重研究产业资本运动的形式。第2篇研究的是产业资本的周转，中心内容是产业资本运动的时间和速度，着重研究产业资本运动的速度。

第二部分，考察的是社会总资本的流通过程。包括第3篇“社会总资本的再生产和流通”。马克思说：“在第1篇和第2篇，我们考察的，始终只是单个资本，只是社会资本中一个独立部分的运动。……现在，我们就要考察作为社会总资本的组成部分的各个单个资本的流通过程（这个过程的总体就是再生产过程的形式），也就是考察这个社会总资本的流通过程。”① 马克思在这里考察了产业部门社会资本再生产的实现条件对价值的实现和实物的补偿的影响。

三、《资本论》第3卷的结构

在本卷第1篇第1章一开始的一大段中，马克思联系了《资本论》第1、2卷内容，简明阐述了《资本论》第3卷的研究对象。指出第1卷研究的是资本的生产过程，第2卷研究的是资本的流通过程，第3卷研究的是资本主义生产的总过程，具体地说，是“资本运动过程作为整体考察时所产生的各种具体形式”②。这里所说的“各种具体形式”包括资本的具体形式、剩余价值的具体形式、劳动力价值的具体形式和价值形式等。

资本的具体形式包括产业资本、商业资本和借贷资本。与此相应，在剩余价值方面，表现为产业利润、商业利润、利息和地租等具体形式。至于劳动力价值的表现形式——工资，在第1卷中已研究了，这里没有再去重复。

在第3卷中，马克思还研究了资本主义社会价值的表现形式——生产价格与借贷资本的运动形式——信用等等。

第3卷研究的中心内容是剩余价值的分配问题，因此，恩格斯认为“第3卷所阐述的就是剩余价值的分配规律”③。

《资本论》第3卷研究的是资本主义生产总过程的各种形式，共有7篇，可归纳为以下三个部分：

第一部分，包括第1篇“剩余价值转化为利润和剩余价值率转化为利润率”、第2篇“利润转化为平均利润”和第3篇“利润率趋向下降的规律”。这一部分研究了产业部门中剩余价值的一般表现形式（利润）及其分配的规律，包括利润按资本平均分配的规律及利润率趋向下降的规律。在第1篇和第2篇中，阐明了在资本主义生产过程中的剩余价值怎样表现为资本主义分配领域中的利润，并按资本的比例平均化。利润是剩余价值的现象形态，而且是一种歪曲了的现象形态。从本质上分析，价值是由劳动创造的，剩余价值量取决于剩余劳动量；从现象上看，利润却是资本的产物，按资本的比例分配。在第1、2卷阐明的理论基础上，再进一步阐明这一现象形态，对维护马克思的劳动价值理论及剩余

---

① 《资本论》第2卷第392页。
② 《资本论》第3卷第29页。
③ 《马克思的〈资本论〉。第3卷》，《马克思恩格斯全集》第22卷第511页。

价值理论有着重要意义，这是对第1卷的重要补充。从洛里亚到庞巴维克、罗宾逊都妄图在这一问题上突破，反对马克思在《资本论》第1卷所建立的价值理论和剩余价值理论，马克思在这里不惜篇幅，详尽论述，是十分必要的，是有预见性的。

第二部分，包括第4篇“商品资本和货币资本转化为商品经营资本和货币经营资本（商人资本）”、第5篇“利润分为利息和企业主收入。生息资本”和第6篇“超额利润转化为地租”。马克思在这一部分又对以上所述的利润进一步具体化，分别论述了商业资本所得的商业利润、借贷资本所得的利息和土地所有者所得的地租。这里没有单独论述产业资本及其所得的产业利润，这是因为产业资本和产业利润已作为出发点在第1至3篇中阐明了。

第三部分，包括第7篇“各种收入及其源泉”。这是第3卷的总结，也是全书理论的总结。但是作为结论的最后一章“阶级”没有写完。恩格斯说：“最后一章只有一个开头。在这一章，同地租、利润、工资这三大收入形式相适应的发达资本主义社会的三大阶级，即土地所有者、资本家、雇佣工人，以及由他们的存在所必然产生的阶级斗争，应该当作资本主义时期的实际存在的结果加以论述。这种结论性的总结，马克思通常总要留到快付印的时候再作最后的加工，因为那时最新的历史事件会按照永不失效的规律性为他的理论阐述提供最恰当的现实例证。”①

四、《资本论》第4卷的结构

马克思逝世后，被编为《资本论》第4卷的标题最初为《剩余价值学说史》，后来改称《剩余价值理论》，内容是“17世纪中叶以来的政治经济学理论史”②，主要是剩余价值学说方面的理论史，取材全部来自1861—1863年经济学手稿，包括第Ⅵ—ⅩⅤ、ⅩⅧ、ⅩⅩ—ⅩⅩⅢ等15本手稿。

关于经济学理论史，马克思曾经设想将这部分内容分成专题插入政治经济学著作的各个章节中，在《政治经济学批判》第1分册（包括第1章“商品”及第2章“货币或简单流通”）中，就插入有关“商品和货币”的理论史。后来，在写《政治经济学批判》第2分册（包括第3章“资本”）的1861—1863年经济学手稿中，第1篇“资本的生产过程”（相当于现在的《资本论》第1卷），插入“剩余价值理论”和“关于生产劳动和非生产劳动的理论”两节理论史方面内容；第3篇“资本和利润”（相当于现在的《资本论》第3卷），插入“亚·斯密和李嘉图关于利润和生产价格的理论”、“所谓李嘉图地租规律的历史”、“利润率下降的规律。亚·斯密、李嘉图、凯里”、“利润理论”和“庸俗政治经济学”等许多关于理论史方面内容的章节。③

1865年7月以后，马克思提出对《资本论》分卷分册出版的计划，《理论史》为第四册，编入第3卷。马克思逝世后，将册改称为卷，《理论史》也就成为《资本论》第4卷了。

马克思指出：“真正的现代经济科学，只是当理论研究从流通过程转向生产过程的时

---

① 恩格斯：《资本论》第3卷序言，《资本论》第3卷第11页。

② 马克思写给齐·迈耶尔的信（1867年4月30日），《马克思恩格斯全集》第31卷第544页。

③ 参见《剩余价值理论》第1分册第446—447页。

候才开始。"[①] 17世纪中叶以来，在英国，从威廉·配第开始，转向生产领域的研究，创建了古典政治经济学，到亚当·斯密时，古典政治经济学已经成熟，大卫·李嘉图则将古典政治经济学发展到最高水平。在法国，古典政治经济学从重农主义的先驱者布阿吉尔贝尔开始，经过重农主义者魁奈医生和杜尔哥，到小资产阶级经济学家西斯蒙第这里结束。但是，古典经济学，一方面具有科学的成分，另一方面又包含有庸俗的因素。1830年，英法资产阶级先后取得了政权，随着机器大工业的发展，工人阶级登上了历史舞台，与资产阶级发生了严重的冲突，对资本主义进行比较客观研究的古典政治经济学终于被专为资产者辩护的庸俗经济学取而代之。

《理论史》这部著作反映了资产阶级政治经济学理论的历史演变，现在分3册出版的书名为《剩余价值理论》的著作中，第1分册为李嘉图以前的剩余价值理论，第2分册主要是李嘉图的剩余价值理论，第3分册为李嘉图之后的剩余价值理论。

第1分册，共7章，评介了李嘉图以前的剩余价值理论，包括英国晚期重商主义者詹姆斯·斯图亚特（第1章），法国重农主义者布阿吉尔贝尔、魁奈、杜尔哥（第2、6章）及其批评者（第5、7章），以及英国的亚当·斯密等人的理论观点（第3、4章）。重点是分析评论法国的重农主义者及英国的亚当·斯密。主要问题有三个：第一，价值和剩余价值理论，包括在全书各章及附录中；第二，生产劳动和非生产劳动理论，集中在第4章及附录11和12中；第三，社会总资本再生产理论，包括第6章及附录8中对魁奈提出的经济表的评价和第3章中对斯密教条的批评。

第2分册，共11章，编为第8—18章，主要内容是围绕李嘉图的地租理论展开的分析和评论，主要问题有5个：第一，价值理论以及生产价格和平均利润理论，包括在第10章中；第二，地租理论，包括在第8—9、11—14各章中，第8章是对洛贝尔图斯地租理论的批判，肯定他关于绝对地租的思想，第9章是分析级差地租的理论史，第11—13章直接评述了李嘉图的地租理论，第14章分析了亚当·斯密的地租理论；第三，剩余价值和利润理论，包括在第15、16章中；第四，资本积累和经济危机理论，包括在第17章中；第五，总收入和纯收入、机器对工人的影响等理论，包括在第18章中。

第3分册，共6章，编为第19—24章，分析了李嘉图学派的解体和被庸俗经济学取而代之的过程。具体内容包括以下三点：第一，李嘉图之后理论界的三种不同态度和李嘉图学派的解体（第19—21章）。第一种态度是马尔萨斯、赛米尔·贝利等人对李嘉图学派的公开攻击（第19章、第20章中一部分），第二种态度是托伦斯、詹姆斯·穆勒、昆西、麦克库洛赫等人继承和发展李嘉图学派中庸俗的因素（第20章），第三种态度是以李嘉图劳动价值论为依据的英国空想社会主义者对资本主义制度的批判（第21章）。第二，评介晚期古典经济学者拉姆赛、舍尔比利埃、理查·琼斯等人的经济思想（第22—24章）。第三，揭露了庸俗经济学的实质及其理论基础（附录）。

五、《政治经济学批判》6分册结构与《资本论》的3卷4册结构

马克思的全部政治经济学内容都包括在19世纪50年代末制订的开始分为5篇后来改为6分册的写作计划中，已完成的包括3卷4册的《资本论》在原计划中只是6分册中第1分册的第1篇。从《资本论》的实际内容看，是否仅限于原来6分册结构中的第1分册

① 《资本论》第3卷第376页。

第1篇？马克思后来的3卷4册结构和最初提出的5篇6分册结构关系如何？国内外学术界对此一直争论不休，归纳起来，有以下三种不同的意见：

第一种，代替说或放弃说。认为由于写作计划的庞大和健康方面的原因，马克思认识到6分册计划已不可能完成，因而放弃了6分册结构，用《资本论》的3卷4册结构代替，将6分册结构中的内容压缩到《资本论》中来，使《资本论》的3卷4册基本上包括了原计划的6分册结构内容。

第二种，不变说。认为马克思并没有放弃6分册结构，用《资本论》的3卷4册结构取而代之，只是由于内容庞大和健康上的原因，马克思没有能够完成预定的计划，现已出版的《资本论》3卷4册只能是6分册结构中第1分册的第1篇。

第三种，变更说。认为马克思虽没有放弃原来的6分册结构，但作了较大的变更。现在的《资本论》4卷内容除了包括原来6分册结构中的第1分册第1篇外，还包括了第2、3分册，但不包括第4至6分册以及第1分册的第2至4篇。

在写作1861—1863年经济学手稿的过程中，马克思决定以“资本论”为书名出版他的《政治经济学批判》的续篇，指出“它只包括本来应构成第1篇第3章的内容，即《资本一般》。这样，这里没有包括资本的竞争和信用”①。这就说明，《资本论》内容只限于原计划6分册中的第1分册第1篇，即使是第1篇，当时还只包括第3章，更不用说包括其他分册内容了。

我们在阅读《资本论》中涉及6分册结构中第1分册第1篇以外的内容时，马克思都作了提示，说明该问题要在另外专门著作中展开论述。据有人统计，这种提示有30多处。

可见，马克思并没有放弃6分册结构，如果说有什么变动的话，也只是不再以分册形式连续出版他的全部政治经济学著作，政治经济学理论史部分集中在单独的一卷中。

如将马克思原计划第1分册第1篇以外的篇章内容甚至其他分册的内容塞入《资本论》著作中，这会破坏马克思写作政治经济学著作的方法，严重损害马克思政治经济学著作的结构与体系，马克思绝不会因为自己健康的原因去破坏自己建立起来的严密的结构体系。

---

① 马克思写给路·库格曼的信（1862年12月28日），《马克思恩格斯全集》第30卷第636页。

第十章　学习《资本论》的态度与方法

一、学习《资本论》的态度

怎样才是学习《资本论》的正确态度？这要看我们能否像马克思对待《资本论》写作的态度那样去学习《资本论》。关于马克思写作《资本论》的态度，有以下几点突出的表现。

1. 严肃认真

马克思对待《资本论》的研究与写作是十分严肃认真的。首先表现在搜集资料上，恩格斯曾对马克思说，“只要你那里有一本你认为是重要的书还没有看，你是不会动笔去写的”①。1858 年 5 月，虽然马克思已完成了 1857—1858 年经济学手稿，但他发现有一本新出版的麦克拉伦写的关于货币的书，就立即去找来看。由于图书馆要过几个月后才能出借，只好马上去书店买，家里的钱全部拿出来也没有这么多，便不惜写信向恩格斯要钱，“也许这本书对我说来没有什么新东西”，但“我的理论良心不允许我不读这本书就写下去”。② 保尔·拉法格在《忆马克思》一文中说：“为了写《资本论》中关于英国劳工法的 20 多页文章，他曾把整个图书馆里载有英国与苏格兰调查委员会和工厂视察员报告的蓝皮书都研究过。”③ 为了写地租问题，马克思曾向英国著名化学家肖莱马请教一系列问题，马克思在写给恩格斯的信中说：“我想向肖莱马打听一下，最近出版的有关农业化学的书籍（德文的）哪一本最新最好？此外，矿肥派和氮肥派之争现在进行得怎样了？（从我最近一次研究这个问题以来，德国出版了许多新东西。）他对近来反对李比希的土壤贫瘠论的那些德国作者的情况了解点什么吗？他知道慕尼黑农学家弗腊斯（慕尼黑大学教授）的冲积土论吗？为了写地租这一章，我至少要对这个问题的最新资料有所熟悉。”④ 马克思“总是要把直到最后一天的所有材料都搜集齐全”，从而“单是俄国统计学方面的书籍就有两个多立方米”⑤。为了阅读这些俄文书籍，已经 50 多岁的马克思又攻读起俄文来，马克思说：“1870 年初我开始自学俄语，现在我可以相当自如地阅读了。……成绩是要付出努力才取得的，像我这样年纪的人，为了学会一种与古典语、日耳曼语和罗曼语截然不同的语言，是要下一番功夫的。”⑥

马克思对自己的作品严格要求，精益求精。《政治经济学批判》第 1 分册手稿在 1858

---

① 马克思写于 1851 年 4 月 3 日的信，《马克思恩格斯全集》第 27 卷第 252 页。

② 马克思写于 1858 年 5 月 31 日，《马克思恩格斯全集》第 29 卷第 316 页。

③ 《回忆马克思恩格斯》1973 年版第 12 页。

④ 马克思写于 1868 年 1 月 3 日，《马克思恩格斯全集》第 32 卷第 5— 6 页。

⑤ 恩格斯写给弗·阿·左尔格的信（1883 年 6 月 29 日），《马克思恩格斯全集》第 36 卷第 47 页。

⑥ 马克思写给齐·迈耶尔的信（1871 年 1 月 21 日），《马克思恩格斯全集》第 33 卷第 177—178 页。

年3月就已经写完了，由于在写作过程中受到肝病的影响，在文体上不够满意，马克思决定推迟寄出手稿。马克思说："我必须对党负责，不让这东西受肝病期间出现的那种低沉的呆板的笔调所损害。"① 尽管手稿已写好了，"但是有时为了推敲几个句子，仍然一坐就是几个小时"②。马克思写作时是那样的聚精会神，"他常常忘记了他的烟斗或雪茄，不得不老去点它，因而在短得令人难以相信的时间内就用完了一盒火柴"③。

由于各种干扰，马克思的写作时断时续，每次恢复写作时，一切都得重新开始。马克思说："我还有这样一个特点：要是隔一个月重看自己所写的一些东西，就会感到不满意，于是又得全部改写。"④

马克思的《资本论》写作长期拖延的一个重要原因是马克思对待自己的写作"过于谨严"⑤。

2. 不怕困难

马克思在《资本论》法文版序言中，针对法国读者总是急于追求结论、渴望知道一般原则同他们直接关心的问题的联系这样一个缺点写道："在科学上没有平坦的大道，只有不畏劳苦沿着陡峭山路攀登的人，才有希望达到光辉的顶点。"⑥ 马克思自己就为我们树立了光辉的典范。

马克思是异常勤奋的，在搜集资料时，马克思整天都是在图书馆里度过，以至于在他坐过的座椅前地下，留下很深的脚印。资料搜集好后，就在家里写作，经常通宵达旦地工作。保尔·拉法格回忆说："虽然他睡得很晚，但他总是每天早晨八九点钟就起床。喝完一杯黑咖啡和读过报纸之后，就到自己的书房去，一直工作到深夜两三点钟。只是在吃饭和傍晚（当天气好的时候）到汉普斯泰特荒阜去散步的时候才休息一会，中午他在沙发上睡一两个钟头。马克思在年轻时就习惯通宵工作。""工作变成了马克思的一种癖好，他是如此地专心工作，以致废寝忘食。他常常要被呼唤好几遍才下楼到餐室去，而且几乎不等咽下最后一口饭就又回他的书房去了。"⑦ 马克思经常白天去图书馆，夜晚在家写作，他说："就像1848—1850年英国狗厂主把'换班制度'用在同一些工人身上一样，我也把这个制度用在自己的身上。"⑧ 马克思经常说，"我们在为争取8小时工作制而斗争，可是我们自己的工作时间却往往两倍于此"⑨。工作紧张时，连信也顾不得写了，马克思曾告诉恩格斯说："整整一星期以来，我每天一起床，总是下定决心要给你写信，……可是我一进工作室就原谅自己的良心说，只想在昨天所写的稿子上添加6行。"⑩ 结果，添了6行又6行，信又未写成。马克思风趣地引用席勒在《皮柯乐米尼松父子》一剧中第5幕第1场中的一句话，"坏事之可怕，还在于它必然继续产生坏事"。

马克思在写作上的伟大成就，是由于马克思40年来如一日，献身于无产阶级革命事

---

① 马克思写给斐·拉萨尔的信（1858年11月12日），《马克思恩格斯全集》第29卷第546页。
② 马克思写给恩格斯的信（1858年9月21日），《马克思恩格斯全集》第29卷第341页。
③ 保尔·拉法格：《忆马克思》，《回忆马克思恩格斯》1973年版第3页。
④ 马克思写给斐·拉萨尔的信（1862年4月28日），《马克思恩格斯全集》第30卷第617页。
⑤ 恩格斯写给马克思的信（1860年1月31日），《马克思恩格斯全集》第30卷第15页。
⑥ 《资本论》第1卷第24页。
⑦ 《忆马克思》，《回忆马克思恩格斯》1973年版第7页。
⑧ 马克思写给恩格斯的信（1866年2月13日），《马克思恩格斯全集》第31卷第181页。
⑨ 参见《回忆马克思恩格斯》1973年版第121页。
⑩ 马克思写于1863年8月15日的信，《马克思恩格斯全集》第30卷第363页。

业，勤奋学习，努力工作的结果。马克思曾讽刺说："民主派的'头脑简单的人们'靠'从天上'掉下来的灵感，当然不需要下这样的工夫。这些幸运儿为什么要用钻研经济和历史资料来折磨自己呢？因为正如可尊敬的维利希所常对我说的，这一切都是这样简单。一切都这样简单！不错，在这些空洞无物的脑瓜里确是如此！真是些头脑简单的人！"①

马克思在从事政治经济学的研究与写作过程中遇到极大的困难，首先是生活贫困，马克思经常为谋生而奔走或写其他稿件，还要与许多债主周旋，消耗了大量精力。由于生活贫困和写作任务过重，马克思的身体健康状况越来越差。此外，还要忙于繁重的国际事务，以及受到各国反动政府的迫害。面对重重困难，马克思并不气馁退却，而是迎难而上。对于政治经济学的研究与写作，马克思曾经说过，"哪怕是整个房子塌下来压在我的头上也要完成"②。40年来，马克思就是这样去做的。

（1）马克思在贫困压力下不屈服。

马克思的一生是贫困的一生。马克思经常靠赊账和借债度日，当铺是马克思一家经常出入的地方，各种店铺都是马克思的债主，马克思的家多次受到饿狼般的债主们的包围，受到债主们要去法院控告的威胁，英国的评价员访问过马克思。曾因交不起房租，马克思全家财产被查封，一家人流落街头。马克思有两个男孩和一个女孩，因缺吃少穿，有病无钱治疗，终于顶不住贫病的袭击，在人世间挣扎了几年甚至一年就死去了。马克思是研究货币的，但是自己却经常囊空如洗，一文不名。马克思把自己比作"穷得像教堂里的老鼠"。1868年4月30日，差几天就50岁的马克思，在写给恩格斯的信中感叹说："苦干半个世纪了，可还是一个穷叫化子！"③

但是，马克思并没有为贫困的压力所屈服，他"白天为糊口而工作，夜里则为完成他的政治经济学而工作"④。1858年春，马克思的肝病、胆病连续发作，已不能动脑写字，但为了给《纽约每日论坛报》写文章取得一点稿费，马克思服用烈性兴奋剂，然后口授文章内容。

马克思曾写信告诉约·魏德迈这样一件事：人们在伦敦和维也纳向他提供收入极其可观的工作，但被他拒绝了。马克思说："我必须不惜任何代价走向自己的目标，不允许资产阶级社会把我变成制造金钱的机器。"⑤ 马克思坚定地说："我已经把我的全部财产献给了革命斗争。我对此一点不感到懊悔。相反地，要是我重新开始生命的历程，我仍然会这样做，只是我不再结婚了。"⑥

（2）马克思为写作《资本论》牺牲自己身体的健康。

马克思早年患有肝病，但是得不到充分的治疗与休息，白天忙于谋生，夜晚则忙于政治经济学的研究与写作。1858年2月22日马克思在写给斐·拉萨尔的信中说："我并不是我的时间的主人，而宁可说是它的奴隶。给我自己留下的仅仅是夜里的时间，而肝病的经常侵袭和复发，又使这种夜间工作受到妨碍。"⑦

---

① 马克思写给约·魏德迈的信（1851年6月27日），《马克思恩格斯全集》第27卷第582页。
② 马克思写给恩格斯的信（1858年1月5日），《马克思恩格斯全集》第29卷第241页。
③ 《马克思恩格斯全集》第32卷第76页。
④ 燕妮·马克思写给康·施拉姆的信（1857年12月8日），《马克思恩格斯全集》第29卷第632页。
⑤ 马克思写给约·魏德迈的信（1859年2月1日），《马克思恩格斯全集》第29卷第550—551页。
⑥ 马克思写给保尔·拉法格的信（1866年8月13日），《马克思恩格斯全集》第31卷第521页。
⑦ 《马克思恩格斯全集》第29卷第530—531页。

由于长期贫困和过度劳累，从1863年10月开始，马克思又患了痈病，健康状况恶化。但是马克思仍不顾自己的身体健康，日夜苦战，甚至“像匹马一样地工作着”①，《资本论》的有些篇章竟然“是在痈的折磨和债主每天登门逼债的情况下写成的”②。身体越是差，马克思却更是加紧写作。1867年4月30日马克思说：“我一直在坟墓的边缘徘徊。因此，我不得不利用我还能工作的每时每刻来完成我的著作，为了它，我已经牺牲了我的健康、幸福和家庭。……如果我没有全部完成我的这部书（至少是写成草稿）就死去的话，我的确会认为自己是不实际的。”③

1874年8月初，马克思的肝病发作得很厉害，但是马克思仍然非常不愿意遵照医嘱到卡尔斯巴德疗养，只是医生保证说疗养回来后可以完全恢复工作能力，才勉强同意去疗养。

（3）马克思在忙于写作《资本论》的同时，积极参加国际的领导工作。

紧张的写作任务并没有使马克思放弃参加社会上的政治斗争，马克思认为：“如果一个有学问的人不愿意自己堕落，就决不应该不积极参加社会活动，不应该整年整月地把自己关在书斋或实验室里，像一条藏在乳酪里的蛆虫一样，逃避生活，逃避同时代人的社会斗争和政治斗争。”④ 自从1864年国际工人协会成立以后，马克思的社会活动更是繁重了。要参加各种会议，起草宣言，了解各国工人运动情况，与各国社会主义者通讯联系，接待与安排巴黎公社流亡者。马克思所有空余时间都忙于国际的事务，有时甚至全部时间都被国际的事务占去了。在法国巴黎公社革命前后，受到贫困与肝病袭击的马克思“不管是白天或者是黑夜，连一分钟也不得安宁”⑤，“从来不能在夜里3点钟以前睡觉”⑥。1871年1月21日马克思在写给齐·迈耶尔的信中说：“最近几个月来，我的健康又处于令人厌恶的状况，但是，谁能面对这样伟大的历史事件而去考虑诸如此类的小事呢！”⑦

3. 坚持真理

马克思在《政治经济学批判》序言中说：“在科学的入口处，正像在地狱的入口处一样，必须提出这样的要求：‘这里必须根绝一切犹豫；这里任何怯懦都无济于事。’”⑧ 在《资本论》第1卷第1版序言中又说：“任何的科学批评的意见我都是欢迎的。而对于我从来就不让步的所谓舆论的偏见，我仍然遵守伟大的佛罗伦萨人的格言：‘走你的路，让人们去说罢！’”⑨ 马克思在这两段话中所引的诗歌，都出自但丁的《神曲》。

马克思和恩格斯都坚决反对搞调和或混合的折中主义，恩格斯在一封信里曾经深刻地揭露了折中主义的本质与危害性。他说：“在英国和美国，同在法国和德国一样，在无产阶级运动的压力下，资产阶级经济学家几乎无一例外地都涂上一层讲坛社会主义的博爱主义色彩，而且到处盛行着无批判的、善意的折中主义，那是一种柔软的、可塑的、粘质状

---

① 马克思写给恩格斯的信（1865年5月20日），《马克思恩格斯全集》第31卷第124页。

② 马克思写给恩格斯的信（1867年8月24日），《马克思恩格斯全集》第31卷第331页。

③ 马克思写给齐·迈耶尔的信，《马克思恩格斯全集》第31卷第543—544页。

④ 参见《回忆马克思恩格斯》1973年版第2页。

⑤ 燕妮·马克思（女儿）写给威·李卜克内西的信（1872年5月26日），《马克思恩格斯全集》第33卷第684页。

⑥ 马克思写给路·库格曼的信（1870年9月14日），《马克思恩格斯全集》第33卷第156页。

⑦ 《马克思恩格斯全集》第33卷第177页。

⑧ 《马克思恩格斯全集》第2版第31卷第415页。

⑨ 《资本论》第1卷第13页。

的动物胶，可以捏成任何一种形状，也正因为如此，它是培养钻营之徒的极好培养基，如同真正的动物胶繁殖细菌一模一样。这种使人萎靡不振、动摇不定、糊里糊涂的思想方式的影响，至少在德国和一部分在美国的德国人中间，甚至在我们党内，都感觉得到，在我们党的周围极为流行。"①

4. 明确目的

马克思在研究与写作《资本论》时严肃认真，不怕困难，坚持真理，是由马克思明确的目的性决定的。马克思是为了"在理论方面给资产阶级一个使它永远翻不了身的打击"②，而去研究与写作《资本论》的，正是在这样一个认识基础上，马克思一丝不苟，严肃认真地对待自己的工作，正是有了这样一个强大的动力，马克思才能做到不怕任何艰难险阻，坚持真理，勇往直前。

二、学习《资本论》的方法

什么是学习《资本论》的正确方法呢？

1. 要以唯物辩证法和唯物史观为指导

唯物辩证法和唯物史观是马克思研究与写作《资本论》的理论基础与基本方法，也是我们学习《资本论》的必要的理论准备与指导方法。马克思在从事政治经济学的研究之前，首先创建了唯物辩证法和唯物史观，为政治经济学的研究与写作做好了准备。我们在学习《资本论》之前，先学习一点马克思主义的哲学，也是十分必要的准备。

2. 研究原著，坚持自学

1884年8月6日，格·亨·福尔马尔给恩格斯写了一封信，询问他的一个女朋友进哪所高等院校学习社会科学最理想。恩格斯回答说："您向我提出的问题很难回答，或者只能做否定的回答。今天，在世界上所有的大学里，没有一门科学比经济学被糟蹋得更厉害。……在这种情况下，我看不出各种各样高等学校之间有任何本质上的区别。最主要的是，认真自学从重农学派和斯密到李嘉图及其学派的古典经济学，还有空想主义者圣西门、傅立叶和欧文的著作，以及马克思的著作，同时要不断地努力得出自己的见解。我认为，您的女朋友会研究原著本身，不会让一些简述读物和别的第二手资料引入迷途。为了便于了解经济状况本身，马克思在《资本论》中指出了最重要的资料。如何利用各国的官方统计材料，如何判断其中哪些有用，哪些无用，这一点最好是通过研究和比较来掌握。其实自学越深入下去，就越能找到最好的门径，知道下一步该怎么学了，不过要有个前提，就是从真正古典的书籍学起，而不是从那些最要不得的德国经济学简述读物或这些读物的作者的讲稿学起。"③

在共产党领导的社会主义国家中，高等院校的性质发生了根本的变化，但是恩格斯关于坚持自学和研究原著的意见仍然是正确的。而且，不幸的是，近些年来，以新自由主义为核心内容的西方经济学在我国已经被不少人看作是主流经济学。马克思主义经济学被边缘化，恩格斯上述"世界上所有的大学"中存在的问题，已包括今天的社会主义中国在内。学习《资本论》，就是坚持自学《资本论》原著和有关原著，而不是依靠什么《资本

① 恩格斯写给格·亨·福尔马尔的信（1884年8月13日），《马克思恩格斯全集》第36卷第200页。
② 马克思写给卡·克林格斯的信（1864年10月4日），《马克思恩格斯全集》第31卷第425页。
③ 恩格斯写给格·亨·福尔马尔的信（1884年8月13日），《马克思恩格斯全集》第36卷第199—200页。

论》入门之类的第二手资料。恩格斯还指出过："一个人如果想研究科学问题，首先要学会按照作者写作的原样去阅读自己要加以利用的著作，并且首先不要读出原著中没有的东西。"①

3. 要完整地准确地理解和运用《资本论》，深入实际生活，进行调查研究

恩格斯指出："把马克思的话同上下文割裂开来，就必然会造成误解或把很多东西弄得不大清楚。"② 恩格斯批评了《〈资本论〉简述》的作者杰维尔"把马克思认为只在一定条件下起作用的一些原理解释成绝对的原理"③，还批评了"有些自命为正统的马克思主义者的人，把我们运动的思想变成必须背熟的僵死教条"④，"认为只要把它背得烂熟，就足以应付一切。对他们来说，这是教条，而不是行动的指南"⑤。马克思以英国为典型，搜集了大量英国资本主义的调查材料和各种文件，批判地继承了古典政治经济学，写出了宏伟的经济学著作《资本论》，从理论上对资本主义生产方式和经济关系作了系统的科学论述，为我们树立了光辉榜样。

4. 掌握重点

恩格斯在评论杰维尔写的一本简述《资本论》的通俗小册子时，批评的内容之一就是"他把全部内容都原原本本地叙述一遍，其中有些东西是马克思为了科学研究的完整性而写的，对于理解剩余价值理论以及由此得出的结论（而这对简述才是重要的）并不是必要的，如货币流通量等等就是如此"⑥。

恩格斯还曾写信给正在狱中的维·阿德勒，具体指导如何掌握重点和难点去学习《资本论》第2、3卷。信中最后说："如果你按照这个办法把主要的东西弄通，次要的东西开头先粗略地读一遍（最好先把第1卷中主要的东西再读一遍），那你就会对全书有一个概貌，以后再钻研那些被忽略的地方也就比较容易了。"⑦

① 《资本论》第3卷序言，《资本论》第3卷第26页。
② 恩格斯写给劳拉·拉法格的信（1883年10月3日），《马克思恩格斯全集》第36卷第67页。
③ 恩格斯写给卡·考茨基的信（1884年2月4日），《马克思恩格斯全集》第36卷第98页。
④ 恩格斯写给弗·阿·左尔格的信（1891年6月10日），《马克思恩格斯全集》第38卷第106页。
⑤ 恩格斯写给弗·阿·左尔格的信（1886年11月29日），《马克思恩格斯全集》第36卷第566页。
⑥ 恩格斯写给卡·考茨基的信（1884年1月9日），《马克思恩格斯全集》第36卷第83页。
⑦ 恩格斯写于1895年3月16日，《马克思恩格斯全集》第39卷第415页。

附　录
马克思劳动力商品学说的建立与发展

马克思的劳动力商品学说是在1857—1858年经济学手稿中建立起来的，它主要包括以下四点内容：①对劳动和劳动力的区分；②劳动力商品的二因素及其特点；③劳动力成为商品的条件及重大意义；④工资的本质。在随后的1861—1863年经济学手稿中及1867年出版的《资本论》第1卷和以后各卷中，对这一学说又有了重大发展。

一、对劳动和劳动力的区分

工人向资本家出卖的是自己的劳动力，而不是劳动，这是“牵涉到全部政治经济学中一个极重要的问题”①。

古典政治经济学认为工人向资本家出卖的是自己的劳动，毫无批判地从日常生活中借用了“劳动的价格”这个范畴，认为这个所谓劳动商品的价格也和其他商品的价格一样，区分为随供求关系变化的市场价格和支配这一市场价格的“自然价格”（亚当·斯密）或“必要价格”（重农学派），并且还由劳动的“自然价格”或“必要价格”上引出“劳动的价值”，因为劳动的“自然价格”或“必要价格”只能是用货币表现的劳动的价值。由于古典政治经济学采用了“劳动的价格”、“劳动的价值”等范畴，使自己陷入了无法解脱的混乱和矛盾之中，具体表现在这样两点上：一点是同义反复，逻辑上混乱。因为如果说劳动有价值的话，一个12小时的劳动，它的价值究竟是多少呢？回答只能是包含有12小时劳动的价值，这是“在一个圈子里打转”②，什么问题也说明不了。其次，如果说劳动也有价值，同一个12小时的工人劳动，将会有两个极不相同的价值。一个是工人在12小时内新创造的价值，另一个是工人作为12小时劳动的等价物而得到的以工资形式表现的价值，前者大于后者。我们可以假定前者为6先令，后者为3先令，同一个劳动商品，竟然会有两个价值。如果劳动商品的价值是前者，资本家将会丧失剩余价值，资本也就不成其为资本；如果劳动商品的价值是后者，就会否定古典经济学家所说的商品价值是由生产该商品所必需的劳动量决定，从而动摇古典政治经济学的理论基础。

恩格斯指出：“古典经济学的最后一个分支——李嘉图学派，多半是由于不能解决这个矛盾而遭到了破产。古典经济学走入了绝境。从这种绝境中找到出路的那个人就是卡尔·马克思。”③

马克思是在1843年到了巴黎之后开始研究政治经济学的，在一个很长的时期内，和

---

① 恩格斯：《雇佣劳动与资本》导言，《马克思恩格斯选集》第1卷第322页。
② 恩格斯：《雇佣劳动与资本》导言，《马克思恩格斯选集》第1卷第324页。
③ 恩格斯：《雇佣劳动与资本》导言，《马克思恩格斯全集》第1卷第326页。

古典政治经济学家一样，没有认识到工人向资本家出卖的是劳动力，而不是劳动。在1847年7月发表的《哲学的贫困》一书中，马克思认为："劳动本身就是商品，它是作为商品由生产劳动这种商品所必需的劳动时间来衡量的。"① 在1849年发表的《雇佣劳动与资本》这部著作中，马克思认为工人是向资本家出卖自己的劳动，劳动是一种商品，是和砂糖一模一样的商品，因而也和砂糖的价格一样，有所谓劳动的价格，而工资就是这种劳动价格的特种名称。马克思和古典政治经济学一样试图回答决定劳动价格的生产费用，劳动的生产费用是无法回答的，于是马克思又和古典政治经济学家一样，把劳动的生产费用这一问题转换成工人的生产费用。

《雇佣劳动与资本》一书发表后不久，马克思到伦敦定居，在一个长期的研究过程中，逐渐认识到工人向资本家出卖的不是劳动，而是劳动力。劳动不是商品，本身没有价值与价格，工资表现为劳动的价格，实际上是劳动力的价值。1857—1858年经济学手稿的写作反映出马克思在这一问题认识上的重大转折。

在1857—1858年经济学手稿中，最先引人注目的是第二个笔记本第19页上的一段话："工人要向资本提供的使用价值，也就是工人要向他人提供的使用价值，并不是物化在产品中的，它根本不存在于工人之外，因此不是现实地存在，而只是在可能性上，作为工人的能力存在。"② 这段话表明，马克思已经认识到，工人向资本家出卖的所谓劳动，就其内容来看，就是工人的能力，也就是劳动能力或劳动力。

在《雇佣劳动与资本》一书中，已经出现过"劳动能力"这一范畴，马克思在那本书中指出了"除劳动能力以外一无所有的阶级的存在是资本的必要前提"③。区别在于：在《雇佣劳动与资本》一书中出现的这个劳动能力，和我们通常所说的劳动是没有区别的，从紧连"劳动能力"这个范畴的前后文来看，马克思所说的劳动能力指的就是"直接的、活的劳动"。而在1857—1858年经济学手稿的第二个笔记本的那段话中，虽然也把工人的能力看作是一种劳动，但这里所说的劳动已不是普通意义上的劳动；而是"作为工人的能力存在"，作为可能性存在的劳动，它既不是物化劳动，也不是活劳动。因此，在《雇佣劳动与资本》中，当马克思说工人出卖劳动能力时，实际上指的却是工人出卖劳动，而在1857—1858年经济学手稿中，当马克思说工人出卖劳动时，指的却是工人的劳动能力。在1857—1858年经济学手稿第二个笔记本中，马克思实际上已经区分了劳动与劳动力。

在区分劳动与劳动力的基础上，马克思紧接着就分析了资本和劳动交换所经历的两个不仅在形式上，而且在性质上不同的、甚至相互对立的过程，根据古典政治经济学提出的商品价值取决于必要劳动量的原理，科学地回答了剩余价值生产问题。古典政治经济学由于不能区分劳动与劳动力，面临着在等价交换基础上出现的价值增殖，陷入了困境。对于这一问题，马克思是这样解决的：资本家向工人购买的是工人的劳动能力，假定它是根据物化在劳动能力中的必要劳动量进行交换，这种交换一开始就是在形式上进行的，因为资本家在购买劳动能力时没有对工人进行支付。资本家购买了劳动能力之后，转入生产过程，由于劳动能力具有使资本得以保存和增殖的特殊的使用价值，创造出的价值大于劳动

① 《马克思恩格斯全集》第4卷第94页。

② 《马克思恩格斯全集》第2版第30卷第223—224页。

③ 《马克思恩格斯全集》第1卷第346页。

能力的价值，使超出的部分作为剩余价值被资本家无偿占有，这里不存在什么交换关系。在生产过程中，资本家即使根据劳动能力的价值以工资的形式支付给工人，从而完成资本与劳动能力的交换，这种等价物的交换也只是形式上的，事实上却是等价物的扬弃。

尽管马克思在实际上已经区分了劳动与劳动力，但由于仍沿袭古典政治经济学关于工人出卖劳动的说法，从而不能彻底摆脱在这一问题上的混乱。例如：

（1）同一个劳动有两个不同的价值。在第三个笔记本第 14 页上，马克思指出劳动的价值“是由生产费用，即生产出工人的劳动能力所需的对象化劳动量决定的”①，这是相当于产品价值中 v 的部分。但是，接着在这一笔记本的第 17 页上，马克思却又指出“产品的价值 = 原料的价值 + 劳动工具已被消耗的部分的、即已转移到产品上的、扬弃了其原来形式的那一部分的价值 + 劳动的价值”②。很明显，这里的劳动的价值不仅仅是产品价值中的 v，而是 v + m 了。

（2）用考察工人的价值替代考察劳动的生产费用。和古典政治经济学一样，马克思认为商品的价值是由它的生产费用决定的，劳动商品的价值就是由劳动的生产费用决定的，既然劳动的价值不是有一个，而是有两个，劳动的生产费用就成为不能确定的量了。古典政治经济学为此不得不避开劳动的生产费用，而去考察工人的生产费用，马克思也不能不避开劳动的生产费用，而去考察“工人的价值”，提出的问题是劳动的价值，回答的却是工人的价值，这是不合逻辑的。而且，正如马克思自己在第二个笔记本第 28 页上所说的：“作为奴隶，劳动者具有交换价值，具有价值；作为自由工人，他没有价值；……工人没有价值和丧失价值，是资本的前提和自由劳动的条件。”③ 因而“工人的价值”这一说法也是不科学的。

从以上两个例子看，马克思当时还未能完全摆脱古典政治经济学中发生的混乱。不同的是，马克思在实际上已经区分了劳动与劳动力。马克思所说的劳动的生产费用指的就是劳动能力的生产费用。

在第六个及第七个笔记本所写的提要和《政治经济学批判》第 1 分册第 3 章开头部分写的片断中，马克思在对劳动与劳动力的区分上有了新的进展：

第一，在此以前，马克思总是说资本和劳动的交换，有时还说“资本换进的这种劳动是活劳动”④，现在明确提出：“资本和劳动之间的交换，不是货币和劳动之间的交换，而是货币和活的劳动能力之间的交换。”⑤“资本家换得的是劳动能力”⑥，而不是活劳动。并且再三强调这一点。

第二，阐明了劳动能力与活劳动的关系，分析了劳动能力这一商品的价值与使用价值。马克思指出：“劳动能力不等于它能进行的活劳动，不等于它能完成的劳动量——这是它的使用价值。劳动能力等于它必须用来生产自己和能再生产自己的那个劳动量。因此，产品实际所交换的，不是活劳动，而是对象化劳动，是对象化在劳动能力中的劳

---

① 《马克思恩格斯全集》第 2 版第 30 卷第 265—266 页。
② 《马克思恩格斯全集》第 2 版第 30 卷第 272 页。
③ 《马克思恩格斯全集》第 2 版第 30 卷第 249 页。
④ 《马克思恩格斯全集》第 2 版第 30 卷第 266 页。
⑤ 《马克思恩格斯全集》第 2 版第 31 卷第 399 页。
⑥ 《马克思恩格斯全集》第 2 版第 30 卷第 560 页。

动。"[①] 在此以前，马克思虽也说过"工人拿劳动作为使用价值来同资本交换"[②]，但那时说的是劳动这一商品对于购买者来说，表现为使用价值，也就是作为使用价值出现在购买者面前的劳动商品，和现在说的活劳动是劳动能力这一商品的使用价值不是一回事。由于马克思现在阐明了劳动能力与活劳动的关系，也就进一步区分了劳动与劳动力。马克思在他的笔记本的提要中明确指出，现在谈的内容是"劳动同劳动能力的区别"[③]。

第三，早先，马克思是采用古典政治经济学关于工人向资本家出卖劳动、资本与活劳动相交换、劳动是商品、劳动的价值以及劳动的价格等说法的。在第二个笔记本中，马克思指出，工人向资本家出卖的劳动是在可能性上存在的工人能力，它不存在于工人之外，因而工人向资本家出卖的既不是活劳动，也不是物化劳动。从而对工人向资本家出卖劳动的说法作出了新的解释，否定了古典政治经济学关于资本与活劳动交换的说法。现在，马克思又进一步直接点名批评了古典政治经济学的错误观点，马克思指出："由于李嘉图让资本家同活劳动相交换，——因而立即进入生产过程，——在他的体系里就留下了无法解决的二律背反：一定量的活劳动不等于这一劳动所创造的、这一劳动客体化在其中的商品，虽然商品的价值等于它所包含的劳动量。"[④]

第四，不仅指出劳动能力成为商品是货币转化为资本的条件，而且阐明了劳动能力成为商品的两个条件，这两个条件是："第一，工人作为自由的所有者支配自己的劳动能力，他把劳动能力当作商品；……第二，……他的劳动的物的条件，是作为他人的财产，作为在流通中处于另一方，处于他自身之外的商品而存在。"[⑤]

但是，马克思这时仍未能彻底摆脱古典政治经济学关于工人向资本家出卖劳动这一说法的束缚，他始终没有否定古典政治经济学"劳动的价值"、"劳动的价格"、"劳动商品"等用语，他不是用劳动能力价值的说法去代替劳动的价值的说法，而是用物化在劳动能力中的劳动的价值和古典政治经济学活的劳动的价值相对立。表现为马克思的劳动商品理论和古典政治经济学的劳动商品理论相对立。因而在他的 1857—1858 年经济学手稿中，劳动能力的价值和劳动的价值两种不同的说法交替出现，这就不可避免地引起一定的混乱。在他的第六个笔记本及以后的部分，这种混乱主要表现在以下两点上：

第一，在工资问题上，马克思先是说"工资当然表现活劳动能力的价值"[⑥]，但紧接着却又说"工资是必要劳动的价格"[⑦]，还不断重复说工资是"劳动的价值"。

第二，作为商品出现的究竟是劳动还是劳动力，在他的第六个笔记本中说是"劳动能力作为商品"[⑧]，而在他的《政治经济学批判》第 1 分册第 3 章开头部分的初稿片断中，却又说劳动是商品。马克思说："使货币变成资本的交换，不可能是货币同［普通］商品的交换，而只能是货币同它的概念上特定的对立物，即同那种与它本身处于概念上特定的对立之中的商品进行交换——这种商品就是劳动。"[⑨]

概括以上的分析，可以说，在 1857—1858 年的经济学手稿中，马克思的劳动力商品

---

① 《马克思恩格斯全集》第 2 版第 30 卷第 578 页。
② 《马克思恩格斯全集》第 2 版第 30 卷第 265 页。
③ 《马克思恩格斯全集》第 2 版第 31 卷第 615 页。
④ 《马克思恩格斯全集》第 2 版第 30 卷第 560 页。
⑤ 《马克思恩格斯全集》第 2 版第 31 卷第 398 页。
⑥⑦ 《马克思恩格斯全集》第 2 版第 30 卷第 571 页。
⑧ 《马克思恩格斯全集》第 2 版第 31 卷第 69 页。
⑨ 《马克思恩格斯全集》第 2 版第 31 卷第 396 页。

学说的主要进展是：对古典政治经济学提出的工人向资本家出卖劳动的说法作出了新的解释，明确提出资本家换得的是劳动能力，否定了古典政治经济学所说的资本是和活劳动相交换，建立起自己的劳动力商品学说，实际上区分了劳动与劳动力。但是，马克思未能彻底摆脱古典政治经济学的束缚，继续采用了"劳动商品"、"劳动的价值"、"劳动的价格"等习惯用语，从而不能完全消除在这一问题上引起的混乱，影响了自己完整建立劳动力商品的学说以及工资理论。

1857—1858 年经济学手稿已经为马克思的劳动力商品学说奠定了牢固的基础，使他能够在 60 年代彻底区分开劳动与劳动力，完整地建立起劳动力商品学说以及与此相联系的工资理论。

在 1861—1863 年经济学手稿中，马克思最终摆脱了古典政治经济学的束缚，彻底区分了劳动与劳动力，这一进展主要表现在以下三个方面。

（1）不仅从内容上，还从用词上，完全否定了资本与劳动相交换、劳动的价值或价格等说法。

在 1857—1858 年经济学手稿中，马克思虽然再三指出资本是和劳动力相交换，而不是和活劳动相交换，指出"劳动能力作为商品"①，但是，马克思在提出劳动力商品、劳动力价值或价格概念的同时，也同时使用劳动商品、劳动的价值、劳动的价格等用语。尽管马克思对这些用语作出了新的解释，赋予了新的含义，但对这些用语本身并不加以否定。对劳动与劳动力的用语问题，不是无足轻重的小事情，恩格斯指出："这里并不是单纯的咬文嚼字，而是牵涉到全部政治经济学中一个极重要的问题。"②

在 1861—1863 年经济学手稿中，马克思进一步注意到劳动商品、劳动的价值或价格这些用语本身的问题，他不仅一方面指明工人作为商品出卖的是劳动力，另一方面又同时强调指出工人出卖的不是劳动。请看下面几段话：

"必须明确指出：工人在流通范围内，在市场上提供出售的商品，即他不得不出售的商品，是他自己的劳动能力……"③

"工人作为商品出卖的不是他的劳动，……而是他的劳动能力……"④

"直到现在，我们始终没有说过劳动的价值，而只说过劳动力的价值，……劳动的价值，价格是与价值概念直接矛盾的特殊表现。"⑤

"实际上，被带到市场上去的不是劳动，而是工人。工人卖给资本家的不是他的劳动，而是对他自身作为劳动力的暂时使用权。"⑥

"被出卖的商品的价值不是劳动的价值（一个不合理的用语），而是劳动能力的价值……"⑦

这些话表明，马克思不仅从内容上，而且从用语本身上，对劳动商品、劳动价值或价格进行了否定，因而彻底划清了劳动与劳动力的界线，使马克思的劳动力商品学说不仅具有一个科学的内容，而且具有一个科学的表现形式。

---

① 《马克思恩格斯全集》第 2 版第 31 卷第 396 页。
② 《雇佣劳动与资本》导言，《马克思恩格斯选集》第 1 卷第 322 页。
③ 《马克思恩格斯全集》第 2 版第 32 卷第 57 页。
④ 《马克思恩格斯全集》第 2 版第 32 卷第 123 页。
⑤ 《马克思恩格斯全集》第 47 卷第 614—615 页。
⑥ 《剩余价值理论》第 3 分册第 121 页。
⑦ 《马克思恩格斯全集》第 48 卷第 49 页。

（2）对古典政治经济学关于资本与工人活劳动相交换的观点进行了彻底的批评。

在1861—1863年经济学手稿中，马克思不再是对古典政治经济学关于工人向资本家出卖劳动、劳动的价值、劳动的价格等说法作出新的解释，赋予新的含义，而是对这些说法本身完全加以否定。

马克思指出："李嘉图认为资本直接购买劳动，也就是说，他直接谈论劳动的价值，而实际上，被买卖的是劳动能力——它本身是一种产品——的暂时使用权。"① 为什么资本家购买的是劳动力而不是劳动呢？马克思进行了具体的分析：

第一，马克思在评论赛·贝利对李嘉图关于资本家购买工人劳动说法的批评时指出："在这一论战中唯一正确的地方，是指出了这样一点，即在李嘉图看来，资本家用他的货币直接购买的是劳动，而不是对劳动能力的支配权。劳动本身不直接是商品，因为商品必须是对象化的，耗费在使用价值中的劳动。"② 这就是说，在劳动力市场上，劳动存在于工人的身体之中，尚未离开工人而物化在产品中。即使在生产过程中，劳动离开工人身体而以活劳动形式表现出来，由于劳动仍未物化在产品中，这不仅对于工人来说，不可能再把劳动作为商品出卖，即使对于资本家来说，也不能把劳动作为商品来购买或出卖，劳动"总是作为劳动过程的结果才是商品"③，但是这时的商品已属于资本家所有，工人无权再把它出卖。

第二，工人如果把劳动作为商品出卖，那么劳动的价值又是怎样决定的呢？假定工人一天劳动12小时，那么12小时劳动的价值就是由12小时劳动决定，这是同义反复。马克思说："如果谈论包含在某一数量活劳动中的劳动的量，或者谈论，例如，12小时劳动由12小时劳动决定，那就是愚蠢的。"④

第三，谈论所谓劳动的价值，还会陷入自我消灭的矛盾中。我们假定工人一天劳动12小时创造的价值为6先令，而工资是3先令，那么所谓的劳动的价值究竟是6先令还是3先令？如果按照价值规律的要求，应该是6先令，但是这样一来，资本家就得不到剩余价值，资本主义生产方式便不能生存。资本家为了取得剩余价值，对劳动的价值只支付3先令，这样一来，资本主义生产方式得以生存，但却违反了价值规律，"因为商品交换的规律是与较多的劳动量同较少的劳动量的直接交换相矛盾的"⑤。古典政治经济学在这个问题上被难倒了。亚当·斯密发现了这个矛盾，"无论如何，亚当·斯密感到，从决定商品交换的规律中很难引申出资本和劳动之间的交换，后者似乎是建立在完全对立和矛盾的原则上的"⑥。但是，由于他不能区分劳动与劳动力，因而无法解决这一矛盾。为了说明剩余价值的生产，亚当·斯密否定了价值规律在资本主义社会中的支配作用，认为价值规律只是适用于雇佣劳动出现以前的商品生产，"自从资本主义生产出现以后，商品价值就不决定于商品所包含的劳动，而决定于商品所支配的活劳动，因而决定于劳动的价值"⑦，"劳动时间就不再是调节商品交换价值的内在尺度了"⑧。马克思揭露了亚当·斯密的这种

① 《剩余价值理论》第3分册第117页。
② 《马克思恩格斯全集》第2版第32卷第53页。
③ 《马克思恩格斯全集》第2版第32卷第123页。
④ 《马克思恩格斯全集》第47卷第626页。
⑤ 《马克思恩格斯全集》第47卷第614页。
⑥ 《剩余价值理论》第1分册第50页。
⑦ 参见《剩余价值理论》第2分册第457页。
⑧ 参见《剩余价值理论》第1分册第50页。

错误，并且对这一类错误观点批评说："体现正常工作日的某一部分（就是再生产劳动力所必需的那部分）的价值，表现为总工作日的价值。所以，12 小时劳动的价值等于 3 先令，虽然 12 小时劳动所生产的商品的价值等于 6 先令，而且正是因为 12 小时劳动已经代表 6 先令，所以等于 6 先令。因此，这是一种无理式，如同代数学中 $\sqrt{-2}$ 一样。"① 与此相反，李嘉图坚持认为在资本主义生产中商品价值量取决于包含于其中的劳动量，他也不承认人类曾经存在过非资本主义生产。但是，由于他和亚当·斯密一样不能区分劳动与劳动力，把工人向资本家出卖的劳动力说成是劳动，"因此，他不能（撇开贝利所强调指出的活劳动不能由生产它所花费的劳动量来估价这一矛盾不说）证明怎么会产生剩余价值，也不能说明资本家作为工资付给工人的劳动量与资本家用这个对象化劳动量购买的活劳动量之间的不相等"②。

马克思的上述三点分析，同以后出版的《资本论》第 1 卷第 17 章中论证劳动不是商品，因而工人的工资不是劳动的价格或价值，是非常接近的了。

（3）完全消除了工人出卖劳动这一说法引起的种种混乱，与古典政治经济学彻底划清了界限。

在 1857—1858 年经济学手稿中，马克思由于沿袭了古典政治经济学关于工人出卖劳动的说法，继续使用劳动商品、劳动的价值、劳动的价格等用语，从而不能彻底摆脱古典政治经济学在这一问题上的混乱。例如，同一个劳动有两个不同的价值，一个是由生产出工人的劳动能力所需的对象化劳动量所决定的价值，即相当于产品价值中 v 的部分，另一个是工人劳动新创造的价值，即相当于产品价值中 v + m 的部分；③ 用考察工人的价值代替考察劳动的生产费用；④ 有时说"劳动能力作为商品"⑤，有时又说劳动是商品⑥。

在 1861—1863 年经济学手稿中，这些混乱现象被完全消除了。在这一手稿中虽然仍继续出现劳动的价值或价格之类的用语，但同以前使用这类用语具有完全不同的意义。在此以前，马克思对古典政治经济学这些用语本身没有加以否定，因而马克思自己在使用这些用语时不具有否定的意义。劳动的价值或价格同劳动力的价值或价格并不是表现为两个相互对立的范畴，因而劳动力价值或价格同劳动的价值或价格在 1857—1858 年马克思的经济学手稿中交替使用，这是不奇怪的。现在，马克思不仅从内容上，也从用语本身上，完全否定劳动的价值或价格的说法，因而在 1861—1863 年经济学手稿中出现的劳动的价值或价格，就不具有任何肯定的意义。在这部手稿中，马克思第一次明确指出："劳动价值完全是不合理的说法。"⑦ 马克思至少在两处地方对他现在使用劳动的价值或价格用语作了说明，一处说："我们的研究必须把注意力集中在问题的本质上。因此，当我们谈论劳动的价值（或以货币表现的价格）时，这始终应当理解为劳动力的价值。……劳动的价值、价格是与价值概念直接矛盾的特殊表现。"⑧ 另一处说："只有在这劳动的价值是劳动

① 《马克思恩格斯全集》第 47 卷第 631 页。
② 《马克思恩格斯全集》第 2 版第 32 卷第 53 页。
③ 参见《马克思恩格斯全集》第 2 版第 30 卷第 265—266、272 页。
④ 参见《马克思恩格斯全集》第 2 版第 30 卷第 284—285 页。
⑤ 《马克思恩格斯全集》第 2 版第 31 卷第 69 页。
⑥ 参见《马克思恩格斯全集》第 2 版第 31 卷第 396 页。
⑦ 《马克思恩格斯全集》第 48 卷第 28—29 页。
⑧ 《马克思恩格斯全集》第 47 卷第 615 页。

力的价值的派生形式这个意义上，才能决定［劳动的］价值——只有在这个意义上才能谈到劳动的价值。"①

因此，从19世纪60年代初开始，马克思使用劳动的价值或价格等用语，不再具有肯定的意义。

二、劳动力商品的二因素及其特点

劳动力作为商品和其他商品一样，具有使用价值和价值这两个因素，但有其自己的特点。对劳动力商品的这两个因素及其特点，马克思在1857—1858年经济学手稿中都进行了具体的分析，在1861—1863年经济学手稿中又作了补充与发展。

1. 明确考察劳动力价值的决定，而不是工人生产费用或工人价值的决定

使用劳动的价值用语引起的混乱之一就是同一个劳动会有两个不同的价值，按照前面举过的例子，一个是工人劳动创造的6先令价值，另一个是作为工资支付的3先令价值。既然如此，劳动的生产费用就不能成为确定的量。古典政治经济学在考察劳动的价值如何决定时，就避开了劳动的生产费用，而去考察工人的生产费用。在马克思后来出版的《资本论》第1卷第17章中，对这一考察给予相当程度的肯定，因为这实际上是考察了劳动力的价值。但是由于提出的问题是劳动的生产费用，而考察的却是工人的生产费用，这是不合乎逻辑的。在1857—1858年经济学手稿中，马克思没有发现这一问题，因而当自己在实际考察劳动力价值时，却说自己考察的是"工人的价值"②。在1861—1863年经济学手稿中，马克思注意到贝利在《对价值的本质、尺度和原因的批判研究》一书中对李嘉图的批评，肯定了贝利的下述指责："李嘉图先生相当机智地避开了一个困难，这个困难乍看起来似乎会推翻他的关于价值取决于在生产中所使用的劳动量的学说。如果严格地坚持这个原则，就会得出结论说，劳动的价值取决于在劳动的生产中所使用的劳动量。这显然是荒谬的。因此，李嘉图先生用一个巧妙的手法，使劳动的价值取决于生产工资所需要的劳动量；或者用他自己的话来说，劳动的价值应当由生产工资所必需的劳动量来估量，他这里指的是为生产付给工人的货币或商品所必需的劳动量。"③ 对于李嘉图的错误，马克思一针见血地指出："李嘉图本来应该说劳动能力，而不是劳动。"④ 在1861—1863年经济学手稿中，探讨问题不再说是劳动的价值或工人的价值，而是直截了当地说是劳动能力的价值了。

2. 具体考察了劳动力价值的决定

早在19世纪40年代，马克思已经实际上考察了劳动力的价值，但是当时是在劳动的价格或劳动的生产费用这些题目上进行考察的，因而是不自觉的，直到50年代，在1857—1858年的经济学手稿中，仍然使用"劳动的生产费用"⑤ 的说法，研究所谓"工人的价值"是怎样决定的问题。而在1861—1863年经济学手稿中，马克思明确提出了劳动力价值如何确定的问题。马克思指出："劳动能力的价值归结为工人为了维持作为工人的自身，作为工人生活并且繁殖下去所必需的生活资料的价值。而这些价值又归结为由于生

① 《马克思恩格斯全集》第47卷第626页。
② 《马克思恩格斯全集》第2版第30卷第284页。
③ 转引自《剩余价值理论》第2分册第456页。
④ 《剩余价值理论》第2分册第455页。
⑤ 《马克思恩格斯全集》第2版第30卷第246页。

产那些维持和繁殖劳动能力所需的生活资料或使用价值而必须花费的一定的劳动时间，即耗费的一定量劳动。”①

撇开这里提出的“劳动能力的价值”这点不说，马克思对劳动力价值归结的内容看来似乎并无新颖之处，因为早在19世纪40年代的《哲学的贫困》一书中，他就认为劳动的生产费用取决于“为了生产维持不断的劳动即供给工人活命和延续后代所必需的物品的劳动时间”②，和现在的说法是类似的。在《雇佣劳动与资本》一书中提到的训练工人的费用这一部分，现在似乎没有被归结到劳动力价值中去。但是，只要我们仔细对照一下，就会发现1861—1863年经济学手稿在这一问题上的进展。

决定劳动力价值的因素有哪几个？过去是不明确的，现在马克思用顺序词“首先”和“其次”指明决定劳动力价值的有两个因素。第一个因素是“维持工人作为工人的生活所必需的生活资料的价值”③。在《哲学的贫困》中，这一因素被表述为“供给工人活命”所必需的生活资料的价值，即工资最低额所购买的生活资料价值，后来恩格斯为此写了个脚注，说明这一观点是不正确的。《资本论》第1卷中指出这是劳动力价值的最低限度，“假如劳动力的价格降到这个最低限度，那就降到劳动力的价值以下，因为这样一来，劳动力就只能在萎缩的状态下维持和发挥”④。第二个因素是：“工人——因为他总是要死的——必须得到足够的生活资料，除了他本身的生活资料之外，还能够用来繁殖、增加工人的后代，或者至少使他们保持在现有的水平上，这样才能使因不能劳动或死亡而退出市场的劳动能力得到新的补充。换句话说，工人必须得到足够的生活资料来抚养他们的子女，直至他们的子女自身能够作为工人生活为止。”⑤和过去相比较，现在对这一因素的叙述虽然没有什么新的观点，但是叙述得更具体清楚了。

在劳动力的生产费用中，还包括或多或少的教育费用，因为“工人要发挥一定的劳动能力，要改变他的一般的天然能力，使它能够完成一定的劳动，他就得受训练和学习，也就是必须受教育，而对这种教育本身必须根据他所学的生产劳动的特殊种类支付或多或少的费用，因而这种费用也列入劳动能力的生产费用”⑥。但是，马克思指出了这样两点：第一，“在阐明各特殊劳动部门中［劳动能力的］各种不同价值时，对这种费用的考察是很重要的，而在这里我们只是研究资本和劳动的一般关系时，这种考察却是无关紧要的。我们这里研究的是普通的平均劳动，或者说，把任何劳动看作只是这种平均劳动的乘方，而对这种平均劳动的教育费是微不足道的”⑦。马克思早在1857—1858年经济学手稿中就已说过这种教育费用“在这里还与我们无关，因为这里所谈的不是某种特殊的熟练劳动，而是劳动本身，简单劳动”⑧，但是说得不如现在这么具体和清楚。第二，把教育费用列入上述劳动力价值的第二个因素中，不单独列出一项。理由是“不管怎样，教育费，即发展工人的天然能力，使他具有在一定劳动部门工作的能力和技巧所必需的费用，在任何情况下都包括在工人为培养新的劳动能力——自己的子女来接替自己所需的生活资料中。这

①⑦　《马克思恩格斯全集》第2版第32卷第48页。
② 《马克思恩格斯全集》第4卷第94页。
③⑤⑥　《马克思恩格斯全集》第2版第32卷第47页。
④ 《资本论》第1卷第201页。
⑧ 《马克思恩格斯全集》第2版第30卷第284—285页。

些费用是工人繁殖作为工人的自身所必需的生活资料的组成部分”①。

3. 具体考察了劳动力价值的变动与差别的问题

劳动力价值的水平在不同时期、不同国家、不同生产部门和不同的社会历史条件下，是不同的。在1861—1863年经济学手稿中，马克思对劳动力价值的变动与差别的问题，提出了具体确定劳动力价值的各种因素。

第一，劳动生产率的变化。

马克思指出，“维持或再生产劳动能力所必需的一切生活资料都可归结为商品，而商品随着劳动生产力的变化而具有较大或较小的价值，也就是说，它们的生产需要较短或较长的劳动时间，因而同一些使用价值包含着较多或较少的对象化劳动时间。因此，为维持劳动能力所必需的生活资料的价值是会发生变化的”②。马克思在同一手稿中阐述了商品价值量的变动规律是“单个商品的价值同劳动生产率成反比，而体现一定劳动时间的产品总量的价值却不受劳动生产率的任何变化的影响，保持不变”③。根据这一规律，在劳动生产率不断提高的情况下，如果原有的维持或再生产劳动能力所必需的生活资料量不变，劳动力价值就会和劳动生产率的提高成反比的下降。如果这一生活资料量虽有增长，但增长的速度慢于劳动生产率的提高，劳动力价值也会不断下降。

第二，不同国家的历史条件与社会的文明状况。

马克思在《资本论》第1卷中指出：“和其他商品不同，劳动力的价值规定包含着一个历史的和道德的要素。”④ 在1861—1863年经济学手稿中，马克思虽然还没有这样明确地加以概括，但是这一因素的具体内容和《资本论》中的阐述已经没有什么差别了。马克思在这部手稿中说：“工人作为工人而生活所需要的生活资料，在不同的国家，不同的文明状况下当然是不同的。衣、食、住和取暖这些自然需要本身的多少，取决于不同的气候。同样，因为所谓的第一生活需要的数量和满足这些需要的方式，在很大程度上取决于社会的文明状况，也就是说，它们本身就是历史的产物，所以，在某一国家或某一时期属于必要的生活资料的东西，但在另一国家或另一时期却不是必要的生活资料。但这——我指的是这些必要的生活资料的范围——在一定的国家，一定的时期，却是一定的。”⑤ “不是纯粹的自然需要，而是在一定的文明状况下历史地发生了变化的自然需要。”⑥

第三，不同生产部门对劳动技能的要求不同。

不同的生产部门对工人的劳动技能要求是不同的，有的生产部门对工人的劳动技能要求较高，要适应这一生产部门的劳动，工人必须在此以前接受较多的训练，使这一生产部门的劳动力价值高于其他生产部门。有的生产部门对工人的劳动技能要求较低，工人参加这种生产部门的劳动无须在事先接受训练，这种生产部门的劳动力价值也就低于其他的生产部门。马克思在1861—1863年经济学手稿中指出，“在阐明各特殊劳动部门中［劳动能力的］各种不同价值时，对这种费用的考察是很重要的”⑦。资本家“通过使劳动简单化

---

①②⑦ 《马克思恩格斯全集》第2版第32卷第48页。

③ 《马克思恩格斯全集》第2版第32卷第276页。

④ 《资本论》第1卷第199页。

⑤ 《马克思恩格斯全集》第2版第32卷第48—49页。

⑥ 《马克思恩格斯全集》第2版第32卷第57页。

把学习时间尽量压缩到零，或者说缩减学习费用，同样能够使劳动能力的价值水平降低”①。

第四，生活资料质量的变化。

马克思指出：“如果构成工人主要生活资料的较高级和较贵重的商品，被较低级的商品所代替，例如，谷物、小麦代替了肉，或者马铃薯代替了小麦和黑麦，那么，劳动能力的价值水平自然要降低，因为他的需要水平降低了。”② 马克思揭露了美国拉姆福德伯爵推荐粗食品的食谱，“为了人为地降低劳动能力的价值水平而绞尽脑汁”③。

第五，工人赡养家属情况的变化。

在劳动力价值中，是包括工人家庭所必需的生活资料的生产费用的，由于“儿童和妇女被迫工作，甚至儿童正当发育的时期就去做工”④，减少了工人家庭的生活开支，劳动力价值就会因而下降。

4. 考察了劳动力的日价值

什么是劳动力的日价值？马克思回答说，“工人劳动能力的日价值就是平均维持工人一天生活所需要的劳动时间，是劳动能力每天再生产自身所需要的劳动时间”⑤。或者说，是“以全年总天数计算他每天为了购买维持他的劳动能力所必需的生活资料而需要的价值”⑥。

如何计算劳动力的日价值？计算劳动力的日价值也就是计算一个工人家庭在一年中每天平均需要消费的生活资料的价值量。《资本论》第 1 卷中提出了这样一个计算公式：

$$\begin{matrix}\text{工人每天平均需要}\\\text{的生活资料价值量}\end{matrix}=\frac{365\text{A}+52\text{B}+4\text{C}+\text{其他等等}}{365}$$

在 1861—1863 年经济学手稿中，马克思提出了类似的计算公式$\frac{365\text{A}+3\text{B}}{365}$。这一公式虽然不如后来出版的《资本论》中的具体，但计算的方法是相同的。在这部手稿中，马克思准确地说明了劳动力日价值的计算过程：“已知全年生活必需品的总量，然后算出它们的价值或价格，再由此算出每天的平均量，即用 365 除全年生活必需品总量的价值或价格，这样，我们就得到一个工人的平均生活必需品的价值，或者说他的劳动能力的平均日价值。”⑦

劳动力的日价值随工作日长度的变动而变动，为了计算这种变动着的劳动力日价值，就要计算劳动力的总价值。在正常的工作日即能使工人保持“正常的健康状态”⑧ 的工作日条件下，假定工人的能力可以保持 20 年，那么这种情况下劳动力的总价值就等于按上述方法计算的劳动力的日价值乘上 20 年的总天数，即$\frac{365\text{A}+3\text{B}}{365}\times365\times20$，或 $365\text{A}+3\text{B}\times20$。以劳动力的年价值乘上 20 年，劳动力的日价值就等于劳动力总价值的$\frac{1}{365\times20}$，即 $365\text{A}+3\text{B}\times20\times\frac{1}{365\times20}$。如果由于资本家延长工作日而使工人劳动力过早地衰退，只

---

① 《马克思恩格斯全集》第 2 版第 32 卷第 51—52 页。

② 《马克思恩格斯全集》第 2 版第 32 卷第 50 页。

③④ 《马克思恩格斯全集》第 2 版第 32 卷第 51 页。

⑤ 《马克思恩格斯全集》第 2 版第 32 卷第 57 页。

⑥ 《马克思恩格斯全集》第 2 版第 32 卷第 54—55 页。

⑦ 《马克思恩格斯全集》第 2 版第 32 卷第 55 页。

⑧ 《马克思恩格斯全集》第 2 版第 32 卷第 205 页。

能维持7年，劳动力的日价值就应调整为$365A+3B\times 20\times\frac{1}{365\times 7}$，只有这样才能符合商品交换规律。如果资本家仍按原来的劳动力日价值支付给工人，工人就只得到劳动力总价值的$\frac{1}{3}$多一点。在1861—1863年经济学手稿中，马克思虽然没有像《资本论》第1卷第8章中具体说明在延长工作日情况下劳动力日价值的计算方法，但这一问题现在已经提出来了，指出了“如果资本家超出正常的劳动时间使用工人，他就破坏了劳动能力和它的价值”①。

在计算劳动力日价值时，还有一个因素必须加以考虑的，这就是节假日的问题。马克思说：“如果一年按365天计算，那么，其中有52个星期日，还剩下313个工作日；可以平均计算为310个工作日。”② 由此可见，通过$\frac{365A+3B}{365}$公式计算的劳动力日价值，是包括节假日在内的每天平均获得的劳动力价值。如果计算在工作日内实际得到的劳动力日价值，计算公式就应修正为$\frac{365A+3B}{365-\text{节假日天数}}$，否则工人将不能获得劳动力的日价值。

5. 进一步分析劳动力商品的使用价值

什么是劳动力商品的使用价值，在1857—1858年经济学手稿中已经讲得十分清楚。它指出“劳动能力是作为对象化劳动购得的，而劳动能力的使用价值却在于活劳动，即在于创造交换价值。……作为价值的劳动能力，它的使用价值本身是创造价值的要素，是价值的实体和增殖价值的实体”③。

在1861—1863年经济学手稿中，马克思对这一问题作了进一步的论述：

第一，指出了劳动力商品使用价值的特点。

马克思指出，与其他一切商品的使用价值相比较，劳动力商品使用价值有两个特点。首先，劳动力商品“作为单纯的能力存在于卖者即工人的活的机体中”；其次，作为劳动力商品，“创造交换价值就是它特有的使用价值”，这一特征是“不同于其他一切使用价值的根本特征”④。

第二，指出了劳动力的使用带来价值的增殖是劳动力商品的特殊性质。

马克思指出：“劳动能力的消费同时是价值增殖过程，是劳动的对象化，这正是劳动能力的性质”⑤，“任何别的商品的使用价值，从而它的使用，都不能提高它的交换价值或提高从它得到的交换价值”⑥。

第三，指出古典政治经济学家不能把剩余价值和等价交换规律一致起来的原因在于不理解劳动力商品的特殊性质。

古典政治学家由于认为工人向资本家出卖自己的劳动，因而解释不了在等价交换原则下为什么能够产生出剩余价值，动摇了他们的价值理论和剩余价值理论的基础。只要区分劳动与劳动力，这个问题便可以迎刃而解。工人向资本家出卖的是劳动力而不是劳动，工人得到的是劳动力价值，而不是劳动所创造的价值，后者大于前者，其差额就是剩余价值。马克思说：“尽管这个过程这样简单，但到目前为止还是不能被人理解。经济学家从

---

① 《马克思恩格斯全集》第2版第32卷第206页。
② 《马克思恩格斯全集》第2版第32卷第55页。
③ 《马克思恩格斯全集》第2版第31卷第69页。
④ 参见《马克思恩格斯全集》第2版第32卷第46页。
⑤ 参见《马克思恩格斯全集》第2版第32卷第204—205页。
⑥ 《剩余价值理论》第1分册第16页。

来不可能把剩余价值同他们自己提出的等价交换规律一致起来。社会主义者总是停留在这个矛盾上，反复谈论这个矛盾，但他们不理解劳动能力这种商品的特殊性质，不理解这种商品的使用价值本身就是创造交换价值的活动。"① 斯密把工人没有得到他的劳动所创造的全部价值同价值规律对立起来，马克思针对这一错误指出："他不懂得，这个矛盾之所以产生，是由于劳动能力本身成了商品，作为这种特殊的商品，它的使用价值本身（因而同它的交换价值毫无关系）是一种创造交换价值的能力。"②

第四，劳动力商品的使用价值要以劳动力价值的规定为基础。

劳动力商品的使用价值在于劳动，在于创造新价值，在于创造比其自身更多的价值，即剩余价值。因此，劳动力商品价值的规定就具有重要的意义。劳动力价值越是低于全部新创造的价值，资本家就越能够获得更多的剩余价值，劳动力具有更大的使用价值。如果劳动力价值和工人新创造的价值相等，资本家就失去剩余价值，劳动力商品的使用价值也不复存在。所以，马克思在1861—1863年经济学手稿中指出，"劳动能力作为商品，它的价值规定具有重要的意义。这个价值等于把再生产劳动能力所必需的生活资料创造出来的劳动时间，或者说，等于工人作为工人生存所必需的生活资料的价格。只有在这个基础上，才出现劳动能力的价值和这个劳动能力的价值增殖之间的差额"③。

6. 分析了资本与劳动力交换过程中货币的职能

劳动力商品特点之一是多数情况下都是在转让了商品并加以使用之后才获得价值，"在这里，货币先在观念上作为购买手段，然后成为支付手段，因为商品在名义上转移到买者那里和实际的转移是不同的。商品（劳动能力）的出卖，使用价值在法律上的转让和它在实际上的转让，在这里从时间上说是不一致的。因此，价格的实现迟于商品的出卖。这里也表明，不是资本家，而是工人在预付；正如出租房子，不是租赁人，而是出租人预付使用价值"④。

工人预付给资本家可以由下列事实证明："在危机时期，甚至在发生个别的破产的情况下，可以看到，工人的信贷并不是空话，因为他们得不到报酬。"⑤

马克思1861—1863年经济学手稿中的上述许多内容，被吸收进以后出版的《资本论》第1卷中。

三、劳动力成为商品的条件及重大意义

早在19世纪40年代，马克思已经指明了当时称之为劳动商品的劳动力是一定历史条件下的产物。在1857—1858年经济学手稿中，马克思具体分析了劳动力成为商品的两个条件，这两个条件是："第一，工人作为自由的所有者支配自己的劳动能力，他把劳动能力当作商品；因此，他必须是自己的劳动能力的自由所有者。但是，第二，工人已经不能以其他商品的形式，以对象化劳动的形式换出自己的劳动，他能够提供的可供出售的唯一商品，就是存在于他的活的身体中的活劳动能力，因而，使他的劳动得以对象化的条件，他的劳动的物的条件，是作为他人的财产，作为在流通中处于另一方，处于他自身之外的

① 《马克思恩格斯全集》第2版第32卷第99页。
② 《剩余价值理论》第1分册第67页。
③ 《剩余价值理论》第1分册第16页。
④ 《剩余价值理论》第3分册第121页。
⑤ 《马克思恩格斯全集》第2版第32卷第58页。

商品而存在。"[①] 这就是说，劳动者"在双重意义上是自由的"[②]：第一，劳动者必须在人身上是自由的；第二，劳动者在财产上也是自由的，即"自由得一无所有"[③]。雇佣工人的人身自由规定着"工人出卖的只是对自己劳动能力的定时的支配权"[④]，例如一周、一月等，不是一次全部出卖。在1857—1858年经济学手稿中，马克思还指出了劳动力成为商品"显然是长期历史发展的结果，是许多经济变革的总结，并且是以其他各生产方式（社会生产关系）的衰亡和社会劳动生产力的一定发展为前提"[⑤]。

由于1857—1858年经济学手稿对劳动力成为商品的条件已经论述得十分透彻，1861—1863年经济学手稿在这一问题上基本上进行的是重复性的论述。当然，如果仔细加以比较，1861—1863年经济学手稿在这一问题上多少还是作了一些补充，叙述得也更加完善。

第一点，在论述劳动力成为商品的两个条件时，说明第二个条件"已包含在第一个条件中"[⑥]，从而突出了第一个条件。

第二点，在深入讨论劳动力成为商品的历史前提时，在1861—1863年经济学手稿中同样指出了"这种自由的工人——从而货币所有者和劳动能力所有者之间，资本和劳动之间，资本家和工人之间的交换——显然是已往历史发展的产物，结果，是许多经济变革的总结，要以其他社会生产关系的灭亡和社会劳动的生产力的一定发展为前提"[⑦]。什么是劳动力成为商品的历史前提呢？已往的历史发展指的是什么？1861—1863年经济学手稿告诉我们，这就是产品发展为商品。首先是产品发展为商品，然后是劳动力变为商品。马克思说："产品发展为商品，一定范围的商品流通，因而一定范围的货币流通，也就是说，相当发达的贸易，是资本形成和资本主义生产的前提和起点。"[⑧]

第三点，马克思在1861—1863年经济学手稿中说："雇佣劳动不是劳动的绝对形式，而只是劳动的历史形式。"[⑨] 其含义是说劳动力成为商品存在于一定的历史条件中，它不仅在一定历史条件下产生，还会在一定历史条件下被消灭，这一说法和劳动力成为商品是已往历史产物的说法相比较，是更完善了。

劳动力成为商品是货币转化为资本的条件，这一点在1857—1858年经济学手稿中就已经明确了，马克思指出："货币转化为资本的条件是，货币所有者能够用货币交换作为商品的他人劳动能力。"[⑩] 当然，货币所有者用货币仅仅购买劳动力，是仍然不能成为资本家的，1861—1863年经济学手稿中指出："货币转化为资本，一方面需要它同劳动能力交换，另一方面需要它同作为劳动能力对象化的前提的物的条件相交换。"[⑪]

在奴隶制社会和农奴制社会中，奴隶和农奴也是可以作为商品进行买卖的，但是它和

---

①⑤ 《马克思恩格斯全集》第2版第31卷第398页。
②③ 《马克思恩格斯全集》第2版第30卷第502页。
④ 《马克思恩格斯全集》第2版第30卷第251页。
⑥ 《马克思恩格斯全集》第2版第32卷第41页。
⑦ 《马克思恩格斯全集》第2版第32卷第42页。
⑧ 《剩余价值理论》第3分册第119页。
⑨ 《马克思恩格斯全集》第2版第32卷第158页。
⑩ 《马克思恩格斯全集》第2版第31卷第397页。
⑪ 《马克思恩格斯全集》第2版第32卷第40—41页。

资本主义社会的劳动力成为商品的意义大不相同：首先，在资本主义生产方式中，劳动力成为商品具有普遍意义，每个劳动者都把自己的劳动力作为商品出售，并且经常不断地进行出售，每周或每月出售一次。而在奴隶制社会和农奴制社会中，奴隶主与农奴主通过各种途径（购买只是其中的一种）获得奴隶和农奴，劳动者至多进行一次出卖，沦为奴隶或农奴后，没有人身自由。他们是作为奴隶主或农奴主手中的商品进行买卖的，但是这种买卖并不具有普遍意义，也不经常进行。其次，劳动力成为商品后，劳动者所需要的生活资料不再由自己直接提供，而是全部通过市场进行购买。于是劳动力这一非劳动产品变成商品后，又造成了全部劳动产品变为商品，而奴隶或农奴所需要的消费资料不是通过市场购买的，奴隶或农奴是否被作为商品出售，都不改变这一情况。马克思将雇佣工人与奴隶作了这样的对比："奴隶以实物形式（它无论在形式上或在数量上都是固定的），以使用价值的形式来获得维持自己生存所必需的生活资料，自由工人则是以货币的形式，以交换价值的形式，以财富的抽象社会形式取得维持自己生存所必需的生活资料。"①

从以上两点比较中可以看到，劳动力成为商品不仅是资本主义社会中占统治地位的表现，更重要的它还是资本主义社会中商品占统治地位的原因，劳动力成为商品具有特别重要的意义。

四、工资的本质

工资是劳动力的价格还是劳动的价格，这是马克思与古典经济学家及其他资产阶级经济学家关于工资本质问题分歧的根本所在。古典政治经济学家认为工人向资本家出卖的是劳动而不是劳动力，劳动是商品，与此相联系，工资就成为劳动的价格。19 世纪 50 年代，马克思实际上区分了劳动与劳动力，提出了"工资当然表现活劳动能力的价值，但决不表现活劳动［创造］的价值，相反，后者表现为工资加上利润。工资是必要劳动的价格"②。但是由于当时马克思没有否定劳动的价值或价格的用语，所以一方面说工资是劳动力价值的表现形式，另一方面却又不断重复说工资是劳动的价值。③ 即使从上面引述的这段话来看，马克思当时所说的工资是劳动力价值的表现这句话并不排斥工资是劳动价值的说法，这里的问题是：首先，劳动的价值是一个虚幻的用语，实际上并不存在，因而不是有没有被表现的问题。其次，"工资是必要劳动的价格"的说法和"工资是劳动的价格"的说法只有量的区别，并无本质的区别，"工资是必要劳动的价格"这一说法是以承认"劳动的价格"这一说法为前提的。此外，从工资这一形式看，它所表现的的确是劳动的价值，而不是马克思所说的劳动力的价值。

在 1857—1858 年经济学手稿中，马克思还说："毫无疑义的只是：劳动价格，工资，始终必须表现工人为了活命所必需的劳动量。"④这又说明，直到 19 世纪 50 年代末，马克思还未摆脱最低工资额的错误观点。

准确揭露工资本质的是 1861—1863 年经济学手稿。马克思指出，"工资，即资本家为劳动能力而支付的价格"⑤。在这部手稿中，我们虽然也可以看到工资是劳动价格的说法，

---

① 《马克思恩格斯全集》第 48 卷第 11—12 页。

②④ 《马克思恩格斯全集》第 2 版第 30 卷第 571 页。

③ 《马克思恩格斯全集》第 2 版第 30 卷第 572、577 页。

⑤ 《马克思恩格斯全集》第 2 版第 32 卷第 159 页。

但是这一说法和1857—1858年经济学手稿中关于工资是劳动价值的说法是有很大区别的。首先，现在所说的劳动的价格，是就工资这一现象形态本身而言的。马克思再三说：“工资……表现为全部工作日的价值、价格。”① “工资表现为劳动本身的价格。”② 至于工资的本质，马克思十分明确地指出是劳动力的价值，而不是什么必要劳动的价格。马克思说：“以货币表现的劳动能力的这种价值就是它的价格，我们假定这个价格得到了支付，因为我们都是假定等价交换，即商品按照它的价值出售。这个劳动价格叫作工资。”③ 其次，马克思在1861—1863年经济学手稿中已经明确否定了劳动的价值和劳动的价格这些用语，在工资问题上又明确批评了工资是劳动的价格或价值的说法。马克思指出，“在劳动价格中，对劳动能力价值的这种关系，从而必要劳动对剩余劳动的比例，完全被抹去了。……全部劳动时间都表现为支付了报酬的。有酬劳动和无酬劳动之间的差别无论如何也没有表现出来”④。“工资［或者劳动的报酬］这个词中已经包含着这个说法，由这个词可以得出结论：劳动的报酬等于劳动的价格，等于劳动的价值。但是，这个没有概念的形式在工人以及资本家的意识中都存在（因为它是在现实中直接表现的形式），因此，它是庸俗政治经济学顽固地坚持的形式，……劳动力的价值以这种歪曲的和派生的形式呈现在资产阶级社会的表面，获得了自己的日常表现（自己的公开的形式），即劳动的价值或以货币表现的劳动的价格，在这种歪曲的和派生的形式中，有酬劳动与无酬劳动之间的差别完全消失了，因为工资就是工作日的报酬和它的等价物——实际上是它的产品的等价物。”⑤ 马克思在这里所说的“没有概念的形式”，就是在后来出版的《资本论》第1卷第17章中所指出的劳动的价值“是一个虚幻的用语”⑥。马克思不仅指出了工资是劳动力价值的表现形式，而且还进一步揭露工资是劳动力价值被歪曲表现的派生形式，也就是说，工资的本质是劳动力的价值，但它却并不表现为劳动力的价值，而是表现为劳动的价值。由此可见，马克思现在所说的工资是劳动的价格，指的是工资是一种没有概念的、歪曲的和派生的形式，是一种否定性的说法。

在这一基础上，马克思又进一步揭露了工资表现为劳动的价值或价格的后果，马克思指出：“因此，实际上不得不把包含在产品中的剩余价值解释为某种看不见的、神秘的属性，不得不从不变资本中引出剩余价值。由于有这种表现，就造成了雇佣劳动与徭役劳动之间的差别，在工人中产生了幻想。”⑦ 既然工资表现为劳动的价值，表现为活劳动所创造的价值，对剩余价值的生产就不可能作出科学的解释，在徭役劳动下，必要劳动与剩余劳动在时间上和空间上都是分开的，在雇佣劳动下，无酬劳动也表现为有酬劳动，使工人不易认识到自己受资本家的剥削。在《资本论》第1卷中，马克思指出工资这种表现形式“具有决定性的重要意义”⑧，因为“这种表现形式掩盖了现实关系，正好显示出它的反面。工人和资本家的一切法的观念，资本主义生产方式的一切神秘性，这一生产方式所产

---

① 《马克思恩格斯全集》第48卷第10页。
② 《马克思恩格斯全集》第48卷第26页。
③ 《马克思恩格斯全集》第2版第32卷第57页。
④ 《马克思恩格斯全集》第48卷第28页。
⑤ 《马克思恩格斯全集》第47卷第631页。
⑥ 《资本论》第1卷第616页。
⑦ 《马克思恩格斯全集》第47卷第631—632页。
⑧ 《资本论》第1卷第619页。

生的一切自由幻觉，庸俗经济学的一切辩护遁词，都是以这个表现形式为依据的”①。

最低工资额的问题，在1861—1863年经济学手稿中继续存在，但是作了一些新的解释，并且也有所否定。马克思说：“与劳动能力的价值相一致的工资是劳动能力的平均价格，就是我们所说的平均工资，也就是所谓的最低限度的工资或劳动报酬，但是，在这里应把最低限度理解为不是身体需要上的极限，而是比如，一年中的平均日工资，即在一年中劳动能力的价格由于时而高于时而又低于劳动能力的价值而拉平的价格。”②

马克思在《资本论》第1卷论述资本主义工资本质的第17章中，不仅阐明了工资的本质为什么是劳动力的价值或价格，而不是劳动的价值或价格，而且阐述了劳动力价值或价格是怎样表现为工资的，劳动力价值或价格为什么会表现为劳动的价值或价格，并且批评了古典政治经济学在工资问题上的错误。

从以上四个方面的内容看，马克思在彻底区分劳动与劳动力的基础上，建立起科学的、完善的劳动力商品学说，留下的问题是如何把这些论述集中起来，组织到有关的篇章中去，给它一个更完善的叙述形式，有些基本观点需再作进一步的发挥，这个任务随着《资本论》的出版而最终完成。

五、我国学术界在劳动力商品学说认识上的分歧

对于马克思的劳动力商品学说，我国学术界在以下三个问题上存在分歧：第一，能够成为商品的是劳动还是劳动力？第二，我国社会主义经济中的劳动力是否也是商品？第三，“人力资本”的说法是否正确？限于篇幅，本文在这里只做简要的探讨。

（一）能够成为商品的是劳动还是劳动力

在资本主义社会，工人向资本家出卖的是自己的劳动力而不是劳动，这是马克思经过长期研究后得出的结论。在他的经济学手稿中，尤其是在正式出版的《资本论》第1卷第17章中，马克思进行了科学的论证，揭露了资本主义剥削的秘密，雇佣工人的劳动所得是他的劳动力价值，而不是所谓的劳动的价值，解决了古典政治经济学由于采用了劳动的价格用语而产生的矛盾。

我国学术界有的学者认为马克思的观点已经过时，现代资本主义雇佣劳动制度下，资本家购买的是雇佣工人的劳动，而不是劳动力。对这种错误观点，丁冰教授曾于1993年的《经济评论》增刊上发表了批评文章。近年来更是有人写文章认为马克思在《资本论》第1卷第17章中否定劳动是商品的每一个论据都是“值得商榷”的。这就是说，马克思的观点一开始就是不正确的。

这是历史的倒退，理论的倒退。

这种倒退在历史上也曾经发生过，在《哥达纲领批判》中，马克思就指出过：“工资不是它表面上呈现的那种东西，不是劳动的价值或价格，而只是劳动力的价值或价格的隐蔽形式。……而现在，当这个见解在我们党内越来越给自己开辟出道路的时候，竟有人倒退到拉萨尔的教条那里去，虽然他们应当知道，拉萨尔并不懂得什么是工资，而是跟着资产阶级经济学家把事物的外表当作事物的本质。”③

但是像今天出现的这样狂妄而又愚昧无知地与马克思逐点“商榷”的人物，拉萨尔及

① 《资本论》第1卷第619页。
② 《马克思恩格斯全集》第2版第32卷第57—58页。
③ 《马克思恩格斯选集》第3卷第310—311页。

其追随者们只能是望尘莫及了。

作为商品，必须具有价值和使用价值，那么劳动商品的价值又是怎样计算的呢？这里只能回答说，劳动的价值由劳动时间计算，12小时劳动的价值包含有12小时的劳动价值，这不是毫无意义的同义反复吗？这位作者说：不！“如果我们直接说劳动是商品，也只意味着我所付给对方的是具体劳动，得到的是社会承认的抽象劳动的补偿，这怎么能说‘同义反复呢’（只有在没有区分具体劳动与抽象劳动的情况下才可以说是同义反复）！”原来是由于创造劳动二重性学说的马克思在这里没能区分具体劳动与抽象劳动，才提出了“同义反复”的错误批评。那么，这位作者在这里又是如何运用马克思的劳动二重性学说去否定马克思的呢？他告诉我们作为商品的劳动出售的是具体劳动，通过出售之后，一个12小时的具体劳动得到对方12小时抽象劳动的价值，也就是说，一个12小时具体劳动的价值是12小时抽象劳动的价值，一个是12小时的具体劳动，另一个是12小时的抽象劳动，不存在同义反复。这位作者对劳动二重性学说运用得如此混乱却又如此认真。出现在市场上的商品竟然可以只包含具体劳动，而不包含抽象劳动，并且这一具体劳动不需要任何载体就可以进入市场。这位作者最终还是不能摆脱马克思指出的一个12小时工作日的价值由一个12小时工作日中包含的12个劳动小时决定的同义反复。

为了论证劳动是商品，该作者举服务劳动为例，认为这种劳动就是商品，但是正是马克思告诉我们：“商品必须被看做一种和劳动本身不同的存在”①，“商品表现为过去的、对象化的劳动这个说法还是对的，因而，如果它不表现为物的形式，它就只能表现为劳动能力本身的形式，但永远不能直接表现为活劳动本身”②。不知这位作者以为然否。

劳动的价值或价格是一个虚幻的用语，实际上并不存在，它只存在于对现实生活颠倒表现的人的错误观念中，成为庸俗经济学掩盖资本家剥削工人的辩护用语。

上述这位狂妄作者的狂妄文章在送交全国学术讨论会后又拿去在刊物上公开发表，令人注意的是，有关鼓吹劳动商品的谬论在这家刊物上被全部删去。

（二）我国社会主义经济中的劳动力是否也是商品

劳动力成为商品是资本主义生产方式建立与发展的一个重要历史前提，货币所有者必须在市场上能够像购买其他普通商品一样购买到他所需要的劳动力，这个货币所有者才有可能转化为资本家。而要使劳动力成为商品必须具备两个条件：第一，劳动者在人身上是自由的；第二，劳动者失去了生产资料和生活资料。我国取得新民主主义革命胜利之后，由于存在多种经济成分，其中的资本主义经济成分，包括后来引进的外资企业以及港澳台企业，从事生产的劳动者仍然作为商品出现。但在社会主义经济中，劳动者已成为生产资料的主人，如果说他们的劳动力仍然是商品，只能说是自己出卖给自己了。这一观点在学术界中的认识本来是非常一致的，但是随着我国改革与开放的进展，在城乡之间、地区之间，劳动力大规模的流动，不仅建立了流向国外的劳务市场，而且在全国各地建立起在国内自由流动的劳务市场和人才交流中心，学术界对劳动力商品的看法也随之发生了转变。有不少学者认为我国的劳动力不仅在资本主义企业中是商品，在社会主义企业中甚至国有企业中也是商品。对此，1986年学者们还在我国许多报刊上展开了热烈的争论。

不少学者在讨论中认为在我国社会主义经济中劳动力仍然是商品，在这里，我对他们

---

① 《剩余价值理论》第1分册第163页。

② 《剩余价值理论》第1分册第164页。

提出的种种论据持有一些不同的看法。

（1）许耀钧："劳动力的个人所有制，是劳动力具有商品性质的一个根本原因。"（《上海体改研究》1986 年 5 月 15 日）

这里要质疑的是：小商品生产者可以说是非常纯粹的劳动力个人所有制了，他们的劳动力是否也应该连同他们生产的商品在市场上一起出售呢？

（2）许耀钧："商品生产条件和生产成果的内在联系，是决定劳动力商品性质的一个重要条件。生产成果是商品，生产条件当然也是商品。"（《上海体改研究》1986 年 5 月 15 日）

小商品生产者的生产成果是商品，作为生产条件的小商品生产者的劳动力，甚至是小商品生产者本人也当然是商品吗？

（3）何伟："商品价值构成是 c + v + m，如果劳动力不是商品，v 如何进入商品的价值，v 和 m 的区分也就没有意义，从而 c + v + m 的公式也就难以成立。"（《经济学周报》1986 年 8 月 31 日）

进入商品价值的是生产者的抽象劳动的凝结，而不是可变资本 v，v 和 m 是关于已创造出的价值如何分配的问题。将 v 和 m 列入价值构成中的两个部分，看来作者还没有完全摆脱斯密教条的影响。

（4）许耀钧："如果不承认劳动力是商品，资金流通公式只能写成：G－W(Pm)…P…W′(W + w)－G′(G + g)。很显然，这个公式是残缺不全的。"（《上海体改研究》1986 年 5 月 15 日）

资金循环过程当然会包括支付工资这一环节，但在社会主义经济中，性质发生了变化，不再是对购买劳动力的支付。至于说残缺不全，在资本主义经济中也不可能是完整无缺的，例如投入机器设备是 100 万元，在每次循环过程中转移的只是其中一小部分，更不用说有些产业部门的运动过程了。例如，运输业的循环公式：$G—W<\begin{matrix}A\\Pm\end{matrix}$…P—G′；贵金属生产：$G—W<\begin{matrix}A\\Pm\end{matrix}$…P…G′；将本企业一部分产品直接作为生产资料的工农业部门：P…W′…P。这些部门的资本循环公式可以说都是"残缺不全"的，但这并不妨碍这些部门资本的正常运转。

（5）章政："劳动是谋取生存的唯一手段。"（《经济学周报》1986 年 6 月 29 日）

劳动是否是商品，与劳动是否是谋取生存的唯一手段并无必然的联系。任何生产方式，劳动者要谋取生存，只有依靠自己的劳动，但是只有在资本主义生产方式中，劳动力才成为商品。否则，早在原始社会中的生产者，就已经在出售自己的劳动力，即使到了未来的共产主义社会，尽管已经消灭了商品，但劳动力还在作为商品进行买卖。

（6）何伟："工资是劳动力的价值或价格的转化形式。"（《经济学周报》1986 年 8 月 31 日）

工资是劳动力的价值或价格的转化形式，这是资本主义工资的本质。我国社会主义经济中借用了资本主义工资的范畴，在本质上是不相同的。我国社会主义工资在保证满足劳动者的物质和文化的基本需要的基础上，随着劳动生产率的不断提高，不仅不断提高名义工资，也要使实际工资趋于提高。而在资本主义生产方式中，随着劳动生产率的不断提高，工人的名义工资虽也会不断提高，但实际工资却趋向下降，"劳动生产率的提高会降低劳动力的价值，从而提高剩余价值"①。

---

① 《资本论》第 1 卷第 595 页。

（7）章政："劳动是衡量报酬的唯一尺度"（《经济学周报》1986年6月29日）；何伟："劳动力是商品能很好贯彻按劳分配。"（《经济学周报》1986年8月31日）

在资本主义生产方式中，雇佣工人创造的价值中很大一部分成为资本的"报酬"，谈不上"劳动是衡量报酬的唯一尺度"，也正是这样，劳动力才有可能成为商品。而在消灭资本主义剥削的社会主义生产方式中，劳动力不再是商品，劳动才日益成为衡量报酬的唯一尺度。一旦实现马克思所设想的共产主义社会第一阶段，真正实现以劳动作为衡量报酬的唯一尺度，这时不仅劳动力不能成为商品，连一切产品都不能成为商品了。

（8）韩志国："即使对国家所有制企业中的单个劳动者来说，他们仍然与生产资料处于分离状态，个人并不拥有可供直接支配的现实的生产资料"（《光明日报》1986年8月2日）；赵国良："在社会主义社会，每个劳动者，除了劳动力以外，仍然一无所有"（《光明日报》1986年8月23日）；何伟："在目前，劳动者还不能直接与生产资料相结合，必须先被企业雇佣以后，才能结合。大家都是雇主，大家又都是雇员"、"作为主人，它具有雇佣者的权利，作为一无所有，它又有被雇佣的身份"（《经济学周报》1986年8月31日）；单用塘："在生产资料公有制条件下，作为劳动者个人，除了劳动力以外，也没有别的什么东西可卖。"（《经济学周报》1986年8月3日）

在这些作者看来，工人阶级即使在夺取了政权，通过自己的政府，掌握了国家经济命脉之后，每个工人仍然是与生产资料分离的无产者。显然，这是用私有者的眼光去观察公有制的经济了，认为凡是不能归各个个人直接支配的生产资料和生活资料，均不属于自己所有。即使到了共产主义阶段，劳动者也不可能由各个个人直接支配生产资料，甚至有许多属于公共的生活资料也不能由各个个人去支配，而这时，不仅劳动力不是商品，所有产品也早已不是商品了。

1986年的讨论并未就此中止，在随后的报刊上，仍可见到对此问题进行探讨的文章。

（三）人力资本的说法是否正确

将劳动力说成是资本，雇佣工人和资本家同样是资本的所有者，工资不是劳动力价值或价格的转化形式，而是雇佣工人拥有的生息资本所带来的利息，这种资本家的思考方式早在资产阶级的古典政治经济学中就得到了反映，"在17世纪下半叶（例如在配第那里），这已经是一种很流行的观念"①。在18世纪的亚当·斯密的著作中，将工人为提高劳动熟练程度而花费的教育费用也看作是投资，因为这种费用，不仅"可以得到偿还"，而且还可以"兼取利润"。② 后来的庸俗经济学家和德国的统计学家都热衷于这个观念，如德国的一位统计学家弗·雷登（1804—1857）就认为，"工人有资本价值，如果我们把他的常年服务的货币价值看作是利息收入，就会发现这个资本价值"③。在庸俗经济学那里，更将人力资本观念建立起一个理论体系。近些年来这一观念在我国已被广泛接受，宣扬这一观念的论文在报刊上大量涌现，有关著作也一本接一本地出版发行。

在马克思的经济学手稿和正式出版的《资本论》著作中，马克思对人力资本观念进行了尖锐的批评，他再三指出，"我们应当分清：劳动力，在工人手中，是商品，不是资

① 《资本论》第3卷第528页。
② 参见《国民财富的性质和原因的研究》，商务印书馆1972年版上卷第258页。
③ 转引自《资本论》第3卷第528页脚注。

本"①。"劳动力只是劳动者的财产（它将不断自行更新，自行再生产），而不是他的资本。"② 认为将工资看成利息，因而劳动力被看成提供这种利息的资本的这种说法是"资本家们思考方式的错乱在这里达到了顶点"③。

和马克思当年批判将雇佣工人也说成资本所有者的说法不同的是，有些学者已将资本家看成不仅是货币资本家。也是人力资本家，资本家自身有技术、有管理能力，这种人力资本的贡献远远超过工人自身的"人力资本"。更有甚者，认为资本的增殖完全来自于资本家的人力资本和他的生产资料的结合。例如，汤在新教授在他的《剥削及其存在的历史前提》一文中就认为："资本的增殖是资本和企业主的人力资本共同作用的结果。"④ 这里且不说"资本和人力资本"表述上的混乱，很明确的观点是资本增殖来源于资本，为了将工人在资本增殖上的贡献彻底抹杀掉，在作为资本增殖源泉的"人力资本"这个错误用语前面还加上个限制词，明确他所说的人力资本是企业主的人力资本。

恩格斯曾经指出："庸俗经济学的精髓，即替资本家剥削工人辩解。"⑤ 看来，汤在新教授的观点是汲取了资产阶级庸俗经济学的这一精髓。

资本的增殖不是用劳动力的被剥削来说明，马克思认为这是资本家们的思考方式，无论是将劳动力说成是雇佣工人的人力资本，或者是将技术和管理经验说成是资本家的人力资本，其实质都是否定资本主义剥削。在我国，是阐明还是掩盖资本家对雇佣工人的剥削，关系到要不要坚持以生产资料社会主义公有制经济为主体，多种经济成分共同发展的基本国策，关系到我国社会发展的方向问题。

资本的前提是占有他人的剩余劳动，劳动力不可能成为雇佣工人所有的人力资本，劳动力只有作为商品出卖之后进入资本主义的生产过程，才能转化为资本，但却成为资本家所有的可变资本。雇佣工人因受教育而支出的培训费用，并不是什么投资，而是将他或他的子女培训成一个合格的受剥削者，凭借自己的劳动，所得到的只能是工资而不可能是利润。资本家所得到的利润也只能是来自他人的劳动，资本家自身的技术或管理才能无论有多高水平，离开雇佣工人的劳动也不能成为资本。

---

① 《资本论》第2卷第422页。
② 《资本论》第2卷第491页。
③ 《资本论》第3卷第528页。
④ 《南方经济》2003年第2期。
⑤ 恩格斯写给保尔·拉法格的信（1884年8月），《马克思恩格斯全集》第36卷第197页。

第二部
《资本论》第一卷研读

《资本论》第1卷《资本的生产过程》共7篇，包括商品和货币理论（第1篇）、剩余价值生产理论（第2—6篇）、资本生产理论（第7篇）。

第1篇和第2篇一起，论述了资本和剩余价值生产的历史前提。

第一篇　商品和货币

本篇共包括3章，第1章谈商品，第2章谈从商品到货币的历史过程，第3章谈货币。

商品和货币早在原始社会中就已经出现，并非资本主义社会所特有，因而对商品和货币的一般分析，还没有真正接触到资本主义制度本身。但是对商品和货币的分析，却是对资本主义制度研究的一个理论上的基本准备工作，因为货币是资本的最初表现形式，资本由货币转化而来。货币又由商品转化而来。分析了商品和货币，可以使我们认清资本的由来与发展，揭露资本的本质。在第1卷中，马克思正是循着商品—货币—资本这一途径去揭露剩余价值生产的。

第1篇是作为重点要学习的1篇。首先是由于它在全书中占有重要地位，学好这一篇将为我们学习《资本论》全书打下一个坚实的理论基础。其次还由于这一篇也是最难学的，尤其是第1章，学习起来困难更大。马克思在《资本论》第1版的序言中说："万事开头难，每门科学都是如此。所以本书第1章，特别是分析商品的部分，是最难理解的。"(第7页）第1版中的第1章，在第2版时改为现在我们所见的第1篇，在第1版中作为附录的《价值形式》在第2版时编入第1篇。马克思所说的特别难读的分析商品的部分，指的是第1版中第1章的第1节，即第2版的第1章。

为什么第1篇特别是第1章最难学呢？因为这里研究的商品是资本主义经济的细胞，身体的细胞是比已经发育了的身体更难研究的，"并且，分析经济形式，既不能用显微镜，也不能用化学试剂。二者都必须用抽象力来代替"（第8页）。

本篇内容马克思曾以"政治经济学批判（第1分册）"书名于1859年6月出版，后因写作计划的改变，又将这一部分内容修订后编入《资本论》，作为第1卷的第1篇。

第一章　商　品

1. 商品的两个因素：使用价值和价值（价值实体，价值量）

一、研究资本主义生产方式为什么从分析商品开始［本节第1段］

马克思用一句话回答这个问题，这就是因为商品在资本主义社会的财富中占了统治地位。① 对这一句话，可从以下四个方面进行分析。

1. 商品在资本主义社会的财富中占统治地位的表现

产品成为商品，历史上早已存在，资本主义生产方式的特征“不在于生产商品，而在于，成为商品是它的产品的占统治地位的、决定的性质”②。

商品在资本主义社会的财富中占统治地位表现在以下两个方面：首先，几乎所有的劳动产品都成为商品。在此以前的长时期内，劳动者生产的产品一部分由自己直接消费或留作生产资料，另外一部分被剥削者无偿占有，加以挥霍浪费，从整个社会看，作为商品与他人相交换，不占统治地位。发展到资本主义社会，情况发生了根本的变化，社会上所有的生产，几乎都是为市场需要而生产，先是将产品作为商品销售出去换回货币，再用货币去购买自己所需要的生活资料或生产资料。其次，许多非劳动产品，其中特别是劳动力也成为商品。

资本主义社会的财富就是由庞大的商品堆积而成，用化学术语来说，单个的商品成为资本主义社会财富的元素形式；用生物学术语来说，单个的商品成为资本主义社会财富的细胞形式。

2. 为什么由于商品在资本主义社会的财富中占了统治地位，我们对资本主义的研究就从分析商品入手

首先，既然商品在资本主义社会财富中占统治地位，对商品进行分析，也就是解剖了整个资本主义社会，具有普遍意义。

其次，在商品中包含着资本主义社会中一切矛盾的萌芽，分析商品的矛盾，有助于我

---

① 列宁也这样说：“在资本主义社会里，商品生产占统治地位，所以马克思的分析也就从分析商品入手。”（《列宁全集》第26卷第62页）

② 《资本论》第3卷第995—996页。

们对资本主义矛盾的揭露。

再次，商品是资本主义生产的前提和出发点，无论从历史过程上看或从理论上分析，都是这样。从商品的分析开始，也就是从劳动产品转化为商品开始，经过长期的发展过程，商品生产在社会中占据了统治地位。这种分析可以使我们认清资本主义经济的产生与发展的过程，从而揭露出资本主义的运动规律，认清资本主义社会的历史性质，即正如它的必然产生一样，最后也必然会灭亡。资本主义制度是人类社会发展过程中的一个历史阶段，而不是一个永恒的社会制度。

总之，由于商品在资本主义社会财富中占统治地位，从商品分析开始，就可以认清资本主义社会的本质和它的运动规律。

此外，从方法论上看，商品是资本主义生产方式中最简单的范畴，从而成为马克思写作《资本论》的起点。

3. 劳动力成为商品和奴隶、农奴成为商品的比较

在奴隶制社会和农奴制社会中，奴隶和农奴也是可以作为商品进行买卖的，但是它和资本主义社会的劳动力成为商品的意义大不相同：首先，在资本主义生产方式中，劳动力成为商品具有普遍意义，每个劳动者都把自己的劳动力作为商品出售，并且经常不断地进行出售，每周或每月出售一次。而在奴隶社会和农奴制社会中，奴隶主与农奴主通过各种途径（购买只是其中的一种）获得奴隶或农奴，劳动者至多进行一次出卖，沦为奴隶或农奴后，没有人身自由。他们是作为奴隶主或农奴主手中的商品进行买卖的，但是这种买卖并不具有普遍意义，也不经常进行。其次，劳动力成为商品后，劳动者所需要的生活资料不再由自己直接提供，而是全部通过市场进行购买，于是，劳动力这一非劳动产品变成商品之后，又造成了全部劳动产品变为商品，而奴隶与农奴所需要的消费资料不是通过市场购买的，奴隶与农奴是否被作为商品出售，都不改变这一情况。从以上两点比较中可以看到，劳动力成为商品不仅是资本主义社会中商品占统治地位的表现，更重要的它还是资本主义社会中商品占统治地位的原因，劳动力成为商品具有特别重要的意义。

4. 马克思在第 1 章中分析的是什么商品

在第 1 章中，马克思对商品作了历史的考察，从原始公社以物易物的商品萌芽开始，一直考察到以货币为中介的已经充分发达了的商品。从这种分析中得出的一般原理同样适用于资本主义社会中的商品，但还没有接触到资本主义社会中商品生产与商品交换的实质。

恩格斯说，“如果我们从不同的方面来考察商品，并且所考察的是充分发达了的商品，而不是在两个原始共同体之间的自然形成的物物交换中刚在艰难地发展着的商品，那么，它在我们面前就表现出使用价值和交换价值两个方面”①。有的学者根据这一段话，就认为《资本论》第 1 卷第 1 章考察的只是充分发达了的商品。什么是充分发达了的商品？有的学者认为就是资本主义商品，有的学者认为既不是资本主义的商品，但也不是原始公社时的商品。但是，我们从恩格斯的论述和本章的内容可以看到：

第一，恩格斯在这里明确指出充分发达了的商品就是能够表现出使用价值和交换价值两个方面的商品，这种商品早在原始公社制度中尤其是奴隶制社会中就已经存在了。

第二，什么是充分发达了的商品是一回事，《资本论》开始研究的是否只是充分发达

---

① 《卡尔·马克思〈政治经济学批判〉》，《马克思恩格斯选集》第 2 卷第 44 页。

了的商品又是另一回事，恩格斯说的充分发达了的商品即使指的是资本主义商品，也得不出《资本论》一开始研究的是资本主义商品的结论。何况就在上面的一段话前面，恩格斯就说："政治经济学从商品开始，即从产品由个别人或原始公社相互交换的时刻开始。"① 后来在《资本论》第3卷的序言中，恩格斯又说，"马克思在第1册的开头从被他当作历史前提的简单商品生产出发，……而不是从一个在概念上和历史上都是派生的形式，即已经在资本主义下变形的商品出发"②，"简单商品生产即资本主义前的商品生产"③。

第三，从第1章的内容上看，第1、2节中所说的小麦与铁、上衣与麻布的交换，都不是充分发达的商品交换，第3节更是明确地从最原始的产品交换谈起，即使谈到最后以货币为中介的商品交换，也不能简单地说它不是原始社会中的商品交换，因为毕竟在原始社会中就已经出现了货币，只不过还没有出现铸币这种货币形式。

作为《资本论》起点的商品，我国学术界有三种意见：资本主义商品、简单商品（对其包括的范围又有分歧，有的主张限于充分发达的简单商品）、抽象的一般商品。

二、使用价值［本节第2段—第48页末段］

共三个段落，包含有以下四点内容：

1. 什么是商品的使用价值

商品的使用价值就是"靠自己的属性来满足人的某种需要的物"（第47页），物品能够作为商品在市场上进行买卖，首先必须对人们有某种用途，或者用之于生产，或者用之于生活，包括物质生活和精神生活。

"物的有用性使物成为使用价值。……商品体本身，例如铁、小麦、金刚石等，就是使用价值，或财物。"（第48页）商品的使用价值指的是有用性的物，而不是物的有用性，即通常所说的效用。"这种有用性不是悬在空中的。它决定于商品体的属性，离开了商品体就不存在。"（第48页）物的有用性是物成为商品使用价值的条件，也是商品使用价值的表现，但不是作为商品体的使用价值本身。

在有些场合，马克思是用有用性来说明某种商品的使用价值。例如，马克思说："劳动力的使用价值即劳动本身"（第226页），"工人提供给资本家的'使用价值'，实际上不是他的劳动力，而是劳动力的职能，即一定的有用劳动，裁缝劳动，鞋匠劳动，纺纱劳动等等"（第620页）。在讲到生息资本时，马克思说："货币的使用价值是创造价值……"④这里所说的使用价值是从它的表现上说的，并不是指使用价值本身，马克思甚至对这里的使用价值加上引号，就说明了这一问题。

在马克思的著作中存在着物质的使用价值和非物质的使用价值之分。例如，他说："在提供个人服务的情况下，这种使用价值是作为使用价值来消费的，没有从运动形式转变为实物形式。"⑤"只要我作为消费者，作为收入的花费者来购买它，为的是消费它的使用价值，而不管这个使用价值是随着劳动能力本身活动的停止而消失，还是物化、固定在

---

① 《卡尔·马克思〈政治经济学批判〉》，《马克思恩格斯选集》第2卷第44页。

② 《资本论》第3卷第17页。

③ 恩格斯写给卡·考茨基的信（1884年6月26日），《马克思恩格斯全集》第36卷第169页。

④ 《资本论》第3卷第441页。另参见该卷第393页。

⑤ 1857—1858年经济学手稿，《马克思恩格斯全集》第2版第30卷第459页。

某个物中。”① 但是，作为商品的使用价值，必须是物质的使用价值。马克思指出：“使用价值是交换价值的物质基质，是交换价值的承担者。”（第 217 页）“价值只是存在于某种使用价值中，存在于某种物中。”（第 235 页）服务部门的劳动者“他们中间只有极小部分（例如厨师、女裁缝、缝补工等）生产物质的使用价值。他们不生产商品是理所当然的”②。

流行的教科书将商品的使用价值解释为商品能够满足人们某种需要的属性，用效用取代作为物的使用价值本身，这会导致将不提供物质产品的服务部门的劳动者、店员、教师、演员、医务人员、发明家等都列入商品生产者的队伍，把他们说成是和物质生产部门的劳动者一样，创造商品的价值。

河南大学的许兴亚教授曾经对区分使用价值与效用这两个概念写过文章，对人们是有启发的。

2. 使用价值的质与量

每一种有用物，都可以从质和量两个不同的角度去考察。从质的角度看，每一种有用物都有多种多样的用处，如木材可以做椅子、桌子、床、车、船，铝可以做锅、盆、窗。从量的角度看，每一种有用物都有它的量度，如长度、重量、面积、体积等。某种商品采用什么量度，一方面取决于商品本身的性质，如布用尺量长度，菜用秤称重量，另一方面也取决于人们的习惯，如稻米，或用秤称，或用斗量。

无论从质的方面或从量的方面考察，物的使用价值都会随着历史的发展而不断发展，从不知铁为何物到懂得炼铁，从制造简单农具到制造拖拉机，从懂得计算重量与长度到计算面积与体积，都有一个历史发展的过程。

商品的使用价值是不能离开商品体而独立存在的，如能够充饥的使用价值就离不开食物这种商品体，无论从质的方面或量的方面看，使用价值都受到商品体的限制。衣服只能穿在身上御寒而不能用来充饥，粮食只能用来充饥而不能御寒；一件衣服只能穿在一个人身上，不能同时穿在两个人身上。

3. 使用价值的性质

我们从马克思的许多论述中可以看到，商品的使用价值是商品的自然属性，不表现任何社会关系。

第一，马克思指出：使用价值“是商品的物质的方面”③，“不论财富的社会的形式如何，使用价值总是构成财富的物质的内容。在我们所要考察的社会形式中，使用价值同时又是交换价值的物质承担者”（第 49 页）。马克思以小麦为例说：“我们从小麦的滋味中尝不出种植小麦的人是谁，是俄国的农奴，法国的小农，还是英国的资本家。”④ 我们不能用商品的使用价值是交换价值的物质承担者这一观点去证明使用价值具有和交换价值一样的社会属性，正如同我们不能由此去证明交换价值具有和使用价值一样的自然属性。在商品经济中，使用价值“直接是表现一定的经济关系即交换价值的物质基础”⑤，只有交换价值才是经济关系，使用价值则是这一经济关系的物质基础，这里区分得十分清楚。

第二，商品的价值是在交换过程中实现的，因而体现着人与人之间的社会关系，使用

① 1861—1863 年经济学手稿，《马克思恩格斯全集》第 2 版第 33 卷第 151 页。
② 《马克思恩格斯全集》第 2 版第 33 卷第 145 页。
③ 1857—1858 年经济学手稿，《马克思恩格斯全集》第 2 版第 31 卷第 293 页。
④⑤ 1857—1858 年经济学手稿，《马克思恩格斯全集》第 2 版第 31 卷第 420 页。

价值却与此不同，“物的使用价值对于人来说没有交换就能实现，就是说，在物和人的直接关系中就能实现”（第 102 页）；“使用价值只是在使用或消费中得到实现”（第 49 页），因而体现着人与物之间的关系。有的学者认为使用价值是经过交换过程实现的，以此证明使用价值是商品的社会属性，显然，这是把使用价值和价值混淆了，在交换中，使用价值只是得到了证明。

第三，我们不能从商品的使用价值是社会的使用价值论断中得出商品的使用价值是商品的社会属性的结论。所谓社会的使用价值，是指提供给他人的使用价值，这点并不是商品的使用价值所专有，不作为商品的使用价值既可以直接供自己使用，也可以提供给他人使用（缴租、馈赠），我们不能依此区分使用价值的社会属性与自然属性。马克思以作为商品的使用价值的钻石为例，指出“使用价值虽然是社会需要的对象，因而处在社会联系之中，但是并不反映任何社会生产关系”①。

第四，英国资产阶级经济学家赛·贝利提出：“价值（交换价值）是物的属性，财富（使用价值）是人的属性。”这是颠倒了二者之间的关系。马克思引用了莎士比亚写的剧本中的台词加以讥讽：“一个人长得漂亮是环境造成的，会写字念书才是天生的本领。”

第五，商品的价值实体是看不见摸不着的，它只有在交换中，通过另一商品的使用价值形式才能表现出来，使商品价值披上一件使人看得见摸得着的外衣，由此而产生等价形式之谜。在 20 码麻布 =1 件上衣中，误认为上衣之所以能表现麻布的价值，是由于上衣这一商品的使用价值，不懂得这是由于上衣在这里是作为价值的物的承担者，它和麻布一样包含着同质的劳动，从而表现为在质上相同，在量上可以比较。一个商品的使用价值成为另一商品价值的表现形式，只能说明商品的社会关系被物的外衣掩盖，不能说明一个商品的使用价值因此而成为社会关系，否则一切社会关系都简单明了地直接表现出来，作为政治经济学的任务也就无须再通过物与物的关系，揭露被它所掩盖的人与人之间的关系，等价形式之谜也就不会产生了。一个商品的使用价值成为另一个商品价值的表现形式，绝不会由于价值是商品的社会属性，使用价值表现了这一社会属性而使本身也具有社会属性，如同不会由于使用价值是商品的自然属性，却因为它表现了商品的价值而使商品的价值具有自然属性一样。商品麻布的价值无论是用上衣来表现，或用牛、羊来表现，作为使用价值，只是一种物体，不具有社会属性。

认为商品的使用价值不仅具有自然属性，同时具有社会属性的学者援引了马克思在 1857—1858 年经济学手稿或以后修订出版的《政治经济学批判》第 1 分册中的一段话作为依据。马克思在正式出版的《政治经济学批判》第 1 分册中是这样说的：“作为使用价值的使用价值，不属于政治经济的研究范围，只有当使用价值本身是形式规定的时候，它才属于后者的研究范围，它直接是表现一定的经济关系即交换价值的物质基础。”②

这里我们要注意的是：第一，商品的使用价值进入了政治经济学的研究范围和进入政治经济学的研究对象不是一回事，研究范围比研究对象外延要广，研究对象必属于研究范围，进入研究范围未必是研究对象。而且当《政治经济学批判》第 1 分册收入《资本论》第 1 卷时，“商品的使用价值进入政治经济的研究范围”这句话也被删去了。第二，马克思认为商品的使用价值是用来表现经济关系，说明使用价值本身并不是经济关系，马克思在这里明确指出交换价值才是经济关系，而使用价值只是这一经济关系的物质基础。

①② 马克思：1857—1858 年经济学手稿，《马克思恩格斯全集》第 2 版第 31 卷第 420 页。

既然使用价值是商品的自然属性，不是政治经济学的研究对象，为什么本章一开始就提出使用价值呢？这是因为使用价值与政治经济学所要研究的商品的价值有密切关系。商品具有使用价值和价值两个规定性，使用价值“是商品的物质的方面”①，不是政治经济学的研究对象，但它却是“交换价值的物质承担者”（第 49 页）。离开了使用价值这个物质内容，交换价值就无法存在和表现。在商品交换中，使用价值本身是二重地表现出来的，同一商品，对卖者来说，表现为交换价值，对买者来说，则表现为使用价值本身。因此，在今后的研究中，始终不能离开使用价值去研究商品的交换价值。

在《资本论》第 3 卷中，马克思指出，“价值体现在使用价值中，而使用价值是创造价值的一个条件”②。

三、交换价值［第 49 页第 1 段—第 50 页末段］

（一）什么是交换价值［第 49 页第 1 段］

什么是交换价值？马克思在这里说得很简单，马克思说，“交换价值首先表现为一种使用价值同另一种使用价值相交换的量的关系或比例”（第 49 页）。例如，1 夸特小麦可以换若干磅铁，这若干磅铁便是 1 夸特小麦的交换价值，用公式表示就是 1 夸特小麦 = 若干磅铁。能不能把这句话看作是马克思对交换价值所下的定义呢？不能，如果当作定义来看，存在着以下三个问题：

第一，如果当作定义来看，这一定义是不完全的。马克思只是说“首先”如何，这说明还有“其次”、“最后”等项，在第 3 节中，我们将看到，交换价值的表现除了上述“首先”这一项外，还有其次、再次以及最后各项。交换价值首先表现为一种使用价值同另一种使用价值相交换的量的关系或比例，这指的是简单的价值形式；其次，交换价值还表现为一种使用价值同多种使用价值相交换的量的关系或比例，这就是扩大的价值形式；再次，交换价值表现为多种使用价值同一种使用价值相交换的量的关系或比例，这就是一般的价值形式；最后，交换价值表现为全部使用价值同贵金属的量的关系或比例，这就是货币的价值形式。

第二，如果当作定义来看，这一定义是肤浅的。马克思只是说“表现为”什么，那么，它的内容又是什么呢？以后的分析会告诉我们，交换价值是价值的表现形式，它所包含的内容是人类一般劳动，交换价值表现为各使用价值之间相交换的量的关系或比例，实际内容却是相互交换的各种商品中包含的一般人类劳动的量的关系或比例。

第三，如果当作定义来看，这一定义是错误的。交换价值表现为一种使用价值与另一种使用价值之间的相互关系，这是一种物与物之间的关系。但是使用价值是商品生产者的产物，不同使用价值之间的交换，实质上是不同商品生产者互相交换他们的劳动，是人与人之间的关系。在商品交换中，这种人与人之间的关系，被物与物之间的关系所掩盖。如果我们只是看到交换价值的物的外壳，看不到物的外壳所掩盖的社会关系，那就非常错误了。

为什么马克思不一开始就给交换价值下一个完整的、科学的定义呢？这是马克思写作上的一个特点，定义是死的，而客观事物却是不断发展变化着的，根据辩证法的要求，马

① 马克思：1857—1858 年经济学手稿，《马克思恩格斯全集》第 2 版第 31 卷第 293 页。

② 《资本论》第 3 卷第 925 页。

克思总是随着客观事物的运动进行分析。所以，当开始遇到交换价值这一范畴时，只是提出一个初步的、表面上的认识，随着交换历史的发展，再不断加以补充、深入，甚至否定。

为了说明交换价值，马克思开始时只是指出它是两个使用价值之间一种量的关系或比例，这是必要的。但是马克思很严格地加上“首先表现为”这一限制词，体现了马克思学说的科学性。

当我们初步了解什么是交换价值之后，接着就会提出这样一个问题：一种使用价值和另外一种使用价值相交换的量的比例是怎样确定的？我们看到，这种交换比例随着时间和地点的不同而不同，于是，给人们留下一种印象，似乎交换价值是一种偶然的、纯粹相对的东西，不是商品本身固有的和内在的。

这种印象是不正确的，商品的交换比例是有客观依据的，那么，这一客观依据是什么呢？要回答这个问题，首先要解决两种不同的商品为什么能够比较它们的数量。

（二）不同的商品能够比量是由于它们之间存在着共同物［第49页第2段—第50页第1段］

在日常生活中，我们经常进行数量上的比较（饭量、身长、体重……），从中可以发现规律性的东西，即比较数量的物体都是同质的，能够比量的必然是同质的，反之，不同质的不能比量。

两种不同的商品在交换时之所以能比较它们的数量，例如1斤棉花可以换8斤小麦，也是因为棉花和小麦之间存在着共同物，否则是不能比较它们的数量的。

不同的商品存在着共同物，可以由以下两种情况证明：

第一种情况，以扩大的价值形式为例，同一商品有许多种可以互相代替的交换价值。［第49页第2段］

例如1夸特小麦，既可以和x量鞋油交换，也可以和y量绸缎、z量金等交换。x量鞋油、y量绸缎及z量金都是1夸特小麦的交换价值，因而可以彼此代替。1夸特小麦的交换价值，既可用x量鞋油表示，也可用y量绸缎或z量金等表示。这就证明：第一，不同商品能够彼此代替作为交换价值出现，说明其中存在着一个共同物；第二，这一共同物是交换价值的内容，而不是交换价值在这里采取的各种使用价值的鞋油、绸缎、金的形式。至于这个内容究竟是什么，下一步再来说明。

第二种情况，以简单的价值形式为例，任何两种不同的商品，它们之间都可以用一个等式来表示。［第49页末段—第50页第1段］

例如小麦与铁这两种不同的商品，不管其交换比例怎样，总是可以用一个等式来表示：1夸特小麦=若干磅铁。不同的商品能够用一个等式来表示，这个事实又证明了：第一，不同的商品中存在着共同物。第二，这个共同物既不是小麦，也不是铁，而是第三种东西。正如两个不同的三角形的面积可以相互比较，是因为这两个三角形都存在着一个共同的计算公式：$\frac{1}{2}$（底×高）。

现在我们就要研究一下，商品交换中的$\frac{1}{2}$（底×高）是什么。

（三）使用价值不能作为商品交换中的共同物［第50页第2—3段］

作为商品，首先是一个有用物，具有某种使用价值，当两种产品具有相同的使用价值时，就可以进行量上的比较，如甲包棉花比乙包棉花重1倍，甲袋米比乙袋米轻一半，等等。但是，在商品交换中，使用价值总是不同质的，棉花或者同粮食相交换，或者同农具相交换，而不同棉花相交换。不同质的东西是不能比较它们的数量的，1 斤棉花 = 8 斤小麦，绝不是由于棉花比小麦的有用程度大 7 倍，棉花与小麦，各有各的使用价值，从使用价值看，一个能用来纺纱、织布，一个能用来制造糕点、味精，它们之间只存在着质的差别，不存在着量上的差别。相反，作为交换价值，商品之间只存在着量的差别，不存在质的差别，棉花与小麦的交换比例是不能用使用价值加以说明的。

（四）商品交换中的共同物只能是抽象的人类劳动［第 50 页末段］

什么是商品交换中的共同物呢？一个商品体，如果撇开它的使用价值，剩下的只能说是劳动生产物了。不仅如此，作为劳动生产物，抽去它的具体的使用形式，既不是通过木匠具体的劳动过程生产出来的家具，也不是通过织布工人具体的劳动过程生产出来的布匹，各种劳动不再有什么差别，成为一种抽象的人类劳动，这就是商品交换中的共同物了。各种商品之间之所以能按照一定的比例进行交换，就是因为存在着这个共同物。各个商品中所包含的共同物的量，决定着相互间交换的比例关系。

当我们找到商品交换的共同物之后，商品交换之间的量的比例关系如何确定这一问题，也就迎刃而解了。

马克思从交换价值入手，发现了价值实体，揭示了交换价值的本质，在此基础上提出了商品二因素和劳动二重性的理论。

抽象的人类劳动凝结在物体中，就形成了商品的价值。下面，开始对价值进行研究。

四、价值［第 51 页第 1 段—第 53 页末段］

通过上述对交换价值的分析，我们发现了价值本身。现在，先分析构成价值的实体，再分析价值量是如何决定与计量的，即先从质的方面，再从量的方面，对价值本身加以研究。

（一）价值实体［第 51 页第 1—2 段］

什么是价值实体？由于价值是存在于商品体中的，因而构成价值实体的抽象劳动，就是一种物化的或凝结的抽象劳动。在《资本论》中，马克思经常使用“对象”这个词，其涵义即物化、凝结或从一处向另一处转移。

商品的价值是抽象的，只有通过具体的交换价值才表现出来，例如 1 斤棉花 = 8 斤小麦，这个等式表明 1 斤棉花中所包含的抽象劳动量和 8 斤小麦中所包含的抽象劳动量相等，或 1 斤棉花的价值和 8 斤小麦的价值相等。我们通过交换价值的分析，发现了价值，一旦发现了价值，才认清交换价值，懂得交换价值无非就是价值的表现形式，不再停留在刚开始时对交换价值的认识。开始时我们说商品的两个因素是使用价值和交换价值，现在则应该说，商品的两个因素是使用价值和价值。

在发现了价值之后，我们还要在这一基础上，回过头再去分析作为价值形式的交换价值，但是目前我们暂时把它放在一边，留待本章的第 3 节及第 2、3 章去论述。现在我们要继续从量的方面研究一下价值。

（二）价值量［第 51 页末段—第 53 页末段］

当我们说一个商品的价值如何时，实际上说的是这个商品的价值量如何。

在商品交换中，例如棉花和小麦的交换，作为商品的价值即人类劳动的凝结，都是同质的，差别只是发生在量的方面。1 斤棉花和 1 斤小麦的价值量是不同的，并且随着生产的发展而不断变动。现在首先研究价值量是怎样决定的，其次再研究价值量是怎样变动的。

1. 个别劳动时间和社会必要劳动时间——价值量的决定［第51页末段—第52页末段］

既然形成价值的实体是劳动，价值量就必然根据劳动量计量。劳动量是以劳动时间计量的，而劳动时间又是以小时、日等作为尺度进行计量的。

现在的问题是，是否一个人越懒、越不熟练，使用的生产工具越落后，从而生产同样的商品，比别人花去的劳动时间更长，他的商品的价值也就越大呢？不是，价值量的确定，不是根据个别劳动者的劳动时间，而是根据社会必要劳动时间。

什么是社会必要劳动时间？马克思说："社会必要劳动时间是在现有的社会正常的生产条件下，在社会平均的劳动熟练程度和劳动强度下制造某种使用价值所需要的劳动时间。"（第52页）这里包含两个要素，一个是"现有的社会正常的生产条件"，这主要是对生产资料方面的要求；另一个是"社会平均的劳动熟练程度和劳动强度"，这是对劳动者提出的要求。下面对这两个要素分别说明一下。

先说"现有的社会正常的生产条件"，这一要素包括许多具体内容：第一，必须是中等的技术装备水平，"如果纺纱机在纺纱业中是社会上通用的劳动资料，那就不能让工人使用手摇纺车"（第228页），因为这时的价值是按照操作纺纱机的工人劳动时间计算的；第二，原材料的质量符合标准，仍以纺纱为例，"他所用的棉花也应该是正常质量的棉花，而不应该是经常断头的坏棉花"（第228页）；第三，每件商品所消耗的生产资料符合社会平均水平，"如果纺1磅纱只需要1磅棉花，那么，纺1磅纱就只应当消耗1磅棉花，纱锭也是这样。如果资本家异想天开，要用金锭代替铁锭，那么在棉纱的价值中仍然只计算社会必要劳动，即生产铁锭所必要的劳动时间"（第220页）。

再说"社会平均的劳动熟练程度和劳动强度"。如果说，上一要素要求生产有正常的条件，现在这一要素要求劳动者是"正常质量的劳动力"（第228页），即"劳动力在它被使用的专业中，必须具有在该专业占统治地位的平均的熟练程度、技巧和速度"（第228页）。而且，"这种劳动力必须以通常的平均的紧张程度，以社会上通常的强度来耗费"（第228页）。这里要注意的一点是，马克思在这里未提到技术水平问题，把这个问题放到下一节中去论述，这是有原因的。

对社会必要劳动时间有三种说法，一种说法是生产某种商品的社会平均劳动量，一种说法是在中等条件下生产某种商品所需要的劳动量，第三种说法是大多数人生产某种商品所消耗的劳动量。在一般情况下，这三种说法是一致的。

商品价值量是由社会必要劳动时间决定，而不是个别劳动时间决定，对于商品生产者的生存与发展具有决定性意义。"价值由劳动时间决定这同一规律，既会使采用新方法的资本家感觉到，他必须以低于商品的社会价值来出售自己的商品，又会作为竞争的强制规律，迫使他的竞争者也采用新的生产方式。"（第370—371页）。

2. 劳动生产力与价值量的关系——价值量的变动［第53页末段］

商品价值量由生产该商品的社会必要劳动时间决定，社会必要劳动时间又随劳动生产力的变动而变动。

什么是劳动生产力？马克思说："劳动生产力是由多种情况决定的，其中包括：工人的平均熟练程度，科学的发展水平和它在工艺上应用的程度，生产过程的社会结合，生产资料的规模和效能，以及自然条件。"（第53页）从概念上说，劳动生产力和劳动生产率是有区别的。劳动生产力是劳动生产的能力，是内在的因素。劳动生产率是劳动生产的效率，是劳动生产力的表现。劳动生产率的高低，除取决于劳动生产力外，还受对生产力的组织、运用与发挥以及自然条件等方面的影响。在这里，马克思对劳动生产力和劳动生产率在概念上并未严格区分。

有的学者考证，在德文中，马克思用复数的生产力代表上述包括诸因素（主观因素与客观因素，社会因素与自然因素）的劳动生产力。单数的生产力代表劳动生产率。

马克思在研究价值量时之所以要谈到劳动生产力，是因为一件商品的价值量，决定于投入该商品的社会必要劳动量，而社会必要劳动量又随整个社会的劳动生产力的变动而变动。劳动生产力的不断提高，会引起单个商品中所包含的劳动量的不断减少以及价值量的相应下降，因此，“商品的价值量与实现在商品中的劳动的量成正比地变动，与这一劳动的生产力成反比地变动”（第53—54页）。

五、使用价值与价值的关系［第54页第1段］

使用价值与价值，是商品不可缺少的两个因素。凡是作为商品出现在市场上的，首先必须具有某种使用价值，如果是无用之物，就不会有什么价值，也就不成其为商品。但是也并非所有有用之物均有价值，从而作为商品出现在市场上。例如以下三种情况，一物虽有使用价值，但没有价值，不能成为商品。第一种情况，未经人类劳动开采和加工过的自然物，如空气、处女地、天然草地、野生林等等；第二种情况，虽经人类的劳动开采加工，但却“自产自消”，不提供给别人；第三种情况，将劳动生产物作为礼品或租税无偿地给予他人。作为商品的使用价值必须是通过交换的方式转移到他人手中的劳动生产物。由此可见，要成为商品，首先必须是通过交换提供给他人的有用的劳动产品，它具有使用价值和价值两个因素。

2. 体现在商品中的劳动的二重性

商品具有二因素——使用价值与价值；生产商品的劳动也具有二重性——具体劳动与抽象劳动。使用价值是由具体劳动形成的，价值是由抽象劳动形成的。这个理论是马克思首先提出来的，它是“理解政治经济学的枢纽”（第55页），因而成为马克思对政治经济学的一个重要贡献。

劳动的二重性是通过商品的交换关系表现出来的。假定1件上衣=20码麻布，商品上衣首先是一个使用价值，它是通过裁缝的具体劳动创造出来的，但是它能够按照一定的比例与麻布相交换，是因为无论是生产上衣或麻布，都是人类劳动的生产物，从而能够在量上进行比较。作为一般的人类劳动，又是抽象的。

下面对具体劳动和抽象劳动分别进行研究。

一、具体劳动［第55页第2段—第56页末段］

（一）什么是具体劳动［第55页第2段］

具体劳动是生产某种使用价值的有用性劳动，它具有一定的目的、操作方式、对象、手段和结果。

以生产上衣为例，上衣这种商品本身就告诉我们它是由裁缝最后生产出来的，裁缝在生产上衣时，事先就有明确的目的（生产上衣），并准备好特定的生产工具（剪刀、尺、缝衣针等）和原材料（布、线、扣等），按照特定的操作方式（丈量、裁剪、缝、熨等），最后得到预期的成果（上衣）。

（二）商品交换中具体劳动的质［第 55 页第 3 段］

在商品交换中，从使用价值上看，总是不同质的，上衣不会和上衣相交换，而是和麻布或其他使用价值相交换。从具体劳动上看也同样如此，生产上衣的劳动不会和生产上衣的劳动相交换，而是和另一种性质的具体劳动相交换。

只有同质的东西才能进行量的比较，上衣可以和上衣比量，麻布可以和麻布比量。但在商品交换中，上衣不会和上衣相交换，麻布也不会和麻布相交换，互相交换的总是不同质的使用价值和具体劳动，因而不论从使用价值上还是具体劳动上看，是不能说明商品交换中的比例关系的。

（三）具体劳动的作用［第 55 页第 4—末段］

具体劳动有两方面作用：

第一，具体劳动形成商品二因素之一的使用价值。

马克思说："每个商品的使用价值都包含着一定的有目的的生产活动，或有用劳动。各种使用价值如果不包含不同质的有用劳动，就不能作为商品互相对立。"（第 55—56 页）

由于使用价值是价值的物质承担者，作为价值实体的抽象劳动总要凝结在一个有用物体中，否则就不能存在。没有具体劳动所生产的使用价值，也就没有抽象劳动所创造的价值。

从劳动生产率和商品价值量的相互关系中，我们知道，单位时间内具体劳动生产的使用价值量和单个商品中包含的价值量成反比。从个别生产者来看，单位时间生产的价值量和他的具体劳动的生产率成正比。

往后我们还会知道，具体劳动虽不能创造价值，但却由于它生产了商品的使用价值，因而能够将生产过程中所消耗的生产资料价值保存下来，并转移到新的产品中去，这是价值形成过程中不可缺少的一个组成部分。

第二，商品生产条件之一的社会分工是不同质的具体劳动不断发展的结果。

商品生产就是为了交换而进行的生产，形成商品生产的条件有二：首先是社会分工，即各自生产不同的使用价值，如果一切生活必需品都由自己来生产，就不会有商品交换和商品生产。其次，存在着"独立的互不依赖的私人劳动"（第 55 页），"彼此承认对方是私有者"（第 103 页），"彼此当作那些可以让渡的物的私有者，从而彼此当作独立的人相对立……彼此当作外人看待"（第 107 页）。社会分工是商品生产存在的条件之一，但不是唯一的条件，马克思说："在古代印度公社中就有社会分工，但产品并不成为商品。"（第 55 页）社会分工只是"一切商品生产的一般基础"（第 406 页）。

不同质的具体劳动最先存在于同一个人身上，既种田，又织布。随着生产的发展，各种不同质的具体劳动都独立出来，形成一个又一个的生产部门，出现了社会分工。

（四）具体劳动的意义［第 56 页第 1—2 段］

具体劳动是形成商品使用价值的有用劳动，不论是什么社会什么人，都需要有各种有用物，从而需要有生产各种有用物的具体劳动，"因此，劳动作为使用价值的创造者，作为有用劳动，是不以一切社会形式为转移的人类生存条件，是人和自然之间的物质变换即人类生活得以实现的永恒的自然必然性"（第 56 页）。人和自然界是怎样进行物质变换的呢？人把自己具体的有用劳动投到自然界去，如种田，人的劳动与自然界相结合就产生了粮食，人们吃了粮食，又把自然界的物质吸收到人体中，这种物质变换循环不已，使人类得以生存下去。

这里必须注意的是，使用价值的源泉不仅来自劳动，还来自自然界。粮食是劳动与土地相结合的产物，铁器的生产除劳动外，还因为自然界存在着铁矿、煤矿等等。但是，作为使用价值的创造者只能是劳动，自然界虽是使用价值的源泉，但不能创造使用价值。

自然界对创造使用价值的具体劳动的作用表现在以下几个方面：第一，自然界和具体劳动一起共同构成使用价值的源泉。马克思在批判哥达纲领草案中所说的“劳动是一切财富和一切文化的源泉”这句话时就指出，“劳动不是一切财富的源泉。自然界同劳动一样也是使用价值（而物质财富就是由使用价值构成的！）的源泉”①。使用价值无一能离得开自然界，没有自然界就没有使用价值。第二，没有自然界，人类就不能生存，劳动也就不能维持下去，马克思在《哥达纲领批判》中就说过：“劳动本身不过是一种自然力即人的劳动力的表现”②，因而，没有自然界，不仅没有劳动所创造的使用价值，也没有创造使用价值的劳动。第三，自然物的性质规定了劳动的具体性质。如自然物是铁矿，决定了人们进行开采和冶炼的劳动，自然物是鱼虾，决定了人们进行捕捞和养殖的劳动。这一问题还可以从另一方面去理解，自然物的性质决定着使用价值的性质，利用铁矿生产的使用价值含铁，利用金矿生产的使用价值含金，通过人们具体劳动所能改变的只是使用价值的形态或转化物。第四，人们在进行具体劳动时还要经常依赖自然力的帮助，如阳光、雨水、河流等等。

二、抽象劳动［第 57 页第 1 段—第 59 页末段］

（一）作为价值实体的抽象劳动是怎样形成的［第 57 页第 2 段—第 58 页末段］

在 1 件上衣 =20 码麻布中，引起我们注意的首先不是它们之间的量的比例如何，而是两种不同的商品为什么能够比较它们的量，出现上衣 = 麻布这个不可思议的日常现象。显然，在上衣和麻布之间存在着共同物，即它们都是“无差别的人类劳动的单纯凝结”（第 51 页）。这种无差别的人类劳动即抽象劳动，构成价值的实体，价值就是抽象劳动的凝结物。各种不同的商品在交换中能够彼此代替，彼此相等，正是由于它们都是这种价值实体构成的。

但是，在现实生活中，我们所见到的劳动却是千差万别的。它们首先在质的方面各不相同，缝和织只是其中的两种；其次，在劳动力的发展程度上也各不相同，有的从事复杂劳动，有的从事简单劳动。现在的问题是这种千差万别的不同质的、不同发展程度的劳动，怎样形成一个无差别的、抽象的一般人类劳动呢？

首先，抽去和撇开各种具体劳动的特殊性质（有用形式）。

上衣与麻布的交换，是两种不同质的具体劳动相互之间的交换，在劳动形式与有用性质上是各不相同的。上衣的劳动形式是缝，它的有用性质在于能缝出供人穿的上衣。麻布的劳动形式是织，它的有用性质在于能织出缝衣用的麻布。但是不管缝与织在劳动形式与有用性质上怎样不同，作为人类劳动，二者都是人的脑、肌肉、神经、手等的生产耗费，只要我们撇开和抽去各种具体劳动的特殊性质，就可以发现这种构成价值实体的无差别的人类劳动。

---

①② 《马克思恩格斯选集》第 3 卷第 298 页。

把不同质的具体劳动看作是同质的抽象劳动的不同表现形式，这不是马克思主观想象出来的。在现实生活中，以下两种情况说明了各种具体劳动都可以看作是人类一般劳动的不同表现形式：第一种情况，在自给自足的经济条件下，同一个人有时织布，有时缝上衣；第二种情况，在社会分工的条件下，例如在资本主义社会，总会有一部分人变换他们的劳动形式，开始当织布工人，不久被资本家解雇了，又去当缝衣工人，尽管在变换劳动形式时会发生一些摩擦（有一个重新学习的过程，而不能立即变换），但劳动形式的变换是不可避免的。

其次，把复杂劳动折合为若干倍的简单劳动。

商品生产中的劳动，除了存在质的差别以外，还存在着劳动力发展程度上的差别。例如生产鞋的劳动和放羊的劳动，就有复杂与简单之分。既然形成价值实体的劳动是无差别的人类劳动，就要将简单劳动和复杂劳动换算成无差别的一般劳动。

那么如何进行这种转换呢？这首先要弄明白什么是简单劳动和复杂劳动。简单劳动与复杂劳动的差别是由劳动力发展程度的不同而引起的，简单劳动是没有受过专门训练，因而没有任何专长的普通劳动者在生产商品时所花费的劳动，复杂劳动是受过专门训练的有专长的劳动者在生产商品时所花费的劳动。具体确定哪一种劳动属于简单劳动，哪一种劳动属于复杂劳动，随着生产力的发展，在不同时代和不同国家里是不同的。在不发达国家里被看作是复杂劳动，在发达国家里则可能被看作是简单劳动；十年前是复杂劳动；十年后又变成简单劳动，即使是复杂劳动，也还有程度上的差别。

既然简单劳动是居大多数的普通人的劳动，就应该使复杂劳动转换为简单劳动，既然复杂劳动是劳动力有较高程度发展的劳动，复杂劳动转换成简单劳动时，就应折合为简单劳动的若干倍。例如在计算价值量时，放羊的劳动 1 小时，价值量也是 1 小时，而生产鞋的劳动 1 小时，价值量则是 2 小时甚至更多小时。这种折合的比例，并不是由谁加以计算之后确定下来，而是在生产者背后自发确定的。

具体劳动是不同质的，它形成商品的使用价值，抽去它们特殊的质，就成为同质的人类一般劳动——抽象劳动，构成了商品价值的实体。

（二）抽象劳动的量对价值量的决定作用［第 59 页第 1—末段］

从质的方面看，抽象劳动就是无差别的人类劳动，它构成了商品价值的实体；从量的方面看，抽象劳动的量决定着商品的价值量。

1. 抽象劳动量决定价值量［第 59 页第 1—2 段］

上衣和麻布之间交换的比例是由上衣和麻布各自的价值量决定的，而价值量又是由劳动量决定的，不过这种劳动量不是有质的区别的具体劳动的量，而是没有质的区别的抽象劳动的量。具体劳动回答的是怎样劳动和什么劳动，在商品交换中，具有意义的是它的质的区别。抽象劳动回答的是劳动多少，劳动时间多长，在商品交换中，具有意义的是它的量的区别。

2. 劳动生产力与价值量的关系［第 59 页第 3—4 段］

在上面马克思已指出过："商品的价值量与实现在商品中的劳动的量成正比地变动，与这一劳动的生产力成反比地变动。"（第 53—54 页）当劳动生产力提高之后，一方面，从使用价值上看，在质的方面没有变化（具有同样的效用），在量的方面会得到增加，使用价值量的增加与劳动生产力的提高是成正比的。另一方面，从价值上看，不论生产力怎样变化，只要是社会必要劳动，在同样的劳动时间内，创造的价值量是不变的，但是单个商品中所包含的价值量却会随着劳动生产力的提高而减少，二者成反比。随着劳动生产力的不断提高，一方面是使用价值量的不断增加，另一方面是单个商品中价值量的不断减少，形成一个对立的运动。

这种对立的运动是由商品中劳动的二重性引起的，因而也只有用马克思创立的劳动二重性学说才能加以解释。

生产力始终是有用的具体的劳动生产力，属于具体劳动范畴。具体劳动是不能创造价值的，因而无论劳动生产力怎样变化，同一劳动（社会必要劳动）在同样的时间内创造的价值量总是相同的。但是，同一劳动（社会必要劳动）在同样的时间内生产的使用价值量，却会随着劳动生产力的变动而发生同方向同比例地变动。同一时间或单位时间创造的价值量不变，同一时间或单位时间生产的使用价值量发生了变化，从而引起单个商品的价值量发生变化。同一时间或单位时间生产的使用价值量越多，单个商品的价值量就越少，单个商品的价值量和单位时间的使用价值量成反比，从而使单个商品的价值量和劳动生产力的变动成反比。

以鞋的生产为例，我们首先假定生产鞋的劳动是简单劳动，并假定原来多数鞋的生产者每小时生产 2 双鞋（包括制鞋用的生产资料生产时间在内），每双鞋的价值量为半小时。现在劳动生产力普遍提高 1 倍，多数鞋的生产者每小时生产 4 双鞋，每双鞋的价值量降为$\frac{1}{4}$小时，但现在 4 双鞋的价值总量仍和原来 2 双鞋一样，仍为 1 小时。

对上述例子可列表如下：

劳动生产力	劳动时间	使用价值量	单个商品价值量	单位时间价值量
以前	1 小时	2 双鞋	半小时	1 小时
现在	1 小时	4 双鞋	$\frac{1}{4}$小时	1 小时

表中所列前后对比的劳动时间都是属于同一劳动（社会必要劳动）下的同样时间（用单位时间 1 小时来表示），如果不是同一劳动，例如，和原来一般水平相比较，王某的劳动生产力高出 2 倍，每小时生产 6 双鞋，丁某的劳动生产力降低$\frac{1}{2}$，每小时生产 1 双鞋，情况就会发生很大变化，这里可用下表进行补充说明。

<table>
<tr><th colspan="2">劳动生产力</th><th>劳动时间</th><th>使用价值量</th><th>单个商品价值量</th><th>单位时间价值量</th></tr>
<tr><td colspan="2">以前</td><td>1 小时</td><td>2 双鞋</td><td>半小时</td><td>1 小时</td></tr>
<tr><td rowspan="3">现在</td><td>大多数</td><td>1 小时</td><td>4 双鞋</td><td>$\frac{1}{4}$小时</td><td>1 小时</td></tr>
<tr><td>王某</td><td>1 小时</td><td>6 双鞋</td><td>$\frac{1}{4}$小时</td><td>$1\frac{1}{2}$小时</td></tr>
<tr><td>丁某</td><td>1 小时</td><td>1 双鞋</td><td>$\frac{1}{4}$小时</td><td>$\frac{1}{4}$小时</td></tr>
</table>

王某和丁某的劳动是与同一劳动不相同的个别劳动，不论其劳动生产力如何变动，他

们所生产的鞋中所包含的价值量和大多数鞋的生产者所生产的鞋的价值量一样，下降$\frac{1}{2}$。但是，少数高于或低于一般劳动生产力水平的生产者的劳动生产力水平的变动，会引起单位时间或同样时间价值量的变动。少数生产者的劳动生产力越是高出平均水平，单位时间或同样时间生产的价值量就越多，反之就越少。"生产力特别高的劳动起了自乘的劳动的作用，或者说，在同样的时间内，它所创造的价值比同种社会平均劳动要多。"（第370页）

有的学者将马克思所说的"同一劳动"解释为抽象劳动，这种解释不能说明上表中的王某和丁某的具体劳动转化为抽象劳动后，在同样时间内却和大多数生产者生产出不相同的价值量。

在进一步研究劳动生产力的变动和价值量的变动的关系中，我们还应该对劳动生产力和价值量这两个方面进行具体的分析。从劳动生产力方面看，包括各个生产部门少数生产者劳动生产力的变动、直接生产部门中的大多数生产者劳动生产力的变动、某些或一切有关生产部门劳动生产力的变动，这三种不同的劳动生产力的变动对商品价值量的作用是各不相同的。从商品价值量方面看，既存在原有的生产资料价值部分的变动和新创造的价值部分的变动的区别，又有单个商品价值量的变动和单位时间或同一时间价值量的变动的区别。劳动生产力的三种变动情况对商品的价值量的各个组成部分和各种表现的影响又是各不相同的，必须进行各种排列组合，才能进行具体深入的研究。

随着劳动生产力的不断提高，商品价值量会越来越下降，任何生产者如不努力改进技术，就会使自己产品的个别价值越来越高于社会价值，耗费的劳动难以得到补偿，无法继续生存下去。这种发展趋势将迫使每个生产者都努力提高技术水平，促使生产的迅速发展。

随着劳动生产力的提高，一方面，同样时间内所生产的使用价值总量越来越多，另一方面，单个商品中所包含的价值量却越来越少，引起商品生产中价值和使用价值对立的运动，这是商品经济中的一大矛盾。在资本主义社会，商品价值量的减少会引起劳动力价值的下降，马克思指出，"劳动生产率的提高会降低劳动力的价值，从而提高剩余价值"（第595页）。

在本节最后一段，马克思对本节内容作了一个小结，说明了劳动二重性的二重作用，即具体劳动生产使用价值，抽象劳动生产价值。

这里值得我们注意的一个问题是，在第一节对商品二因素分析中已经论述了价值量，包括价值量的决定和价值量的变动，为什么在第2节对劳动二重性的分析中又一次论述价值量的问题？为什么把简单劳动和复杂劳动放在第2节中去分析？这是由于只有揭示了生产商品的劳动的二重性，才能建立科学的价值理论。第1节告诉我们商品价值量取决于社会必要劳动量，但是这个社会必要劳动量又是什么劳动量呢？这个问题在第2节中得到进一步回答。第1节还告诉我们商品的价值量变动和劳动生产力的变动成反比，但为什么会成反比呢？这个问题也要在第2节中揭示了劳动二重性学说之后才能回答。在第1节中所说的社会必要劳动时间是根据某一种商品在生产时所耗费的劳动时间来确定的，这只能是初步确定，要进一步确定，还要在不同的商品之间比较生产者的技能上的差别，于是提出简单劳动和复杂劳动问题。某种商品生产劳动是简单劳动，另一种商品生产劳动是复杂劳动，不同商品包含的劳动是不同的具体劳动，在计算价值量时就必须将各种不同的具体劳动还原为一般的抽象劳动，这个问题也只有在第2节中才能加以解决。复杂劳动折合为若干倍的简单劳动，这是对第一节提出的社会必要劳动时间内容的一个重要补充，说明社会必要劳动时间是以简单劳动者的单位劳动时间进行计量。

3. 价值形式或交换价值

马克思曾指出过，"这部分对全书来说是太有决定意义了"①。在本节开头的4小段中，马克思先已交代了在第1节中已研究过的价值形式即交换价值，现在为什么又重新加以研究？

这个问题要从商品的两种表现形式说起。

商品有二因素：使用价值和价值。与此相应的是，商品也有两种表现形式：使用价值形式和价值形式。使用价值是以它的商品体形式即自然形式出现在我们面前的，我们可以看到它和摸到它。商品的价值却不然，"在商品体的价值对象性中连一个自然物质原子也没有"（第61页），对一个商品无论怎样翻转它，也不会看到和摸到价值的存在，这是因为商品的价值纯粹是一种社会关系，价值形式是商品的社会形式，商品中所包含的价值只有在商品同商品的交换关系中表现出来。所以，要研究价值，必须分析价值形式，不分析价值的表现形式，就无法认识价值。

在本节第2段一开头，马克思提到了"快嘴桂嫂"，这是莎士比亚在《亨利四世》剧本中出现的一个人物，叫瞿克莱夫人，她说了这样一句话："你们谁都知道我是个老老实实的女人，从来不会藏头盖脸的。"马克思用这个典故说明价值形式不同于瞿克莱夫人，很难被人识别。

在本节中所要研究的价值形式和第1节中所研究过的价值形式是不同的。首先，研究的目的不同。在第1节中对价值形式的研究是为了通过交换价值找到价值，进而研究价值实体和价值量，现在的目的是通过对价值形式的研究，揭开商品的内在矛盾及其发展，进而说明货币的起源与本质，揭开货币之谜。其次，研究的内容也不同。在第1节中，虽然提到了简单的价值形式和扩大的价值形式，因为其目的是为了找到价值，所以，对交换价值的研究还没有展开，就转到价值本身上去了。现在则从简单的价值形式开始，对价值形式的分析系统地展开，因为只有这样才能揭开商品的内在矛盾及其发展，揭开货币之谜。从事这方面的研究是马克思对政治经济学理论上的重大贡献，资产阶级经济学者从来没有这样去做过。

马克思是从最简单的价值关系，即一个产品同另一个不同的产品之间的交换关系入手展开他的研究的。

A. 简单的、个别的或偶然的价值形式

20码麻布 = 1件上衣

（1）价值表现的两极：相对价值形式和等价形式

本小题共包括5段话，可分为以下四个问题。

---

① 马克思写给恩格斯的信（1867年6月22日），《马克思恩格斯全集》第31卷第311页。

一、分析简单价值形式的意义及其困难［第1段］

20码麻布 =1件上衣，在日常生活中这是极其平常的现象，这种价值形式早在第一次社会大分工以前就存在，但对认识以后历史上出现的一切价值形式，包括货币形式在内，都有着重要意义，因为“一切价值形式的秘密都隐藏在这个简单的价值形式中”（第62页）。马克思在1867年6月22日写给恩格斯的一封信中更具体地指出：“经济学家先生们一向都忽视了这样一件极其简单的事实：20码麻布 =1件上衣这一形式，只是20码麻布 =2英镑这一形式的未经发展的基础，所以，最简单的商品形式——在这种形式中，商品的价值还没有表现为对其他一切商品的关系，而只是表现为和它自己的天然形式不相同的东西——就包含着货币形式的全部秘密，因此也就包含着萌芽状态中的劳动产品的一切资产阶级形式的全部秘密。”①

但是也正因为现在所研究的是简单的价值形式，价值形式的秘密都隐藏在其中，没有充分展开，因此在分析它时又会遇到很大的困难。

二、简单价值形式两端商品在价值表现中的不同作用［第2段］

在20码麻布 =1件上衣这个简单的价值形式中，麻布的价值是通过上衣的使用价值相对地被表现出来，是价值被表现的商品，在价值表现中起主动作用，处于相对价值形式的位置上。上衣是作为表现麻布这一商品价值的材料，上衣用它的使用价值表现麻布商品的价值，是表现价值的商品，处于等价形式位置上，在价值表现上起被动的作用。

三、相对价值形式和等价形式的相互关系［第3—4段］

马克思指出：“相对价值形式和等价形式是同一价值表现的互相依赖、互为条件、不可分离的两个要素，同时又是同一价值表现的互相排斥、互相对立的两端即两极；这两种形式总是分配在通过价值表现互相发生关系的不同的商品上。”（第62页）

它们是不可分离的，没有相对价值形式，即没有需要被表现价值的商品，也就没有用来表现这一价值的商品，即等价形式。反之，如果没有用来表现价值的商品，即等价形式，另一种商品的价值就没法表现出来，从而也就没有相对价值形式。

但是它们又是互相排斥的，即“同一个商品在同一个价值表现中，不能同时具有两种形式”（第63页），一个商品在同一个价值表现中，如果以相对价值形式出现，就不能再以等价形式出现，反之亦然。因为一个商品要出现在两种价值形式上，只有以下两种情况：第一种情况，20码麻布 =20码麻布。从表面上看，似乎同一个商品在同一个价值表现中，既处于相对价值形式上，又处于等价形式上。但实际上这个公式根本不能成立，因为麻布的价值不能用麻布本身来表现，它只能相对地表现在另一种商品的使用价值上，因而在这个等式两端中的任何一端既不是相对价值形式，也不是等价形式。第二种情况，20码麻布 =1件上衣，1件上衣 =20码麻布。在前一个等式中，麻布是相对价值形式，上衣是等价形式，在后一个等式中，上衣是相对价值形式，麻布是等价形式，同一商品麻布或上衣，就具有两种不同的价值形式。但是同一商品是在两个不同的价值表现中才具有两种不同的价值形式，在同一价值表现中，或者是20码麻布 =1件上衣，或者是1件上衣 =20

① 《马克思恩格斯全集》第31卷第311页。

码麻布，同一个商品却不能同时具有两种价值形式，既是相对价值形式，又是等价形式。

四、相对价值形式和等价形式的确定［第 5 段］

一个商品究竟是处于相对价值形式还是等价形式，这完全取决于它在价值表现中所处的地位。如果它是价值被表现的商品，那就是处于相对价值形式，如果它是表现价值的商品，那就是处于等价形式。

下面，马克思对相对价值形式和等价形式分别进行研究。

（2）相对价值形式

（a）相对价值形式的内容

一、相对价值形式的内容是凝固状态的抽象人类劳动［第 63 页末段—第 65 页末段］

20 码麻布 =1 件上衣，是价值关系中最简单的表现形式，在这一价值形式中，麻布处于相对价值形式上，上衣处于等价形式上。首先一个问题是麻布这个相对价值形式的内容是什么？从麻布本身看，是找不出相对价值形式的内容的，因为麻布并不是这一内容的表现形式，我们必须从麻布和其他商品的关系中去找，20 码麻布 =1 件上衣就是这种关系的最简单的表现，马克思透过这一表现形式，逐步深入下去，终于找到在这一表现形式中隐藏着的相对价值形式的内容。

（一）两种不同的商品为什么能在量上进行比较［第 63 页末段—第 64 页第 1 段］

在 20 码麻布 =1 件上衣的价值关系中，20 码麻布的价值表现为 1 件上衣，资产阶级学者只注意麻布和上衣之间在量上的相等，忽略了这一价值关系的基础是麻布 = 上衣，不懂得麻布和上衣只有作为同质的东西才能进行量上的比较。

那么，这个同质的东西又是什么呢？

（二）价值是商品交换中的共同质［第 64 页第 2 段］

麻布和上衣同质的东西是什么？要解决这一问题，先要了解一下麻布的价值是怎样表现的。麻布的价值不能用麻布自身来表现，而是通过另一种商品例如上衣来表现。在 20 码麻布 =1 件上衣中，一方面，上衣是作为价值的存在形式和价值物起作用的，因为上衣如果不是价值物，就不能用来表现麻布的价值。另一方面，麻布也作为价值物出现了，因为麻布如果不是价值物，就不能用上衣作为自己的等价物。

那么，这个同质的价值物，它的内容又是什么呢？

（三）相对价值形式的内容是凝固状态的抽象人类劳动［第 64 页末段—第 65 页末段］

在商品交换中，具体劳动是不同质的，它形成使用价值。抽象劳动是同质的，它形成价值。缝与织两种具体劳动之所以能够比较它们的数量，是因为缝与织作为一般的人类劳动，是同质的，构成价值内容的正是这种同质的抽象人类劳动。

但是抽象劳动有两种状态，一种是正在进行中的流动状态，是一种活劳动，它形成价值，但本身并不是价值；另一种是已转移到物体上（对象性），处于凝固状态，这种物化了的抽象劳动才成为价值。

二、相对价值形式的内容是怎样表现出来的［第 66 页第 1 段—第 66 页第 3 段］

马克思从简单价值形式中找到了相对价值形式的内容之后，又回过头探讨了这一内容是通过什么形式表现出来的。我们已经知道，麻布的价值是通过另一商品体上衣表现出来的，现在我们的注意力就要由麻布转移到上衣，研究上衣是怎样表现麻布的价值的。

（一）麻布的价值通过上衣的自然形式表现出来［第 66 页第 1 段］

在 20 码麻布 =1 件上衣中，明显看出麻布的价值是被上衣表现出来的，但是被上衣的什么东西表现出来的呢？上衣作为商品，同样包含价值与使用价值两个因素，表现麻布价值的不是上衣的价值，而是上衣的使用价值，因为上衣如同麻布一样，不能表现自己的价值。如果上衣能表现上衣本身的价值，麻布也能表现麻布本身的价值，那么无须用上衣来表现麻布的价值了。使用价值是以商品本身的自然形式出现的，可见，麻布的价值是被另一商品体的自然形式表现出来的，或者说，上衣用自己的自然形式去表现麻布的价值。

（二）上衣为什么能表现麻布的价值［第 66 页第 2 段］

上衣不是用自己的价值去表现麻布的价值，但它能够用来表现麻布的价值，是因为它自己是价值承担者。上衣的价值对象性是极其隐蔽的，即使把它穿破也看不出来，但不能躲过麻布的眼睛，尽管上衣把它的衣扣扣紧，麻布还是能把它认出来，麻布用它和上衣的相等，把上衣的秘密暴露了出来。

（三）上衣在价值表现中的作用［第 66 页第 3 段］

上衣在价值表现中起着价值形式的作用，即上衣通过和麻布的相等，用自己的自然形式表现出麻布的价值，使麻布具有一个和自己的自然形式不同的价值形式。

三、小结［第 66 页末段—第 67 页第 1 段］

上述对相对价值形式的分析，使我们认识到：第一，相对价值形式的内容是凝固状态的抽象人类劳动；第二，相对价值形式的内容通过另一商品的自然形式表现出来。

这两点认识是由麻布和上衣的交换告诉我们的。首先，麻布和完全不同的另一商品上衣相等，告诉我们二者都是同质的抽象人类劳动；其次，麻布把上衣作为自己的价值形式，这又告诉我们麻布的价值不能由麻布自身表现出来，而要由另一商品的自然形式表现出来。

商品 B（上衣）的自然形式，成为商品 A（麻布）的价值形式，商品 A（麻布）的价值就得到了相对的表现，这种价值的表现形式，就是相对价值形式。

以上是对相对价值形式质的方面进行了研究，下面将转向相对价值形式量的方面的研究。

（b）相对价值形式的量的规定性

处在相对价值形式位置上的商品麻布，不仅是人类劳动凝结物，而且是一定量的人类劳动凝结物。因此，作为价值形式的商品上衣，不仅表现了商品麻布价值的质的方面，而且表现了商品麻布价值的量的方面。现在要问：相对价值形式的量是怎样规定的呢？

相对价值形式的量的规定有它的规律性。在 20 码麻布 =1 件上衣的等式中，首先，由于麻布的价值量是相对地表现在另一个商品上衣的自然形式上，这种价值量的表现就不仅会随着麻布价值量的变化而变化（二者成正比），而且还会随着上衣价值量的变化而变化（二者成反比）。其次，麻布和上衣的价值量是随着劳动生产力的变化而变化的。

如以 A 代表麻布，B 代表上衣，麻布的价值量的表现受劳动生产力的变化的影响而有以下四种情况：

Ⅰ. 在商品 B（上衣）的价值量不变时，商品 A（麻布）的价值量表现（即相对价值量）和商品 A（麻布）本身的价值量的变化成正比。

Ⅱ. 在商品 A（麻布）的价值量不变时，商品 A（麻布）的价值量表现（即相对价值量）和商品 B（上衣）的价值量变化成反比。

Ⅲ. 在商品 A（麻布）和商品 B（上衣）的价值量按照同一方向和同一比例同时发生变化时，商品 A（麻布）的价值量表现（即相对价值量）不变。

Ⅳ. 在商品 A（麻布）和商品 B（上衣）的价值量按照同一方向但以不同的程度同时发生变化，或者按照相反的方向发生变化时，商品 A（麻布）的价值量表现（即相对价值量）可以从上述三种情况推算出来：

第一，商品 A（麻布）和商品 B（上衣）的价值量，按照同一方向但以不同的程度同时发生变化，商品 A（麻布）的价值量表现（即相对价值量）有以下四种情况：①B 的价值量增加多于 A 的价值量增加时，A 的相对价值量反而减少；②A 的价值量增加多于 B 的价值量增加时，A 的相对价值量也增加，但增加的程度小于 A 的价值的实际增加量；③B 的价值量减少比 A 的价值量减少得更多时，A 的相对价值量反而增加；④A 的价值量减少比 B 的价值量减少得更多时，A 的相对价值量也减少，但减少的程度小于 A 的价值的实际减少量。

第二，商品 A（麻布）和商品 B（上衣）的价值量，按照相反方向变化，商品 A（麻布）的价值量表现（即相对价值量）有以下两种情况：①在 A 的价值量减少 B 的价值量增加时，A 的相对价值量表现出更大程度的减少；②在 A 的价值量增加 B 的价值量减少时，A 的相对价值量表现出更大程度的增加。

从以上各种情况来看，相对价值量的变化不能准确地表现价值量的变化，具体地说：第一，商品的价值量未变，但相对价值量却变了，如上述第Ⅱ项；第二，商品的价值量变了，但相对价值量却未变，如上述第Ⅲ项；第三，商品价值量变了，它的相对价值量也变了，但变得不一致，甚至相反，如上述第 IV 项。

由此可见，除第 I 项外，其他各项相对价值量的变化都不能准确地表现价值量的实际变化，而且即使发生第 I 项的变化时，我们仍不能判断出它究竟是第 I 项变化还是其他项变化。例如，当 20 码麻布 =1 件上衣变动为 20 码麻布 $=\frac{1}{2}$件上衣时，它可以是属于第 I 项变化，即麻布价值减少一半，上衣价值未变；也可以是属于第Ⅱ项变化，即麻布价值未变，上衣价值增加 1 倍；还可以是属于第 IV 项变化。

马克思在这里仅仅提到劳动生产力的变化对相对价值量的影响，还没有涉及供求的变化对商品交换比例的影响，如果再考虑到供求的影响，相对价值形式的量的变动在表现上就更不准确。

如要准确表现商品的价值量，只有直接计算生产这一商品的社会必要劳动时间，但在商品经济条件下，这是不可能做到的。

（3）等价形式

一、商品采取等价形式的条件［本小节第 1 段］

在第 63 页上，马克思已指出过，看一件商品究竟是采取相对价值形式还是采取等价形式，完全取决于它在价值表现中所处的地位。如果它是价值被表现的商品，就采取相对价值形式；如果它是表现价值的商品，就采取等价形式。

怎样才能使一个商品处于等价形式中呢？“一个商品的等价形式就是它能与另一个商品直接交换的形式。”（第 70 页）一个商品如果采取等价形式，首先要能够和另一个商品进行交换，不进行交换，就不能表现另一个商品的价值，因而也就不可能是等价形式。其次，还必须能够进行直接交换，如以货币或其他商品作为中介和另一个商品进行间接交换，那么这个商品就处于相对价值形式中，不是以等价形式出现了。

二、商品的等价形式不包含价值的量的规定［本小节第 2—3 段］

马克思说，“商品的等价形式不包含价值的量的规定”（第 71 页），这绝不意味着处于等价形式的商品本身不包含价值的量的规定，这是两回事。处于等价形式的商品本身如果没有价值，就不可能取得等价形式，本身没有价值怎么能去表现另一个商品的价值呢？既然肯定处于等价形式的商品是有价值的，也就是承认了处于等价形式的商品是包含价值的量的规定。

处于等价形式的商品包含价值的量的规定，可以由下述事实证明：已知处于相对价值形式的麻布的价值量后，仍然无法确定麻布的相对价值量或麻布和上衣之间交换的比例。当麻布的价值量已定，麻布的相对价值量或麻布和上衣之间交换的比例，就取决于上衣的价值量。

由此可见，一个商品，不论是处于相对价值形式还是等价形式，它总是一个价值实体，包含着价值的量的规定。但是，这个商品一旦处于等价形式上，它的价值量就不会被表现出来了。首先，它不能由处于相对价值形式的商品来表现，因为处于相对价值形式的商品本身是被表现价值的商品，它本身的价值量还要依赖于等价形式的商品来表现，它怎么能去表现处于等价形式上的商品价值量呢？其次，处于等价形式的商品也不能通过它的等价形式表现它的价值量，因为任何商品不能把自己当作等价物来同自己发生关系。

在第 2 章中，马克思又作了同样的解释：“一个商品的等价形式并不包含该商品的价值量的量的规定。即使我们知道金是货币，因而可以同其他一切商品直接交换，我们并不因此就知道例如 10 磅金的价值是多少。”（第 111 页）

一个商品的等价形式既不表现处于等价形式的商品的价值，也不表现它的价值量，但是，马克思为什么只说“商品的等价形式不包含价值的量的规定”，而不说商品的等价形式也不包含价值的质的规定呢？因为等价形式虽不表现处于等价形式的商品的价值，但是等价形式所包含的价值的质的规定却为大家所承认。谁都清楚，一个物品本身没有价值是不能成为等价形式的，我们可以从等价形式中知道它包含有价值的质的规定，当然我们还可以由此知道它包含有一定的价值量，但究竟多少，从等价形式中仍是无法知道的。

英国资产阶级经济学家贝利同他的许多先驱者和后继者的错误在于，从处于等价形式的商品能够表现处于相对价值形式的商品的价值这一事实中，就认为商品的等价形式能够表现出自身的价值量，不懂得商品的等价形式不包含价值的量的规定。

三、等价形式的特点［第 71 页第 2 段—第 74 页第 2 段］

（一）第一个特点：使用价值成为它的对立面即价值的表现形式［第 71 页第 2 段—第 72 页末段］

1. 怎样理解等价形式的第一个特点［第 71 页第 3 段—第 72 页第 1 段］

马克思指出：等价形式的第一个特点是“使用价值成为它的对立面即价值的表现形

式”（第 71 页）。这里要注意的是，以使用价值作为价值的表现形式不能理解为处于等价形式的商品用它的使用价值作为它自身价值的表现形式，“因为任何商品都不能把自己当作等价物来同自己发生关系，因而也不能用它自己的自然外形来表现它自己的价值”（第 71 页）。处于等价形式的商品是用它的使用价值表现处于相对价值形式上的另一个商品的价值，商品的价值只有在交换关系中才能表现出来。

为了说明这一点，可以用塔糖把它的重量表现在铁上为例，铁所以能够作为重量尺度，是由于铁和塔糖发生了重量关系，铁本身不能表现铁本身的重量。当然，这个例子有它的局限性，因为铁与塔糖的重量关系是一种自然关系，上衣与麻布的价值关系则是社会关系。

2. **用使用价值表现价值引起的等价形式之谜**［第 72 页末段］

在相对价值形式上，把自己的价值表现在另一个和自己的自然属性完全不同的商品上，虽然表现为一种物和物之间的关系，但也说明了其中隐藏着某种社会关系。等价形式却不然，一个商品处于等价形式上，这个商品体的自然物本身就能够表现价值，虽然也是要在另一个商品把它作为等价形式时，它才能够表现价值，但如同用铁块的重量去表现糖块的重量一样，铁块这种属性是它的天然属性。这种属性虽然在同糖块的关系中表现出来，却并不是在这种关系中产生出来。上衣处在等价形式上当然并不是由于它的天然属性，但是上衣既然和铁块具有表现糖块重量的属性一样，具有表现麻布价值的属性。于是，处于等价形式的商品似乎天然具有表现价值的属性，产生了等价形式之谜的性质，即神秘的性质。

开始时，采取等价形式的是普通商品，后来，等价形式专门由货币这个一般商品担任，具有更大的迷惑性，引起了资产阶级经济学家的注意，他们用充当等价物的普通商品具有表现价值的天然属性来说明充当一般等价物的金银货币也具有这种表现价值的天然属性，其实等价形式之谜早在 20 码麻布 =1 件上衣这个简单价值形式中已经被提出来，并加以解决，而资产阶级学者却直到以货币作为等价形式时才注意到这个问题，并且不能解决它。

（二）第二个特点：具体劳动成为它的对立面即抽象人类劳动的表现形式［第 73 页第 1 段—第 74 页第 1 段］

1. **具体劳动怎样成为抽象劳动的表现形式**［第 73 页第 1 段］

在 20 码麻布 =1 件上衣的价值形式中，上衣以自己的自然形式充当麻布的价值形式，证明了麻布和上衣一样是人类劳动的凝结物。但是缝制上衣的劳动却是具体的劳动，于是，上衣就以自己的具体劳动，表现了生产麻布的劳动是无差别的人类劳动，缝制上衣的劳动成为抽象劳动的表现形式。

2. **用具体劳动表现抽象劳动引起的等价形式之谜**［第 73 页末段］

在价值的生产上，缝与织这两种具体形式的劳动都是人类劳动力的耗费，作为一般的人类劳动，形成了价值，这本来是不神秘的。但是在价值的表现上，事情却反过来了。在 20 码麻布 =1 件上衣这个价值形式中，为了表现麻布的价值，却采取了上衣这种具体劳动的形式。在价值生产上，是抽象劳动，在价值表现上，却是具体劳动，于是产生了等价形式之谜，使人们误认为具体劳动决定价值。

（三）第三个特点：私人劳动成为它的对立面的形式，成为直接社会形式的劳动［第 74 页第 2 段］

生产上衣的劳动和生产麻布的劳动一样，都是私人劳动，但是在 20 码麻布 =1 件上衣的价值形式中，生产上衣的具体劳动成为抽象劳动的表现形式，只表现它作为抽象的人类劳动的属性。于是，生产上衣的私人劳动就表现为直接社会形式的劳动。

在马克思于1867年6月27日写给恩格斯的信中，对等价形式的特点还列出："第四个特点：商品形式的拜物教在等价形式中比在相对价值形式中更为触目。"①

四、亚里士多德关于价值形式的分析［第74页第3段—第75页第2段］

亚里士多德（公元前384—322年），希腊奴隶制社会时期伟大的思想家，柏拉图的学生。

（一）亚里士多德的贡献［第74页第3—末段］

亚里士多德"最早分析了价值形式"（第74页），并在以下两个观点上"闪耀出他的天才的光辉"（第75页）。

首先，亚里士多德认为，商品的货币形式不过是简单价值形式的进一步发展的形态。

亚里士多德的这一思想是从他讲过的这样的话表现出来的，他说，5张床=1间屋无异于5张床=若干货币。

其次，亚里士多德还认为，两种不同的商品"没有等同性，就不能交换，没有可通约性，就不能等同"。

（二）亚里士多德对价值形式分析的局限性及其原因［第75页第1—2段］

亚里士多德在商品的价值表现中发现了各种商品之间的等同性和通约性，这是很了不起的成就，但是他没能作进一步的分析，从价值形式中看出这种等同性就是同质的人类劳动。

亚里士多德关于价值形式分析的局限性是由于"他所处的社会的历史限制，使他不能发现这种等同关系'实际上'是什么"（第75页）。第一，当时的商品交换关系不发展，没有成为支配的社会关系，因而商品之间的等同性还没有充分表现出来；第二，当时还是奴隶占有制社会，建立在奴隶劳动基础上，奴隶主和奴隶、劳动者之间都是不平等的，还没有形成人类是平等的概念。

（4）简单价值形式的总体

以上分别考察了简单价值形式中的相对价值形式和等价形式，在这一基础上，现在进行综合的考察。

一、简单价值形式的意义［第75页末段—第77页第1段］

（一）使商品价值开始取得独立的表现形式［第75页末段—第76页第1段］

在商品A=商品B的等式中，商品B作为商品A的交换价值，既表现了商品A价值的质，又表现了商品A价值的量。也就是说，通过商品B，商品A的价值与价值量和它的使用价值相分离，开始被独立地表现了出来。

既然交换价值只是价值的表现形式，商品的二因素就应该是使用价值和价值，而不是使用价值和交换价值。但是，价值只有通过交换价值才能表现出来，因此在本章开始时说商品的二因素是使用价值和交换价值，也是必要的。

重商主义者和法国的庸俗经济学家巴师夏之流颠倒了价值与交换价值的关系，把商品

---

① 《马克思恩格斯全集》第31卷第321页。

的价值和价值量看成是由交换关系引起的，不同的是，重商主义者看重等价形式的质（黄金、白银），巴师夏之流着重相对价值形式的量（能卖多少钱）。

（二）开始把商品中的使用价值和价值的内部对立表现为外部对立［第76页末段］

在商品A=商品B的价值关系中，商品A和商品B都是以其自然形式出现的，但是商品A的自然形式只是充当使用价值形式，商品B的自然形式只是充当价值形式，这样，在一个商品内部的使用价值和价值的对立，通过两个商品之间的交换关系，开始表现到外部来了。

（三）说明了价值形式和商品形式的一致性［第77页第1段］

劳动产品是在一定历史条件下转化为商品的，在劳动产品转化为商品的同时，生产这一产品的劳动也就表现为价值，商品和价值是同时形成的，因此，商品形式和价值形式也是同时出现的，二者是一致的。在简单价值形式中已经表现出这二者的一致性，简单价值形式也就是简单的商品形式。

了解这一点很重要，它可以使我们把握货币的起源和本质。因为货币形式无非是发展了的简单价值形式，既然承认价值形式和商品形式是一致的，那么，我们也就可以这样说："货币形式无非就是商品的简单价值形式的进一步发展，从而是劳动产品的简单商品形式的进一步发展的形态。"①

二、简单价值形式的缺点［第77页第2—末段］

简单价值形式的缺点在于商品A的价值只表现在另一个商品B上，没有把商品A和其他一切商品的等同的质和量的比例表现出来，因而商品A的价值性质与价值量没有得到充分的表现与证明。这一缺点表明，简单价值形式是不充分的，是一种胚胎形式，它只有通过一系列的形式变化，才能成熟为价格形式，即货币形式。这个变化的第一步是由简单价值形式过渡到扩大的价值形式。

B. 总和的或扩大的价值形式

$$
20\text{ 码麻布}\left\{\begin{array}{l}
=1\text{ 件上衣}\\
=10\text{ 磅茶叶}\\
=40\text{ 磅咖啡}\\
=1\text{ 夸特小麦}\\
=2\text{ 盎司金}\\
=\frac{1}{2}\text{ 吨铁}\\
=\text{其他商品}
\end{array}\right.
$$

（1）扩大的相对价值形式

从相对价值形式上看，现在一个商品的价值表现在许多商品上了，马克思分别从质与量两个方面考察相对价值形式上的变化。

① 《资本论》第1卷（德文第1版）中译本，经济科学出版社1987年版第767页。

一、商品价值真正表现为无差别的人类劳动的凝结［第78页末段］

处于相对价值形式上的商品，从质的方面看，它是无差别的人类劳动的凝结物，这一内容在简单价值形式中开始表现出来，但是只有在扩大的相对价值形式中，才第一次得到真正的表现，这是因为：第一，在简单的相对价值形式中，商品麻布只是用另一个具体劳动生产物上衣来表现它是无差别的人类劳动凝结物，这种表现是极不充分的。现在，在扩大的相对价值形式上，商品麻布同整个商品世界发生关系，即只要是商品，不管它是何种具体劳动的生产物，麻布都可以将自己的价值表现在它们的自然形式上，这就把麻布是无差别的人类劳动凝结物真正表现出来。第二，在简单价值形式中，麻布的价值只是由上衣这一种使用价值来表现，现在，麻布的价值可以由任何一种使用价值表现，可见商品的价值和表现这一价值的使用价值的特殊形式是无关的，即商品的价值不同于使用价值，处在相对价值形式上的麻布，只能是无差别的人类劳动凝结物。

二、显露出商品的价值量调节商品的交换比例，而不是交换调节商品的价值量［第79页第1段］

在简单的相对价值形式中，20码麻布的价值究竟表现为多少上衣，这里的量的比例是偶然确定下来的，究竟是价值量决定交换价值量还是交换价值量决定价值量，是看不清楚的。

在扩大的相对价值形式中，麻布的价值表现在许多商品上，它的价值量表现是同样大的，这就显露出是价值量决定交换价值量，而不是交换价值量决定价值量。

（2）特殊等价形式

在简单价值形式中，商品麻布只是偶然地用上衣这种商品表现它的价值，等价形式是个别商品，因此称之为个别的等价形式。在扩大的价值形式中，有许多各不相同的具体劳动生产物作为麻布商品的等价形式，这种等价形式成为特殊的等价形式。

（3）总和的或扩大的价值形式的缺点

一、扩大的相对价值形式的缺点［本小节第1段第1—8行］

扩大的相对价值形式有三个缺点：第一，处在相对价值形式上的商品的价值表现始终是未完成的，因为随着新的商品的不断增加，它的价值表现材料也不断增加，价值表现系列不断延长，永无止境。第二，扩大的相对价值形式也是杂乱无章的，每种商品都各自有一系列的价值表现，拼成一幅五光十色的镶嵌画。第三，不仅是麻布有自己的无穷无尽的价值表现系列，其他一切商品也都各自有无穷无尽的价值表现系列。

二、特殊的等价形式的缺点［本小节第1段第8行—本段完］

扩大的相对价值形式的缺点反映在它的等价形式上，商品价值具有无数并列的互相排斥的特殊的等价形式，没有统一的等价形式。所谓互相排斥，就是它们都处在等价形式上，但互相却不能以等价形式对待。由于没有一个统一的等价物，在商品交换中经常发生困难，例如，上衣想和茶叶交换，而茶叶所有者并不需要上衣，想和咖啡交换，而咖啡所有者又不需要茶叶，而想将咖啡换成小麦……，在这种情况下，商品交换是无法进行的，如果这时小麦生产者恰好想要将自己的小麦和上衣交换，上衣为要得到茶叶，就需要在这样漫长的道路上一步一步前进：上衣—小麦—咖啡—茶叶，这是难以想象的。这种直接交换的方式暴露了特殊的等价形式仍是一种有很大局限性的等价形式。

三、从扩大的价值形式向一般价值形式过渡的必然性［本小节第2段—本小节完］

要解决上述矛盾，就需要有一个统一的等价物，各种商品都把自己的价值表现在某一种商品例如麻布上，使麻布成为一般等价物，有了麻布，就可以交换其他任何商品。在这种情况下，任何商品之间进行交换时，都通过麻布这个中介物间接进行，不再进行直接交换。在上例中，上衣所有者为了得到茶叶，不再走那样迂回漫长的道路，只要第一步先将自己的上衣换成麻布，第二步就可以将麻布换成茶叶或其他他所需要的产品，有了一般价值形式，上衣生产者想喝茶就不再那么困难了。

从扩大的价值形式发展为一般的价值形式也是完全有可能的，因为既然麻布这个商品可以把自己的价值表现在上衣、茶叶、咖啡、小麦、黄金等商品上，反之，上衣、茶叶、咖啡、小麦、黄金等商品也可以把自己的价值统一表现在麻布上。

随着商品交换的发展，扩大的价值形式中的矛盾越来越大，但是，商品交换的发展也为解决这一矛盾准备了条件，逐渐自然形成了一般价值形式。

C. 一般价值形式

$$\left.\begin{array}{r} 1\text{件上衣} = \\ 10\text{磅茶叶} = \\ 40\text{磅咖啡} = \\ 1\text{夸特小麦} = \\ 2\text{盎司金} = \\ \frac{1}{2}\text{吨铁} = \\ x\text{量商品}A = \\ \text{其他商品} = \end{array}\right\} 20\text{码麻布}$$

（1）价值形式的变化了的性质

一、相对价值形式的变化及其意义［本小节第1段—第83页第1段］

（一）相对价值形式的变化［本小节第1—4段］

在一般价值形式中，商品价值有了一般的表现，扩大的相对价值形式变为一般的相对价值形式。

什么是商品价值的一般表现呢？其含义有二：第一，商品的价值表现是简单的，即一种商品的价值只表现在另外一种商品上，例如上衣的价值只表现在麻布这一种商品上，不再用其他商品来表现它的价值；第二，商品的价值表现又是统一的，即一切商品的价值都表现在同一种商品上，不仅是上衣，还有茶叶、咖啡、小麦、金、铁等都把自身的价值表现在麻布这种商品上。所以，一般价值形式实际上就是发展了的简单价值形式。

一般价值形式同前两种价值形式比较，在价值表现上是有质的区别的。在简单的价值形式中，商品的价值表现是各不相同的，20 码麻布 = 1 件上衣，10 磅茶叶 = $\frac{1}{2}$吨铁。麻布与茶叶的价值分别表现在上衣与铁这两种不同的商品上，这种价值形式是简单的，但却是不统一的。在扩大的价值形式中，一种商品的价值表现在其他许多商品上，例如麻布这种商品把自己的价值分别表现在上衣、茶叶、咖啡、小麦、金、铁等商品上，这些商品都是麻布的等价物，这种价值形式既不简单，又不统一。而在一般价值形式中，所有商品（除作为一般等价物的商品以外）都把自己的价值表现在一种商品上，商品的价值表现既是简单的，又是统一的，因而是一般的。

价值形式的发展是与商品交换的发展相适应的，简单价值形式“实际上只是在最初交换阶段，也就是在劳动产品通过偶然的、间或的交换而转化为商品的阶段才出现。……扩大的价值形式，事实上是在某种劳动产品例如牲畜不再是偶然地而已经按照习惯同其他不同的商品交换的时候，才出现的”（第 82 页）。

（二）相对价值形式变化的意义［第 82 页第 2 段—第 83 页第 1 段］

第一，价值表现为一切商品所共有的东西，真正使商品作为价值互相发生关系，或者使它们互相表现为交换价值。［第 82 页第 2 段］

在一般价值形式中，所有商品都取得了共同的价值表现，这说明了一切商品都具有价值这一共同的性质，没有这一共同的价值实体，就不会有共同的价值表现。有了共同的价值形式，就使商品真正作为价值互相发生关系，表现为交换价值。

第二，取得一般价值形式，必须得到社会公认，不再是个别商品所有者的私事。［第 82 页第 3 段］

在简单的价值形式或扩大的价值形式中，一个商品究竟采取哪一种商品作为它的价值形式，可以由这个商品所有者选择。麻布生产者可以选择上衣作为麻布的价值形式，也可以选择茶叶作为麻布的价值形式，这件事是被当作生产者的私事。麻布的等价物只是起着被动的作用，在采取某种商品作为麻布的价值形式时，是不用其他商品帮助的。

一般价值形式的出现，则是商品世界共同活动的结果。一个商品要取得一般价值形式，必须得到社会的公认，因而一般价值形式表现了全面的社会关系。一般价值形式一旦确定在某种商品例如麻布上，其他商品就再也不能同时担任等价物的角色。除麻布外，所有其他商品都要将自己的价值表现在麻布上，不能另行选择。在上衣和茶叶之间、咖啡和小麦之间都不再直接进行交换，中间必须经过麻布这个一般等价物的中介，首先各自将自己的价值表现在麻布上，然后按照价值的比例进行交换，上衣—茶叶的直接交换发展为上衣—麻布—茶叶的间接交换。

第三，使一切商品在价值量上可以互相比较。［第 83 页第 1 段］

既然一切商品都把自己的价值量表现在同一种商品例如麻布上面，那么这一切商品也就可以互相比较价值量。如我们已知 10 磅茶叶或 40 磅咖啡的价值量和 20 码麻布的价值量相等，我们就知道 10 磅茶叶的价值量和 40 磅咖啡的价值量也是相等的。

二、等价形式的性质变化［第 83 页第 2 段］

随着扩大的相对价值形式转变为一般的相对价值形式，特殊的等价形式也转变为一般的等价形式。等价形式在性质上的变化表现在等价形式三个特点的变化上：

第一，从商品世界中分离出一种商品例如麻布，它的自身的自然形式成为商品世界共同的价值形式，使它能够与其他一切商品进行直接交换。

第二，生产麻布的私人劳动处于一般社会形式。

第三，生产麻布的具体劳动成为一般人类劳动的一般表现形式。

三、小结［第 83 页末段］

综合上述相对价值形式和等价形式在性质上的变化，一般价值形式使商品只表现为无差别的人类劳动凝结物，充分表现出商品是一种社会关系，这种社会性质是由人类一般劳动在特殊的社会历史条件下形成的。

（2）相对价值形式和等价形式的发展关系

相对价值形式和等价形式，二者的关系在简单价值形式中已有过阐述，现在在发展过程中来阐述这二者的关系。

一、等价形式的发展只是相对价值形式发展的表现和结果［本小节第 1—2 段］

等价形式的发展程度是同相对价值形式的发展程度相适应的，但是二者并不是并列的。等价形式的发展取决于相对价值形式的发展，相对价值形式是简单的，等价形式就是个别的；相对价值形式是扩大的，等价形式就是特殊的；相对价形式是一般的，等价形式也是一般的。

二、相对价值形式和等价形式的两极对立随价值形式的发展而发展［本小节第 3 段—本小节完］

相对价值形式和等价形式的两极对立表现了商品内部使用价值和价值、具体劳动和抽象劳动、私人劳动和社会劳动三者的对立，这种对立在简单价值形式中已存在了，随着价值形式的发展而发展起来。

在简单价值形式 20 码麻布 =1 件上衣中，我们从等式的左边读起，麻布是相对价值形式，上衣是等价形式；从等式的右边读起，上衣是相对价值形式，麻布是等价形式。这说明二者的对立是很不固定的。

在扩大的价值形式中，等式两边的位置不再能变换，因为现在位置的改变就意味着发生性质上的变化，即由扩大的价值形式变为一般价值形式，这样，相对价值形式和等价形式之间的对立就发展了。但是，在扩大的价值形式中，这两极的对立仍是不固定的。在一种价值表现上，麻布是相对价值形式，其他商品是等价形式；在另一种价值表现上，上衣是相对价值形式，麻布和其他商品一样，也是等价形式。这就是说，任何商品都有可能处于相对价值形式或等价形式。

在一般价值形式中，这种对立有了进一步的发展。首先，从相对价值形式方面看，除作为等价形式的某一种商品例如麻布之外，其他一切商品都处在相对价值形式上；其次，再从等价形式方面看，由于只有唯一的商品例如麻布作为其他一切商品的统一的等价物，因而它就不再处在一般的相对价值形式上了。如果麻布既是一般等价物，又是一般相对价值形式，就会出现毫无意义的表现形式：20 码麻布 =20 码麻布。

当然，处在一般等价物上的麻布还是可以把它的价值表现出来的，这就是把一般价值形式的等式反过来，使麻布处于特殊的相对价值形式位置，将自己的价值表现在一系列的其他商品上。从形式上看，和扩大的价值形式没有区别，但从内容上看，它是一般价值形式的特殊表现。也就是说，在麻布处于扩大价值形式中的相对价值形式地位时，其他商品都是麻布的特殊等价物，在分解时表现为：20 码麻布 =1 件上衣，20 码麻布 =10 磅茶叶……但当麻布作为一般等价物时，麻布本身的价值只能表现在其他一系列商品上，这些商品不能独立成为麻布的特殊等价物，因而在具体分解时，只能是 1 件上衣 =20 码麻布，10 磅茶叶 =20 码麻布，而不能相反。

（3）从一般价值形式到货币形式的过渡

在一般价值形式中，相对价值形式和等价形式之间的两极对立并没有完全固定下来，因为在一般价值形式中，究竟采取哪一种商品作为一般等价物，是不固定的，“它可以属于任何一种商品”（第 86 页）。由于某一种商品充当一般等价物只是在一个“狭小的范围内”（第 107 页）起作用，在不同地区就会采取不同的商品充当一般等价物，即使在一个地区内，又是“交替地、暂时地由这个或那个商品承担”（第 108 页）。

只有当金银贵金属从其他一切商品中被分离出来，获得充当一般等价物的独占权时，价值形式的两极对立——以作为相对价值形式的特殊商品为一方，以作为一般等价形式的一般商品（货币）为另一方，才完全固定下来，商品的两极分化才告完成。在这个时候，马克思才说相对价值形式“获得客观的固定性和一般的社会效力”①（第 86 页）。

一般价值形式在发展过程中经历了以下三个阶段：第一个阶段，一般等价物的作用范围比较狭窄，究竟以什么商品充当一般等价物。各地区是不统一的，在不同时期也不相同。马克思以麻布充当一般等价物为例所分析的一般价值形式，就是属于这一阶段的一般价值形式。第二阶段，形成比较固定（时间上）和比较统一（地区上）的一般等价物，马克思和恩格斯特别提到牲畜这种商品，牲畜因此而具有货币的职能，牲畜货币是早期的、金属货币之前的具有代表性的也是过渡的货币形式。第三阶段，一般等价物逐渐固定和统一在贵金属上，最终形成了货币。

从一般价值形式的发展中，可以得到两点启示：第一，货币形式也是一般价值形式，只不过是一种发展了的一般价值形式，并不是并列的两种不同的价值形式；第二，许多教科书在讲一般价值形式时，都以羊这种牲畜充当一般等价物为例进行分析，这是不确切的，因为当羊充当一般等价物时，羊具有货币的职能，从而会和后面要分析的货币形式发生混淆。

---

① 在这一问题上，学术界有各种理解，陈征教授认为：“到了扩大价值形式时，这种两极的对立就固定下来了。……发展到一般价值形式时，两极的对立达到完成地步。”（《〈资本论〉解说》第 1 卷修订本第 101 页）张薰华、洪远朋两位教授认为，在扩大的价值形式中，两极的对立“也是不固定的”，到了一般价值形式阶段，“价值形式两极的对立就固定下来了”。（参见《〈资本论〉提要》第 1 册第 49 页）

D. 货币形式

$$\left.\begin{array}{r} 20\text{ 码麻布}= \\ 1\text{ 件上衣}= \\ 10\text{ 磅茶叶}= \\ 40\text{ 磅咖啡}= \\ 1\text{ 夸特小麦}= \\ \frac{1}{2}\text{吨铁}= \\ x\text{ 量商品 A}= \end{array}\right\}2\text{ 盎司金}$$

一、货币形式和一般价值形式的区别［第 87 页第 1—3 段］

从简单的价值形式过渡到扩大的价值形式，再从扩大的价值形式过渡到一般价值形式，都发生了本质的变化。而从一般价值形式过渡到货币形式，就没有什么本质上的变化。

货币形式和一般价值形式的等价形式都是采取了一般等价形式。不同的是，现在的一般等价形式由贵金属固定地担任起来，一般等价形式和商品金的自然形式结合在一起，也就是商品金取得了一般等价物的独占权。

在一般价值形式中，一切商品都把自己的价值共同表现在某一种商品例如麻布上，是不很固定的。而在货币形式中，一切商品都把自己的价值固定地表现在商品金上，这时金就成为货币商品，其他商品的价值就取得了价格形式。

二、简单的价值形式是货币形式的胚胎［第 87 页末段］

货币并不神秘，只要我们对它的起源进行历史地考察，就可以发现，货币形式不过是发展了的简单价值形式，20 码麻布 =1 件上衣同 20 码麻布 =2 盎司金的区别，只在于金在这里是充当一般等价物的独特商品。

货币形式的出现使商品经济的矛盾有了新的发展，在商品世界中形成了两极对立，一极是普通商品（特殊商品），以使用价值形式出现在购买者的面前；另一极是货币（一般商品），以价值的体化物出现在卖者的面前。商品内部使用价值与价值的内部矛盾从此表现为商品与货币的外部对立，价值形式的两极对立由此固定了下来。

4. 商品的拜物教性质及其秘密

什么是商品拜物教？在第 89 页末段有简单的解释，说明它和宗教信仰相类似。在古代，人们对自然界了解很少，对自然灾害的抵抗力也很差，于是，在人脑中产生出各种神仙，诸如雷公、电母、海龙王、土地爷之类，再拜倒在他们的面前。这些人脑的产物不仅表现为拥有生命，而且能够支配人类的命运。商品拜物教与此相似。劳动产品是人的双手制造的，但是劳动产品一旦变为商品，不再是生产者支配自己的劳动产品，而是劳动产品支配着人的命运，商品也变成赋有生命的虚幻莫测的东西了，人们也拜倒在商品的面前，和宗教类似，是一种拜物教。宗教拜的是人脑的产物，商品拜物教拜的是人手的产物，一个拜神，一个拜物。宗教来自自然界的神秘性，商品拜物教来自商品的神秘性，二者非常类似。

一、商品拜物教的来源 ［本节第 1 段—第 89 页末段］

（一）商品的神秘性质不是来源于商品的使用价值 ［本节第 1 段］

商品的使用价值以及生产使用价值的具体劳动是不神秘的，例如用木头做桌子，不管做得怎样新奇，人们很容易知道这是一张用来吃饭或写字的桌子，是木头做成的，是通过木工的劳动做成的。但是桌子一旦成为商品，就变得离奇古怪了。

（二）商品的神秘性质也不是来源于价值规定的内容 ［第 88 页末段］

价值规定的内容即价值实体或抽象的一般人类劳动，是不神秘的。因为：

第一，从质的方面看，不管劳动在形式上和有用性质上怎样不同，但作为人类的劳动，实质上都是人的脑、神经、肌肉、感官等的耗费，在这方面是共同的，这是一个生理学上的真理，并不神秘。

第二，从量的方面看，在一切社会形态下，人们都懂得用劳动量去计算产品，而劳动量又是用劳动时间来计量的，古代日耳曼人甚至还用劳动时间去计算土地面积，需要劳动一天时间的土地面积为一个摩尔根。所以，形成价值的劳动量也是不神秘的。

第三，从社会关系方面看，构成价值实体的抽象劳动是一般的人类劳动，这是在一定历史条件下所产生的生产者相互之间的关系，这点也是清楚的。

（三）商品的神秘性质是从商品形式本身产生的，商品的拜物教是同商品生产分不开的 ［第 89 页第 1—末段］

商品的神秘性质是从商品形式本身产生的，在这种商品形式上，人们把自己劳动的社会性质表现为劳动产品的物的性质和天然的社会属性，把生产者之间的社会关系，表现为物和物之间的社会关系。具体地说：第一，从质的方面看，在商品交换中，人类一般劳动的等同性表现为劳动产品在价值实体上的等同性；第二，从量的方面看，在商品交换中，用劳动时间计算的人类一般劳动量表现为劳动产品的价值量；第三，从社会关系方面看，在商品交换中，商品生产者之间的社会关系表现为劳动产品之间的社会关系。

在商品世界中这种表现上的颠倒反映到人脑中，就会使人们在对商品关系的认识上发生颠倒，把人和人之间的关系看成是商品和商品之间的物的关系。马克思以视神经留下的光的印象为例，说明人们对事物认识上的颠倒在日常生活中也是存在的。

二、在商品生产中产生拜物教的必然性 ［第 90 页第 1 段—第 93 页第 1 段］

（一）产生商品拜物教的根源 ［第 90 页第 1—2 段］

马克思在以上各段中指出商品的神秘性来源于商品形式本身，至于为什么劳动产品一旦作为商品来生产，就带上拜物教性质，还没有展开论述，现在就进一步分析这个问题。一开始，马克思就根据上面的论述，概括地指出：商品世界的拜物教性质“是来源于生产商品的劳动所特有的社会性质”（第 90 页），那么生产商品的劳动是怎样一种性质的劳动？

在社会分工的条件下，任何生产者的劳动都是一种社会性质的劳动，作为社会总劳动的一个组成部分。商品生产者的劳动，在社会分工的条件下进行，也是一种社会性质的劳动。商品生产者的产品不是为了满足自己需要，而是为了和别人进行交换。但是，商品生产者却把生产商品的劳动作为私人劳动进行，商品成为私人劳动的产品。这样，生产商品的劳动的社会性质不能在生产中直接表现出来，而只能通过劳动产品在市场上相互进行交换表现出来。于是，劳动者之间的直接社会关系、生产商品的劳动的社会性质表现为物和物之间的关系，劳动的社会性质被掩盖了。

（二）随着生产商品的劳动的社会性质表现为劳动产品的社会性质，生产商品的一般人类劳动的质和量表现为劳动产品的价值和价值量［第 90 页末段—第 92 页末段］

由于生产商品的劳动是私人劳动，这种劳动的社会性质只有在劳动产品的交换中才表现出来，其结果必然是，一般人类劳动的质和量通过劳动产品的价值和价值量才表现出来。

1. 在商品生产中，抽象的一般人类劳动的社会共同性只有通过劳动产品的价值才表现出来［第 90 页末段—第 91 页末段］

在以交换为目的的商品生产中，生产者的私人劳动具有二重的社会性质，一方面，它是能够满足社会需要的一种有用劳动；另一方面，它又是和其他私人劳动没有实际差别的抽象的人类劳动。私人劳动的二重的社会性质只有通过交换才表现出来，前一方面的具体劳动表现在劳动产品的社会使用价值上，后一方面的抽象劳动表现在劳动产品具有共同的价值上。

马克思的着重点是放在后一方面上，因此，又另起一段专门论述了抽象劳动表现为价值的问题。说明劳动产品之所以会具有价值，这是因为它是人类劳动的凝结物，劳动产品不过是人类劳动的物质外壳而已，但是这一物质外壳却掩盖了其中一般人类劳动的内容，人们看到的只是劳动产品之间的物的关系。

只要存在着商品生产，就会存在商品的拜物教。在经济学发现劳动产品作为价值只是一般人类劳动的物的表现之后，并不能因此就消除了拜物教，正如同自然科学家解释了各种自然现象之后，仍不能消除宗教一样，因为经济学家并不能消除劳动的社会性质采取物的表现形式，拜物教的教徒不会因此改变他的信仰。

2. 在商品生产中，一般人类劳动量只有通过劳动产品的价值量才表现出来［第 92 页末段］

劳动产品按什么样的比例进行交换，是由各个劳动产品中包含的人类一般劳动量决定的，而一般人类劳动的量只是在交换中才作为劳动产品的价值量表现出来。价值量虽受劳动时间决定，但并不直接表现在劳动产品相互之间交换的比例中。在许多场合，劳动产品相互之间的交换比例和商品价值的变化是不一致的，造成了劳动产品的价值量纯粹是偶然起决定作用的假象，劳动时间决定价值量的规律在这里隐藏起来。产品的交换比例是商品生产者最关心的问题，而价值量的大小和交换比例又不是生产者个人直接决定的。相反，生产者却要受自己所生产的劳动产品的价值支配，于是，产生了拜物教。

劳动时间决定价值量的规律终于被发现了，这个发现消除了劳动产品的价值量纯粹是偶然决定的假象，但不能消除人类劳动量表现为价值量这一客观存在，因而消除不了拜物教。

（三）货币形式具有更大的神秘性［第 93 页第 1 段］

对一个事物的科学分析，总是采取同实际发展相反的道路，人们对商品的认识就是这样，在没有出现货币以前，人们对商品的价值和价值量是认识不清楚的，出现货币之后，所有商品都把金或银作为自己的等价物，并以此确定相互之间的交换比例，充分证明了商品具有共同的价值性质，并按价值量的比例进行交换。

但是商品交换采取了货币形式同时也具有了更大的神秘性。作为等价形式，一种商品用它的自然形式去表现另一种商品的价值，已经产生了神秘性，但在货币出现以前，究竟通过哪一种物来作为商品的价值形式，还是不固定的，或是不完全固定的。货币的出现，仅金银这种商品作为固定的一般等价物，金银表现为具有一般等价物的天然属性，商品交换中的人与人之间的关系，完全表现为物和物之间的关系。货币之谜产生了货币拜物教，人们着迷的程度大大超过商品拜物教。

三、在商品生产以外的生产形式中拜物教立即消失［第93页末段—第97页末段］

商品拜物教这种思维形式的出现是由于客观上存在着商品生产这一经济基础，一旦离开商品世界，劳动产品的各种神秘性也就消除了，拜物教立即消失。

（一）孤岛上的鲁滨逊不存在拜物教［第94页第1段］

漂流在孤岛上的鲁滨逊，在生活上是非常简单的，但是他仍然要进行许多各种不同的生产活动，如种麦、养羊、捕鱼、狩猎、建房、造船、做工具等等，以满足自己生活上最紧迫的需要。

由于鲁滨逊是直接为了满足自己的需要而进行生产，因此，在这些劳动产品上就没有什么神秘性：第一，从质的方面看，鲁滨逊完全懂得，要吃粮食就得种地，要吃肉就得狩猎，因而他很清楚：各种不同的产品是各种有用劳动的结果，而各种有用劳动又是同一个人——鲁滨逊的劳动的不同表现。第二，从量的方面看，鲁滨逊也完全懂得，要使自己得到各种不同数量的产品，还要将自己的劳动按照一定的比例精确地分配到各种产品的生产上，因此，鲁滨逊很清楚：不同产品的数量取决于鲁滨逊自己不同形式劳动的量的分配比例。在第一点上，鲁滨逊的劳动不表现为劳动产品的价值；在第二点上，鲁滨逊的劳动不表现为劳动产品的价值量，因而在劳动生产物上不存在什么神秘性。

（二）在欧洲中世纪的农奴制中不存在拜物教［第94页末段］

在欧洲的中世纪，实行的是农奴制，农奴在人身上依附于领主，农奴在领主的土地上劳动，劳动产品被领主无偿占有，这里不存在什么商品交换，因而也不表现为物和物之间的关系，农奴的劳动直接表现了人和人之间的关系，这里的劳动产品是不神秘的，因而不存在什么拜物教。

（三）原始公社的共同的劳动没有神秘的性质［第95页末段］

在原始公社中，共同的劳动即直接社会化的劳动，没有神秘的性质，马克思举了近代还存在的农村家长制的生产来说明这一点。

农村家长制即父权制大家庭，是原始社会开始解体时出现的一种共同体形式。在这个共同体中，各种成员按照自己的性别和年龄上的差异，并随着季节上的变动进行自然分工，过着自给自足的生活。每个成员的劳动都属于共同体总劳动的一个组成部分，而不是独立部分，个人劳动直接表现为社会化的劳动，而不是间接通过劳动生产物的交换才表现出来；同时，个人劳动时间也直接是社会劳动时间的一个部分，而不是间接地通过劳动生产物的量的比例关系才表现出来。在这种自然经济的基础上，劳动生产物不存在什么神秘性，因而没有拜物教。

（四）在一个自由人联合体中，人们的社会关系是简单明了的［第96页末段］

在马克思设想的自由人联合体即社会主义社会中，生产资料是公共的，劳动产品由社会统一分配，其中生产资料仍留在社会手中，生活资料则分配给联合体成员消费，联合体成员不需要通过商品交换的方式来取得自己的生活用品，究竟采取什么方式取得消费品，我们可以假定各个成员是按照自己的劳动时间来取得份额的。在这种联合体中，我们可以清楚地看到，个人劳动直接作为社会总劳动的一个组成部分，不表现为劳动产品的价值，劳动量由劳动时间计量，直接作为社会总劳动时间的一部分。用劳动时间计量劳动量，在自由人联合体中有双重作用：第一，有计划按比例地安排各种产品的生产；第二，作为各个成员分配消费品的尺度。可见，无论是在生产上还是在分配上，人们同他们的劳动和劳动产品的社会关系，都是简单明了的，这里不可能产生拜物教。

（五）消灭商品的拜物教需要有一定的社会物质基础或一系列物质生存条件［第97页末段］

马克思在这一段中根据存在决定意识这一唯物主义理论，说明了作为一种观念的商品拜物教和宗教一样，是随着一定的物质生产条件而产生和发展，并在一定的物质生产条件下消灭的。在原始社会和奴隶占有制社会，劳动生产力的水平低下，商品生产不占统治地位，生产关系是简单明了的，人们之间的交往和活动范围很狭窄。在这种经济条件下，产生了古代的自然宗教和民间宗教，也产生了商品拜物教。随着商品生产的发展，特别是进入资本主义社会，商品生产占了统治地位，与此相适应，商品的拜物教占了统治地位，宗教形式也发生了变化，崇拜抽象人的基督教，特别是资产阶级发展阶段的基督教，如新教、自然神教等等。只有在生产力高度发展起来，建立了社会主义和共产主义制度，人们自由结合在一起，能够有计划地安排生产，宗教和拜物教才会消灭。

四、资产阶级经济学家的商品的拜物教观念［第98页第1段—本章完］

在商品生产社会里，不仅商品生产者产生商品拜物教；连资产阶级经济学家也产生商品拜物教。现在我们就来看一看资产阶级经济学家的商品拜物教观念的具体表现，并分析一下产生这种错误观念的原因。

（一）由于阶级的局限性，否定商品价值是个历史范畴，从而把劳动表现为价值，用劳动时间计算的劳动量表现为劳动产品的价值量看成是不言而喻的自然必然性［第98页第1段］

资产阶级经济学家曾经分析了价值及价值量，并认识到价值是由劳动决定的，价值量是由劳动量计量的。他们的缺点之一是缺乏历史的观点去分析价值和价值量，具体表现在对于劳动为什么要采取价值形式，用劳动时间计算的劳动量为什么要表现为劳动产品的价值量这样重要的问题，不仅不去分析，甚至从来也没有提出过，在他们看来，这些是不言而喻的自然必然性，自古以来就是这样的，今后也永不改变。实际上，在人类社会中，只有劳动和劳动量才是永恒的，人们要生活就得进行劳动，但是劳动表现为劳动产品的价值和劳动量表现为劳动产品的价值量却是一定历史条件下的产物，这个历史条件就是生产过程支配人而人还没有支配生产过程的社会。

资产阶级之所以不把商品价值看作是历史范畴，是由他们的阶级立场决定的。他们把资本主义制度看成是一种万世永存的、合情合理的制度，就如同基督教的教父一样，把自己信奉的神看作是真正的神，其他宗教信仰的神都是人们捏造出来的。

（二）由于受到生产商品的劳动具有物的外观的迷惑，从而否定商品价值是社会属性［第100页第1段—本章完］

生产商品价值的劳动是一种社会化的劳动，这种劳动物化在商品体中，具有物的外观，资产阶级学者受到这种表面现象的迷惑，把商品价值看作是物质属性。我们可以从下面两个例子来看资产阶级在这一方面拜物教的观念。

第一个例子［第100页第1—2段］。交换价值是商品的社会属性而不是自然属性，它纯粹是人的抽象劳动形成的，不包含自然物质在内。但是，资产阶级经济学家却争论这样一个问题，即自然物质在交换价值形成中起什么作用。在简单的商品形式中，由于把商品价值看成是物的属性，就会产生拜物教；在以后比较具体的形式上如货币、资本、地租等上面，更容易产生拜物教。把金银看成是天然的货币，就产生货币拜物教；把资本看成是利润的来源，就产生了资本拜物教，把地租看成是土地的产物，又有地租拜物教。

第二个例子［第101页第1段—本章完］。马克思指出："物的使用价值对于人来说没有交换就能实现，就是说，在物和人的直接关系中就能实现；相反，物的价值则只能在交换中实现，就是说，只能在一种社会的过程中实现。"（第102页）这段话论证了使用价值是物质属性，价值是社会属性。资产阶级却把二者完全颠倒了过来，认为使用价值同它的物质属性无关，价值却是作为物所具有的。

第二章 交换过程

本章内容是商品交换的历史发展过程，通过这一内容解决货币的起源和本质方面的问题。

关于货币的起源和本质，在第1章第3节《价值形式或交换价值》中已经进行了详细的论述，但在第1章第3节中，是从价值形式的发展过程来说明货币的起源和本质的，现在是从商品交换的发展过程来说明货币的起源和本质，而价值形式的发展不过是商品交换的发展的表现和结果，二者是一致的，但又是不重复的。

在马克思写作《资本论》的时候，有关商品交换发展的史料还是很缺乏的。1877年，出版了摩尔根写的《古代社会》一书，总结了他40年来对原始社会的调查研究成果。在这一基础上，恩格斯写下了《家庭、私有制和国家的起源》，因此，在学习本章的时候，还应参考恩格斯写的这本书，特别是其中的第9章。

第2章处于承上启下的地位，第1章《商品》，第3章《货币》，第2章论述的是从商品到货币的转化过程。

货币是商品交换发展的必然产物，我们先从商品交换的发生讲起。

一、商品交换的必然性［本章第1—3段］

（一）商品交换关系是商品所有者之间经济关系的表现形式［本章第1段］

在商品交换中，商品本身是不能走进市场中去的，它是由商品所有者带去的，所以，商品之间的交换关系，从表面上看，是物和物之间的关系，实质上是人和人之间的经济关系。

历史上有各种不同的经济关系，并不都是表现为商品交换关系，商品交换关系是由一定的经济关系规定的，这一经济关系表现在意志关系上就是商品要顺从它的所有者，这一经济关系表现在法权关系上就是彼此承认对方是商品的私有者。法权关系也是一种意志关系，和一般意志关系不同处在于，它具有契约形式，这种契约可以用法律形式固定下来，也可以不用法律形式固定下来。

马克思不仅指出了商品之间交换关系实际上是商品所有者之间的交换关系，还深刻地指出了商品所有者实际上是受商品支配的。从表面上看，商品是由商品所有者带去市场上的，商品是否出售，出售给谁，价格多少，都要服从商品所有者的意志，商品所有者支配着商品。但是，商品所有者不过是商品的化身（经济关系的人格化）而已，随着商品经济的发展，商品所有者越来越受商品的支配。

（二）商品所有者之间进行商品交换的必然性［本章第2—3段］

第一，一切商品对它们的所有者是非使用价值，对它们的非所有者是使用价值。［本章第2段］

商品是价值与使用价值的统一体，这里的使用价值是社会使用价值，是对别人有用的。对于商品所有者来说，他的商品对他本人是没有直接使用价值的，如果他直接加以使用，商品就不成其为商品了。一切商品都是对别人才有用，这就产生了交换的必要性，一切商品又都具有共同的价值实体，使商品交换能够在量上进行比较。对于商品所有者来说，他的商品只不过是一种交换手段，通过交换，各个商品所有者使自己商品的价值得到了实现，并从对方获得自己需要的使用价值。

在这一点上，商品和商品的所有者是不同的。商品是没有感觉的，它只要求实现它的价值，至于和其他什么商品发生交换关系，即通过其他什么商品的使用价值来实现它的价值，是无所谓的。马克思形象地说商品是不知羞耻的，它可以和任何商品发生交换关系，即使对方长得像马立托奈斯（小说《唐·吉诃德》中的一个人物，是妓女出身的女佣人，长得极丑，但唐·吉诃德却把她当作美女来拥抱）一样丑，也无所谓，它不仅出卖灵魂，而且也出卖肉体。但是，商品所有者是有感觉的，他不会让自己的商品去同其他任何一种商品进行交换，他只选择对自己有用的商品进行交换，商品的上述不足之处，由商品所有者消除。

第二，商品的使用价值只有在商品交换中才能得到证明。[本章第3段]

一方面，商品在能够作为使用价值实现以前，必须先作为价值来实现；另一方面，商品在能够作为价值实现以前，必须证明自己是使用价值。没有使用价值，别人是不需要的，没有使用价值，也就没有价值，当然谈不上价值的实现了。

怎样才能证明这个商品对别人是有用的呢？只有在商品交换中才能证明这一点，只要发生商品交换，就表明双方手中的商品是有使用价值的，使用价值得到了证明，价值也就得到实现。

商品交换的发生，归根到底是商品经济的内在矛盾决定的。商品是使用价值和价值的统一体，但是商品生产者不能既得到商品的价值，又得到商品的使用价值。他作为卖者，可以得到商品的价值，但要以放弃它的使用价值为前提，即他在得到价值的同时，必须放弃它的使用价值；又想卖钱，又不把商品交到他人手中是违反商品交换原则的。作为买者，得到了他人手中商品的使用价值，但要以放弃自己手中的价值为前提，即在得到商品的使用价值的同时，必须放弃自己手中的价值；又想买东西，又不付钱同样是办不到的。于是，一个商品内部使用价值和价值的统一表现为分裂的两个商品了。一个商品是使用价值，另一个商品是价值。在商品交换中，使商品经济内在的使用价值与价值的矛盾，表现为买者与卖者外部的对立，这种对立发展到一定程度，就会产生货币。

二、货币产生的必然性 [第105页第2段—末段]

货币是商品交换过程的必然产物。商品交换过程一方面是个人的过程，即“每一个商品所有者要交换的，是他需要的特殊的使用价值”①。另一方面，商品交换过程又是一般社会的过程，即每个商品所有者都要把他的商品价值实现出来，而不问他自己的商品对别人是否有用。价值的实现，要得到社会的承认，这就是社会的过程。商品交换过程是个人过程同一般社会过程的统一，但在现实生活中二者往往不能统一，从而使商品交换不能进行。例如，作为个人的过程，麻布所有者想把自己的麻布和上衣相交换，但是上衣所有者并不一定需要麻布，当上衣所有者不需要麻布时，麻布就不能实现它的价值，社会的过程

① 恩格斯：《卡·马克思〈资本论〉第1卷提纲》，《马克思恩格斯全集》第16卷第278页。

不能完成，个人的过程也无法进行。于是，商品交换发生了困难。

商品交换发生困难的原因，或者说，个人的过程和一般社会的过程往往不能统一的原因在于，为了实现自己商品的价值，每个商品所有者都把所有的其他商品当作自己商品的特殊等价物；为了得到别人商品的使用价值，又把自己的商品当作一般等价物。每个商品所有者都把自己的商品当作是一般等价物，结果任何商品都不是一般等价物，造成了商品交换的困难。随着商品交换的发展，这一矛盾会越来越突出，但是商品交换的发展本身又为解决这一困难准备了条件。

怎样才能解决商品交换中的上述矛盾呢？商品交换的发展要求形成一个公认的一般等价物，由物物直接交换改变为以一般等价物商品为中介的间接交换。在此之前，如果麻布需要交换上衣，而上衣却需要交换小麦时，这种商品交换是无法进行的。有了一般等价物就不同了。例如大家公认的牲畜是一般等价物时，麻布可以与牲畜交换，然后用牲畜交换上衣，上衣本来是不接受麻布的，但是将麻布换成牲畜之后，情况就不同了。上衣接受了牲畜，因为它是一般等价物，上衣换成牲畜之后，立即就可以换成小麦，尽管小麦也是不需要上衣的。原来不能进行的麻布—上衣和上衣—小麦，现在由于有了作为一般等价物商品的牲畜这个中介物，商品交换中的困难很快就这样解决了：麻布—牲畜—上衣，上衣—牲畜—小麦，小麦—牲畜—茶叶。牵来牵去还是这头牲畜，却把整个商品交换牵动起来了。

这种大家都乐意接受的一般等价物是怎样形成的呢？第一，它不是由人们的头脑想出来的，而是在人们的实践中自发产生出来的。第二，它不是自封的，不是个别商品的行动造成的，而是由商品世界中的社会行动造成。通过商品的社会活动，把某一种商品作为一般等价物从商品世界中分离出来，这种一般商品被称作货币。

货币不是一下子出现的，它的产生经历了一个漫长的过程。

三、货币的形成过程［第 106 页第 1 段—第 108 页末段］

货币是在交换过程中逐步形成的，在交换过程中，商品经济内部使用价值与价值的对立，表现为买者与卖者的对立，这种对立发展到一定阶段，就会形成货币，使用价值和价值的对立就表现为商品和货币的对立。货币是由商品转化而来，商品又是由劳动产品转化而来，劳动产品转化为商品的过程是从劳动产品进入交换过程开始的，但是，劳动产品最终转化为商品，是在交换过程发展到一定阶段，出现货币的时候，才告完成的。因此，在交换过程中，一方面是劳动产品逐渐完成向商品的转化过程，另一方面又是商品转化为货币的过程，在商品转化为货币的同时，劳动产品也最终转化为商品。“随着劳动产品转化为商品，商品就在同一程度上转化为货币。”（第 106 页）

因此，要了解货币的形成过程，首先要了解劳动产品转化为商品的过程，只有在这一基础上，才能了解商品转化为货币的过程。

（一）劳动产品转化为商品的过程［第 106 页末段］

劳动产品转化为商品，经历了两个阶段：第一阶段，是直接的产品交换阶段，即物物交换阶段，在上一章论述的简单的价值形式和扩大的价值形式均属于这一阶段；第二阶段是通过中介物进行的商品交换阶段，在上一章论述的一般价值形式和货币价值形式均属于这一阶段。

直接的产品交换或物物交换，是劳动产品在满足生产者的直接需要之后还有剩余的情况下发生的。这种生产的目的直接是为了自己消费而不是交换，因而他不是把这种产品作为商品来生产的，只是在自己消费不了时才拿去市场交换其他产品，这时候他的产品才作为商品出现。因此，直接交换中的产品具有双重性质，一方面，在进入交换过程时，它是商品，生产者相互之间的产品交换具有商品交换性质；另一方面，在进入交换过程以前，即在生产过程中，它又不是商品。不仅在生产过程中不是商品，即使在交换过程中，由于这时还没有形成一般等价物，进入交换过程的各种产品就没有共同的价值表现，除直接交换的双方互相以商品看待之外，其他产品相互之间都不是作为商品看待的。马克思在前面已经指出这一点，他说：在没有一般等价物的情况下，“商品也就不具有使它们作为价值彼此等同、作为价值量互相比较的一般的相对价值形式。因此，它们并不是作为商品，而只是作为产品或使用价值彼此对立着”（第105页）。可见，这时的产品具有双重性质，有商品的一面，又有非商品的一面，非商品的一面还是主要的。劳动产品没有从生产过程直接进入消费过程，而进入了交换过程，只是由劳动产品向商品转化的第一步。

商品交换是彼此承认对方是劳动产品的私有者，彼此当作外人看待的关系。在原始共同体内部，劳动产品归集体所有，相互之间不发生这种商品交换关系。商品交换最初发生在共同体的尽头处和另一共同体交界的地方，以后才发展到共同体内部来。由于这时生产力水平低下，开始时，剩余产品是偶然的，因而商品交换行为和量的比例也是偶然的，这种交换对生产者来说意义甚小，剩余产品是否进入交换过程，交换能否完成，对他来说，是无关紧要的。因而，这种交换在很大程度上是由生产者的意志决定的，他想交换，就去交换，他不想交换，就不去交换，由他自己决定。

随着生产的发展，交换越来越经常化，劳动产品越来越多地转化为商品，并开始出现了至少有一部分劳动产品是有意为交换而生产，这种产品不仅在交换过程中才作为商品出现，而是一开始就作为商品来生产，这时劳动产品转化为商品的过程就由直接的产品交换阶段进入商品生产阶段，完成了劳动产品向商品的转化。

所谓商品生产，就是以交换为直接目的所进行的生产。开始时还只是部分的，即产品的大部分是直接为消费而进行生产。只有一小部分是为了交换而生产。随着社会分工的发展，以交换为目的进行的生产所占比重逐渐增加，甚至完全以交换为目的而进行生产。由于劳动产品逐渐固定地区分为直接消费的产品和用来交换的产品。对于生产者来说，交换就不再是可有可无的事情，交换不再由生产者的个人意志决定，而成为一种有规则的社会行为，越来越成为社会的迫切需要。由于生产者有一部分是生产为自己直接消费的使用价值，另一部分是生产专门用来通过交换实现的价值，使用价值和价值的分离，使价值逐渐获得一个独立的表现形式，形成了一般等价物，其他商品都把自己的价值表现在这个作为一般等价物的商品上。这样，劳动产品不仅在交换过程中作为商品，在生产过程中及生产过程开始以前就作为商品，在交换过程中不仅发生交换的双方产品互相作为商品，所有一切进入交换的产品也都互相作为商品，即它们都表现为在价值上相同，在价值量上可以互相比较。这时产品最终转化为商品，但与此同时，作为一般等价物的特种商品也转化为货币。

（二）商品转化为货币的过程［第107页末段—第108页末段］

在直接的产品交换中，商品的价值形式总是和所要交换的使用价值结合在一起，没有一个独立的价值形式。由于没有一个独立的价值形式，各种商品就没有一个共同的价值表现形式，使相互之间的交换难以进行。随着商品交换的发展，这一矛盾越来越突出，迫切需要和使用价值相分离的一般等价物形式。

一般等价物在发展过程中经历了以下三个阶段：第一阶段，一般等价物不固定在哪一种商品上，作用范围很狭窄。第二阶段，一般等价物固定在某一种商品上，这种商品开始成为货币商品。马克思和恩格斯特别提到牲畜这种商品，在第一次大分工以后，牲畜越来越成为经常与之交换的商品，因为在种植业发展起来以前，肉类是人们的主要食物，对于非游牧部落来说，牲畜是最重要的外来商品，这样，牲畜开始取得货币的职能。第三阶段，一般等价物固定在贵金属上。随着商品交换的日益发展，特别是突破了地方的限制，出现了海外贸易，牲畜这一类商品就越来越不能适应商品交换的要求：质地不均匀，难以表现其他商品的价值；不能随意分割与合并，难以计算其他商品的价值量；难以携带，不便于运输；鲜活商品，不易储存。金银等贵金属却不然，用它作为一般等价物，可以消除以上的各种缺点，它的天然属性最适宜成为货币的材料。金银一开始作为货币，就表现出两个优点，一是质地均匀，成为价值的适当的表现形式；二是随意分合，可以准确反映商品价值量的差别。

四、货币的本质［第 109 页第 1 段—本章完］

（一）货币是同一切特殊商品对立的一般商品［第 109 页第 1—2 段］

货币是在商品世界中由贵金属充当的统一的、固定的一般等价物的商品；它是“同一切特殊商品对立的一般商品”①。

要认识货币的本质，首先，要明确它也是一种商品；其次，还要明确，它不同于一切特殊商品，而是和其他一切特殊商品相对立的一般商品。

货币是商品，这就是，它和所有的其他商品一样，是使用价值和价值的统一体。从价值上看，和其他商品一样，都是人类一般劳动的凝结；从使用价值上看，作为货币材料的金或银，是生产金或银的具体劳动的产物。不同之处在于，“所有其他商品都用它的价值来衡量，它也因此成了一般的商品，成了一种同一切其他商品相对立的真正意义上的商品”②。

货币是否也是特殊商品呢？所谓特殊商品，就是具有特殊使用价值的商品。这里撇开商品的价值，是因为任何商品在价值上都是同质的一般人类劳动的凝结，无任何特殊之处。商品的使用价值却不同了，任何一个商品，都有自己的特殊使用价值，因而都是特殊商品。

货币既然也是商品，当然也有它的使用价值，但马克思并没有将货币说成是特殊商品，而是说它是和“一切特殊商品”相对立的“一般商品”，这是因为货币的使用价值是充当一般等价物，这是一般使用价值，而不是特殊使用价值了，这种使用价值已经脱离了货币材料的自然用途。马克思说：“货币作为单纯的流通手段，可以说它不再是商品（特殊商品），因为货币的材料是无关紧要的，货币只是满足交换本身的需要，而不再满足任何其他的直接需要：金银一旦作为货币流通，它们就不再是商品。另一方面，也可以说货币只是商品（一般商品），是具有商品的纯粹形式的商品，它的自然特殊性无关紧要，因而一切直接需要也无关紧要，它和一定的需要本身没有天然的联系。”③ 虽然马克思接着

① 《马克思恩格斯全集》第 2 版第 31 卷第 553 页。

② 《资本论》第 3 卷第 584 页。

③ 《马克思恩格斯全集》第 2 版第 30 卷第 166—167 页。

又说货币是特殊商品，但这只是对于“货币的自然特点”① 而言。

在《资本论》这一著作中，我们也可看到在论述货币问题时出现“特殊商品”的提法。例如，在《资本论》中文译本第1版第1卷第85页，马克思在谈到从一般价值形式到货币形式过渡时，就两次提到“特殊商品”或“特殊的商品”。但是细看一下，这里所说的“特殊商品”指的并非是货币，而是和其他特殊商品并列的“一种特殊商品”，也就是还未成为货币的金或银，到了一定发展阶段，才使“这种特殊商品成了货币商品”，金银成了货币商品之后，也就不再是特殊商品了。在中文译本的第2版中，还将第1版中的“特殊商品”或“特殊的商品”改译为“独特商品”或“独特的商品”。

在《资本论》中文译本第1版第3卷第686页上，马克思在谈到信用制度时，提到了货币是“表现为和其他商品并列的一种特殊商品”，在出版中文译本第2版时，这句话也没有改动，仍然说货币是一种特殊商品。这是不是说，货币既是一般商品，又是特殊商品呢？不能这样理解，因为马克思的整段话是说：“银行制度用各种形式的流通信用代替货币，这表明货币事实上无非是劳动及其产品的社会性的一种特殊表现，但是，这种社会性，和私人生产的基础相对立，归根到底总要表现为一个物，表现为和其他商品并列的一种特殊商品。”这里特别要注意的是，在“和其他商品并列的一种特殊商品”这句话之前加上“表现为”三个字，说明货币是“一种特殊商品”是就货币的现象而言，货币的本质只能是一般商品。

卫兴华教授多次强调货币是一般商品而不是特殊商品，这是令人值得思考的一个问题。

但是我们也应注意到，在1861—1863年经济学手稿中，马克思在讲到劳动力是特殊商品时，和货币商品作了如下对比：“货币也是商品一般，但它是特殊商品（不过货币的特殊性质是由一切商品与某种独特的商品的关系产生的；而劳动能力的特殊性质是由这种商品的使用价值的本性产生的）。”② 这里说的商品一般是指货币和其他所有商品一样具有使用价值和价值的共同属性，不涉及一般商品，这里只涉及货币商品与劳动力商品的比较。既然货币商品和劳动力商品都是特殊商品，说货币是特殊商品，也就不能说明货币的本质了。

有关上述问题，可参阅《马克思恩格斯全集》第2版第30卷第95、166—167、188页，第31卷第320—331、441、553页，第32卷第55页；《资本论》第1卷第86、109、164页，第3卷第584、686页。

（二）对货币名目论的批评［第109页末段］

货币是商品，只要我们从商品交换过程的历史来看，是不难理解的。货币名目论者却认为货币是一种单纯符号，它的价值是人们在交换过程中想象出来的。这种观点的错误在于：第一，作为货币材料的贵金属，它的价值是在生产过程中就已经形成了的，在交换过程中，贵金属只是得到特殊的价值形式，而货币名目论者却误认为贵金属的价值是人们在交换过程中随意确定的，否定货币本身具有内在的价值。第二，货币在发挥它的流通手段职能时，可以由完全没有价值的纸币来代表，货币名目论者又误认为货币是一种单纯符号，把货币担负流通手段的这一具体职能所采取的纸币形式看作是货币的本质，把作为货

① 《马克思恩格斯全集》第2版第30卷第188页。
② 《马克思恩格斯全集》第2版第32卷第55页。

币符号的纸币和它所代表的货币混为一谈。

（三）对货币金属论的批评［第111页第1段—本章完］

货币金属论就是把货币看作是金银的天然属性。如果说，货币名目论者不懂得货币是商品，货币金属论者则不懂得商品是怎样、为什么、通过什么成为货币的，这一问题的解决要比上一问题困难。

如何理解商品怎样、为什么、通过什么成为货币？这要将第1章第3节和第2章这两部分内容结合起来进行回答。

为什么会产生货币金属论？在第1章第3节中（见第72页末段）已经指出，等价形式的商品之所以能表现其他商品的价值，是因为其本身有价值，但其本身的价值是不表现出来的，它是用它的使用价值即自然形态去表现其他商品的价值，因而人们很容易认为等价形式的商品能够表现其他商品的价值，是由于等价形式商品的自然属性。这是一种假象，这种假象到了货币形式时就更使人迷惑了，因为这时的一般等价物和贵金属的自然形式完全融合在一起了。一般等价形式就是贵金属的自然形式，贵金属的自然形式也就是一般等价形式，金银一旦从地下开采出来就作为一般等价物发生作用，货币形成的历史过程看不见了，金银似乎天然就是货币。货币金属论是一种货币拜物教，比之于商品拜物教，更使人着迷，更耀眼了。

*　　　　*　　　　*

人们在阐述马克思关于货币的起源和本质的理论时，往往只从价值形式的发展上去说明，忽略了从商品交换的历史过程去分析，这是非常片面的。有关价值形式内容的第1章第3节，在《资本论》第1卷第1版中，只是一个附录。无论其多么重要，用来取代第2章的内容，总是不恰当的。

在第2章中，马克思对货币的起源和本质提出了许多基本观点和重要内容。

第一，货币是商品交换的必然产物，货币的产生是由商品交换中个人过程和社会过程的矛盾引起的。

第二，商品的形成过程和货币的形成过程是一致的，当货币还未形成时，商品也不能是完全的商品。

第三，分析了商品交换过程的两个发展阶段及商品和货币的形成过程，特别是分析了在这一过程中产品性质的变化。

第四，在阐述货币本质的基础上，批判了货币名目论和货币金属论。

上述基本观点和重要内容，在许多政治经济学的教材中都被忽略了。

第三章　货币或商品流通

在第1章第3节和第2章中已经研究了货币，解决了货币的起源和本质方面的问题，本章所要研究的是货币的职能。不了解货币的起源，就不可能了解货币的本质，不了解货币的本质，又不可能了解货币的职能。但是，货币的职能是货币本质的具体表现，不了解货币的职能，对货币的本质也会缺乏一个具体和深入的认识。

对本章的研究，有两个假定：第一，"为了简单起见，我在本书各处都假定金是货币商品"（第114页）。第二，"我们所谈的只是从商品交换直接产生出来的那些货币形式，而不是属于生产过程较高阶段的那些货币形式，如信用货币"①。

1. 价值尺度

一、什么是货币的价值尺度［本节第2段—第115页第1段］

马克思一开始就指明，价值尺度是货币的第一个职能，这个职能在于对商品世界中的任何商品价值进行计量，为商品世界提供表现价值的材料或尺度，使它们表现出在质的方面相同，在量的方面可以互相比较。

对马克思的这一段话，这里作以下三点说明：

第一点要说明的是，表现商品价值的职能，并不是货币所特有的，在货币出现以前，一个商品的价值量是通过另一个商品的使用价值量表现出来的，也就是用另一个商品的使用价值量作为价值尺度。而以货币作为价值尺度和已往以普通商品作为价值尺度，是有很大差别的。首先，货币作为价值尺度能为整个商品世界提供表现价值的材料。在此之前以普通商品作为价值尺度时，只能为个别商品或某些商品提供表现价值的材料，而不能为整个商品世界提供统一的价值表现材料。并且，当出现货币之后，连普通商品作为其他商品价值表现的材料这一资格也被货币排挤掉了。其次，由此而来的，以货币作为价值尺度，能使商品世界中任何两个不同的商品通约，即不仅表现出在质的方面相同，而且在量的方面可以互相比较。而在此之前以一个普通商品作为另一个商品或某些商品的价值尺度，只能表现出这两个商品或某些商品之间的价值关系，即在质的方面相同，在量的方面可以互相比较，进行通约。

因此，货币的第一个职能就是作为商品的一般价值尺度，而且是最为一般的价值尺度。而在此之前的普通商品执行的只是个别的或特殊的价值尺度职能，最高也只是执行小范围内的、不固定的一般价值尺度职能。［本节第2段］

---

① 马克思：《政治经济学批判》第1分册，《马克思恩格斯全集》第2版第31卷第458页。

第二点要说明的是，货币所以能够执行价值尺度，使任何不同的商品之间表现出在质的方面相同，在量的方面可以互相比较，首先是由于一切商品本身存在着共同物，即它们都是人类一般劳动的凝结物，具有内在的价值尺度——劳动时间。正因为商品本身是可以计量的，货币才有可能作为价值尺度计量商品的价值，货币在这里是作为外在的价值尺度，使商品价值量相对地表现出来。

因此，再进一步说，货币的第一个职能就是作为商品外在的，因而也是相对的价值尺度。[本节第 3 段]

在第 114—115 页的脚注中，马克思提出为什么货币不能直接代表劳动时间这一问题，也就是在商品生产条件下，为什么劳动量不能直接用劳动时间表现出来，而要迂回曲折地用价值形式表现出来，马克思在这里批评了欧文的“劳动货币”，认为这是一种“平庸的空想”。

第三点要说明的是关于货币作为价值的具体表现形式。

价值是抽象的，起初，通过另一商品的使用价值将它具体表现出来，由于还没有取得一个独立的价值形式，因而商品的价值没有一个共同的表现。随着商品交换关系的发展，商品的价值统一地通过货币的形式来表现，才使一切商品都能够作为价值互相发生关系。

货币是怎样作为价值尺度表现商品的价值呢？货币是采取价格的形式表现商品价值的。什么是价格？在第 87 页上，马克思曾说过，“一个商品（如麻布）在已经执行货币商品职能的商品（如金）上的简单的相对的价值表现，就是价格形式”。通俗一些说，价格就是商品价值的货币表现，例如$\frac{1}{2}$吨铁 =2 盎司金，2 盎司金就是$\frac{1}{2}$吨铁的价值的货币表现，即$\frac{1}{2}$吨铁的价格。在这里，铁的价值表现即它的相对价值形式和简单的相对价值形式 20 码麻布 =1 件上衣相似，但实际上是有很大差别的，只要我们连续列出它们的交换等式，就会发现这一差别。在价格形式中，处于相对价值形式的商品不论怎样变动，由铁变为铜、小麦、咖啡……它的价值表现材料金总是不变的，因而这种相对价值形式看上去和简单的相对价值形式一样，实际上却是一般的相对价值形式。和一般的相对价值形式不同，简单的相对价值形式随着处于相对价值形式的商品发生变化，它的价值表现材料也会发生变化，麻布把它的价值表现在上衣上，茶叶把自己的价值表现在小麦上，咖啡把自己的价值表现在牲畜上等等。

作为表现商品价值的货币，本身也是有价值的，那么货币的价值又是怎样表现出来的呢？货币不能像其他商品那样用价格来表现自己的价值，货币能使其他商品具有一个价格形式，“然而货币并没有价格”（第 115 页），因为货币的价值不能用货币自身来表现，例如，2 盎司金 =2 盎司金。货币的价值是通过扩大的相对价值形式表现出来的：

$$2\text{ 盎司金}\begin{cases}=20\text{ 码麻布}\\=1\text{ 件上衣}\\=10\text{ 磅茶叶}\\=40\text{ 磅咖啡}\\=1\text{ 夸特小麦}\\=\frac{1}{2}\text{吨铁}\\\cdots\cdots\end{cases}$$

这个公式从形式上看和扩大的价值形式相同，实际上却大不一样，在扩大的价值形式中，一系列的等式是可以分解的，而这里的公式是不可分解的，因为任何分解都会使金转换位置，从相对价值形式转化为等价形式，变成 20 码麻布 =2 盎司金，1 件上衣 =2 盎司金……金成为表现价值的商品，而不是价值被表现的商品。

因此，货币的第一个职能就是使商品世界中任何商品的价值具有一个价格形式，而原来作为普通商品的金，正是因为具有这样一个职能，才使它从商品世界中分离出来，成为一般商品——货币。[第 115 页第 1 段]

二、货币作为价值尺度的条件 [第 115 页末段—第 119 页第 3 段]

（一）货币必须具有实在的价值，但并不需要有现实的货币，货币执行价值尺度，只是用想象的或观念的金去表现商品的价值 [第 115 页末段]

货币作为价值尺度表现商品的价值，本身必须具有价值，如同丈量长度的尺本身必须具有长度一样。但是作为价值尺度的货币并不需要有现实的货币。例如，为了说明 1 吨铁的价格是 1 盎司金时，只要用口说或笔写即可，无需在 1 吨铁的一侧放上 1 盎司金，因为人们既不能简单判定它是否真金，也无法一眼看出它是否有 1 盎司重，为此，要了解商品的价格，还得先鉴定货币的成色和重量，这是不可行的。因此，货币作为价值尺度只是观念的或想象的，由于商品本身不会说话写字，商品的价值就不能由商品本身表现出来，必须由商品监护人代它口讲或笔写。

但是，尽管是用想象的货币执行价值尺度的职能，人们却不能随意规定商品的价格，在商品价值已定的情况下，商品的价格完全取决于实在的货币材料，这点可由下述例子说明，在金和银的价值比例为 1∶15 时，1 吨铁的价值表现在金上是 1 盎司，表现在银上就是 15 盎司，而且观念上的货币包括成色和重量必须和实在的货币材料相符。

（二）作为价值尺度的货币材料，只能是金银中的某一种，不能同时采用金银两种贵金属作为货币材料 [第 116 页末段]

在同时采用金银两种贵金属作为货币材料时，每一种商品都会有两种不同的价格，金价格和银价格，价值尺度的二重化是和货币作为价值尺度的职能相矛盾的。因为货币是一般等价物，它给予商品界一个统一的、一般的价值尺度，只能用某一种贵金属金或银作为价值尺度，不能同时用两种贵金属作为价值尺度。如同时采用金银两种贵金属执行价值尺度，在金和银的价值比例不变的情况下，两种价格还可以安然并存，但在金银价值比例发生变动的情况下，立即会引起价格上的混乱。实际上在同时采用金银两种材料作为货币的国家，执行的结果也是估价高的那种贵金属执行价值尺度的职能，而估价低的那种贵金属则被熔化和输出。

（三）要有价格标准 [第 117 页第 1 段—第 119 页第 3 段]

1. 什么是价格标准

价格标准又称货币标准，是货币的计量单位及其等分。“金量本身是用重量来计量的”①，例如，中国长期以两为计量单位，16 两合为 1 斤，1 两白银等分为 10 钱，1 钱等分为 10 分，1 分等分为 10 厘，1 厘等分为 10 毫。英国早先用白银作为货币材料，以镑为

---

① 马克思：《政治经济学批判》第 1 分册，《马克思恩格斯全集》第 2 版第 31 卷第 464 页。

货币的计量单位，1 镑货币即 1 磅重的纯银，1 镑货币等分为 20 先令（每先令是$\frac{1}{20}$磅纯银），1 先令等分为 12 便士（每便士是$\frac{1}{240}$磅纯银）。后来，货币材料由纯银改为 22 开的黄金，用盎司作为货币的计量单位，由于按金银价值比例转换时由整数变为非整数，在 1 盎司金货币单位下面，不再进行等分。

2. 确定价格标准的必要性

确定价格标准的必要性是由货币执行价值尺度的职能决定的，货币既然执行价值尺度，商品的价值就要表现在不同重量的贵金属上。为了从观念上表现这些大小不同的贵金属重量，在技术上就有必要以一定的重量如 1 两、1 磅作为计量单位，并作进一步等分，对贵金属重量加以计量，有了这个价格标准，货币才能从观念上表现商品的价值，执行价值尺度的职能。可见，货币执行价值尺度是通过价格标准实现的。

3. 价格标准的名称

价格标准原来是以现成的重量单位（例如：两、钱、分、厘、毫）作为货币名称的，后来，由于各种原因，货币的名称和重量的名称分离了，其原因将在下面进行分析。

4. 货币作为价值尺度同作为价格标准的区别

货币作为价值尺度同作为价格标准的区别有三点：

第一，货币作为价值尺度，代表着一般人类劳动，货币作为价格标准，代表货币材料金的重量。

第二，货币作为价值尺度，使商品取得一个价格形式，货币作为价格标准，使货币取得一个重量单位。

第三，货币作为价值尺度，是以货币材料的重量对商品的价值计量，货币作为价格标准，是以货币材料的重量单位对货币材料的重量计量。

5. 货币执行价值尺度职能对价格标准的要求

货币执行价值尺度职能时，货币的计量单位及其等分即价格标准一旦确定之后，不得轻易改变，因为价格标准的改变将引起货币执行价值尺度的混乱，这里会遇到习惯上和换算上的困难。

不得轻易改变，不等于说不得改变或不能改变，世界各国之间经济交往的发展，要求有一个统一的计算货币材料的重量单位，与此不相一致的货币重量单位必将进行调整。

6. 货币材料金的价值发生变动对货币执行价值尺度和价格标准职能有无影响

货币能够执行价值尺度，它的前提是货币本身具有价值，既然是价值，也就必然会随着劳动生产力的变动而变动，货币价值的变动对货币执行价值尺度和价格标准的职能有无影响呢?

首先，很明显的是，货币价值的变动对货币执行价格标准的职能“丝毫不会妨碍”（第 118 页）。因为执行价格标准是以货币自身的重量单位计量货币本身的重量，货币价值的变动只能影响商品的价格，而不能影响货币本身的重量，1 盎司金不论金的价值怎样变动，它仍然是重 1 盎司；不同金量之间的价值比例也不会因此而改变，12 盎司金的价值总是 1 盎司金的 12 倍。

其次，货币价值的变动对货币执行价值尺度的职能“也不会妨碍”（第 119 页）。这是因为商品的价值表现是受商品价值和货币价值两方面因素决定的，影响货币价值变动的因素同样也会影响到商品价值的变动。例如，在劳动生产力不断提高的情况下，开采金的劳动量耗费减少一半，与此相应，生产商品的劳动量耗费也减少一半，商品的价值尽管下降了，但是它的相对价值量却未改变，原来 1 吨铁 =4 盎司金，现在 1 吨铁仍表现为 4 盎司金，只不过现在 4 盎司金所代表的价值只有原来的一半，对货币执行价值尺度的职能并无妨碍。

商品的相对价值量是怎样规定的，这个问题在第 1 章第 3 节对简单价值形式的分析中已探讨过了，对于研究现在的商品价格的变动，也是适用的。马克思在这里只是具体补充说明了商品价格变动的规律。

三、价格形式［第 119 页第 4 段—本节完］

在上述两个大问题上，马克思都分析了价格形式，现在再作几点补充。

（一）货币名称（价格名称）同重量名称的分离［第 119 页第 4 段—第 121 页末段］

1. **分离的原因**［第 119 页末段］

货币原来是以金属的重量名称作为它的名称的，例如 1 镑、1 两等，货币的这种名称和它所表示的金属重量是一致的。后来，由于各种原因，货币名称同它所表示的重量逐渐分离开了。

首先，是由于外国货币流入较不发达的国家或地区，这些外国的货币名称同它本国的重量名称可能是一致的，但和被输入的国家或地区的重量名称是不一致的，一旦使用了外国的货币名称，就和被输入国的重量名称发生了分离。

其次，是由于货币材料的改变，例如，英国原来以白银作为货币材料，货币名称 1 镑就是 1 磅重量的白银，后来货币材料由白银改为黄金，货币名称 1 镑代表的黄金重量只是 $\frac{1}{15}$ 磅了。

最后，是由于各个朝代的统治者不断伪造货币，使铸币的名称和重量名称不符。

2. **分离的后果**［第 120 页末段—第 121 页末段］

货币以自身的重量去表现商品的价值量，掩盖了货币和商品之间的价值关系，商品价值是社会性质，货币重量是物的性质，社会性质被物的性质掩盖了。

在货币的名称和重量的名称发生分离之后，最后由法律规定的货币名称及其代表的金量变成和货币的重量单位及其等分不一致的计算货币，成为“没有概念的物”（第 121 页），使“价值关系的任何痕迹都消失了”（第 121 页）。

例如，英国货币（黄金）的重量单位为盎司，1 盎司 =20 本尼威特，1 本尼威特 =24 格令，而货币名称却以镑为计量单位，作为货币单位的金镑的重量也不同于黄金重量单位的磅，作为黄金的重量单位，1 磅 =12 盎司，作为货币名称，曾规定 1 盎司金 =3 $\frac{7}{8}$ 索维林（镑），1 索维林再分为 20 先令，1 先令再分为 12 便士。这种和金的重量单位及其等分相分离的计算货币，既可以表示商品的价值，又可以表示货币的价格标准，例如，3 镑 10 $\frac{1}{2}$ 便士这一定量的货币名称，既可以表现为 $\frac{1}{2}$ 夸特小麦的商品价值，也可以表现为 1 盎司金的价值。货币名称成了一个神秘的记号。它不仅使商品价值具有一个价格形式，还使货币本身似乎也具有和商品一样的价格形式，这不能不引起更大的混乱。但是，只要我们了解商品交换发展的历史，就不会感到什么奇怪了。

（二）价格和价值的背离［第 122 页第 1 段—第 123 页第 1 段］

1. **价格和价值之间在量上的不一致**［第 122 页第 1 段］

这里有三个问题：

第一，什么是价格和价值之间在量上的不一致？

什么是价格和价值之间在量上的不一致？所谓量上的不一致，就是商品的价格背离它的价值量，或者说，一定量的货币名称所代表的价值量和商品的实际价值量不一致。例如，1 夸特小麦的价值相当于 2 镑这一货币名称所代表的价值，2 镑这一商品价格和 1 夸特小麦的价值量就是一致的，但在实际生活中，1 夸特小麦的价格往往不是 2 镑，而是低于或高于 2 镑，和 1 夸特小麦的价值量不一致。

在不一致的情况下，例如，1 夸特小麦的价格表现为 2.5 镑或 1.5 镑，这 2.5 镑或 1.5 镑还是不是 1 夸特小麦的价格呢？答复是肯定的。因为所谓价格，首先，它是商品价值的货币表现，不论 2.5 镑或 1.5 镑，都是 1 夸特的小麦价值的货币表现；其次，它是商品同货币交换比例的指数，1 夸特小麦的货币表现为 2.5 镑，2 夸特小麦的货币表现为 5 镑，可以此类推。

第二，价格和价值在量上不一致的原因。

价格和价值在量上不一致的原因产生于它的价格形式中。因为价值量取决于社会必要劳动量，这是一种内在的必然关系，随着价值转化为价格，商品价值取得一个价格形式，这种内在的必然关系就表现为商品和货币的外在的量的比例关系。这样一来，商品的价值表现就会受到外部条件例如供求关系的影响，使商品价值表现为一个或大或小的量。

第三，在私有制条件下价值规律的表现形式。

价格和价值在量上的不一致，并不是对价值规律的否定，因为这种不一致是在价值基础上的不一致，从整体和长远来看，仍是相一致的。价格和价值在量上的不一致，不仅不是对价值规律的否定，而且是在私有制下价值规律作用表现的适当形式。

对马克思的这一论述，不能误解为价格和价值在量上的不一致，只是在私有制下商品生产所特有的现象。既然这个不一致产生于价格形式本身，那么，只要是通过价格形式来表现价值，这种不一致就会产生。在建立生产资料的社会主义公有制以后，只要存在着商品，并用价格形式表现它的价值，这种量上的不一致就是不可避免的。

区别在于，在私有制下，“规则只能作为没有规则性的盲目起作用的平均数规律来为自己开辟道路”（第 123 页）。这句话不仅是对价值规律说的，也是对其他经济规律说的。马克思在讲到资本主义经济规律的表现形式时，也用了类似的话进行表述。

2. **价格和价值在质上的矛盾**［第 123 页第 1 段］

价格形式不仅可能引起价格和价值在量上的不一致，而且还能引起质上的矛盾，即没有价值的处女地、名誉、良心等，也可以具有价格形式，这种虚幻的价格往往掩盖实在的价值关系或由此派生的关系。

例如，土地本身是没有价值的，但土地上所产生的农作物是有价值的，由于土地价格不表现价值关系，农作物的价格也不表现价值关系，实在的价值被掩盖了。

（三）商品转化为货币的可能性和必要性［第 123 页末段—本节完］

价格形式使商品价值由货币表现出来，这就包含着商品转化为货币的可能性。另一方面，商品也必须转化为货币，因为：第一，商品不是一般等价物，不能同其他商品进行直接交换；第二，商品的价格形式纯粹是观念的或想象的，要使观念的金转化为现实的金，就必须让渡自己的商品，不允许既保留自己实在的商品，又取得他人手中实在的金。

在商品转化为货币的过程中，货币以实在的金出现，进入流通领域，通过货币这一中介，商品所有者互相交换自己的商品，这时的货币已由执行价值尺度的职能，进而执行流通手段的职能。

2. 流通手段

流通手段是货币的第二个职能，货币充当商品交换的中介就取得这一职能。货币作为流通手段同作为价值尺度是有区别的，货币作为价值尺度，是表现商品的价值，作为流通手段，是实现商品的价值。可见货币作为价值尺度，还未进入流通过程，而只是处在流通过程的准备阶段上，但是，货币作为价值尺度，也有可能和有必要进入实际的流通过程中去。

流通过程，用简单公式表示，即商品—货币—商品，从一方面看，它是商品的流通过程，从另一方面看，它又是货币的流通过程，货币的流通是由商品的流通引起的，因此，马克思先分析商品的流通，然后再分析货币的流通。

（a）商品的形态变化

一、发生商品形态变化的原因［本小节第1段—第125页末段］

商品的形态变化是指商品和货币之间的变换，由商品变换为货币，就是由商品的使用价值形式变换为价值形式，这种变换的发生是商品交换过程中存在着的矛盾不断发展的结果。马克思在一开始就指出："商品的交换过程包含着矛盾的和互相排斥的关系。商品的发展并没有扬弃这些矛盾，而是创造这些矛盾能在其中运动的形式。"（第124页）商品交换过程中的矛盾是指使用价值和价值的矛盾，使用价值和价值是包含在每一个商品体中的，但在商品交换中，二者发生了分离。同一个商品，对于买者，它是使用价值，对于卖者，它是价值，卖者为了从买者手中得到价值，必须将使用价值让渡给买者，买者为了从卖者手中得到商品的使用价值，又要把自己的商品作为等价物转让给卖者。商品交换过程中的这种矛盾和互相排斥的关系随着商品交换的发展而发展，表现在运动形式上，开始时是W—W，后来发展为W—G—W。

新的运动形式W—G—W和原来的运动形式W—W的区别在于：在W—W中，商品之间进行直接交换，商品的物质内容改变了，但是商品形态并没有发生变化；卖出的是普通商品，买回来的仍是普通商品；而在W—G—W中，商品的物质变换以货币为中介，在交换过程中商品的形态发生了变化，先是以一种普通商品和货币交换，然后再以货币和另一种普通商品交换。

对于交换过程，人们往往只注意物质因素的变换，忽视它的形式上的变换，因而就不能对W—W和W—G—W这两种不同的交换过程加以区别。因为从物质内容上看，W—W是麻布—圣经，W—G—W是麻布—货币—圣经，二者是没有区别的，它们都是用麻布这一物质变换为圣经另一种物质。货币只从它的物质内容看，也和其他商品一样，作为单纯的商品金，不再是货币。

在商品发生了形态上的变化之后，交换过程中的矛盾也发生了变化，原来商品和商品的对立，现在表现为商品和货币的对立、买者和卖者的对立，普通商品只是作为使用价值出现，货币只是作为价值出现。作为商品，都是使用价值和价值的统一，但这种统一是按相反的方向表现在商品和货币对立的两极上了。以下将从商品形态的变化过程来揭露这些矛盾。

二、商品形态的变换过程［第126页第1段—第133页末段］

商品交换过程是在两个互相对立、互相补充的商品形态变化中完成的，第一阶段是卖，W—G，由商品转化为货币，这是第一形态变化；第二阶段是买，G—W，又由货币转化为商品，这是第二形态变化。整个过程是先卖后买，或为买而卖，用公式表示，即W—G—W。

（一）W—G。商品的第一形态变化或卖［第127页末段—第130页第1段］

1. 商品的第一形态变化中的矛盾及其具体表现［第127页末段—第129页第1段］

商品的第一形态变化或卖，对于商品所有者来说，是关系到生死存亡的大问题，在社会分工条件下，生产者的产品如果卖不出去，就会遭到致命的打击。但是这一形态变化也是非常困难的，马克思说这是商品的“惊险的跳跃”（第127页）。

W—G变换的困难产生于社会分工条件下的私人生产。人们的需要是多方面的，而社会分工使每个商品生产者的劳动成为单方面的，但又是交织在一起的，当生产是由私人进行时，这种交织无论从质的方面或量的方面看，都是自发地、偶然地形成的，是在生产者的背后盲目进行的，这就形成这样一个矛盾，即物和物的全面依赖同人和人的互相独立，这一矛盾引起了商品第一形态变化上的各种困难，表现在以下几个方面：

第一，商品卖不出去，从而不能实现商品的第一形态变化。

商品卖不出去的具体原因有：新产品，人们不了解；生产过程发生了分离，原来的局部产品现在变成独立的产品，产销发生脱节；出现了代用品，原来的商品受到了排挤；社会的需要量有一定的限度，超过这一限度就不被接受。

第二，个别劳动时间超过社会必要劳动时间，超出的部分得不到社会的承认。

商品的价值是按照社会必要劳动时间决定的，某种商品的生产者耗费的劳动时间超过这一规定时间，超过的部分不被社会接受，这一部分劳动得不到补偿。

有些商品生产者的个别劳动时间原来可能和社会必要劳动时间是相一致的，但是由于社会生产条件发生了变化，大多数生产者的技术水平提高了，自己却没有相应跟上，使个别劳动时间超过了社会必要劳动时间，超过的部分得不到社会的承认，商品虽然被卖出去了，但所得的货币不能完全补偿自己劳动的消耗。

第三，商品的供应量超过社会需要量，超过部分的商品量中包含的劳动量也得不到社会的承认。

在商品的供应量超过社会需要量的情况下，从单个商品看，都包含了社会必要劳动时间，但从社会必要劳动时间总量上看，它要受到社会需要量的限制，超出社会需要量部分的商品没有使用价值，因而耗费在其中的劳动不能形成价值，引起这种商品价格的下降。超出社会必要劳动时间总量的劳动如同个别劳动时间超过社会必要劳动时间的部分一样，不能形成价值，生产的产品虽然作为商品出售了，所得货币同样不能补偿这部分劳动的消耗。

马克思在这里提出了另一种涵义的社会必要劳动时间问题。第二种涵义的社会必要劳动时间就是按照需要的比例投放在某一种商品中的社会必要劳动时间总量，它是在第一种涵义的社会必要劳动时间基础上对各种商品的劳动总量作出的规定，对各种商品的价值总量起着一种限制作用。第二种涵义的社会必要劳动时间会直接影响单个商品的价格，但不会直接改变单个商品的价值。

2. 商品的第一形态变化和第二形态变化的关系［第129页第2段—第130页第1段］

商品卖不出去的现象是不正常的，只要商品能卖得出去，即使不按价值出售，也会发生商品的形态变化。因此，我们在研究商品的形态变化时，假定商品转化为货币是正常进行的。

只要商品转化为货币，就完成了商品的第一形态变化，而在商品的第一形态变化中，又包含着商品的第二形态变化；一个商品的第一形态变化同时总是另一个商品的相反的第二形态变化。

首先，在商品转化为货币时，例如麻布转化为金，麻布是使用价值的特殊形态，金是一般价值形态，从麻布所有者的角度看，是麻布转化为货币，W—G或卖，是第一形态变化；从货币所有者的角度看，是货币转化为麻布，G—W或买，是第二形态变化。W—G同时就是G—W，卖就是买，商品的第一形态变化同时就是第二形态变化。

其次，在麻布—货币—圣经运动形式中，货币—麻布虽是第二形态变化，并包含在麻布—货币的第一形态变化中，但并不是麻布的第二形态变化，麻布的第二形态变化是货币—圣经。假定购买麻布的货币来自小麦的生产和出售，运动形式为小麦—货币—麻布，货币—麻布是小麦的第二形态变化，因此一个商品（麻布）的第一形态变化（麻布—货币）总是另一个商品（小麦）的第二形态变化（货币—麻布）。由此我们可以看出，商品的第一形态变化同第二形态变化是联系在一起的，不仅如此，一个商品的运动过程又同另一个商品的运动过程联系在一起。

（二）G—W。商品的第二形态变化或买［第131页末段—第132页第1段］

1. 商品的第一形态变化是不困难的［第131页末段］

和第一形态变化不同，商品的第二形态变化是能够顺利进行的，因为货币是一般等价物，它是“绝对可以让渡的商品”（第131页），可以同任何商品进行交换。

但是货币同商品的交换，在量上是受到限制的，一定量的货币只能换得一定量的商品，而不能是无限量的商品，商品的价格把货币的购买能力标示了出来，就是对货币在量上的限制。

商品一旦转化为货币，就退出了交换领域，进入消费过程，因而作为商品第二形态变化开始的货币，是看不出它是由什么商品转化而来的。

2. 商品的第二形态变化同第一形态变化的关系［第132页第1段］

上面已指出，一种商品的第一形态变化W—G同时即是另一种商品的第二形态变化G—W，现在也可以反过来说，一种商品的第二形态变化G—W同时即是另一种商品的第一形态变化W—G。仍以前面的例子，我们既可以说麻布这一商品的第一形态变化是小麦这一商品相反的第二形态变化，也可以说，小麦这一商品的第二形态变化是麻布这一商品相反的第一形态变化。

不同的是，在社会分工条件下，生产是单方面的，商品生产者或者是小麦生产者，或者是麻布生产者，或者是圣经生产者。因而商品的第一形态变化表现为小麦—货币，或麻布—货币，或圣经—货币，又由于商品生产者的需要是多方面的，商品生产者单方面的卖，接着却是多方面的买，以麻布生产者为例，商品的第二形态变化就表现为：

货币 { —小麦 / —圣经 / —烧酒 / ……

从这个差别中，我们看到，一个商品的第二形态变化就不是简单地引起某种商品的第一形态变化，而是会引起许多种商品的第一形态变化。因此，商品的第二形态变化使整个交换关系复杂化。

（三）W—G—W。商品的总形态变化［第 132 页末段—第 133 页第 2 段］

1. 商品总形态变化的组成［第 132 页末段—第 133 页第 1 段］

以麻布—货币—圣经的商品总形态变化为例，它的构成是：

第一，商品的总形态变化是由两个互相对立、互为补充的运动 W—G 和 G—W 组成，这里既包括两个不同的商品形态变化，一个是由商品转化为货币，另一个是由货币转化为商品，又包括两个相反的运动阶段，第一个阶段是卖，第二个阶段是买。

第二，商品的总形态变化包含四个极和三个登场人物。在第一形态变化 W—G 中，W 和 G 处在对立的两极上，在第二形态变化 G—W 中，再一次出现 W 和 G 的两极对立，在这四极中，共有三个登场人物，一个是麻布所有者，一个是货币所有者，再一个是圣经所有者，其中货币所有者出现了两次，第一次是和麻布所有者相对立，第二次是和圣经所有者相对立。在现在的总形态变化中，第一次和麻布所有者相对立的货币所有者原先也是某种商品的所有者，但是由于这种商品在转化为货币之后就消失了，我们看不到它究竟是小麦还是烧酒，因而也就不知道它的所有者是谁，只知道在第二次和圣经所有者相对立的原先就是麻布所有者，总体来看，还是三个登场人物。

2. 商品的总形态变化和商品的循环［第 133 页第 2 段］

商品的总形态变化过程也就是商品的循环过程，商品的循环从商品投入市场即商品的出现开始，接着是抛弃原有的商品形式，得到货币，再用货币购买自己所需要的商品。商品形式的出现，商品形式的抛弃，商品形式的复归，构成了商品的循环，它同样由两个相反的运动阶段 W—G 和 G—W 组成。

三、商品流通［第 133 页末段—第 136 页第 1 段］

（一）商品循环和商品流通［第 133 页末段］

一个商品的循环不是孤立地进行着的，它和其他商品的循环不可分割地交错在一起。这里以小麦、麻布、圣经这三个商品的循环为例：

……

小麦—货币—麻布

麻布—货币—圣经

圣经—货币—烧酒

……

在麻布这一商品循环中，它的第一形态变化同时就是小麦这一商品循环中相反的第二形态变化，麻布的第二形态变化又是圣经这一商品循环中相反的第一形态变化，这种交错将不断地进行下去，使整个社会的商品的循环联结成一个有机的整体，这就是商品流通。

商品流通不同于个别商品之间的交换，不论是直接的产品交换还是间接的商品交换。商品流通是商品交换的总和，“是从交换总体上看的交换”①，是“商品世界的形态变化系列”②，“商品的总运动叫作商品流通”③，商品流通由互相交错的商品循环的总体构成。

长期以来，把商品流通说成仅仅是以货币为媒介的商品交换，这是很不确切的，离开商品交换的总体去孤立地考察一个商品循环中的卖和买，这里虽以货币为中介，但只能称之为商品交换，而不能称之为商品流通。

（二）商品流通和直接的产品交换［第134页第1—末段］

商品流通不仅在形式上，而且在实质上不同于直接的产品交换。

（1）在商品流通中，突破了直接的产品交换中所受到的各种限制，发展了人类劳动的物质变换。

首先，突破了个人需要上的限制。在直接的产品交换中，产品交换只有在各自的产品为对方所直接需要时才能进行。在商品流通中，通过货币这一中介物，使所有的商品都能进行交换，在麻布生产者不需要换取小麦的情况下，小麦生产者依然能够通过将小麦售与他人得到的货币买回麻布。

其次，突破了地方上的限制。在直接的产品交换中，买和卖是同一个行为，因而买和卖必须在同一个地点上进行，他在什么地点卖，就在什么地点买，反之，他在什么地点买，就在什么地点卖，他必须找到这个地方，在这个地方遇到既是他的产品的买者，同时又是他所需要的产品的卖者，这无疑使交换发生极大的困难。而在商品流通中，他可以在一个地方找到他的商品的买者，然后将换来的货币到另一个地方去找他所需要的商品的卖者，地方上的限制被突破了。

最后，突破了时间上的限制。同样，由于在直接的产品交换中，买和卖是同一个行为，因而买和卖又必须在同一时间进行，他在什么时间卖，就得在什么时间买，反之，他在什么时间买，就得在什么时间卖，买和卖必须是同时同地进行，在同时同地找到既是他的商品的买者，又是他所需要的商品的卖者。商品流通突破了这一限制，先是卖出自己的商品，然后可以持币待购，等待有货供应时，或自己真正需要时再进行购买，先卖后买，卖后暂时不买。

商品流通突破了直接的产品交换中的各种限制，促进了商品交换的发展。

（2）商品流通使整整一系列不受当事人控制的天然的社会联系发展起来。

在直接的产品交换中，直接交换的双方存在着互相依赖的关系，任何一方不向对方买，对方就不能卖。而在商品流通中这种相互依赖的关系更加发展，一方的卖依赖于对方的买，对方的买又依赖于第三者向对方的买，第三者向对方的买，又依赖第四者向第三者的买，使整个社会的商品生产者联系起来。在这种广泛的联系中，任何商品之间的交换都不受当事人的控制。一旦在某个环节上出现障碍，就会引起连锁反应。

商品流通所以能使整整一系列不受当事人控制的天然的社会联系发展起来，是货币在流通中发生作用的结果。在商品流通中，商品的每一次形态变化都会使该商品退出流通，

---

① 马克思：《政治经济学批判》导言，《马克思恩格斯全集》第2版第30卷第39—40页。

② 《资本论》第2卷第390页。

③ 马克思：对约·莫斯特著的《资本和劳动》一书的修订，《马列著作编译资料》第15辑，人民出版社1981年版第7页。

进入消费过程，货币却不会在商品的形态变化中退出流通，每当商品退出流通时，就有货币补上它的位置。这样，就通过货币的中介，把整个社会的商品生产者联系起来，构成商品流通。

（三）商品流通和经济危机［第135页第1段］

有的资产阶级学者如詹姆斯·穆勒认为，每一次卖同时就是买，因而商品流通必然造成买和卖的平衡，否定了在简单商品流通中存在着经济危机的可能性，进而否定资本主义的商品流通中存在着经济危机的必然性。

在直接的产品交换中，例如，小麦—麻布，无论就哪一方面来说，买和卖都是同一个人的同一行为，对于小麦生产者来说，他既卖了小麦，又买了麻布，对于麻布生产者来说，他既卖了麻布，又买了小麦，小麦生产者的买和卖同麻布生产者的买和卖都是一次进行的。在商品流通小麦—货币—麻布中，小麦生产者将小麦卖给货币所有者，经过一个或长或短的间隔时间，然后再用卖小麦的钱去购买麻布，对于小麦生产者和货币所有者来说，买和卖固然还是同一个行为，因为小麦生产者在出卖小麦的同时，货币所有者购买了小麦，但这只是对于两个人来说，即对小麦生产者和货币所有者来说，才是同一个行为，对于同一个人小麦生产者来说，他的买和卖就是两个行为，他先是卖小麦，经过一个或长或短的间隔时间，再去购买麻布，不是同时又买又卖，而是先卖后买。显然，穆勒是把商品流通和直接的产品交换等同起来了。

在直接的产品交换中，买和卖是直接统一在商品生产者身上的，在商品流通中，商品交换中买和卖内部的直接同一性分裂为买者和卖者外部对立的同一性，这种同一性一方面表现在商品没有被商品所有者卖掉，也就是没有被货币所有者买去，另一方面表现在商品没有货币所有者来买，商品所有者也就不能去卖。商品所有者相互之间的关系现在表现为商品所有者和货币所有者之间的关系，买和卖的分裂引起在卖之后不立即继之以买，就会造成另一部分商品不能卖，例如，小麦卖了钱后，并不立即购买麻布，麻布则不能卖出，这里就包含着经济危机的可能性。当然，在简单商品流通条件下，经济危机也仅仅是一种可能性而已，并不会变成现实，经济危机是资本主义的产物，由可能变为现实，还有一个很长的发展过程。

（四）货币在商品流通中的作用［第136页第1段］

货币在商品流通中起中介作用，作为商品流通的中介，货币取得流通手段的职能，对于这一职能，只有在对商品流通是怎么回事有所认识之后，才能弄得明白。马克思在论述了商品流通之后，指出货币在其中的作用是什么就够了，无须再作什么具体解释。

（b）货币的流通

一、货币流通和商品流通［本小节第1段—第138页末段］

货币流通包含在商品流通之中，马克思说："商品流通正如我们看到的那样也包括货币流通在内"[①]，"商品流通（它包括货币流通）"[②]。

---

① 1861—1863年经济学手稿，《马克思恩格斯全集》第2版第32卷第303页。

② 1861—1863年经济学手稿，《马克思恩格斯全集》第2版第32卷第356页。

（一）货币流通和商品流通的区别［本小节第1段］

商品流通公式W—G—W，起点是商品，终点也是商品，形成一个循环。货币流通却不然，货币一旦离开起点，就不再流回，例如小麦生产者购买麻布，货币就离开小麦生产者到麻布生产者手中了，麻布生产者再用这个货币去购买圣经，货币又转入圣经所有者手中，圣经所有者再用这个货币去购买烧酒，货币又转入烧酒生产者手中……总之，货币离开小麦生产者手里就不再流回，接着又从麻布生产者那里离开，也不再流回到麻布生产者那里。货币不断离开它的起点，不再流回。要使货币流回到小麦生产者手里，除非小麦生产者再出售一批小麦，但这不是原来的流通过程了，在新的流通过程中，货币照样再一次离开小麦生产者，不再返回，因而货币流通就表现为G—W这样的片面形式。

（二）货币流通和商品流通的关系［本小节第2段—第138页末段］

货币流通是由商品流通决定的，它只是商品流通的表现。

（1）货币运动的单方面形式来源于商品运动的两方面形式。

商品流通具有两方面的形式，即一方面是W—G，卖；另一方面是G—W，买。货币流通只具有单方面的形式G—W，买。货币流通之所以只具有这种单方面的形式，是由于货币在流通中只是执行购买手段的职能，实现商品的价格。

货币流通的单方面形式来源于商品流通的两方面形式，因为一方面，货币流通G—W，它的起点G是商品流通第一形态变化W—G的结果。另一方面，作为G—W，不仅是货币的流通，而且也是商品流通的第二阶段，作为货币流通的G—W和作为商品流通的G—W在关系上不是并列的，作为商品流通的G—W是商品流通的目的，作为货币流通的G—W只是实现这一目的的手段。

但是货币流通和商品流通的这种关系在表现上却是颠倒的，在G—W中，表现出来的只是货币流通，而不是商品流通，并且是由于货币购买了商品，才使商品进入了流通，而不是由于商品转化为货币然后货币才转化为商品。为什么会出现这种错觉呢？这是由商品流通的性质造成了假象，商品在完成第一形态变化之后，就和货币换了位置，并退出了流通，进入消费，商品从此消失不见了，商品的下一步运动就由货币继承下来，在货币身上，是看不出原来商品的痕迹的，因而在商品的第二形态变化G—W中，看到的只是货币流通，这样，商品流通的结果就不像是由商品本身的形式变化引起的，而是由货币作为流通手段引起的。

（2）货币作为流通手段的运动，实际上只是商品本身形式的运动。

商品流通决定货币流通在这一点上又表现了出来，具体地说：

首先，商品的两次形态变化决定了货币的两次换位。在商品流通麻布—货币—圣经中，麻布的第一形态变化，麻布—货币，使货币进入麻布生产者手中，麻布的第二形态变化，货币—圣经，又使货币从麻布生产者手中转入圣经所有者手中。麻布形态变化两次，货币也换位两次。

其次，商品形态如只变换一次，货币也只能换位一次。如麻布生产者卖了麻布之后不继之以买，商品形态只变化一次，货币换位也只有一次。

为什么商品本身的运动会决定着货币作为流通手段的运动呢？因为“货币所以具有流通手段的职能，只因为货币是商品的独立出来的价值”（第138页）。这就是说，货币本身也是商品，这种商品所以能够作为货币，是在商品交换不断发展的基础上逐步形成的。

最后，马克思对货币流通同商品流通的关系又作了两点说明：第一点，以上考察的是货币流通同某个商品的总形态变化的联系，实际上，由于货币在商品形态变化中不退出流通，一些货币的反复不断的变位就同整个商品世界的无数形态变化交错在一起。第二点，以上考察的只限于简单的商品流通，没有涉及资本流通。资本流通的一般公式是 G—W—G′，和简单商品流通 W—G—W 有根本的区别。

此外，在《资本论》第 2 卷第 393 页上，马克思又说："商品生产以商品流通为前提，而商品流通又以商品表现为货币，以货币流通为前提。"

二、在商品流通中对金银货币的需要量［第 139 页第 1 段—第 145 页末段］

根据商品流通决定货币流通的原理，作为流通手段的货币量取决于投入市场的商品价格总额，但是，货币流通又有和商品流通不同的特点，商品不断进入流通，又不断退出流通，货币作为流通手段却一直停留在流通中，并且不断地运动着，同一枚货币在一定时期内可以反复使用，因而在商品流通中实际上并不需要那么多的货币量了，究竟需要多少，这就是现在所要研究的。

（一）决定金银流通手段需要量的两个因素［第 139 页第 2 段—第 143 页末段］

1. 待实现的商品价格总额［第 139 页末段—第 141 页第 2 段］

商品价格是货币作为价值尺度的表现形式，它是货币在观念上的表现。在实际进行商品交换时，货币作为流通手段，就必须用现实的货币，需要多少现实的货币呢？现实的货币量必须和观念上的货币量相等，商品价格是 1 两黄金，作为流通手段的货币量也必须是 1 两黄金，商品价格总额越大，所需要的实际货币量就越多，反之，则少，二者成正比。假定在一定时期内，商品买卖在同时同地进行而不相衔接，作为流通手段的贵金属货币的需要量就完全由商品价格总额这一因素决定。商品的价格总额是多少，货币的需要量也就是多少。

商品价格总额是由商品价格和进入流通的商品量决定的，现在对这两个具体因素再分别考察一下。

(1) 商品价格。［第 139 页第 2 段］

商品价格是商品价值的相对表现，因而商品价格除取决于商品的价值外，还取决于表现这一商品的价值的货币材料的价值，商品的价格和商品的价值成正比，和货币的价值成反比。商品价格 $=\frac{\text{商品价值}}{\text{货币价值}}$。

假定商品价值不变，商品价值的货币表现即商品的价格就完全取决于货币材料的价值，在这种情况下，货币材料的价值发生变动，商品价格就会作相应的变动（和货币价值的变动成反比）。而商品价格的变动又会接着引起对货币需要量的变动（和商品价格的变动成正比，从而和货币价值量成反比）。在这里，流通手段量的变化完全是由货币本身引起的，但不是由它作为流通手段的职能，而是由它作为价值尺度的职能引起的。资产阶级的货币数量论认为由于流通手段量的增加或减少，才引起货币价值的增减（反比例）和商品价格的涨落（正比例），是把关系弄颠倒了。

这里有两个问题需要加以说明：

首先，商品价格的变动不是在货币材料价值发生变动后立即随着发生全面的变动。作为货币材料的金或银是从它的产地开始进入流通的，商品价格的变动也从这里开始，再逐渐影响到其他商品。

其次，货币价值的下降会引起商品价格的上涨和对流通手段需要量的增加，这会不会引起流通手段量不能满足商品流通的需要呢？不会。因为货币材料价值的下降总是劳动生产力提高的结果，劳动生产力的提高一方面引起货币材料价值的下降，另一方面又会引起货币材料数量的增加，因此，对流通手段的需要量增加到什么程度，实现商品价值所需要的贵金属数量也会增加到同样的程度。

19 世纪 40 年代末和 50 年代初，在加利福尼亚和澳大利亚先后发现了金矿，用较少的劳动量开采出来的大量黄金源源不断地流进世界市场，引起商品价格的上涨。资产阶级货币数量论者错误地认为商品价格的上涨是流通手段量增加引起的，这是对事实作了片面考察的结果。

（2）流通中的商品量。[第 141 页第 1 段]

当每一种商品的价格都已确定之后，商品价格总额就取决于流通中的商品量了，商品量越多，商品价格总额就越大，对流通手段需要量也越大，反之则小。用公式表示：商品价格总额 = 商品量 × 商品价格。

马克思对商品价格这一因素又补充说明了两点：首先，商品价格除了取决于商品的价值和货币的价值以外，还受市场供求的影响；其次，只要有若干主要商品的价格发生变动，就会引起商品价格的全面变动。

2. 货币流通速度 [第 141 页末段—第 143 页末段]

货币流通速度就是一定时期内的货币流通次数，假定在一定时间内，许多商品都是在同一时间、同一地点出售，那么货币流通只进行一次，因而待实现的商品价格总额是多少，投入流通的货币量也就需要多少。如 1 夸特小麦、20 码麻布、1 本圣经、4 加仑烧酒同时出售，每种商品的价格都是 2 镑，这时就需要有 8 镑货币投入流通。事实上，在一定时间内，许多商品的出售都是在不同时间和不同地点衔接进行的，如小麦卖了买麻布，麻布卖了买圣经，圣经卖了买烧酒，同样 2 镑货币，先后流通了 4 次，满足了商品价格总额为 8 镑的商品对货币的需要量。可见，货币的流通次数和货币需要量成反比，在考虑到货币流通速度这一因素之后，对货币需要量的计算公式就是：$\frac{\text{商品价格总额}}{\text{同名货币的流通次数}}$。各个货币流通的速度是不相同的，有些很快，有些很慢，在确定货币需要量时，就应以它的平均速度即同名称货币金的平均流通次数计算。

既然货币流通是商品流通的表现，货币流通速度也就取决于商品流通的速度。因而货币流通的缓慢是由于商品流通的停滞，如追根求源，还要找到这种商品流通所反映的生产关系。从流通本身，无论是货币流通或商品流通，都不能从根本上说明货币流通缓慢的原因。资产阶级的货币数量论认为货币流通的缓慢是由于流通手段量不足，这既没有从社会制度上去分析，也没有从商品流通上去分析。

（二）货币流通规律 [第 144 页第 1 段—第 145 页末段]

这里所说的货币流通规律是指货币作为流通手段时的流通规律，它所回答的是，当货币作为流通手段时，对投入流通的货币需要量是怎样决定的。

根据上面的分析，对流通手段的需要量是由以下两个因素决定的：第一，商品价格总额；第二，同名称货币的流通次数。商品价格总额又取决于进入流通的商品量和商品价格这两个因素。以上各个因素同流通手段的需要量的关系可用以下公式表示：

$$\begin{aligned}\begin{matrix}\text{执行流通手段职}\\\text{能的货币需要量}\end{matrix} &= \frac{\text{商品价格总额}}{\text{同名货币的流通次数}}\\ &= \frac{\text{商品量}\times\text{商品价格}}{\text{同名货币的流通次数}}\end{aligned}$$

这里所说的“同名货币”指的是金，“同名的量即金量”（第117页），“同名的金币量”（第150页）。

这就是货币作为流通手段时的货币流通规律。

决定流通手段量的各种因素有多种多样的组合，在商品价格史上主要有三种组合。第一种是在商品价格不变时发生的组合，第二种是在商品价格普遍提高时发生的组合，第三种是在商品价格普遍下降时发生的组合。

由于商品价格总额＝进入流通的商品量×商品价格，而商品价格＝$\frac{\text{商品价值}}{\text{货币价值}}$，所以商品价格总额＝进入流通的商品量×$\frac{\text{商品价值}}{\text{货币价值}}$＝$\frac{\text{商品总价值}}{\text{货币价值}}$。

因此，货币流通规律又可表述为：

$$\frac{\text{执行流通手段职}}{\text{能的货币需量}}=\frac{\text{商品总价值/货币价值}}{\text{同名货币的流通次数}}$$

货币流通规律的这种表现说明了：已知商品价值总额和货币的流通次数，流通手段需要量就完全取决于货币本身的价值。

马克思提出货币流通规律的又一种表述，是为了批判货币数量论。货币数量论认为商品价格决定于流通手段量，流通手段量又取决于国家现有的货币材料量。用公式表示即：商品价格＝$\frac{\text{流通手段量}}{\text{商品量}}$。这种观点的错误在于有一个荒谬的假定：在进入流通时，商品是没有价格的，货币也是没有价值的，然后二者相除，商品有了价格，货币有了价值。

（c）铸币。价值符号

本小节研究的是货币执行流通手段时采取的形式。

货币执行流通手段时，不能和执行价值尺度时那样，只是观念上的、想象的货币，而必须是现实的货币。这种现实的货币随着历史的发展采取了各种具体形式，最先是金属条块，它没有一定的重量、成色和形状，后来，又相继出现了铸币、辅币、纸币等形式。马克思从铸币这种货币形式谈起。

一、铸币［本小节第1—2段］

在贵金属开始作为货币时，是以条块形式出现的，它没有一定的重量、成色和形状，每次进行商品交换时，都要鉴定成色、称重量，这对交换的进行是不利的。随着商品交换的发展，就要求贵金属条块铸成一定的重量、成色和形状，这就是铸币了。可见铸币是由货币执行流通手段时产生的，因为执行流通手段的货币必须是现实的货币，这就在技术上有必要通过一定的形状和体积，将它的重量表现出来。

铸币是在第三次社会大分工即商人出现之后的奴隶占有制社会中开始产生的，最初是由个别富有的商人铸造，在铸币上除打上重量和成色的标记外，还打上自己商号的标记，用自己的信誉来保证铸币的重量和成色。但是，当交换范围逐渐扩大之后，这种由个别富商铸造的金币，无论从数量上或信誉上都不能适应商品发展的要求。于是，铸造金币的职能就由国家担当起来，铸币就成为由国家铸造的，充当法定的流通手段，具有一定重量、成色和形状的金块。

铸币和原来的金属条块开始时只是在形状上不相同，但是随着铸币的不断流通，使铸币的名义含量和实际含量发生了分离，它实现了商品的价格，却不再是商品的真正等价物。造成金货币的名义含量和实际含量相分离的原因有二：第一，自然磨损。在货币流通中，货币经过人手的不断抚摩，会日益消瘦。第二，人为的刮削。马克思在《政治经济学批判》著作中曾指出，经过不断的流通，铸币的面容已经很消瘦了，但是有些不老实的人还要在这个铸币上动外科手术，在每个流通中的铸币身上，都刮一点粉下来，积少成多。双管齐下的结果，货币在名义上的重量和它实际的重量越来越不一致，从 1809 年到 1829 年的 20 年间，欧洲的金镑因此而减少了 1 900 万。

铸币的磨损只要不超过一定限度，仍然照常使用，这就使金铸币日益成为一种价值符号，逐渐出现了包含有少量价值的银、铜、镍、铝制成的辅币，乃至几乎没有价值的纸张做成的钞票。

二、辅币［第 148 页末段—第 149 页第 1 段］

（一）什么是辅币

辅币就是通过法律规定强制人们接受的、用作支付最小金币尾数的、具有一定形状和代表金量标志的贱金属制成的货币。辅币采用哪种贱金属，每个辅币的金属含量是多少，是由法律任意规定的。由于辅币只用于金铸币的尾数，因而它只能在极小的数量上代表金进入流通，在出现辅币的情况下，铸币仍然是流通手段的主要形式。和铸币相比，辅币具有以下特点：第一，由贱金属制成；第二，名义价值和实际价值一开始就发生分离；第三，币值很小；第四，流通迅速。

（二）产生的原因

辅币的产生是由以下几种情况决定的：

第一，铸币经过磨损之后，它的名称与内容发生了分离，但仍照常使用，这就产生了由较少价值的贱金属来代替它作为流通手段。

第二，由贵金属铸成极小的单位在技术上有困难。例如，在使用金铸币的情况下去购买一根针、一粒糖、一支铅笔等，是难以想象的，辅币可以解决这个困难。

第三，从历史上看，最先也曾经用铜和银作为流通手段，以后才逐渐为贵金属所代替。

第四，用于小额支付的货币，由于流通急速，磨损最厉害，如果在小额支付上采用金币，损失太大，有必要用不值钱的贱金属来代替它。

（三）出现辅币的后果

由于辅币在一开始时它的名义上的价值同实际上的价值就是分离的；加之在流通中最容易磨损掉，金的铸币存在同它的价值实体完全分离了，在这种条件下，纯粹象征性的纸币就代替了铸币作为流通手段。

三、纸币［第 149 页末段—本小节完］

纸币，从广义上说，有以下两种，一种是由货币执行流通手段职能过程中产生出来的国家发行的纸币，另一种是由货币执行支付手段职能过程中产生出来的信用货币，这里研究的只限于前一种。

（一）纸币流通规律［第 150 页第 1 段］

纸币的发行量是有一定限制的，马克思说："这一规律简单说来就是：纸币的发行限于它象征地代表的金（或银）的实际流通的数量。"（第 150 页）例如，商品的流通对作为流通手段的金需要量为1亿盎司，如用1镑纸币代表$\frac{1}{4}$盎司金，那么纸币的发行量就限于4亿镑，如果超过这一数量，就会出现通货膨胀，纸币所代表的金量会减少。例如，当国家的纸币发行量增加了1倍即8亿镑时，原来用4亿镑纸币代表1亿盎司金进行流通，现在由8亿镑纸币代表1亿盎司金进入流通，每镑纸币代表的金量，就会由$\frac{1}{5}$盎司降为$\frac{1}{8}$盎司。可见，纸币流通规律是以金币流通规律为基础的。

（二）纸币的本质［第151页第1—2段］

什么是纸币？从实质上说，“纸币是金的符号或货币符号”（第151页）。由于货币是商品价值的价格形式，纸币也是价格符号，由于货币符号（纸币）通过货币本身（金）表现了商品的价值，因此，纸币又可以说是商品的价值符号，不过，纸币是货币因而也是价格的直接符号，“它间接地才是商品价值的符号”①，不能直接代表商品的价值。

为什么没有任何价值的纸币能够代表金进入流通呢？这是由货币执行流通手段造成的。货币的形成，使商品价值统一表现在货币上，这种商品价值的独立表现在流通中转瞬即逝，人们得到它，只是把它当作中介物，立即用其他商品来代替，对于它的价值内容，人们是不去关心和注意的，只要作为货币符号的纸币得到社会承认就行了，要得到这种承认，必须有国家的强制。

在对纸币问题的认识上，我国学术界存在着种种混乱。例如，以下几种观点就是离开马克思对纸币本质的分析去认识纸币的。

1. 认为现在纸币已取代黄金，直接代表商品的价值，执行价值尺度和其他一切货币的职能

货币能够执行价值尺度，它的前提条件是它本身是劳动产品，具有价值，纸币是货币符号，本身并无价值，怎么能直接去表现商品的价值呢？货币执行价值尺度只是观念上的，并不需要现实的货币，货币执行价值尺度的职能和黄金是否进入流通是没有关系的。纸币是否代表金量进入流通，和国家是否规定所谓的“含金量”，能否兑换黄金，也是没有关系的，纸币绝不会因为国家未规定“含金量”和不允许兑换黄金就由货币符号变为货币，价格符号变为价格，价值符号变为价值，纸币不可能取代货币的地位。用纸币来标价和用纸币执行价值尺度完全是两回事。

有的学者认为黄金执行价值尺度的条件是所谓的黄金市场价格必须和黄金的价值相一致，不能经常变动，否则，就要由纸币取代黄金，成为货币，执行价值尺度职能。那什么是黄金的市场价格和黄金的价值相一致？令人费解。撇开这一点不说，这种观点是把执行流通手段的纸币当作黄金作为货币执行价值尺度的前提条件，从而颠倒了二者的关系。货币执行价值尺度是以货币材料的重量去表现商品的价值，1件商品的价格是$\frac{1}{4}$盎司，这就是说，这件商品的价值和生产重量为$\frac{1}{4}$盎司的黄金价值一样多，而这$\frac{1}{4}$盎司黄金再表现为100美元还是200美元，并不能改变$\frac{1}{4}$盎司黄金的重量，即使由于生产黄金的劳动生产率提高而使黄金价值下降，$\frac{1}{4}$盎司黄金的重量也不会因此发生变化，黄金执行价值尺度的职能不会因此而被纸币取代。

马克思指出：“表面上看来，价值符号直接代表商品的价值，它不表现为金的符

---

① 马克思：《政治经济学批判》第1分册，《马克思恩格斯全集》第2版第31卷第510页。

号，……这个表面现象是虚假的。”①

为什么说，把纸币看成是商品价值的直接符号是错误的呢？

第一，商品价值是以劳动小时计量的，按照社会必要劳动时间确定，在商品经济条件下，社会必要劳动时间是在市场中通过千万次商品交换而自发确定的，因而人们不可能直接对商品的价值计量，商品的价值只能通过另外一种或多种商品的使用价值表现出来，在货币产生之后，商品的价值通过金属货币的自然形态表现出来，用金属货币的重量将商品价值量相对地表现出来，作为没有价值的纸币，更不可能直接表现商品的价值。

第二，商品价值如能通过纸币直接表现出来，而不需要通过另一商品的使用价值或货币的自然形态相对地表现出来，这无疑是既否定了商品的等价形式，也否定了商品的相对价值形式，从而否定了价值形式，否定了作为价值形式符号的纸币。

第三，纸币如果是商品价值的直接符号，直接表现商品的价值，那么就难以解释，在商品价值随着劳动生产率的不断提高而趋向下降时，用纸币表现出来的价格为什么却趋向上升？

有的学者一方面说不能因为黄金有国家的牌价就证明黄金是货币商品，另一方面又用国际上取消了黄金的官价和纸币的法定含金量这一事实论证黄金不是货币商品。撇开这里的自相矛盾不说，国际上虽然取消了黄金的官价和纸币的法定含金量，但也没有公布过什么纸币的官价和法定的“含商品价值量”（这也是不可能的），为什么纸币却能越过黄金，成为商品价值的直接符号了呢？

认为纸币可以取代黄金成为货币，把货币看作单纯符号，这是在第 2 章中批判过的货币名目论。

有的学者还进一步认为，我国人民币已经是劳动券了，它直接代表了产品生产的劳动时间，完全否定或忽略我国还存在着商品生产和商品交换。在这种条件下，产品中包含的劳动量是不可能直接用劳动时间表现出来的，前面已介绍过，在第 114—115 页脚注中，马克思批评欧文的“劳动货币”，指出这是一种“平庸的空想”。

2. 接受了广为流行的所谓“黄金价格”这一用语

自从黄金作为货币材料之后，黄金成为商品的价格表现，后来的纸币则成为金的符号或价格符号。但是人们往往从日常生活中看到的用 800 美元或 900 美元兑换 1 盎司黄金的现象，认为 800 美元或 900 美元是 1 盎司黄金的价格，在报刊上也经常报道世界黄金市场上这种价格上的变动，这种看法或说法是不科学的。

作为货币的黄金是商品的价值表现材料，它使商品价值取得一个价格形式，把一定量的纸币说成是一定量黄金的价格，等于说纸币是商品价格的价格，这是悖理的，价格是商品价值的货币表现，怎么能成为货币价值的货币表现呢？货币不能表现货币自身的价值，如同任何一种商品的自身不能表现自己的价值一样。

所谓黄金价格的说法是把价格和价格符号混为一谈，如果从理论上接受这种不科学的说法，就会引起混乱。

有人认为，纸币对作为货币的黄金不是黄金价格，但对作为商品的黄金，不可以是价格吗？这种看法仍然是把价格和价格符号混为一谈，因为用价格来表现商品黄金的价值，表现形式就是 1 盎司黄金商品 = 1 盎司黄金货币，这一公式是不能成立的。

---

① 马克思：《政治经济学批判》第 1 分册，《马克思恩格斯全集》第 2 版第 31 卷第 509—510 页。

把纸币表现说成是黄金的价格还会带来这样一种混乱：在纸币还没有出现的时候，只有商品价格而没有黄金价格，出现了纸币之后，不仅商品有价格，黄金也开始有了价格，1 件上衣 = $\frac{1}{4}$盎司金，$\frac{1}{4}$盎司金 = 200 美元，$\frac{1}{4}$盎司金是 1 件上衣的价格，200 美元又是$\frac{1}{4}$盎司金的价格，同一商品出现了两个不同的价格，金价格和纸币价格，而这两种价格的变动又往往不一致，在用金显示的价格不变甚至下降的情况下，纸币显示的价格却在上升，这两种不一致的表现都是商品的价格吗？

货币商品金虽有价值，却没有价格，这不等于说，货币的价值是不能表现的，马克思说："扩大的相对价值表现，或相对价值表现的无限的系列，成为货币商品所特有的相对价值形式。而这个系列现在已经在商品价格中社会地提供了。把一份行情表上的价目倒过来读，就可以看出货币的价值量表现在各式各样的商品上。然而货币并没有价格。"（第 115 页）

有的学者认为黄金的开采越来越落后于商品生产的发展，黄金的用途除了作为货币材料外，还要用于金银首饰、工业、建筑业等许多方面，结果，黄金会越来越不能满足商品流通的需要，不能担负起货币的职能，黄金只能降回到普通商品行列中，最多也只能是贵重商品，而不能是货币商品，货币的角色将由印刷机源源不断供应的纸币来担任，不仅普通商品的价值，连作为货币的黄金的价值，都由纸币直接表现出来。

关于金量不足的问题早已存在，马克思当时就已指出："如果用货币估价英国的全部国民财富，即把它表现为价格，那谁都知道，全世界的货币也不够用来实现这种价格。这里需要的货币只是作为范畴，作为想象的关系。"① 但是作为货币执行它的价值尺度和流通手段的职能时，是无关紧要的。马克思说："在货币作为尺度的规定上，货币只存在于观念之中，它的物质基质具有本质意义，但是它的量，甚至它的存在却是无关紧要的。"② 在作为实现商品价格的流通手段上，"因为这种实现只是转瞬即逝的，并且要自我扬弃。它的物质存在就无关紧要了"③。在这种场合，"象征性的货币可以代替实在的货币"④。

3. 把和商品进行交换的纸币量称之为商品价格，把纸币超量发行引起的后果说成是物价上涨

纸币是货币符号，因而也是价格符号，货币符号和货币本身，价格符号和价格本身，完全是两回事，但是人们往往把二者混为一谈，把纸币称之为货币，把和商品交换的纸币量称之为价格，反而把真正的金属货币从货币和价格的范畴中清除出去了。

没有价值的纸币（这里撇开纸张的生产和印刷不谈）如何以它的价值尺度计量和表现商品的价值呢？既然不能表现出商品的价值，纸币又怎么能成为货币，和商品相交换的纸币量又怎么能成为商品的价格呢？

把用纸币表现的商品价格和商品价格本身混为一谈还会导致这样一个荒谬的结论：商品的价格不是或不仅仅是由商品的价值量决定，而是由纸币的发行量决定，由政府决策人的意志决定，由印钞机决定。这种观点如何和资产阶级的货币数量论划清界限呢？18 世纪法国的孟德斯鸠就认为，"商品价格的决定总是基本上取决于商品总量和货币符号总量

---

① 马克思：1857—1858 年经济学手稿，《马克思恩格斯全集》第 2 版第 30 卷第 142 页。
②④ 马克思：1857—1858 年经济学手稿，《马克思恩格斯全集》第 2 版第 30 卷第 165 页。
③ 马克思：1857—1858 年经济学手稿，《马克思恩格斯全集》第 2 版第 30 卷第 161 页。

之间的比例”[①]。这里的价格已经和商品价值、货币价值没有关系，价格水平的高低可以完全由政府行为来控制。

产生这种错误认识的原因是，在纸币充当流通手段后，货币流通规律被颠倒地表现出来，在货币流通规律中，“价格的高低，并不是由流通中的货币的多少决定，相反，流通中货币的多少，是由价格的高低造成的”[②]。是商品的价格总额决定着金属货币的数量，而在纸币流通中，表现为进入流通的纸币的数量决定着商品的价格，对此，马克思指出，“由此可以知道，那些片面地根据强制通用的纸币流通来研究货币流通现象的观察家们为什么必定会对货币流通的一切内在规律发生误解。实际上，这些规律在价值符号的流通中不仅颠倒了，而且消失了”[③]。令人遗憾的是，我国不少经济学家至今仍处在这种颠倒状态之中。

纸币的超量发行改变的只是纸币所代表的货币量，而不是商品的价格，价格是商品价值的货币表现，它取决于商品的价值（二者成正比）和货币的价值（二者成反比）这两个因素，由于纸币的超量发行而引起的单位纸币代表的货币量减少（通常使用纸币贬值这一不太确切的用语）和真正的价格变动是毫无关系的，即使在真实价格不变甚至下降的情况下，用纸币表现的价格也会上涨，这种上涨如同人们所说的日出东海和日落西山一样，是一种错觉。

在纸币问题上的种种混乱，归根结底，是因为离开了商品交换的历史过程，离开了价值形式的发展，只从现实生活中的纸币本身进行孤立的研究，忽视了马克思在货币问题上的研究成果。

3. 货　币

这一节包括了货币的后三个职能：货币贮藏、支付手段和世界货币。把执行这三个职能的货币称之为货币，并不是说执行价值尺度和流通手段职能的货币就不是货币。区别在于，执行价值尺度和流通手段职能的货币还没有执行真正意义上的货币职能，只有执行货币贮藏、支付手段和世界货币职能时，才是“执行了真正意义上的货币的职能”[④]。这是因为在价值尺度中，货币或金只是观念上的货币或金，在流通手段中，货币或金可以由符号来代表，成为象征性的货币或金，在这两种场合，执行货币职能的货币都不是实在的金。现在不同了，货币必须是实在的金或银，即“必须以其金体（或银体）出现，因而作为货币商品出现”（第152页），在支付手段中，即使由纸币来执行这一职能，也要求以金作为固定的、唯一的价值形态，作为交换价值唯一适当的存在，有意识地或无意识地将债款换算为金或银，并在这一基础上规定利息。在支付手段中，贵金属“可以亲自执行，或者通过代表来执行，但是它在这里在普通商品面前始终表现为它们的价值的唯一合适的化身”。[⑤]

---

① 转引自《资本论》第1卷第146页。

② 马克思：1857—1858年经济学手稿，《马克思恩格斯全集》第2版第30卷第145页。

③ 马克思《政治经济学批判》第1分册，《马克思恩格斯全集》第2版第31卷第516页。

④⑤ 马克思：《资本论》第1卷法文版中译本，中国社会科学出版社1983年版第110页。

(a) 货币贮藏

一、什么是货币贮藏［本小节1—2段］

货币的贮藏职能也称之为货币的“贮藏手段”①。当商品生产者在出售商品后而不继之以购买时，货币退出流通被当作财富贮藏起来，这就是货币贮藏。

货币被贮藏之后，它就由流动的变成不动的、硬化了的东西；原先，货币只当作物质变换的单纯中介，现在被当作目的；原先，货币不仅作为商品的已经放弃的形式，还作为商品的绝对可以让渡的形式，现在，货币只是作为商品的已经放弃的形式，而不再作为商品的绝对可以让渡的形式发生作用。

随着货币发生的这些变化，商品所有者之间的关系也发生了变化，商品的卖者不再以商品买者的身份继续进入流通和其他商品的卖者相对立，而是以货币贮藏者的身份退出流通，和一切商品的卖者相对立。

二、货币贮藏的原因［第153页末段—第157页第1段］

货币贮藏随着商品流通的出现而产生，并随着商品流通的发展而发展。

第一，取代剩余产品的储存，保证日后生活上的需要。

在商品流通的初期，人们的物质需要量是很有限的，当自给有余时，剩余产品就会被换成金银贮藏起来。金银体积小，价值大，不易腐蚀，比直接储存剩余产品有利，只要人们的需要范围不扩大，需要量没有多大的变化，这种贮藏就会持久。

第二，保证不断的购买，维持再生产的正常进行。

随着商品生产的进一步发展，人们对市场的依赖性越来越大，人们不断出售自己的商品，又不断购买自己所需要的商品，包括生产资料和生活资料。由于商品的销售会遇到各种困难，一旦卖不出去，就会无钱继续购买，再生产会发生中断，生活也难以维持，要使自己能够在商品暂时卖不出去的情况下，仍能继续购买，做到不卖而买，使再生产继续进行，就要在之前销售顺利的情况下卖而不买，即将一部分货币贮藏起来，充当购买手段的准备金。

这里的货币贮藏和第一点中所说的货币贮藏是不同的，第一点中那种货币贮藏是由于生产的产品超过自己固定而又很有限的需要，货币的贮藏是为了保持使用价值。这里的货币贮藏是为了保持今后不断的需要，货币的贮藏是为了保持交换价值。

第三，扩大为私人所有的社会权力。

随着商品流通的扩展，作为社会财富一般形式的货币，它的权力越来越大，有了金钱就有了一切，货币的权力不是自然形成的，而是一种社会权力。但是由于货币本身也是商品，它可以为私人所有，使社会权力变成私有权力，谁拥有货币，谁就拥有这种社会权力，谁的货币多，谁的社会权力就大，所以商品生产者争先恐后地进行货币贮藏。

货币，从质的方面看，它是无限的，也就是说，它是物质财富的一般形式，有了它，就可以购买任何商品；从量的方面看，人们手中的货币总有一个限度，不可能把全社会商品都买到自己手里。货币的量的有限性同质的无限性之间的矛盾，决定着货币贮藏者尽量多卖少买，节衣缩食，力争货币在量和质上的一致。

---

① 参见《资本论》第3卷第601页。

三、货币贮藏的形式和条件［第 157 页第 2 段］

货币贮藏有两种形式，一种是直接的贮藏形式，即金银条块，另一种是美化的贮藏形式，即用金银制成的商品，如首饰、餐具、纪念币等。

无论哪一种形式，作为贮藏货币必须是实在的金或银，即现实的、有十足重量的金或银。而在价值尺度中，虽然要求作为货币的金或银有十足的重量，但只是观念上的而非现实的货币，在流通手段中，虽然要求必须是现实的而非观念的货币，但可以用它的符号而不是金银本身执行流通手段，即使采用金银铸币执行流通手段，也不要求必须有十足的重量。

四、货币贮藏的具体职能和作用［第 157 页末段］

货币贮藏的具体职能和作用是什么？马克思在这里只讲了一条，即在金银铸币流通的条件下，调节货币的流通量，起蓄水池一样的作用。为了使货币流通量能够适应商品流通的需要，一个国家现有的金银量必须大于流通对铸币的需要量，超过的部分以货币贮藏的形式保存，当由于各种因素对货币有更多的需要时，贮藏的货币就投入流通，反之，货币就退出流通，重新贮藏起来作为流通手段的准备金。

对于货币贮藏的职能和作用还必须联系马克思在此前后的有关论述加以补充，具体地说：

第一，上述关于货币贮藏的三点原因，从另一个角度来看，也是货币贮藏的三个职能或作用。

第二，在接下来要讲的支付手段和世界货币中，货币贮藏是为了清偿今后到期的内债和外债，以及弥补国际上的贸易差额，作为支付手段的准备金。马克思把“以货币形式充当支付手段和购买手段的准备金”称之为“货币贮藏的第一个形式”。①

第三，在《资本论》第 2 卷中分析的货币积累也是货币贮藏的一种职能和作用，在剩余价值转化为资本的过程中，首先是储存货币，进行货币积累，达到一定金额后，再动用这些贮藏的货币，购买机器设备，进行实际积累。马克思把包括这种货币积累在内的“在货币形式上闲置的、暂时不用的资本”称之为“货币贮藏的第二个形式”，②当商品销售不顺利或购买生产资料时价格上涨，原来作为货币贮藏的第二个形式就会转化为第一个形式，使再生产不会因此而中断。③

第四，在《资本论》第 3 卷中，对货币贮藏的职能，除了提到“作为国际支付准备金而集中的贮藏货币”以及“它作为支付手段（国内已经到期的支付）的准备金的职能；作为流通手段的准备金的职能；最后，作为世界货币的准备金的职能”④ 这四个之外，还提到“在信用制度和信用货币发达的国家充当银行券兑换的保证金的职能”⑤。

上述第二至四点涉及的货币贮藏的个体职能，同样也可以说是货币贮藏的具体原因。

---

①② 参见《资本论》第 3 卷第 355 页。

③ 参见《资本论》第 2 卷第 99 页。

④ 参见《资本论》第 3 卷第 514—515 页，另参见《马克思恩格斯全集》第 48 卷第 393—394 页。

⑤ 参见《资本论》第 3 卷第 515 页。

（b）支付手段

一、货币执行支付手段的原因［本小节第1段］

货币的支付手段是指货币用来支付到期债款的职能，包括支付赊购商品的货款、缴房租、支付工资等项。

在货币执行流通手段时，商品的让渡和商品价格的实现是同时进行的，商品从卖者手中转入买者手中的同时，货币也从买者手中转入卖者手中，商品让渡了，价格也实现了。在货币执行支付手段时，商品的让渡和价格的实现在时间上发生了分离，先是商品的让渡，过一段时间再实现商品的价格。

商品的赊购是由商品生产者在买卖顺序上的颠倒引起的。在一般情况下，简单商品生产者先卖后买，即先出售自己的产品，得到货币后，再购买自己所需要的生产资料和生活资料，这种情况就不会出现赊购。随着商品流通的发展，往往出现先买后卖的情况，例如，有些商品的生产时间很长；有些商品带有季节性；有些商品离市场较远……在这些情况下，商品生产者不能等到自己的商品生产出来并卖出去之后再去购买自己所需要的商品，于是就会出现向卖者赊购的现象，卖者也必然会接受这一要求，因为商品出售的条件是受商品的生产条件调节的。

二、货币执行支付手段后引起的阶级斗争新形式［第159页第1段］

随着货币执行支付手段，商品所有者之间的关系又发生了新的变化。在商品流通中，商品生产者之间的对立表现为买者和卖者的对立，在货币充当支付手段的情况下，买者成为债务人，卖者成了债权人，买者和卖者的对立发展为债务人和债权人的对立。这种关系开始时是不固定的，一个商品生产者当他作为买者时可能是债务人，当他作为卖者时又可能是债权人；对于张某，他是债务人，对于李某，他又是债权人；今天他是债务人，明天又可能是债权人。但是随着商品流通的发展，债务人和债权人的角色就会固定下来。

债权人和债务人的关系一开始就不会使人感到愉快，最终发展为尖锐的阶级冲突，在古代世界，债权人和债务人之间的斗争曾经是阶级斗争的主要形式。而且，债权人和债务人之间的关系，已经蕴藏着后来资本主义经济生活中更深刻的矛盾。

三、货币职能和商品出售目的上的变化［第159页末段］

（一）货币职能上的变化

货币执行支付手段的职能是在货币执行价值尺度、流通手段和货币贮藏等职能的基础上发生的，但是货币执行支付手段后，货币的职能发生了新的变化。

在赊购商品时，货币有两个职能：第一，执行价值尺度的职能，计量商品的价格。和上述价值尺度不同之处在于，现在的价值尺度不仅是观念上的，而且是有契约规定的；以前，只是单纯计量商品的价格，现在不仅计量商品的价格，同时又计量着买者的债务。第二，货币执行着观念上的购买手段的职能。在货币执行流通手段时，一方面是商品从卖者手中转入买者手中，另一方面是货币从买者手中转入卖者手中，二者同时进行，货币作为购买手段时是实际进入流通中的。而在货币执行支付手段职能时，一方面是商品从卖者手中转入买者手中，另一方面货币只是观念地从买者手中转到卖者手中，货币在这里虽然也是购买手段，但只是观念上的购买手段，实际上并未进入流通，因而不是作为流通手段执行职能。

到了支付日期时，货币才实际上从买者手中转入卖者手中，但是由于商品早已转入买者手中而退出流通，因而现在货币虽然真正进入了流通，但已不再是商品交换的中介，在这里，货币也不执行流通手段的职能，而是执行支付手段的职能。这种职能和货币贮藏职能一样，都是在商品退出了流通之后发生的，但是在货币贮藏时，接着商品退出流通之后，货币也退出了流通，而在货币支付时，接着商品退出流通之后，货币进入了流通。

在上述两种场合，无论是支付债款或赊购商品，货币都是执行了支付手段的职能。

（二）商品出售目的上的变化

货币充当流通手段时，卖是为了买；货币充当贮藏手段时，卖是为了贮藏货币；货币充当支付手段时，卖是为了还债。这些变化反映了商品买卖双方之间的矛盾的发展。

四、商品流通形式的变化［第160页末段］

货币充当支付手段时，从买者方面看，他的商品还没有完成第一形态变化（卖），就先完成了第二形态变化（买）。从卖者方面看，先是将商品转让出去，以后再实现商品的价格，也就是说，在商品完成第一形态变化之前，商品已先转让出去，变成使用价值。

五、货币执行支付手段后的货币流通规律［第161页第1段—第163页第1段］

（一）决定支付手段货币需要量的诸因素［第161页第1—2段］

对执行支付手段的货币需要量取决于以下三个因素：

第一，到期的支付总额。

从赊购之日起，一直到规定的还债期限之前，是不需要支付货币的，债务到期时，就需要支付货币，到期的债务越多，所需要支付的货币也越多。

第二，支付手段的流通速度。

对支付手段的需要量是和它的流通速度成反比的。

支付手段的流通速度取决于两种情况：一是债权人和债务人的关系的锁链；二是各种不同的支付期限的间隔。

所谓债权人和债务人的关系的锁链，是指债权人和债务人的相互交错，例如，A欠B的债，B又欠C的债，这种交错情况越发展，支付手段的流通次数就越多，流通速度就越快，需要支付的货币量就越少。在债权人和债务人不发生交错的情况下，例如，A欠B 100镑，C欠D 100镑，各不相干，支付手段量共需200镑。但如发生交错，例如，A欠B 100镑，B又欠C 100镑，支付手段量只需要100镑就够了，先是A还给B 100镑，B又将这100镑还给C。

货币作为支付手段发生的债权人和债务人的交错，同货币作为流通手段时发生的买者和卖者的交错，是有本质区别的，在货币作为流通手段时，买者和卖者的交错是在货币流通中产生的，在货币作为支付手段时，债权人和债务人的交错在货币进入流通之前就产生了。

各种不同的支付期限的间隔对支付手段的流通速度关系如何？马克思在这里并没有回答，只是在后面讲到："从支付手段的流通速度的规律中可以看出，一切周期性的支付（不问其起因如何）所必需的支付手段量，与支付期限的长短成反比。"（第165—166页）

在《资本论》第2卷第209页上，又重复了这一点。支付期限的间隔越短，支付手段需要量就越少；反之，支付期限的间隔越长，支付手段需要量就越多。按照通常的理解，这二者应该是成正比，但马克思却说成是反比，不少人认为这是马克思的笔误，甚至为此改动马克思的原著，将马克思说的“反比”改成“正比”，这是很不妥当的。

认为马克思说的“成反比”是笔误，这是对马克思的误解。的确，只是孤立地去看支付期限的间隔同支付手段量的关系，说它是成正比，似乎是很正确的。但是，支付期限的间隔同支付手段量二者并不直接发生关系，支付期限的间隔是通过支付手段的流通速度去和支付手段量发生关系的，先是支付期限的间隔对支付手段的流通速度发生影响，接着，支付手段的流通速度对支付手段量发生作用。因此，要弄清支付期限的间隔和支付手段需要量之间的关系，必须分三个步骤：第一步，弄清支付期限的间隔对支付手段的流通速度的关系；第二步，弄清支付手段的流通速度对支付手段需要量的关系；第三步，弄清支付期限的间隔对支付手段需要量的关系。第三步是以前两步为基础的，离开了支付手段的流通速度，离开了前两个步骤，孤立地、直接地去探讨支付期限的间隔同支付手段需要量成正比或成反比，是难以说清的，甚至会似是而非。

如果我们按照上述三个步骤进行探讨，支付期限的间隔同支付手段的需要量究竟成正比，还是成反比，就会看得很清楚。首先，支付期限的间隔同支付手段的流通速度是成正比的，因为支付期限的间隔越短，用来支付的货币就可以反复多次发挥作用，支付手段的流通速度就快，反之则慢。其次，支付手段的流通速度同支付手段量是成反比的，支付手段的流通次数越多，对支付手段的需要量就越少，反之则多。既然支付期限的间隔同支付手段的流通速度成正比，而支付手段的流通速度又同支付手段需要量成反比，那么，支付期限的间隔同支付手段需要量当然是成反比了。只是这里的成反比不能像我们通常那样从字面上去解释，认为支付期限的间隔越长，支付手段需要量就越少，认为马克思在这里出现笔误的说法恰恰是这样从字面上去理解成反比的含意。其实马克思已经指出了这二者成反比是从支付手段流通速度的规律中得出来的结果，所谓笔误的说法没有注意到这一点，离开了支付手段流通速度的规律，孤立地、直接地探讨了支付期限的间隔同支付手段需要量的关系，作出了似是而非的判断。

第三，互相抵消的支付总额。

当货币支付集中在同一时间和同一地点时，往往为账目上的互相抵消（冲账）创造了条件，例如，甲欠乙100镑，乙欠丙100镑，丙欠丁100镑，丁又欠甲100镑，支付总额为400镑，本来需要支付手段量是400镑，但是只要有一个专门的机构将它们的账目结算一下，就可以全部抵消，无需支付分文。实际生活中不一定能抵消得这么干净，但也只需要支付它的差额部分就可以了。支付期越集中，这种差额就越小。

这里发生的债权人和债务人的交错同前面提到的债权人和债务人的交错是不同的，前面说的交错在支付时间上是连续性的，交错锁链虽然是一环扣一环，但是表现为一直向前延伸，首尾不相接，支付货币可以反复使用，但难以互相抵消，这里所说的交错在支付时间上是集中的，债权人和债务人交错形成的锁链最后首尾相接，构成三角形或环，支付货币可以互相抵消。我们通常所说的三角债指的往往是难以互相抵消的、首尾不相接的债权人和债务人的交错，而不是后一种，因而这种说法是不准确的。

（二）货币危机的可能性［第161页末段］

货币执行支付手段后会引起债权人和债务人的交错，而债权人和债务人的交错又会引起货币危机的可能性。

当清偿债务时，由于债权人和债务人的交错，一方面可以在支付上互相抵消，节约了支付手段，货币在这里只是在观念上执行计算货币或价值尺度的职能，不需要现实的货币；另一方面，在必须进行实际支付时，由于商品先已退出了流通，这里的货币就不再是流通手段，起商品交换的中介作用，而是成为独立于商品之外的东西，马克思称之为交换价值的独立存在或绝对商品。当实际支付正常进行时，货币和商品相分离的矛盾是不会暴露出来的，一旦债务人无力支付，就会引起连锁反应，产生货币危机的可能性。

在资本主义经济条件下，这种货币危机就会由可能变为现实，商品出售的困难使债务人无钱还债，这种现象一旦蔓延开来就会导致货币危机，到处闹货币荒，渴求货币而不要商品。

（三）货币执行支付手段后对流通货币的需要量［第 163 页第 1 段］

货币执行支付手段后，对货币作为流通手段时的流通规律要作适当的修正和补充。在货币执行支付手段时，除现款交易之外，赊售的商品在一定期限内是不需要支付货币的，支付时互相抵消的部分也是不需要支付货币的，只有到期的而又不能互相抵消的债款，才需要支付货币，同流通手段相比较，货币的需要量减少了。马克思对货币执行支付手段时的货币流通规律作了如下表述："假定流通手段和支付手段的流通速度是已知的，这个总额就等于待实现的商品价格总额加上到期的支付总额，减去彼此抵消的支付，最后减去同一货币交替地时而作为流通手段、时而作为支付手段执行职能的流通次数。"① （第163 页）

待实现的商品价格总额是指需要用现款进行交换的商品价格总额，因而待实现的商品价格总额 = 待售的商品价格总额 - 赊售的商品价格总额。

对决定货币需要量的最后一个因素，马克思提出的是用上面各项计算出来的货币需要量"减去同一货币……的流通次数"，货币金额和货币流通次数二者是不能相加或相减的，在《资本论》第 1 卷的法文版中，马克思对最后一项表述为："最后减去同一货币既执行流通手段职能又执行支付手段职能的二次或多次的使用。"② 参照法文版，最后一项似应修订为：减去同一货币交替地时而作为流通手段、时而作为支付手段执行职能的重复流通次数的价格总额。

据此，用公式表示就是：货币执行支付手段后在一定时期内的流通货币的总额 = 待售的商品价格总额 - 赊售的商品价格总额 + 到期的支付总额 - 彼此抵消的支付总额 - 同一货币交替地执行流通手段和支付手段职能的重复流通次数的价格总额。

我国学术界对货币执行支付手段后，流通货币需要量的计算公式有多种多样的理解。

首先，什么是"待实现的商品价格总额"？

除上述的理解外，还有两种不同的理解：

一种理解认为"待实现的商品价格总额"就是待售的商品价格总额，其中既包括要用现金购买的部分，也包括赊购的部分，因此在计算流通货币需要量时，还要再减去赊售的商品价格总额，计算公式表述为：待实现的商品价格总额 - 赊售的商品价格总额 + ……这就等于说，马克思在研究货币执行支付手段后的货币需要量时，忽略了对赊售部分的扣除，这是不可思议的，如果懂得"待实现的商品价格总额"这一项已经扣除了赊售的部

① 另参见《资本论》第 3 卷第 505 页。

② 《资本论》第 1 卷法文版，中国社会科学出版社 1983 年版第 120 页。

分，而只剩下要用现金交易的部分，在“待实现的商品价格总额”之后再一次减去赊售的部分，夸大了货币由于执行支付手段而减少的流通货币量。

另外还有人一方面认为“待实现的商品价格总额”包括了赊售的部分，另一方面却又认为在这种所谓的“待实现的商品价格总额”之后不应减去赊售的部分，理由是赊售的部分并不是白给，同样也是要钱的。这样一来，货币执行支付手段后，货币需要量不仅未减少，反而大大增加了，因为用现金交易要计入货币需要量，赊售部分也要计入货币需要量；赊购时计入货币需要量，到支付期还债时又计入货币需要量，这是令人难以理解的。

对“待实现的商品价格总额”的另一种理解是指已售的商品价格总额，这就是说未售出的商品是不需要货币的，在计算货币流通需要量时只计入已售出的商品，这种看法是不正确的。凡是商品，都是像鹿渴求清水一样渴求货币，在商品中没有需要货币的商品和不需要货币的商品之分；售出多少商品，需要多少货币，颠倒了商品流通和货币流通的关系，不是商品流通决定货币流通，而是货币流通决定商品流通，有多少货币，才能销售多少商品；货币需求量由已售商品量及其价格决定，就会成为一个任意规定的量；由已售的商品价格总额决定货币需要量，还会导致这样荒谬的结论，在发生经济危机时，大量商品卖不出去，因而这时对货币的需要量是最少的。

其次，马克思表述的最后一项究竟是用减号还是除号？

马克思对货币执行支付手段后的流通货币量的计算，最后一项用的是减号，前面已指出，货币金额和货币流通次数二者是不能相减的，因而马克思的表述有误，有的学者主张将“减去”改为“除以”，将减变为除后，表述上当然是正确的，作为公式计算所需的流通货币量也是正确的。但是参照前面引过的《资本论》第1卷法文版中的表述，马克思的本意仍是用减号去进行计算，错误并不在减号本身，而是在减号后面的表述上，按照马克思的原意，是减去同一货币重复的流通次数的价格总额，在法文版中，大体上是这样表述的，同样用的是减号，但没有什么不妥。

由此可见，只要表述得当，或用除号，或用减号，都是正确的。令人不解的是，也有人主张先减后除，既用减号，又用除号，其公式表述为：……－同一货币执行流通手段和支付手段的流通次数÷流通手段和支付手段的流通速度。撇开这里的流通次数能否相减不谈，显然，这里所列的先减后除的所谓两个项目，是马克思所列的同一项目的不同说法，这里的减法和除法也是同一内容的不同表述方法，先减后除也就等于说对货币的流通次数或重复的金额除以两次或减去两次，从而成倍减少对货币的实际需要量。马克思在《资本论》第1卷中是将“流通手段和支付手段的流通速度”作为计算流通货币量的一个前提条件提出来的，并未作为其中一个独立的因素，在列入计算项目时，是用同一货币作为流通手段和支付手段的流通次数来表述的。

六、信用货币的产生［第163页末段］

货币执行支付手段时，债务人要向债权人写下字据，在这种债券上写明支付的日期和债款金额，并计入利息，债权人可以到时凭此债券收回债款，也可以在债券上背书后转让给他人，于是，这种债券像货币一样进行流通，成为信用货币。

信用货币的具体形式有商业汇票、银行券、支票以及当前流行的信用卡等。汇票即

"流通债券"①，包括商业汇票和银行汇票（银行券），商业票据是由产业资本家或商业资本家开出的一种"支付凭据"和"有息证券"②，"是一种有一定支付期限的债券，是一种延期支付的证书"③。"银行券无非是向［由］银行家签发的、持票人随时可以兑现的、由银行家用来代替私人汇票的一种汇票。"④ 随着信用制度的发展，信用货币也充分发展起来，以致除在小额贸易上才使用金银铸币外，大规模的交易都使用这种信用货币，从而大大减少了流通中所需要的货币量。

七、货币成为契约上的一般商品［第164页末段］

货币开始执行支付手段时是在商品流通领域中发生的，但是随着商品生产的扩展，货币执行支付手段的职能就会超出商品流通范围。例如租税，原来是缴纳实物，后来改为支付货币了。这种改变是由社会生产条件决定的，不具备一定的生产条件，改了也会失败。另一方面，一旦具备了条件改为支付货币后，对社会生产条件也会起很大的反作用。

八、周期性的货币混乱［第165页末段］

由于再生产的周期性和季节性，货币支付也有周期性和季节性，每年的支付会大量集中在几天之内进行，银行机构的钞票一扫而空，引起混乱。

九、货币贮藏形式的改变［第166页第1段］

货币执行支付手段后，作为独立的致富形式的货币贮藏消失了，作为支付手段准备金形式的货币贮藏却增长了，人们贮藏货币是为了清偿到期的债务。

* * *

以上第二至第九部分，可归结为货币执行支付手段时引起的种种后果。

（c）世界货币

一、世界货币的产生及其条件［本小节第1—2段］

货币能够在世界范围内作为一般等价物发挥作用，是由于商品流通越出一国的范围，在国与国之间开展起来。

在世界市场上，国内流通的铸币、辅币、纸币等货币形式，国内采用的价格标准一概无效，直接以原来的金属条块形式出现，以国际统一的重量单位计算。

货币执行价值尺度时，在国内只能用金或银其中的一种作为货币材料，在世界市场上，往往是双重的价值尺度，金和银都可以作为货币材料。

马克思关于只有黄金或白银才能执行世界货币职能的观点有着重大的现实意义。由于美元的贬值，使我国的美元储备遭受重大损失，我们应该接受这一教训。

---

① 《资本论》第3卷第504页。
② 《资本论》第3卷第532页。
③ 《资本论》第3卷第542页。
④ 《资本论》第3卷第454页。

二、世界货币的各种具体职能［第 167 页末段］

世界货币的具体职能有：

第一，一般支付手段。

国与国之间的买卖一般都采用信用方式，到一定时间才结算，结算时出现差额而又不能和第三国抵消时，货币用来作为支付手段进行平衡，这是世界货币的最主要的职能。

第二，一般购买手段。

在特殊情况下，例如，发生自然灾害，引起一国对另一国只买不卖，或者由于国与国之间的政治关系不正常，甚至发生战争，在这种情况下，货币就作为一般购买手段，每次购买都得使用现金。

第三，作为一般财富的绝对的社会化身。

例如，在发生战争时，为了安全，黄金从一个国家转移到另一个国家，这是由于非商品买卖原因引起的黄金外流，这时的货币既不是执行购买手段，也不是执行支付手段，而是作为绝对的、一般的财富形式出现。

三、准备金［第 168 页末段］

为了准备在国际收支上出现逆差时，能够及时取得货币去支付国际贸易上或其他收支上的差额，之前就要进行货币贮藏，这种贮藏货币就是准备金。准备金原来在货币执行国内的流通手段和支付手段时就已经存在了，用于准备国内的流通手段出现不足或支付到期债款的需要。

四、金银在世界市场上的流动［第 169 页末段—本节完］

国际上金银的运动有两种流向，一种是由生产国流向整个世界市场。非生产国得到金银后用途如下：第一，补偿磨损了的金银铸币；第二，作为制造金银首饰之类的材料；第三，用作货币贮藏，其中一部分用作准备金，另一部分作为国家的绝对财富进行积累。[①]另一种流向是由汇率的变动引起的，一个国家的外汇价高了，这个国家的黄金就会外流，在世界市场上用黄金换回更多的外汇。

作为准备金的货币贮藏应限制在最低限度之内，过多的货币贮藏表明商品流通发生了停滞。

有关货币在国际范围的流通，马克思在《资本论》第 3 卷第 35 章中作了进一步的论述。

---

① 参见《马克思恩格斯全集》第 48 卷第 200 页。在《政治经济学批判》第 1 分册中，马克思在谈到非金银生产国在换得金银后的用途时，将准备金和贮藏货币作为两个并列的项目。（参见《马克思恩格斯全集》第 2 版第 31 卷第 546 页）

第二篇　货币转化为资本

在第 1 篇中，研究了商品转化为货币，现在进一步研究货币转化为资本，开始对资本进行分析研究。

资本最初是以货币形式出现的，但是货币并不是一开始就成为资本，作为货币的货币和作为资本的货币是有本质区别的。商品转化为货币是产生资本的历史前提，劳动力转化为商品是货币转化为资本的现实条件。在本篇中，主要也是研究这两个问题：第一，资本同货币的区别；第二，货币转化为资本的条件。

《资本论》第 1 卷的标题是“资本的生产过程”，在这一篇中虽开始转向资本的研究，但还没有进入资本的生产过程。

本篇只有一章，因此章的标题也就是篇的标题，共 3 节。第 1 节，资本的总公式。从简单商品流通公式和资本流通公式的比较中，找出资本和货币的区别。第 2 节，总公式的矛盾。在上述比较中发现资本流通过程中的一个矛盾，即在等价交换原则下，价值在流通中得到增殖。第 3 节，劳动力的买和卖。劳动力成为商品解决了上述矛盾。

第四章　货币转化为资本

1. 资本的总公式

一、资本产生的历史前提［本节第1—3段］

本节一开始，马克思先交代了本篇同上一篇的关系，在上一篇中，马克思研究了商品和货币，然而为什么在《资本论》中一开始不直接研究资本，而要先研究商品和货币呢？因为资本是由货币转化而来，货币又由商品转化而来，研究了商品和货币，也就研究了资本的历史前提。具体地说，商品流通是资本的起点，商品生产和发达的商品流通，是资本产生的历史前提。

货币是商品流通的最后产物，并不是说货币是在长期的商品流通发展后才出现的，“商品流通是以货币的存在为前提的”①，没有货币的中介，就谈不上商品的流通；而是说，在商品流通中，商品不断地进入流通，经过和货币的交换，又不断地退出流通并消失，但是货币不会因经过和商品的交换而退出流通。随着商品不断退出了流通，货币却继续留在流通中，即使有一部分货币贮藏起来，也不会因此而消失，一有机会，又会重新投入流通中。

货币一方面是商品流通的最后产物，另一方面又是资本的最初的表现形式。从历史上看，资本最初就是以货币形式出现的，这就是商人资本和高利贷资本。从资本主义现实生活中看，也是如此，资本家最初是以货币所有者面目出现在市场上，通过使用货币资本购买了生产资料和劳动力之后，开始了资本的生产过程。

当作货币的货币，同当作资本的货币，是不同的，我们只要比较一下资本流通的形式同简单商品流通的形式，就可以看出它们的区别。

二、资本流通形式同简单商品流通形式的比较［第172页第1段—第177页末段］

（一）为什么比较两种流通形式［第172第1—末段］

对两种流通形式进行比较，是为了区分作为货币的货币和作为资本的货币，也就是为了揭露资本的本质。

作为货币的货币同作为资本的货币是有本质区别的，这种本质区别是通过两种流通形式的比较上表现出来的。有两种流通形式，一种是W—G—W，先卖（W—G）后买（G—W），为买而卖，这是商品流通的直接形式，另一种是G—W—G，先买（G—W）后卖

---

① 恩格斯写给保尔·拉法格的信（1884年8月11日），《马克思恩格斯全集》第36卷第195页。

（W—G），为卖而买，这是资本流通形式。

资本流通 G—W—G 同商品流通 W—G—W 的一个明显区别是：在资本流通中是货币同货币交换（G—G）而且必然是同更多的货币相交换，否则这种流通过程就会是没有意义的了。如果通过流通过程得到的仍然是原来数量的货币，人们宁可将货币贮藏起来也不会让它进入流通，冒各种风险。因而从资本流通和商品流通的形式上的区别中，便可暴露出资本同作为购买手段的货币在内容上的区别。

（二）资本流通形式同商品流通形式的共同点［第 173 页第 1—2 段］

第一，两种流通形式都包含有卖（W—G）和买（G—W）两个对立的流通阶段。

第二，在每个流通阶段都包含有两个对立的物的因素（商品和货币）以及两个对立的人物（买者和卖者）。

第三，两种流通形式都是两个对立阶段的统一，这种统一是通过三个当事人的登场而实现的。在 W—G—W 中，它的具体场合是麻布—货币—上衣或小麦—货币—烧酒等。在前一个场合，三个登场人物就是麻布所有者、货币所有者和上衣所有者，三个登场人物各自进行不同的表演，麻布所有者先是卖，接着又买，既卖又买，货币所有者在这里只是买（买麻布），上衣所有者在这里只是卖。在 G—W—G 中，同样有三个登场人物，一个是商品所有者，还有两个都是货币所有者，开始登场的货币所有者先进行买，再进行卖，既买又卖，商品所有者在这里只是卖，最后出现的货币所有者只是买。在两种流通形式中，都通过各自的三个登场人物实现它们两个对立阶段的统一。

（三）资本流通形式同商品流通形式的区别点［第 173 页第 3 段—第 177 页末段］

共有七点区别：

第一，流通阶段的次序相反。［第 173 页第 3 段］

简单商品流通先卖后买，以商品作为运动的起点和终点，以货币作为全过程的中介。资本流通先买后卖，以货币作为运动的起点和终点，以商品作为全过程的中介。

第二，货币的支出具有不同的性质。［第 173 页末段］

在 W—G—W 中，货币最终被花掉了，而在 G—W—G 中，货币只是被预付出去。

第三，两次换位的货币不同。［第 174 页第 1 段］

在 W—G—W 中，同一枚货币换位两次，在 G—W—G 中，货币虽也两次换位，但换位两次的却不是同一枚货币，只是同一件商品。

第四，货币的支出和货币的流回的关系不同。［第 174 页第 2—末段］

在 W—G—W 中，货币的支出和货币的流回没有任何关系，如果货币又流回来，那只是整个过程的更新或重复，这个过程一旦结束，货币又会离开。

在 G—W—G 中，货币支出的性质决定着它必须流回到起点来，否则这个过程就宣告失败或没有完成。

第五，目的和动机不同。［第 175 页第 1 段］

在 W—G—W 中，为买而卖，最终目的是消费，是满足需要，总之是使用价值。在 G—W—G 中，为卖而买，目的是交换价值本身。

第六，起点和终点的价值量不等。［第 175 页末段—第 176 页末段］

在 W—G—W 中，起点的 W 和终点的 W，只是在使用价值的质的方面不同，而在价值的量上是相等的，如果出现不等，对于这一形态是没有什么意义的，因而我们可以不去考虑这种不等的情况。

在G—W—G中，起点的G和终点的G，无论从价值上看还是从使用价值上看，都是同质的，同质的东西只能从量上进行比较，从量上看，终点的货币必然要大于起点的货币。否则，这个流通形式就没有意义，货币所有者不会去冒着风险将货币投入毫无所得的流通中去。因此，G—W—G这一流通形式应具体表述为G—W—G′①，其中G′=G+⊿G，⊿G是货币的增量，是超过被预付出去的货币的余额，即剩余价值。由此可见，在资本流通中只是说它的动机和目的是交换价值是不充分的，准确地说应该是剩余价值，如果仅仅是追求价值，那也只是货币贮藏家，还不是资本家。

第七，运动的限度不同。[第177页末段]

在W—G—W中，由于目的是为了消费，在一定的历史条件下，人们的消费总是有一定限度的。而在G—W—G中，追求的是货币本身，一是不受个人消费量的限制，二是货币不退出流通，这一循环的终点同时又是下一个循环的起点，运动永无止境。

以上七点区别，可归纳为两个方面，第一点到第四点属于第一个方面的区别，这方面的区别是可以从流通形式的表面上直接观察到的，因而只是形式上的区别；第五点到第七点属于第二个方面的区别，这方面的区别是通过表面上的现象，经过分析之后揭示出来的，因而是一种本质上的区别。

三、资本的本质［第178页第1段—第181页第1段］

（一）资本是能够实现价值增殖的价值［第178页第1段］

作为资本的货币同作为货币的货币，静止地看，是没有什么区别的，但是一旦进入运动状态，二者的区别就明显地表现出来。作为货币的货币，在运动中只是起中介作用，目的是使用价值，在价值量上没有什么变化，这里所反映的是简单商品生产的社会关系；作为资本的货币，在运动中能使价值得到增殖，追求货币本身成了资本的目的，这里所反映的是资本主义的生产关系。

在追求货币财富这一点上，资本家同货币贮藏者是共同的，不同点在于货币贮藏者为了追求货币财富，竭力把货币从流通中硬拉出来，加以贮藏，这种货币“即使藏到世界末日，也不会增加分毫”（第177页）。而资本家精明之处在于不断地将货币重新投入流通，使货币得到增殖。资本家也是贮藏货币的，但只是为了流通的正常进行而合理地贮藏少量的货币。

（二）资本是处于不断运动状态中的价值［第179页末段—第181页第1段］

从上面的分析中，我们可以知道，资本是在运动中实现价值的增殖，运动是资本的生命，运动一停止，就不能实现价值的增殖，资本就不成其为资本。

资本是怎样运动的呢？它是不断地交替采取货币和商品这两种形式进行的，时而采取商品形式放弃货币形式，时而又采取货币形式放弃商品形式，经过不断交替，带来价值的增殖。在商品流通中，我们也可以看到商品和货币这两种形式的交替，但是在那里，只有货币才是价值的形式，商品却是使用价值形式，而在资本运动中，无论是货币还是商品都是价值的形式，货币是价值的一般形式，商品是价值的特殊形式，价值成为永不消失的主体。

作为资本的价值，为什么要采取商品和货币这两种形式？首先，采取货币形式是为了

---

① 《资本论》中的外文符号，普遍采用德语拉丁文字母，我国习惯按英文字母发音，符号“′”读成英文prime。

使运动的起点与终点在质的方面相等，从而在量的方面进行比较。其次，采取商品形式是因为它是把货币变成更多的货币的奇妙手段，因而商品和资本的关系不同于商品和货币贮藏者的关系，在那里，二者势不两立，采取了商品形式，就不能进行货币贮藏，进行了货币贮藏，就不能采取商品形式。

商品和货币的不断交替是永无止境的，在第一次循环结束时，原来的价值（预付资本，G）和增殖的价值（剩余价值，⊿G）分得清清楚楚，而在第二次循环中，一部分剩余价值又转化为资本，同原来的资本混合在一起，二者的区别马上消失了。

资本的本质可概括为以下四点内容：

第一，从作用上看，资本是不断带来剩余价值的价值；

第二，从来源上看，资本是剩余价值的转化形式；

第三，从性质上看，体现资本家对雇佣工人的剥削关系；

第四，从条件上看，它是建立在生产资料资本主义私有制的基础上的。

四、G—W—G′是资本的总公式［第 181 页第 2—3 段］

资本运动有三种形式。

第一种，产业资本运动形式：$W<^{A}_{Pm}\cdots P\cdots W'—G'$，其中既有生产过程，又有流通过程。

第二种，商业资本运动形式：G—W—G′，只有流通过程，没有生产过程。

第三种，生息资本运动形式：G—G′，既无生产过程，又无流通过程。

商业资本的运动形式和简单商品流通公式相对应，能够表现资本运动的本质，又便于和简单商品的流通进行比较，所以马克思选中这一运动形式作为资本的总公式或资本的一般公式。

我国学术界已有学者如许兴亚和奚兆永两位教授提出本节标题应译为“资本的一般公式”，而不是“资本的总公式”。

2. 总公式的矛盾

一、什么是资本总公式的矛盾［本节第 1—2 段］

资本总公式的矛盾指的是商品的等价交换原则同价值在资本流通中得到增殖的矛盾。[①]按照等价交换原则，价值在流通中是不能增殖的，在 G—W—G 资本流通中，按照等价交换原则，首先是 G = W，接着是 W = G，结果应该是终点的 G = 起点的 G，价值在流通中不变。但实际情况却不然，终点的 G 大于起点的 G，或 G′ = G + ⊿G，价值得到了增殖，从现象上看，这是违反价值规律的。

为了解决这个矛盾，我们就要研究一下在资本流通中，价值为什么能够得到增殖。从表面上看，这是从资本流通采取了和简单商品流通相反的买卖次序引起的，但是这种纯粹的形式上的区别为什么能够引起性质上的改变呢？而且，在资本流通中，共有三个登场人

---

① 有的学者认为资本总公式的矛盾在于剩余价值既不能在流通中产生，又不能不从流通中产生。我认为，这是解决资本总公式矛盾的条件，而不是矛盾本身。

物：资本家—卖者 A—买者 B，只是对其中一个人即资本家，才发生买卖顺序的颠倒，对于卖者 A 和买者 B 来说，仍和简单商品流通中一样，先卖后买。从卖者 A 来说，原来是 W—G，现在仍然是 W—G，从买者 B 来说，原来是 G—W，现在仍是 G—W。一个人的买卖次序的颠倒怎么会引起性质上的改变呢？下面就来研究这个问题。

二、剩余价值不能从流通中产生 [第 183 页第 1 段—第 192 页第 1 段]

在流通中，或者是进行等价交换，或者是进行不等价交换，如按照等价交换进行，很显然，价值是不能得到增殖的，看来，只有用不等价交换来说明剩余价值的产生了。但是，这同样是行不通的。

（一）商品交换就其纯粹形态来说是等价物的交换，不等价交换是一种违反商品交换规律的现象，因而不是增大价值的手段 [第 183 页第 1 段—第 186 页第 2 段]

用不等价交换说明商品流通是剩余价值的源泉，这是一种资产阶级的观点。例如，法国经济学家孔狄亚克就认为在商品交换中，双方都以较小的价值去换取较大的价值，这是因为交换的双方都各自以消费不了的、无用的剩余物去交换对自己有用的需要物。马克思批判了这种观点：

第一，孔狄亚克混淆了使用价值和交换价值。[第 183 页第 1 段—第 185 页末段]

在商品交换中，从使用价值方面看，对双方都是有利的，双方都将对自己没有使用价值的商品换回对自己有使用价值的商品。不仅如此，在社会分工的条件下，如果不通过交换得到自己所需要的使用价值，完全由自己生产解决，那么，在同样的时间里，他是不可能生产出所换回的那样多的使用价值的。但是，从交换价值方面看，却不能说是对双方都有利的，因为商品的交换价值在进入流通之前就已存在，它是流通的前提，不是流通的结果，在商品流通中所发生的，除了一种使用价值被另一种使用价值代替之外，只是商品的形态发生了变化，在价值量上是没有变化的，商品交换的双方都是平等的，谁也不能从对方取得更多的交换价值。商品可以按照高于价值的价格出售，但这是一种违反价值规律的现象，就商品交换的本质来说，是等价交换，因而不能带来价值的增殖。

第二，孔狄亚克把发达的商品生产同原始的商品交换混为一谈。[第 186 页第 1—2 段]

孔狄亚克所说的生产者的生产只是为了满足自己的需要，当出现剩余时才用来交换，这是一种古老的商品交换，对发达的商品交换是不适用的。在发达的商品生产中，产品为交换而生产，投入交换的商品并不是剩余物，商品交换也不是直接的物物交换，而是以货币为中介进行的交换。如果说同一产品在买者手里比在卖者手里具有更大的价值，那么，同一货币在卖者手里也会比在买者手里具有更大的价值，卖者有权力向买者要求支付更多的货币，买者也有权力向卖者少支付货币。

（二）如果是不等价交换，也不能产生剩余价值 [第 186 页末段—第 189 页末段]

在现实生活中，经常会出现贵卖或贱买这种不等价交换的情况，这里能否产生出剩余价值呢？同样不能。

第一，贵卖和贱买二者不可得兼。[第 187 页第 1 段—第 188 页末段]

在商品交换中，交换的双方都是商品生产者，他们交替扮演买者和卖者的角色，拥有同等的权力。如果说，作为卖者他可以享有贵卖的特权，那么他在贵卖之后以买者身份出现时，又会和作为卖者的另一方相遇，对方同样也可以对他行使贵卖的特权，结果谁也不能从中得到更多的东西。同样，作为买者，可以低价买进商品，那么，当他又作为卖者时，别人同样也可以低价购买他的商品。总之贵卖必贵买，贱买必贱卖，不能从这里说明剩余价值的产生。

托伦斯认为买者愿意多支付给卖者，这同样不能说明问题，因为当这一卖者又作为买者时，他同样又会将多得的部分支付给另一个卖者，结果还是谁也不能得到更多的东西。

第二，假定有一个只买不卖的阶级，也不能产生出剩余价值。[第 189 页第 1—2 段]

假定有一个只买不卖的阶级，不断地用高价购进自己所需要的商品，看来由此可以通过贵卖而产生剩余价值了。实际上这是一种错觉，只要我们追究一下这个只买不卖的阶级的货币的来源，就可以知道是怎么一回事了。只买不卖的阶级手里的货币如果不是来自于自己生产的产品的出卖，就只能来自于他人生产的产品的出卖了。历史上就有这种情况，罗马高价购买小亚细亚城市的商品，罗马的货币并不是来自于罗马本身，而是来自小亚细亚城市向罗马缴纳的贡款，小亚细亚并没有从罗马那里得到什么剩余价值。

第三，即使买者是商品生产者，贵卖也不能产生剩余价值。[第 189 页末段]

假定贵卖获得成功，而买方又是商品生产者而不是只消费不生产的阶级，改变的也只是价值的分配，一方的增加来自于另一方的减少，价值总量仍然没有变。

（三）结论 [第 190 页末段—第 192 页第 1 段]

根据上述分析，马克思得出结论：在流通或商品交换中，不论是等价交换还是不等价交换，都是不能产生剩余价值的。

马克思在这里又顺便解释了为什么研究剩余价值的产生问题时，不去分析资本主义之前的商业资本和高利贷资本。商业资本的全部运动都发生在流通领域，而高利贷资本连流通过程都隐藏了起来，这两种资本形式是不能说明剩余价值的产生的。只有把剩余价值的产生问题解决之后，在这一基础上再去研究它们。

三、剩余价值也不能离开流通而产生 [第 192 页末段—本节完]

根据上述分析，剩余价值是不能在流通中产生的，但是，如果离开流通过程，同样也不能产生剩余价值，因为离开了流通，商品生产者只能同他自己的商品发生关系，在他的商品价值中，只能包含他自己的劳动量，不包含他人的劳动量，因此，剩余价值既不能在流通中产生，又不能离开流通去产生。这就是说，剩余价值来源于生产，而不是来源于流通，不能用流通来说明剩余价值的来源，但是流通虽不是剩余价值的来源，却是产生剩余价值的条件，没有这个条件，剩余价值也不能产生出来。因此，我们又不能离开流通去研究剩余价值的生产。我们通过流通去说明剩余价值的生产时，还必须根据价值规律，既要说明在资本流通中也是按等价交换原则进行的，又要说明在交换结束时能够得到比开始时更多的价值。我们在分析剩余价值的生产时，必须根据这样的条件去进行。

3. 劳动力的买和卖

劳动力成为商品是货币转化为资本的历史前提之一。劳动力成为商品不仅是商品在资本主义社会中占统治地位的表现，也是商品在资本主义社会中占统治地位的原因。在这个问题上，马克思将雇佣工人和奴隶作了对比，指出："奴隶以实物形式（它无论在形式上或在数量上都是固定的），以使用价值的形式来获得维持自己生存所必需的生活资料。自由工人则是以货币的形式，以交换价值的形式，以财富的抽象社会形式取得维持自己生存所必需的生活资料。”①

一、货币的价值变化发生在一种独特商品的使用价值上 [本节第1—2段]

在这一节中，马克思继续限于流通的范围研究剩余价值的产生。在G—W—G这一资本流通中，首先，剩余价值不会发生在货币本身上，因为货币在这里只是作为购买手段或支付手段，实现商品的价值，而不能加大商品的价值。其次，剩余价值也不能从流通的第二个行为W—G上发生，因为这个行为只是改变一下商品形态，使它由自然形式变为价值形式，价值量没有变。货币的价值变化既不发生在货币上，又不发生在流通的第二个行为W—G上，那么，这种价值变化只能发生在流通中的第一个行为G—W上，而且是第一个行为的商品W上，但又不是这个商品的价值上，因为互相交换的是等价物，货币的价值变化是发生在这个商品的使用价值上。一个商品的使用价值怎么能使货币的价值得到增加呢？对于普通的商品来说，这是不可想象的，商品的使用或消费过程，就是价值损耗的过程，不会使价值增加，但是在市场上也有一种独特商品，它的使用结果却会使原有的价值得到增加，资本家很幸运地找到这样一种独特商品，这个独特商品就是劳动力。

劳动力即劳动能力，包括劳动者的体力和智力，劳动力作为内在劳动存在于劳动者的身体中，不同于劳动者在生产过程中进行着的活劳动，也不同于在生产过程结束以后凝结在产品中的物化劳动，活劳动和物化劳动是已经离开劳动者的身体发挥出来的外在劳动。

二、劳动力成为商品的条件 [第195页末段—198页第1段]

(一) 劳动力成为商品的两个条件 [第195页末段—197页第1段]

第一，劳动者在人身上是自由的。劳动者只有在人身上是自由的，他才能够自由支配自己的劳动力，有权把它作为商品出卖，作为商品的卖者与其他买者取得平等权利。但是，劳动者要保持劳动力这一商品的所有权，必须按一定时间出卖，而不能一次性的永久出卖，那样，成为商品的将不是劳动力，而是劳动者本身了，劳动者在人身上又失去自由，沦为奴隶。

第二，劳动者失去了生产资料和生活资料。获得人身自由的劳动者如果自己拥有必需的生产资料，劳动者将会把自己的劳动力和自己的生产资料结合起来，从而由自己制造产品，这时，劳动者将出售他自己生产的产品，而不是自己的劳动力。如果劳动者在人身上是自由的，但在生产资料和生活资料上一无所有，他将被迫出售自己的劳动力，而同买者手中的生产资料相结合，在这种情况下，生产的产品就属于购买劳动力的买者。

可见，货币要转化为资本，必须先有劳动力转化为商品，而要使劳动力成为商品，又必须使劳动者取得双重意义的自由，一是人身上的自由，另一是在生产资料和生活资料上自由得一无所有。

(二) 劳动力成为商品是人类历史长期发展的结果 [第197页第2段—第198页第1段]

劳动力是人类社会所共有的，但是劳动力成为商品却不是任何社会所具有的了。在奴隶制和农奴制条件下，劳动者在人身上是不自由的，经过长期的斗争，直到农奴制社会后期，农奴才逐渐得到人身上的自由，并由于丧失了生产资料而出卖自己的劳动力。

---

① 1861—1863年经济学手稿，《马克思恩格斯全集》第48卷第11—12页。

劳动力成为商品不仅是一定历史发展阶段的产物，产品转化为商品，商品转化为货币，货币转化为资本，都是一定历史条件下发生的。产品转化为商品的历史条件是社会分工发展到相当程度，商品转化为货币的历史条件是商品交换发展到一定高度，开始时，货币只具有价值尺度和流通手段的职能，随着商品流通的发展，货币又有了货币贮藏、支付手段和世界货币的职能，货币转化为资本的历史条件之一是劳动力成为商品，这是在商品与货币出现之后，又经历一个很长的历史阶段后才发生的。

三、劳动力商品的二因素［第 198 页第 2 段—本节完］

劳动力既然是商品，它也就和其他商品一样，具有价值和使用价值两个因素，但有其自己的特点。

（一）劳动力商品的价值［第 198 页第 2 段—第 204 页第 1 段］

1. 劳动力价值的决定［第 198 页第 2 段—第 200 页第 2 段］

商品的价值是由生产这一商品的社会必要劳动时间决定的，劳动力这一商品的价值也同样如此，不过劳动力存在于劳动者的身体中，因此，劳动力的生产就取决于劳动者生存的维持。劳动者是靠生活资料的消费来维持自己生存的，因此，劳动力这一商品价值也就取决于维持劳动者生存所必需的各种生活资料价值的总和。具体包括：

第一，维持劳动者本人生存所必需的生活资料总和的价值。［第 198 页末段］

劳动力价值首先应包括维持劳动者本人正常生活和正常劳动所必需的各种生活资料（包括数量和质量）的价值，使劳动者能够保持原有的体力和精力，生活资料的消费量要和劳动的支出量相适应。

第二，维持劳动者家属所必需的生活资料总和的价值。［第 199 页末段］

为了使因丧失劳动能力或死亡而退出市场的劳动力得到新的补充，工人必须得到足够的生活资料来养活妻子和儿女。

第三，劳动者本人及其子女的教育训练费用。［第 200 页第 1 段］

资本家支付这笔费用是为了培养出合乎资本主义生产发展要求的发达的和专门的劳动力，使工人具有在一定生产部门工作的能力和技巧。

决定劳动力商品价值的因素有哪几个？在这里，马克思并没有明确指出包括上述三个因素。在 1861—1863 年经济学手稿中，马克思明确用“首先”和“其次”两个词表明劳动力商品价值只包括前两个因素，不包括这里概括的第三个因素，原因是教育费用只对特殊生产部门才有重要意义，对于普通的平均劳动来说，“教育费是微不足道的”，而且这种费用“在任何情况下都包括在工人为培养新的劳动能力——自己的子女来接替自己所需的生活资料中”，即第二个因素中。①

劳动力价值既然是由劳动力所必需的生活资料的价值决定的，它也就会随着这一部分生活资料价值的变动而变动。

劳动力价值的水平在不同时期、不同国家、不同生产部门和不同的社会历史条件下，是不相同的。确定劳动力价值水平的因素有：②

第一，劳动生产率的变动。

① 参见《马克思恩格斯全集》第 2 版第 32 卷第 48 页和第 30 卷第 284—285 页。

② 参见《马克思恩格斯全集》第 2 版第 32 卷第 48—52 页。

马克思指出："商品的价值与劳动生产力成反比，劳动力的价值也是这样"（第 371 页），"劳动生产率的提高会降低劳动力的价值，从而提高剩余价值，相反地，劳动生产率的下降会提高劳动力的价值，降低剩余价值"。（第 595 页）

在劳动生产率不断提高的情况下，如果维持原有的或再生产劳动能力所需的生活资料量不变，劳动力价值就会和劳动生产率的提高成反比的下降，如果这一生活资料量虽有增长，但增长的速度低于劳动生产率的提高，劳动力价值也会出现下降的趋势。

第二，不同国家的历史条件和社会的文明状况。

马克思指出："和其他商品不同，劳动力的价值规定包含着一个历史的和道德的要素。"（第 199 页）在不同的国家，由于自然条件的差别和文明状况的不同，工人的生活资料需要量是很不相同的，在某一国家或某一时期属于必要生活资料的东西，在另一国家或另一时期却属于不必要的生活资料。但是，在一定的时期和一定的国家，工人的生活资料需要量总是一定的。

第三，不同生产部门对劳动的技能的不同要求。

不同的生产部门对工人的劳动技能要求是不同的，有的生产部门对工人的劳动技能要求较高，要适应这一生产部门的劳动，工人必须在此以前接受较多的培训，使这一部门的劳动力价值高于其他部门。有的生产部门对工人的劳动技能要求较低，工人参加这种生产部门劳动只需在事先接受简单的培训，这种生产部门的劳动力价值也就低于其他部门。

第四，生活资料质量的变化。

如果工人生活资料的质量下降，劳动力价值水平就会下降。马克思曾经揭露过美国拉姆福德伯爵推荐粗食品的食谱，是"为了人为地降低劳动能力的价值水平而绞尽脑汁"。

第五，工人赡养家属情况的变化。

在劳动力价值中，包括了工人赡养家属所必需的生活资料的生产费用，由于妇女和少年儿童的大量就业，减少了工人赡养家属的支出，劳动力价值因而下降。

2. 劳动力的日价值和日价格［第 200 页末段］

劳动力的日价值就是一个工人家庭在一年中平均每天需要消费的生活资料的价值量。计算公式为：

$$\text{劳动力日价值}=\frac{365A+52B+4C+\text{其他等等}}{365\text{ 天}}$$

其中 A 代表每天需要购买的商品量，B 代表每周购买一次的商品量，C 代表每季度购买一次的商品量，其他部分包括一年或多年才购买一次的商品量，A + B + C + 其他等等的价值量 = 年劳动力价值。

这里有几点需要加以说明的：

第一，上述公式未考虑劳动力总价值。

劳动力日价值随工龄长度的变动而变动，为了计算这种变动着的劳动力日价值，就要计算劳动力总价值，即能使工人保持正常的健康状态的工作日条件下，可以正常从事劳动的在职期间劳动力价值的总和。假定这一工龄为 40 年，劳动力总价值 = 年劳动力价值 × 40 年，劳动力日价值 = 劳动力总价值 $\times\frac{1}{365\text{ 天}\times 40\text{ 年}}$。如果由于资本家延长工作日，而使工人早衰，上述工龄缩短为 20 年，劳动力日价值应调整为：劳动力总价值 $\times\frac{1}{365\text{ 天}\times 20\text{ 年}}$，只有这样才能符合商品交换规律。这一问题将在第 8 章中进行补充。

第二，上述公式也未考虑节假日的因素。

上述计算公式只能保证工人做一天工可以维持一天的生活，节假日不做工就只能停止饮食了，因此还得考虑节假日的工人生活问题，上述计算公式相应调整为：

$$劳动力日价值 = \frac{365A + 52B + 4C + 其他等等}{365天 - 节假日}$$

这样，做一天工所得的生活资料不仅可以维持工人一家当天的生活，还可以维持节假日的生活。在1861—1863年经济学手稿中，马克思提出了一年365天工作日要扣除52个星期日。[①] 今日的西方资本主义国家实行的休假日天数已成倍增加。在我国，按照国务院于2007年12月14日的规定，全年节假为115天。

第三，上述公式也未考虑工人退休后的生活问题。

工人正常退休后，不再参加劳动，他们的生活需要也应在上述公式中表现出来。

如果计算出来的每天平均需要的商品量用劳动时间来表现，就是劳动力的日价值，这个日价值用货币表现出来就是劳动力的日价格或日工资。

3. **劳动力价值的最低限度**［第201页第1—末段］

劳动力价值的最低限度就是维持劳动者生命所不可缺少的生活资料的价值。"假如劳动力的价格降到这个最低限度，那就降到劳动力的价值以下，因为这样一来，劳动力就只能在萎缩的状态下维持和发挥。"（第201页）因而劳动力价值并不是由这个最低限度的工资决定的。

劳动力价值取决于劳动者维持自己及家庭生存所必需的生活资料的价值，这是由劳动力是存在于劳动者身体中这一特殊的性质决定的，认为劳动力价值这种规定的方法是粗暴，并为之叹息，这是廉价的感伤主义。

4. **劳动力价值的实现**［第202页末段—第204页第1段］

由于劳动力存在于劳动者的身体之中，使用价值的实际转让是在劳动力退出流通，经过使用之后才完成的，因而劳动力价值的实现也是在劳动力商品退出流通，经过使用之后才完成的，劳动力商品的转让和它的价值实现发生了分离，货币先在观念上作为购买手段，在对劳动力进行使用之后才进行支付。由此可见，不是资本家预付工资给工人，而是工人预付使用价值给资本家。

劳动力价值实现上的这一特点带来种种后果，由于资本家赊购劳动力商品，工人也不得不去赊购日用商品或借债度日。这两种赊购是不平等的，资本家是按劳动力商品的价值赊购的，工人却是按照高于商品的价值赊购的，实际上和借债一样，要支付利息，更不用说资本家乘机推销对工人健康有害的掺假食品。不仅如此，当发生经济危机和企业破产时，劳动力价值就更难以实现。

（二）劳动力商品的使用价值［第204页第2段—本节完］

资本家购买劳动力商品和购买其他商品一样，是因为这一商品对购买者来说，有使用价值。不同之处在于，其他商品在使用之后，它的价值不再存在（生活资料）或转移到新的产品中去（生产资料），不会再另外产生出新的价值来。劳动力这种商品却不然，它的使用价值在于能够劳动，在于它本身是创造价值的要素，因而在使用之后，一方面固然也会引起劳动力的使用价值和价值的损耗，但是另一方面它又会产生出新的价值来，而且新创造出来的价值在补偿了劳动力价值的耗费之后，还有剩余，使价值得到增殖，这种特殊的使用价值正是资本家购买这种劳动力商品的用意所在。

---

① 参见《马克思恩格斯全集》第2版第32卷第55页。

马克思指出："劳动能力的使用价值对资本家本身来说，不在于它的实际使用价值，不在于这种特殊的具体劳动的效用，不在于它是纺纱劳动、织布劳动等等，正如这种劳动产品的使用价值本身并不使资本家感兴趣一样，……使资本家对商品感兴趣的仅仅是：商品具有的交换价值大于资本家为商品支付的交换价值。因此，劳动的使用价值在他看来就是：他收回的劳动时间量大于他以工资形式支付的劳动时间量。"①

劳动力的使用价值要以劳动力价值的规定为基础。劳动力商品的使用价值在于能够创造出比它自身更多的价值，因此，劳动力价值的规定具有重要的意义。劳动力价值只有低于新创造的价值，资本家才能获得剩余价值，这个差额越大，剩余价值就越多，劳动力商品就具有更大的使用价值。如果劳动力价值和工人新创造的价值相等，资本家就得不到剩余价值，劳动力商品的使用价值不复存在。

剩余价值是在资本主义的生产过程中创造的，到目前为止，马克思的分析仍停留在流通领域。因此，剩余价值的生产还是不清楚的，要了解剩余价值是怎样生产出来的，还得跟随资本家进入大门上挂着"闲人免进"牌子的工厂重地。

在流通领域中，我们看到的只是表面现象，我们在这里观察资本主义世界，看到的是天赋人权的真正乐园，在这里人人都是自由的，因为劳动力的买卖只取决于自己的自由意志；在这里人人都是平等的，因为劳动力的买卖是遵照等价交换原则进行的；在这里人人都有所有权，资本家可以支配他的资本，劳动者也可以支配他的劳动力，工人也并不是一无所有的；在这里人人都是功利主义创始人，英国资产阶级思想家耶利米·边沁（1748—1832）的指导下，各为自己的私利和谐地生活在一起，人人为自己，上帝为大家。

但是，只要我们一离开流通领域，就会看到另一幅图像，资本家昂首阔步，满脸笑容地走在前面，劳动者畏缩不前，愁容满面地尾随其后。

① 《剩余价值理论》第1分册第147页。

第三篇　绝对剩余价值的生产

从这一篇开始，进入资本主义的生产过程，第3至6篇，主要分析以下三个问题：剩余价值的来源；提高剥削程度（剩余价值率）的方法；追求剩余价值的后果。

马克思的剩余价值理论，首先是剩余价值的生产理论，透过被物掩盖了的外表，揭露出资本主义经济深刻矛盾的根源，从而论证了资本主义必然为社会主义所代替。恩格斯对马克思的剩余价值学说给予很高的评价，他说："这个问题的解决是马克思著作的划时代的功绩。它使明亮的阳光照进了经济学领域，而在这个领域中，从前社会主义者像资产阶级经济学家一样曾在深沉的黑暗中摸索。科学社会主义就是以此为起点，以此为中心发展起来的。"① 列宁认为："剩余价值学说是马克思经济理论的基石。"②

在广为流行的政治经济学教科书中，将第2至6篇内容合成一章，标题为"资本和剩余价值"，这是不恰当的，因为这一标题可以将《资本论》第1至4卷的内容全部包括进去，而实际内容只是剩余价值的生产理论，在这里虽分析了资本，也只是分析了产业资本中的生产资本，在生产资本中也只是分析了生产资本中的不同组成部分在剩余价值生产中所起的不同作用。

第3篇共5章，包括三个内容：第一，剩余价值的来源，主要是第5章和第6章；第二，提高剥削程度的方法，从量上对剩余价值进行研究，包括第7至9章，这里只涉及延长工作日这种基本方法；第三，延长工作日带来的后果，主要也是在第8章揭露这一问题。由于第一个内容是通过延长工作日来说明的，因此，第3篇的标题就概括为"绝对剩余价值的生产"。

人们习惯说劳动力成为商品，货币就转化为资本，第9章的内容告诉我们，这样说是不够的，货币转化为资本要有两个历史前提，除劳动力成为商品外，还需要一部分人手中积累相当数量的货币。

---

① 《反杜林论》，《马克思恩格斯选集》第3卷第548页。

② 《马克思主义的三个来源和三个组成部分》，《列宁全集》第23卷第46页。

第五章　劳动过程和价值增殖过程

资本主义生产过程是劳动过程和价值增殖过程的统一。一方面，它和其他社会一样，是一般的劳动过程，撇开各种特定的社会形式，它具有共同的性质，作为一般劳动过程的结果生产出使用价值；另一方面，资本主义的生产过程同时又是价值增殖过程，其结果是不仅生产出价值，而且生产出剩余价值。

在《资本论》第1卷的法文版中，本章的标题改为："使用价值的生产和剩余价值的生产。"

1. 劳动过程

一、劳动过程的简单要素［第207页末段—第211页末段］

劳动过程是劳动者通过对劳动资料的使用，按照预定的目的将自己的劳动传导到劳动对象上去的一种活动。劳动过程的简单要素是：劳动、劳动对象和劳动资料。在《资本论》第3卷第998页上，将劳动和生产资料称之为"两个基本的生产要素"。

为什么将这三个要素称为简单要素？这并不是说，劳动过程的要素除了这三个之外，还有其他比较复杂的要素，而是针对劳动过程的许多具体因素说的，诸如土地、矿山、河流、道路。种子、牲畜、生产工具等，将其分类归纳后，划分为三个"简单的、抽象的要素"（第215页）。

（一）劳动［第207页末段］

劳动有内在劳动和外在劳动之分，内在劳动是蕴藏在劳动者身体中尚未使用的劳动即劳动力，劳动力通过使用就会表现出来，成为外在劳动。在外在劳动中，又有活劳动和物化劳动之分，在劳动过程中进行的劳动是活劳动，劳动过程结束后凝结在产品中的劳动称之为物化劳动。作为劳动过程要素的劳动是"活劳动"①，而不是劳动力，因为"劳动能力在生产中根本不出现，在生产中出现的仅仅是它的使用——劳动"②。但在《资本论》第2卷第65页和395页上，马克思在讲到生产要素时，包括了劳动力和生产资料这两项。

马克思认为，劳动本身的简单规定性就是"有目的的生产活动"③。劳动首先是人和自然之间的物质变换过程，在这种变换中，人们改变了自然界，同时也改变着人的自身，脑量增加了，四肢发达了，口齿伶俐了。

人的劳动和其他动物为了谋生存而进行的活动有某些相似之处，例如，人们织网捕鱼

---

① 《马克思恩格斯全集》第2版第31卷第89页。

② 《马克思恩格斯全集》第2版第30卷第597页。

③ 《资本论》第3卷第934页。

和蜘蛛织网捕虫，人们建粮仓和蜜蜂建蜂房，但是其中一个根本区别是蜘蛛织网和蜜蜂建蜂房是出自动物本能，人们的劳动是按照一定的目的和预先的设计进行的，劳动的结果在劳动开始之前已经观念地存在于人们的头脑之中。

（二）劳动对象［第 208 页末段］

劳动对象是人的劳动作用于其上的物体。

最先成为劳动对象的是没有经过人类劳动开采加工过的自然物，如矿山、原始森林、天然渔场等。这些自然物经过人们挖掘、采伐和捕捞之后，生产出矿石、圆木等各种产品，这些产品如果继续作为劳动对象投入下一个生产过程加工，如冶炼、锯片等，就称之为原料。加工过的原料如钢板、木板等，如果继续作为劳动对象再投入下一个生产过程进一步加工，就称之为材料。材料也是原料，不过是加工过的原料，区别于原来没有加工过的原始原料。在原料中，还包括半成品。①

在材料中，有些构成产品的主要实体，如织布用的棉纱，做家具用的木板，造船用的钢板，称为主要材料。另外一些材料不构成产品的实体或主要实体，如颜料、染料、漂白粉、照明用电、燃料、润滑油等，称之为辅助材料。在辅助材料中，燃料占有特别重要的地位，在财务工作中一般都将燃料作为单独的一项，和主要材料、辅助材料并列。马克思说："在真正的化学工业中，主要材料和辅助材料之间的区别就消失了，因为在所用的原料中没有一种会作为产品的实体重新出现。"（第 212 页）

（三）劳动资料［第 209 页末段—第 211 页第 1 段］

劳动资料就是劳动作用于劳动对象的中介物和一切物质条件。

在劳动资料中，首先是劳动和劳动对象之间的传导物，其作用在于把劳动传导到劳动对象上，使其变成合乎劳动者生产要求的产品。传导物有两种，一种是机械性的传导物，这就是生产工具和机器，称之为生产的骨骼系统或肌肉系统；另一种是非机械性的传导物，如容器，包括管、桶、篮、罐之类，称之为生产的脉管系统。耕地也是一种传导物，人的种植劳动，通过耕地传导到农作物上。

在劳动资料中，除了传导物以外，还包括运河、道路等其他一切劳动过程中除劳动对象以外的必不可少的物质条件。

不少人将土地说成是劳动对象，其实"土地本身是劳动资料"（第 209 页）②。土地，或者作为耕地，是一种传导物，或者作为劳动的立足点和劳动场所，是劳动的物质条件，均属于劳动资料。马克思甚至认为在农业中"土地本身是作为生产工具起作用的"③，而在小土地所有制中，"土地是生产者的主要工具"④。

在某种场合，马克思也说过土地是劳动对象，如："土地（在经济学上也包括水）最初以食物，现成的生活资料供给人类，它未经人的协助，就作为人类劳动的一般对象而存在。所有那些通过劳动只是同土地脱离直接联系的东西，都是天然存在的劳动对象。"（第 208—209 页）又如："经济学上所说的土地是指未经人的协助而自然存在的一切劳动对象。"（第 703 页）显然，这里所说的土地均不是指土地本身，而是土地中蕴藏着的矿产、

---

① 参见《资本论》第 3 卷第 127 页。

② 参见《马克思恩格斯全集》第 2 版第 32 卷第 62 页；《资本论》第 1 卷第 211 页；《资本论》第 3 卷第 934 页；《马克思恩格斯选集》第 3 卷第 301、619 页。

③ 《资本论》第 3 卷第 882—883 页。

④ 《资本论》第 3 卷第 878 页。

地上和水中天然生存的动植物。

除采集经济外，人们在劳动过程中离不开作为传导物的劳动资料，人们的劳动总是借助于劳动资料去作用于劳动对象的。而且，只要劳动过程有一定的发展，人们所使用的劳动工具总是经过一定的劳动加工过的劳动对象，可以说，劳动工具来自人们劳动加工和改变了的劳动对象。即使是牲畜，也曾经过人们的不断改良。

劳动资料的重要意义在于：第一，使用和创造劳动资料是人类劳动过程的特征，这是人类劳动和其他动物的一个重要区别；第二，“劳动资料不仅是人类劳动力发展的测量器，而且是劳动借以进行的社会关系的指示器”。（第210页）这对研究人类历史的发展有重要意义。

在1861—1863年经济学手稿中，马克思把劳动对象也包括在劳动资料之内，他说：“劳动资料本身有必要分为被加工的对象，我们把它叫做劳动材料，和真正的劳动资料”①，现在所说的劳动资料是与劳动材料不同的劳动资料，即上述的“真正的劳动资料”。

* * *

劳动过程必须具备上述三个简单要素才得以进行，认为有了人就有了一切，片面强调人多是好事，不懂得马克思关于劳动过程简单要素的理论，在实践中带来严重的后果。

在具备上述三个简单要素的条件下，人们就可以在劳动过程中按照预定的目的，通过对劳动资料的使用，将自己的劳动传导到劳动对象上去，劳动过程结束之后，创造出产品，形成使用价值。从这个结果的角度再回过头看原来存在于劳动过程的三个要素，区分为两个方面，一个方面是物的因素，包括劳动资料和劳动对象，表现为生产资料，“生产资料首先分为劳动对象和劳动资料”②；另一方面是人的因素，原来的劳动表现为生产劳动。劳动过程现在表现为生产过程。在1861—1863年经济学手稿中，马克思认为：“如果从劳动本身来考察劳动过程的要素，它们被规定为劳动材料、劳动资料和劳动本身。如果从整个过程的目的，从要生产的产品来考察这些要素，它们就可以被称作生产材料、生产资料和生产劳动”③。在《资本论》第2卷中，马克思又告诉我们，生产过程中除劳动过程外，还包括自然过程。

二、产品在劳动过程中的地位和作用［第212页第1段—第214页末段］

（一）产品不仅是劳动过程的结果，同时还是劳动过程的条件［第212页第1段—第213页末段］

通过劳动过程生产出产品之后，一部分进入个人消费或储存，另有相当一部分又会重新作为生产资料进入劳动过程，或者是作为劳动对象，或者是作为劳动资料。这种作为产品重新进入劳动过程的劳动对象与劳动资料，和最初的劳动过程中的劳动对象与劳动资料不同点在于，现在的劳动对象与劳动资料不再是单纯的自然物，而是人类劳动与自然的结合物。

当产品进入新的劳动过程之后，就不再作为产品出现了，它或者作为劳动对象，或者

---

① 《马克思恩格斯全集》第2版第32卷第61页。

② 《直接生产过程的结果》，《马克思恩格斯全集》第49卷第37页。

③ 《马克思恩格斯全集》第2版第32卷第72页。

作为劳动资料，究竟是作为劳动对象还是劳动资料，要看产品在劳动过程中所处的地位而定，即使是同一个产品，它可以是劳动对象，也可以是劳动资料，即使是劳动对象，也可以成为不同劳动过程中的劳动对象。只要产品是正常的，在新的劳动过程中它只是作为劳动对象或劳动资料表现出来，而不是作为原来劳动过程制造出来的产品去表现。

（二）产品重新投入劳动过程是保存和实现它的使用价值的唯一手段［第214页第1—末段］

作为生产资料的产品在离开劳动过程之后，如果不再投入新的劳动过程而闲置起来，它的使用价值就会因受到种种腐蚀而破坏。若投入劳动过程就不同了，它的使用价值虽也被消费，但这是生产性的消费，其结果是形成新的使用价值；这样，产品的使用价值一方面得到实现，另一方面又以新的形式保存起来了。从这里我们可以看到，劳动过程一方面是产品的创造过程，另一方面又是产品的消耗过程。生产资料重新投入劳动过程是保存和实现它的使用价值的唯一手段。

劳动产品除通过生产消费为劳动过程提供劳动对象与劳动资料等要素外，还通过个人消费维持劳动者的生存，为劳动过程提供了劳动这一要素，成为劳动过程延续下去的物质前提。

三、资本主义劳动过程的特征［第215页第1段—本节完］

以上考察的劳动过程是撇开各种具体的社会形式进行的，作为劳动过程的一般，它是劳动者通过劳动资料的中介，对劳动对象进行加工，按照预定的目的生产使用价值，这种劳动过程是存在于一切社会形式的，是人类生存的基本条件，资本主义社会的劳动过程也不例外。

但是，马克思考察劳动过程的一般是为了更清楚地认识资本主义劳动过程的特殊，作为资本主义的劳动过程，有两个特点是不同于一般劳动过程的：第一，工人在资本家的监督下劳动，他的劳动属于资本家；第二，产品归资本家所有。

2. 价值增殖过程

资本家生产的目的是剩余价值，而不是使用价值，因此他对劳动过程中生产出来的使用价值本身是不感兴趣的，他之所以要生产使用价值，是因为使用价值是价值的承担者，而且作为劳动过程结果的产品中所包含的价值，大于资本家原来为购买生产资料和劳动力而预付的价值。因此，作为资本主义的劳动过程，不仅是使用价值的生产过程，而且是价值的生产过程；不仅是价值的生产过程。而且是剩余价值的生产过程。由于价值增殖的过程不外是超过一定点而延长了的价值形成过程，为此，在分析价值增殖过程之前，先要分析价值形成过程。

一、价值形成过程［第218页第2段—第222页第2段］

在第1章中，马克思已告诉我们，商品的价值是由物化在商品中的社会必要劳动量决定的，我们当时所认识的价值已经走出了商品的生产过程，因而形成价值的劳动已经物化了，看不出商品的价值是怎样形成的，区分不出在商品价值中是由哪些部分构成的，对这个问题的认识只有深入到商品的生产过程中才能解决。

我们进入商品的生产过程就会看到，物化在商品价值中的劳动是由两部分劳动形成的。以棉纱为例，其中一部分价值是由生产棉纱时消耗的棉花、纱锭等生产资料中所包含的物化劳动形成的，对于棉纱来说，这部分劳动所形成的价值是原来就有的，或者说是由种棉花的农业工人和生产纱锭的工人创造出来，而不是在纺纱过程中由纺纱工人新创造出来的。另一部分价值就是由生产棉纱的纺纱工人新投入的活劳动形成的，这一部分价值原来是没有的，而是纺纱工人新创造出来的。这两部分劳动合在一起，就形成了棉纱这一商品的全部价值，现在仍以棉纱为例，对这两部分劳动及其所形成的价值分别加以考察。

（一）已消耗的生产资料价值［第218页第5段—第220页第3段］

假定纺10磅棉纱需要消耗价值10先令的棉花和2先令的纱锭，其他生产资料消耗撇开不论，纺10磅纱消耗的生产资料共为12先令，再假定每先令代表2小时劳动时间，纺10磅纱消耗的生产资料价值包含有24小时的劳动量。

在棉纱的价值中，为什么除纺纱工人新投入的劳动之外，还要包括已经成为过去的生产棉花和纱锭的劳动呢？因为生产棉花和纱锭等生产资料的劳动和纺纱的劳动，尽管在时间上和空间上是分开的，但都可以看作是纺纱这同一个劳动过程的连续阶段，生产棉花和纱锭是早期阶段，纺纱是后期阶段，对于棉纱的价值来说，都属于过去的因而是物化的劳动，并无区别，当然也就同样包含在棉纱的价值中。

但是，棉花和纱锭的价值要作为商品价值的构成部分，必须具备两个条件：第一，形成一个新的使用价值，如棉纱；第二，它的生产和消耗符合社会必要劳动时间。

（二）新创造的价值［第220页末段—第222页第1段］

在纺纱这一商品中，除包含原有的生产资料价值外，还包含纺纱工人新创造的价值。这里有三个问题：

第一，纺纱工人的劳动为什么能够创造新价值？纺纱工人一天只劳动6小时，为什么却能形成30小时的价值？

这是由于在商品生产条件下，纺纱工人的劳动具有二重性和二重作用。作为具体劳动，它生产一个新的使用价值，使旧的使用价值（生产资料）在新的形式（棉纱）上保存下来；与此相应，在旧的使用价值中包含的价值也保存了下来，这部分价值从原来的生产资料中转移到产品棉纱中。[①] 作为抽象劳动，其又创造出新的价值。在已消耗的生产资料价值中，也是由抽象劳动构成的，这里的抽象劳动由于已经物化而不能再创造价值了，纺纱工人的抽象劳动是正在进行着的活劳动，因而它创造出新的价值。从劳动的二重性中，我们可以看到，具体劳动虽不创造新价值，但却能转移原有的生产资料价值，这是创造新价值的基础，只有首先保持着旧价值，才能在这一基础上创造出新价值。

第二，最后追加到棉花上去的纺纱工人的劳动，同已往生产棉花、纱锭等生产资料的劳动，是各种不同形式的具体劳动，为什么能够合在一起构成棉纱的总价值呢？

这仍需要用劳动二重性学说加以说明，作为形成使用价值的劳动，如种棉花。制纱锭、纺纱都是不同质的，但作为形成价值的劳动，都是无差别的人类劳动，只是在量上各

---

① 马克思在这里说：“棉花和纱锭充当纺纱劳动的生活资料”（第220页），在《资本论》第3卷第284—285页上还出现“生产资料——劳动资料和生活资料”的说法，此处的“生活资料”应为“劳动对象”。将某种生产资料称作生活资料，并非是马克思的笔误，因为这种说法在马克思的著作中再三出现，例如，在《马克思恩格斯全集》第2版第32卷第163页上，我们又可看到：“机器的生活资料（油、煤等等）。”

不相同，因而能够加在一起构成棉纱的总价值。

第三，纺纱工人新创造的价值量是怎样确定的？

根据马克思的价值理论，商品价值取决于社会必要劳动量，假定纺纱工人生产上述10磅棉纱的社会必要劳动时间是6小时，那么在10磅棉纱中所包含的新创造的价值量只能是6小时，不论个别纺纱者用去更多或更少的劳动，一律按6小时计算，用价格表现为3先令。

（三）商品的总价值［第222页第2段］

既然商品的价值是由上述两部分构成的，用公式表示即：商品总价值＝已消耗的生产资料价值＋新创造的价值。

以上述棉纱为例：

10磅棉纱的总价值＝24小时旧价值＋6小时新价值＝30小时

或＝12先令＋3先令＝15先令

二、价值增殖过程［第222页末段—第227页第2段］

在上述例子中，如果我们再假定，每个工人劳动力的日价值是6小时或3先令，而且每天劳动也只进行6小时，那么劳动力所创造的价值和劳动力本身的价值就相等。劳动力创造了6小时的价值，但都作为劳动力价值支付给工人了，没有为资本家创造剩余价值，资本家原来预付了15个先令，其中12先令用来购买生产资料，3先令用来购买劳动力，最后得到的还是15先令，其中12先令是已消耗的生产资料价值（假定资本家这里的预付在生产10磅棉纱时全部消耗掉），3先令是新创造的价值。

面对这种结果，资本家就会大吃一惊，脸上不再是笑眯眯的了，他会提出种种理由，要求得到剩余价值。他认为他的货币如果用在投机事业或赌博上，都会带来更多的货币，用在生产上却不能带来更多的货币，未免冤枉。他还说他的资本是自己节欲而来，不应没有报偿。他还说他拿自己的资本给工人使用，是为工人服务，应该有报酬。他还说他监督工人生产，也和工人一样参加劳动等。但是所有这些谬论都不能为资本家带来剩余价值，资本家把这些谬论统统交给庸俗的经济学家去说了，他自己还是回到他的实际事业中去。

遗憾的是，我国有的经济学家也在充当为资本家辩护的角色，其中一个代表人物汤在新教授就说："资本的增殖是资本和企业主的人力资本共同作用的结果。"① "我国私营企业主不管在生产过程中还是在流通过程中所从事的经营管理工作，都是创造价值的劳动。作为经营管理者，企业主所占有的，不是他人的劳动，而是被实现的自身的劳动；企业主所获得的，不是企业利润，而是自己的工资。"② "在我国私营企业的企业利润中，有颇大的一部分并不是工人创造的剩余价值，而是作为经营者的企业主的劳动所创造的价值。"③ 在"私营企业主的收入"中，"一部分，用于自己和家属的消费"，这一部分"不会超过企业管理者的工资"。"另一部分，用于扩大再生产"，这一部分虽"取之于民"，却"又基本上返还给了社会，成为用之于民、用之于社会主义建设的基金"④。

恩格斯针对"利润是资本家的活劳动的合法产儿"这种错误观点，指出这是"马克

①④ 《剥削及其存在的历史前提》，《南方经济》2003年第2期。

②③ 《我国私营企业主收入的来源和性质》，《南方经济》2001年第4期。

思一贯与之斗争的庸俗经济学的这种学说”①。

当资本家又回到了实际事业中去以后，很快就解决了价值的增殖问题，从而从内心里发出笑声来。

原来，在商品交换中，存在着大家都必须遵守的规定，即商品的使用权属于买者。在第1篇中已指出，商品是使用价值和价值的矛盾的统一，对于同一个商品所有者来说，使用价值和价值二者是不能兼得的，他要获得商品的价值，就必须将使用价值让渡给买者，他想直接获得这一商品的使用价值，就不能再得到价值。劳动力这一商品也不例外，劳动力这一商品的所有者即工人，为要取得劳动力商品的价值，就要把劳动力这一商品的使用价值让渡给买者即资本家使用。工人既然把一天的劳动力卖给资本家了，劳动力这一天的使用权也就属于资本家了，在上述例子中，尽管纺纱工人一天干6小时劳动就可以生产出3先令的劳动力价值，资本家仍然可以有权要工人再继续延长6小时，一天干12小时。

在6小时劳动的情况下，生产出价值15先令（代表30个劳动小时）的10磅棉纱，在12小时劳动的情况下，就会生产出价值30先令（代表60个劳动小时）的20磅棉纱了。这一方面是由于纺纱工人劳动时间增加了1倍，使生产资料的消耗也增加了1倍，由原来的12先令（代表24个劳动小时）增加到24先令（代表48个劳动小时）；另一方面由于纺纱工人的劳动时间增加了1倍，使纺纱工人本人一天内所创造的价值由原来的3先令（代表6个劳动小时）增加为6先令（代表12个劳动小时）。

在纺纱工人每天劳动时间由6小时延长为12小时的情况下，形成的价值可分解如下：

20磅棉纱的总价值=48小时旧价值+12小时新价值=60小时，或20磅棉纱的总价值=24先令旧价值+6先令新价值=30先令

我们再看资本家的资本预付方面情况是怎样的。由于生产资料的消耗增加了1倍，资本家在这方面的资本预付也要增加1倍，由原来的12先令增加到24先令。但是由于劳动力价值没有变，不受工作日延长的影响，资本家在这方面的预付仍为3先令，两项合计，共为27先令，收回的却是30先令，价值增殖了3先令，很明显，这3先令是工人新创造的超过劳动力价值以上而被资本家无偿占有的那部分价值，这部分价值马克思称之为剩余价值。

在形成剩余价值的情况下，商品的价值就要进一步分解。原来商品的价值是由已消耗的生产资料价值和新创造的价值这两部分构成的，现在由于新创造的价值被分为两部分，一部分是劳动力价值，另一部分是剩余价值，商品的价值就分解为已消耗的生产资料价值、劳动力价值和剩余价值三部分。这就是我们经常说的c、v、m这三部分，$W=c+v+m$，c与v构成资本，m构成剩余价值，c、v、m的关系，就是资本与剩余价值的关系。作为不变资本c与可变资本v，在下一章中再进行分析。

从这里我们看到，资本家的把戏变成功了，这一切都是在等价交换原则下进行的，资本主义剥削的一个重要特点就是在等价交换这一平等的外衣掩盖下进行。

为什么在等价交换的原则下能够进行剥削呢？这里的秘密在于，劳动力价值和劳动力所创造的价值，是两个不同的量。纺纱工人劳动力创造了6先令的价值，但资本家支付的劳动力价值却只是3先令。资本家无论是购买生产资料还是购买劳动力都是按照等价交换原则进行的，但由于劳动力这一商品具有独特的使用价值，即它是价值的源泉，可以创造

① 写给保尔·拉法格的信（1884年8月11日左右），《马克思恩格斯全集》第36卷第198页。

出大于劳动力价值的价值，又由于商品的使用权属于买者，工人创造的相当于劳动力价值的部分支付给工人，超过的部分被资本家无偿占有。

关于价值增殖的理论，恩格斯在《反杜林论》中曾经作了这样论述："只需要6小时的劳动就足够维持工人24小时的生活，这一事实丝毫不妨碍工人在24小时中劳动12小时。劳动力的价值和劳动力在劳动过程中的价值增殖，是两个不同的量。货币所有者支付了劳动力的日价值，所以这一天的劳动力的使用，即这一天的劳动，也就属于他了。劳动力被使用一天所创造的价值比它自身的日价值多1倍，这对于买者是特别幸运的，可是根据商品交换的规律，这对于卖者也绝不是不公平的。"①

在这一段话中，包含了马克思关于剩余价值生产理论的四个基本观点：

第一，剩余价值来源于雇佣工人的剩余劳动。工人一天劳动6小时就可以维持自己一天的生活，但资本家却要工人劳动12小时，把增加的6小时劳动创造的价值占为己有，说明剩余价值来源于工人的剩余劳动，从其他方面来说明剩余价值的来源都是错误的。

茅于轼在2008年1月7日《南方都市报》上发表的一篇文章中写道："财富是怎么创造出来的，有一个最简单的经济道理，那就是交换创造财富。"按照他的举例，通过交换，双方均可分别获得至少相当自己产品5倍的价值。按照这种逻辑，雇佣工人出卖劳动力，也可以从资本家那里得到5倍于劳动力商品价值的收入了，这样，资本家不仅没有剥削，而且还要倒贴给工人。

第二，劳动力价值和劳动力所创造的价值是两个不同的量。资本家支付的是劳动力价值，得到的却是劳动力所创造的价值，这是资本主义剥削的秘密所在。

第三，商品的使用权属于买者，这是资本主义剥削的依据。如果说，奴隶主和农奴主采用暴力迫使劳动者为他们劳动，资本家则是采用经济的手段对劳动者进行剥削。

第四，资本主义剥削是在等价交换原则下进行，表面上是平等的，有很大的欺骗性。

对资本主义剥削的特点还可补充如下：

（1）奴隶制和农奴制都是实行直接的强制劳动，劳动者人身不自由，资本主义制度下的工人劳动仍然是一种强制性劳动，但在人身上已获得自由。"奴隶监督者的鞭子被监工的罚金簿代替了。"（第488页）

（2）"资本在精力、贪婪和效率方面，远远超过了以往一切以直接强制劳动为基础的生产制度。"（第359页）资本家追求剩余劳动像"狼一般的贪婪"（第282页）。这是因为以往剥削者追求的是产品的使用价值，使这种剥削"受到或大或小的需求范围的限制"（第272页），而资本主义剥削追求的是剩余价值，由此"造成对剩余劳动的无限制的需求"（第272页）。

（3）"资本家对剩余劳动的贪欲表现为渴望无限度地延长工作日，而领主的贪欲则较简单地表现为直接追求奴役的天数。"（第274页）这是因为在农奴制中，必要劳动和剩余劳动在空间上截然分开，在时间上各自独立，资本主义社会雇佣工人的劳动则不同。

三、劳动过程、价值形成过程同价值增殖过程三者的相互关系［第227页第3段—本节完］

从总的方面看，作为一般劳动过程，生产过程只是产品或使用价值的生产过程；作为

① 《马克思恩格斯选集》第3卷第549页。

劳动过程和价值形成的过程的统一，生产过程是一般商品生产过程；作为劳动过程和价值增殖过程的统一，生产过程是资本主义的商品生产过程。

在这里，马克思还分别对价值形成过程和价值增殖过程的关系以及价值形成过程和劳动过程的关系进行了研究。

首先，马克思对价值形成过程和价值增殖过程的关系指出，价值增殖过程不外是超过一定点而延长了的价值形成过程。

其次，马克思对价值形成过程和劳动过程的关系指出，劳动过程和价值形成过程的统一是具体劳动和抽象劳动的统一，构成劳动过程的是具体劳动，其结果是创造出使用价值，构成价值形成过程的是抽象劳动，其结果是创造出价值。创造价值的劳动是按照社会必要劳动量计算的，这里包括：第一，生产资料具有正常的性质，如劳动资料具有一般的技术水平，原料具有正常的质量；第二，劳动力具有正常的性质，如达到平均的熟练程度、技巧和速度；第三，对生产资料进行合理的消费。

社会必要劳动时间是按简单劳动计算的，因此，对于复杂劳动，就要将其折算为若干倍的简单劳动，在同一时间内，复杂劳动比简单劳动创造更大的价值。但是无论是简单劳动还是复杂劳动，作为价值增殖过程，在创造的新价值中，一部分作为劳动力价值的补偿，另一部分作为剩余价值，二者没有质的差别；其中创造劳动力价值部分的劳动称之为必要劳动，创造剩余价值部分的劳动称之为剩余劳动。

第六章　不变资本和可变资本

马克思说："可变资本和不变资本这两个范畴是我最先使用的。"（第706页）

在剩余价值的生产中，生产资本的不同部分所起的作用是不同的，其中以生产资料形式存在的生产资本，在生产过程中只是将它原有的价值转移到产品中去，不会带来价值的增殖，因而称之为不变资本（c），以劳动力形式存在的生产资本在生产过程中能够带来价值的增殖，因而称之为可变资本（v）。

不变资本和可变资本的区分是由于劳动过程的不同因素——生产资料和劳动力在价值形成上起着不同的作用引起的，而劳动过程的不同因素在价值形成过程中的不同作用又是由劳动的二重性及其带来的劳动的二重作用引起的。因此，这一章就从劳动的二重性与二重作用开始。

一、劳动的二重性在价值形成过程中的二重作用［本章第1段—第235页第2段］

在价值形成过程中，工人的劳动起着两种不同的作用，一方面，工人把自己的劳动加到劳动对象上；也就是把新价值加到劳动对象上；另一方面，工人的劳动又使生产资料的价值转移到产品中去，保存了下来。

工人劳动的二重作用并不是工人在同一时间分两次劳动引起的，一次是创造新价值，另一次是转移旧价值，而是在同一时间内的一次劳动引起的两种完全不同的结果，劳动的二重作用只能由劳动本身的二重性来解释。

同一次劳动，一方面，它是一种具体的有用的劳动，对生产资料进行合乎目的的使用，其结果，生产资料的使用价值逐渐消失了，转化为产品，在新的使用价值形式上，原有的价值被保存了，只是从原来的生产资料中转移到产品中。另一方面，它又是一种抽象的一般人类劳动，不论是纺纱或制鞋，都可以在其具体劳动过程中，把新的价值加到劳动对象上去。

同一次劳动由于它的二重性造成的这种二重作用，可由下列三种现象证明；

第一种现象［第234页第2段］：当某个生产部门的劳动生产率发生变动时，无论从单位时间看，或是从单个商品看，价值量的形成都会发生变化。现以制鞋这一生产部门为例，当现在制鞋工人的劳动生产率比原来普遍提高1倍，但生产鞋所使用的生产资料的生产，劳动生产率不变，鞋的使用价值量（鞋的产量）和鞋的价值量会发生如下变动：

劳动生产率	劳动时间	使用价值量	价值量	
			单个商品价值量	单位时间价值量
原来	1 小时	2 双鞋	2.5 小时 其中： 旧价值 2 小时 新价值 0.5 小时	5 小时 其中： 旧价值 4 小时 新价值 1 小时
现在（提高 1 倍）	1 小时	4 双鞋	2.25 小时 其中： 旧价值 2 小时 新价值 0.25 小时	9 小时 其中： 旧价值 8 小时 新价值 1 小时

从单位时间看，价值量发生变动的原因是由于生产资料价值的转移部分随着生产鞋的劳动生产率的变动而发生变动（基本上成正比）；从单个商品看，价值量发生变动的原因主要是由于新创造的价值随着劳动生产率的变动而变动（成反比）。单位时间内形成的价值量发生变动是由具体劳动引起的，单个商品中形成的价值量发生变动是由抽象劳动引起的。当某个生产部门劳动生产率提高时，该部门在单位时间内新创造的价值量不会发生变动，但由于使用价值量的增加，使生产资料价值的转移部分增加了，其结果，在单位时间内形成的价值量还是增加了。但在单个商品中包含的价值量反而减少了，减少的原因是即使生产资料价值的转移部分不变（实际上会减少），新创造的价值部分也会减少。反之，当某个生产部门的劳动生产率下降时，该部门在单位时间内新创造的价值量不会发生变化，但由于使用价值量的减少，使生产资料价值的转移部分减少了，其结果，在单位时间内形成的价值量还是减少了。但在单个商品中包含的价值量反而增加了，增加的原因是即使生产资料价值的转移部分不变（实际上会增加），新创造的价值部分也会增加。

第二种现象［第 234 页末段］：当某个生产部门劳动生产率不变，而所使用的生产资料价值发生变动时，无论从单位时间或单个商品看，新创造的价值量不会变动，但由于生产资料价值的变动，引起了生产资料价值转移部分的变动（成正比），并进而影响单位时间和单个商品中所形成的价值量，和生产资料价值的转移在同一方向上发生变动。

第三种现象［第 235 页第 1—2 段］：当某个生产部门的劳动生产率和它所使用的生产资料的价值都不变，新价值的创造和生产资料价值的转移二者成正比。

二、劳动过程的各个要素在产品价值形成中的不同作用［第 235 页末段—第 242 页第 2 段］

（一）生产资料在价值形成上的作用［第 235 页末段—第 240 页第 1 段］

1. 生产资料在劳动过程中为什么能够转移它的价值［第 235 页末段］

商品的价值存在于某种使用价值中，对于生活资料来说，经过使用之后，它的价值连同使用价值就会一起丧失。生产资料却不然，经过使用之后，“生产资料在丧失自己的使用价值的同时并不丧失价值”（第 235 页）。

原因在于，生活资料的使用是在生活中进行的，不会生产出新的产品，生产资料的使用是在生产中进行的，在生产中，通过人们具体的有用劳动，生产出新的产品，旧的使用价值形式消失了，新的使用价值形式又出现了，在劳动过程中丧失的只是原来的使用价值形态。（参见第 233、236、239 页）价值必须存在于使用价值中，但是究竟存在于哪一种使用价值形式中，是无关紧要的，因而仅仅是使用价值形式的改变，不会导致价值的丧失，它只是由存在于生产资料这种使用价值形式中，转移到产品这种使用价值形式中，在新的使用价值形式中，价值继续保存了下来。

2. 生产资料价值转移的两种方式［第 236 页第 1 段—第 238 页末段］

生产资料包含有劳动对象和劳动资料这两部分，由于这两部分的使用价值在劳动过程中消耗的方式不同，它们在价值转移的方式上发生了差别。

劳动对象在一次生产过程中就完全消耗和改变它原有形式的使用价值，如棉纱变成了棉布，木板变成了桌子。如果说劳动对象中这些主要材料和某些辅助材料（如染料、颜料）还能够在产品上表现出来的话，那么，在劳动对象中另一些因素，如用来燃烧作动力的煤，用来照明用的电和照明设备，用来润滑机器的油，在产品中不会露出丝毫痕迹。总之，劳动对象在一次生产过程中就全部消耗，改变它原有的使用价值形式，而在产品的形式上形成又一种使用价值，与此同时，劳动对象的价值也在生产过程中随着使用价值的完全消耗，一次性地全部转移到产品中来。

劳动资料在每次生产过程中尽管是全部投入使用，但在每一次生产过程中只是发生一些磨损，在下一次生产过程中，继续正常发挥劳动资料的作用，直到报废为止。因此，劳动资料的价值也是逐步转移到产品中去的，每次生产过程结束后，只转移一部分价值。

劳动资料报废后的残值不能再作为劳动资料价值转移到产品中去，但可以通过回炉冶炼铸成钢锭，作为劳动对象将劳动资料的残值转移到另一种产品上。

从生产资料价值转移的两种方式中，我们可以看到，生产资料的价值量消耗多少，转移到产品中去的价值量也就有多少，如果生产资料是自然物，它只能形成使用价值，而不形成价值。

从生产资料价值转移的两种方式中，我们还可以看到，劳动过程和价值形成过程是不同的，劳动资料作为劳动过程的要素，每次都全部进入生产过程，作为价值形成过程的要素，每次只是部分进入生产过程；劳动对象作为价值形成的要素，每次都全部进入生产过程，作为劳动过程的要素，每次只是部分进入生产过程。以纺纱为例，棉花这一劳动对象在劳动过程中总有一小部分变成灰尘飞走，不进入棉纱的生产过程。

3. 生产资料的价值为什么只是转移而不能增大［第 239 页末段］

生产资料加入到产品中的价值量是以生产资料在劳动过程中所消耗掉的价值量为限的，而生产资料在劳动过程中所消耗掉的价值量，又以生产资料在进入劳动过程时原有的价值量为限。生产资料加到产品中的价值量绝不可能大于它本身的价值量，也就是说，生产资料在劳动过程中只发生价值的转移，而不能发生价值的增殖。

原因在于，生产资料的价值不是在它作为生产资料进入的劳动过程决定的，而是由生产资料作为产品被生产出来的劳动过程决定的，当这一产品又作为生产资料进入新的劳动过程时，它的价值已经形成了，物化在生产资料中，不会再起发酵作用，增大它的价值。因此，如果生产资料是单纯的自然物，在进入劳动过程时没有价值，那么它连价值的转移都不可能。

4. **价值转移同价值创造的相互关系**［第 240 页第 1 段］

旧价值的转移同新价值的创造是互为条件的，一方面，要创造新价值，首先要保存旧价值，只有在保存原有价值的基础上才能创造新价值，而要保存旧价值，就要使生产资料在消耗过程中能使它的价值转移到产品中去。另一方面，原有的生产资料价值的转移和保存，是在创造新价值的过程中实现的，工人并未另外再支出什么劳动，资本家却大有好处。在正常的生产条件下，对这一点是察觉不到的，但当发生经济危机时，劳动过程中断，资本家就会为保存生产资料的价值大伤脑筋。

（二）劳动在价值形成中的作用［第 241 页第 1 段—第 242 页第 2 段］

在劳动过程中，劳动和生产资料在价值形成中起着不同的作用。生产资料的价值只是被转移到产品中去，在产品中包含的这一部分价值是原来就有的生产资料价值的再现，而不是再生产。而且生产资料的价值的转移也是通过劳动力的具体劳动来实现的。劳动一方面使生产资料的价值不断转移到产品中去，另一方面又同时不断创造出新价值。在价值增殖过程中，新创造的价值被分成两部分，一部分用来补偿劳动力的价值，另一部分是剩余价值。无论是哪一部分，都是新创造的价值，因而是再生产出来的价值。

由于劳动力和生产资料在价值形成中的作用不同，它们在消耗之后进行补偿的途径和来源也不同。生产资料的价值在劳动过程中实际上没有被耗费，它的价值被保存在产品中，因此，生产资料价值的补偿是通过它本身价值的转移来实现的。劳动力的价值在劳动过程中是被消费掉的（在生活领域内进行），因而劳动力的价值不能转移到产品中去加以保存，劳动力价值的补偿是通过劳动力的抽象劳动新创造出来的价值实现的。

在《资本论》第 2 卷第 184 页上提到劳动力价值的转移问题，这是从现象上来说的，实际上并不如此。

三、资本的不同部分在价值增殖过程中的不同作用［第 242 页末段—本章完］

资本家的资本是分做两部分使用的，一部分用来购买生产资料，一部分用来购买劳动力，由于生产资料和劳动力在价值形成过程中起着不同的作用，这两部分资本在价值增殖过程中也起着不同的作用。其中以生产资料形式存在的生产资本在生产过程中只是将自己的价值转移到产品中，不会带来价值的增殖，因此被称作不变资本；另一部分以劳动力形式存在的生产资本，在生产过程中能够带来价值的增殖，因此被称作可变资本。

如果不是从价值增殖的角度去看，不变资本的价值也是可变的。

第一，作为不变资本的生产资料的价值是经常发生变动的。

例如，纺纱厂老板购进棉花、纱锭等生产资料时，价值表现为 12 个先令，在劳动过程进行中，原来购进的棉花和纱锭升为 15 个先令，增加了 3 个先令，生产资料的价值转移就由 12 个先令升为 15 个先令。

但是，这增加的 3 个先令是由棉花和纱锭的生产过程引起的，不是由纺纱的生产过程引起的，原来预付的 12 个先令并没有得到增殖，仍然是不变资本。这种情况可以帮助我们了解投机的规律，即在价值发生上述变动的预兆下，要在加工最少的原料上进行投机，因为用加工多的产品进行投机，要比加工最少的原料支出大为增加，多支出的部分对价值变动的影响甚小。

第二，不变资本在总预付资本中所占的比重也是发生变动的。

随着劳动生产力水平的提高，在总预付资本中，可变资本所占的比重越来越小，不变资本所占的比重越来越大。

但是，这种变动只是改变着总资本中不变资本和可变资本的比例，而不能改变不变资本和可变资本的区别，不变资本在价值增殖过程中仍然只是将它的价值转移到产品中，不能带来价值的增殖。

不变资本在以上两种情况下发生的价值变动，均不会带来价值的增殖，因而这种变动不能改变不变资本的性质。

不变资本和可变资本是根据生产资本中的不同组成部分在价值增殖过程中所起的不同作用进行的划分，只有生产资本才能区分为不变资本和可变资本。有些学者把购买生产资料的资本称之为不变资本，购买劳动力的资本称之为可变资本，而购买生产资料和劳动力的资本都是货币资本，因而属于流通资本，流通资本是不能区分出不变资本和可变资本的。

区分不变资本和可变资本使我们认清剩余价值来源于以可变资本形式存在的劳动力，而以不变资本形式存在的生产资料在生产过程中只是通过工人的具体劳动将它们的原有的价值转移到产品中去，不能增殖；不变资本和可变资本的区分使我们能够正确计算资本家对雇佣工人的剥削程度（$\frac{m}{v}$）；在区分不变资本和可变资本的基础上，马克思才能进一步提出资本有机构成学说，研究了资本主义积累的规律；将商品价值分解为c、v、m，是研究社会总资本再生产的理论前提；在当前，坚持马克思的劳动价值论，区分不变资本与可变资本，对批判物化劳动能够创造价值的谬论，有着重要的现实意义。

* * *

批驳物化劳动能够创造价值的谬论

鼓吹物化劳动能够创造价值的谬论，在我国主要的代表人物是钱伯海，他认为："'物化劳动只能转移价值，不能创造价值'是一个人为的关卡，它是长期存在的理论扭曲。"①这种说法是错误的：

（1）劳动既已物化，一定存在于具体的产品中，这些产品走出生产过程后，就进入了流通过程，在纯粹的流通过程中，通过出售实现它的价值，但不会带来价值的增殖。经过流通之后，作为生活资料，就转入消费过程，在个人消费过程中，价值不仅不能增殖，也不能保值，商品的价值连同它的使用价值被消耗掉，留下的将是各种排泄物。

（2）当产品作为生产资料又进入新的生产过程时，它的价值会加入到它所生产的新的产品中去。生产资料加入到产品中的价值量是以生产资料在劳动过程中所消耗的价值量为限的，而生产资料在劳动过程中所消耗掉的价值量，又以生产资料在进入劳动过程时原有的价值量为限，生产资料加入到新的产品中的价值量绝不可能大于它本身的价值量，也就是说，生产资料在劳动过程中只发生价值的转移，而不能发生价值的增殖。原因在于，生产资料的价值不是在它作为生产资料进入的劳动过程决定的，而是由生产资料作为产品被生产出来的劳动过程决定的，当这一产品又作为生产资料进入新的劳动过程时，它的价值已经形成了，物化在生产资料中，不会再起发酵作用，增大它的价值。因此，如果生产资料是单纯的自然物，在进入劳动过程时没有价值，那么它连价值的转移都不可能。

（3）按照物化劳动能够创造价值的说法，一个工人即使去世，他所生产的机器设备和原材料仍在创造价值，也就是已经去世的工人死而复生，继续创造价值，并且永无止境。这种奇迹，只能写在神话故事中，难以载入经济学的论著。

---

① 《物化劳动与价值创造》，载于《中国经济热点问题探索》一书，经济科学出版社2002年9月第1版上册第59页。蔡继明和李仁君也指责说："传统的劳动价值论认为，只有活劳动才创造价值，物化劳动只是转移价值，非劳动生产要素与价值决定无关。"（《广义价值论》，经济科学出版社2001年9月第1版。）

（4）物化劳动能够创造价值的说法是错误的，物化劳动能够转移价值的说法也是错误的。作为物化劳动，既包含有物化的抽象劳动，又包含有物化的具体劳动，物化的抽象劳动不能创造价值，同样，物化的具体劳动也不能生产使用价值；不能生产使用价值，也就不能转移原有的生产资料价值，更谈不上转移生活资料的价值。

（5）物化劳动能够创造价值和转移价值的说法都是错误的，不加区分，不加限制地说活劳动能够创造价值和转移价值也是错误的。因为在活劳动中既有活的抽象劳动，又有活的具体劳动，创造价值的只能是活的抽象劳动，不包括活的具体劳动，转移生产资料价值的只能是活的具体劳动，不包括活的抽象劳动。

（6）物化在生产资料中的价值在生产过程中不仅不能增殖，反而会随着劳动生产率的不断提高而不断发生贬值，在出现效率更高的机器设备时还会对使用原有的机器设备进行的商品生产带来损失。

（7）马克思指出："因为过去劳动总是装扮成资本，也就是说，A、B、C 等人的劳动的被人所有总是装扮成非劳动者 X 的自己所有，所以资产者和政治经济学家们对过去劳动的功绩赞扬备至；苏格兰的天才麦克库洛赫甚至认为，过去劳动应当得到特殊的报酬（利息、利润等等）。"（第 702 页）马克思对这些人斥之为"胡说八道的思想家"（第 702 页），我国学术界有些人竭力鼓吹物化劳动能够创造价值，是对这种思想家的继承。

（8）物化劳动创造价值说法的实质就是鼓吹资本创造价值，否定资本主义剥削的存在，钱伯海说："如果物化劳动只转移价值，那按资分配再必要，但集资回报就成了无源之水，无本之木。按资分配只是建立在剥削他人劳动成果的基础上，那怎么行?"① 这是以萨伊的三位一体公式否定马克思的劳动价值论。

① 《物化劳动与价值创造》，载于《中国经济热点问题探索》一书，经济科学出版社 2002 年 9 月第 1 版上册第 59 页。

第七章　剩余价值率

本章研究剩余价值率即对劳动力的剥削程度，是从量的方面对剩余价值进行研究。本章共4节，第1节是中心。

1. 劳动力的剥削程度

一、决定剩余价值率的两个因素［本节第1段—第248页末段］

决定剩余价值率的因素有两个，一个是剩余价值量，另一个是可变资本量。

（一）剩余价值量（m）［本节第1—末段］

剩余价值量是产品价值C′中的一个组成部分，产品价值可分解为三个部分：$C' = c + v + m$。其中$c + v$是预付资本的两个组成部分（不变资本和可变资本）或两个生产要素（生产资料和劳动力）的价值表现，从产品价值中减去预付资本，就可以计算出剩余价值的绝对量，用公式表示：$m = C' - C = C' - (c + v)$。

这里应注意的是，在产品价值中所包含的不变资本c不同于预付资本中的不变资本c，产品价值中的不变资本c是指在价值形成中实际消耗的价值量，而不包括执行职能的预付资本中未消耗的价值部分。例如，执行职能的机器价值是1 054镑，使用时磨损了54镑，那么只应计入54镑，不应计入留存的1 000镑。

（二）可变资本量（v）［第246页末段—第248页末段］

在计算剩余价值率时，我们假定不变资本$c = 0$，使剩余价值只和可变资本发生比例关系，而将不变资本撇开不论。

为什么要假定不变资本$c = 0$，而将它撇开不论呢？

第一，从理论上说明。［第246页末段—247页末段］

不变资本的价值，只是再现在产品中，不能带来价值的增殖，不变资本的增加，可以使我们得到更多的产品价值，但不会得到更多新创造的价值；不论不变资本的价值有多大，从我们得到的产品价值中，减去不变资本的价值，才是新创造的价值，可见，不变资本的价值如何，不会影响价值的增殖。从演算中我们可以看到，假定$c = 0$，不会对m产生影响：$m = C' - C = (c + v + m) - (c + v) = (0 + v + m) - (0 + v) = v + m - v = m$。这种假定可以在数学的定律中得到说明。

这里可能发生这样一个问题，即可变资本也是一定量的物化劳动，和不变资本一样是一个不变的价值量，只是不变资本表现为物质形态（生产资料），可变资本表现为货币形态（工资），为什么不同时也假定可变资本$v = 0$呢？因为可变资本只是在进入生产过程之前才是不变的，一旦进入生产过程，可变资本就为活的劳动力的劳动所代替，成为一个可变量。

第二，从实际生活中说明。[第 248 页第 1 段]

在日常生活中，资本家在计算他的利润量时，也是首先将生产资料这一部分的消耗扣除掉的。

在计算剩余价值率时，不考虑不变资本，不等于说不变资本是不重要的。当计算利润率时，就会把剩余价值同全部预付资本相比了，这个问题将在《资本论》第 3 卷中进行专门研究。尽管不变资本是剩余价值生产的重要条件，但它和化学变化中的蒸馏器及其他容器一样，为了进行纯粹的考察，可以把它撇开不论。

二、剩余价值率的计算公式 [第 249 页第 1 段—第 252 页第 1 段]

(一) 以物化劳动形式表示的计算公式：$\frac{m}{v}$ [第 249 页第 1 段]

既然剩余价值只是可变资本的价值增殖，剩余价值的相对量就应由剩余价值同可变资本的比率决定，用公式表示为$\frac{m}{v}$，这种比率我们称之为剩余价值率（m′）。

假定可变资本和剩余价值各为 90 镑，剩余价值率 $m' = \frac{90\text{镑}\ m}{90\text{镑}\ v} = 100\%$。这表明，在工人新创造的价值中，有一半是被资本家无偿占有了。

(二) 以流动劳动形式表示的计算公式：$\frac{a'}{a}$ [第 249 页末段—第 252 页第 1 段]

在资本主义社会中，和以往的奴隶制、农奴制的社会一样，劳动者一天的劳动被分成两部分，一部分是必要劳动（a），另一部分是剩余劳动（a′）。

必要劳动是工人每天为生产他必需的生活资料的价值而平均支出的劳动，如每天平均需要消费代表 6 小时价值的生活资料，每天平均的必要劳动时间应为 6 小时。这个 6 小时的劳动时间无论对于劳动者或资本家来说，都是必要的。对于工人来说，是维持自己的生存所不可缺少的；对于资本家来说，也是必要的，因为工人的生存是资本世界存在的基础。

剩余劳动是超出劳动者必需的生活资料而进行的劳动，这部分劳动的凝结就形成剩余价值。资本主义经济形态和奴隶制或农奴制相区别的不是剩余劳动，而是剩余劳动采取的剩余价值形式。

为什么$\frac{a'}{a}$也可以作为剩余价值率的又一种表现形式呢？因为一方面，在$\frac{m}{v}$中的可变资本 v 和劳动力价值是相等的，而劳动力价值决定着必要劳动时间的长短；另一方面，剩余劳动时间又决定着剩余价值量，因此，剩余价值率$\frac{m}{v} = \frac{a'}{a}$，不同的只是$\frac{m}{v}$是用物化劳动形式表示的剩余价值率，$\frac{a'}{a}$是用流动劳动形式表示的剩余价值率，也称为剩余劳动率。①

由此可见，剩余价值率可以准确地表现对劳动力的剥削程度。剩余价值率学说是在对生产资本划分为不变资本和可变资本的基础上提出的，资本家不能区分不变资本和可变资本，他把剩余价值看作是全部预付资本的产物，因而他只计算资本的获利程度即利润率，用公式表示为$\frac{m}{C}$，这种计算公式不仅掩盖了资本家对工人的剥削程度，也掩盖了剩余价值的来源。

剩余价值率的概念可概括如下：剩余价值率即剥削率，是以百分数表示的剩余价值和

① 参见《剩余价值理论》第 2 分册第 463 页。

可变资本的比率，它所表示的是工人受资本家剥削的程度，剩余价值率的计算公式为：$m' = \frac{m}{v}$或$m' = \frac{a'}{a}$。

三、计算剩余价值率的方法［第252页第2段—本节完］

计算剩余价值率的方法是很简单的，只要已知剩余价值和可变资本这两个量，就可以用$\frac{m}{v}$这个公式进行计算了。但是这个方法虽然简单，却并不为人们所熟悉，因而有必要举两个例子来说明。先举工业方面的例子，再举农业方面的例子。

工业方面以一家纺纱厂一周的产品为例：

已知：棉纱价格 C′=10 000 磅棉纱 × $12\frac{1}{4}$便士/磅 = 510 镑

其中：不变资本 c = 342 镑棉花 + 20 镑纱锭 + 6 镑厂房租金 + 10 镑辅助材料 = 378 镑

可变资本 v = 52 镑

剩余价值 m = C′ − C = C′ − （c + v）= 510 镑 − （378 镑 + 52 镑）

= 510 镑 − 430 镑 = 80 镑

剩余价值率 $m' = \frac{m}{v} = \frac{80\text{镑}\ m}{53\text{镑}\ v} = 153\frac{11}{13}\%$

我们还可以根据 m 和 v 的比率，计算出在 10 小时的平均工作日内，必要劳动时间 $a = 10\text{小时} \times \frac{52\text{镑}\ v}{52\text{镑}\ v + 80\text{镑}\ m} = 3\frac{31}{33}$小时，剩余劳动时间 $a' = 10\text{小时} \times \frac{80\text{镑}\ m}{52\text{镑}\ v + 80\text{镑}\ m} = 6\frac{2}{33}$小时。

农业方面以 1 英亩的小麦产品为例：

已知：小麦价格 C′ = 22 蒲式耳 × 80 先令/夸特 = 11 镑

其中：不变资本 c = 1 镑 9 先令种子 + 2 镑 10 先令肥料 = 3 镑 19 先令

可变资本 v = 3 镑 10 先令

剩余价值 m = 1 镑 1 先令税收 + 1 镑 8 先令地租 +

1 镑 2 先令利润和利息 = 3 镑 11 先令

或 = C′ − C = 11 镑 C′ − （3 镑 19 先令 c + 3 镑 10 先令 v）= 3 镑 11 先令

剩余价值率 $m' = \frac{m}{v} = \frac{3\text{镑}11\text{先令}\ m}{3\text{镑}10\text{先令}\ v} = 100^{+}\%$

由此我们可以计算出工人的剩余劳动时间在工作日中占$\frac{1}{2}$强。

2. 产品价值在产品相应部分上的表现

一、产品的价值分解［本节第1－3段］

产品的价值是由已消耗的生产资料价值和新创造的价值这两部分构成的，在资本主义社会中，新创造的价值又分解为劳动力价值和剩余价值两个部分，因此产品的价值分解用公式表示即：C′ = c + v + m。

以第5章所举的棉纱例子来说，一个12小时的工作日的产品是20磅棉纱，价值30先令，其中已消耗的生产资料价值占$\frac{8}{10}$（24先令），劳动力日价值占$\frac{1}{10}$（3先令），剩余价值占$\frac{1}{10}$（3先令），则20磅棉纱的价值分解如下：

30 先令棉纱 = 24 先令 c + 3 先令 v + 3 先令 m

既然棉纱总价值 30 先令可以表现在总产品上，棉纱总价值的各个要素也可以将它的价值各自表现在产品的相应部分上。

二、产品价值在产品相应部分上的表现［第 255 页第 4 段—第 257 页第 3 段］

按照上述比例将产品价值表现在相应部分的产品上，20 磅棉纱产品也可分解如下：

20 磅棉纱 = 16 磅棉纱 c + 2 磅棉纱 v + 2 磅棉纱 m

在 16 磅棉纱 c 中，$13\frac{1}{3}$磅的棉纱代表 20 先令的棉花价值，$2\frac{2}{3}$磅棉纱代表 4 先令的劳动资料价值。

这种划分方法的主要问题是把存在于同一个产品中的三个价值分解部分 c、v、m，被分割到不同部分的产品中去了，有些产品只是代表 c，有些产品只是代表 v 或 m，容易产生错觉。

首先，代表 24 先令生产资料价值的 16 磅棉纱中，包含的全部是生产资料的价值，而不包括纺纱劳动新创造的价值。由于这 16 磅棉纱中的 $13\frac{1}{3}$磅棉纱代表了 20 先令棉花的价值，一方面使人误认为全部 20 先令的棉花都用在这 $13\frac{1}{3}$磅棉纱上来了，其余的棉纱（$6\frac{2}{3}$磅）是不包含棉花的；另一方面又使人误认为在这 $13\frac{1}{3}$磅棉纱中，只是代表了已消耗的棉花的价值，因而既不包括棉花以外的生产资料价值，也不包括纺纱工人新创造的价值。而 16 磅棉纱中另外代表 4 先令劳动资料的 $2\frac{2}{3}$磅棉纱，同样一方面使人误认为全部劳动资料消耗 4 先令都集中用在这 $2\frac{2}{3}$磅棉纱上，其余 $17\frac{1}{3}$磅棉纱是不包含劳动资料消耗的；另一方面又使人误认为在这 $2\frac{2}{3}$磅棉纱中只是代表已消耗的劳动资料价值，不包括棉花的价值和纺纱工人新创造的价值。

其次，代表新创造的价值 6 先令的 4 磅棉纱，一方面使人误认为新创造的价值都集中在这 4 磅棉纱中；另一方面又使人误认为在这 4 磅棉纱中不包括棉花和其他生产资料的价值，好像这 4 磅棉纱是用空气纺成的。

这种划分尽管有它的缺点，但马克思还是加以肯定，指出："这种划分很简单，但又很重要，这一点在以后把它应用到复杂的尚未解决的问题上时就可以看出。"（第 257 页）在《资本论》第 2 卷中研究社会总资本的再生产和流通时，就要从这种产品上进行划分。

三、产品价值在劳动时间相应部分上的表现［第 257 页第 4 段—本节完］

在上述例子中，20 磅棉纱是纺纱工人 12 小时的劳动生产出来的，按照这一比例，产品的价值又可表现为：12 小时生产的棉纱 = 9 小时 36 分生产的棉纱 c + 1 小时 12 分生产的棉纱 v + 1 小时 12 分生产的棉纱 m。

这个用劳动时间表现的公式同上面用产品表现的公式是一致的，但是这个公式容易被曲解成棉纱的剩余价值 3 先令是纺纱工人在 12 小时的工作日中最后 1 小时零 12 分创造出来的，如果工人每天劳动由 12 小时缩短为 10 小时又 48 分，资本家就会得不到剩余价值了，资本家以此作为反对缩短工作日的理由。

这种说法是荒谬的，他们把最后 1 小时 12 分生产出来的价值 3 先令的 2 磅棉纱看成全部是由剩余价值构成的了。我们已知生产资料价值占棉纱价值的$\frac{8}{10}$，在最后 1 小时 12 分生产出来的价值 3 先令的棉纱中，生产资料价值占 2.4 先令。而新创造的价值只有 0.6

先令，工人每天少劳动 1 小时 12 分，资本家也少支出 2.4 先令的生产资料价值，为此而少得的剩余价值是 0.6 先令。只有当工人每天的工作日由 12 小时缩短为 6 小时，而劳动生产率又没有进一步提高，资本家才得不到剩余价值。

鼓吹工人劳动在一天的最后一小时才生产剩余价值的代表人物是英国的西尼耳，下一节专门对他的“最后 1 小时”谬论进行批判。

3. 西尼耳的“最后 1 小时”

西尼耳（1790—1864），英国牛津大学教授，于 1837 年提出了“最后 1 小时”的谬论，认为工厂主的全部纯利润都是由每天最后 1 小时的劳动提供的，如果工人每天少劳动 1 小时，工厂主就会无利可得。

西尼耳用下述例子进行了所谓分析：

假定工人 1 天劳动 $11\frac{1}{2}$小时，产值是 115 000 镑，其中包括：

固定资本（厂房、机器等）8 万镑，流动资本 2 万镑（原料和工资各 1 万镑），总利润 1.5 万镑。这里所谓的总利润是由纯利润即剩余价值 1 万镑和固定资产补偿费用 0.5 万镑两部分构成的。

西尼耳的上述例子可列式如下：

$$115\,000\text{镑}\ C' = 8\text{万镑}\ c + 1\text{万镑}\ c + 1\text{万镑}\ v + 0.5\text{万镑}\ c + 1\text{万镑}\ m$$

$$11\frac{1}{2}\text{小时}\ C' = 8\text{小时}\ c + 1\text{小时}\ c + 1\text{小时}\ v + \frac{1}{2}\text{小时}\ c + 1\text{小时}\ m$$

西尼耳由此得出结论说：工厂主的全部纯利润都是由每天最后 1 小时的劳动提供的，如果工人每天劳动时间减少 1 小时，纯利润就会消失，如果每天劳动时间减少 1 个半小时，连总利润都会消失，如果每天劳动时间延长 1 个半小时，纯利润就会增加 1 倍以上。

马克思从以下五个方面进行揭露和批评。

第一，西尼耳谬论产生的历史背景。

当时的英国工厂法（1833 年）规定了不满 18 岁的工人每天劳动时间平均不得超过 $11\frac{1}{2}$小时，英国工人不满足于政府对工作日的这一限制，进一步为争取 10 小时工作日进行斗争。1836 年，西尼耳被资本家召往曼彻斯特学习经济学，1837 年出版了他写的《关于工厂法对棉纺织业的影响的书信》，提出了“最后 1 小时”的谬论。可见，西尼耳的“最后 1 小时”谬论完全代表工厂主的利益，是在工厂主的直接雇用下炮制出来的，目的在于反对工人缩短工作日。

第二，西尼耳的说法无论怎样都是站不住脚的。

我们即使承认所谓总利润是最后 1.5 小时生产出来的，实行 10 小时工作日也不会使资本家完全失去剩余价值，因为这时工人虽因少劳动 1.5 小时，从而少生产 1.5 小时的价值，但是另一方面资本家的生产资料消耗也会减少 1.5 小时，原来资本家是用 10 个小时的工人劳动来补偿预付资本的消耗，现在只用 8.5 小时的工人劳动来补偿预付资本的消耗就可以了。结果，在 10 小时的工作日中，还会有最后的 1.5 小时为工厂主生产利润。

第三，西尼耳的主要错误在于把最后 1 小时生产的产品的价值全部当作是新创造的价值。

在任何 1 小时生产的产品价值中，除了新创造的 1 小时价值外，还有在这 1 小时内所消耗的生产资料的价值，转移到产品中的生产资料价值只能用来补偿生产资料的消耗，不能作为剩余价值。

我们不妨计算一下在最后 1 小时生产的产品中所包含的价值，有多少是可以作为剩余价值的新创造的价值，又有多少是只能作为补偿生产资料消耗的价值。我们已知纯利润和工资都是 1 万镑，m′为 100%，工人一天劳动 $11\frac{1}{2}$小时也就被分为相等的两部分：$\frac{5\frac{3}{4}a'}{5\frac{3}{4}a}$，其中的一半即 $5\frac{3}{4}$小时生产工资 1 万镑，另一半 $5\frac{3}{4}$小时生产纯利润 1 万镑。由此可知，相当于 1 天生产的剩余价值的最后 1 小时的产值 1 万镑，就不是最后 1 小时的产物，而是最后 $5\frac{3}{4}$小时的产物。当我们已知最后 1 小时产值中包含的新创造的价值是 1 小时，那么，原有的生产资料价值就是 $4\frac{3}{4}$小时，按照这一比例，用货币表现的最后 1 小时新创造的价值为 1 739 镑（计算方法：1 万镑 $\times\frac{1}{5\frac{3}{4}}$或 1 万镑 $\times\frac{2\text{万镑}}{115\ 000\text{镑}}$），转移的生产资料价值为 8 261 镑（计算方法：1 万镑 $\times\frac{4\%}{5\%}$或 1 万镑 $\times\frac{95\ 000\text{镑}}{115\ 000\text{镑}}$）。

由此可见，如果工作日减少 1 小时，即由 $11\frac{1}{2}$小时减为 $10\frac{1}{2}$小时，资本家原来的 1 万镑剩余价值总量中，只是减少 1 739 镑，资本家这时仍可得到 8 261 镑的剩余价值，减少的部分只占原有的剩余价值$\frac{1}{5\frac{3}{4}}$，只有当工作日由 $11\frac{1}{2}$小时减为 $5\frac{3}{4}$小时，在原有的生产条件下，剩余价值才会消失。

第四，从对剩余价值率的计算中看西尼耳“最后 1 小时”的错误。

对于工作日缩短或延长下的剩余价值率，我们可以进行如下的计算：

$$\text{在 }11\frac{1}{2}\text{小时工作日时，}m'=\frac{5\frac{3}{4}a'}{5\frac{3}{4}a}=100\%$$

$$\text{在 }10\frac{1}{2}\text{小时工作日时，}m'=\frac{4\frac{3}{4}a'}{5\frac{3}{4}a}=82^{+}\%m$$

$$\text{在 13 小时工作日时，}m'=\frac{7\frac{1}{4}a'}{5\frac{3}{4}}a=126^{+}\%m$$

由此可见，每天工作日减少 1 小时，纯利润只是减少 $18^{-}\%$，工作日延长 $1\frac{1}{2}$小时，纯利润只是增加 $26^{+}\%$，而不是 1 倍以上。

第五，西尼耳的进步。

在第 261 页的脚注中，马克思也肯定了“最后 1 小时”谬论中表现出来的西尼耳的进步，因为在这里他实际上承认了全部的纯利润都是来自工人的无酬劳动，而在一年前，西尼耳还反对李嘉图的劳动价值论，认为利润来自资本家的劳动，利息来自资本家的节欲。

4. 剩余产品

剩余产品不是资本主义社会所特有的，资本主义的特点在于剩余产品表现为剩余价值。

上面研究的剩余价值率或者直接用$\frac{m}{v}$公式表示，或者通过$\frac{a'}{a}$公式表示，现在也可以用剩余产品同代表必要劳动部分产品的比率来表示，第一个比率表现了剩余价值的相对量，第二个比率表现了剩余劳动的相对量，第三个比率表现了剩余产品的相对量。

工人一天的工作日是由两部分构成的，一部分是生产劳动力价值或必要产品的必要劳动时间，另一部分是生产剩余价值或剩余产品的剩余劳动时间。在劳动力价值不变的情况下，工作日的延长意味着剩余价值的增加和剩余价值率的提高。下一章将对工作日进行专门研究。

第八章　工作日

本章共7节，第1节是有关工作日方面的理论，第2—4节，揭露资本家为了对工人加重剥削，竭力延长工作日，第5—7节，介绍工人阶级围绕着工厂法进行的争取正常工作日的斗争。

1. 工作日的界限

一、工作日是一个可变量［本节第1—3段］

工作日是由两个部分组成的，一部分是必要劳动时间，在这一时间里，工人创造了劳动力价值，另一部分是剩余劳动时间，在这一时间里，工人创造了剩余价值。要确定工作日是可变量还是不变量，首先要确定必要劳动时间和剩余劳动时间是可变量还是不变量。如果必要劳动时间和剩余劳动时间二者都是可变量，或者其中之一是可变量，工作日也就成为可变量。

先看必要劳动时间。必要劳动时间的长短是由劳动力价值的大小决定的，而劳动力价值的大小是由生产工人所必需的生活资料的价值决定的，生活资料的价值会随着劳动生产率的变动而变动。同时，“劳动力的价值规定包含着一个历史的和道德的要素”（第199页），因而在不同国家和不同时期，会有很大差别。“但是，在一定的国家，一定的时期，必要生活资料的平均范围是一定的。”（第199页）因而劳动力价值总是一个一定的量，由劳动力价值决定的必要劳动时间也是一个一定的量。

工作日的另一部分，即剩余劳动时间，却是一个可变量，因而在必要劳动时间已定的情况下，工作日仍然是一个可变量。工人在必要劳动时间之外，还要有一定的剩余劳动时间为资本家生产剩余价值，这一点是确定的。但究竟是用多少剩余劳动时间为资本家生产剩余价值，这点又是不能确定的。它可以是1小时，也可以是3小时或6小时，在同样是6小时的必要劳动时间，就会出现8小时、10小时或12小时等不同的工作日。

马克思说：“工作日是可以确定的，但是它本身是不定的。”（第268页）这就是说，工作日是由一定的必要劳动时间和一定的剩余劳动时间确定的，但是由于剩余劳动时间是一个可变量，工作日本身总的长度仍是不能确定的。

二、工作日界限［第268页末段］

尽管工作日是可变量，但也只能在一定的界限内变动，现在分别考察它的最低界限和最高界限。

工作日的最低界限是无法确定的，假定必要劳动时间为6小时，我们仍然不能把一天劳动6小时作为工作日的最低界限。因为在资本主义经济关系的基础上，必要劳动时间只能是工作日的一部分，如果将必要劳动时间作为工作日的最低界限，这就意味着剩余价值为零，否定了资本主义的经济关系。即使在社会主义制度下，工作日也不能低到只能保持劳动者原有的生活资料水平，劳动者还要有一定的劳动时间为社会生产更多的产品，以保证进一步增加本身对物质和文化的需要，保证积累的需要。因此，在社会主义制度下，工作日的最低水平也是超出必要劳动时间的。

但是，工作日有一个最高界限，这个最高界限取决于以下两点：第一，劳动力的身体界限或生理界限。在一天24小时内，工人必须有一部分时间用来吃饭、洗澡、洗衣和睡觉等，资本家对这种时间虽然也会加以侵占，但总是有个限度。第二，道德界限或社会界限。在一天24小时内，工人还必须有一些时间满足精神的和社会的需要，这一界限虽然也有很大的伸缩性，但在一定的历史条件下，总是会确定下来，只要在劳动力价值中对这一部分消费确定下来，那么在工作日中也就会对这一部分活动所需要的时间确定下来。

三、在工作日长度上延长与限制的斗争 ［第269页末段—本节完］

在工作日长度上，资本家总希望能延长到最高界限，而工人则要工作日有所限制，这两种相反的要求是同一个商品交换规律发生的两种相反的作用引起的。

对于资本家来说，作为劳动力商品的买者，他拥有对这一商品的使用权，他尽量延长工作日，正是行使了商品买者的权力，这是符合商品交换规律的。

对于工人来说，作为劳动力商品的卖者，必须得到劳动力价值，假定一个劳动力的日价值为3先令，工人在正常情况下能劳动40年，劳动力总价值＝3先令劳动力日价值×365天×40年＝43 800先令，现在由于延长工作日而过度劳动，工人在10年内就将劳动力消耗尽了，而劳动力的日价值仍为3先令，劳动力总价值＝3先令×365天×10年＝10 950先令，相当于劳动力总价值的$\frac{1}{4}$，这是违反商品交换规律的。

同一个商品交换规律，却表现为互相矛盾的两种现象，马克思借用了唯心主义哲学家康德的用语，称之为“二律背反”。在这种情况下，究竟哪一种现象占主导地位，取决于力量的对比，在工作日的长度上取决于无产阶级和资产阶级的力量对比。

2. 对剩余劳动的贪欲。工厂主和领主

本节内容有以下两点：第一，分析工厂主和领主在对剩余劳动贪欲上的不同点，以此说明工厂主即资产阶级为什么竭力延长工作日。第二，比较1831年多瑙河各公国实施的徭役劳动法和1850年英国制定的工厂法，具体说明工厂主和领主的贪欲在法律上的不同表现，着重揭露了资本家在法律的约束下仍然想方设法延长工作日。

一、对工厂主和领主在剩余劳动贪欲上的比较 ［本节第1段—第273页末段］

对剩余劳动的无偿占有，并不是资本主义社会特有的，凡是社会上一部分享有生产资料垄断权的地方，不论是奴隶主或是农奴主，也不论他们以何种身份出现（例如：贵族、僧侣、市民、男爵、领主、地主等），都是借助于无偿占有劳动者的剩余劳动来维持自己的生存，区别在于：

第一，和领主不同，工厂主对剩余劳动像狼一般的贪婪，“资本在精力、贪婪和效率方面，远远超过了以往一切以直接强制劳动为基础的生产制度”。（第359页）工厂主的贪婪远远超过封建领主。首先是因为领主占有剩余劳动是为了追求产品的使用价值，因而对剩余劳动的贪欲受到或大或小的需求范围上的限制，不会造成对剩余劳动无限制的需求（金银的生产例外）。工厂主占有剩余劳动是为了追求产品的交换价值和剩余价值，这种需求不受个人生活上需要的限制，于是出现了“对剩余劳动的狼一般的贪婪”（第282页），对劳动者进行无限度的压榨。例如，美国南部各州，随着棉花出口的发展，造成黑人的过度劳动，7年左右的劳动就耗尽了的生命。

产生资本家对剩余劳动像狼一般的贪婪还有一个重要原因，就是自由竞争，“自由竞争使资本主义生产的内在规律作为外在的强制规律对每个资本家起作用”（第312页）。

第二，在徭役制度下，农奴的必要劳动和剩余劳动在空间上是分开的，在时间上是各自独立的，因而剩余劳动具有独立的、可以感觉得到的形式，领主的贪欲较简单地表现为直接追求徭役的天数。而在资本主义工厂中，工人的必要劳动和剩余劳动融合在一起，因此资本家对剩余劳动的贪欲表现为渴望无限度地延长工作日。

二、对徭役劳动法与工厂法的比较［第274页末段—本节完］

工厂主和领主贪欲的共同点与不同点，在徭役劳动法与工厂法的比较中可以看得很清楚，这两种法同样是用法律形式维护对剩余劳动的贪欲，不同之处在于：第一，徭役劳动法的内容是规定农民每年为地主服徭役的天数，而工厂法的内容是规定工人一周内平均每天的工作时数；第二，由于在徭役制度下对剩余劳动的贪婪有一定的限制，农民的劳动并不过重，领主们为了取得更多的剩余劳动，通过徭役劳动法，为农民规定尽可能多的徭役劳动天数。而工厂法却不是这样，由于在现实生活中资本家像狼一般的贪婪，工人劳动过度，生命力遭到根本的摧残，破坏了劳动力，使国家缺乏健康的士兵，即使工人不反抗，也会威胁到资本主义国家的生存，因而在工厂法中对工作日长度有必要加以限制。

马克思分别以多瑙河各公国在1831年开始实施的徭役劳动法和英国在1850年制定的工厂法为例进行比较。

多瑙河各公国（摩尔多瓦和瓦拉几亚）早在农奴制产生之前就已存在为公田进行的徭役劳动了，随着公田被军队和宗教的头面人物侵占，自由农民变为农奴，发展了农奴制，但是直到俄罗斯征服了多瑙河各公国之后，农奴制才由法律形式固定下来。在1831年实施的徭役劳动法中，除规定每个农民每年缴纳大量的实物贡赋之外，还要为地主服徭役12天，具体计算为56天，实际执行还不止56天。

英国在1850年制定的工厂法规定了工人每周劳动60小时，每日平均为10小时，但是由于资本家“零敲碎打地偷窃”工人的吃饭时间和休息时间，有的工厂视察员计算，工人每周实际劳动65小时零40分钟，每天平均劳动将近11小时。在发生经济危机时期，虽然开工不足，每周只劳动几天，但每天的劳动时数仍然超过法定的时间，开工时间越少，资本家越要使剩余劳动时间延长。

3. 在剥削上不受法律限制的英国工业部门

以上所考察的延长工作日的情况，还是在有工厂法的约束下发生的，至于工厂法约束不到的一些生产部门，工作日的延长和工人的过度劳动情况就更严重了。

一、花边生产［第282页末段］

马克思引用1860年1月17日的伦敦《每日电讯》的材料，揭露了在花边生产中，“9岁到10岁的孩子，在大清早2、3、4点钟就从肮脏的床上被拉起来，为了勉强糊口，不得不一直干到夜里10、11、12点钟。他们四肢瘦弱、身躯萎缩、神态呆痴，麻木得像石头人一样，使人看一眼都感到不寒而栗”。这是一种“慢性杀人的暴行”。

二、斯塔福德郡的陶器业［第283页第1段—第285页第3段］

马克思引用了1860年和1863年英国议会关于斯塔福德郡陶器业的两次报告中的材料，揭露陶工劳动时间过长，例如，一个7岁的陶工每天劳动时间长达15小时，童工们还经常不分昼夜地劳动，有时是一个昼夜，有时是接连两个昼夜。结果，“陶工一代比一代矮，一代比一代弱”。“他们未老先衰，寿命不长，迟钝而又贫血；他们常患消化不良症、肝脏病、肾脏病和风湿症，表明体质极为虚弱。但他们最常患的是胸腔病：肺炎、肺结核、支气管炎和哮喘病。……还有侵及腺、骨骼和身体其他部分的瘰疬病，患这种病的陶工占三之二以上。”

三、火柴制造业［第285页末段］

工人中有一半是13岁以下的儿童和18岁以下的未成年人，工作日从12到15小时不等。还有夜间劳动，包括吃饭时间在内，每天10多个小时生活在充满磷毒的工作室里，牙关锁闭症成为一种流行的职业病。因此，只有工人队伍中最不幸的人才被迫把自己的孩子送去干这种活。

四、壁纸工厂［第286页第1段—第287页末段］

在这种工厂中童工与少年工占一半以上，壁纸生产每年有7个月是旺季（10月初到第二年4月底），在这段时间内，劳动时间往往长达16个小时（从早晨6点到晚上10点，甚至深夜），工人连吃饭时间都被侵占。

五、面包业［第288页第1段—第292页第1段］

伦敦的面包工人通常在夜里11点开始干活，根据季节和营业范围的不同，到第二天下午1点至6点之间收工，中间只有短时间的休息；每逢星期五在夜里10点开始干活，一直忙到星期六晚上8点，甚至经常是干到星期天早晨4点或5点。在生产低价面包的铺子里，劳动时间更长，每逢星期四晚上10点开始，一直要干到星期六深夜。由于过度劳动，面包工人成为短命工人，他们很少能活到42岁。

六、农业与铁道业［第 292 页末段］

苏格兰的农业工人在最寒冷的天气里，每天也要劳动 13—14 小时，星期日还要从事 4 小时的额外劳动。

铁路员工每天劳动 14、18 甚至 20 小时，乘客高峰时往往要劳动 40—50 小时，其严重后果是发生一连串的铁路惨祸。

七、时装店与打铁铺［第 294 页第 1 段—本节完］

伦敦一家有名的宫廷时装店，女工平均每天劳动 16.5 小时，在忙季往往一连劳动 30 小时；一间屋挤 30 人，空气不及需要量的$\frac{1}{3}$，有一个女工在连续劳动了 26.5 小时后活活累死。

伦敦一个区的铁匠由于劳动时间长和劳动强度大，死亡率为 31‰，比美国成年男子的平均死亡率 20‰高 11‰。

4. 日工和夜工。换班制度

一、为什么要开夜工和实行换班制度

工作日的延长是受到一定限制的，一个工人不可能在一天 24 小时内昼夜不停地劳动，但是如果工人不去昼夜不停地劳动，生产资料每天都会有一段时间闲置在那里，不能吮吸工人的剩余劳动，对于资本家来说，减少了收入，这是一种消极的损失；由于劳动过程的中断，在重新开工后增加了开支，构成了积极的损失。例如，熔炉停火后重新生火，就会多消耗燃料，耽误时间，损害熔炉。为了减少损失，资本家采取换班制度，每天分日夜两班开工，每周轮换一次，包括星期日在内，劳动过程日夜不停。参加日夜换班的，不仅有男工，还有女工；不仅有成年人，还有少年和儿童。

二、开夜工和实行换班制度的后果

换班制度和开夜工不仅使工人的身体受到损害，使妇女丧失自尊心，而且还为打破名义上的工作日界限提供了极大的方便，从而更加延长了工人的劳动时间。名义上的工作日不超过 12 小时，但是往往由于无人接班，上一班工人接着要干下一班的活。有一个压延厂的童工一连做 3 班和 4 班，可是在名义上他们的工作日只是 12 个小时。

三、换班制度的实质

在换班制度下，工人以睡眠时间的损失和生命的损失弥补了生产资料闲置不用的损失。

5. 争取正常工作日的斗争。14 世纪中叶至 17 世纪末叶关于延长工作日的强制性法律

一、开展争取正常工作日斗争的原因 ［本节第 1 段—第 310 页第 1 段］

无产阶级为了争取正常的工作日，和资产阶级进行了几个世纪的斗争，冲突的原因在于资本家像狼一般地贪求剩余劳动，“不仅突破了工作日的道德极限，而且突破了工作日的纯粹身体的极限”（第 306 页）。这就不能不引起工人的反抗，开展争取正常工作日的斗争。

由于工作日延长而引起劳动力的破坏，对于资产阶级也是不利的，但是由于资本家在劳动力市场上可以不断得到补充，他对劳动力的衰退是毫不关心的。长此以往，人类将退化并不免灭种，从而威胁到资本主义制度的生存，但资本家也全不理会，只要活在世上时能捞上一把，哪管死后洪水滔天。而且由于在激烈的自由竞争中，资本家不在一个工作日内最大限度地使用劳动力，本身也无法生存。

二、工作日法令的演变 ［第 312 页第 1 段］

从 1349 年英国颁布第一个劳工法以来，工作日法令的演变共经历了两个阶段。

第一个阶段是从 1349 年到 18 世纪中叶，这时期的劳工法“力图强制地延长工作日”（第 312 页）。所谓“强制地延长”，就是说，直到 17 世纪甚至 18 世纪的前三分之二的时间里，全英国的工作日都是 10 小时，而这时期的劳工法却规定了工作日为 12—13 小时。为什么这时期资本家要依靠国家的力量来强制延长工作日呢？马克思回答：“资本在它的萌芽时期，由于刚刚出世，不能单纯依靠经济关系的力量，还要依靠国家政权的帮助才能确保自己吮吸足够数量的剩余劳动的权利。”（第 312 页）

第二个阶段是从 1833 年到 1864 年，这一时期工作日法令的特点在于“强制地缩短工作日”（第 312 页）。为什么这时期的资产阶级国家机器不再去强制延长工作日了呢？首先是由于在 18 世纪最后 30 多年，出现了大工业，资本主义生产方式发展起来了，资本家凭借自身的经济力量就可使工人自愿地，即在社会条件的逼迫下，接受不断延长了的工作日，从每天 10 小时，延长到 12 小时、14 小时、18 小时。从 18 世纪 60 年代末开始建立工厂制度，一直到 19 世纪 30 年代初，在这长达半个世纪的时间，是“工作日不受限制”（第 480 页）的时期。在这种情况下，资产阶级国家如果不再进行干涉，就会“使国家的生命力遭到根本的摧残”（第 287 页）。其次，工人的反抗也迫使国家不得不对劳动日长度加以限制。马克思指出：“至于谈到英国的工作日的限制，像其他各国一样，它向来只靠立法的干涉。如果没有工人方面的经常压力，这种干涉永远也不会实现。无论如何，这种结果决不是工人和资本家的私人协商所能获得的。”①

马克思的《资本论》第 1 卷出版于 1867 年，因此，有关英国的工作日的法令只写到 1864 年。后来的情况又有很大的变化，由于工农业迅猛的发展，工人为争取正常的工作日

---

① 《工资、价格和利润》，《马克思恩格斯选集》第 2 卷第 95 页。

不断进行斗争，国家通过法令对工作日进行更进一步的限制。

从1833年限制工作日的法令颁布之后，直到目前为止，工作日先后几次受到限制。从1833年到1847年是“实行12小时工作日时期”（第480页）。从1848年到第一次世界大战之后，是实行10小时工作日时期。第二次世界大战前夕到现在，为实行8小时工作日时期。美国是在1938年的《公平劳工标准法案》中规定每周工作5天共40小时。工人不仅每周享有两天的休假日，每年还有若干天或周的假期。目前，一些资本主义国家工人进而又提出每周工作4天共32小时或4天半共36小时和更长的假期的要求，有的国家还试行了弹性工作时间制。现在工作日的延长情况依然存在，只是不通过法律的形式加以延长，而是由工人“自愿”实行的各种形式的换班制。

三、14世纪中叶至17世纪末关于延长工作日的强制性法律［第313页末段—本节完］

从14世纪中叶开始至17世纪末（在第312页上指出直到18世纪中叶），英国颁布了一系列延长工作日的劳工法，1349年颁布的第一个劳工法就规定了所有手艺人和农业工人的工作日。每年3月到9月要从早晨5点干到晚上7—8点，也就是说每天工作长达14—15小时，其中吃饭和休息时间共3小时（早餐1小时，午餐1个半小时，午后小餐半个小时），冬季的工作日是从早晨5点劳动到天黑。1496年的法令又重申了这一规定，1562年的伊丽莎白法令减少了吃饭和休息的时间。

但是这些延长工作日的法令当时并没有能够实现，“工人的待遇要比法令规定的好得多”（第314页）。上面已提到，直到17世纪末，甚至18世纪前三分之二的时间里，英国正常的工作日都是10小时。当时的工人靠4天的工资就可以生活一个星期，除农业工人每周做6天外，工场手工业工人每周只做4天就不肯再做了。经济学家对此表明了不同的立场，玛·波斯尔思韦特（1707—1767）在他编写的《工商业大辞典》中引用了谚语“只管干活不玩耍，头脑迟钝人变傻”来为工人辩护。约·肯宁安（1729—1773）在1770年出版的《论手工业和商业》一书中则攻击工场手工业工人“好逸恶劳”、“懒惰”、“放荡”等，要他们像农业工人一样一周做6天。他把农业工人说成是“工人中最幸福的人”，究竟如何“幸福”呢？他不得不自打嘴巴，承认“他们的劳动力总是紧张到极点；他们的生活坏得不能再坏，他们的劳动重得不能再重”。他主张把需要救济的贫民关进“理想的习艺所”，这种习艺所应当成为“恐怖之所”，每天劳动14小时（包括吃饭时间2小时）。

当时资产阶级难以实现的“恐怖之所”，几年之后就广泛建立起来，工人每天劳动从10小时被延长到12小时、14小时直至18小时，资本家的每一家工厂都成为这样的恐怖之所，几年前的理想在现实面前大为逊色。

6. 争取正常工作日的斗争。对劳动时间的强制的法律限制。1833—1864年英国的工厂立法

由于英国工人为争取正常工作日展开了斗争，从1833年开始，国家通过法律，强制缩短工作日。从1833年到1847年，实行了12小时工作日的法律，从1848年5月以后，又进一步实行了10小时工作日的法律。

一、1833—1847 年的 12 小时工作日时期 ［本节第 1 段—第 326 页末段］

（一）1833 年工厂法的颁布 ［本节第 1 段—第 321 页末段］

英国工人工作日发生变动的转折点是在 18 世纪末最后 30 多年间。在这 30 多年的时间里，出现了机器大工业，资本主义生产方式发展了起来，工人的工作日从"正常的最大极限"（10 小时）延长到"自然日的界限"（12 小时），进而又延长到 14 小时、16 小时甚至 18 小时，"习俗和自然、年龄和性别、昼和夜的界限，统统被摧毁了"（第 320 页）。

英国的工人开始进行反抗了，从 1802 年到 1833 年，议会先后颁布了 5 个劳动法，对工作日加以限制。但是由于没有强制性的措施而使这些法令成为一纸空文。

缩短工作日的强制的法律是从 1833 年颁布了有关棉、毛、麻、丝等工厂的工厂法后才开始出现的。1833 年的这些法令规定禁止雇用未满 9 岁的儿童，9—13 岁的儿童的劳动每天限制为 8 小时，13—18 岁的少年每天做工不得超过 12 小时。另外，9—18 岁的少年儿童只能在白天劳动（早晨 5 点半开始到晚上 8 点半），禁止做夜工（晚上 8 点半到早晨 5 点半）。

1833 年的法令对于 18 岁以上的成年男工和成年女工的工作日没有加以限制。

（二）1833 年工厂法的实施 ［第 322 页第 1 段—第 323 页末段］

1833 年工厂法的实施遇到很大阻力：

第一，实行对儿童（9—13 岁）分两班做工的方案。由于 9—13 岁的儿童每天只有 8 小时和成年工人一起做工，其他部分工作日的成年工人就没有童工的协助。立法部门以防止"把儿童劳动延长到成年人工作日的极限"为借口，提出了儿童分两班做工的方案，例如，一班从早晨 5 点半到午后 1 点半，另一班从午后 1 点半到晚上 8 点半。这个方案以"换班制度"的名义实施了，它不仅保证了成年工人工作日的延长，也使儿童在"换班制度"掩盖下，换班不换人，从而延长了工作日。

第二，将 1833 年工厂法的生效日期推迟。1833 年工厂法关于 9—13 岁儿童的工作日不得超过 8 小时的条文，并不立即生效，而是规定到 1836 年 3 月 1 日以后才完全生效。

第三，改变儿童的年龄标准。由于法律规定儿童每天做工不得超过 8 小时，并且要受到一定的义务教育，资本家力图把儿童的年龄界限从 13 岁降为 10 岁或 11 岁，这样就可以合法延长 13 岁甚至不到 13 岁的儿童的工作日。政府曾在 1835 年建议儿童年龄界限从 13 岁降为 12 岁，但下院不敢改变这一界限。

第四，对少年和儿童实行新的"换班制度"。按照 1833 年的工厂法，在早晨 5 点半到晚上 8 点半这 15 个小时内，究竟如何安排儿童的 8 小时工作日和少年的 12 小时工作日，是由资本家来决定的。资本家很快就发明了一种新的"换班制度"，即在 15 小时工厂日内任意分小段时间来使用少年儿童，忽而上班，忽而下班，使工厂视察员对少年儿童的工作日不可能实行任何监督。对于这个新的换班制度，马克思没有具体介绍，只是说"后面我们还要谈到"（第 324 页），这里所说的"后面"即本卷的第 331 页第 1 段至第 337 页末段。

1833 年限制工作日的法律的实施虽然受到很大的阻力，但是工作日还是受到了限制，"情况毕竟有了很大变化"（第 324 页），发生变化的原因是：

第一，工人的反抗，他们已开始提出 10 小时工作日的法案。

第二，违反 1833 年工厂法的工厂主也受到另一部分遵守 1833 年工厂法的工厂主的反对。

第三，资产阶级的代言人和政治领袖为了联合工人废除 1815 年通过的保护地主阶级利益的谷物法，已经允诺了今后实行 10 小时工作日，不再反对只以实行 1833 年工厂法为目的而采取的措施。

第四，代表地主阶级利益的托利党人为了维护谷物法，也联合工人反对资本家。

以上各种因素有利于制定和实施限制工作日的法律，在这种条件下，1844 年 6 月又颁布了对 1833 年工厂法的补充法案，进一步限制工作日。

（三）1844 年 6 月颁布的工厂法补充案［第 325 页第 1 段—第 326 页末段］

1844 年 6 月 7 日颁布的工厂法的主要内容是：

第一，18 岁以上的妇女和少年工的待遇相同，即工作日为 12 小时，禁止做夜工。

第二，13 岁以下的儿童的工作日由 8 小时再减为 6.5 小时。

第三，为了防止滥用虚假的“换班制度”，法律又规定“儿童和少年的工作日，应该从有任何一个儿童或少年早晨在工厂里开始劳动的时候算起”；工厂的钟要以公共时钟为准；中午 12 点以前上工的儿童不得在下午 1 点钟以后再上工；每天要有 1.5 小时的吃饭时间；下午 3 点以前为 1 小时，3 点以后为半小时，都在同一时间吃饭，儿童或少年在上午应有半小时吃饭时间，儿童、少年和妇女不能留在劳动场所吃饭。

1844 年 6 月 7 日通过的这个法案，规定在同年 9 月 10 日开始生效，“它们的制定、被正式承认以及由国家予以公布，是长期阶级斗争的结果”（第 326 页）。

1844 年的法案对成年男工的工作日没有加以限制，但是由于在大多数情况下，成年男工离不开儿童、少年和妇女的协作，当少年和妇女的工作日限制为 12 小时以后，成年男工的工作日也受到同样的限制，因此，“在 1844—1847 年期间，受工厂立法约束的一切工业部门，都普遍一致地实行了 12 小时工作日”（第 326 页）。

1844 年法案对资本家也作了一些让步，即把可以雇用的儿童的最低年龄从 9 岁减为 8 岁。

二、1848 年 5 月以后的 10 小时工作日时期［第 327 页第 1 段—本节完］

（一）1847 年 6 月新工厂法的公布与实行［第 327 页第 1 段—第 337 页第 1 段］

1846—1847 年是英国经济史上一个重要转折点，一方面随着谷物法的废除，引起了连锁反应，发展了自由贸易，消除了资本主义经济发展的一个大障碍；另一方面，宪章运动和争取 10 小时工作日运动这时也发展到顶点，工人运动得到渴望对资产阶级报仇的托利党的支持，迫使议会于 1847 年 6 月通过了实行 10 小时工作日的工厂法。

1847 年 6 月的新工厂法的主要内容是规定从 1848 年 5 月 1 日起，少年工（13—18 岁）和所有女工的工作日不得超过 10 小时。

工厂主先是利用这时爆发的经济危机（1846—1847）引起的工人生活上的困难，对工人软硬兼施，并假借工人的名义制造舆论，企图要工人自己起来破坏 10 小时的工厂法。资本家的计谋失败了，10 小时工作日法令按时于 1848 年 5 月起生效。资本家并不甘心自己的失败，接连又采取一系列步骤破坏 1848 年 5 月 1 日开始全面生效的 10 小时工作日法令。

第一步，把少年工和女工解雇一部分甚至一半，把几乎已经绝迹的夜工在成年男工中恢复起来。［第 330 页第 1 段］

第二步，取消吃饭时间，让工人连续不停地工作 10 小时。［第 330 页第 2—末段］

第三步，在 15 小时的工厂日内任意分小段时间使用童工、少年工和女工，采取经常变动的换班制度，使工厂视察员无法监督 10 小时工作日法令的贯彻。在这种换班制度下，工人的吃饭时间被取消了，工作日被延长了，而且在 15 小时的工作日内随时听候工厂主的召唤，如同一个演员在一场戏中尽管演出还不到半小时，却要一直留在后台等候随时召唤一样。对童工的使用往往安排在中午 12 点到晚上 8 点半之间，因为按照 1844 年的法律，安排在中午 12 点以后劳动的童工是否需要有半小时的吃饭时间没有明文规定，于是资本家就在这段时间连续或分段安排 6.5 小时劳动，不给休息时间。[第 331 页第 1 段—第 337 页第 1 段]

由于英国宪章运动的失败和巴黎六月起义的被镇压，反动势力抬了头，在工厂主持续两年多的疯狂破坏下，1847 年的 10 小时工作日法令已无法实行，根据有的地方调查材料，少年和妇女每天劳动不是 10 小时，而是 13.5 小时，甚至 15 个小时。1850 年 2 月 8 日，英国 4 个高等法院之一的高等控诉院，在一件案子的判决中，否定了 1847 年颁布的 10 小时工作日法令，资本家最终取得了胜利。

（二）1850 年 8 月和 1853 年的工厂法的补充 [第 337 页第 2 段—本节完]

10 小时工作日法案的被废除，引起了工人的强烈不满，他们举行了声势浩大的集会表示抗议，工厂主之间也互相发生矛盾，在这种情况下，工厂主和工人之间取得妥协。在 1850 年 8 月 5 日议会通过的新的补充工厂法中规定：少年和妇女每星期一到星期五的劳动时间从早晨 6 点开始，晚上 6 点结束，其中有 1.5 小时的吃饭时间，并在同一时间进行，工作日为 12 小时，比之前减少 3 小时，并取消了轮班制。星期六的工作日为 9 小时，每周劳动 6 天。儿童（9—13 岁）的工作日仍按照 1844 年法令的规定，不超过 6.5 小时。但是按照 1844 年的法令，丝厂中 11—13 岁的儿童每天劳动仍可被延长到 10 小时。1850 年的法令对此又加以限制，规定只有丝厂中的捻丝和缫丝部门中的 11—13 岁的儿童劳动时间才能延长到和少年工及女工一样，而这时的少年工和女工每天劳动已不是 10 小时，而是 12 小时。

1853 年的法令又对 1850 年的工厂法作了补充，禁止"在少年和妇女早晨上工前和晚上下工后使用童工"，这一规定使童工的 6.5 小时的劳动时间也只能安排在早晨 6 点到晚上 6 点之间，而不是 1844 年规定的早晨 5 点半到晚上 8 点半之间了。

资本家起初是被迫接受了 1850 年和 1853 年的新的补充工厂法，但是实行的结果表明，受到工厂法限制的这些生产部门在 1853—1860 年期间有了惊人的发展，工人的体力和精力都得到恢复，这些工厂的资本家也夸耀了这种成就。在这一基础上，1860 年以后，限制工作日的工厂法，在各个生产部门普遍推广起来，对有些具体单位如露天漂白厂和面包房还制定了专门的法令加以约束。

7. 争取正常工作日的斗争。英国工厂立法对其他国家的影响

根据以上对英国现代工业中少年和儿童工作日状况的考察，可以得出以下两点结论：

第一，工作日的延长首先是在棉、毛、麻、丝等使用蒸汽、水力和机器的纺织工业部门开始的，对工作日加以限制的工厂法也最先在这些部门中实行，以后再推广到其他生产

部门。工作日限制的对象主要是妇女、儿童和少年。

第二，工人阶级只有联合起来向资本家斗争才能得到正常的工作日。这个斗争首先在英国的现代工业中开始，对全世界产生了很大的影响。“英国的工厂工人不仅是英国工人阶级的先进战士，而且是整个现代工人阶级的先进战士，最先向资本的理论挑战的也正是他们的理论家。”（第 346 页）

跟在英国后面的是法国，1848 年“二月革命”后实行了 12 小时工作日的法律，法国法律有两个优点，一方面，它不局限于现代工业，而是规定所有的工厂和作坊都一起实行同样的工作日；另一方面，它不局限于儿童、少年和妇女，对于成年男工工作日也一起加以限制。

美国限制工作日的斗争开展较晚，但一下子就提出了 8 小时工作日的要求。

最后，马克思根据英国、法国、美国等争取正常工作日斗争的经验，号召“工人必须把他们的头聚在一起，作为一个阶级来强行争得一项国家法律，一个强有力的社会屏障，使自己不致再通过自愿与资本缔结的契约而把自己和后代卖出去送死和受奴役”。（第 349 页）

第九章　剩余价值率和剩余价值量

这一章和第 7 章都是从剩余价值率和剩余价值量的相互关系中去研究剩余价值率和剩余价值量，不同的是，第 7 章是通过剩余价值量去计算剩余价值率，重点放在剩余价值率上，本章是通过剩余价值率去计算剩余价值量，重点放在剩余价值量上。

直到目前为止，还是在假定劳动力价值不变的条件下进行研究的。在劳动日长度不变的情况下，劳动力价值的下降就意味着必要劳动时间的减少和剩余劳动时间的增加，从而引起剩余价值率的提高和剩余价值量的增加，在下一篇中将要研究这一问题，现在暂不考虑。

一、决定剩余价值量的三个规律［本章第 2 段—第 356 页第 1 段］

（一）第一个规律［本章第 2 段—第 352 页末段］

第一个规律的内容是：剩余价值总量（M）等于预付的可变资本总量（V）乘以剩余价值率$\frac{m}{v}$，或者说，等于一个劳动力的价值（k）乘以劳动力受剥削的程度$\frac{a'}{a}$，再乘以同时受剥削的劳动力的人数（n）。

以上内容用公式表示：$M=\begin{cases}\frac{m}{v}\times V\\ k\times\frac{a'}{a}\times n\end{cases}$

这里需要了解以下几点：

第一，这两个公式是怎样得出来的？

先说第一个公式 $M=\frac{m}{v}\times V$。

首先是由于 $m=\frac{m}{v}\times v$，这个公式说明一个劳动力为资本家生产的剩余价值。

接着，$m\times n=\frac{m}{v}\times v\times n$，这个公式说明当劳动力人数增加若干倍后，只要剩余价值率不变，剩余价值量也会增加若干倍。

由于 $m\times n=M$，$v\times n=V$，所以 $m\times n=\frac{m}{v}\times v\times n$ 也就是 $M=\frac{m}{v}\times V$。

再看第二个公式 $M=k\times\frac{a'}{a}\times n$。

同样由于 $m=v\times\frac{m}{v}=k\times\frac{a'}{a}$，$m\times n=k\times\frac{a'}{a}\times n$，所以，$M=k\times\frac{a'}{a}\times n$。

第二，这两个公式的关系如何？

由于$\frac{a'}{a}=\frac{m}{v}$，$V=v\times n=k\times n$，所以，$M=\frac{m}{v}\times V$ 和 $M=k\times\frac{a'}{a}\times n$ 这两个公式在计算剩余价值量上是没有什么区别的，只是表现的方法有所不同。

第三，决定剩余价值量的因素有哪些？

决定剩余价值量的因素有两个，一是剩余价值率的高低，二是工人人数的多少或可变资本量的多少。按照本章的假定，剩余价值率的高低只能是由工作日的长短来决定，必要劳动时间是个不变量。

既然决定剩余价值量的因素有上述两个，当一个因素减少时，可以通过另一个因素的增加来补偿，其结果是剩余价值量不会因此而减少，反而更多。这就是在资本主义社会中出现的在可变资本不断相对减少的情况下，但由于剩余价值率的不断提高和就业人数绝对量的不断增加，剩余价值量反而能够得到迅速增加的原因。

（二）第二个规律［第 353 页末段］

第二个规律的内容是：工作日的最高界限是可变资本的减少可以由剩余价值率的提高来补偿的绝对界限。

在 $M=\frac{m}{v}\times V$ 这个公式中，我们看到剩余价值量是由可变资本量和剩余价值率两个因素决定的，一个因素的减少可以由另一个因素的增加来补偿。现在再作进一步观察，就会发现通过延长工作日而提高剩余价值率来补偿可变资本的减少是有一定限度的，这是因为工作日有个最高界限，这个最高界限是不能突破的。例如，我们假定必要劳动时间是 6 小时，在工作日是 12 小时的情况下，500 个工人每天可带来 3 000 小时的剩余价值量（500×6）。如果工人减少一半，由此减少的剩余价值还可以通过延长 6 小时的工作日来补偿，在这种情况下剩余价值量仍为 3 000 小时（250×12）。这种补偿是有一定限度的，假定工人由 500 减为 100，即使将工作日延长到天然的最大限度 24 小时，也无法补偿由于工人的减少而引起的剩余价值的减少，这时工人生产的剩余价值量也只能达到 1 800 小时（100×18），比原来的 3 000 小时剩余价值量少 1 200 小时。

在资本主义社会存在着两种矛盾的趋势：一种趋势是资本家力图使资本获得尽可能多的剩余价值，另一种趋势是尽量减少能够生产剩余价值的可变资本。资本家为了追求超额剩余价值和相对剩余价值，尽可能提高资本有机构成，减少可变资本在预付总资本中的比重。可变资本的减少虽可以从剩余价值率的提高来补偿，但是这种补偿是有一定限度的，它首先遇到了工作日长度的限制，其最终后果是引起利润率的下降，《资本论》第 3 卷中将具体分析这一问题。

（三）第三个规律［第 354 页末段—第 356 页第 1 段］

第三个规律的内容是：在剩余价值率和劳动力价值已定的情况下，剩余价值总量同预付的可变资本量成正比。

这一规律也是从 $M=\frac{m}{v}\times V$ 中得出来的。

在不同的生产部门或同一个生产部门的不同时期，可变资本在预付总资本中所占的比重是不同的，但是不论可变资本和不变资本的比例如何，对这一规律都不会产生影响。因为根据第 6 章的分析，不变资本只是将它的价值再现在产品中，而不会再生产出新的价值来。

从表面现象看，这一规律同资本主义社会的现实生活是矛盾的，在资本主义社会中，各个部门的资本家获得的利润并不和预付的可变资本量成正比，而是和包括不变资本在内的预付总资本量成正比。古典经济学家解释不了这种矛盾的现象，他们的劳动价值学说遇到了危机，庸俗经济学家抓着这种表面现象上的矛盾，攻击马克思《资本论》的第 1 卷，然而马克思建立的平均利润率和生产价格学说，科学地解决了这种表面现象上的矛盾，打击了庸俗经济学，发展了古典经济学。

* * *

上述三个规律，第一个是基本的规律，第二、三个规律是从决定剩余价值量的两个因素的变动上对第一个规律作的具体补充。

这里应注意的是，在计算剩余价值率或剩余价值量时，公式中的 v 或 V 均为实际使用的可变资本，而不是预付的可变资本，受周转因素的影响，这两个量是不相同的，在《资本论》第 2 卷第 16 章中将会分析这一问题。

二、资本产生的历史前提 [第 356 页末段—第 358 页第 1 段]

列宁在《卡尔·马克思》一文中指出："资本产生的历史前提是：第一，在一般商品生产发展到比较高的水平的情况下某些人手里积累了一定数量的货币；第二，存在双重意义上'自由的'工人，从他们可以不受任何约束或限制地出卖劳动力来说是自由的，从他们没有土地和任何生产资料来说也是自由的，他们是没有产业的工人，是只能靠出卖劳动力为生的工人'无产者'。"① 在第 4 章中讲了货币转化为资本的条件是劳动力成为商品，这是不够的，还必须使"单个货币占有者或商品占有者手中有一定的最低限额的货币或交换价值"（第 356 页），即列宁所说的"某些人手里积累了一定数量的货币"。

究竟是多少货币量才算是转化为资本的最低限额或一定数量的货币呢？这个货币量是由它所能带来的一定的剩余价值量决定的，因此，马克思到这时才提出货币转化为资本的又一个历史前提条件。

货币转化为资本的最低限额的货币量或一定数量的货币是指能带来最低限额或一定数量的剩余价值，这个一定数量的剩余价值必须能够满足三个方面的要求：第一，使货币所有者的生活水平至少比普通工人高 1 倍；第二，货币所有者不直接参加劳动，如果本人在直接参加劳动的条件下过着高出普通工人 1 倍的生活，只能是小业主，而不是资本家；第三，剩余价值中有一半用于积累。

剩余价值量的最低限额确定之后，货币量的最低限额也就确定下来，也就是说，只有能够带来上述最低限度的剩余价值的货币量，才是转化为资本所要求的最低限度货币量。

最低限度的货币额在不同的时期、不同的生产部门是不同的，例如，在重工业部门，最低限度的货币额是很高的，单个货币所有者往往无力经营，只有依靠国家对私人的补助或组织股份公司。

三、资本家和雇佣工人在生产过程中的关系 [第 358 页末段—本章完]

这一部分是和第 4 章的最后两段话紧密相连的，第 4 章的分析还停留在流通领域，资本家和雇佣工人各以商品的买者和卖者的身份出现，双方的关系表现上是非常平等的。雇佣工人这时对自己的劳动力享有支配权，但是一旦进入生产过程，工人失去对自己劳动力的支配权，在资本家的监督下进行劳动，建立起强制关系，使工人不得不为资本家创造剩余价值。

强制关系并不是资本主义社会所特有的，奴隶制和农奴制都是强制关系，不同的是，奴隶制和农奴制都是以直接强制劳动为基础的生产制度，资本主义制度则是通过生产资料对工人进行强制劳动。生产资料作为物化劳动形式本是工人过去活劳动的产物，但在资本主义制度下，雇佣工人却受到自己劳动产品的统治。早在《共产党宣言》中，马克思和恩

---

① 《列宁全集》第 26 卷第 65—66 页。

格斯就对资本主义社会中这种人与物的关系上的颠倒进行了揭露，指出："在资产阶级社会里，活的劳动只是增殖已经积累起来的劳动的一种手段。在共产主义社会里，已经积累起来的劳动只是扩大、丰富和提高工人的生活的一种手段。因此，在资产阶级社会里是过去支配现在，在共产主义社会里是现在支配过去。在资产阶级社会里，资本具有独立性和个性，而活动着的个人却没有独立性和个性。"① 例如，在价值增殖过程中，生产资料如在夜间停止不用，是一种"纯粹的损失"，工人就得根据资本的要求做夜工，不是工人使用生产资料，而是生产资料使用工人。

马克思和恩格斯所说的活动着的个人没有独立性和个性，不仅适用于工人，也适用于资本家，因为资本家是人格化的资本，会说话的资本，资本家的一切行动都以资本的要求为转移。这种人和物的关系的颠倒反映到人脑中，就是有的资本家在出卖工厂时，不仅要求支付给他生产资料的价值，还要支付这一生产资料所能增殖的价值。

---

① 《马克思恩格斯选集》第1卷第287页。

第四篇 相对剩余价值的生产

本篇论述的是提高剥削程度的另一种方法，即在工作日长度不变甚至缩短的条件下，通过提高劳动生产率，使必要劳动时间缩短，剩余劳动时间相对延长，从而提高剩余价值率。

本篇有以下三个内容：

一、相对剩余价值的概念，包括在第 10 章中。这一章论述资本家如何通过提高劳动生产率获得超额剩余价值和相对剩余价值，同时也说明了这部分新增加的剩余价值的来源。

二、资本主义生产方式的建立与发展，包括在第 11 至 13 章中。马克思说："绝对剩余价值的生产只同工作日的长度有关；相对剩余价值的生产使劳动的技术过程和社会组织发生彻底的革命。因此，相对剩余价值的生产以特殊的资本主义的生产方式为前提。"（第 583 页）只有建立起资本主义生产方式，才能提高劳动生产率，产生相对剩余价值。这里所说的特殊的资本主义生产方式指的就是真正的工场手工业和资本主义的机器大工业。15 世纪以来的工业生产经历了三个发展阶段：手工作坊、工场手工业和机器大工业。在马克思和恩格斯的有些著作中，将这三个阶段表述为：手工业、工场手工业和机器生产或现代工业。① 恩格斯又将第一阶段表述为简单协作②，我国学术界通常将第 11 章内容理解为论述资本主义工业生产甚至资本主义生产方式的第一阶段，这是不确切的。首先，第 11 章标题"协作"考察的虽然是简单协作，但它"并不构成资本主义生产方式的一个特殊发展时代的固定的具有特征的形式。……简单协作在那些大规模运用资本而分工或机器还不起重大作用的生产部门，始终是占统治的形式"（第 389 页）。其次，作为资本主义生产方式特征的是机器大工业，而不是在原来技术条件下实行的简单协作。

三、追求相对剩余价值带来的后果，仍包括在第 11 至 13 章中。其后果具有二重性，一方面推动了技术的进步，从而提高了劳动生产率，建立和发展了资本主义的生产方式；另一方面，又加强了劳动强度，提高了剥削程度，增加了失业人口等。

---

① 参见《剩余价值理论》第 1 分册第 444 页；《马克思恩格斯选集》第 3 卷第 697—698 页。

② 参见《马克思恩格斯选集》第 3 卷第 619 页。

第十章　相对剩余价值的概念

在第 3 篇论述绝对剩余价值生产时并没有单独列出一章谈它的概念，到了第 4 篇论述相对剩余价值生产时才单独列出一章谈它的概念，与此同时，又谈了绝对剩余价值的概念。这是因为，相对剩余价值概念比绝对剩余价值概念要复杂得多，从二者的对比中，既能更清楚地了解相对剩余价值的概念，又能更清楚地了解绝对剩余价值的概念。

一、生产相对剩余价值的方法［本章第 1 段—第 366 页第 1 段］

（一）生产剩余价值的两种方法［本章第 1—2 段］

为了增加剩余价值的生产，资本家采取了两种不同的方法：一种方法是延长工作日，通过延长工作日，增加剩余劳动时间，产生更多的剩余价值；另一种方法是缩短必要劳动时间，在不延长工作日甚至缩短工作日的情况下，通过缩短必要劳动时间，也可以增加剩余劳动时间，产生更多的剩余价值。马克思把通过延长工作日而增加的剩余价值，称为绝对剩余价值，把通过缩短必要劳动时间而增加的剩余价值，称为相对剩余价值。

绝对剩余价值的生产是在必要劳动时间不变的情况下发生的。如果我们以 ac 线代表 12 小时工作日，其中 ab 段代表 10 小时必要劳动，bc 段代表 2 小时剩余劳动，就可用下图表示：

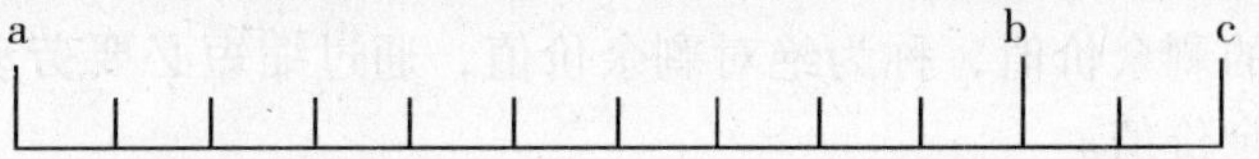

在必要劳动时间 ab 段是个不变量的情况下，要增加剩余价值，只能是将 bc 段向前延长，bc 延长为 bc′段，假定延长部分 cc′段为 1 小时，上图将发生如下变动：

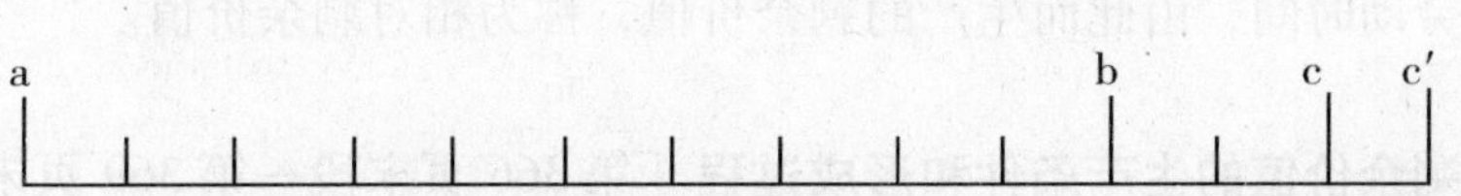

在上一篇中，马克思专门研究了这种剩余价值的生产，它是剩余价值生产的基础，但是，资本家为了获得更多的剩余价值，在延长工作日的同时，也竭力缩短必要劳动时间。特别是由于工作日的延长是有一定限度的，当工作日延长到一定程度，再也不能进一步延长时，资本家只有采取缩短必要劳动时间的办法，才能增加剩余价值的生产。按照上面的图式，bc 段将不是向前延长，而是向后推移，bc 段就延长为 b′c 段，假定 b′b 段为 1 小时，上图就变为：

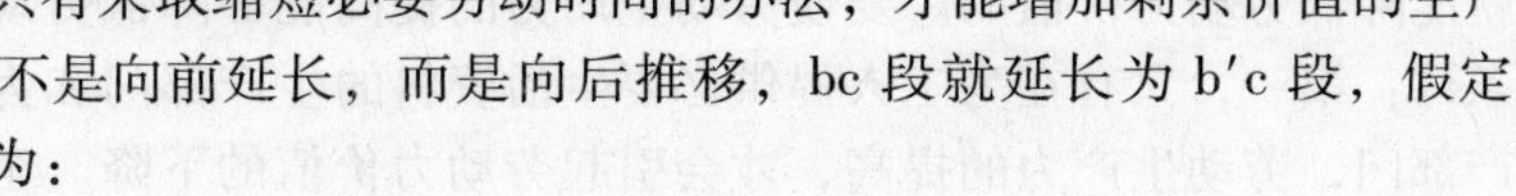

从这一图中，我们看到在工作日长度（12 小时）不变的情况下，由于缩短了 1 小时必要劳动时间，剩余劳动时间相应的从 2 小时增加为 3 小时。

那么，怎样才能缩短必要劳动时间呢？

（二）缩短必要劳动时间的方法［第364页末段—第365页末段］

必要劳动时间是由劳动力价值决定的，必要劳动时间也就是维持劳动者及其家属生存所需要的劳动时间。因此，要缩短必要劳动时间，首先要降低劳动力价值。而劳动力价值又是由维持劳动者及其家属生存所必要的生活资料的价值决定的，因此，要降低劳动力价值，就得降低必要生活资料的价值。在第1章第1节中已指出，商品的价值量和体现在商品中的劳动的量成正比，和这一劳动的生产力成反比。因此，要降低劳动力的必要生活资料的价值量，只有提高劳动生产力，同量的必要生活资料，从前用10小时生产出来，现在用9小时就可以生产出来，必要生活资料的价值就会降低$\frac{1}{10}$，劳动力价值随之降低$\frac{1}{10}$。这时，必要劳动时间从10小时缩短为9小时，剩余劳动时间从2小时延长为3小时，剩余价值量增加$\frac{1}{2}$。

要提高劳动生产力，就要改变生产条件即生产方式，包括劳动过程的技术条件和社会条件。绝对剩余价值以既有的手工生产这种旧的生产方式为前提，相对剩余价值则以工场手工业和机器工业这种新的资本主义生产方式为前提。

为了增加剩余劳动和剩余价值，资本家也采用压低工资的办法，这种办法只是减少了必要生活资料的使用价值量，把劳动力价格降到劳动力价值以下，侵占了必要劳动时间，而不是减少必要生活资料的价值量，降低劳动力价值，缩短必要劳动时间。这种办法的后果带来劳动力的萎缩，是非正常的，尽管这种办法在现实生活中经常采用，目前我们还是不去研究它。

（三）绝对剩余价值和相对剩余价值的区分［第366页第1段］

马克思在阐明了生产剩余价值的两种方法之后，正式提出绝对剩余价值和相对剩余价值这两个经济范畴。剩余价值的这两种形式是根据生产剩余价值的不同方法区分的，通过延长工作日而生产的剩余价值，称为绝对剩余价值，通过缩短必要劳动时间而生产的剩余价值，称为相对剩余价值。

根据马克思对相对剩余价值的分析，我们还可以对相对剩余价值的概念作更具体的表述，即：通过有关生产部门提高劳动生产力，减少必要生活资料的价值，降低劳动力价值，缩短必要劳动时间，由此而生产的剩余价值，称为相对剩余价值。

二、相对剩余价值的生产条件和形成过程［第366页末段—第369页末段］

（一）相对剩余价值生产的条件［第366页末段—第368页第1段］

相对剩余价值是通过提高劳动生产力，降低劳动力价值之后生产出来的，但是，并不是在任何生产部门中通过提高劳动生产力就能降低劳动力价值的，也不是少数几个企业提高劳动生产力就能降低劳动力价值的。要使劳动生产力的提高能够降低劳动力价值，必须具备以下两个条件：第一，只有在为工人提供必要生活资料的生产部门和为这些部门提供生产资料的生产部门，劳动生产力的提高，才会引起劳动力价值的下降。至于其他生产部门，如为资本家提供奢侈品的生产部门、制造军火的生产部门，劳动生产力的提高就不会引起劳动力价值的下降。第二，只有当劳动生产力的提高普及到整个生产部门时，才会引起劳动力价值的下降，只在少数几个企业提高劳动生产力，是不能降低劳动力价值的。

各有关生产部门劳动生产力的提高，从个别企业开始，逐步普及到整个生产部门，从而降低劳动力价值。生产相对剩余价值，是有一个过程的，对于这一最终结果，资本家往往是不清楚的，他提高劳动生产力的直接目的是降低他所生产的商品的个别价值，使个别价值低于社会价值，从而取得超额剩余价值。但是，只要各个企业都为得到超额剩余价值而提高劳动生产力，最终必然导致劳动力价值的下降和带来相对剩余价值，这是资本的一般的、必然的趋势。这种趋势是资本主义生产的内在规律即追求剩余价值的规律发生的作用造成的。但是，从表现形式看，由于资本主义的激烈竞争，在企业外部，形成一种强制的力量，迫使资本家尽快提高劳动生产力，占有更多的剩余价值，资本的内在规律表现为资本的外部运动，资本的趋势似乎不是由资本主义生产的内在规律决定的，而是资本主义竞争这一外界力量决定的。

关于资本主义竞争问题，不属于本卷的研究范围，马克思将在《资本论》第 3 卷中进行一般性的考察。

（二）相对剩余价值的形成过程 ［第 368 页末段］

相对剩余价值的形成共经历了两个阶段。

第一个阶段，各有关生产部门少数企业提高劳动生产力，使这些企业商品的个别价值低于社会价值，从而获得超额剩余价值。

假定上衣生产部门一个工作日为 12 小时，多数企业每个工人在一个工作日内生产出 12 件产品，其中包含有已消耗的生产资料价值 12 小时，新创造的价值 12 小时，我们还可以假定在新创造的 12 小时价值中，分配在劳动力价值上为 10 小时，其余 2 小时为剩余价值，再假定 1 先令代表 2 小时的商品价值量，那么，上衣生产部门每个工人在一个工作日内生产的商品的价值分解如下：

12 件产品 = 12 小时 c + 10 小时 v + 2 小时 m = 24 小时

2 小时/件

或 = 6 先令 c + 5 先令 v + 1 先令 m = 12 先令

1 先令/件

在上述情况下，如有少数企业把劳动生产力提高 1 倍，每个工人在一个工作日内生产出 24 件商品，这时，上衣生产部门少数先进企业每个工人在一个工作日内生产的商品的个别价值分解如下：

24 件产品 = 24 小时 c + 5 小时 v + 7 小时 m = 36 小时

1.5 小时/件

或 = 12 先令 c + 2.5 先令 v + 3.5 先令 m = 18 先令

0.75 先令/件

由此可以计算出上衣生产部门中少数先进企业的超额剩余价值：每件上衣的超额剩余价值 = 1 先令 − 0.75 先令 = 0.25 先令，即 3 便士，或 = 2 小时 − 1.5 小时 = 0.5 小时。每个工人每天提供的超额剩余价值 = 24 件上衣 × 0.25 先令/件 = 6 先令，或 = 24 件上衣 × 0.5 小时/件 = 12 小时。

我们也可以将这些少数先进企业的个别价值转换成社会价值，其分解如下：

24 件产品 = 24 小时 c + 10 小时 v + 14 小时 m = 48 小时

2 小时/件

或 = 12 先令 c + 5 先令 v + 7 先令 m = 24 先令

1 先令/件

由此也可以计算出上衣生产部门中少数先进企业每个工人每天提供的超额剩余价值 =

14 小时 m－2 小时 m＝12 小时 m，或＝7 先令 m－1 先令 m＝6 先令 m。这是计算超额剩余价值的另一种方法。

为了打开市场，更有利于竞争，这些先进企业往往以低于社会价值的价格出售它的产品，只要这个价格高于它的个别价值，这些先进企业仍可以得到超额剩余价值。

第二个阶段，各有关生产部门的多数企业都提高了劳动生产力，降低了必要生活资料的价值和劳动力价值，从而获得相对剩余价值。

当上衣生产部门多数企业都赶上原来先进企业的水平，将劳动生产力也提高了 1 倍，原来的先进企业如果踏步不前，原先所得的超额剩余价值就会消失，但会共同获得相对剩余价值。

为了使问题简单起见，这里假定不仅上衣生产部门，而且包括一切为工人提供必要生活资料的生产部门和为这些部门生产提供生产资料的生产部门以及作为货币原料的金银生产部门，劳动生产力都提高了 1 倍，现在上衣生产部门每个工人在一个 12 小时工作日内生产的商品的价值分解变动如下：

24 件产品＝12 小时 c＋5 小时 v＋7 小时 m＝24 小时

1 小时/件

或＝12 先令 c＋5 先令 v＋7 先令 m＝24 先令

1 先令/件

由此可以计算出上衣生产部门中多数企业每个工人每天提供的相对剩余价值＝7 小时－2 小时＝5 小时或 5 先令。

这里有几点要加以说明：

第一，马克思并没有将相对剩余价值的形成过程明确分成两个阶段，但确是从超额剩余价值讲起的，为便于理解，我这里将它分成两个阶段，并参照马克思的举例，对这两个阶段进行了对比。

第二，按照这里所举的例子，上衣价值由每件 2 小时降为每件 1 小时，但价格未变，仍为每件 1 先令。这是由于开采金银的劳动生产力提高了 1 倍，1 先令货币价格由代表 2 小时的价值降为代表 1 小时的价值，价格未变，但它代表的价值却下降了。

第三，当每个工人由一天生产 12 件上衣增加到 24 件上衣时，生产资料的消耗也大体上会增加 1 倍，但从价值量的表现上看，却仍和原来一样，是 12 小时，只是在价格表现上增加 1 倍，这是为什么呢？这是因为从使用价值量上看，生产资料的消耗量增加了 1 倍，但由于劳动生产力提高 1 倍而使它的价值量减少了一半，消耗增加 1 倍的生产资料所包含的价值量总和仍和原来一样多。至于在价格表现上增加了 1 倍，是因为现在 1 先令货币所代表的价值已由 2 小时降为 1 小时，12 小时的生产资料消耗的价值量就表现为 12 先令了。

第四，相对剩余价值的价格表现如果从前后的简单对比来计算，应该是：7 先令－1 先令＝6 先令，而不是 5 先令，实际上 6 先令的答案是不确切的，5 小时的相对剩余价值只能表现为 5 先令的价格，不能表现为 6 先令的价格。所以会出现 6 先令的答案，是因为现在的 1 先令只代表 1 小时价值量，而过去 1 先令是代表 2 小时价值量，对这二者不同的内含量不加以区分，就会得出 7 先令－1 先令＝6 先令的答案。由于原来的 1 先令是代表 2 小时价值量，相当于现在 2 先令代表的价值量，二者相减时就应该是 7 先令－2 先令＝5 先令。

第五，上述举例是一切有关生产部门都将劳动生产力提高 1 倍，这并不是说，只有在这种情况下，才能生产出相对剩余价值来。现实生活中是参差不齐的，有些生产部门的劳动生产力提高较快，有些生产部门的劳动生产力提高较慢，有些生产部门的劳动生产力还可能下降了。只要总的劳动生产力水平有所提高，就会引起劳动力价值下降，从而产生出相对剩余价值。

第六，当各有关生产部门多数企业的劳动生产力水平赶上原有少数先进企业，而这些先进企业又踏步不前时，原来先进企业的超额剩余价值就会消失，转化为相对剩余价值。但是这时也必然会出现新的更先进的企业，从而得到新的超额剩余价值，超额剩余价值会不断改变它的主人，但却不会因相对剩余价值的出现而消失。

（三）超额剩余价值和相对剩余价值的比较［第 369 页末段］

超额剩余价值和相对剩余价值一样，都是在工作日长度不变的情况下，通过提高劳动生产力，相应延长了剩余劳动时间而得到的。从上述例子中我们可以看到，无论是有关生产部门的多数企业还是少数企业，只要提高劳动生产力，在工作日长度不变的情况下，都会使剩余劳动时间相应延长，只不过少数企业提高劳动生产力表现为超额剩余价值，多数企业提高劳动生产力表现为相对剩余价值。

不同之处在于：

第一，产生的条件和途径不同。超额剩余价值是由于有关生产部门的少数先进企业有较高的劳动生产力，使产品的个别价值低于社会价值而产生的；相对剩余价值是通过有关生产部门的多数企业提高劳动生产力后，使劳动力价值下降而产生的。生产超额剩余价值时商品的社会价值不变，因而劳动力价值和必要劳动时间也不变；生产相对剩余价值时商品的社会价值会下降，因而劳动力价值和必要劳动时间也随之下降。

第二，产生和获得的范围不同。超额剩余价值是由少数先进企业生产出来的，并由少数先进企业获得。相对剩余价值是由多数企业生产出来的，并由多数企业获得。在已经形成相对剩余价值的基础上，少数先进企业不仅获得超额剩余价值，同时也和其他多数企业一样，又获得相对剩余价值。

第三，产生的时间先后不同。先是各有关生产部门少数企业提高劳动生产力，获得超额剩余价值，接着才是各有关生产部门多数企业都跟着提高了劳动生产力，获得相对剩余价值。

第四，保存的时间不同。上述超额剩余价值的获得是暂时的，难以持久的，当大多数企业都把自己的劳动生产力提高到原来少数先进企业水平的时候，这些先进企业如仍停留在原来的水平上，原有的超额剩余价值就会消失，转化为相对剩余价值，如果再要获得超额剩余价值，就得在新的基础上重新开始，所以超额剩余价值的生产是一个不断消失又不断重新生产的过程。相对剩余价值的生产则不然，一旦产生之后不仅会保存下来，还会随着社会劳动生产力的不断提高而不断增加，使相对剩余价值的生产成为一个不断累积的过程。

第五，超额剩余价值是由横向比较而来，相对剩余价值是由纵向比较而来。

从上述比较上看，超额剩余价值的生产是相对剩余价值形成的一个阶段，不能简单地说超额剩余价值是或不是相对剩余价值。

三、资本主义生产条件下发展劳动生产力的目的 ［第 371 页第 1 段—本章完］

在资本主义社会，我们会看到这样一种矛盾的现象，只是关心交换价值的资本家，却总是通过发展劳动生产力，力求降低商品的交换价值。

原来，资本家并不关心商品的绝对价值，而是关心商品中所包含的剩余价值。生产力的提高会降低商品的价值，但是伴随着商品价值的下降，劳动力价值也会下降，从而缩短了必要劳动时间，相应延长了剩余劳动时间，劳动生产力的变动和商品的价值量成反比，但和相对剩余价值量成正比，这也就是资本家发展生产力的目的所在。

发展劳动生产力能够节约生产商品的劳动时间，本可以缩短工人的工作日，但是资本家发展生产力的目的却不是为了缩短工作日，而是为了缩短工人为自己劳动的工作日部分，相应延长为资本家劳动的工作日部分。

第十一章　协　作

从本章开始，研究资本主义生产方式的建立与发展。

资本主义生产是从较多的工人在同一个资本家指挥下协作生产取代小生产者的分散劳动开始的，因此本章就从协作开始。

本章可参考《马克思恩格斯全集》第 2 版第 32 卷第 289—301 页。

一、资本主义生产的起点［本章第 1 段—第 377 页末段］

相对剩余价值是在资本主义协作发展过程中产生的，并随着协作的发展而发展。从这一章开始，对协作进行历史的考察，这也就是对相对剩余价值的产生和发展的过程作一个历史性的考察。

资本主义的协作，不论它是简单协作还是分工协作，是手工生产的协作还是机器生产的协作，都是“人数较多的工人在同一时间、同一空间（或者说同一劳动场所），为了生产同种商品，在同一资本家的指挥下工作”（第 374 页），资本主义生产就是从这里开始的。

为什么说从这里开始了资本主义生产呢？在第 9 章中，马克思说过，一个货币所有者要成为资本家的最低限额货币，必须是能够取得一定量的剩余价值，这一剩余价值量使货币所有者在本人不参加劳动的情况下，能够过着比普通工人至少要好上 1 倍的生活之外，还可以使剩余价值中的一半用于积累。只要剩余价值量达到这样的程度，生产的性质就会发生变化。货币所有者取得这样数量的剩余价值，正是从初期的工场手工业雇用较多的工人时实现的，这时的工场手工业生产方式和原来行会师傅的手工作坊并没有什么差别。

工人人数增多的本身丝毫不会改变剩余价值率，提高剥削程度，手工作坊劳动过程的性质变化也不会引起商品价值生产的变化，10 个工人生产的价值和剩余价值，10 倍于 1 个工人生产的价值和剩余价值。但是，在一定限度内，一个工场手工业中工人人数的增多，也会引起商品价值和剩余价值率的变化。

首先，由于较多的工人共同完成某一种商品的生产，使个人劳动具有社会平均劳动的性质，个别价值和社会价值相一致，个别剩余价值率和一般剩余价值率相一致。［第 375 页第 1 段］

当商品生产由个别生产者独自进行时，他所投入的劳动量往往会和社会平均劳动量相偏离，而当商品生产由较多的工人聚集在一起生产时，这种偏离就会由于强弱互相抵消而调整，一个工人和另外一个工人比较时会有较大的差别，5 个工人和另外 5 个工人作为整体或平均量相比较，就很少有什么差别。在这种情况下，个人劳动量便具有社会平均劳动的性质，个别价值和社会价值相一致，个别剩余价值率和一般剩余价值率相一致。

但是，个别价值和社会价值相一致，并不改变商品的价值量，个别剩余价值率和一般剩余价值率相一致，也不能使剩余价值率发生变动。

其次，生产资料由于共同使用而节约，使商品变得便宜，从而使劳动力价值下降。[第 376 页末段—第 377 页末段]

只是工人人数增加并不会改变剩余价值率和商品的价值，但是由于工人人数的增加会引起生产资料的节约，进而引起价值和剩余价值率的变化，那就是另一回事了。

生产资料由于许多人共同使用而节约，表现在商品价值中价值转移的部分比生产资料由较少的人分散使用时有所减少。其原因有二：第一，生产资料由许多人共同使用时会得到充分有效的利用，同样的生产资料会生产出更多的产品；第二，工人人数增加时，生产资料的规模虽然也会增大，但增长的比例会小于工人人数的增长，使生产资料消耗的增加慢于产量的增加。

生产资料的节约引起商品价值中生产资料价值转移部分的减少，和生产资料变得便宜一样，会带来两方面的后果。一方面，它使商品便宜，从而使劳动力价值下降，产生相对剩余价值，提高剩余价值率；另一方面，它使资本有机构成发生变化，不变资本所占的比重下降，从而提高了利润率。

商品价值是由两部分构成的，除生产资料价值外，还包括新创造的价值。工人人数的增加不仅会因节约而减少生产资料的消耗，在原有的技术条件下还会因协作生产而提高劳动生产率，减少商品中新创造的价值，从而进一步降低商品的价值，引起劳动力价值的进一步下降和相对剩余价值的增加。

二、一般协作的作用［第 378 页第 1 段—第 382 页第 1 段］

以上分析工人人数的增多引起的变化是撇开协作生产问题的，现在进一步分析许多工人聚集在一起进行协作生产时引起的变化。但是在对资本主义的协作分析之前，先对协作进行一般性的分析。

什么是协作？从它的一般意义来说就是“许多人在同一生产过程中，或在不同的但互相联系的生产过程中，有计划地一起协同劳动，这种劳动形式叫做协作”。（第 378 页）

协作的作用有以下几点：

第一，协作不仅提高了个人生产力，而且创造了一种生产力。[第 378 页末段]

以抬举笨重物体为例，许多人同时动手，很容易就把这一笨重物体抬举起来，同样这些人，分别去抬举，用力总和可能更多，却不能抬举起这样重的物体，这说明了协作不仅提高了生产力，而且是创造了生产力。

第二，协作中发生的社会接触会激发个人的竞争心和振奋精神，提高工作效率。[第 379 页第 1 段]

第三，许多人同时进行不同的操作，使同种作业具有连续性和多面性，缩短制造总产品所必要的劳动时间。[第 379 页末段—第 380 页第 1 段]

所谓连续性，以建筑中的运砖为例，许多人站成一行将砖迅速地从脚手架的下面传递到上面，比单个人用双手把砖直接搬上去要快得多。

所谓多面性，仍以建筑为例，许多人同时兴建一座建筑物，在空间上从多方面对劳动对象进行装配加工，使产品的不同的空间部分同时进行操作，可以早日完工。

第四，在紧急时期短时间内完成紧急任务。[第 380 页末段]

例如，在农业中抢收抢种期间，如不能在短时间内集中大量劳动力，就会造成重大损失，在紧急时期短时间内集中大量劳动所取得的效果，是单个劳动者付出更多的劳动也无法得到的。

第五，协作一方面可以扩大劳动的空间范围（如开运河、铺路轨），另一方面，又可以与生产规模相比相对地在空间上缩小生产领域（如农业上的精耕细作）。[第 381 页末段]

总之，协作可以生产更多的使用价值，因而可以减少生产一定效用所必要的劳动时间。

需要说明的是，这里只是就一般形式的协作而言，因而主要分析的是简单的协作形式。而在比较发达的协作形式中，由于有了较强的技术装备，单个工人的操作可以完成过去无数工人也难以完成的某道工序。再以抬举笨重物体为例，由单个劳动者驾驶吊车，可以轻易举起好几千斤重的物体。尽管如此，“这种最简单的共同劳动的形式即使在最发达的协作形态中也起着重大作用”（第 364 页）。

三、资本主义条件下的协作［第 382 页末段—本章完］

马克思在对协作进行一般分析之后，就转向资本主义的协作上来。

（一）资本主义协作的条件［第 382 页末段—第 383 页第 2 段］

资本家要成其为资本家，必须能够同时雇用较多的工人，以协作的形式进行劳动，只有这样，才能获得作为资本家所必需的剩余价值量。怎样才能同时雇用较多的工人组织协作生产呢？

首先，要有一定数量的可变资本。这个可变资本量必须是能够同时雇用较多的工人，这个工人数量通过协作劳动创造的剩余价值量至少应达到成为资本家所必需的最低限额。

其次，要有一定数量的不变资本。这个不变资本量必须是能够使较大量的生产资料积聚在单个资本家手中，既能满足必要劳动的需要，又能满足剩余劳动的需要。这是上述工人进行协作的物质条件。

（二）资本主义协作中管理的内容与形式［第 383 页末段—第 385 页末段］

由于资本主义协作中所管理的生产过程具有二重性，一方面是制造产品的社会劳动过程，另一方面是资本主义的价值增殖过程。因此，资本主义协作中的管理内容也是二重的。一方面，作为许多人共同劳动的一般性协作，不论其社会性质如何，都必须进行管理，以协调各个人的活动，统一组织生产，如同乐队离不开指挥一样。另一方面，资本主义的管理不仅仅是出于社会劳动过程的需要，它同时也是出于价值增殖的需要，资本主义的管理要服从这种价值增殖的需要。资本家的剥削必然会引起工人的反抗，资本主义管理就成为压制工人反抗不可缺少的手段。

资本主义协作中管理内容的二重性决定了管理形式上的专制。雇佣工人既然是在资本主义管理的压制下为资本家进行价值增殖，工人的协作就必须服从资本家的个人意志。随着大规模协作的发展，这种专制也发展了自己特有的形式。当小业主转化为资本家时，他就脱离了体力劳动，专门从事监督与管理；后来，他不仅脱离了体力劳动，也脱离了管理，他把管理的职能转交给他委派的经理、监工去进行，他们在协作中以资本的名义进行指挥，经理和监工成为一种专职。

过去，资产阶级经济学家曾把奴隶的监工费用说成是非生产费用，现在他们却把由于共同劳动过程的资本主义性质产生的管理职能，看成是由于共同劳动过程的一般性质产生的管理职能了。

（三）资本主义协作中的社会生产力［第386页末段］

协作可以发挥劳动者的社会生产力，资本主义协作同样可以发挥这种社会生产力，但是资本主义协作中的社会生产力是在劳动力商品出卖之后，在资本主义的劳动过程中对劳动力进行使用时发挥出来的。在此之前，工人作为单个的独立的人，彼此不发生关系，因而不能通过协作发挥出社会生产力。这种情况，带来两个后果：

第一，资本家支付的是单个的劳动力价值，得到的却是社会生产力创造的剩余价值，劳动的社会生产力不费分文资本而发挥出来，归资本家所有。

第二，既然在工人的劳动属于资本家之前不能发挥这种生产力，所以劳动的社会生产力就表现为是资本天然具有的生产力，是资本内在的生产力。

（四）资本主义协作的历史性［第387页第1段—本章完］

资本主义协作是协作的一个特殊的历史形式。早在原始社会，人们就以协作形式进行生产了，当时的协作是建立在生产资料原始公社所有制和氏族家庭组织的基础上的。到了奴隶占有制社会、农奴制社会和现代殖民地，也偶尔采用大规模协作，这些协作以直接的统治关系和从属关系（人身不自由）为基础，资本主义的协作形式以人身自由的雇佣工人为前提。

但是，由于资本主义的协作形式是同没有协作劳动的农民经济和独立的手工业生产相对立而发展起来的，因而资本主义协作似乎不是协作的一种特殊的历史形式，表现为协作本身属于资本主义生产过程所特有的历史形式。换言之，资本主义协作是资本主义历史条件下的产物，有了资本主义制度，才有协作。

由于协作表现为资本主义条件下的产物，一方面，资本主义生产方式表现为劳动过程转化为社会过程的历史必然性，即要提高劳动的社会生产力，就要协作，要协作，就得实行资本主义生产方式。另一方面，劳动过程的协作形式表现为资本通过提高生产力来更有利地剥削劳动的一种方法。

资本主义协作本身是有一个由简单到复杂，由不分工到分工的发展过程的，但是它并不像有些学者认识的那样，资本主义生产方式经历这样三个历史发展阶段：①简单协作，第11章分析的就是这一阶段；②工场手工业；③机器大工业。这是因为简单协作是和规模较大的生产结合在一起，在历史上早已存在，“并不构成资本主义生产方式的一个特殊发展时代的固定的具有特征的形式”（第389页）。

第十二章 分工和工场手工业

简单协作是没有分工的协作，在工场手工业中实行的是分工协作。马克思说："简单协作是完成同一工作的许多工人的协同动作。分工是生产同一种商品的各个不同部分的许多工人在一个资本的指挥下的协作。"① 这种分工又以不同商品生产的社会分工"为自己的出发点和基础"②。本章内容包括工场手工业的起源（第 1 节），工场手工业的简单要素及其作用（第 2 节），工场手工业的两种基本形式（第 3 节），工场手工业的内部分工和社会分工之间的关系（第 4 节），工场手工业的资本主义性质（第 5 节）。

本章可参考《马克思恩格斯全集》第 2 版第 32 卷第 301—362 页。

1. 工场手工业的二重起源

如果说具有资本主义性质的手工作坊从 14 世纪和 15 世纪开始出现，那么，从 16 世纪中叶到 18 世纪末叶就成为真正的工场手工业时期。

一、工场手工业产生的两种方式 ［本节第 2 段—第 392 页第 1 段］

工场手工业的产生有两种方式。

第一种方式是：由资本家将社会上共同完成某种产品生产的不同专业而又各自独立的手工业工人联合在一个工场里，在资本家的指挥下进行分工协作。

马克思以马车和纺织品的生产为例来说明由这种方式产生的工场手工业。这种工场手工业实行的分工协作在开始时仍是建立在简单协作基础上的，即生产马车的不同工种的分工是建立在各种相同工种的独立手工业工人联合在一个工场内劳动基础上的，如原来分散独立的钳工的联合、旋工的联合、裁缝的联合……这些联合起来的手工业工人除了集中在一起只为马车这一种产品进行协作生产之外，在操作上并没有什么变化，他们仍和原来一样从事某一工种的一系列操作。但是，工场手工业中的分工协作提高了工作效率，也使原来简单协作的基础发生了本质上的变化。一方面，原来的手工业工人如裁缝不仅能加入马车的生产，也能加入服装的生产、鞋帽的生产等，而现在只能生产马车需要的坐垫、布帘之类的产品，失去了原有的全面生产的能力；另一方面，不仅某一工种如裁缝只能适应马车生产的需要，同一工种又被分解为一系列的操作，每个工人只担任其中某一种操作，成为局部工人。

---

① 1861—1863 年经济学手稿《马克思恩格斯全集》第 2 版第 32 卷第 301 页

② 1861—1863 年经济学手稿《马克思恩格斯全集》第 2 版第 32 卷第 303 页。

第二种方式是：由资本家将社会上独立完成某种产品生产的相同专业而又分散在各处的手工业工人联合在一个工场里，在资本家指挥下进行协作生产。

马克思以造纸、铸字和制针的生产为例来说明由这种方式产生的工场手工业。这种方式产生的工场手工业的特点在于它一开始实行的完全是简单协作而不是分工协作，这是因为“每个这样的手工业者（可能带一两个帮工）都制造整个商品，因而顺序地完成制造这一商品所需要的各种操作。他仍然按照原有的手工业方式进行劳动”（第391页）。但是这种情况很快就发生改变，例如，针的生产就有20种操作，每个手工业者只分担其中的一种操作，“各种操作不再由同一个手工业者按照时间的先后顺序完成，而是分离开来，孤立起来，在空间上并列在一起，……商品从一个要完成许多种操作的独立手工业者的个人产品，转化为不断地只完成同一种局部操作的各个手工业者的联合体的社会产品”（第392页）。

由此可见，工场手工业的产生方式是二重的，上述第一种方式是以不同种的独立手工业的结合为出发点。将工场外部已经存在的分工引进工场内部的生产过程中，进行分工协作，并加以发展；第二种方式是以同种手工业者的协作为出发点，将工场外部既没有分工又没有协作的分开的手工业者联合在一个工场里，开始进行简单协作，进一步又实行分工协作。但是无论是哪一种产生方式，都使工人由全部操作变成局部操作，系统操作变成特殊操作，完整的工人变成局部工人，工场手工业成为以人为器官的生产机构。

二、如何正确评价工场手工业的分工［第392页末段］

为了正确评价工场手工业的分工，马克思提出了两点注意。

第一，工场手工业的分工建立在手工业生产的基础上，这种手工操作有很大的局限性：生产的发展仍然取决于工人使用工具时的力量、熟练、速度和准确度；生产过程得不到真正科学的分解；每个工人一辈子只适合于从事他所熟练的局部操作，得不到全面发展。

第二，工场手工业有许多优越性，但是这些优越性来自协作的一般性质，而不是来自资本主义经济关系这种特殊的社会形式。

对马克思在第392页末尾的一段话，不少学者理解为讲述工场手工业分工的特点，而且有些书将它归纳为三个特点，有些书将它归纳为四个特点，我认为这种理解是不够准确的。上述第二点（有些书归纳为第三点或第四点。但都是作为最后一点）是论述工场手工业的优越性从何而来，并不是讲特点问题，上述第一点谈的手工操作问题与其说是谈特点，不如说谈工场手工业和之前分散独立的手工业生产的共同点，正因为这个共同点，使工场手工业带来许多问题。如果我们查一下《资本论》第1卷的法文版，在这一段话的一开头就说：“为了正确地评价工场手工业的分工，注意下列两点是很重要的。”① 这句话告诉我们这段话的内容是关于如何正确评价工场手工业的分工，而不是谈它的特点问题，当然也就扯不上三个或四个特点，马克思只是讲了在评价工场手工业分工时的两个注意点。

① 马克思：《资本论》第1卷法文版中译本，中国社会科学出版社1983年版第340页。

2. 局部工人及其工具

本节分析工场手工业的简单要素及其作用。工场手工业的建立，使生产的简单要素发生了变化，原来从事全面操作的手工业工人成了局部工人，原来使用的通用性工具分化为各种专门化的工具，这种变化对生产的发展起了重要作用。

一、局部工人对提高劳动生产率的作用［本节第1段—第395页第2段］

局部工人为什么能提高劳动生产率？原因有二：

第一，局部工人能提高劳动熟练程度和技术工艺水平，节省产品生产的劳动时间。［本节第1段—第395页第1段］

在工场手工业中，工人终生从事同一种简单操作，动作熟练，和独立手工业者相比较，同样的操作，花费的时间会减少，同样多的工人在同样的时间内会生产出更多的产品。

由于不断重复同一种简单操作，把注意力集中在有限的动作上，工人越来越有经验，不仅提高了劳动的熟练程度，而且完善了劳动的方法，改进了技艺。又由于几代工人集中在一个工场里共同劳动，这种技艺容易进行交流，并能够巩固、积累和传授到下一代。

工场手工业的这种作用具有二重性，它一方面生产出局部工人的技艺，另一方面又把局部劳动变成一个人的终生职业，如同种姓制度和行会制度，使手工业成为世袭职业。现在又进一步，使手工业的局部操作成为世袭职业，不同的是现在没有法律上的强制性。

第二，局部工人能节省非劳动时间，提高劳动强度。［第395页第2段］

当一个手工业者独立完成一件产品时，他要进行一系列的操作，在转换操作时，时而移动位置，时而调换工具，由此而耽误不少劳动时间。一旦手工业者整天从事同一种操作，这种非劳动时间就会因此而减少，甚至趋于消失。

在一定时间内非劳动时间的减少也就是劳动时间的增加，这也是提高劳动强度的一种表现形式。

二、劳动工具的专门化对提高劳动生产率的作用［第395页末段］

劳动生产率的提高不仅取决于劳动者的技艺，也取决于他使用的劳动工具的完善程度。

由于工场手工业将劳动过程的不同操作进行分解和分离，每个工人只重复进行同一种简单操作，不仅使工人变成局部工人，也使劳动工具按照不同的操作要求进行分解，产生许多专门化的劳动工具。例如，在英国的伯明翰，仅仅是锤这一工具就有500个品种，工具的专门化更能适合局部工人的操作，充分发挥作用。

劳动工具的专门化又使劳动工具本身简单化、多样化并获得技术上的改进，为机器的创造和使用准备了物质条件。

三、本节和下一节的主要内容［本节末段］

本节的主要内容是分析工场手工业的简单要素，而下一节的主要内容是考察工场手工业的全貌，即工场手工业的两种基本形式。

3. 工场手工业的两种基本形式——混成的工场手工业和有机的工场手工业

在《资本论》第1卷的法文版中，这一节的标题是："工场手工业的整个机构。它的两种基本形式：混成的工场手工业和系列的工场手工业"①。

一、工场手工业的两种基本形式的产生及其引起的后果［本节第1段—第402页末段］

由于产品的两种不同性质，产生出工场手工业的两种基本形式，后一种形式是工场手工业的完成的形式。

（一）混成的工场手工业的产生及其特点［第397页第1段］

以钟表这种产品为例，它是由发条、字盘、游丝、钻石、指针、表壳、螺丝、齿轮等许多独立的零部件组装而成，原来由许多独立的手工业者分别生产这些零部件，最后由装配工组合成产品。当把这些分散的、独立的手工业工人集中在一起，在资本家统一指挥下进行生产时，就形成了混成的工场手工业。

这种工场手工业的特点是不同的生产阶段没有什么连续性，只是在最终装配阶段时才组合在一起，因而在这种工场手工业中不一定要将所有生产零部件的工人都结合进来，由于以下两个原因，完全可以并有必要将某些零部件交给在各自家里劳动的手工业者去完成：第一，"因为在家里劳动的工人之间的竞争十分激烈，因为生产分为许多性质不同的过程，使人们不大可能共同使用劳动资料"②；第二，在分散生产的情况下，资本家可节省厂房等费用。马克思在这里顺带说明，这种家庭工人现在成为局部工人，和原来的独立手工业者的地位已完全不同。

（二）有机的工场手工业的生产及其引起的后果［第398页第1段—第402页末段］

以缝衣针这种产品为例，它是顺序经过拉长并拉直针条、切断、打眼、磨尖等72道甚至92道连续操作后制成的，当这种系统操作而又分散的独立手工业者被资本家雇用后集中在一起时，就形成了有机的工场手工业。

有机的工场手工业使原来的手工业生产发生了许多变化：

第一，由于这种工场手工业把原来分散的手工业结合在一起，使各种操作进行转换时的距离缩短了，因而在这方面花费的时间和费用减少了，提高了劳动生产率。由于转换时的搬运还是靠人力完成，和以后大工业的运输条件相比，时间上和费用上的节省，有很大的局限性。［第398页末段］

---

① 马克思：《资本论》第1卷法文版中译本，中国社会科学出版社1983年版第344页。

② 马克思：《资本论》第1卷法文版中译本，中国社会科学出版社1983年版第346页。陈征教授把家里劳动的工人之间的激烈竞争这句话分割出来成为第一点，把生产分为许多性质不同的过程，使人们不大可能共同使用劳动资料这句话说成是第二点，见《〈资本论〉解说》第1卷（修订本），福建人民出版社1997年版第387页。我们从法文版的上述引文中同样可以清楚地看到，马克思用了两个"因为"，都是说明"使人们不大可能共同使用劳动资料"这一点的。

第二，在有机的工场手工业中，不同的生产阶段不仅在时间上是顺序进行的，而且由于同一个工人固定在同一局部操作上，在空间上又是并存的。当一组工人在打针眼时，另一组工人同时在切断针条，还有一组工人又同时在拉长和拉直针条，其结果是在同一时间内可以提供更多的产品，并且通过对劳动操作上的进一步分解，建立和发展工人之间的协作。[第 399 页末段]

第三，开始建立起社会化的劳动组织。[第 400 页第 1 段—第 402 页末段] 这种社会化的劳动组织表现在：①每个工人都要按照社会必要时间进行劳动，形成和独立手工业中，甚至和简单协作中完全不同的连续性、划一性、规则性、秩序性，特别是劳动强度。[第 400 页第 1 段] ②不同操作的局部工人小组的人数要合乎量的比例上的要求，在分工的基础上进行协作，生产资料由于共同使用而得到充分的利用。[第 400 页末段—第 401 页末段] ③在分散独立的手工业结合成工场手工业的基础上，不同的工场手工业之间又会进一步结合在一起，这里包括提供劳动资料的工场手工业和使用这种劳动资料的工场手工业之间的联合，提供原料的工场手工业和对这一原料进行加工的工场手工业之间的联合，形成总工场，由于仍然实行手工劳动，在技术上难以真正统一起来。[第 402 页末段]

二、工场手工业引起的一般后果 [第 403 页末段—本节完]

上述工场手工业引起的后果着重在对有机的工场手工业这种形式的分析，现在要谈的各种后果就不限于有机的工场手工业所引起的，也包括混成的工场手工业引起的。

第一，工场手工业为了减少生产商品的社会必要劳动时间，首先就会在需要大量人力、费力但操作比较简单的环节上使用机器，例如，采用粉碎磨来取代人工磨碎破布，捣碎磨取代人工捣碎矿石。[第 403 页末段]

第二，工场手工业可以按照工人的不同素质（体力、灵巧性、注意力等）把他们安排在不同的岗位上，发挥他们的特长。[第 404 页末段]

第三，由于工场手工业中各种操作对工人技能要求各不相同，因而发展了劳动力的等级制度以及与此相适应的工资的等级制度。[第 405 页第 1 段]

第四，在劳动力的等级制度下，工场手工业中的工人分为熟练工人和非熟练工人，由于操作上的简化和非熟练工人不需要学习费用，这样就会降低劳动力价值，产生出相对剩余价值。[本节末段]

4. 工场手工业内部的分工和社会内部的分工

资本主义的工场手工业是在社会分工发展到一定程度的基础上产生的，工场手工业的产生，又推动社会分工的进一步发展，现在就来研究二者的关系。

一、社会内部分工和工场内部分工的相似点和联系 [本节第 2 段—第 409 页末段]

单就劳动本身来说，分工可划分为三种：①一般的分工，这就是将社会生产划分为农业、工业等大类；②特殊的分工，把这些大类再进一步划分，如将工业再划分为重工业、轻工业，轻工业再划分为纺织工业、食品工业等；③个别的分工，这就是工场内部的分工，区别于前两种的社会内部的分工（简称社会分工）。

社会内部的分工和工场内部的分工的相似点和联系表现在以下几个方面：

第一，社会内部的分工和工场手工业内部的分工一样，是从相反的两个起点发展起来的。[第 407 页第 1 段—第 408 页第 1 段]

从起源上说，社会分工和工场内部分工都是二重的，即一种情况是起源于独立的生产，分工后转化为非独立的生产；另一种情况是起源于非独立的生产，分工后转化为独立的生产。

关于工场手工业分工起源的二重性，在本章第 1 节作了详细论述，在第 392 页上作了这样概括："工场手工业的产生方式，它由手工业形成的方式，是二重的。一方面，它以不同种的独立手工业的结合为出发点，这些手工业非独立化和片面化到了这种程度，以致它们在同一个商品的生产过程中成为只是互相补充的局部操作；另一方面，工场手工业以同种手工业者的协作为出发点，它把这种个人手工业分成各种不同的特殊操作，使之孤立和独立化到这种程度，以致每一种操作成为一个特殊工人的专门职能。因此，一方面工场手工业在生产过程中引进了分工，或者进一步发展了分工，另一方面它又把过去分开的手工业结合在一起。"

社会分工的起源也具有这种二重性，第一个出发点是按照性别和年龄进行的自然分工，在一个共同体内协作劳动，离开这个集体，个人就不能生存，因而不能独立生产，在生产发展的基础上建立起社会分工之后，公社逐渐瓦解，共同体的成员变成独立的生产者。第二个出发点是在公社与公社之间发生的产品交换，互相独立的公社随着交换的发展建立起越来越密切的联系，在这一基础上产生的社会分工又会使公社之间、个人之间相互依存，丧失独立性。

第二，工场手工业内部分工以同时使用一定量的工人为物质前提，社会分工以人口数量和人口密度为物质前提。[第 408 页末段]

这里要说明的是，人口密度是一个相对的概念，在考察一个国家或一个地区的人口密度时，不能单纯统计每平方公里的平均人口，还要考虑到交通发达程度这一重要因素，"人口较少但交通工具发达的国家，比人口较多但交通工具不发达的国家有更加密集的人口"（第 408 页）。

第三，工场手工业内部的分工一方面要以社会内部的分工已经达到一定的发展程度为前提，另一方面，工场手工业的分工又会发生反作用，发展并增加社会分工。[第 409 页第 1 段]

工场手工业要以发达的商品生产和商品流通为前提，而社会分工又是"一切商品生产的一般基础"（第 406 页），没有比较发展的社会分工，就不可能有工场手工业的内部分工，没有社会上提供的各种品种的产品，任何只生产某一种产品的工场手工业就不可能存在。

但是工场手工业的分工又会推动社会分工的发展：①工场手工业内部劳动工具的分化，引起生产这些工具的行业日益分化，劳动工具越来越专门化和多样化；②原来由同一生产者经营并包括主要行业和其他行业的工场手工业，很快就会发生分离和互相独立；③有机的工场手工业中各个生产阶段分离出来成为各种独立的行业；④混成的工场手工业中各种零部件生产分离出来，独立化为特殊的手工业；⑤根据不同的原料或同一原料的不同形式，将原来同一个工场手工业分解为多个工场手工业；⑥工场手工业的分工推动了一个国家内各个地区之间的分工。此外，作为工场手工业时期一般存在条件的世界市场和殖民制度，对社会分工的发展也起了重大的推动作用。

二、社会内部的分工和工场内部的分工的区别［第 410 页末段—本节完］

社会内部的分工和工场手工业内部的分工不仅有程度上的差别，而且有本质的区别。

第一，在社会分工中，生产者各自生产不同的商品；在工场手工业内部的分工中，作为生产者的局部工人不生产商品，成为商品的只是作为总体工人的共同产品。

第二，社会内部的分工以不同劳动部门的商品交换为中介；工场手工业内部的分工是以资本家把雇佣工人作为一个结合劳动力来使用为中介。

第三，“工场手工业分工以生产资料集中在一个资本家手中为前提；社会分工则以生产资料分散在许多互不依赖的商品生产者中间为前提”（第 412 页）。

第四，“在工场内部的分工中预先地、有计划地起作用的规则，在社会内部的分工中只是在事后作为一种内在的、无声的自然必然性起着作用”（第 412 页）。

无论是工场手工业内部的分工或社会内部的分工，都受按比例发展生产规律的支配。在工场手工业内部，这种比例关系能够自觉地、有计划地进行安排，使工人的数量和生产资料的数量保持一定的比例。在社会内部情况就不一样了，供求平衡的要求和价值规律的决定作用虽然都会使生产按比例地进行发展，但是在私有制的基础上，人们自发地、盲目地受市场价格变动的支配，不能做到预先地、有计划地保持各种比例之间的平衡。

第五，工场手工业分工以资本家对人的绝对权威为前提，社会分工只承认竞争的权威。

在工场手工业内，工人终生固定从事某种局部操作，局部工人绝对服从资本，“资产阶级社会的特点是社会分工的无政府状态和工场手工业分工的专制”①，二者是互相制约的，即：“社会内部的分工越不受权威的支配，作坊内部的分工就越发展，越会从属于一人的权威。因此，在分工方面，作坊里的权威和社会上的权威是互成反比的。”②

社会分工的无政府状态和工场手工业分工的专制，在以往社会形态中是不存在的。例如，在原始的印度公社中，每个公社“都是一个自给自足的生产整体”（第 413 页），在公社内部虽然也存在一些分工，如首领、记账员、官吏、边防人员、管水员、婆罗门、教员、铁匠、木匠、陶工、理发师、洗衣匠、银匠、诗人等，但这种分工并不以商品交换为中介，铁匠、木匠等手工业者“是独立的，不承认任何权威”（第 414 页）。再以行会制度下的手工业为例，在这种制度下，“工人和他的生产资料还是互相结合的”（第 415 页），他们并不联合在一个工场内，行会师傅虽然可以雇工，但只限于他所在的手工业范围内雇用帮工，雇工人数也受到严格限制，以防止行会师傅变成资本家。

马克思的结论是：“整个社会内的分工，不论是否以商品交换为中介，是各种经济的社会形态所共有的，而工场手工业分工却完全是资本主义生产方式的独特创造。”（第 415—416 页）

以上五点区别均包括在第 410 页末段中，但是在下一段（即第 413 页第 1 段）开始直到本节结束，马克思又专门对第五点区别展开了论述。我国出版的许多辅导材料，将第 413 页第 1 段到本节结束的这一部分从上述第五点区别中分割出来，作为本节的第三部分内容，标题大体上表述为“工场手工业的分工是资本主义制度的产物”，这是不确切的。因为第 413 页第 1 段开始讲的工场手工业内部分工的专制就是第 410 页末段最后讲的工场

---

① 马克思：《资本论》第 1 卷法文版中译本，中国社会科学出版社 1983 年版第 359 页。

② 马克思：《哲学的贫困》，《马克思恩格斯选集》第 1 卷第 163 页。

手工业内部分工的绝对权威，将这二者割裂开来作为两个不同的问题是不恰当的。第 413 页谈工场手工业内部分工的专制的这一段话中加了一个脚注，脚注中谈的就是工场里的权威和社会上的权威，这正是上述第五点区别要讲的内容。

从以上五点区别中，我们可以看到，亚当·斯密否定社会分工和工场手工业内部分工的本质区别，认为这种区别只是主观想象的，只是对观察者才存在的，这种认识是不正确的。

5. 工场手工业的资本主义性质

一、工场手工业的资本主义性质的具体表现［本节第 1 段—第 421 页末段］

工场手工业的资本主义性质表现在以下四个方面：

第一，资本的最低限额越来越增大，越来越多的生活资料和生产资料转化为资本。［本节第 1 段］

工场手工业的分工使工人人数增加，从而提高了货币转化为资本的最低限额，在扩大工场规模时，要求工人人数按倍数增加，并相应增加不变资本；在提高劳动生产率的条件下，还要不变资本尤其是原料有更多的增加，使资本的最低限额越来越增加，越来越多的生活资料和生产资料转化为资本。

第二，工人畸形发展，只能作为资本家工场的附属物。［第 417 页第 1 段—第 418 页第 1 段］

工场手工业工人服从资本的指挥遵从资本的纪律，使各种劳动的结合产生的生产力表现为资本的生产力；使工人畸形发展，失去独立生产的能力，离开资本家的工场就无法生存，这迫使他们成为资本家工场的附属物，为资本服务。

第三，在工场手工业中，工人变得迟钝和无知。［第 418 页第 2 段—第 420 页末段］

工场手工业中劳动的特点是畸形发展、简单化、重复操作，它不仅不要求工人的智力，反而会“压抑工人的多种多样的生产志趣和生产才能”（第 417 页），简单而又单调的重复操作，使工人变得呆板而没有活力，失去劳动的兴趣和进取精神，“变成最愚钝最无知的人”①，“一个人固定做针头，另一个人固定磨针尖，这种千篇一律、枯燥无味的工作，使得工人逐渐愚钝”②，脑力劳动和体力劳动之间进一步分离。马克思甚至举了这样极端的例子，在 18 世纪中叶，某些手工工场为了操作上的保密，宁愿雇用半白痴的工人从事这些简单的操作。

第四，工场手工业只是一种靠牺牲工人来加强资本自行增殖的特殊方法。［第 421 页第 1—末段］

工场手工业一开始就是作为资本主义的生产形式建立和发展起来的，“工场手工业分工通过手工业活动的分解，劳动工具的专门化，局部工人的形成以及局部工人在一个总机构中的分组和结合，造成了社会生产过程的质的划分和量的比例，从而创立了社会劳动的一定组织，这样就同时发展了新的、社会的劳动生产力”（第 421—422 页）。与此同时也产生了资本统治劳动的新条件，成为文明的、精巧的生产相对剩余价值的手段。

---

① 亚当·斯密：《国民财富的性质和原因的研究》下卷，商务印书馆 1974 年版第 339 页。

② 安德鲁·尤尔：《工厂哲学，或工业经济学》，转引自《马克思恩格斯选集》第 1 卷第 168 页。

二、政治经济学作为一门独立科学的建立［第 422 页末段］

“政治经济学作为一门独立的科学，是在工场手工业时期才产生的”（第 422 页），我们有必要了解这一时期的经济学家对分工问题是怎样认识的。

古代以柏拉图（公元前 427—前 347）和色诺芬（公元前 430—前 354）为代表的希腊奴隶主思想家已经研究了社会分工问题，他们只注重使用价值的质或量。柏拉图认为："如果一个人根据自己的天生才能，在适当的时间内不做别的工作，而只做一件事，那么他就能做得更多、更出色、更容易。”（转引自第 423 页脚注）色诺芬认为：每个人如果只专门从事一种手艺，那么这个“从事最简单工作的人，无疑能最出色地完成这项工作”（转引自第 424 页脚注），专门从事烹调的厨师做出的食品更加可口。柏拉图和色诺芬不同之处在于，色诺芬谈的分工内容是生产家具、农具、鞋、衣服等，在鞋的生产中不仅提出生产男鞋和女鞋的分工，而且提出裁切皮革和缝皮鞋的分工；在衣服的生产上提出裁衣和缝纫的分工，因此，马克思称色诺芬是“以他所特有的市民阶级的本能已经更加接近工场内部的分工”（第 424 页）。而柏拉图的理想国描绘的却是哲学家、军人和农民及手工业者这三个自由市民等级上的分工，农民和手工业者的分工是向哲学家（管理者）和军人提供生活资料，“分工被说成是国家的构成原则”（第 424 页）。

工场手工业时期以亚当·斯密为代表的资产阶级经济学家和上述观点截然相反，认为分工可以使商品便宜和加速资本积累，着重在交换价值上评价分工，这又是一种片面的认识；斯密不能区分工场的分工和社会的分工，还把工具的分化和机器的发明混为一谈；斯密过分强调分工，认为机器只起从属的作用。“关于分工，亚·斯密没有提出任何一个新原理。”（第 404 页脚注）

三、工场手工业的局限性［第 425 页第 1 段—本节完］

工场手工业的局限性既包括生产发展上的局限性，也包括资本统治上的局限性，具体表现在以下三个方面：

第一，降低劳动力价值遇到了许多障碍。

工场手工业使劳动力价值下降，但这种下降会遇到许多障碍：①工场手工业中有许多操作由非熟练工人担任就可以胜任，使用非熟练工人也比熟练工人更便宜，但是，由于熟练工人占压倒优势，非熟练工人人数有限；②工场手工业中许多操作适合采用更为廉价的妇女和儿童，但是，由于社会习惯和男工的反抗而难以实现；③工场手工业使操作简单化，从而降低了工人的教育费用，但是，由于某些较难的局部劳动还需要事先有一个较长的学习时间。不仅如此，其他变得容易操作的局部劳动，因历史的原因，如英国曾经有长达 7 年学习时间规定的学徒法，在工场手工业时期也一直保留下来。

马克思用三个“虽然”列举以上三点内容，都是为了说明一个问题，即工场手工业在降低劳动力价值过程中会遇到种种障碍，有些辅导材料将这三点分割成三个独立的内容，偏离了降低劳动力价值的障碍这一主题。

第二，资本对工人的统治也遇到了障碍。

由于工场手工业的生存与发展完全依靠工人对手工劳动的熟练，工人有很强的独立性，不听从资本家的指挥，工人越熟练越如此，“人类天赋的弱点就是如此：工人越是熟练，他就越是有主见，越是难于驾驭”①。工人每周劳动的天数少，每天劳动的时间短，“从16世纪直到大工业时代，资本始终没有能够占有工场手工业工人全部可供支配的劳动时间”（第426页），不仅如此，由于工人经常流动，工场手工业也不得不“随着工人由国外迁入或迁往国外”（第426页）。

第三，工场手工业在社会生产中不占统治地位，本身狭隘的技术基础也不能满足生产上的需要。

在工场手工业时期遍布城乡的是城市独立的手工业和农村的家庭手工业，工场手工业只是“经济上的艺术品”（第426页），在社会生产中不占统治地位。不仅如此，由于工场手工业本身也是手工操作，这种狭隘的技术基础发展到一定程度就会和它的生产需要发生矛盾。另一方面，工场手工业的分工又为机器的生产和使用创造了条件，随着机器的使用，上述种种障碍和限制就会被消除。

① 安德鲁·尤尔：《工厂哲学，或工业经济学》，转引自《马克思恩格斯选集》第1卷第168页。

第十三章　机器和大工业

工场手工业建立起分工协作的劳动组织，使生产方式发生了变化。机器和大工业的出现，使劳动工具的进步发生了飞跃，建立起资本主义的生产方式。相对剩余价值的生产是以资本主义生产方式为前提的，机器和大工业为相对剩余价值的生产准备了充足的物质前提。

本章共 10 节，除第 1 节介绍机器和大工业本身的建立与发展外，其余 9 节均可归结为机器和大工业引起的种种后果，其中第 2—4 节为直接后果，第 5—7 节为进一步后果，第 8—10 节为其他后果。

本章可参考马克思著的《哲学的贫困》第 2 章第 2 节；《马克思恩格斯全集》第 2 版第 32 卷第 362—394 页。

1. 机器的发展

机器的发明和使用，本可以降低劳动强度，生产出物美价廉的产品，改善人们的生活，但是，资本主义使用机器的目的是通过降低商品的价值来降低劳动力价值，缩短必要劳动时间，相对延长剩余劳动时间，生产出更多的剩余价值。由于物美价廉，提高了产品的竞争力，有利于争夺市场。

一、机器的产生。机器和手工业工具的区别［第 427 页末段—第 432 页第 1 段］

生产方式的变革，在工场手工业中从劳动力入手，由简单协作发展到分工协作，在大工业中从劳动资料入手，变手工业工具为机器，为此，首先要研究一下机器和手工业工具的区别。

有两种错误的观点，一种错误观点认为工具是简单的机器，机器是复杂的工具，这种观点的错误在于没有看到二者之间的本质区别，因为无论是工具还是机器均有简单与复杂之分；其次，这种观点没有历史的要素，因为复杂的工具在历史上早已存在，由此就会得出机器的使用在工场手工业之前的结论。另一种错误观点认为以人为动力的是工具，以自然力为动力的是机器，这是非历史的、也是非本质的划分，因为按这种标准划分，古代用牛拉犁就已经使用机器，近代用手推动的纺织机就不过是工具了。

发达的机器由三个部分组成：①发动机，提供动力，或者由发动机自身产生动力，如蒸汽机、柴油机、电磁机等，或者由外部现成的自然力直接推动，如水力、风力等。②工具机，对劳动对象进行开采、冶炼、锻锤、压轧、切削等操作，按照预定的目的改变劳动对象。③传动机构，由飞轮、转轴、齿轮、涡轮、杆、绳索、皮带、联结装置以及各种附件（如电线及插座）组成，起中介作用，或者把发动机提供的动力传导给工具机，在传导过程中可以改变运动的形式（例如把垂直运动变为圆形运动）和把运动分配并传送到工具机上，或者将劳动对象从一个工具机位置移到另一个工具机位置，如汽水厂将玻璃瓶从验瓶处传送到灌水机，再传送到压盖机，最后包装入库。

马克思说："这里只能谈谈显著的一般的特征，因为社会史上的各个时代，正如地球史上的各个时代一样，是不能划出抽象的严格的界限的。"（第427—428页）这无论是对工具机本身或机器的全部组成，都是适用的。当代由于电脑的广泛运用，使工厂自动化程度大为提高，电脑越来越成为现代机器不可缺少的一个组成部分。

18世纪的产业革命，是从工具机代替手工工具开始的，工具机和手工工具的区别在于手工工具是人的工具，而工具机中的工具是机构的工具或机械工具。从形式上看，机械工具和手工工具往往是难以区分的，纺纱机上的锭子、织袜机上的针、锯木机上的锯条、切碎机上的刀等，手工业工人可以一眼认出来，即使在制造上，最初也来自于手工业或工场手工业。区别在于操作上而不是工具形式上，也不是动力上。手工工具用手直接进行操作，机械工具则是安装在工作机的机体上，借助于一定的动力。通过传动装置进行操作，工人只是用眼看管机器和用手纠正机器的差错，"至于动力是来自人还是本身又来自另一台机器，这并不改变问题的实质"（第430页）。由于手工工具用手直接进行操作，人能够同时使用的工具的数量，就会受到人自身的器官数量的限制，工具机则不受人的身体器官数量的限制。

产业革命是从工具的变革而不是动力的变革开始的，在工场手工业中，工人既从事操作，又提供动力，如纺纱工人，用脚发动纺车，用手进行操作，或用一只手发动纺车，另一只手进行操作。产业革命使纺纱机代替人手的操作，但工人仍发挥动力的作用，由此引起生产方式的革命。相反，历史上更早出现的用牲畜、自然力取代用人当动力，甚至还发明了蒸汽机、机械风箱、水泵等，都没有引起生产方式的革命。

由手工工具到机器的转变，马克思总结为："作为工业革命起点的机器，是用这样一个机构代替只使用一个工具的工人，这个机构用许多同样的或同种的工具一起作业，由一个单一的动力来推动，而不管这个动力具有什么形式。"（第432页）

这里说的是产业革命开始时出现的机器，随着产业革命的发展，也会有相应的发展，这首先表现在发动机的产生与发展上。

二、机器的发展［第432页末段—第442页末段］

（一）发动机的产生与发展［第432页末段—第434页末段］

随着工具机规模的扩大和工具机上工具数量的增加，对动力提出更大更多的要求，原先作为动力的人力、马力、风力、水力等已不能适应这种新的要求：①人力太弱，而且不能产生划一运动和连续运动；②马力是较大的动力，但马不会完全听从工具机的支配，每天工作时间有限，且养马的费用非常高，在工厂的车间内难以使用；③风力太不稳定，而且无法控制；④水力的应用在工场手工业时期很普遍，但是水位不能随意升高，水源不稳定，并且完全受地点的限制。瓦特发明了双向蒸汽机后，克服了上述动力的各种缺点，它消耗煤和水后就自行产生强大的动力，使用时可以进行调控，在选址时不太受地点上的限制，而且由于它本身能够产生搬运的推动力，可以随意进行移动。

一台发动机可以同时推动许多工具机，工具机的发展又推动发动机的发展和传动机构的发展。

（二）同种机器的协作和机器体系的形成 ［第 435 页第 1 段—第 438 页第 1 段］

同种机器的协作是指同种的工具机在空间上集结，同时共同发生作用。例如，许多织布机集结在一起组成织布厂，许多缝纫机集结在一起组成服装厂，每台机器都独立生产相同的完整的产品，这种工厂和由独立生产同一类产品的手工业者建立起来的工场手工业一样，实行简单协作。不同的是，现在使用的是机械工具，由单一的发动机推动，由传动机构进行传送和调控，存在着技术上的统一，在进度上、质量上、规格上是非常一致的。

真正的机器体系是指由一系列对劳动对象顺序进行加工的各不相同而又互为补充的工具机在空间上的联结，这是以分工为基础的协作，但是这种机器体系中的分工协作和工场手工业中的分工协作有着本质上的区别。第一，在工场手工业中，每一个特殊的局部过程都是使用手工工具来完成的，生产过程的划分要以适应工人的专长为原则，这是一种主观的分工原则；在机器体系中，每一个特殊的局部过程都是使用工具机来完成的，协作表现为各种局部工具机的结合，生产过程是客观地按其本身的性质分解为各个组成阶段，由力学、化学等在技术上的应用来解决。第二，在工场手工业中，各个局部之间的工人人数要求构成一定的比例，在机器体系中，各个局部之间的局部机器的数目、规模和速度要求构成一定的比例。第三，在工场手工业中，分工引起各特殊过程的分离，在机器体系中，起支配作用的是各特殊过程的连续性。

机器生产的最发达形态是建立起自动的机器体系，它是通过传动机由一个中央自动机推动的工作机的有组织的体系。工具机不需要人的帮助就能自动完成从原料不断加工成产品的连续过程，这种自动机器体系在马克思时代已经开始出现，引起马克思的关注。马克思提出："当工作机不需要人的帮助就能完成加工原料所必需的一切运动，而只需要人从旁照料时，我们就有了自动的机器体系。"（第 438 页）

（三）用机器制造机器 ［第 438 页末段—第 442 页末段］

机器最初是由工场手工业工人或独立的手工业者用手工生产出来的，随着机器生产的发展，原来工场手工业和独立手工业的技术基础就不能适应，要求建立与机器本身的生产方式相适应的新基础。第一，手工生产的机器价格昂贵；第二，"工具机的各个组成部分日益复杂、多样并具有日益严格的规则性"（第 440 页）；第三，"自动体系日益发展"（第 440 页）；第四，"难于加工的材料日益不可避免地被应用"（第 440 页）。这些在生产机器中遇到的问题，由于手工劳动受到人身的限制而难以解决。

"一个工业部门生产方式的变革，会引起其他部门生产方式的变革。"（第 440 页）这里所说的"其他部门"，不限于其他工业部门，还包括农业和交通运输业，对机器设备不仅要求数量多，而且体积大、结构复杂、技术含量高，对所用原料加工难度大，这是用手工操作的机器制造业不能胜任的。

机器本身的发展要求用机器生产机器，只有这样才能使大工业建立起自己的技术基础。19 世纪最初几十年建立起工具机制造业，接着，又建立起有庞大机器投入的原动机制造业。

用机器生产机器必须具备两个物质条件：第一，"要有能供给各种强度的力量同时又完全受人控制的发动机"（第 442 页），蒸汽机就是这样的发动机；第二，采用能使机器部件符合精确的几何形状要求的机械装置。

用机器生产出来的机械工具和用手工生产出来的机械工具，形状往往相似，但二者的规模和力量是不能相比的。

三、机器的使用引起的劳动过程的变化［本节末段］

劳动资料取得机器这种物质存在形式，使劳动过程发生了以下变化：

第一，“要求以自然力来代替人力，以自觉应用自然科学来代替从经验中得出的成规”（第443页）。

第二，“在工场手工业中，社会劳动过程的组织纯粹是主观的，是局部工人的结合；在机器体系中，大工业具有完全客观的生产有机体，这个有机体作为现成的物质生产条件出现在工人面前”（第443页）。

第三，在工场手工业中，无论是简单协作或分工协作，都不会排斥单个工人独立发挥作用；在机器体系中，除少数例外，单个工人“只有通过直接社会化的或共同的劳动才发生作用”（第443页）。

作为商品的生产，不仅仅是单纯的劳动过程或使用价值的生产过程，它同时也是价值的生产过程，下一节就转向机器大工业对价值生产的影响。

2. 机器的价值向产品的转移

一、机器的使用降低了商品的价值［本节第1段—第448页第1段］

由于协作和分工产生的生产力，如同自然界提供的风力、水力和广为传播的自然科学一样，不费分文，但是要利用这些自然力和自然科学，就需要有各种设备，从水车到抽水机，从手工工具到机械工具。这里有一个发展过程，虽然机器和发达的机器体系这种大工业特有的劳动资料，在价值上比手工业生产和工场手工业生产的劳动资料增大得无可比拟，但是商品的价值量反而下降了，这是因为：

第一，机器虽是全部地进入劳动过程，但只是部分地进入价值的形成过程，即在每一次生产过程中，机器的价值只消耗和转移一部分。［第444页末段］

机器的价值和机器在一次生产过程中转移的价值或机器的使用和机器的磨损二者之间是有很大差别的，这种差别在手工工具上也存在，但在机器上这种差别要大得多。首先，“因为机器是由比较耐用的材料制成的，寿命较长”（第445页），这也就是说，机器的价值虽然很大，但每年消耗量所占的比重较手工工具小；其次，“因为机器的使用要遵照严格的科学规律，能够更多地节约它的各个组成部分和它的消费资料的消耗”（第445页）；最后，“因为机器的生产范围比工具的生产范围广阔无比”（第445页），即使用机器越多，这方面价值越大，机器的价值和机器磨损的价值之间的差额就越大，也就是说，机器提供的无偿服务就越多。100万镑的机器设备全部投入使用，每一次生产过程只损耗了5万镑，这就是说，另外95万镑虽也投入使用但未损耗，提供了无偿服务。

第二，共同消费某些共同的生产条件，比单个工人消费分散的生产条件要节约，因而能使产品便宜一些。［第446页第1段］

这种节约无论是对工场手工业或机器大工业都是适用的，但工场手工业的这种节约主要表现在建筑物及其场地上，而“在机器生产的场合，不仅一个工作机的许多工具共同消费一个工作机的躯体，而且许多工作机共同消费同一个发动机和一部分传动机构”（第

446 页）。

第三，机器大大地提高了劳动生产率，增加了产品的数量。[第 446 页第 2 段—第 447 页第 2 段]

当劳动资料价值的转移部分已定，这个转移部分对商品价值的影响就取决于产品的数量。由于机器大大提高了劳动生产率，迅速增加了产品的数量（包括例如原来用铁锤去锤打小块的铁改为用蒸汽锤去锤打成吨重的铁），和手工工具相比，同样开工 1 小时，机器磨损的价值量要大得多，但是这部分价值分摊到更多的产品上，每件产品的价值反而变少了。

产品的数量不仅取决于工具机的数量，还取决于工具机作业的速度，这里的差别是很大的。

第四，机器本身的价值因用机器生产机器而下降。[第 447 页末段]

如果每年价值转移部分占机器价值的比率已定，这个价值转移的绝对量就取决于机器本身的价值量，机器的价值越低，在价值转移比率不变的情况下，价值转移的绝对量就会越少，从而会使商品价值量下降。

随着用机器生产机器取代用手工工具生产机器，机器的价值就会下降，随着科学的进步，机器价值的不断下降和机器性能的提高是必然的趋势。

第五，商品价值中另一组成部分——新创造的价值不仅绝对量减少了，它的相对量也减少了。[第 448 页第 1 段]

在这一段话中马克思并没有直接说明商品价值中包含的新创造的价值部分，无论是绝对地或相对地说都减少了。但是我们从马克思说的“在机器产品中，由劳动资料转来的价值组成部分相对地说是增大了，但绝对地说是减少了”（第 448 页）这句话中，撇开劳动对象这一部分不谈，就可以引申出新创造的价值部分的结论。

在商品价值中新创造的价值部分不仅绝对地减少，而且还相对地减少，这同样是劳动生产率提高的表现，“劳动生产率的增长，表现为劳动的量比它所推动的生产资料的量相对减少，或者说，表现为劳动过程的主观因素的量比它的客观因素的量相对减少”（第 718 页）。从而使商品价值中“活劳动的份额减少，过去劳动的份额增加”①。

在商品价值中劳动资料的价值和新创造的价值都减少的情况下，劳动资料价值的相对增加表明，新创造的价值部分减少的幅度要大于劳动资料价值部分减少的幅度。

商品价值是由原有的物化劳动部分和新投入的活劳动部分构成的，单个商品中包含的劳动资料价值的转移部分减少了（撇开也会减少的劳动对象价值的转移部分不谈），活劳动新创造的价值部分也减少了，而且是更大幅度地减少，商品价值就会下降。

机器的价值下降，不等于说机器价格也一定下降，变得便宜，这里有个货币因素，当我们说使用机器使商品变得便宜，只能是从价值上来说的，或者是在假定货币价值不变的条件下去说商品变得便宜。

二、使用机器的界限 [第 448 页末段—本节完]

（一）使用机器的一般界限 [第 448 页末段]

“如果只把机器看作使产品便宜的手段，那么使用机器的界限就在于：生产机器所费

① 《资本论》第 3 卷第 290 页。

的劳动要少于使用机器所代替的劳动。”（第451页）这也是使用机器的一般原则。

生产机器所费的劳动和它所节省的劳动之间的差额就是机器生产率，用节省的劳动量和生产机器的劳动量二者的比率来表示，没有这个差额，就没有机器的生产率，就失去使用机器的意义。

对这个差额，马克思举例加以说明，不过例子中某些数字出现笔误，有的学者认为第449页第10行中的“1星期”应为“1个10小时的工作日”，同页第11—12行中的“150个劳动小时，或15个10小时工作日”，应为“25个劳动小时，或2.5个10小时工作日”。[①] 有的学者认为只要将第449页第10行的“10小时工作日”改为“每周6个10小时工作日”就可以了。[②]

（二）资本主义使用机器的界限［第450页末段—本节完］

“因为资本支付的不是所使用的劳动，而是所使用的劳动力的价值，所以，对资本说来，只有在机器的价值和它所代替的劳动力的价值之间存在差额的情况下，机器才会被使用。”（第451页）也就是说，购买机器的支出必须少于由于使用机器而减少的雇佣工人的工资支出，这是资本主义使用机器的界限。

这两种支出差额的多少以及是否存在差额甚至是负差额，取决于不同国家，或同一国家的不同时期或同一时期不同的生产部门的劳动力价值水平和劳动力价格背离它的价值情况。共同的规律是：工资低的国家和时期，会阻碍机器的应用，反之就会推动机器的应用。了解这一规律之后，当我们看到英国发明的机器只能在北美使用，就不会感到奇怪了。马克思揭露说：“恰恰是英国这个机器国家，比任何地方都更无耻地为了卑鄙的目的而浪费人力。”（第453页）

到了社会主义社会和共产主义社会，使用机器的目的将会发生根本的变化，“在共产主义社会，机器的使用范围将和在资产阶级社会完全不同”（第451页脚注）。

3. 机器生产对工人的直接影响

机器的使用扩大了剥削范围，延长了工作日，提高了劳动强度，对工人本身产生了一系列的直接影响。

（a）资本对补充劳动力的占有。妇女劳动和儿童劳动

机器是“一种使用没有肌肉力或身体发育不成熟而四肢比较灵活的工人的手段”（第453页），因此，资本家在使用机器的同时，也广泛使用廉价的妇女和儿童，并由此产生一系列的后果：

第一，“它使工人家庭全体成员不分男女老少都受资本的直接统治，从而使雇佣工人

① 张薰华：《试校〈资本论〉中某些计算问题》，《中国社会科学》1980年第3期。

② 赵文绪：《也谈〈资本论〉中的几处计算问题》，湘潭大学《社会科学学报》1981年第1期。另参见张薰华：《关于“试校〈资本论〉中某些计算问题”》，《中国社会科学》1982年第2期。

人数增加”（第 454 页）。也就是说，机器的使用扩大了资本家对工人剥削的范围。[本小节第 1 段]

妇女和儿童“为资本家进行的强制劳动，不仅夺去了儿童游戏的时间，而且夺去了家庭本身惯常需要的、在家庭范围内从事的自由劳动的时间”。（第 454 页）如烹调、缝纫和照料子女等。

第二，“机器从一开始，在增加人身剥削材料，即扩大资本固有的剥削领域的同时，也提高了剥削程度”。（第 454—455 页）[第 454 页末段]

劳动力价值是由维持劳动者本人及其家庭成员所必需的生活资料的价值决定的，妇女和儿童参加劳动，减轻了成年男工的负担，降低了劳动力价值。

一个四口之家全体参加劳动，其收入比原来家中只有 1 个成年男工参加劳动时可能会增加 1 倍，从表面上看，生活水平提高了，劳动力价值增加了，从实质上看并非如此。增加的 1 倍收入是用更多的劳动支出得到的，也就是说，现在 1 个成年男工还和以前一样劳动的话，其所得只能是原来的 80%、70% 或更低，劳动力价值是下降了，而不是提高了。不仅如此，1 个成年男工的工资收入即使增加了，只要工资收入的增长低于劳动生产率的增长，劳动力价值也还是下降了。因此，不加分析地说家庭总收入多了，就是生活水平提高了，实际工资增加了，这种说法是非常片面的。

第三，“机器还从根本上使资本关系的形式上的中介，即工人和资本家之间的契约发生了革命”。（第 455 页）[第 455 页第 1 段—第 456 页末段]

成年男工和资本家之间，从形式上看，都是作为自由的、独立的商品所有者平等地出现在劳动力市场上的，成年男工是出卖自己的劳动力。妇女和儿童则不同，这种形式上的平等和自由也是不存在的，成年男工像贩卖奴隶一样出卖自己的妻子和儿女。

第四，妇女和儿童在身体上、精神上受到摧残。[第 457 页末段—第 462 页末段]

“由于母亲外出就业，以及由此引起的对子女的照顾不周和虐待，例如饮食不适、缺乏营养、喂鸦片剂等等，另外，母亲还违反天性地虐待自己的子女，从而发生故意饿死和毒死的事件。”（第 458 页）英国的公共卫生报告中就披露了由此引起惊人的婴儿死亡率的材料，同时也披露了农村随着土地耕作的革命采用了工厂制度之后，已婚妇女由于放荡成性而变坏，给她们家里瘦弱的子女带来不幸，“而且暗地杀害儿童和让儿童服鸦片剂的现象比工厂区还要厉害”（第 459 页）。

妇女和儿童在资本主义剥削下还受到精神上的摧残，“把未成年人变成单纯制造剩余价值的机器，就人为地造成了智力的荒废”（第 460 页），义务教育徒有虚名，从不少教师连自己的名字都不会写，而只能划一个十字来代替签名这一事实就可见一斑。

第五，“打破了男工在工场手工业时期仍在进行的对资本专制的反抗”（第 463 页）。[本小节末段]

廉价的妇女和儿童对成年男工的就业造成了威胁，工人为提高工资的斗争，为缩短工作日的斗争，为反对资本专制的斗争，受到很大的压力。

（b）工作日的延长

使用机器是提高劳动生产率，缩短生产商品的必要劳动时间，从而缩短工作日的最有力的手段。但是在资本主义制度下，使用机器却成了延长工作日的最有力的手段，这是因为机器一方面为延长工作日创造了新条件，另一方面又创造了新动机。

新的条件是指在工场手工业中，工具受工人的支配，在机器大工业中是机器支配工人，劳动资料的运动离开工人而独立了，如果没有受到作为助手的工人生理方面的限制，它是可以日夜不停地进行生产，这就为延长工作日准备了物质条件。[第464页第1段]

新的动机包含有以下五个内容：

第一，延长工作日可以在不增加机器的预付资本的条件下，增加年剩余价值量。[第464页末段—第465页第1段]

假定1台机器在每天工作8小时的情况下，寿命为10年，使用10年后共得剩余价值100万镑，现在每天工作日延长1倍，机器寿命为5年，使用10年后共得剩余价值200万镑。在第六年时虽然要重新购买新的机器，但资本家是用原来机器回流的价值购买的，无须增加新的预付资本。

第二，延长工作日可以减轻机器的损耗。[第465页第2—末段]

机器的损耗有两种，一种是有形损耗，这是由于使用本身或自然作用引起的损耗；另一种是无形损耗，这是在机器使用期间由于发生贬值或出现效率更高和性能更好的机器而使原有机器受到的损失。①

从有形损耗看，其中自然作用引起的损耗和机器的使用是成反比的，按照上面的例子，通过延长工作日，一台可用10年的机器用了5年就报废掉，在一般情况下，自然作用引起的损耗会减少一半。

从无形损耗看，延长工作日可以缩短机器的再生产时间，按照上面的例子，由10年缩短为5年，无形损耗的危险性也大为减小。

第三，和增加工人相比较，延长工作日可以大大节省投在劳动资料上的资本。[第466页末段—第467页第1段]

在因扩大企业规模而追加可变资本时，可以有两种选择：一种是追加劳动力，为此要相应追加机器、厂房等劳动资料方面的支出；另一种是延长工作日，机器、厂房等劳动资料部分可以保持不变。这点具有十分重要的意义，因为在使用机器的条件下，每个工人应配备的劳动资料价值是十分昂贵的，在延长工作日的情况下，不仅使剩余价值率提高了，而且一些必需的重大开支减少了，对提高利润率也有重要的作用。

第四，延长工作日可以更多地获得超额剩余价值。[第467页末段]

在最早采用机器的工厂，或后来首先采用更先进的机器的工厂，由于它的个别价值低于社会价值，二者的差额就构成超额剩余价值。超额剩余价值的特点之一是它的暂时性，一旦该部门大多数企业都达到原来少数先进企业水平时，这些少数先进企业除非在技术上再进一步提高，否则超额剩余价值就会消失。因此这些少数先进企业为了获得更多的超额剩余价值，就要趁热打铁，通过延长工作日进行抢收。

第五，延长工作日，增加相对剩余价值和绝对剩余价值，可以弥补因使用机器引起被剥削的工人人数的相对减少。[第468页末段]

剩余价值总量取决于两个因素：剩余价值率和可变资本总量，用公式表示：$M=\frac{m}{v}\times V$，M代表剩余价值总量，$\frac{m}{v}$代表剩余价值率，即每一个工人给资本家生产的剩余价值量，

① 参见《资本论》第2卷第189—190页。

V代表可变资本总量，代表工人人数。使用机器生产剩余价值产生这样一个矛盾，一方面可以提高剩余价值率，使剩余价值增加；另一方面又使雇工人数相对减少，从而引起一定量资本所提供的剩余价值量减少，这就推动资本家竭力延长工作日，以便不仅增加相对剩余价值（由延长机器的使用时间而产生），而且增加绝对剩余价值（由延长单纯的劳动时间而产生）。由此可见，把延长工作日简单地归于绝对剩余价值的生产是片面的，只有在假定劳动生产率不变，并且撇开劳动强度变动这一因素不谈，才可以把延长工作日归于绝对剩余价值的生产。

结论：资本主义条件下使用机器一方面为延长工作日创造了新的条件，并产生新的动机，另一方面制造了过剩的劳动人口，迫使工人延长工作日。“机器消灭了工作日的一切道德界限和自然界限”（第469页），作为缩短工作日的最有力的手段的机器，在资本主义制度下，却成为延长工作日的最可靠的手段。[第469页第1段—本小节完]

（c）劳动的强化

一、提高劳动强度的作用［本小节第1段—第471页末段］

通过延长工作日增加由于使用机器产生的剩余价值会受到种种限制，由于工人的健康受到摧残和工人的反抗，资产阶级国家不得不通过法令强制缩短工作日。为了消除由于工作日缩短引起的剩余劳动时间的减少，提高劳动强度具有决定性的意义。

提高劳动强度和提高劳动生产力一样，起着同样的作用，“二者都会增加任何一段时间内所生产的产品总额。因此，二者都能缩短工人生产自己的生活资料或其等价物所需要的工作日部分”（第605页）。由此就会相对增加剩余劳动时间，提高剩余价值率。从这方面看，由于提高劳动强度而生产的剩余价值和相对剩余价值的生产是相同的。

但是，相对剩余价值的生产是通过提高劳动生产力获得的，与此不同的是，提高劳动强度是通过提供较大的劳动量获得的，在这方面却和绝对剩余价值的生产是相同的。只不过我们通常说的绝对剩余价值的生产指的是在必要劳动时间不变的条件下，通过延长工作日增加外延的劳动量，而提高劳动强度则是在单位时间内压缩比过去更大量的劳动，增加内含的劳动量，并由此减少必要劳动时间。马克思说：“在分析绝对剩余价值时，首先涉及的是劳动的外延量，而劳动的强度则是假定不变的。现在我们要考察外延量怎样转变为内涵量或强度。”（第471页）在这里，马克思虽将通过提高劳动强度取得更多的剩余价值称为相对剩余价值，但这种相对剩余价值在性质上“也发生了变化”（第471页）。

在马克思的著作中，有的场合说提高劳动强度是相对剩余价值的生产，如说：“在劳动强度增加，或劳动生产力提高，总之，有较多相对剩余价值产生的时候，……”① 在另一种场合又说：“这里还有一种情况，在这种情况下，甚至不延长工作日，使用机器就可以增加绝对劳动时间，从而增加绝对剩余价值。这是通过所谓浓缩劳动时间的办法来实现的，这时，每一分一秒都充满了更多的劳动，劳动强度提高了。由于采用机器，不仅劳动生产率（从而劳动质量）提高了，而且在一定时间内消耗的劳动量也增加了。”② 我国学术界由此对提高劳动强度究竟属于相对剩余价值生产还是绝对剩余价值生产有不同的

---

① 《资本论》第3卷第92页。另参见《资本论》第1卷第584—585页。

② 1861—1863年经济学手稿，《马克思恩格斯全集》第2版第32卷第380—381页。

见解。

二、提高工人劳动强度的主客观条件和方法［第472页第1段—第477页末段］

如果说弥补由于缩短工作日而引起的剩余价值率的下降和剩余价值量的减少是资本家提高工人劳动强度的动机的话，那么，缩短工作日和机器的使用又为提高劳动强度准备了主客观条件，资本家充分利用这一主客观条件强化工人的劳动。

（一）缩短工作日创造了使劳动凝缩的主观条件［第472页末段—第474页第1段］

劳动者的体力、精力、注意力这些劳动的主观条件是和工作日长短成反比的，工作日缩短了，休息时间增加了，劳动者有比较充沛的体力和精力去劳动，可以集中注意力去操作，这就为提高劳动强度准备了主观方面的条件，资本家也在付酬方面（例如实行计件工资）推动劳动的强化。

资本家起初是反对缩短工作日的，但是执行缩短工作日法令的结果，却是由于劳动的强化，产量反而增加了，原材料消耗减少了，缩短工作日的法令得以贯彻。

（二）机器的使用提供了系统强化劳动的客观物质条件［第474页末段—第477页末段］

资本家利用机器在同一时间内榨取更多的劳动，"这是通过两种方法达到的：一种是提高机器的速度，另一种是扩大同一个工人看管的机器数量，即扩大他的劳动范围"。（第474页）为此，要改进机器的结构，包括改善发动机的性能，减少传动装置的磨擦力，使工具机加快运转速度和扩大效能，缩小或增大体积等。马克思在这里列举了大量通过改进机器的结构强化工人劳动的事实。

三、提高劳动强度的后果［第478页第1段—本小节完］

提高劳动强度产生以下三种后果：

第一，工厂主的财富随着劳动力剥削的加强而增加。［第478页第1—末段］

由于劳动生产力的提高和劳动的强化，资本家的财富有了迅速的增加，从1856—1862年这6年间的纺织业来看，织机数有了很大的增加，而雇用的工人总数减少了，童工总数却增加了。

第二，劳动的强化损害了工人的健康。［第479页末段—第480页第1段］

马克思列举了1861年10月31日英国的《工厂视察员报告》中的材料，说明由于机器运转的加快，看管机器的工人紧张到精疲力竭的地步，这成为纺织业中肺病死亡率过高的原因之一。

第三，机器的改进和劳动的强化，导致工作日进一步缩短，而英国的工业就是在工作日不断缩短的情况下日益蓬勃发展的。［本小节末段］

马克思用不同工作日时期为例，说明工作日缩短了，生产反而更发展了，英国工业在1833—1847年的12小时工作日时期的发展，超过之前长达50年的工作日不受限制的时期，1848年开始实行10小时工作日后，英国工业又有更大的发展。

4. 工　厂

在本章第1节已经考察了工厂的躯体，即有组织的机器体系，现在回过头再来考察工厂，是考察工厂的整体。

以下将从五个方面考察资本主义工厂的整体。

一、资本主义工厂制度的特征［本节第2段—第483页第1段］

资本主义工厂制度的特征表现在工人和劳动资料所处地位的变换上，在工场手工业中，工具受工人支配，工人是主体，工具是客体；在资本主义工厂中，机器支配工人，机器是主体，工人是客体。

在这一问题上，英国的化学家、资产阶级庸俗经济学家安德鲁·尤尔（1778—1857）的说法前后矛盾，对于资本主义工厂，有时说工人像无数臣民一样“从属于一个自行发动的动力”，有时又说“工人熟练地勤勉地看管着……机器体系”。

二、资本主义工厂以年龄和性别的自然差别取代工场手工业分工的技术基础［第483页第2段—第484页末段］

在工场手工业中，分工是按照每个工人的专长和熟练程度进行的，而在资本主义工厂中，工人的技艺被机器的技艺所代替，凡是要求高度灵敏性和精确性的操作，都由有规则的专门机械所代替，工人只需进行简单的看管就行了，工场手工业分工的技术基础不再存在。

现代工厂要求工人眼疾手快，而不是体力和技巧，这种对各种劳动平等或均等的趋势，使妇女和儿童的劳动取代成年男工的熟练劳动，年龄和性别的差别代替了技术的差别。工厂的工人分成两类，一类是实际操作工具机的工人，另一类是多数由儿童担任的上述工人单纯的下手，这两类工人都是作为机器的助手。另外还有一类工人，如工程师、机械师、细木工等，是高级的工人，不属于工厂工人的范围。

由于工厂的分工不是从工人出发，而是从机器出发，因而不像工场手工业工人那样，终生固定在某一种操作上，工厂工人随着机器的变动会从这一台机器调去看管另一台机器，工作是多样化的。对于年轻人来说，这种转换很快就能适应。

三、资本主义工厂内工人成了机器体系的附属物［第483页末段—第486页末段］

虽然机器从技术上推翻了工场手工业的分工基础，但又在新的更令人厌恶的形式上得到系统的恢复和巩固，“过去是终生专门使用一种局部工具，现在是终生专门服侍一台局部机器”（第486页）。“在工场手工业和手工业中，是工人利用工具，在工厂中，是工人服侍机器。”（第486页）工人成了机器体系的附属物。

受机器支配的劳动，单调乏味，损害了人的神经系统，在机器大工业的基础上，完成了生产过程中脑力劳动和体力劳动的分离，单个机器工人的局部技巧，在体现了科学、巨大的自然力、社会的群众性劳动的机器体系面前，已经微不足道。

四、资本主义工厂创造了兵营式的纪律［第488页第1—末段］

资本主义工厂建立了兵营式的纪律，这一纪律是“工人在技术上服从劳动资料的划一运动以及由各种年龄的男女个体组成的劳动体的特殊构成”（第488页）这一条件下产生的。

为了维持对工人实行兵营式的纪律，资本家通过私人立法独断地确立了对工人的专制。和已往不同的是，用罚款和扣工资取代奴隶监督者的鞭子，甚至出现工人不仅因此得不到工资，还成了工厂主的债务人的情况，使资本家感到工人犯法也许比守法对自己更有利。

五、恶劣的物质条件使工厂成为“温和的监狱”［第490页第1段］

资本主义工厂中劳动的物质条件恶劣：人为的高温、空气污染、震耳欲聋的噪声、伤亡事故不断，这是由于资本家用牺牲工人的健康和人身安全换取生产资料上的节约，这样劳动条件的工厂被法国空想社会主义者傅立叶（1772—1837）称之为“温和的监狱”。

5. 工人和机器之间的斗争

一、工人反对劳动资料斗争的开展［本节第1—2段］

工人反对资本家的斗争是和资本关系本身一起开始的，在工场手工业时期，这种斗争已经很激烈，但工人反对作为资本的物质存在形式的劳动资料，却是在资本家采用机器生产之后才出现的。

作为纺纱机和织布机前身的织带机是德国人在16世纪时发明的，后来成为18世纪产业革命的先驱，1629年，在荷兰的莱顿第一次采用这种机器，引起了花边工人的暴动，1676年这一机器输入英国，又引起英国工人的骚动。

17世纪30年代，一个荷兰人在伦敦附近开办的一家风力锯木场毁于平民的暴力。

18世纪初的英国，由于使用水力锯木机遇到民众的反抗。1758年制成的第一台水力剪毛机被10万名失业者焚毁，5万名梳毛工人反对阿克莱的梳毛机和梳棉机。

19世纪最初15年，英国工场手工业区发生大规模破坏机器的鲁德运动。

二、工人反对机器的原因［第493页末段—第501页第1段］

工人反对机器是由于对机器的资本主义使用引起的，根源在于资本关系而不是机器本身，工人在开始时不能区别这一点，它不是反对资本关系本身，而是反对作为资本主义生产方式物质基础的机器。“工人要学会把机器和机器的资本主义应用区别开来，从而学会把自己的攻击从物质生产资料本身转向物质生产资料的社会使用形式，是需要时间和经验的。”（第493页）

（一）工场手工业时期工人反对资本家的斗争，以工场手工业的存在为前提［第493页末段］

在工场手工业时期，雇佣工人虽然和资本家进行了激烈斗争，但并不反对工场手工业本身的存在，不反对作为资本的物质存在形式的劳动资料，这是因为工场手工业在充分显示提高劳动生产率的优越性的同时，还吸收了大量工人就业，工场手工业的分工并不排挤工人。

第一，马克思支持这样一种观点：分工是潜在地代替工人的手段，而不是现实地排挤工人的手段。

第二，“在工场手工业时期，手工业生产虽然已经解体了，但仍旧是基础”（第494页）。

第三，“中世纪遗留下来的城市工人相对来说是不多的，不能满足新的殖民地市场的需要”（第494页）。

第四，“真正的工场手工业为那些由于封建制度的解体而被赶出土地的农村居民开辟了新的生产领域”（第494页）。

在上述各种情况下，工场工人不会在和资本家斗争时去毁坏归自己支配的简单的生产工具。

（二）机器的资本主义使用，使劳动资料排挤和扼杀工人［第 495 页末段—第 501 页第 1 段］

1. 劳动资料一旦作为机器出现，立刻就成了工人本身的竞争者［第 495 页末段—第 497 页第 1 段］

分工使劳动力片面化，工场手工业的分工使工人只具有操纵局部工具的特定技能，使用机器后，工具由工具机操纵，工人只是充当机器的助手，从事简单的看管和照料工作，劳动力商品发生了贬值，一部分工人受机器的排挤变成了过剩人口。这些过剩人口或者饿死，或者充斥劳动力市场，使劳动力价格下降到劳动力价值以下。

英国手工织布工人受到机器的排挤而走向毁灭，这一过程长达几十年，直到 1838 年才结束。而英国的棉纺织机对东印度的织布工人的打击尤为严重，东印度总督确认了东印度的“织布工人的尸骨把印度的平原漂白了”。

2. 机器的不断改良和自动体系的发展，使劳动资料继续扼杀工人［第 497 页末段—第 501 页第 1 段］

从马克思所列举的大量材料中，我们可以看到机器的改良和自动体系的发展，对工人的排挤和扼杀表现在以下两个方面：

第一，用有规则的、高度精确的机械操作取代熟练劳动的操作，使熟练工人被非熟练工人代替，成年男工被童工和女工代替，引起工资率下降，成年男工失业。

第二，加快机器的运转速度和发展自动体系，使产量增加了，质量提高了，另一方面又使工资和原材料节省了，雇工减少了。

由此，可以得出结论：“资本主义生产方式[①]使劳动条件和劳动产品具有的与工人相独立和相异化的形态，随着机器的发展而发展成为完全的对立。因此，随着机器的出现，才第一次发生工人对劳动资料的粗暴的反抗。”（第 497 页）

三、机器成为镇压工人反抗资本专制的斗争的最强有力的武器［第 501 页第 2 段—本节完］

资本主义的机器使用一方面引起工人反对机器的斗争，另一方面机器又被资本家利用来作为镇压工人反抗的最强有力的武器。大量材料说明，1830 年以来的许多发明，都只是作为资本对付工人暴动的武器而出现的，这些发明排除了完全依仗自己技能的工人，熟练的技术工人的操作被只是从事简单看管机器的机械工人代替，妇女和儿童排挤了成年男工，工人阶级的实力和反抗力被削弱了。英国资产阶级庸俗经济学家安德鲁·尤尔得意地说：“一帮不满分子自以为在旧的分工线上构筑了无法攻破的工事，却发现现代机械战术已把他们的侧翼包围，他们的防御手段已经毫无用处。他们只好无条件投降。”（转引自第 502 页）

---

① 《资本论》第 1 卷法文版将“资本主义生产方式”改为“资本主义生产”，见中国社会科学出版社 1983 年版第 437 页。

6. 关于被机器排挤的工人会得到补偿的理论

詹姆斯·穆勒等许多资产阶级经济学家断言，机器在排挤工人的同时，必然游离出相应的资本，去如数雇用这些被排挤的工人，马克思从以下三个方面批判这种错误观点。

一、资本主义各生产部门不可能游离出雇用全部被排挤的工人的相应的资本［第504页末段—第507页末段］

一些资产阶级经济学家认为排挤工人的机器，总是同时会产生出相应的游离资本，将全部被排挤出工厂大门之外的失业工人再请回工厂做工。这是不可能的。

第一，原资本采用机器生产后，就会裁减工人，并由此减少工资的开支。节省下来的工资或者全部用在不变资本上，没有游离资本雇用新的工人，或者一部分用在不变资本上，另一部分仍用在可变资本上，但是由于这部分游离的可变资本只是占节省下来的工资的一部分，因而不可能如数雇用原来被排挤的工人。［第504页末段］

第二，使用机器的部门将由于裁员而节省下来的工资去购买机器，会引起制造机器部门的发展，但是即使在最好的情况下，也就是它本身构成不变的情况下，增加的工人也会少于使用机器部门被排挤的工人。因为用由于裁员而节省下来的工资去购买机器，这笔款项到了制造机器部门那里并不都是用来作为工资去雇工使用的，它被分解为c、v、m三个部分，其中只有v这一部分是用来作为工资去雇工的，雇工人数当然会少于被使用机器部门的裁减人数。如果再考虑到制造机器的部门也因同样原因而裁员，使用机器部门被排挤的工人再就业就更为困难了。［第505页第1段］

第三，机器在使工人游离的同时，也使生活资料从工人中游离出来，一些资产阶级经济学家说成是机器把生活资料变成用来雇用工人的资本，使失业工人重新就业。这种说法是错误的，因为这些生活资料对于工人来说是商品而不是资本。对于商品来说，工人是买者而非雇佣工人，工人失业后就由买者变为非买者，需求减少了，价格就会下降，进而使生产生活资料的部门缩小规模和解雇工人，其结果是："机器不仅在采用它的生产部门，而且还在没有采用它的生产部门把工人抛向街头。"（第507页）［第505页末段—506页末段］

第四，所谓被排挤的工人会得到补偿的事实真相是：受机器排挤的工人从工场被抛到劳动力市场，增加受剥削的工人数量，工人不是得到补偿，而是遭到灾难。有幸重新找到工作的也只能是通过新追加的资本的中介，即使这样，前途也是十分渺茫。首先，转换工作时降格以求，挤进人员需要量大、素质要求不高、工资低的部门，原有技艺无用武之地；其次，由于机器的排挤，原来在业的手工业或工场手工业的工人成为失业工人，其中一部分重新分配到其他部门中去，大部分被淘汰，在过渡期间堕落丧亡，结局悲惨。［第507页第1段］①

---

① 这一段中的其次一点指的是被排挤的手工业或工场手工业工人，是在《资本论》第1卷法文版中点明的，见中国社会科学出版社1983年版第447—448页。

二、所谓补偿的理论否定机器排挤工人是资本主义使用机器的结果［第 508 页第 1—末段］

资产阶级的补偿理论首先认为被机器排挤的工人都会被游离出来的资本重新雇用。他们提出的最有力的根据是，使用机器后生活资料并未因此而减少，甚至比过去更多了，被游离的工人和这些生活资料可以重新结合。这里没有考虑到，有很大一部分生活资料是被非劳动者挥霍掉的，不可能与被排挤的工人去结合，重新结合的游离工人只能是一部分，而且是用新追加的资本引起的。其次，认为被排挤的工人所谓短暂的不便是机器的使用本身引起的，和机器的资本主义使用无关。这种说法和杀人犯比耳·赛克斯在法庭强词夺理为自己辩护时说的话一样："这不是我的罪过，这是刀的罪过。"机器本身可以缩短劳动时间、减轻劳动，增加生产者的财富，是人对自然力的胜利，而机器的资本主义使用却延长了工作日，提高了劳动强度，使人受自然力的奴役，使生产者变成需要救济的贫民。

三、使用机器生产的部门能引起其他部门就业的增加，这和所谓的补偿理论毫无共同之处［第 509 页末段—本节完］

使用机器生产的部门能引起其他部门就业的增加，是和幻想出来的游离资本无关的，因而和所谓的补偿理论毫无共同之处。

使用机器生产的部门引起其他劳动部门就业人口的增加，有下列七种情况：

第一，使用机器生产的部门扩大生产规模，会引起向这一部门提供生产资料的部门的生产规模的扩大和增加在业工人。［第 509 页末段—第 510 页末段］

机器的采用会引起机器制造业及相关的采矿业的发展，棉纺织业的发展促进棉花种植业的发展，机械毛纺织工厂的兴旺引起耕地变为牧羊场，农民被赶出土地，这一切都会引起就业工人数量的增加。增加的工人数量取决于多种因素：工作日长度、劳动强度、资本的构成等。

第二，产品生产的初期阶段或中间阶段采用机器生产，会推动后期阶段的手工生产的发展和增加工人。［第 511 页末段］

如机器纺纱提供的棉纱又便宜又多，促使手工织布业的发展和增加工人。机器织布业的出现又使手工裁缝得到发展和增加工人。

第三，机器生产发展了社会分工，增加了就业的劳动部门。［第 512 页第 1 段］

第四，采用机器使资本家的财富日益增加，发展了奢侈品的生产，生产奢侈品的工人数量也会相应增加。［第 512 页第 2 段第 1—8 行］

第五，机器生产发展了国际贸易，带动了运输业的发展，使运输工人队伍扩大。［第 512 页第 2 段第 8 行—本段完］①

第六，机器生产增强了经济实力，有能力在远期收效项目（如运河、船坞、隧道、桥梁等）上投资，并建立全新的生产部门（如煤气厂、电报业、照相业、轮船业和铁路业）。［第 512 页末段］

第七，机器生产带来的大量剩余价值，需要日益增多的仆人、使女、侍从等非生产劳动。［第 513 页末段—本节完］

---

① 在《资本论》第 1 卷法文版中，这里的第四点和第五点分为独立的两段，见中国社会科学出版社 1983 年版第 452 页。

7. 工人随机器生产的发展而被排斥和吸引。棉纺织业的危机

随着资本主义机器工业的发展，工人就业总的人数会增加，如何认识这一现象？资本主义使用机器的矛盾是否因此而消除？本节内容将回答这些问题。

一、工人人数增长的本质［本节第1段］

资产阶级经济学者普遍承认，在开始采用机器时，使原有手工业和工场手工业中的工人受到灾难性的影响，工人的地位和奴隶一样。但是他们又认为，机器生产经过一定的发展时期，工人就业的人数会增加。的确如此，工人人数的增加是一个定理，但工人人数的增加意味着工厂"让比它当初抛向街头的更多的工人进厂受苦"（第515页），因而这是一个令人厌恶的定理，资产阶级经济学者的错误在于沉醉于这个令人厌恶的定理，掩盖和否定资本主义的各种矛盾。

我国有的辅导材料把资产阶级经济学者关于工人总的人数会增加的观点称之为谬论，这一批评未免过于简单化，因为照此说来，法国资产阶级庸俗经济学家沙尔·加尼耳（1758—1836）关于机器的最终结果是雇佣工人人数减少的观点反而是正确的。

二、工人人数不仅可能相对地减少，而且可能绝对地减少［第515页末段—第516页末段］

在承认工人人数总的来说会增加的同时，不能否定在工厂部门极度扩展的情况下，出现工人不仅可能相对地减少，而且可能绝对地减少的情况。从1860年到1865年，根据英国570家纺织工厂的调查，蒸汽织机增加了11%，而雇工却减少了5.5%。要说明的是，1865年的雇工人数只是原调查范围的工厂人数，不包括1860年后新建工厂的雇工人数。

这里还应注意的是，有些工厂就业人数的增加往往只是表面现象：第一，工人人数的增加是由于其他非机器生产部门的并入，并非由于建立在机器生产基础上的工厂的扩大；第二，工人人数的增加是由于采用了蒸汽机，带动整个工厂规模的扩大和工人的增加，这会引起就业工人总数的减少；第三，工人人数的增加是由于童工、少年工和妇女工的增加，这意味着成年男工被排挤。

三、就业工人人数的相对减少和绝对增加［第517页末段—第518页第1段］

尽管机器生产实际地排挤和潜在地代替了大量工人，[①] 就业工人人数在相对减少的同时，它的绝对量总的来说还是会增加的。工人人数的相对减少是由于采用机器生产，总资本的构成发生了变化，可变资本所占的比重降低了，同量资本所雇用的工人人数就会减少。工人人数的绝对增加是由于机器的改良并不是经常进行，每次改良之后总会有一个间歇时期，在这种条件下，总资本量的增加就会使工人总数增加。

---

① 如何理解"实际地排挤"和"潜在地代替"，可参阅《资本论》第1卷第494页。

从1835年到1861年英国纺织业的调查材料看，工人人数有较大的增长，但考虑到还存在大量的手工织布工人和被排挤掉的欧亚手工织布工人，这种增加就不算大了。此外，对于工人人数增长的情况，后面还会用一些具体事实加以说明。

四、工人不断被排斥又被吸引，处于无保障和不稳定状态［第518页末段—第523页第1段］

随着机器生产的发展和随之而来的机器制造业、原材料工业、运输业的发展，使大工业获得突然地、跳跃式地扩展的能力或弹力，产生对国外市场和国外原料产地的依赖，工业生产按照中等活跃、繁荣、生产过剩、危机、停滞的顺序周期性变换。工人忽而失业，忽而就业，被赶来赶去，工作和生活处于无保障和不稳定的状况。

五、英国棉纺织业工人的命运［第523页第2段—本节完］

英国的棉纺织业在最初的45年即1770年到1815年中，只有5年是处于危机和停滞状态，到了第二阶段，即从1815年到1863年的48年间，却有28年是处于不振和停滞时期，其中在最后的17年即从1846年到1863年中，只有8年是中等活跃和繁荣时期，另外9年是不振和停滞时期。

在生产过剩和危机时期，工人失业，劳动力外流，工资下降。即使在繁荣时期，工人不足引起的却是农业各郡的儿童被劫掠一空，有很大一部分成年男工无法在工厂找到任何条件的任何工作，1835年的大繁荣使手工织布工人饥饿待毙。1863年棉纺织业生产好转，但工人工资仍很低，并且还要被扣房租和各种罚款，包括因原料和机器的原因使产品出了毛病的罚款。劳动条件极为恶劣，英国1863年10月31日的《工厂视察员报告》中披露："拆棉花包的工人告诉我，难忍的臭味熏得人恶心……在混棉间、清棉间和梳棉间里，棉屑和尘埃飞扬，刺激人的七窍，引起咳嗽和呼吸困难……由于纤维短，浆纱时棉纱上附加大量的材料，而且是用各种代用品来代替原来使用的面粉。这就引起织布工人恶心呕吐和消化不良。因为灰尘多，支气管炎、咽喉炎十分流行；其次，由于苏拉特棉里的脏东西刺激皮肤，皮肤病也很流行。"当时8磅重的棉布里就包含2.75磅重的令人恶心呕吐的浆料。

8. 大工业所引起的工场手工业、手工业和家庭劳动的革命

本节由五个小节构成，第1小节谈机器大工业对以手工业为基础的协作和以手工业分工为基础的工场手工业的生产方式产生的影响，第2至第4小节谈机器大工业使工场手工业和家庭劳动的性质发生的变化。第5小节谈工场手工业和家庭劳动向大工业的过渡。

（a）以手工业和分工为基础的协作的消灭

机器大工业引起的工场手工业、手工业和家庭劳动的革命在于以机器生产为基础的生产方式取代以手工业生产为基础的协作，例如，在农业中以收割机取代农业劳动者在收割时的简单协作，在工业中以制针机取代工场手工业中的分工协作。这是以机器生产的分工协作代替手工生产的简单协作和分工协作，以新的资本主义生产方式代替旧的、落后的生

产方式，其结果是迅速地提高了劳动生产率。

生产方式的转变是有一个过程的，从手工业生产到工场手工业生产，最后才实现机器生产。在工场手工业中，又是从手工工具变为工具机开始，再采用机械动力，最后完成向工厂生产的过渡。过渡的难易程度由产品生产的特点决定，由顺序展开的过程组成的产品生产，比较容易采用机器生产；由许多各不相干的过程组成的产品生产，如钢笔尖的生产，采用机器生产就比较困难，但这也只是影响到采用机器的时间先后不同。

（b）工厂制度对于工场手工业和家庭劳动的反作用

本小节开始分析机器大工业使工场手工业和家庭劳动在性质上即生产关系上发生的变化。

首先，对工场手工业的反作用。

机器生产的原则是把生产过程分解为各个组成阶段，并且应用自然科学来解决由此产生的问题，这个原则也必然会渗入工场手工业的各个局部过程。其结果是：工场手工业中严密的劳动组织被瓦解；工人的结构发生了变化，大量使用妇女和儿童等廉价劳动力。和工厂使用廉价劳动力相比，工场手工业的剥削更加无耻：技术落后，不能用机器代替繁重的体力劳动；环境差，受毒物侵害。

其次，对家庭劳动的反作用。

现代家庭工业与旧式家庭工业相比，发生了根本性的变化，过去是独立的手工业经济，现在变成了工厂、手工工场或商店的分支机构，如英国的一家衬衫工厂，雇用了 1 万个工人，其中 9 000 个是散居在农村的家庭工人。

与工场手工业工人相比，对家庭劳动进行的剥削更加无耻：①家庭工人的反抗由于分散而减弱；②在真正的雇主和工人之间挤进了一大批贪婪的寄生虫；③家庭劳动到处和同一生产部门的机器生产或工场手工业生产进行竞争；④缺少空间、光线、通风设备等必不可少的劳动条件；⑤职业越来越不稳定；⑥作为“过剩”人口的最后避难所，工人之间的竞争达到顶点。

在下面的第 3 和第 4 小节，将用具体材料说明现代工场手工业和现代家庭劳动的工人受剥削的情况。

（c）现代工场手工业

有大量材料说明工场手工业工人劳动过度、报酬低、劳动条件差，身心健康受到摧残，死亡率高。

伯明翰及其近郊的金属手工工场雇用 1 万名妇女和 3 万名儿童和少年，在有害健康的铸铜业、纽扣业、珐琅业、电镀业和油漆业中劳动。

伦敦的各家书报印刷厂由于工人过度劳动被称之为“屠宰场”。在订书业、制绳业、制盐、制蜡烛以及其他化工工场中，工人包括未成年的工人也存在这种过度劳动的情况。

英国是全世界破布贸易中心，清理破布的少女和妇女从事最肮脏、报酬最低的劳动，这些破布又是传播天花和其他传染病的媒介。

英国砖瓦工场每年5月到9月，工人从早晨5点做到晚上8点或9点，儿童从6岁起甚至4岁起就被使用，劳动时间同成年人一样长。恶劣的劳动条件和生活环境不仅损害工人的健康，也使工人道德败坏，他们从少年起就酗酒、自暴自弃、放荡成性。

根据西蒙医生在《公共卫生报告》中披露："无数的男女工人的生命，只是由于他们的职业所造成的无止境的肉体折磨，便无谓地受到摧残而缩短了。"

（d）现代家庭劳动

马克思以英国的花边业和草辫业这两个工业生产部门为例，说明家庭工人的命运。

花边业的家庭劳动有两类，一类是花边整理，另一类是手织花边。

花边整理使用妇女、少女和幼童的劳动，劳动时间通常是从早晨8点到晚上8点，吃饭时间占1.5小时，生意好的时候，一直延长到晚上10、11点或12点收工。即使是冬天，工人也要脱鞋劳动，每人占工作面积67—100立方英尺，加上煤气灯对氧气的消耗，房间空气污浊，劳动时间又长又单调乏味，工人紧张到手指不能放慢一点和稍停一下。

手织花边业主要分布在英格兰的两个农业区域，劳动条件及工作环境和花边整理劳动类似。

草辫业的工人以妇女和儿童为主，儿童通常从4岁起学编以麦秆为原料的草辫，在所谓的"草辫学校"上工，夜里在家里继续做到10点至12点，工作面积少则12 $\frac{2}{3}$立方英尺，多则22立方英尺。在这种环境中生活和工作的工人，愚昧无知，生活放荡。

（e）现代工场手工业和家庭劳动向大工业的过渡。这一革命由于工厂法在这两种生产方式中的实行而加速

一、现代工场手工业和家庭劳动向大工业过渡的必然性［本小节第1段—第543页末段］

现代工场手工业和家庭劳动通过滥用妇女和少年儿童、掠夺一切正常的劳动条件和生活条件、过度劳动和夜间劳动等手段，达到降低劳动力价值和提高剥削程度的目的，终究会遇到某些不可逾越的自然界限，当达到这一临界点时，采用机器和变家庭劳动和工场手工业劳动为工厂生产就成为不可避免的了。

以服饰生产（包括从头到脚一切穿戴物的生产）为例，在1861年英国这类女工有750 334人，包括在工场手工业；作为工场手工业和商店分支机构的手工业师傅；作为工场手工业、商店和手工业师傅分支机构的家庭工人三个部分中。他们的劳动时间被延长到最高限度，工资被压到最低限度。随着市场的扩大和竞争的激烈，单纯依靠对工人材料进行残酷的剥削和分工协作，已不能适应，于是开始采用机器，缝纫机在当时具有决定性的革命意义。

采用缝纫机后，少女和年轻妇女代替了老年妇女和儿童，机械的力量消灭了成年男工在重劳动中的独霸地位，扼杀了手工劳动的竞争，伦敦因饥饿而死亡的人数增长惊人。缝纫机工人的工资有了提高，但劳动强度大，劳动时间长，劳动条件差。

二、现代工场手工业和家庭劳动向大工业过渡的形式［第 544 页末段］

（一）决定各种过渡形式的因素

机器大工业这一必然产物是在各种错综复杂的形式中完成的，决定过渡形式的因素有：①机器占领某一部门的范围的大小和时间的长短；②工人的状况；③工场手工业生产、手工业生产或家庭生产三者谁占优势；④劳动场所的租金等。

（二）过渡的具体形式

在女时装业中，缝纫机最初只是作为工场手工业中的一个新的因素。

与此不同，在裁缝业、衬衫业和制鞋业等行业中，包含有各种过渡形式：①真正的工厂生产；②由中间人在自己的“小屋”或“阁楼”雇用 10—50 个或更多的工人，聚集在缝纫机周围，从工厂或工场领料加工；③由家庭成员本身或另雇少量工人使用自身购买的缝纫机生产。

（三）向真正工厂生产转变的趋势

不论过渡形式如何错综复杂，缝纫机的使用必然导致服饰生产转变为真正的工厂生产。助长这种趋势的因素有：

首先，缝纫机的多功能，促使以前分散的生产聚集在同一个厂房里统一指挥生产。

其次，与缝纫有关的操作都要求在缝纫机所在地进行。

最后，缝纫机的使用使拥有自己的缝纫机的手工业者和家庭工人遭到剥夺。这是因为：①使用缝纫机刺激了生产，造成市场停滞，迫使工人出卖缝纫机；②缝纫机生产者为了解决缝纫机本身的生产过剩，改用按周出租缝纫机的办法，使家庭工人难以竞争；③缝纫机不断改良和价格下降，造成家庭工人的原有机器贬值；④蒸汽机的应用加速工人和缝纫机在大工厂的集中。

三、工厂法对向大工业过渡的促进作用［第 546 页末段—本小节完］

英国工厂法强制规定了工作日长度、工作日中的吃饭和休息时间、上下班时间、轮班制、对童工使用上的限制等，当这些规定推行到现代工场手工业和家庭劳动时，对它们向大工业的过渡起了促进作用：

第一，随着工作日和儿童劳动受到限制，靠廉价劳动力作为竞争能力的基础不复存在，从而促使采用机器生产，用蒸汽充当动力，使生产资料集中在厂房内共同使用，以便在空间上夺回在时间上失去的东西。［第 546 页末段］

第二，工厂法使工场手工业转化为工厂生产所必需的物质要素成熟起来，以保证工人的休息和吃饭时间不受侵犯。［第 547 页末段—第 548 页末段］

在工场手工业中，劳动连续进行，不能周期性地停顿下来，以至于像火柴业中少年工在吃午饭时还要用火柴棍蘸发热的磷混合溶液。而工厂法对午饭时间的强制性规定，终于促使浸蘸机问世，既提高了产量，又使生产和劳动有规则地进行，在一定时间里生产一定量的产品，劳动不因周期性地停顿而影响生产。

第三，工作日的规定使劳动量均衡地分配在全年，消除工场内生产的无政府状态，促进了机器的采用。［第 549 页末段—本小节完］

在工场手工业内，存在着生产的无政府状态：劳动力耗费毫无规则，周末要休息到星期二甚至星期三才上班，然后用过度劳动来弥补损失；航海运输的季节性；因赶时髦引起的所谓旺季；突然出现要求在短时间内完成大批订货等。机器的采用比较容易地解决了这些矛盾。例如，要求短时间完成大批订货，会受到工作日的限制；航海的季节性会被交通工具的发展打破。

9. 工厂法（卫生条款和教育条款）。它在英国的普遍实行

本节论述在机器大生产基础上产生的工厂法对生产过程和其他方面的反作用。本节包括两部分内容：第一，介绍和评述英国的工厂法，由于工作日方面内容已在本书第 8 章中作了介绍和评述，这里只着重介绍和评述工厂法中关于卫生条款和教育条款的内容；第二，工厂法在英国的普遍实行。

一、工厂法中的卫生条款和教育条款［本节第 2 段—第 558 页末段］

（一）卫生条款［本节第 2 段—第 554 页末段］

工厂法中的卫生条款内容非常贫乏，它只是就粉刷墙壁和其他几项清洁措施、通风和危险机器的防护等方面做出一些规定。

在资本主义工厂里，造成严重残废的事故接连不断，其中许多事故本可以通过花费少量的钱安上一些最简单的装置就可以防止的，但连安上这种装置都需要由国家颁布强制性的法律迫使资本家去做，这充分反映了资本主义生产的本质。

在实施工厂法的过程中，合理的改良只要超过一定的限度，就会遭到工厂主的拒绝。例如，按照工厂法的要求，每个工人的工作空间应有 500 立方英尺，实施中碰了壁，工厂视察员也不去强制贯彻。

（二）教育条款［第 555 页末段—第 558 页末段］

工厂法中的教育条款整个说来是微不足道的，值得肯定的是强制性规定工厂必须保证 14 岁以下的少年工和童工接受初等教育。他们半天在学校里读书，半天在工厂里做工，使智育和体育同体力劳动相结合，实践结果表明，每天两种活动互相调剂，使少年儿童精力充沛，提高学习和劳动的效率。马克思引用英国资产阶级经济学家西尼耳（1790—1864）的话作为例证：上层阶级和中层阶级的孩子们的片面的、不生产的和漫长的学习日，只是白白地增加教师的劳动，“不仅无益地并且是绝对有害地浪费着儿童的时间、健康和精力”。

马克思进一步指出：“从工厂制度中萌发出了未来教育的幼芽，未来教育对所有已满一定年龄的儿童来说，就是生产劳动同智育和体育相结合，它不仅是提高社会生产的一种方法，而且是造就全面发展的人的唯一方法。”（第 556—557 页）

正是根据英国工厂制度的经验，当哥达纲领草案中提出“禁止儿童劳动”条款时，马克思指出：“这里绝对必须指出年龄界限。普遍禁止儿童劳动是同大工业的存在不相容的，所以这是空洞的虔诚的愿望。实行这一措施——如果可能的话——是反动的，因为在按照不同的年龄阶段严格调节劳动时间并采取其他保护儿童的预防措施的条件下，生产劳动和

智育的早期结合是改造现代社会的最强有力的手段之一。”①

但是，仅仅把初等教育同工厂劳动相结合，还不可能解决资本主义大工业的分工引起的矛盾。

和工场手工业时期相比较，建立机器大工业之后，无论是工场内部的分工或社会分工都发生了二重性变化，产生了更严重的矛盾。

从工场手工业内部的分工看，工人终生固定从事某种局部操作，但经过一个时期，没有技术的非熟练工人就会变成有技术的熟练工人。大工业一方面消灭了这种分工，另一方面又更可怕地再生产出这种分工，把工人变成局部机器的附属物，从年幼时期起一直被束缚在最简单的操作上，学不到技术，成年时即被解雇，再也找不到新的工作，成为罪犯的补充队。

从社会分工看，既然工场工人束缚在某种局部操作的技术上，也就必然产生对专一生产部门的依附，大工业破坏了这种人对专一生产部门的依附，因为“大工业的原则是，首先不管人的手艺怎样，把每一个生产过程本身分解成各个构成要素，从而创立了工艺学这门完全现代的科学。”（第559页）大工业使各生产部门不断发生变动，引起工人的全面流动，大工业要求工人是全面发展的个人。但是，另一方面，大工业又在它的资本主义经济关系上再生产出旧的分工及其固定化的专业，使工人只是承担一种社会局部职能的局部个人，难以进行流动。

上述矛盾的解决要求工人及其子女在工艺学校、农业学校和职业学校接受有关工艺和各种生产工具的实际操作的教育，但是在资本主义制度下，这种教育没有能够占据应有的位置。

二、工厂法在英国的普遍实行［第562页末段—本节完］

英国的工厂法最先是在棉、毛、麻、丝等使用蒸汽、水力和机器的纺织业中实行，30年后才逐渐推广到其他生产部门，包括工场手工业和家庭劳动。

（一）工厂法对瓦解旧的家庭关系的积极作用［第562页末段—第563页末段］

大工业在瓦解旧家庭制度的经济基础以及与之相适应的家庭劳动的同时，也瓦解了旧的家庭关系本身，工厂法在瓦解旧的家庭关系方面起了积极的推动作用。

在最初的工厂法的教育条款中就强制性规定父母将14岁以下的子女送去工厂做工时，必须接受初等教育。1867年8月通过的工场管理条例，对家庭劳动的工作日进行了约束，限制了父母权力的滥用，而这种滥用正是资本主义剥削关系造成的。工厂法的规定侵犯了父权，促使旧的家庭关系的瓦解，在新的大工业经济基础上，使家庭和两性关系向更高的形式转变。

（二）工厂法普遍实行的必然性［第564页第1段—第565页第1段］

工厂法的普遍实行是大工业的历史发展进程的必然结果：第一，工厂法如果只对某些范围实行限制，就会使资本在其他范围内更加无限度地把损失捞回来，尤其是在手工业和家庭劳动领域，“骇人听闻的最疯狂的资本主义剥削在那里为所欲为”（第564页）；第二，工厂法只对某些范围进行限制，对其他范围不进行限制，这会引起不平等的竞争，从而遭到受工厂法限制的资本家的反对。

① 《哥达纲领批判》，《马克思恩格斯选集》第3卷第318页。

（三）工厂法普遍实行的过程［第 565 页末段—第 576 页第 2 段］

英国第一个仅限于纺织业机器大工业范围内实行的关于工作日等方面内容的强制性法令，是从 1833 年开始实施的。1842 年的矿业法，禁止妇女和不满 10 岁的儿童从事井下劳动，1860 年，制定了矿山视察法，禁止雇用 10 岁至 12 岁未入学的儿童。1864 年，瓦器业（包括陶器业）、壁纸业、火柴业、弹药和雷管制造业以及剪绒业开始受工厂法的约束。1867 年 2 月，宣布了花边工场手工业、织袜业、草辫业等数十个工业部门置于工厂法的约束之下。1867 年 8 月 12 日通过了工厂法扩充条例，将一切雇有 50 人以上的工场置于工厂法的约束之下，接着，8 月 17 日，又通过工场管理条例，约束较小的工场和家庭劳动。

工厂法的扩展很不彻底，甚至是一纸空文，和原来的工厂法比较，是后退了。第一，适用于大企业的工厂法扩充条例作了大量可以例外的规定和各种妥协；第二，约束小企业的工场管理条例缺少细节的规定。工厂法开始时授权地方当局执行，后改为由共有 53 名正副手和助手的工厂视察员执行，对于视察范围一下子扩大了 10 万多个工场来说，视察员的工作只能是走走过场了；第三，1860 年制定的矿山视察法关于不许雇用 10—12 岁未入学的儿童“根本就没有实行”，要学校证明谁是入学的儿童纯粹是一种空想。直到 1872 年的法令才对矿山雇用儿童的劳动时间作出规定，并在一定程度上使矿山经营者对事故负责；第四，工厂立法的原则应用到农业方面的尝试完全失败。

（四）工厂法普遍实行引起的矛盾［第 576 页末段］

工厂法的普遍实行引起以下各种矛盾：

第一，促使小规模的分散的劳动过程向大规模的结合的劳动过程过渡，建立起普遍的、直接的和无掩饰的资本统治，使反对这种统治的直接斗争普遍化。

第二，刺激技术的发展，加重工场内部生产的组织性和社会生产无政府状态的矛盾。

第三，促使小生产和家庭工业的破产，使他们成为完全失业的工人。

第四，发展了生产过程的物质条件及其社会结合，使资本主义生产方式和资本主义生产关系的矛盾加重。

以上四个矛盾都是对前面论述的归纳，尤其是第四个矛盾，更是带有总结性的归纳。

10. 大工业和农业

大工业对农业及农业当事人的社会关系上引起的变动，将在本卷第 24 章和第 3 卷的第 6 篇进行专门的论述，这里只是先简短地提一下某些结果。

第一，大工业给农业带来更严重的人口“过剩”。［本节第 1 段］

在农业中使用机器不像在工业中有那样多的工伤事故，但是由于农村居住分散，没有遇到什么反抗，其带来人口“过剩”的后果却比工业中严重得多。根据一些地方的调查，一方面耕地面积大大增加了，另一方面农村人口不但相对地减少了，而且绝对地减少了。

第二，改变了农村的阶级关系。［本节第 2 段第 1—3 行］

大工业在农村中的发展，使农民变成雇佣工人，使农村出现和城市相同的阶级关系——资产阶级和雇佣工人的关系，城乡工人命运相同，利益一致，要求统一。

第三，建立起资本主义生产方式，改变了工农业之间的关系。［本节第 2 段第 3—8 行］

大工业的建立使农业中最陈旧和最不合理的经营，被科学在工艺上的自觉应用所代替，建立起资本主义的生产方式。家庭不再是生产单位，以家庭为纽带结合在一起的农业和手工业，随着这一纽带的被割断而发生分离。但是，资本主义生产方式也为工农业在新的基础上实现更高级的综合，创造了物质前提。

第四，发展了城乡之间的对立。[第 579 页第 4—11 行]

大工业的发展使城市人口越来越占优势，这样一来，它一方面聚集着社会的历史动力；另一方面又使越来越多的农村耕地转化为城市用地，从而破坏了人和土地之间的物质变换，即通过土地提供给人类的衣食用品，经过消费之后，它的排泄物难以回归到土地，在《资本论》第 3 卷第 5 章第 4 节专门探讨了这一问题。城乡对立的发展既破坏工人的身体健康，又破坏了农村工人的精神生活。但是资本主义生产的发展，又会强制地把这种物质变换作为调节社会生产的规律，系统地进行解决。

第五，资本主义大工业在发展农业生产过程的技术和结合的同时，又破坏了作为一切财富源泉的土地和工人。[第 579 页第 11 行—本节完]

资本主义大工业在发展农业生产过程的技术和社会结合的过程中，和工场手工业中一样，劳动资料同时表现为奴役和剥削工人的手段，劳动过程的社会结合同时表现为对工人个人的活力、自由和独立的有组织的压制，不同的是由于农业工人的分散，从而失去了反抗的力量。在现代农业中，和在城市工业中一样，劳动生产力的提高和劳动量的增大是以劳动力本身的破坏和衰退为代价的。

此外，资本主义农业的任何进步，不仅是掠夺劳动者的技巧的进步，而且也是掠夺土地的技巧的进步。

本节共两大段，除上述第一点属于第 1 大段外，其他第二点至第五点均包含在第 2 大段中。但在《资本论》第 1 卷的法文版中，本节被分成 4 段，即现行德文版的第 1 大段不变，第 2 大段分成独立的 3 段。上述 5 个要点中的第一点属法文版的第 1 段，第二点属法文版的第 2 段，第三点和第四点属法文版的第 3 段，第五点属法文版的第 4 段。

第五篇　绝对剩余价值和相对剩余价值的生产

关于绝对剩余价值和相对剩余价值的理论，在第3篇和第4篇已经分别进行了研究，现在再对有关的几个问题进行补充和进一步的研究。在本卷的第1版，第5篇（当时称第5章）的标题为："对绝对剩余价值和相对剩余价值生产的进一步考察"，在法文版中，第5篇的标题为："对剩余价值生产的进一步研究。"

第5篇共有3章，其中第14章研究绝对剩余价值和相对剩余价值的来源及二者的相互关系，第15、16章研究绝对剩余价值和相对剩余价值的量，第15章研究的是由绝对剩余价值生产和相对剩余价值生产决定的剩余价值率中两个因素（剩余价值量m和表现劳动力价值的可变资本量v）的相互关系，第16章进一步研究剩余价值率的各种计算公式。

第十四章 绝对剩余价值和相对剩余价值

本章补充研究了三个问题：第一个问题，关于生产劳动的定义，特别是资本主义生产劳动的定义；第二个问题，论述绝对剩余价值和相对剩余价值的关系；第三个问题，关于劳动生产率和自然条件同剩余价值生产的关系。

马克思在1863年1月草拟的《资本论》写作计划中，第一部分或第1篇相当于后来的第1卷，共9章，其中第5、7、9章对生产劳动和非生产劳动的理论分别进行论述。《资本论》第1卷出版时，只收录了其中的第5章，本章有关生产劳动方面的理论是原计划第5章的一部分内容。原计划的第7、9章在我国被收录在《马克思恩格斯全集》译本中第1版第26卷和第49卷中。

一、生产劳动的定义［本章第1—3段］

在资本主义社会，只有能够创造剩余价值的劳动才是生产劳动，剩余价值创造得越多，就越有条件将更多的劳动投向非生产性的服务部门。区分资本主义生产劳动和非生产劳动，可以使我们认清剩余价值的来源和资本主义国民收入增长及其分配的变动原因，了解经济结构的变动规律，揭露资本主义的寄生阶层对工人创造的剩余价值的挥霍浪费。马克思指出："把生产劳动同其他种类的劳动区分开来是十分重要的，因为这种区分恰恰表现了那种作为整个资本主义生产方式以及资本本身的基础的劳动的形式规定性。"①

（一）生产劳动的一般定义

什么是生产劳动？在第5章中曾经撇开它的各种历史形式，从单纯的一般劳动过程的观点出发，指出："如果整个过程从其结果的角度，从产品的角度加以考察，那么劳动资料和劳动对象二者表现为生产资料，劳动本身则表现为生产劳动。"（第211页）在1861—1863年经济学手稿中也说过："如果我们把劳动能力本身撇开不谈，生产劳动就可以归结为生产商品、生产物质产品的劳动。"② 这就是说，生产劳动是指劳动者借助劳动资料，使自己的劳动作用于劳动对象，按照预定的目的生产某种产品的活动。简言之，生产劳动是生产物质产品的劳动。

马克思从物质规定性方面给生产劳动下的一般性定义，构成了一切人类社会生产劳动的物质内容，对一切人类社会都是适用的，只是随着人类社会分工与协作的发展，从物质规定性方面确定的生产劳动概念，有逐步扩大的趋势。

在分工和协作没有得到发展之前，个体生产者担负产品生产的一切职能，独立完成某种产品的生产，这里包括：独立完成产品生产过程的一系列操作；脑力劳动和体力劳动结

① 《剩余价值理论》第1分册第426页。

② 《剩余价值理论》第1分册第164页。

合在一起，生产者既从事体力劳动，又从事脑力劳动。

随着分工和协作的发展，尤其是资本主义生产方式的建立与发展，生产劳动的物质规定性发生了两方面的变化：首先，产品生产过程的一系列操作分别由不同的劳动者担任，即每个劳动者只从事产品生产过程中的局部操作，原来的产品是个人产品、直接产品，现在转化为共同产品、社会产品，谁也不能说，这个产品是我生产出来的。如果孤立地看，每个劳动者的劳动由于不直接生产产品，因而不是生产劳动；但从总体上看，每个劳动者的劳动又都是生产产品的劳动过程的组成部分，当生产者独立完成某种产品的生产时，所有的操作都是生产劳动的不同组成部分，现在这些操作分开由不同的人担任，也应是生产劳动。其次，脑力劳动和体力劳动在生产中发生了分离，有些劳动者专门从事体力劳动，有些劳动者专门从事脑力劳动，既然原来由同一个人独立完成产品生产时耗费的脑力劳动是生产劳动，现在由一部分人专门从事产品生产的脑力劳动也应是生产劳动。

以上两个方面的变化表明，从物质规定性上看，资本主义生产劳动的概念扩大了，过去是独立完成产品生产的劳动是生产劳动，现在不独立完成产品的生产，而只是担负其中某一个职能的劳动，也是生产劳动。

这里应注意的是，生产劳动概念不论怎样扩大，总会受到一定的限制，它必须是生产物质产品劳动的组成部分，不能将生产劳动扩大到非物质产品生产的领域，马克思指出："上面从物质生产性质本身中得出的关于生产劳动的最初的定义，对于作为整体来看的总体工人始终是正确的。"（第 582 页）

上述物质规定性的变化，发生在分工和协作有了比较发展的一切场合，因此，"这不是资本主义制度的生产劳动的独特特征"①，不能说明资本主义生产劳动的实质。要认识资本主义生产劳动的实质，必须从生产劳动的社会规定性上去分析。

（二）资本主义生产劳动的实质与特征

资本主义的生产劳动必须是生产物质产品的劳动，但生产物质产品的劳动却不一定是资本主义生产劳动。马克思指出："因为资本主义生产的直接目的和真正产物是剩余价值，所以只有直接生产剩余价值的劳动是生产劳动，只有直接生产剩余价值的劳动能力的行使者是生产工人，就是说，只有直接在生产过程中为了资本的价值增殖而消费的劳动才是生产劳动。"②　"在资本主义生产体系中，生产劳动是给使用劳动的人生产剩余价值的劳动。"③

按照这个定义，许多生产物质产品的劳动不能称之为资本主义的生产劳动：①直接为满足自己需要而进行的生产，资本家雇用的家庭厨师和家庭裁缝，这些生产者虽然生产产品，但不生产商品，当然也谈不上剩余价值的生产；②资本主义社会中独立的商品生产者，他们虽生产商品，但不生产剩余价值，不属于资本主义商品生产，他们的劳动也不是资本主义的生产劳动，甚至谈不上生产劳动和非生产劳动的区分，资本主义社会中的"农民和手工业者虽然也是商品生产者，却既不属于生产劳动者的范畴，又不属于非生产劳动者的范畴"④；③在资本主义商品生产中，由于亏损，未能生产出剩余价值，或者由于供

① 马克思：《资本论》第 1 卷法文版中译本，中国社会科学出版社 1983 年版第 524 页。
② 《直接生产过程的结果》，《马克思恩格斯全集》第 49 卷第 99 页。
③ 《剩余价值理论》第 1 分册第 426 页。
④ 《剩余价值理论》第 1 分册第 439 页。

过于求，产品卖不出去，这里包含的劳动也不是生产劳动；④厨师被资本家雇用到饭店里进行的劳动是生产劳动，这也是对雇用他的饭店老板说的，对于到饭店吃饭的顾客来说，厨师的劳动也不是生产劳动，“这些人，对我这个消费者来说，即使在饭店里也是非生产劳动者”①。由此可见，从社会规定性来看，资本主义生产劳动的概念，又缩小了。

社会主义的生产劳动同样必须是生产物质产品的劳动，但是由于社会主义生产的目的是为了满足人民群众日益增长的物质和文化的需要，因而只是生产出能够满足人们身心健康的物质产品的劳动才是生产劳动，以破坏资源、浪费资源、污染空气和水源为代价生产物质产品的劳动，生产黄、赌、毒产品的劳动，生产受污染甚至含毒素的产品的劳动，都不能称之为生产劳动。和资本主义生产劳动相比较，社会主义生产劳动的概念更进一步缩小了。社会主义国家必须消除产值统计中的虚假部分。

在资本主义条件下，只有直接生产剩余价值的劳动才是生产劳动，有些学者却将间接生产剩余价值的劳动也看作是生产劳动，甚至用利润这一属于分配领域中的范畴取代生产领域中的剩余价值范畴，将一切能为资本家获得利润的劳动都称之为生产劳动。在社会主义条件下，又将一切能够满足人民物质文化需要的劳动称之为生产劳动，于是生产劳动的概念从物质生产领域扩大到非物质生产领域，从经济领域扩大到政治、军事、文化、教育、体育、卫生等一切非经济领域中，这是人为地扩大了生产劳动的概念。

（三）资本主义生产劳动的社会规定性和物质规定性的关系

生产劳动是生产物质产品的劳动，这是生产劳动的物质规定性，或者说，是对生产劳动所作的一般规定，不论什么社会，这一规定总是构成生产劳动的物质基础，作为“劳动的内容或劳动的结果”②；但是，这一物质规定性“对于资本主义生产过程是绝对不够的”（第211页脚注），“劳动的这种物质规定性同劳动作为生产劳动的特性毫无关系”③，因为生产劳动的特性“是从劳动的一定的社会形式产生的”④，而不是从它的内容和结果产生的，因此，“从单纯的一般劳动过程的观点出发，实现在产品中的劳动，更确切地说，实现在商品中的劳动，对我们表现为生产劳动。但从资本主义生产过程的观点出发，则要加上更切近的规定：生产劳动是直接增殖资本的劳动或直接生产剩余价值的劳动，……⑤”从本质上说，资本主义生产劳动是直接生产剩余价值的劳动，这是资本主义生产劳动的社会规定性。

英国资产阶级古典经济学家亚当·斯密（1723—1790）对资本主义生产劳动下了两个互相矛盾的定义，第一个定义是：直接同资本交换的劳动是生产劳动，直接同收入即工资或利润交换的劳动是非生产劳动。第二个定义是：生产劳动就是生产商品的劳动，非生产劳动就是不生产“任何商品”的劳动。

对于第一个定义，马克思给予充分的肯定，认为是一个“正确的定义”⑥，指出：“这里，从资本主义生产的观点给生产劳动下了定义，亚当·斯密在这里触及了问题的本质，抓住了要领。”⑦ 但是马克思本人并没有采用这个定义，这是因为受资本雇用的劳动，可以是生产剩余价值的劳动，也可以是不生产剩余价值的劳动，而马克思认为只有直接生产

① 《剩余价值理论》第1分册第150页。

②③④ 《剩余价值理论》第1分册第149页。

⑤ 《直接生产过程的结果》，《马克思恩格斯全集》第49卷第99页。

⑥ 《剩余价值理论》第1分册第142页。

⑦ 《剩余价值理论》第1分册第148页。

剩余价值的劳动才是生产劳动。

对于第二个定义，马克思认为是“错误的见解”①，因为它没能表现出资本主义生产劳动的实质，和第一个正确的定义相矛盾。例如，资本主义社会中独立的手工业者或农民，他们没有被资本雇用，但生产商品，按照第一个定义，他们不是生产劳动者，按照第二个定义，他们又是生产劳动者。第二个定义虽然是错误的，但是马克思并没有进行全盘否定，因为“商品是资产阶级财富的最基本的元素形式。因此，把‘生产劳动’解释为生产‘商品’的劳动，比起把生产劳动解释为生产资本的劳动来，符合更基本得多的观点”②。马克思的贡献在于，他没有简单地废弃这个定义，而是吸收和改造为生产劳动的物质规定性，作为生产劳动的一般性定义。

生产劳动的物质规定性不能作为资本主义生产劳动的定义，不等于说，资本主义生产劳动可以离开它的物质规定性，如果把受资本家雇用的教员、医生、演员、售货员等进行的劳动都列入资本主义的生产劳动项目，这和马克思关于资本主义生产劳动的定义是相背离的。资本主义生产劳动的概念，不仅从物质规定性上看是扩大了，从社会规定性看也扩大了。马克思指出：“资本主义劳动过程并不消除劳动过程的一般规定。劳动过程生产产品与商品。只要劳动物化在商品即使用价值与交换价值的统一中，这种劳动就始终是生产劳动。”③ 直接生产剩余价值的劳动就是“表现为剩余产品的劳动”④。

（四）不生产物质产品的劳动不可能是资本主义生产劳动

非物质生产部门的劳动，除烹饪、绘画、雕塑等之外，不生产物质产品与商品，这些劳动者的劳动不能物化在一个商品体中，他们的劳动始终不是生产劳动，当然也不可能成为资本主义生产劳动。与此相联系，不生产物质产品的部门，始终不是产业部门。例如，马克思肯定了亚当·斯密在所列生产劳动项目中不包括教育方面的劳动，认为“他是受某种正确的本能支配，意识到，如果他在这里把后一种劳动包括进去，那他就为各种冒充生产劳动的谬论敞开了大门”⑤。

当法国经济学家热尔门·加尔涅（1754—1821）质问亚当·斯密，为什么“诱惑我的嗅觉的香水制造者”应当认为是生产劳动者，而“陶醉我的听觉”的音乐家却是非生产劳动者呢？马克思代替斯密回答说：“因为一个提供物质产品，另一个不提供物质产品。道德和这两个人的‘功绩’一样，同这里的区分毫无关系。”⑥ 马克思还批驳了加尔涅提出的既然乐器制造者是生产的，使用乐器的演员也应该是生产的，指出：“如果这样来谈问题，那就会得出结论说：吃粮食的人和生产粮食的人一样，也是生产的。”⑦

上述教师、音乐家、演员等劳动均可称之为服务性劳动，其特点是劳动不是作为物，而是作为活动提供给购买者，这种服务性劳动始终是非生产劳动。马克思说：“假定劳动生产率大大提高，以前是$\frac{2}{3}$人口直接参加物质生产，现在只要$\frac{1}{3}$人口参加就行了。以前是$\frac{2}{3}$人口为$\frac{3}{3}$人口提供生活资料；现在是$\frac{1}{3}$人口为$\frac{3}{3}$人口提供生活资料。……现在$\frac{2}{3}$的人口

---

① 《剩余价值理论》第 1 分册第 146 页。

② 《剩余价值理论》第 1 分册第 165—166 页。

③ 《直接生产过程的结果》，《马克思恩格斯全集》第 49 卷第 100 页。

④ 《直接生产过程的结果》，《马克思恩格斯全集》第 49 卷第第 99 页。

⑤ 《剩余价值理论》第 1 分册第 164 页。

⑥⑦ 《剩余价值理论》第 1 分册第 179 页。

中一部分是利润和地租的所有者，一部分是非生产劳动者（由于竞争，非生产劳动者的报酬也差了），这些非生产劳动者帮助前者把收入吃掉，并且把服务作为等价提供给前者或者（例如政治的非生产劳动者）强加给前者。我们可以设想：除了家仆、士兵、水手、警察、下级官吏等，姘妇、马夫、小丑和丑角之外，这些非生产劳动者与以前的非生产劳动者相比，一般会有更高的教育程度；并且，特别是报酬菲薄的艺术家、音乐家、律师、医生、学者、教师、发明家等的人数将会增加。”① 非生产劳动的性质绝不会因非生产者的人数增加和在人口中占的比重增加而发生改变，正如同从事农业生产的人数绝不会因为随着社会的发展而减少使农业劳动变成非生产劳动。

不是作为物，而是作为活动提供给购买者的服务，之所以不是资本主义生产劳动，是因为它不能生产剩余价值，它之所以不能生产剩余价值，首先就是因为不能生产物质的使用价值，即物质产品，从而不能生产商品，不能创造出价值和剩余价值。

为什么说上述纯粹的服务劳动不生产商品？是因为它不生产物质产品。作为商品必须是物质产品，因为商品价值是一般人类劳动的凝结，而不是一般人类劳动即抽象劳动本身。抽象劳动创造价值，但它本身并没有价值，否则就会出现“劳动的价值”用语。要凝结，就必须物化在一个物质产品中，只有这样，才能形成价值，才有商品的存在。马克思认为：“劳动本身不直接是商品，因为商品必须是对象化的，耗费在使用价值中的劳动。”② “商品必须被看做一种和劳动本身不同的存在，”③ “商品表现为过去的、对象化的劳动这个说法还是对的，因而，如果它不表现为物的形式，它就只能表现为劳动能力本身的形式，但永远不能直接表现为活劳动本身。”④ 甚至说，“把价值的纯粹象征性的表现——价值符号撇开，价值只是存在于某种使用价值中，存在于某种物中。（人本身单纯作为劳动力的存在来看，也是自然对象，是物，不过是活的有意识的物，而劳动本身则是这种力在物上的表现。）”（第235页）这里必须注意消费品和商品的区分，用作个人消费的商品固然是消费品，而消费品却未必是商品，因为商品必须是物质产品，而在消费品中，除物质产品外，还包括以服务形式出现的消费品。马克思指出：“任何时候，在消费品中，除了以商品形式存在的消费品以外，还包括一定量的以服务形式存在的消费品。因此，消费品的总额，任何时候都比不存在可消费的服务的时候要大。”⑤ 从这段话中，我们也可以看出，马克思不认为纯粹的服务劳动是生产商品的，从而谈不上创造价值和剩余价值。

有的学者援引马克思在1861—1863年经济学手稿中说的话：“服务有一定的使用价值（想象的或现实的）和一定的交换价值，”⑥ 论证服务行业劳动也创造价值和剩余价值，服务性劳动也是生产劳动，这是对马克思著作的误解。服务有价值和服务能创造价值是两回事，正如同我们不能因为机器有价值，由此得出机器也能创造价值的结论。说服务有价值，是指服务过程中会发生各种耗费，如设施和材料的耗费，劳动力的耗费，在商品经济条件下，这些耗费都表现为价值的耗费，因此，作为提供活动的服务，不仅不创造价值，

---

① 《剩余价值理论》第1分册第218—219页。
② 1861—1863年经济学手稿，《马克思恩格斯全集》第2版第32卷第53页。
③ 《剩余价值理论》第1分册第163页。
④ 《剩余价值理论》第1分册第164页。
⑤ 《剩余价值理论》第1分册第160—161页。
⑥ 《剩余价值理论》第1分册第149页。

反而是消耗价值。马克思也谈到妓女、律师、布道、歌舞场、剧院、士兵、政治家等的服务时指出："这些服务本身有使用价值，由于它们的生产费用，也有交换价值。"① "非生产劳动者的服务的价值……由维持他们的生活或者说把他们生产出来所需的生产费用来决定。"②

物质生产劳动和非物质生产劳动的交叉既不能使物质生产劳动变成非物质生产劳动，也不能使非物质生产劳动变成生产劳动。例如，店员主要从事纯粹流通活动，这是非生产劳动，同时又进行一些产品的搬运和包装活动，这是生产劳动；饭店烧菜做饭，这是生产劳动，请乐队为顾客助兴，这是非生产劳动。这里区分得非常清楚，生产物质产品，才有可能是生产劳动，不生产物质产品，绝不可能是生产劳动。演员的活劳动和乐器的物化劳动都不能加入到饭菜的价值中去。

划分生产劳动和非生产劳动与它的重要性毫无关系，生产劳动与非生产劳动各有各的重要性，谁也代替不了谁，生产劳动者既不高人一等，非生产劳动者也不矮人三分。极少有人认为我国党政领导人是生产劳动者，但他们是否因此不受到尊重呢？马克思在批评加尔涅时就指出了一个人"功绩"的大小和对生产劳动与非生产劳动的划分是毫无关系的。

在马克思著作中，也可以见到把受校董雇用的教员、剧院老板雇用的演员等称之为生产工人，他们的劳动称之为生产劳动这样一种说法，这种说法和马克思关于资本主义生产劳动的定义是不一致的，并不是马克思自己的观点。例如，在《剩余价值理论》第1分册第148—149页上，把剧院老板雇用的演员称之为生产劳动者，就是根据亚当·斯密的和资本交换的劳动是生产劳动的观点提出来的，并且说，"这里，生产劳动和非生产劳动始终是从货币所有者、资本家的角度来区分的，不是从劳动者的角度来区分的"③，还以法国资产阶级庸俗经济学家加尼耳（1758—1836）等人为例，指出从这一角度出发产生出荒谬的论调。在更早的1857—1858年经济学手稿中，马克思就批评了西尼耳关于钢琴演奏者和钢琴的制造者一样，都是生产劳动的观点，指出西尼耳等人"把自然意义上的产品同经济意义上的产品混为一谈了"④，马克思讲的是"经济意义上的生产劳动"⑤，而西尼耳等人讲的却是非经济意义上的生产劳动，而这种非经济意义上的生产劳动"就像生产幻觉的傻子的劳动不是生产劳动一样"⑥。在本章中，马克思举了教员因受校董雇用而成为生产工人的例子，这并不是经济意义上的生产劳动，在举例之前，马克思已经说明举的不是物质生产领域中的例子。

什么是产业和产业部门？马克思在《资本论》第2卷第1篇论述资本形态变化及其循环时指出："在总循环过程中采取而又抛弃这些形式并在每一个形式中执行相应职能的资本，就是产业资本。这里所说的产业，包括任何按资本主义方式经营的生产部门。"⑦ 撇开它的社会形式，所谓产业就是从事物质产品生产的部门，在《剩余价值理论》中，马克思列举了采掘工业、农业、加工工业和运输业四个物质生产领域⑧，在《资本论》第3卷

① 《剩余价值理论》第1分册第160页。
② 《剩余价值理论》第1分册第151页。
③ 《剩余价值理论》第1分册第148页。
④ 《马克思恩格斯全集》第2版第30卷第231页。
⑤⑥ 《马克思恩格斯全集》第2版第30卷第264页。
⑦ 《资本论》第2卷第63页。
⑧ 参见《剩余价值理论》第1分册第444页。

中，马克思列举了采矿业、农业、畜牧业、制造业和运输业五个产业资本的分支部门[①]。

《资本论》第1卷和第2卷研究的都是产业资本，为什么直到第2卷研究货币资本的总循环时，马克思才来解释产业和产业资本。因为总循环是产业资本的运动形式与特征，离开这一运动形式，就谈不上是产业和产业资本。教师、医生、演员、店员等各种不生产物质产品的服务人员的活动不具有总循环形式，当然不能列入产业部门中去。

不同产业部门之间的区别同产业部门和非产业部门之间的区别，二者之间“是有天壤之别的”[②]，马克思严厉斥责那种把不生产物质产品，更不创造价值与剩余价值的纯粹商业部门说成是产业部门的谬论，指出：“最荒唐的看法莫过于把商人资本——不管它以商品经营资本的形式或货币经营资本的形式出现——看作是产业资本的一个特殊种类，就像采矿业、农业、畜牧业、制造业、运输业等等是由社会分工造成的产业资本的分支部门，从而是产业资本的特殊投资领域一样。”[③]马克思认为这种荒唐的看法是“粗陋的见解”[④]。令人惊奇的是，这种荒唐的看法和粗陋的见解在我国竟能得到广泛流行。

农业本来就是产业，但是按照农业产业化的说法，在社会分工下从事农业生产还不是产业化，只有将农业生产和农产品加工结合起来，尤其是还要和商业活动结合在一起，才算是农业产业化，这是把商业和产业混为一谈了。这里且不说，即使商业也是产业，农工商相结合也不能称之为产业化。从历史发展上看，原来工业资本家是兼营商品销售的，随着工业生产的发展，商业从工业中分离出来而独立存在，这是一个进步，可是按照农业产业化说法的逻辑，工业兼营商业时是实行了工业产业化，后来商业从工业中分离出去，工业部门专心从事工业生产，反而不是产业化了。

为了和世界各国的国民经济核算体系统一口径，便于综合与对比，我国在统计工作中采用了西方经济学的关于三次产业的划分，这在一定范围内是必要的，但是我国有些学者由此否定生产劳动的物质规定性，把不生产物质产品的商业人员、服务人员、教师、医生、演员和行政管理人员等，看成和物质生产部门中的生产工人一样，都生产商品和创造价值，都是生产劳动者，将生产劳动范围扩大到几乎不受限制的地步。这种认识是十分有害的，它否定了物质资料的生产是人类社会生存和发展的基础，掩盖了资本主义剩余价值的来源，混淆了国民收入的初次分配和再分配，削弱了农业在国民经济中的基础地位和工业在国民经济中的主导作用，使产业结构的调整难以建立在坚实的物质生产基础上。

二、绝对剩余价值生产和相对剩余价值生产的关系［第583页第1段—第584页末段］

绝对剩余价值的生产和相对剩余价值的生产是资本家为提高剥削程度而采取的两种不同方法，二者之间既有区别，又有密切的联系。

（一）绝对剩余价值的生产是相对剩余价值生产的起点［第583页第1—末段］

资本主义生产的实质是剩余价值的生产，剩余价值生产的前提是要有剩余劳动，要得到剩余劳动就必须将工作日延长到维持工人生活的必要劳动时间以上。因此，绝对剩余价值的生产构成资本主义体系的一般基础。

绝对剩余价值的生产也是相对剩余价值的生产的出发点和基础。在相对剩余价值生产开始之前，工作日已经分为必要劳动时间和剩余劳动时间，如果事先没有这个划分，就谈不上缩短必要劳动时间和相对延长剩余劳动时间的问题。相对剩余价值的生产就是在这一

①②③④ 《资本论》第3卷第360页。

基础上产生的。

相对剩余价值生产和绝对剩余价值生产一样，都要以劳动在形式上从属于资本为前提。但是由于绝对剩余价值的生产只同工作日长度有关，在原有的手工业生产的基础上就可以实现，不以资本主义的生产方式为前提；相对剩余价值生产通过提高劳动生产力产生，要以资本主义生产方式为前提，使劳动的技术过程和社会组织发生根本的革命。资本主义生产方式一旦形成，劳动不仅在形式上从属于资本，而且在实际上从属于资本。[①]

什么是劳动对资本的形式上的从属和实际上的从属？

马克思说："我把以绝对剩余价值为基础的那种形式称为劳动对资本的形式上的从属，因为它只是在形式上不同于以前的、作为它的直接产生（被采用）的基础的生产方式，"[②]这就是说，劳动在形式上从属于资本是在旧的生产方式基础上产生的，生产方式的基础未变，只是经济关系发生了变化，出现了资本与雇佣劳动。

"资本主义生产方式一经产生，劳动对资本的实际上的从属就发生了。"[③] 它是在追求相对剩余价值生产的基础上发展起来的。和工场手工业时期相比，资本主义的机器大工业使资本与劳动的关系发生了很大的变化，过去是工人使用生产工具，现在是工人服侍机器，成为机器体系的附属物。在第13章第4节和《共产党宣言》中，都对资本主义生产方式中劳动对资本的实际从属进行了论述。

马克思提到的中间形式是指中间剥削形式，包括资本主义前的高利贷资本和商业资本以及资本主义社会中的家庭劳动，这里的剥削形式既不是建立在直接强制上，也不是建立在资本主义生产方式基础上，但会成为向资本主义生产方式的过渡形式。

劳动在实际上从属于资本并不取代劳动在形式上从属于资本，"形式上的从属的一般特征是始终存在的，这种一般特征就是劳动过程直接从属于资本，而不管劳动过程在工艺上以什么方式进行"[④]。

（二）生产相对剩余价值的方法同时也是生产绝对剩余价值的方法［第584页第1段］

这一问题在第13章第3节中的"工作日的延长"这一小节进行了详细的分析，这里不再重复。

根据第8章及《工资、价格和利润》一书提供的材料，英国在大工业出现以前，正常工作日为10小时，18世纪60年代末开始建立工厂制度，在以后的半个多世纪中，工作日从10小时延长到12小时、14小时、18小时。直到1833年以后，才由国家通过强制性的法令逐步加以限制。

（三）绝对剩余价值和相对剩余价值存在着表面上的同一性［第584页末段］

所谓同一性，就是一方面，绝对剩余价值是相对的，因为绝对剩余价值要以劳动生产率达到一定的程度为前提；另一方面，相对剩余价值又是绝对的，因为相对剩余价值又以工作日延长到超过一定界限为前提。

但是，这种同一性只是表面上的，因为在资本主义生产方式一旦确立并成为普遍的生产方式的情况下，也就是在不仅形成了绝对剩余价值，也形成了相对剩余价值的情况下，

① 马克思在这里说资本主义生产方式使劳动在形式上从属于资本"让位"于实际上从属于资本，"让位"的含义是退出、消失、不存在、被取而代之等，用词可能不当。

② 《直接生产过程的结果》，《马克思恩格斯全集》第49卷第85页。

③ 《直接生产过程的结果》，《马克思恩格斯全集》第49卷第95页。

④ 《直接生产过程的结果》，《马克思恩格斯全集》第49卷第95页。

如果再进一步提高剩余价值率，绝对剩余价值和相对剩余价值的区别立即表现出来。资本家或者是采取延长工作日的方法，或者是采取提高劳动生产率的方法，或者同时采取这两种方法，这里的区别是很明显的。

除此以外，提高剩余价值率还可采取其他方法，一是工资的支付低于劳动力价值，对这一点可以暂时撇开不论；二是提高劳动强度，马克思把这种方法和提高劳动生产率的方法合并在一起，因为这种方法同样表现为可以缩短必要劳动时间，相对延长剩余劳动时间。

三、劳动生产率和自然条件同剩余价值生产的关系［第585页第1段—本章完］

（一）一定程度的劳动生产率是生产剩余价值的自然基础，但不是生产剩余价值的原因［第585页第1段—第586页第1段］

剩余价值来源于剩余劳动，即工人在生产了维持自己生存需要的消费品之后，还有可供别人支配的多余劳动，这种可供别人支配的劳动时间是以一定程度的劳动生产率为前提的。即使生活水平低下，消费品需要量极少，也是如此，因为只有在一定的劳动生产率的基础上，才有可能产生剩余劳动和剩余价值。

劳动生产率是和自然条件相联系的。自然条件包括两方面，一是人类本身，二人类生存的周围环境，又称之为外界自然条件。外界自然条件又分为两大类，一类是属于生活资料方面的资源，另一类是属于劳动资料方面的资源。既然劳动生产率同这些自然条件联系在一起，因此可以说，一定程度的劳动生产率是剩余价值生产的自然基础。

但是，一定程度的劳动生产率以及和它相联系的自然条件对剩余价值的这一意义，只是从最一般的意义上来说的，说明剩余价值原因的不是它的自然基础，而是它的经济基础。用自然条件不能说明剩余价值不是在几十万年前产生，而是在人类进入奴隶制社会开始出现，直到资本主义社会，剩余价值的生产才占了统治地位。资本主义的生产关系当然要建立在较高的劳动生产率基础上，但是作为资本主义基础的劳动生产率，是经过几十万年人类历史累积起来的，不是自然的恩惠。

（二）良好的自然条件为剩余劳动和剩余价值提供了可能性，但不提供现实性［第586页末段—第589页末段］

良好的自然条件始终只提供剩余劳动、剩余产品或剩余价值的可能性，因为在良好的自然条件下，人们用较少的劳动时间就可以维持自己的生存。首先是由于良好的自然条件能带来较高的劳动生产率，在肥沃的耕地和贫瘠的土地上投入同量的劳动，产量却大不一样，有些地区甚至不用耕种土地就可收获现成的各种食物。其次，不同国家和地区由于自然条件的不同，对生活资料的需要量有很大差异，例如，在热带和亚热带，对衣服和鞋袜的需要量就大为减少。良好的自然条件带来上述两方面的结果，使人们可以用少量的时间生产他所需要的生活资料，从而出现较多的剩余劳动时间，为生产剩余产品和剩余价值提供了可能性。

但是，要使这一可能性变成现实，需要有外部的强制条件，良好的自然条件只能说明他的必要劳动时间每周只需要1天，不能说明他在这1天之外为什么还要为别人再劳动5天，离开一定的经济关系，是不能说明剩余价值生产的现实性的。

（三）对资产阶级经济学家关于剩余价值存在原因方面言论的批判［第 590 页第 1 段—本章完］

古典经济学家李嘉图只研究剩余价值量大小的原因，而不研究剩余价值存在的原因，他认为劳动生产率的变动会决定生活资料价值量的变动，进而引起工资量的变动，最后又引起利润量的变动。

李嘉图学派把劳动生产率说成是利润产生与变动的原因，但没有进行深入的研究，因为这个问题带有爆炸性。李嘉图学派的观点是错误的，但也有一点值得肯定的地方，因为这种说法比重商主义者还是前进了一步，重商主义者认为利润来源于交换，李嘉图则认为利润来源于生产。

李嘉图以后半个世纪，又有一个英国资产阶级经济学家约·斯·穆勒①（1806—1873）重复了李嘉图的上述错误观点，他虽自称比重商主义者高明，但实际上并没有什么高明之处，甚至不如重商主义者。首先，他所说的利润的原因是劳动生产力，其不过是重复李嘉图学派说过的错话；其次，约·斯·穆勒虽也增添了一些新内容，却是增添了一些新的错误，例如：

第一，认为产品的使用时间长于它的生产时间，超过部分构成了利润。按照这一说法，机器的寿命可以长达 20 年甚至更长的时间，而面包最多也只能免除人们一天的饥饿，机器的利润就会比面包的利润大得不可计量。重商主义者只是说从交换中产生利润，而约·斯·穆勒却认为从使用中即消费中产生利润，这就更错误了。［第 590 页第 2－4 段］

第二，认为没有交换与买卖，利润依然存在。交换与买卖是资本主义生产的一般条件，如果没有商品的交换，没有劳动力商品的买卖，资本主义生产就不可能存在，这时利润又从何而来呢？约·斯·穆勒从否定交换是产生利润的原因，进而否定交换是利润存在的一般条件，这就谈不上比重商主义高明了。［第 590 页末段—第 591 页第 1 段］

第三，认为如果工人创造的价值（100v＋20m）比工资（100v）大 20%，利润率就是 20%，他的计算方法是：$利润率=\frac{利润量}{工资金总额}$，即 $p'=\frac{20m}{100v}=20\%$。首先，这句话是同义反复，他先说利润是工资总额的 20%，再说利润和工资总额相比是 20∶100。其次，约·斯·穆勒不仅说了一句废话，也说了一句错话，他是把剩余价值率当成利润率了，剩余价值率的计算公式是：$m'=\frac{m}{v}$，而利润率的计算公式是：$p'=\frac{m}{C}$，C 是全部预付资本。［第 591 页第 2—3 段］

第四，认为工人做完工后领取工资，就和资本家把资本投入企业后取得利润一样，“他在某种程度上成了资本家了”。即使先领工资后做工，由于工资低于市场价格，其中的差额预付给他的企业主，工人也被看作是资本家，这是很荒谬的。如果说工人也是资本家，谁是雇佣工人呢？雇用给谁呢？我们只好说是自己雇用自己了。把工人看作是资本家，是把平地上一堆土看作一座小山，这位“大思想家”的水平反映出现代资产阶级的平庸。［第 591 页第 4 段—本章完］

---

① 有的学者将马克思在这里提到的约·斯·穆勒称为资产阶级庸俗经济学家，见陈征：《〈资本论〉解说》第 1 卷（修订本），福建人民出版社 1997 年版第 467 页。这是不恰当的。马克思指出：“为了避免误解、我说明一下，像约·斯·穆勒这类人由于他们的陈旧的经济学教条和他们的现代倾向发生矛盾，固然应当受到谴责，但是，如果把他们和庸俗经济学的一帮辩护士混为一谈，也是很不公平的。”（第 705 页脚注）马克思认为以他为代表的学说是“混合主义”，他们不同于单纯充当统治阶级的诡辩家和献媚者。（参见 17 页）。

第十五章　劳动力价格和剩余价值的量的变化

绝对剩余价值生产和相对剩余价值生产是提高剥削程度即剩余价值率采取的两种不同的方法，计算剩余价值率的公式是：

$m'=\frac{m}{v}$，它由两个因素决定，一是剩余价值量（m），二是可变资本量（v），可变资本取决于劳动力价值或价格。本章研究的就是决定剩余价值率的两个因素之间的相互关系。

剩余价值是雇佣工人新创造的超过劳动力价值以上的部分，剩余价值的多少首先取决于劳动力价值的大小。

决定劳动力价值大小的因素有三个：第一，平均工人通常必需的生活资料的价值；第二，劳动力的发展费用；第三，劳动力的自然差别。下面的研究撇开后两个因素。

此外还假定：①商品的价格和商品的价值相一致；②劳动力商品的价格（工资）和劳动力商品的价值相一致，或高于它的价值，但不能低于它的价值。

在劳动力价值已定的情况下，剩余价值的多少取决于工作日的长度，这是绝对剩余价值的生产；在工作日长度已定的情况下，剩余价值量的多少取决于劳动力价值的大小，而劳动力价值的大小又取决于劳动生产力和劳动强度，这是相对剩余价值的生产。因此，劳动力价格和剩余价值的相对量即剩余价值率取决于三个因素：①工作日的长度；②正常的劳动强度；③劳动生产力。

这三个因素有三种组合：第一种，只有一个因素不发生变化，另外两个因素都同时发生变化；第二种，只有一个因素发生变化，另外两个因素都不发生变化；第三种，三个因素都同时发生变化。上述三种变化中的每一种，又有多种具体组合。

本章第 1 至 3 节研究第二种变化。其中第 1 节，只研究劳动生产力的变化，第 2 节，只研究劳动强度的变化，第 3 节，只研究工作日长度的变化，第 4 节，研究第一种和第三种变化时引起的综合性结果。

Ⅰ. 工作日的长度和劳动强度不变（已定），劳动生产力可变

按照这一假定，劳动生产力对劳动力价值和剩余价值的量的决定作用表现为以下三个规律：

第一个规律，不论劳动生产率如何变化，从而不论产品量和单个商品的价格如何变化，一定长度的工作日总表现为相同的价值产品（v + m）。［本节第 2—3 段］

这是由于劳动生产率属于具体劳动范畴，具体劳动是不创造价值的，因此，不论劳动生产率怎样变化，同一劳动在同样的时间内创造的价值量总是相同的。原来一个 12 小时的工作日创造了 12 小时的价值量，现在劳动生产率提高了 1 倍或下降了一半，一个 12 小时的工作日创造的价值量仍为 12 个小时。

由此可知，在一定的工作日长度内，只要必要劳动时间和剩余劳动时间比例不变，不论劳动生产力怎样变化，劳动力价值和剩余价值的比例即剩余价值率也不变。

马克思举例说，原来12小时工作日的价值产品假定为6先令，不论劳动生产力怎样变化，现在12小时工作日的价值产品仍为6先令，这里必须假定生产货币材料（贵金属）的劳动生产率不变。如果生产货币材料的劳动生产率发生变化，一个12小时工作日的价值产品的货币表现和生产货币材料的劳动生产率变化成正比。在以后所举的例子中，也都是假定货币价值不变。

第二个规律，劳动生产力和劳动力价值按相反方向变动，剩余价值量按相同方向变动，使劳动力价值和剩余价值按相反方向变动。[本节第4段—第595页末段]

从这个规律中我们可以看到，在一定的工作日长度内，剩余价值的增加来自劳动力价值的减少；劳动力价值的减少，又来自于劳动生产力的提高。由此可以得出结论，劳动生产率的提高会降低劳动力的价值，从而提高剩余价值，相反地，劳动生产率的下降会提高劳动力价值，降低剩余价值。

这里应当注意的是，劳动力价值的减少和剩余价值的增加，或者劳动力价值的增加和剩余价值的减少，二者并不一定是按照同一比例发生变化的，这取决于劳动生产力变化以前的划分。如果原来12小时工作日内，必要劳动和剩余劳动都是6小时，现在由于提高了劳动生产力，必要劳动时间减少1小时或$\frac{1}{6}$，剩余劳动时间则增加1小时，也是$\frac{1}{6}$。如果原来必要劳动时间是8小时，剩余劳动时间是4小时，基数不同，现在由于提高了劳动生产力，必要劳动时间减少2小时或$\frac{1}{4}$，剩余劳动时间虽然也增加了2小时，但是它的相对量却增加$\frac{1}{2}$。

第三个规律，劳动力价值的变动是剩余价值量变动的原因，不能反过来说，剩余价值的变动是劳动力价值变动的原因。[第596页第1段—第597页末段]

在工作日长度不变的条件下，剩余价值的增加只能来自劳动力价值的减少，而劳动力价值只能随劳动生产力的变化而变化，是劳动力价值的变化引起剩余价值量的变化。

按照第三个规律，劳动力价值的新界限决定剩余价值量发生变化的界限，在一个10小时工作日内，劳动力价值由6小时降为3小时，剩余价值量最多由4小时增加到7小时，3小时是新的劳动力价值的最低界限，7小时是剩余价值量的最高界限。

这里要说明的是，劳动力价值和剩余价值的3小时增减中，在价格表现上会发生各种中间的变动。第一种情况，劳动力价格和劳动力价值一致，由代表6小时劳动力价值降为代表3小时劳动力价值，工人所得的生活资料量不变，但剩余价值量却由4小时增加到7小时。第二种情况，现在的劳动力价格和原来的劳动力价值相一致，代表6小时价值量，这时劳动力价格不仅高于现在的劳动力价值3小时，而且高出的量和劳动力价值下降的量相一致。在这种情况下，工人所得的生活资料和资本家所得的生活资料或生产资料都会随劳动生产力同比例地增加，剩余价值量则不变。第三种情况，现在的劳动力价格低于原来的劳动力价值，但仍高于现在新的劳动力价值，在这种情况下，工人的生活资料的增加低于劳动生产率的提高，一方面是劳动力价值的不断下降，另一方面是剩余价值的不断增加，剩余价值率不断提高，工人和资本家的生活状况之间的鸿沟越来越深。

马克思对李嘉图关于上述三个规律的认识进行了评价，一方面肯定他第一个严密地表述了上述三个规律，另一方面又指出他在阐述中的缺点：①把劳动生产力看成是决定劳动力价值和剩余价值的唯一因素，没有认识到工作日长度和劳动强度这两个因素变化的作用；②只研究剩余价值的具体表现形式如利润、地租等，不去研究剩余价值本身，从而将剩余价值率和利润率混为一谈，而决定剩余价值率和利润率的因素是大不相同的，决定利润率的不仅有生产的因素，还有流通和分配的因素。

Ⅱ. 工作日和劳动生产力不变，劳动强度可变

提高劳动强度和提高劳动生产力一样，会带来剩余价值的增加和剩余价值率的提高，但在对劳动力价格和劳动力价值的影响上，作用是不同的。为了了解提高劳动强度对劳动力价格、劳动力价值和剩余价值量的影响，先研究一下提高劳动强度对产品价值量的影响。

一、提高劳动强度对产品价值的影响［本节第1段第1—15行］

当提高劳动生产力时，在同一个工作日内会生产出更多的产品，但不会生产出更多的价值，由于生产产品时所需要的劳动时间减少了，单个商品的价值也就会下降。

当提高劳动强度时，在同一个工作日内同样会生产出更多的产品，由于提高劳动强度是在同一时间内消耗更多的劳动，因而在同一个工作日内不仅会生产出更多的产品，也会生产出更多的价值，单个商品的价值仍和以前一样。

例如，假定工作日为12小时，1先令代表2小时价值，原来每个工作日生产6件产品，撇开生产资料的消耗不谈，每件价值为2小时，或每件价格为1先令。现在由于劳动生产力的提高，一个工作日生产了8件产品，同一个工作日内生产的价值量不变，仍为12小时，如货币价值不变，价格为6先令，但每件产品价值降为1.5小时，价格降为0.75先令。如果不是由于劳动生产力的提高，而是由于劳动强度的提高，一个工作日生产了8件产品，每件产品价值仍为2小时，价格表现为1先令，一个12小时工作日生产了16小时的价值或8先令的价格，同一个工作日生产的价值量或价格量都增加了，这就必然会产生和提高劳动生产力不相同的影响。

二、提高劳动强度对劳动力价格、劳动力价值和剩余价值的影响［本节第1段第15行—本节完］

在这方面，提高劳动强度产生的影响和提高劳动生产力产生的影响有所不同：

第一，由于提高劳动强度使同一个工作日内生产了更多的价值量，从而又使这个价值产品的两部分，即劳动力价值或价格和剩余价值可以同时按照相同的或不同的程度增加。

这里要注意的是，劳动力价格的提高不一定就是超出劳动力价值，当劳动力价格的提高不能补偿由于提高劳动强度引起的过度消耗，提高了的劳动力价格也是低于劳动力价值的。

第二，在影响的范围上，劳动生产率的提高只有发生在为工人提供生活资料的生产部门，以及为这些部门提供生产资料的生产部门，才能引起劳动力价值的下降和剩余价值量的增加。提高劳动强度则不受此限制，即使在奢侈品生产部门以及为奢侈品生产提供生产资料的部门，提高劳动强度总会引起同一工作日价值量的增加以及相应的变化。

这里又有一个说明，即提高劳动强度的影响是以它同社会正常劳动强度的偏离为转移的，如果一切产业部门的劳动强度都同时相等地提高，新的提高了的强度就成为普通的社会的正常强度，不再算作外延量，即一个12小时工作日的价值仍为12小时。由于不同国

家劳动强度的不同，同一劳动时间就会表现为不同的国际价值。

Ⅲ. 劳动生产力和劳动强度不变，工作日可变

本节研究工作日的延长或缩短对劳动力价值、劳动力价格和剩余价值量的影响。

在劳动生产力和劳动强度不变的前提下，工作日长度的变动会产生出以下三个规律：

第一个规律，一个工作日生产的商品价值量是可变的，而不是不变的，它和工作日长度成正比。

第二个规律，剩余价值和劳动力价值之间的量的比例的一切变化都来自于剩余价值绝对量的变化。

第三个规律，剩余价值的变动是劳动力价值绝对量变动的原因，而不是相反。①

工作日长度的变化或者是缩短，或者是延长。

一、在缩短工作日的情况下，对劳动力价值、劳动力价格和剩余价值量的影响［本节第2—3段］

假定劳动生产力和劳动强度不变，工作日的缩短不会降低劳动力价值和必要劳动时间，但会减少剩余价值的绝对量，并由此降低它的相对量，即剩余价值率。资本家要避免损失，只有将劳动力价格压低到劳动力价值以下。

不过这个假定在现实生活中是不存在的，工作日的缩短必然会引起劳动生产力和劳动强度的提高，从而增加剩余价值量，提高剩余价值率。因此，以这个假定的条件会带来的影响为理由，反对工人缩短工作日的要求，是不能成立的。

二、在延长工作日的情况下，对劳动力价值、劳动力价格和剩余价值量的影响［第601页末段—本节完］

延长工作日带来的影响有三种情况：

第一，假定劳动力价值的绝对量不变，剩余价值的绝对量和相对量都会增加，劳动力价值的相对量因而减少。［第601页末段］

第二，由于延长工作日而增加了价值量（价值产品），使劳动力价值和剩余价值可以同时等量或不等量地增长。［第602页第1段］

第三，在延长工作日的情况下，即使劳动力价格不变，甚至提高，劳动力价格也会低于劳动力价值。［第602页第2段］

这是因为，工作日被延长后，工人的劳动力消耗增加了，要求有更多的补偿，引起劳动力价值的提高。在这种情况下，劳动力价格不变，或劳动力价格虽有提高，但跟不上劳动力消耗的增加，劳动力价格就会低于劳动力价值。

这里还要说明的是，在一定限度内，由于延长工作日而增加的劳动力的消耗，可以通过相应提高劳动力价格来补偿，工作日的长度如超过一定限度，劳动力损耗会按几何级数增加。例如，工作日从10小时延长到12小时和由12小时再延长到14小时，虽然都是延

---

① 参见马克思：《资本论》第1卷法文版中译本，中国社会科学出版社1983年版第540—541页。

长了 2 小时，但对工人的损耗，后 2 小时比前 2 小时大得多。由于超过一定的界限，破坏了工人正常的生存条件，劳动力价格提高得再多，也是难以补偿的。

Ⅳ. 劳动的持续时间、劳动生产力和劳动强度同时变化

这里有两种大的组合，每种大的组合中又各有一些小的组合。

第一种组合，三个因素中有两个因素发生变化，这里既包括同方向或反方向的变化，又包括同一程度或不同程度的变化。

第二种组合，三个因素同时发生变化，这里也既包括同方向或不同方向的变化，又包括同一程度或不同程度的变化。

以下，对上述两种组合各选出一种具体情况进行研究。

一、劳动生产力降低，同时工作日延长 ［第 603 页第 1—末段］

这是属于上述第一种组合中的一个具体情况。

在决定劳动力价值的有关生产部门劳动生产力降低和工作日不变或同时延长的情况下，对剩余价值的绝对量和相对量的影响，可用下列图表说明：

劳动生产力		工作日（小时）	绝对量		相对量		
			劳动力价值	剩余价值	劳动力价值占价值产品	剩余价值占价值产品	剩余价值率
劳动生产力降低之前		12	6 小时或 3 先令	6 小时或 3 先令	50%	50%	100%
劳动生产力降低之后	工作日不变	12	8 小时（+2 小时）或 4 先令（+1 先令）	4 小时（−2 小时）或 2 先令（−1 先令）	$66\frac{2}{3}\%$（$+16\frac{2}{3}\%$）	$33\frac{1}{3}\%$（$-16\frac{2}{3}\%$）	50%（−50%）
	工作日延长 2 小时	14		6 小时（不变）或 3 先令（不变）	57%（+7%）	43%（ 7%）	75%（−25%）
	工作日延长 4 小时	16		8 小时（+2 小时）或 4 先令（+1 先令）	50%（不变）	50%（不变）	100%（不变）
	工作日延长 6 小时	18		10 小时（+4 小时）或 5 先令（+2 先令）	44%（−6%）	56%（+6%）	125%（+25%）

表中的价格是假定货币价值不变的价格。

从表中我们可以看到，在劳动生产力降低和工作日不变或同时延长的情况下，对剩余价值的绝对量和相对量的影响，有四种表现：

第一，劳动生产力下降引起劳动力价值上升，在工作日长度不变的情况下，会引起剩余价值的绝对量和相对量同时减少。

第二，由于延长工作日，其外延量如等于剩余劳动时间减少的量，剩余价值的绝对量则不变，但相对量仍会减少。

第三，如工作日进一步延长到使剩余价值相对量保持不变，剩余价值的绝对量就可以增加。

第四，如果工作日再进一步延长，剩余价值的绝对量和相对量都会增加。

英国资产阶级古典政治经济学家爱德华·威斯特（1782—1828）和大卫·李嘉图根据1799—1815年期间由于农业劳动生产率的下降引起生活资料价格的上涨和名义工资的提高这一事实，得出农业劳动生产率的下降会引起剩余价值率下降的结论，这种看法是片面的。首先，工人的名义工资虽有提高，但用生活资料表示的实际工资却是下降了；其次，忽视了延长工作日和提高劳动强度等因素的作用。

二、劳动强度和劳动生产力提高，同时工作日缩短［第605页第1段—本节完］

这是属于上述第二种组合中的一个具体情况。

劳动强度、劳动生产力和工作日这三个因素对劳动力价值和剩余价值的影响，在以上各节都分别进行了研究，现在重点研究在资本主义生产关系基础上，这三个因素之间的相互影响。

（一）劳动生产力的提高和劳动强度的增加，会减少必要劳动时间，为缩短工作日创造了条件。但是在资本主义社会，不可能将工作日缩短到由不断减少的必要劳动时间确定的绝对最低界限，只有在消灭资本主义制度之后，才允许把工作日限制在必要劳动时间上［第605页第2段］

这里有两个问题需要加以说明：

1. 如何理解由必要劳动时间规定的“工作日的绝对最低界限”？

马克思在这里所说的“工作日的绝对最低界限”是对工人而言的，如果低于这个最低界限，就会侵犯必要劳动时间，工人不能维持正常的生活。对于资本家来说，工作日必须超过必要劳动时间，否则就会失去剩余价值，资本主义生存的基础不再存在。对于资本家来说，工作日的最低界限必须在必要劳动时间以上，因此，这个最低界限“是无法确定的”（第268页）。

2. 社会主义社会和共产主义社会有没有剩余劳动？

从一般意义上说，任何社会都会存在剩余劳动，“剩余劳动一般作为超过一定的需要量的劳动，应当始终存在。……为了对偶然事故提供保险，为了保证再生产过程的必要的、同需要的发展和人口的增长相适应的累进的扩大（从资本主义观点来说叫做积累），一定量的剩余劳动是必要的”①。不同的是：

第一，在性质上各不相同。“它在资本主义制度下，像在奴隶制度等下一样，具有对抗的形式，并且是以社会上的一部分人完全游手好闲作为补充。”②而在未来社会主义社会和共产主义社会中，由于消灭了剥削，剩余劳动取之于民，用之于民，消灭了对抗性。

第二，含义和范围不同。在未来社会主义和共产主义的社会中，必要劳动的范围将会扩大，一方面是因为工人的生活条件大为改善，要求有更多的劳动直接投入生活资料的生产，另一方面，构成现在剩余劳动的一部分，也会列入未来社会的必要劳动，如形成社会

---

①② 《资本论》第3卷第927页。

准备基金和社会积累基金所必要的劳动。

第三，剩余劳动和必要劳动的关系不同。资本主义的剩余劳动是和生产工人生活资料时间减少相结合，而“在一个更高级的社会形式中，使这种剩余劳动能够同物质劳动一般所占用的时间的更大的节制结合在一起”①。

第四，表现形式不同。在社会主义社会和共产主义社会，由于消灭了商品和货币，剩余劳动不再表现为剩余价值。

（二）劳动生产力越是提高，工作日就越能缩短，而工作日越是缩短，劳动强度就越能增加［第605页第3段］

提高劳动生产力能缩短工作日是由于必要劳动时间的缩短，工作日缩短能提高劳动强度是由于工人增加了休息时间而增强了体力和精力。

劳动的节约能提高劳动生产率，但在资本主义制度下，一方面迫使每个企业厉行节约，另一方面却由于无政府状态的竞争制度造成社会生产资料和劳动力的最大浪费。

（三）在劳动强度和劳动生产力已定的情况下，工作日缩短的绝对界限就是劳动的普遍化［第605页末段］

在资本主义社会，少数人将劳动转嫁给广大工农群众，享受着充足的自由时间。要改变这种状况，就要使劳动普遍化，这会使原来的劳动者减少从事物质生产劳动的时间，有更多的时间从事自由活动、脑力活动和社会活动。

在《资本论》第1卷法文版中，马克思将第605页上的这句话，“工作日缩短的绝对界限就是劳动的普遍化”，修订为：“工作日的缩短的最后界限就是体力劳动的普遍化。”②

---

① 《资本论》第3卷第928页。

② 马克思：《资本论》第1卷法文版中译本，中国社会科学出版社1983年版第546页。

第十六章　剩余价值率的各种公式

本章内容主要是对资产阶级古典政治经济学的评述，结束前，还顺便评述了剩余价值率 $=\frac{\text{无酬劳动}}{\text{有酬劳动}}$ 这个公式。

一、对古典政治经济学剩余价值率公式的评述［本章第1段—第610页第2段］

关于剩余价值率，马克思在第7章和第9章都进行了论述，剩余价值率是用下列公式来表示的：

$$\text{剩余价值率 } m' = \frac{\text{剩余价值 } m}{\text{可变资本 } v} = \frac{\text{剩余价值 } m}{\text{劳动力价值 } k} = \frac{\text{剩余劳动 } a'}{\text{必要劳动 } a}$$

而古典政治经济学却用下列公式表示：

$$\frac{\text{剩余劳动}}{\text{工作日}} = \frac{\text{剩余价值}}{\text{产品价值}} = \frac{\text{剩余产品}}{\text{总产品}}$$

这里分别用剩余劳动、剩余价值和剩余产品三种形式表现剩余价值率，其已接触到问题的本质，虽然他们并没有意识到这一点。

古典政治经济学在剩余价值率公式上的错误表现在：

第一，在概念上比较混乱。［本章第1段］

在公式中，替代工作日的不应该是产品价值（c + v + m）和总产品，而是工作日的价值产品（v + m），不包括生产资料的消耗（c）或用作补偿生产资料消耗的部分。古典政治经济学也没有真正了解剩余价值和剩余劳动。

第二，缩小了剥削程度。［第608页第1—末段］

一个12小时的工作日，必要劳动时间和剩余劳动时间各为6小时，按照马克思的公式计算，实际剥削程度为：

$$m' = \frac{6 \text{ 小时 } a'}{6 \text{ 小时 } a'} = \frac{3 \text{ 先令 } m}{3 \text{ 先令 } v} = 100\%$$

按照古典政治经济学列出的公式计算，却得出：

$$\frac{6 \text{ 小时 } a'}{12 \text{ 小时工作日}} = \frac{3 \text{ 先令 } m}{6 \text{ 先令价值产品}} = 50\%$$

按照马克思的公式，剩余价值率既可能不到100%，也可能到100%，甚至是200%、300%。而按照古典政治经济学的公式，由于剩余劳动时间只能是工作日的一个部分，剩余价值率不可能达到100%，因而实际的剥削程度被虚假地表现出来。

第三，把工作日看作是不变量的方法固定化。［第609页末段］

古典政治经济学把工作日看作是一个不变量，在他们所列出的剩余价值率公式中，总是把剩余劳动同一定长度的工作日进行比较，使这种错误方法用公式固定下来。

第四，掩盖资本关系的特殊性质。［第610页第1—2段］

在古典政治经济学的公式里，剩余价值和劳动力价值表现为价值产品的两部分，工人和资本家按照形成产品的不同要素的比例进行分配，二者的关系表现为协作关系，实质上却是可变资本和活劳动力的交换关系。

但是，只要已知工作日长度和剩余劳动时间，我们就可以将古典政治经济学提出的公式转换为马克思的剩余价值率公式。

二、对剩余价值率 $=\frac{无酬劳动}{有酬劳动}$ 这一公式的评述［第 610 页第 3 段—本章完］

$\frac{无酬劳动}{有酬劳动}$这一公式是对马克思提出的$\frac{剩余劳动}{必要劳动}$公式的通俗的表述。但是应该指出的是，这一公式容易引起一种误解，好像资本是和劳动交换而不是和劳动力交换。所谓无酬劳动是在支付了劳动力等价物后，对剩余劳动时间的无偿使用，资本的本质是对无酬劳动的支配权。剩余价值或其各种表现形式，实质上都是无酬劳动的物化。

第六篇 工 资

工资是劳动力价值或劳动力价格的转化形式，工资理论是马克思的劳动力价值理论的一个重要组成部分。

马克思揭露出来的由雇佣工人在生产过程中所创造的剩余价值，进入分配领域后，被利润、工资等形式掩盖了起来。利润这一范畴引起的是剩余价值的来源问题，利润这一形式表现为全部预付资本的产物，而不是雇佣工人剩余劳动的产物，工资这一范畴引起的是剩余价值有无的问题，工资是劳动力价值或价格，但表现为劳动的价值或价格。

因此，要建立起科学的剩余价值理论体系，还必须科学地揭露资本主义社会中利润、工资等范畴的实质，作为剩余价值理论的重要内容。利润理论将在第 3 卷中论述。

本篇从第 17 章到第 20 章，共 4 章，第 17 章阐述资本主义工资的本质，第 18 章和第 19 章，分析资本主义工资的两种基本形式——计时工资和计件工资，第 20 章是对国与国之间工资的水平进行比较。

第十七章　劳动力的价值或价格转化为工资

本章包括三点内容：第一，论述工资的本质是什么，论证工资为什么是劳动力的价值或价格，而不是劳动的价值或价格，批评古典政治经济学在这一问题认识上的错误；第二，劳动力的价值或价格是怎样表现为工资的；第三，劳动力价值或价格表现为劳动的价值或价格的必然性。中心内容是论述工资的本质。

一、工资的本质［本章第 1 段—第 616 页第 1 段］

在资本主义社会，工资是劳动力的价值或价格，但是，从现象上看，工人劳动了一段时间之后，资本家根据这一段时间工人的劳动量，支付一定数量的工资，工资表现为劳动的价值或价格，工人出卖的是劳动，而不是劳动力，这是一种假象。劳动不能成为商品，因而也没有价值或价格。

第一，如果劳动是商品，必然包含有价值，但是劳动是没有价值的。［本章第 2 段］

商品的价值量是由包含在商品中的劳动量来计算的，如果说，劳动有价值，我们在计算劳动的价值时，就会出现这种毫无意义的同义反复：一个 12 小时劳动的价值包含有 12 小时劳动的价值。这种说法是不能成立的。

第二，如果劳动是商品，它必须在出卖以前就已独立存在，出现在市场上。可是当资本家雇用工人的时候，劳动还没有从劳动者身体中分离出来而独立存在，这时独立存在的只是劳动力而不是劳动。［第 614 页第 1 段］

劳动是劳动力的使用，劳动离开劳动者的身体而独立存在，只出现在以下两种场合：第一个场合，出现在普通商品的市场上，劳动物化在各种商品体中出现在购买者面前，不是工人出卖劳动，而是商品生产者出卖商品，这种商品里的劳动已经物化，不能为资本家生产剩余价值。第二个场合，资本家购买劳动力后，在生产过程中进行使用，劳动就以活劳动的形式离开劳动者的身体而独立存在，但是，这时的劳动已属资本家所有，不再能成为商品。总之，劳动没有独立存在时，劳动不可能是商品，劳动独立存在时，也不能是商品。

第三，如果承认工资是劳动的价值或价格，就会出现自我消灭的矛盾。［第 614 页末段—第 616 页第 1 段］

假定工人在一个 12 小时的工作日内生产了 6 先令的价值，在这种情况下，或者是按照等价交换原则，每天支付 6 先令工资，但是这样一来就会失去剩余价值，资本主义将无法存在；或者是低于劳动的价值支付，由此获得剩余价值，但是这又违反了价值规律。这使我们看到，承认劳动的价值或价格将会陷于自我消灭的矛盾之中。

有人认为，资本家支付给工人的货币是物化劳动，工人在生产过程中的劳动是活劳动，物化劳动应该多于活劳动，这是荒谬的，因为物化劳动就是活劳动的凝结与对象化，并无数量上的差别。尤其是商品中的新创造的价值，是由现在的活劳动创造的，不是过去的物化劳动创造的。而且，现在活劳动的生产率的提高，还会使过去的物化劳动量减少，例如，原来包含6小时物化劳动的产品，现在由于劳动生产率提高了1倍，6小时的物化劳动就变为3小时。

有一点要说明的是，所谓劳动的价值或价格的说法违反了价值规律，其实是不能成立的，因为劳动的价值或价格是一个虚幻的用语，实际上并不存在，因而也就谈不上是否违反价值规律了。实际上，资本家在市场上购买的是劳动力，而不是劳动。劳动力在一个工作日中创造了6先令价值，但他本身的价值只有3先令，资本家支付了3先令劳动力价值（工资），同时又取得3先令剩余价值，并没有违反价值规律。

二、对古典政治经济学的批评［第616页末段］

古典政治经济学毫无批判地从日常生活中借用了“劳动的价格”这个范畴，认为这个劳动的价格也和其他商品的价格一样，区分为随供求关系变化的市场价格和支配这一市场价格的“自然价格”（亚当・斯密）或“必要价格”（重农学派），并且还由劳动的“自然价格”或“必要价格”上引出劳动的价值，因为劳动的“自然价格”或“必要价格”只能是用货币表现的劳动的价值。

古典政治经济学的分析是从“劳动的价格”这一点出发的，由劳动的价格引出劳动的市场价格和自然价格，由劳动的自然价格又引出劳动的价值，现在，古典政治经济学就转向对劳动的价值分析上来了。

什么是劳动的价值？古典政治经济学像回答任何商品的价值一样，认为是由生产费用决定的。但是什么是劳动的生产费用呢？这是无法回答的问题，因为劳动的生产费用“是不能确定的”①。用上述的例子，一个12小时劳动的生产费用既可以说是6先令，又可以说是3先令，而且不论哪一种说法，都会使自己陷入自我消灭的矛盾之中。古典政治经济学终于不得不避开劳动的生产费用，转向考察工人的生产费用，工人的生产费用实际上就是劳动力的生产费用，这是可以加以确定的。劳动力的生产费用虽然也会发生变动，但在一定的时间、地区和生产部门，是一个确定的量。

由此可见，古典政治经济学在考察劳动的价值时，转向了工人的生产费用这一问题，几乎接触到劳动力价值这一实质。问题在于，首先，古典政治经济学提出的问题是劳动的生产费用，回答的却是工人的生产费用，这是“对逻辑施加一些暴行”②；其次，他们是不自觉的和无意识的，这表现在他们始终不能摆脱“劳动的价值或价格”用语的束缚，他们在几乎接触到劳动力价值时，仍不能将劳动力价值这一范畴表述出来，还认为自己考察的是劳动的价值而不是劳动力价值。

古典政治经济学由于采用了“劳动的价值或价格”的用语，带来了两个严重的后果：首先，使自己的学说陷入了无法解决的混乱和矛盾之中，“古典经济学的最后一个分支——李嘉图学派，多半是由于不能解决这个矛盾而遭到了破产”③；其次，它为庸俗经济学提供了理论基础。

---

①② 恩格斯：《雇佣劳动与资本》导言，《马克思恩格斯选集》第1卷第324页。

③ 恩格斯：《雇佣劳动与资本》导言，《马克思恩格斯选集》第1卷第326页。

三、劳动力的价值或价格是怎样表现为工资的［第617页第1段—第619页第1段］

当劳动力的价值或价格表现为劳动的价值或价格时，劳动力的价值或价格就表现为工资。劳动力的价值或价格是怎样表现为劳动的价值或价格呢？

假定劳动力日价值为3先令，工人用6小时就可以生产出来，但是工人为了要得到这3先令，却要劳动12小时，也就是说，再为资本家创造3先令剩余价值之后，自己才能得到3先令的劳动力价值。结果造成这样一种错觉，工人得到的3先令工资不是6小时劳动力价值，而是12小时的劳动价值。实际上，表现为3先令的劳动价值是由劳动力价值决定的。

3先令工资不是表现为6小时的劳动力价值，而是12小时的劳动价值，产生了两个后果：第一，缩小了劳动创造的价值，创造6先令价值的12小时劳动，现在只生产了3先令的价值，这当然是荒谬的；第二，不仅创造劳动力价值的6小时劳动表现为有酬的劳动，创造剩余价值的6小时劳动也表现为有酬劳动，工资形式掩盖了资本主义剥削，使资本主义剥削变得十分隐蔽，这点是和奴隶制、农奴制的剥削大不相同的。

从工资形式带来的两个后果中，使我们懂得，工资形式“具有决定性的重要意义”（第619页），因为“这种表现形式掩盖了现实关系，正好显示出它的反面。工人和资本家的一切法的观念，资本主义生产方式的一切神秘性，这一生产方式所产生的一切自由幻觉，庸俗经济学的一切辩护遁词，都是以这个表现形式为依据的”（第619页）。

由此可见，区分劳动和劳动力，“这里并不是单纯的咬文嚼字，而是牵涉到全部政治经济学中一个极重要的问题”①。

四、劳动力价值或价格表现为劳动的价值或价格的必然性［第619页第2段—第621页第2段］

为什么劳动力的价值或价格必然会表现为劳动的价值或价格？

第一，从交换关系方面看，人们容易把所谓的资本与劳动的交换，看成和日常的商品交换一样，不感到有什么不合理。［第619页末段］

资本家购买劳动力是资本与劳动力相交换，但却表现为资本与劳动相交换，既然劳动不是商品，这里也就谈不上什么商品交换，但是，在人们的感觉上，往往把它看成和商品交换一样。区别只在于，在商品交换中，买者付出货币，卖者交给商品，在资本与劳动力交换中，买者支付工资，卖者提供劳动。从表面上看，没有什么区别，造成工资是劳动价格的错觉，看不清资本与劳动相交换只是一种假象，不懂得资本只是和劳动力相交换，当工人进行劳动时，作为劳动力商品的使用价值已属于劳动力商品的买者资本家所有，资本家不再和劳动进行第二次交换。

陈征教授对这一点解释为“一般的商品买卖关系，掩盖着劳动力特殊商品买卖的资本主义关系”②，其实，马克思在这里分析的是为什么人们会把非商品交换关系（所谓的资本与劳动交换）看成是商品交换关系，既然所谓的资本与劳动相交换根本就不是商品交换，当然也就谈不上特殊商品交换关系表现为一般商品交换关系，或一般商品交换关系掩盖特殊商品交换关系了。

---

① 恩格斯：《雇佣劳动与资本》导言，《马克思恩格斯选集》第1卷第322页。

② 《〈资本论〉解说》第1卷（修订本），福建人民出版社1997年版第500页。

第二，从创造价值的劳动本身看，人们也很容易把它看成是商品，包含有价值。[第620页第1段]

（1）劳动是劳动力这一商品的使用价值，人们说劳动的价值或价格，也就等于说劳动力商品的使用价值的价值或价格，这种说法是不合理的，“因为交换价值和使用价值本身是不可通约的量”（第620页），马克思在这里不仅是对普通商品说的，更是对劳动力商品说的。[1] 但是，人们并不感到这里有什么不合理，因为人们对任何商品的价值或价格，习惯上都不说这一商品的价值或价格如何，而是说这一商品的使用价值的价值或价格如何，例如，棉花是棉花这种商品的使用价值，人们不说棉花商品的价值或价格，而是说棉花的价值或价格。

（2）工资是在工人劳动之后支付的，货币作为支付手段看上去就是实现劳动的价值或价格。

（3）劳动力具有双重的使用价值，一是作为具体劳动创造出具体的使用价值，二是作为抽象劳动创造出新的价值。人们对后一点是不认识的，因此不能发现当自己说劳动的价值时，也就是说创造价值的劳动本身也有价值这种荒谬的话。

第三，无论是从工人的立场或资本家的立场上看，都把工资看成是劳动的价值或价格。[第620页末段—第621页第1段]

从工人的立场上看，一个12小时的工作日被看作是获得3先令工资的购买手段，只要工作日长度不变，不论工资怎样变动，都表现为一个12小时工作日的价值或价格的变动。

从资本家的立场上看，为了掩盖剥削的来源，资本家也把工资看成是劳动的价值或价格。

第四，从工资的实际运动看，也会造成它是劳动的价值或价格的错觉。[第621页第2段]

工资实际运动有两类现象：首先，工资随工作日长度的变化而变化；其次，执行同一职能的不同工人的工资因劳动表现不同存在着个人的差别。这两类现象似乎证明工资是劳动的价值或价格。

本章最后一段话对工资的本质问题做了总结。

---

① 陈征教授认为：“劳动力商品……可以用同一单位来测量其价值和使用价值。”（见上书第501页）这是把劳动力商品的价值和使用价值说成是可通约的量，因而具有共同的质。

第十八章　计时工资

资本主义工资有两种基本形式：计时工资和计件工资。本章先研究计时工资。

计时工资就是以劳动小时为计量单位的劳动力价格或劳动力价值的货币表现，它的计算公式是：$\frac{\text{劳动力日价值}}{\text{正常工作日}}$。由于劳动力总是按照一定时间出卖的，计时工资就成为劳动力价值的直接转化形式。

一、工资的变动规律［本章第3段—第625页末段］

（一）工资变动规律的内容［本章第3段］

由于工资是劳动力价值的转化形式，工资变动规律也就是第15章叙述过的劳动力价格和剩余价值量的变动规律的转化形式。工资形式包含有名义工资和实际工资，“劳动力的交换价值和由这个价值转变成的生活资料的量之间的区别，现在则表现为名义工资和实际工资之间的区别”。(第623页)

“名义工资，即表现为货币的劳动力的等价物”（第645页），名义工资也可以表现在用这一货币量购买的生活资料量，按照等价交换原则，表现在货币量上的名义工资和表现在生活资料量上的价值量是相等的。

实际工资是指货币工资或由这个货币工资转化的生活资料中包含的价值量。为了研究方便，马克思在这里“总是假定货币本身的价值是不变的”（第624页脚注），在这一假定下，名义工资的变动和实际工资的变动是一致的。但在资本主义国家现实生活中，名义工资，无论是表现在生活资料上或货币量上都会不断增长，但是由于工人所得货币量的增长和生活资料的增长低于劳动生产率的增长，这一增长的货币量和生活资料量却代表比原来更少的价值量，也就是说，实际工资下降了。

我国广为流行的是将名义工资解释为纸币工资，实际工资解释为用纸币工资购买的生活资料量，这是将货币符号和货币混为一谈，用商品的使用价值量和纸币量取代商品和货币的价值量，离开了马克思的价值理论和货币理论。

（二）决定工资变动规律的因素［第624页第1段］

决定工资变动规律的因素有三：工资额（日工资、周工资）、劳动价格（以小时工资作为单位尺度）和工作日长度。

这三个因素的关系可用以下两个公式表述：

$$\text{劳动价格}=\frac{\text{日工资}}{\text{工作日}}$$

$$\text{日工资}=\text{工作日}\times\text{劳动价格}$$

这里应注意日工资或周工资的总额和劳动价格的区别，因为劳动价格以小时工资作为计量单位，如日工资不变，但因工作日延长，劳动价格就会下降。

下面就来探讨这三个因素在工资变动规律中的表现：

（三）在工作日延长情况下的劳动价格和日工资［第624页末段］

这里有两种表现：

第一，在工作日不断延长的情况下，如果日工资保持不变，劳动价格会不断下降。

例如，日工资为3先令，并且保持不变，工作日为10小时，劳动价格 $=\frac{3\text{先令日工资}}{10\text{小时工作日}}=3\frac{3}{5}$ 便士，现在工作日如延长到12小时，劳动价格 $=\frac{3\text{先令日工资}}{12\text{小时工作日}}=3$ 便士，一旦工作日延长到15小时，劳动价格 $=\frac{3\text{先令日工资}}{15\text{小时工作日}}=2\frac{2}{5}$ 便士。

第二，在工作日延长的情况下，如果劳动价格不变甚至下降，日工资也可以增加。

例如，劳动价格为 $3\frac{3}{5}$ 便士，并且保持不变，工作日为10小时，日工资 $=3\frac{3}{5}$ 便士 $\times$ 10小时 $=3$ 先令，现在工作日如延长到12小时，日工资 $=3\frac{3}{5}$ 便士 $\times 12$ 小时 $=3$ 先令 $7\frac{1}{5}$ 便士。在延长工作日的情况下，即使劳动价格有所下降，日工资也有可能增加，例如，劳动价格由 $3\frac{3}{5}$ 便士下降为 $3\frac{1}{5}$ 便士，在12小时工作日下，日工资 $=3\frac{3}{5}$ 便士 $\times 12$ 小时 $=3$ 先令 $2\frac{2}{5}$ 便士，比原来10小时工作日下的日工资3先令仍增加了 $2\frac{2}{5}$ 便士。以上两种表现，如果不是工作日的延长，而是劳动强度的提高，或家庭成员就业人口的增加，其结果是一样的。

（四）工资的一般规律［第625页末段］

由于日工资 = 工作日 × 劳动价格，因此，对工资的一般规律可表述如下：

1. 如工作日长度已定，日工资取决于劳动价格（小时工资）；
2. 如劳动价格（小时工资）已定，日工资取决于工作日长度。

如计算周工资总额，工作日长度则代之以周劳动小时。

二、在计时工资形式下资本家加强剥削的方法［第626页第1段—本章完］

在计时工资形式下，资本家采取以下手段加强对工人的剥削。

（一）在就业不足时，按实际劳动小时支付工资［第626页第1段—第627页第7行］

在正常情况下，假定工作日为12小时，必要劳动时间为6小时，日工资为3先令，每小时劳动价格为3便士。如生产不景气，工人1天只能干6小时，按小时工资计算，工人只能得1.5先令，工资降低到劳动力价值以下，无法维持正常的生活。

尽管如此，资本家这时仍能榨取3小时剩余劳动或1.5先令剩余价值。不过现在的剩余劳动已不是过去说的超过必要劳动时间进行的劳动，现在的剩余价值也不是过去说的超过劳动力价值以上的部分。必要劳动和剩余劳动，劳动力价值和剩余价值，它们之间的联系被消除了。

（二）按“正常的劳动价格”支付超过正常限度的工作日的工资［第627页第7行—本段完］

假定工人原来每天工作12小时，日工资为3先令，每小时劳动价格为3便士，现在资本家将工作日延长到14小时，对增加的2小时劳动，资本家仍按每小时3便士支付，每日多支付了6便士。按照前面（第602页第2段）的分析，工作日的延长超过一定点后，劳动的损耗将以几何级数增加，现在按算术级数增加的工资难以补偿工人身体的损耗。

（三）通过压低劳动价格来延长工作日［第627页末段—第629页末段］

日工资的多少取决于劳动价格和工作日长度，劳动价格越低，工人为维持自己的生存，越是被迫接受延长工作日进行弥补。英国就曾采取压低正常工作日内小时工资的办法，迫使工人在额外时间去做报酬较高的工作。在一个产业部门内，工作日越长，工资就越低，这是英国工厂制度中的历史事实。

（四）通过延长工作日来降低劳动价格和日工资或周工资［第630页第1段—本章完］

延长工作日为什么会降低劳动价格和日工资或周工资？对这一问题可从以下三方面来说明：

第一，因为劳动价格 $=\frac{\text{日工资}}{\text{工作日}}$，劳动价格和工作日长度成反比，在日工资不变或没有相应增加的情况下，工作日的延长，就会引起劳动价格的下降。

第二，由于工作日的延长，一个工人完成一个半工人甚至两个人的工作，使劳动供应量增加，造成工人之间的竞争，使资本家能够压低劳动价格和工人的工资，而劳动价格的下降又推动工作日的延长。

第三，由于延长工作日引起劳动价格的下降和剩余价值的增加，使资本家能够用降价的办法进行竞争，而当这种降价的竞争固定下来后，反过来又成为延长工作日和降低劳动价格的不变的基础。这种降价的竞争虽然受到某些资本家的指责，但是他们只看到一些生产关系的假象，不懂工资的实质。

第十九章　计件工资

一、计件工资的实质［本章第1段—第635页第1段］

从形式上看，计件工资不同于计时工资：第一，计时工资表现为工人出卖活劳动，计件工资表现为工人出卖物化劳动；第二，计时工资由$\frac{日工资}{工作日}$这个分数来决定，计件工资则由$\frac{日工资}{日生产件数}$这个分数来决定，表现为由生产者的工作效率来决定。

但是，从实质上看，计件工资和计时工资并无区别，作为工资形式，它们都是劳动力价值或价格的转化形式，只不过计时工资是劳动力价值或价格的直接转化形式，计件工资是计时工资的直接转化形式，是劳动力价值或价格的间接转化形式。对这一问题可从以下三个方面来论证：

第一，两种工资形式在同一行业甚至同一企业中同时并存，说明计件工资和计时工资并无本质上的区别。［第633页末段—第634页第1段］

第二，无论是计时工资或计件工资，在工作日中都同样划分为有酬劳动与无酬劳动、必要劳动与剩余劳动，差别只是计时工资直接表现在劳动时间上，计件工资间接表现在产品的件数上。［第634页末段］

第三，计件工资虽表现在产品的件数上，但产品的数量却是由一定时间的劳动凝结而成，计件工资的量和计时工资的量一样，由这个公式决定：日工资＝劳动力日价值。［第635页第1段］

二、计件工资的特点［第635页第2段—第641页第2段］

计件工资有以下特点：

第一，由产品本身控制劳动的质量，使计件工资成为克扣工资和欺诈的有力手段。［第635页末段］

第二，计件工资给资本家提供了一个十分确定的计算劳动强度的尺度，迫使每个工人每天要完成一定件数的产品，否则会面临被解雇的危险。［第636页第1段］

第三，派监工对劳动质量和劳动强度的直接监督被检验员对产品的检验取代，由此成为现代家庭劳动的基础和由中间人介入的层层剥削和压迫的制度的基础。中间人参与剥削的有两种基本形式，一种是包工制，即英国的血汗制度，另一种是工头自行招工，和资本家签订承包合同。［第636页末段］

第四，使资本家容易提高劳动强度的正常程度，延长工作日和降低劳动价格。［第637页末段］

第五，个人收入的差别不会改变资本和雇佣劳动的关系，但会引起工人之间的竞争，每个工人力求自己的工资超过平均的水平，但是这样一来，又会使这个平均水平降低下

来。[第 638 页末段]

第六，计件工资是计时工资的主要支柱。这就是说，计件工资是资本家按照工人完成产品的件数支付工资，不考虑它是由多少工人完成和投入多少劳动完成。当资本家超量雇用工人和就业不足时，不承担任何风险，时间上的损失转由没能就业的工人承担。计时工资制也是建立在这一基础上的，“这种制度就是雇主只支付小时劳动而不必在一日或一周内固定地雇用工人”①。[第 639 页第 8—9 行]

从以上六个特点中可以得出结论：“计件工资是最适合资本主义生产方式的工资形式”（第 640 页），资本主义的发展历史也说明了这一点，计件工资成为延长工作日和降低工资的手段。

三、计件工资的变动规律 [第 641 页末段—本章完]

计件工资 = $\frac{\text{日工资}}{\text{日生产件数}}$，它由日工资即劳动力日价值和一个工作日生产的产品件数这两个因素决定。日生产产品的件数和劳动生产率成正比，和计件工资（每件工资）成反比，劳动生产率的提高使一个工作日内产品的件数同比例地增加，但由此也使耗费在每件产品上的劳动时间同比例地减少，与此相联系，使计件工资同比例地下降。

这里说的计件工资的下降是指单件工资说的，不是指计件工资总额，但是这也会引起工人和资本家之间的斗争。

① 马克思：《资本论》第 1 卷法文版中译本，中国社会科学出版社 1983 年版第 578 页。

第二十章　工资的国民差异

本章是对国与国之间工资水平的比较，具体地说，是指发达的资本主义国家和不发达的资本主义国家之间工资水平的比较。

工资是劳动力价值的转化形式，工资理论必须建立在马克思的劳动力价值理论的基础上，而马克思的劳动力价值理论又是建立在科学的价值理论基础上的。因此，本章一开始就运用劳动力价值理论去分析决定国与国之间工资差别的因素，接着，又进一步运用价值理论去分析国际价值形成的特点。马克思关于国与国之间工资水平的比较就是建立在这一坚实的科学理论基础上的。

马克思在这一章中对工资进行国与国之间的横向比较，如果把这一原理运用到同一国家的工资纵向比较上，包括社会主义国家的工资变动上，也是同样有指导意义的。

一、决定工资国民差异的因素［本章第1段］

工资是劳动力的价值或价格的转化形式，国与国之间工资的差别也是由劳动力的价值或价格的差别引起的。

在对工资进行比较时应注意区分劳动力的价值或价格本身和它借以实现的生活资料量。用工资购买的生活资料量增加了，不等于说劳动力的价值或价格也增加了。同样，一个国家工人的工资购买的生活资料量多于另一个国家，不等于说，它的劳动力的价值或价格也高于另一个国家。实际情况往往相反。我国广为流行的说法是用纸币表现的工资能购买到的生活资料数量的增加或减少来说明实际工资的提高或下降，就是用商品的使用价值量取代商品的价值去分析工资水平的变动和比较，不懂得“劳动力价格借以实现的生活资料量，又可以发生与这一价格的变动无关或不同的运动”（第644页）。连资产阶级经济学家大卫·布坎南都懂得：“因为用工资能买到更多更便宜的物品，就说工资提高了，这是不正确的。”（转引自第644页脚注）

决定国与国之间劳动力的价值或价格差别的因素有：

第一，自然的和历史地发展起来的首要的生活必需品的价格和范围。

由于各国之间气候、地理等自然条件和历史发展的差别，对生活资料需求的种类和数量很不相同。需求的种类和数量少、产品价格低的国家，劳动力的价值或价格就低，反之则高。

第二，工人的教育费用。

有些国家教育费用开支较大，劳动力的价值或价格就高，反之则低。

第三，妇女劳动和儿童劳动的作用。

妇女和儿童就业多的国家，劳动力的价值或价格就低，反之则高。

第四，劳动生产率。

劳动生产率高的国家，用较少的劳动时间生产出较多的产品，工人在获得更多生活资料的同时，却缩减了必要劳动时间，劳动力的价值或价格反而小于劳动生产率低、工人获得生活资料少的国家。

第五，劳动的外延量（工作日长度）和内涵量（劳动强度）。

假定两个国家工人的日工资或周工资相同，但工作日长度和劳动强度不同，工作日长的和劳动强度高的国家劳动力的价值或价格就低，反之则高。

为了便于比较，要将工作日长短不同情况下取得的日工资，换算成工作日长度相同下取得的日工资。接着，再将计时工资换算成计件工资，因为只有计件工资才是计算劳动生产率和劳动强度的尺度。

二、国际价值的决定［第645页第1—2段］

工资理论是建立在价值理论基础上的，对国与国之间工资差别进行比较，也必须建立在价值规律在国际上的应用的基础上，为此，在进行国与国之间工资的具体比较之前，提出了国际价值理论。

商品的价值量由包含在商品中的社会必要劳动时间决定，无论是在国内市场或世界市场，都是如此。区别在于，国内市场的商品价值量由本国的社会必要劳动时间决定，由此规定的商品价值可称之为国民价值；而在国际市场上，商品的价值量则是在各国社会必要劳动时间的基础上，在国际市场范围内确定其平均计量单位后，再加以规定，由此规定的商品价值称之为国际价值。

国际价值决定的特点具体表现在以下两个方面：

第一，国际价值和劳动强度的关系。［第645页第1段］

各国的商品价值量都以各国的中等劳动强度作为计量单位，国家不同，中等劳动强度的标准也不同。假定中等劳动强度国家的工人生产1双鞋的国民劳动为半小时，劳动强度高出1倍的国家的工人生产1双鞋的国民劳动为15分钟，社会价值各不相同。但在世界市场上，国际价值统一按中等劳动强度的国家计算，假定每双鞋为半小时，于是，在同一时间例如8小时内，中等劳动强度国家的工人生产出16双鞋，国际价值总额为8小时，劳动强度高出1倍的国家的工人生产出32双鞋，国际价值总额为16小时。

第二，国际价值和劳动生产率的关系。[第645页第2段]

马克思指出："生产效率较高的国民劳动在世界市场上也被算作强度较大的劳动。"（第645页）这就是说，在国内市场上，劳动生产率越是高的国家，商品的社会价值就越低，同一劳动在同样的时间内提供的价值量不变。而在世界市场上，情况就不同了，不论劳动生产率高的国家或劳动生产率低的国家，商品的国际价值相同。因而在同一时间内，劳动生产率高的国家，会生产出更多的国际价值，用1小时生产的产品可以换取不发达国家用几个小时生产的产品，各个国家都懂得用本国劳动生产率高的商品到世界市场上换回本国虽能生产但劳动生产率比较低的商品。

在同一时间内，劳动强度高的国家生产出更多的国际价值，是因为工人付出了更多的劳动，而劳动生产率高的国家生产出更多的国际价值，却并不表现为这些国家的工人付出了更多的劳动。有些学者因此提出在世界市场上按照国际价值进行交换是否等价交换？是否存在剥削？在学术界由此引起热烈的争论。

马克思指出，由于劳动强度和劳动生产率的不同，"不同国家在同一劳动时间内所生产的同种商品的不同量，有不同的国际价值"（第645页），有的学者据此认为，既然各国的国际价值各不相同，也就不存在什么统一的国际价值。这种看法的错误在于没有注意到马克思在这里说的各国的国际价值各不相同指的是同一时间内生产的国际价值各不相同，不是指各种商品的国际价值各不相同，在世界市场上，各种商品的价格都是由统一的国际价值决定的。这种错误如果成立，一个国家内的社会价值也会被否定。

三、国与国之间的工资比较［第645页末段—第648页第2段］

发达的资本主义国家和不发达的资本主义国家工资差别的一般规定性如下：

第一，发达国家名义工资高，实际工资低；相反，不发达国家名义工资低，实际工资高。"名义工资是用货币表现的工资，是货币工资。"① 名义工资也表现在这一货币工资的等价物即所购买的商品数量上。实际工资是指货币工资的价值量或用这一货币工资购买的商品量中所包含的价值量，"实际工资（即工人靠同量劳动而得到的使用价值的量）"②，因此，"这种工资（'实际工资'）的价值等于这些必需品的价值，……等于这一工资所能支配的劳动"③。李嘉图认为，名义工资是"一年内付给工人的镑数"，而实际工资是"为获得这些镑所必需的工作日数"，马克思认为："李嘉图区别了名义工资和实际工资。"④

按照上述规定，假定原来日名义工资100镑，可购买生活资料10件，包含的价值量为5小时，现在劳动生产率提高了1倍，日名义工资提高到120镑，可购买生活资料12件，在这种情况下，名义工资提高了20%，实际工资却下降了40%。因为原来每件产品包含的价值量 $=\frac{5\text{小时}}{10\text{件}}=0.5$ 小时，现在由于劳动生产率提高1倍，降为每件0.25小时，现在购买的12件产品的价值量是3小时（12件×0.25小时/件）比原来购买的10件产品的价值量少2小时。可见，只要名义工资的增长速度低于劳动生产率的提高速度，名义工资虽然提高了，实际工资却会下降。

我国学术界对名义工资和实际工资的认识流行的谬误有二：①讲实际工资时用使用价值的分析代替价值的分析和劳动量的分析，按照上述例子，不仅认为名义工资提高了，实

①③④ 《剩余价值理论》第2分册第456页。

② 《资本论》第3卷第975—976页。

际工资也提高了，发达的资本主义国家不仅在名义工资上，也在实际工资上高于不发达的资本主义国家；②讲名义工资时用纸币量的分析代替货币量的分析，从而将货币符号和货币本身混为一谈，认为只要纸币形式的工资增加了，就是名义工资增加了，不懂得由于通货膨胀，纸币形式的工资增加了，代表的货币量却可能是减少了，名义工资不仅没有增加，反而是下降了。无论是在国内市场还是世界市场，这种膨胀了的纸币量，不能购回更多的商品，而是被压缩成它原来所代表的货币量。和李嘉图相比，上述流行的认识是一种倒退。

由于发达国家的劳动强度大和劳动生产率高，在同一时间内，发达国家工人比不发达国家工人生产出更多的产品，按照统一的国际价值计算，就会生产出更多的国际价值，表现为更多的货币量，发达国家的货币相对量，即同量货币所能交换的等价物商品中的价值量很小。在这种情况下，发达的资本主义国家工人的名义工资比不发达的资本主义国家工人高，即货币工资高，购买的生活必需品多，但实际工资却并不如此，更多的货币工资和更多的生活必需品，包含的却是更少的价值量和劳动量。

第二，发达国家绝对工资高，相对工资低；相反，不发达国家绝对工资低，相对工资高。

绝对工资是指名义工资的绝对量，表现为货币工资的绝对量或“工人得到的生活资料总额”[①]，相对工资是指货币工资在新创造的价值中或全部产值中所占的比重。

在发达国家中，工人所得货币工资高，消费的商品量多，但由于有较高的劳动生产率，较高的货币工资和较多的生活资料却代表了较少的必要劳动时间，货币工资在新创造的价值或全部产值中所占的比重很低，而资本家却可获得较高的剩余价值率和较多的剩余价值量。不发达国家的情况与此恰恰相反。

从第 646 页末段至第 648 页第 2 段，马克思列举了英国工厂视察员雷德格雷夫提供的材料和英国在东欧和亚洲承包铁路建筑工程的材料说明上述国与国之间的工资差别。

关于国与国之间的工资比较，可列表如下：

① 马克思：《剩余价值理论》第 1 分册第 145 页。

<table>
<tr><th colspan="2">工资形式</th><th>发达国家</th><th>不发达国家</th><th>中等水平国家</th></tr>
<tr><td colspan="2">每小时产量
①</td><td>6 件</td><td>1 件</td><td>2 件</td></tr>
<tr><td colspan="2">每件国民价值
②</td><td>$\frac{1}{3}$小时</td><td>2 小时</td><td>1 小时</td></tr>
<tr><td colspan="2">每件新创造国民价值
③ = ② × 1/2</td><td>$\frac{1}{6}$小时</td><td>1 小时</td><td>$\frac{1}{2}$小时</td></tr>
<tr><td colspan="2">每件国际价值
④</td><td colspan="3">1 小时或 1 镑</td></tr>
<tr><td colspan="2">每小时国际价值
⑤ = ① × ④</td><td>6 小时（6 镑）</td><td>1 小时（镑）</td><td>2 小时（2 镑）</td></tr>
<tr><td colspan="2">每小时新创造国际价值⑥ = ⑤ × 1/2</td><td>3 小时（3 镑）</td><td>$\frac{1}{2}$小时（$\frac{1}{2}$）镑</td><td>1 小时（1 镑）</td></tr>
<tr><td colspan="2">工作日
⑦</td><td colspan="3">8 小时</td></tr>
<tr><td rowspan="2">名义工资或绝对工资</td><td>货币量
⑧</td><td>9 镑</td><td>3 镑</td><td></td></tr>
<tr><td>商品量
⑨ = ⑧/④</td><td>9 件</td><td>3 件</td><td></td></tr>
<tr><td colspan="2">实际工资
⑩ = ⑨ × ②</td><td>3 小时</td><td>6 小时</td><td></td></tr>
<tr><td rowspan="2">相对工资</td><td>货币工资占产值
⑪ = $\frac{⑧}{⑤ \times ⑦}$</td><td>19%</td><td>38%</td><td></td></tr>
<tr><td>货币工资占新创造价值⑫ = $\frac{⑧}{⑥ \times ⑦}$</td><td>37.5%</td><td>75%</td><td></td></tr>
<tr><td colspan="2">剩余价值率
⑬ = $\frac{⑦ - ⑩}{⑩}$</td><td>$\frac{5\text{小时}\ a'}{3\text{小时}\ a} = 167\%$</td><td>$\frac{2\text{小时}\ a'}{6\text{小时}\ a} = 33\%$</td><td></td></tr>
</table>

这里要作几点说明：

（1）表中的产品是指发达国家和不发达国家在劳动消耗比例具有代表性的相同产品，因为只有相同产品，才能比较；具有代表性，比较才有意义。

（2）表中①—⑥栏说明国际价值的决定及其在不同国家之间的比较；⑦—⑫栏说明在形成国际价值的基础上对国与国之间工资差别的比较。

（3）表中的工资均指每个工人在一个工作日内得到的工资，简称日工资。

（4）本表的任务在于说明在国际价值理论基础上对发达的资本主义国家和不发达的资本主义国家的工资差别进行比较，中等发达水平国家的工资不在考察范围之内，故将其略去。

（5）在计算⑬栏剩余价值率时采用的是$\frac{\text{剩余劳动时间}}{\text{必要劳动时间}}$这一公式，用$\frac{a'}{a}$符号表示，其中的必要劳动时间用⑩栏的实际工资代替。实际工资和必要劳动时间是两个不同的范畴，必要劳动时间是生产维持工人生活所必需的消费资料的时间，实际工资是货币工资的价值量或用这一货币工资购买的商品量中包含的价值量，必要劳动时间是由劳动力价值规定的劳动时间，实际工资是在具体执行中实际包含的劳动时间，实际工资和名义工资一样，都是由必要劳动时间决定，因而也是由劳动力价值决定。实际工资的表现和名义工资往往是相反的，和必要劳动时间在表现上虽然一致，即具有下降的趋势，但下降的比例不会完全相同。表中用实际工资取代必要劳动时间是假定它们在量上是相等的。

（6）在研究一个国家的工资水平时，必须考虑以下两个具体因素：

第一，工资总额。

发达国家单个工人工资虽高，但因技术水平和管理水平高，职工人数少，工资总额相对来说较低；反之，不发达国家单个工人工资虽低，但因技术水平和管理水平差，职工人数多，增加了工资总额。

第二，工资利润率。

发达国家工人的工资虽高，但带来的利润多，不发达国家工人的工资虽低，但同量工资带来的利润少。

流行的说法是发达的资本主义国家工人的工资水平高，不发达国家的工人工资水平低。我国实行改革开放后又普遍认为中国的工资水平低，有吸引外资的优势。这些说法有片面性。

（7）国际价值的决定是确定国际价格的基础，这一理论不仅对进行国与国之间的工资差别的比较有重要指导意义，对开展国际贸易也有重要的意义。从表的第⑤栏中，我们可以看到，发达国家工人 1 小时可生产出 6 小时国际价值（包括原有生产资料价值 3 小时），不发达国家工人 1 小时只能生产出 1 小时国际价值（包括原有生产资料价值半小时）。按照等价交换原则，发达国家用 1 小时生产的产品可以换来不发达国家用 6 小时生产的产品。这种现象带来一系列的理论上和实践上的问题，例如，这种交换是否等价交换？是否平等？有无剥削？我们的态度是承认和接受，还是拒绝和反对？在进出口方面如何在比较利益上进行选择？

四、对凯里工资理论的批评［本章末段］

亨·凯里（1793—1879），美国资产阶级经济学家，阶级调和论的创始人。他在《论工资率》一书中认为，资本主义社会是一个永恒的和谐的社会。他从国民工资差异中得出结论说，工人的工资随着劳动生产率的提高而不断提高，如果现实生活和这个理论不一致，也是由于国家的干涉如税收、垄断等破坏了这种自然规律和理性规律。

马克思的剩余价值理论告诉我们，劳动力价值和劳动生产率是成反比的，工人的名义工资虽然也会随着劳动生产率的提高而有所增长，但货币工资的增长速度总是落后于劳动生产率的增长速度，从实际工资看，随着劳动生产率的提高，反而是下降了。凯里将国家税收也列入工资收入是非常荒谬的，因为税收是资本家从资本主义发展中获得的“自然果实”，不能列入工资收入。

凯里关于国家干涉使自由与和谐的自然规律受到破坏的说法自相矛盾，逻辑上十分混乱：1. 他认为英国的国家干涉（保护关税制度）使“自然规律和理性规律”受到国家保护；2. 他认为现存社会的对立和矛盾是李嘉图等人的理论造成的结果；3. 他认为破坏资本主义生产方式和谐的是贸易。

凯里否定了资本主义社会工人的劳动力价值下降和实际工资减少的趋势，掩盖了资本家对工人进行剥削的现实，其实质是要工人和谐地接受资本家对他们的剥削。凯里的和谐社会理论已成为集庸俗化之大成的《经济的谐和》作者巴师夏的“和谐智慧的秘密源泉”（第649页）。

第七篇　资本的积累过程

从第 3—6 篇，研究的是资本主义的生产过程，中心内容有三个问题：1. 剩余价值的来源和实质；2. 资本家提高剥削程度的两种方法；3. 资本家追求剩余价值的后果。在第 7 篇，将进一步研究资本主义的再生产过程，中心内容又有这样三个问题：1. 资本的来源，在第 21 章中专门论述这一内容；2. 资本积累的实质（第 22 章第 1—2 节）和决定资本积累量的两个因素（第 22 章第 3—5 节）。第 22 章又从资本积累的角度进一步说明追加资本的来源；3. 资本积累的后果和历史趋势，包括第 23—25 章。如果说第 3—6 篇考察的是资本怎样产生剩余价值的话，那么第 7 篇考察的就是剩余价值怎样产生资本。

本篇研究资本积累时有两个前提条件：第一，“假定资本是按正常的方式完成自己的流通过程的”（第 651 页），即商品能够按照价值全部顺利地销售和购买；第二，“把资本主义的生产者当作全部剩余价值的所有者”（第 652 页）。这两个假定和实际发生的情况是一致的，对积累过程进行纯粹的分析也是研究问题所必需的一种方法。

第二十一章　简单再生产

资本主义的特征是扩大再生产而不是简单再生产，在简单再生产中，没有进行资本积累，但是简单再生产是扩大再生产的基础，只有在认清资本主义简单再生产的基础上，才能认清资本主义的积累和扩大再生产。

一、生产和再生产［本章第1段—第654页第1段］

人的消费是不断进行的，这就要求生产也必须不断进行。生产不断反复地进行，就是再生产。

生产的条件决定着再生产的条件，要进行生产必须具备劳动资料和劳动对象等生产要素，再生产也必须具备这些生产因素，因此要求在生产过程结束后，将一部分产品从年产品总量中分离出来，作为生产资料投入下一个生产过程。

生产的形式决定着再生产的形式，生产具有资本主义形式，再生产也就具有资本主义形式。在生产过程中，预付货币转化为资本，劳动过程表现为价值增殖的手段，再生产过程也必须重复这一过程。

和原来的生产相比较，再生产如果在原来规模上重复进行，就是简单再生产，如果规模扩大了，就是扩大再生产。这里不考虑萎缩的再生产。资本主义的简单再生产虽然在规模上没有发生变化，但会消除作为孤立的生产过程表现出来的假象。

如果从不同角度去考察，对再生产有以下四种划分方法：第一，从再生产的条件或内容上划分，可划分为物质资料（包括生产资料和生活资料）的再生产和生产关系的再生产。第二，从再生产的规模上去划分，有简单再生产和扩大再生产两种基本类型，这里不考虑规模缩小的再生产。在扩大再生产中又可区分为外延的扩大再生产和内涵的扩大再生产。[①] 第三，从再生产的范围上划分，可划分为个别（单个）的再生产和社会的再生产，在资本主义社会表现为个别（单个）资本的再生产和社会总资本的再生产。第四，从再生产的性质上划分，可划分为简单商品经济再生产、资本主义再生产、社会主义再生产等。

二、资本的再生产［第654页末段—第657页末段］

如果工人在生产过程中创造出来的剩余价值全部被资本家消费掉，没有用来追加资本，那么再生产就只能在原来的规模上重复进行，这就是资本主义的简单再生产。

资本主义的再生产不仅是物质资料的再生产，同时也是资本主义生产关系的再生产，一方面是资本的再生产过程，另一方面是雇佣工人的再生产过程。这里先分析资本主义简单再生产中的资本再生产，然后再分析雇佣工人的再生产。

---

① 参见《资本论》第2卷第192、355、394页。

通过对资本再生产的分析，可以使我们进一步认识到，不仅剩余价值是雇佣工人创造的，而且资本也是雇佣工人创造的。

第一，可变资本是雇佣工人创造出来的。[第 654 页末段—第 655 页末段]

资本家预付的可变资本是在对雇佣工人进行使用之后，即不仅生产出剩余价值，也在生产出可变资本之后，才以工资形式支付给工人，可见，可变资本和工资形式表现的劳动力价值，是由雇佣工人自己生产出来的。但从孤立的生产过程看，工人创造的剩余价值和劳动力价值是以商品的形式出现，还没有实现为货币，因而工资不是表现为来自雇佣工人自己创造的价值，而是来自资本家预付的可变资本，不是资本家向工人赊购劳动力商品，而是工人向资本家借钱养活自己。这是货币形式造成的错觉。

只要我们考察的不是孤立的生产过程，而是连续的再生产过程，考察的不是单个资本家和单个工人，而是资本家阶级和工人阶级，考察的不仅仅是劳动者生活资料基金的资本主义的货币工资形式，也考察历史上劳动者直接从自己产品中提取生活资料基金的实物形式，货币形式所造成的错觉就会立即消失。

货币是劳动产品的转化形式，现在支付的货币工资不过是上一生产过程雇佣工人生产的产品的转化形式，不是资本家将自己的资本作为工资预付给工人，而是资本家将上一生产过程工人自己的物化劳动转化为货币后预付给工人。从本质上看，资本家发给工人的货币工资是一种票据，凭此票据“从资本家阶级那里取得他自己的产品中属于他自己的那一部分”（第655 页），所以工人虽然是在商品出卖之前就取得货币工资，但却在工人购买之后才能从资本家那里取得他自己生产的一部分产品。

从历史上看，生活资料基金在一切社会制度中都是劳动者自己进行生产和再生产的，只是在表现形式上有所不同，例如，在徭役制下，农民一年假定有 150 天在自己的耕地上劳动，生产的农作物直接作为自己的生活资料基金。改为雇工制后，农民失去了耕地，假定他仍能得到用 150 天才能生产出来的农作物，但他已不能直接提取自己的劳动产品，而是改为雇主预付给他的支付手段的形式（货币或实物），和原来的徭役制并无本质的区别。所以，生活资料基金采取的预付可变资本形式不过是资本主义条件下一种特殊的表现形式，不能改变工人靠自己养活自己的事实。

第二，全部资本都是雇佣工人创造的。[第 656 页末段—第 657 页末段]

假定在资本主义生产过程的起始点时，资本家是货币所有者，他不仅预付了可变资本，而且预付了不变资本，但是我们只要考察资本主义的简单再生产，就会发现，经过若干年后，所有资本都会转化成资本化的剩余价值或积累的资本。

例如，我们假定资本家原有预付资本 1 000 镑，每年获得剩余价值 200 镑，全部用于资本家的个人消费，过了 5 年，资本家共消费剩余价值 1 000 镑，等于原资本量，这就是说，原资本 1 000 镑实际上已被资本家消费掉了，现存的 1 000 镑资本已经全部是雇佣工人创造的剩余价值的转化形式。尽管从物质形式上看，资本家用原来资本建造的厂房和购买的机器设备仍然存在，但是从价值上看，不过是以资本形式出现的剩余价值。

由此可见，无产阶级掌握政权之后，剥夺资本家的生产资料，仅仅是收回工人自己创造的一部分价值，物归原主，是完全合理的。

三、雇佣工人的再生产 [第 658 页第 1 段—第 665 页第 1 段]

劳动本身和劳动产品的分离是资本主义生产过程的基础和起点，在再生产过程中，又会作为结果不断重新生产出来。一方面，雇佣工人生产的产品转化为资本；另一方面，工人又一无所有地从生产过程中走出来。雇佣工人的再生产是资本主义再生产不可缺少的条件。

雇佣工人的再生产是通过雇佣工人（包括工人家属）的个人消费实现的。和生产消费不同，雇佣工人的个人消费是在生产过程之外进行的。从孤立的生产过程看，工人的个人消费纯属工人自己的事，与资本主义生产无关，但从再生产过程看，雇佣工人的个人消费成为资本主义再生产的一个不可缺少的条件。工人用工资去购买自己生产但被资本家占有的消费品进行消费，其结果是：第一，工人恢复了体力和精力，能够继续为资本家劳动，生产剩余价值；第二，工人家属的消费，还为资本家提供了后备的劳动力；第三，工人购买消费品，使资本家能够实现商品的价值和剩余价值，生活资料商品价值的实现，又会带动作为生产资料的商品价值的实现；第四，工人消费之后，又两手空空，不得不再受雇于掌握生产资料的资本家。马克思指出："罗马的奴隶是由锁链系着，雇佣工人则由看不见的线系在自己的所有者手里。"（第 662 页）

在资本主义社会，工人被看成是活机器，和死机器一样是资本的附属物，作为资本再生产过程的要素。在经济危机时，劳动力过剩，资本家反对熟练工人移民到国外。死机器会逐日损坏和贬值，活机器延续时间越久，技能积累就越多。

四、小结 [第 665 页末段—本章完]

资本主义简单再生产不仅生产商品，生产剩余价值，而且还生产资本关系本身，即一方面是资本的再生产，另一方面是雇佣工人的再生产。

第二十二章　剩余价值转化为资本

从本章开始，研究由于剩余价值转化为资本即资本积累引起的资本主义扩大再生产。本章共5节，第1至2节研究资本积累的实质，第3至5节研究资本积累量的规定。

1. 规模扩大的资本主义生产过程。商品生产所有权规律转变为资本主义占有规律

本节包括两个部分，一个部分是分析规模扩大的资本主义生产过程，从资本主义扩大再生产的条件和源泉上看资本积累的实质；另一个部分是分析商品生产所有权规律转变为资本主义占有规律，从剩余价值转化为资本的过程中，即资本积累过程中的交换关系上看资本积累的实质。

一、规模扩大的资本主义生产过程［本节第1段—第670页末段］

简单地说，扩大再生产就是规模扩大的再生产，资本主义扩大再生产就是剩余价值不是全部用于资本家的个人消费，而是其中的一部分作为追加资本投入到再生产中去，引起再生产规模的扩大。

具体说来，扩大再生产表现在资本的追加、生产规模的扩大、产量和产值的增加三个方面或三个过程上，最终表现在其结果即产量和产值上。由于追加资本和扩大生产规模引起产量和产值的增加，称之为外延的扩大再生产。在一定的条件下，并未追加资本和扩大生产规模，而是由于提高了生产资料的效率，也会引起产量和产值的增加，称之为内涵的扩大再生产。[①] 现在的研究，只限于外延的扩大再生产。

在现实生活中，资本的追加、生产规模的扩大、产量和产值的增加三者之间的变动比例，除了受到生产资料使用效率的影响，还受到价格变动的影响和折旧基金投入扩大再生产的影响，因而是不一致的，为了研究的方便，这里假定它们的变动是一致的。

下面分别考察单个资本扩大再生产的过程和社会总资本扩大再生产的过程，从中了解资本主义扩大再生产的条件，特别是从个别资本扩大再生产的条件和源泉中，了解资本积累的实质。

---

① 在《资本论》第2卷第355页上马克思将“扩充原有的生产规模”称之为内涵的扩大再生产，只有“在旧工厂之外添设新工厂”才是外延的扩大再生产。

（一）单个资本的扩大再生产过程［本节第2—3段］

从单个资本看，要进行扩大再生产，条件是：工人在生产过程中创造的剩余价值不能全部用于资本家的个人消费，其中一部分要作为追加资本补充到原有的预付资本中去，有些追加不变资本，另外一些追加可变资本，这就是资本积累。资本积累使生产规模扩大，引起扩大再生产。

假定某个资本家有预付资本10 000镑，资本构成（c：v）为4：1，剩余价值率为100%，生产资料价值在一年之内全部转移到新产品中去，第一年的年产值将是：

$$8\,000\text{镑}\,c+2\,000\text{镑}\,v+2\,000\text{镑}\,m=12\,000\text{镑}$$

假定将2000镑剩余价值中的一半用于第二年的再生产，资本构成和剩余价值率均不变，第二年的生产安排将是：

$$(8\,000\text{镑}+800\text{镑})\,c+(2\,000\text{镑}+200\text{镑})\,v+1\,000\text{镑}\frac{m}{v}=12\,000\text{镑}$$

符号$\frac{m}{x}$代表剩余价值中用之于资本家个人消费的部分。

第二年的生产结果如下：

$$8\,800\text{镑}\,c+2\,200\text{镑}\,v+2\,200\text{镑}\,m=13\,200\text{镑}$$

由此可见，第二年的再生产，无论是从规模上或产值上看，都是扩大再生产，扩大的原因和条件是资本家将一部分剩余价值再转化为资本，作为追加资本进行积累。这里提出了再生产的两条基本原理：资本积累是资本主义扩大再生产的源泉，剩余价值是资本积累的源泉。

从资本主义扩大再生产的条件和源泉上看，资本积累就是在资本主义再生产过程中，资本家将一部分剩余价值再转化为资本，扩大企业规模，以便获得更多的剩余价值。简而言之，即将剩余价值转化为资本。

马克思指出，“积累，剩余价值转化为资本，按其实际内容来说，就是规模扩大的再生产过程”①，“或者是再生产按原有的规模进行；或者是发生剩余价值的资本化，即积累。②”“本来意义上的积累，即规模扩大的再生产”③，“剩余价值的一部分再转化为资本，或积累”④。这里应和简单再生产中“全部预付资本，不管它的来源如何，都转化为积累的资本或资本化的剩余价值”（第678页，另参见第657—658页）相区别。在简单再生产中，剩余价值全部用于资本家的个人消费，使原资本转化为积累资本或资本化的剩余价值；在扩大再生产中，剩余价值除此之外，还有另一部分用作追加资本，成为“直接积累的资本”（第678页）。一个是剩余价值的资本化，一个是资本化的剩余价值；一个是追加资本，一个是原资本；一个是由剩余价值直接积累的资本，一个是由原资本转化为积累资本；一个是将剩余价值转化为资本，一个是将剩余价值转化为资本家的个人消费。二者是不能混淆的。

（二）社会资本的扩大再生产过程［第669页第2段—第670页末段］

要进行扩大再生产，仅仅说将剩余价值转化为资本是不够的，首先，资本家要获得用于资本积累的剩余价值，前提条件是自己企业生产的产品能够卖得出去；其次，要使剩余

---

① 《资本论》第2卷第355页。

② 《资本论》第2卷第359页。

③ 《资本论》第2卷第531页。

④ 《资本论》第3卷第272页。另参见同书第126—127页。

价值转化为资本积累，还必须在市场上能购买到除用于补偿的生产资料和生活资料之外，还能购买到由于扩大再生产所需要的追加的生产资料和追加的劳动力以及为追加劳动力所需要的追加的生活资料。撇开劳动力不谈，这些问题只能通过社会范围的千百万个企业之间的相互交换才能解决，这就需要考察社会总资本的再生产。

从社会资本范围来考察，要使剩余价值转化为资本，进行扩大再生产，还需要有两方面条件。

第一，市场上能够提供预付资本价值和追加资本价值所需要的生产资料和生活资料。[第669页第2段—第670页第2段]

资本家用预付资本购买生产资料和劳动力，开始生产过程，生产过程结束后，生产资料和维持劳动力的生活资料被消耗掉，创造出新的产品。在总产品中，除包含有原来的预付资本价值之外，还包含剩余价值。要进行扩大再生产，首先，要使总产品中预付资本价值部分能够购买到原来在生产过程中已消耗掉的生产资料和生活中消耗掉的生活资料，只有这样，才能保持简单再生产，并在这一基础上进行扩大再生产。其次，还要使剩余价值转化为追加资本，并能用这个追加资本购买到追加的生产资料和追加的生活资料。

用预付资本价值和追加资本价值购买各种生产资料和生活资料存在着可能性，因为预付资本价值和追加资本价值原来就是以总产品的形式出现的，在总产品的价值得到实现之后，总产品就由实物形式变为货币形式，现在的购买也就是再由货币形式变回实物形式。至于从实物到货币和再由货币到实物的转化能否充分实现，那是另一回事了。

第二，劳动者为资本家提供追加劳动。[第670页末段]

要使追加的生产资料执行资本的职能，还必须追加劳动。追加劳动有两条途径，一条是延长工作日（外延方面）和提高劳动强度（内涵方面），另一条是追加劳动力。追加劳动力是有可能办到的，首先是因为原来的劳动力价值中已经包含了养育家属的费用，这里不仅可以更替老死的劳动力，而且还产生出扩大生产规模时需要的追加劳动力。

《资本论》第1卷的研究范围，限于单个资本的再生产，只要将剩余价值转化为资本，就可以进行扩大再生产，至于产品能否卖出去，将价值和剩余价值实现出来，需要补偿和追加的生产资料和生活资料能否买得回来，属于社会总资本的再生产考察的范围，在《资本论》第2卷的第3篇中将进行专门的研究，现在暂不考虑它。

二、商品生产所有权规律转变为资本主义占有规律 [第671页第1段—第677页末段]

以上是从资本主义扩大再生产的条件和源泉上看资本积累的实质，现在从资本积累过程中发生的交换关系上，进一步分析资本积累的实质。

（一）资本主义占有规律同商品生产所有权规律的区别 [第671页第1段—第672页末段]

马克思这里所说的商品生产指的是“最初的”商品生产，即简单商品生产。因此，现在所要比较的是资本主义商品生产占有规律同简单商品生产所有权规律的区别。

简单商品生产的特点在于，生产资料的所有权和劳动者结合在一起，生产资料的所有者也就是使用这一生产资料的劳动者，他以自己生产的劳动产品去交换他人生产的劳动产品。资本主义占有方式的特点在于，生产资料所有权和劳动者是分离的，占有生产资料的不劳动，使用生产资料的劳动者却又不占有生产资料。资本家凭借生产资料的所有权占有工人的剩余劳动，然后再用这个剩余劳动所形成的价值去购买商品，如同征服者用从被征服者那里掠夺来的货币去购买被征服者生产的商品。以下的分析向我们表明，实际情况更为严重。

货币最初转化为资本时，资本主义占有规律是不容易被发现的，假定最初转化为资本的货币是1万镑，我们是看不出这1万镑货币是从何而来的。资产阶级政治经济学的代表人物一致认为这是他本人及其祖先的辛勤劳动带来的，出现在我们面前的资本家和工人是一种货币所有者和商品所有者的关系，在交换上的表现是平等的，买卖双方是等价物的交换。但是只要我们考察资本主义的扩大再生产，资本主义占有规律就立即暴露出来。当1万镑预付资本带来2 000镑的剩余价值，并转化为追加资本之后，我们会看得很清楚，这2 000镑追加资本是资本化了的剩余价值，完全来源于工人的无酬劳动，使我们看清资本主义占有方式的特征。

在资本积累过程中的交换关系和简单商品经济中的交换关系相比较，有两点区别：

首先，在简单商品经济中，劳动者用自己劳动生产的产品交换他人的劳动产品，而在资本积累过程中，资本家用无偿占有雇佣工人创造的剩余价值去购买追加的生产资料和劳动力，在对扩大再生产的分析中，我们一开始就看清追加资本直接来源于剩余价值，资本家是在掠夺中进行交换。

其次，在简单商品经济中，商品生产者用自己劳动生产的产品换来货币，接着用这个货币购买等值的商品，而资本家在购买劳动力时，不仅用工人的钱去购买工人的劳动力，还要工人偿付更多的价值，资本家不仅在掠夺中进行交换，还要在交换中继续掠夺。

根据这两点区别，我们可以看到，资本主义的商品交换关系在性质上发生了根本变化，商品生产所有权规律转变为资本主义的占有规律，商品交换关系已经徒有其形式。

我们从资本主义扩大再生产的条件和源泉上分析，认识到资本积累的实质是剩余价值转化为资本。现在，又从资本积累过程中的交换关系上分析，进一步认识到剩余价值转化为资本的实质，资本家用工人创造的剩余价值购买工人的商品，并要工人为资本家增殖。我们讲资本积累的实质时，往往只讲剩余价值转化为资本，忽视了马克思从交换关系上揭露出来的资本积累的实质。但是，也有个别学者只承认从交换关系分析出来资本主义占有规律才是资本积累的实质，剩余价值转化为资本讲的只是资本积累和扩大再生产的关系，不是说明资本积累的实质，这种看法也是片面的。

（二）占有方式的根本变革并不违反商品生产的经济规律以及由此产生的所有权［第673页末段—第677页第3段］

1. 资本主义占有方式是商品生产所有权规律的必然结果［第673页末段］

在资本主义占有方式的条件下，无论是构成第一个追加资本的剩余价值，还是构成第二个追加资本的剩余价值，都是在等价交换的原则下，由资本家购买了劳动力所得到的结果。在每一次交换中，一方是卖者，另一方是买者，谁也没有侵犯谁的所有权。可见，资本主义占有方式是商品生产所有权的必然结果，构成追加资本的剩余价值，并不是侵犯了商品所有者的占有权而得到的。

2. 以资本主义积累为终点的各个依次发生的运动阶段，都没有违反商品生产规律，而是对这一规律的运用［第674页第1段—第676页第4段］

第一，货币最初转化为资本时，完全符合商品生产的经济规律以及由此产生的所有权。［第674页第2段—第675页第6段］

货币最初转化为资本时，是完全按照商品交换规律进行的，作为劳动力商品的所有者——工人，在从资本家那里取得劳动力商品的价值的同时，将劳动力商品的使用价值让渡给资本家，这同任何商品交换都是没有什么区别的。至于以后劳动力为资本家带来剩余价值，丝毫没有触犯商品交换规律，因为资本家已经按劳动力商品的价值支付给了工人，剩余价值的产生是由于资本家对按价值购买来的劳动力商品使用的结果。和任何商品交换的原则一样，商品的使用权属于买者，剩余价值属于资本家所有，丝毫没有违反商品交换规律和商品生产所有权规律。资本和劳动力的交换同普通商品交换的区别只是在其各种结果上。

第二，在简单再生产中，只是不断重复资本购买劳动力的过程，商品交换规律没有被违反，而是得到不断发挥作用的机会。[第 675 页末段—第 676 页第 2 段]

第三，在扩大再生产中，资本家用剩余价值作为资本去购买劳动力，仍然没有触犯商品经济规律。[第 676 页第 3—4 段]

在扩大再生产中，资本家用工人 A 创造的剩余价值作为资本去雇用追加的工人 B，仍然没有违反商品交换规律及其所有权，因为资本家无论对工人 A 或 B 都支付了劳动力价值。雇佣工人 B 的剩余价值尽管是由工人 A 创造的，但并不属于工人 A 所有，因为这一剩余价值是属于资本家所有的商品使用的结果，商品的使用权属于买者，这里没有侵犯商品生产的所有权。

3. **当我们把资本家和工人作为阶级整体考察扩大再生产时，情况会完全不同，但仍不能说明资本主义的占有方式违反了商品交换规律及其所有权**［第 676 页末段—第 677 页第 3 段］

在考察单个的资本家和工人时，用工人 A 创造的剩余价值雇用工人 B 时，这一剩余价值和工人 B 是毫无关系的，因为它不是工人 B 创造的。但是如果我们从阶级整体上考察，就会出现资本家是用无偿占有工人创造的剩余价值去购买工人的商品，这就和商品生产所有权规律不同了。但是我们仍不能因此否定商品生产的所有权规律，因为在商品交换中，买卖只是在个别人之间进行，不可能从中找到整个阶级之间的关系，反之，整个阶级之间的关系不能说明商品交换的规律，这里具有不同的标准。

根据上述三点分析，马克思做出了以下结论，即在资本积累中，“尽管每一个单独考察的交换行为仍遵循交换规律，但占有方式却会发生根本的变革，而这丝毫不触犯与商品生产相适应的所有权”（第 677 页）。有人认为资本主义占有规律是对商品生产所有权规律的否定，这是不正确的。

（三）批判蒲鲁东把商品生产所有权规律同资本主义所有制相对立［第 677 页末段］

商品生产所有权同资本主义所有制是有本质区别的，但是二者并不是对立的，资本主义所有制是商品生产所有权规律的必然结果。商品生产发展到一定阶段，劳动力变为商品，商品生产的所有权规律就会转变为资本主义占有规律，同时，也只有劳动力成为商品，才使商品生产普遍化。蒲鲁东反对资本主义所有制，却又主张商品生产永恒化，不懂得二者的相互关系。

三、结论［第 678 页末段］

在上一章中，我们已经看到，即使在简单再生产中，全部预付资本，不管其来源如何，经过若干次的再生产过程，都会转化为积累的资本或资本化的剩余价值。在这一章中，我们又从扩大再生产中看到，原来的预付资本和后来直接积累的资本即由剩余价值转化的追加资本相比，越来越成为微不足道的量。

2. 政治经济学关于规模扩大的再生产的错误见解

古典政治经济学关于规模扩大的再生产的见解有些方面是正确的或有积极意义的，例如，反对把全部收入吃光用尽，主张积累，生产出更多的东西；反对货币贮藏，并对货币贮藏与资本积累作了区分；指出积累过程的特点是，剩余产品由生产工人消费，而不是由非生产工人消费。

他们的错误见解在于认为剩余价值转化为资本时，完全用在对生产工人的工资支付上，也就是说，只是转化为可变资本。这种见解的错误产生于，从每一个单个资本看，剩余价值用作追加资本时，和原预付资本价值一样，分成不变资本和可变资本，二者缺一不可。亚当·斯密也发现了这一点，但是他把这一问题引到社会资本范围中，认为社会资本最后都归结到工资上。例如，呢绒厂主的 2 000 镑剩余价值，其中 400 镑用于雇工，另外 1 600 镑购买毛纱和织毛机，而生产毛纱和织毛机的工厂主又将这 1 600 镑中的 320 镑用于雇工，另外的 1 280 镑用于购买羊毛和纺纱机，以此类推，直到这 2 000 镑最后全部用于工资上为止。从社会资本考察，问题确实比较复杂，各个资本的运动和个人收入的运动交错混合在一起，这一问题将在第 2 卷的第 3 篇中进行专门的分析。但是有一点是很明白的，在年生产中，第Ⅰ部类的剩余产品是生产资料，这一部分无论如何也不能用以此类推的办法把它推掉的，在这个问题上，斯密和李嘉图不如重农学派魁奈，面对复杂的社会资本的流通，他没有采取以此类推的办法躲开它，而是首次画出了社会资本再生产的图表。

亚当·斯密关于转化为资本的剩余价值归根结底用于工人工资的观点是为资本家服务的，因为按照这一观点，资本积累对于工人是很有利的了。

应当指出的是，我国经济学界汤在新教授为了否定资本家对工人的剥削，对我国的所谓“私营企业主”的“收入”作如下分解：“一部分，用于自己和家属的消费；另一部分，用于扩大再生产。”其中用于他个人消费的收入，“不会超过企业管理者的工资”，“基本上来自自己参加管理所应得到的工资”。显然，对这一部分，汤在新认为不是来自剩余价值，与剥削无关。至于被汤在新称之为取之于民的剩余价值的另一部分，却又被美化成“基本上返还给了社会，成为用之于民用之于社会主义建设的基金”。从而也与剥削无关。①

资本家进行资本积累的实质在于将剥削所得的剩余价值再转化为资本，从而在扩大的再生产过程中获取更多的剩余价值。在我国现今条件下，这种资本积累虽以追求利润最大化为目的，但在客观上有利于社会主义建设。汤在新的错误在于，他不仅否定了这种资本积累的目的是为了追求更多的剩余价值，而不是为了建设最终要消灭剥削阶级的社会主义社会，并且把资本家美化成能够将自己从工人那里剥削到手的剩余价值又送还给工人和其他劳动者的具有崇高境界的先进人物。

---

① 参见汤在新：《剥削及其存在的历史前提》，《南方经济》2003 年第 2 期。

3. 剩余价值分为资本和收入。节欲论

从本节开始，转向资本积累量的研究，资本积累量取决于两个因素。一个是剩余价值总量，剩余价值总量越多，作为其中一部分的资本积累量也就会越多。另一个因素是剩余价值中资本和收入的分割比例。所谓收入，有两种含义，一是指全部剩余价值，二是指剩余价值中用于资本家个人消费的部分，这里的收入是指后一种含义。剩余价值中用于收入部分越少，用于积累部分就越多，反之，用于收入部分越多，用于积累部分就越少。本节先研究后一个因素。

剩余价值中资本和收入的分割比例是怎样决定的呢？从表面现象上看，由于剩余价值为资本家所有，对它如何分割，是由资本家的个人意志决定的，资本家的个人消费部分越多，用于资本积累的部分就越少；反之，资本家的个人消费部分越少，用于资本积累的部分就越多。这就造成一种错觉，资本积累是资本家省吃俭用的结果，资本越是积累，说明资本家越是节欲。马克思从几个方面揭露了这种表面现象，批判了资产阶级经济学家提出的节欲论，这一批判不仅对认识资本积累量的决定有重要意义，而且对揭露资本积累的本质也有重要意义。

一、资本家的节欲目的是为着更大的贪欲 ［第 683 页第 2—末段］

在资本主义生产方式的开始阶段，为了能够更多地积累，资本家省吃俭用，减少个人的支出。从表面上看，这是一种节欲行为，从实质上看，却是贪欲，因为他减少开支增加积累的原因无非是：

第一，这时的资本家只是人格化的资本，他的生产目的，不是为了使用价值和享受，而是为了价值的增殖。享受对他来说，是对资本积累的一种掠夺行为。资本家为了追求价值的增殖，减少个人开支，增加资本积累，发展社会生产力，并因此而在历史上占有重要的地位。

第二，资本主义竞争迫使他实行累进的积累，不断扩大自己企业的规模，不这样做，不仅会丧失剩余价值，还会使资本受到损失。

二、随着资本主义生产方式的发展，资本家穷奢极欲，大肆挥霍浪费 ［第 684 页第 1 段—第 686 页第 1 段］

如果说，在资本主义生产方式的初期阶段，致富欲和贪欲作为绝对的欲望占了统治地位，那么在资本主义生产方式发展起来以后，享受欲逐渐和积累欲发生了冲突，这时资本家不再仅仅是资本的化身，他不仅有积累欲，还有享受欲，他不再节俭度日，而是穷奢极欲，大肆挥霍。具体原因是：

第一，资本主义生产的发展，为资本家创建一个享乐世界。

第二，投机和信用事业的发展，为资本家开辟了千百个突然致富的源泉。

第三，挥霍浪费成为炫耀富有从而取得信贷的手段，甚至成了营业上的必要。

第四，奢侈被列入资本的交际费用。

第五，资本家的财富并不随着资本家的节俭出现增长，而是随着榨取工人劳动力的多

少和工人减少生活享受出现增长。

由此可见，资本家的资本积累和他个人的享受并不是互相排斥的，他积累得越多，越是能享受，反之，他越是能享受，积累得也越多，一方绝不会妨害另一方。因此，现在资本家不仅有着强烈的积累欲，还有强烈的享受欲，在对剩余价值进行分割时，资本家的内心发生了冲突。

为了说明资本家的享受欲随着资本主义生产方式的建立而发展起来，马克思引证了艾金医生关于曼彻斯特的历史资料，说明18世纪最后30多年，是资本家“穷奢极欲，大肆挥霍的时期”。

三、资本家把享受留给自己，把节欲留给工人［第686页末段—第687页末段］

从古典经济学家到代表大地主利益的马尔萨斯，都反对资本家的享受。古典经济学代表了新兴资产阶级的利益，认为享受破坏了积累，是一种罪恶，违反了资本家的历史职能。古典经济学认为无产阶级只是生产剩余价值的机器，资本家只是把剩余价值转化为追加资本的机器，这就是他们不同的历史使命。在资本主义生产方式建立的初期，资本家的积累欲占了绝对统治的地位，但是随着资本主义生产方式的发展，现代化的资本家拒绝了这种为积累而积累，为生产而生产的方式，穷奢极欲，大肆挥霍。庸俗经济学家马尔萨斯代表大地主的利益，也反对资本家享受，他提出这样一种分工，资本家承担资本积累的任务，土地贵族、国家官员和教会人员承担享受的任务，资本家反对这种主张，认为“会阻碍生产”，而且“也不是十分公正的”。

资本家把享受留给了自己，却把节欲留给了工人，他反对别人要他节欲，认为这会“阻碍生产”，“不公正”，但是他却要求工人“勤勉地劳动”，并把工资减到最低限度，这就说明资本家是何等虚伪了。在资本主义社会，实行节欲的是工人而不是资本家，在资本主义生产方式的历史初期，工人的节欲主要是为了满足资本家的积累欲。现在，工人的节欲不仅要满足资本家的积累欲，而且还要满足资本家的享受欲。

在资本主义社会，勤劳、节约和禁欲，是资本家向工人提出的要求，马克思指出：“最高限度的勤劳即劳动和最低限度的消费——而后者就是工人最高限度的禁欲和货币积蓄——所能产生的结果，只会是工人付出最高限度的劳动而得到最低限度的工资。……工人普遍积蓄就会向资本家表明：工人的工资普遍过高了，他们得到的工资超过了他们的商品——即对他们劳动的支配能力——的等价物。”①

资本家虽然要求他雇用的工人节欲，但绝不要求其他的工人大众实行节欲，这些工人大众对他来说，不是工人，而是消费者，是顾客，他会想尽办法刺激工人大众的消费。

在社会主义条件下，把个人生活上的节俭说成是劳动人民的传统美德加以宣扬，更是错误，这是为高积累制造舆论，不利于社会主义经济的发展。

当我们确定了剩余价值中的资本和收入的比例时，同时也就确定了积累率。因为积累率就是用百分数表示的资本积累量在剩余价值中所占的比重，用公式表示：积累率 $=\frac{\text{资本积累量}}{\text{剩余价值量}}=\frac{m-\frac{m}{x}}{m}$。$\frac{m}{x}$代表资本家的个人消费，$m-\frac{m}{x}$则代表剩余价值中用于追加资本即积累的部分。因此，决定资本积累量的第一个因素也可以说是积累率的高低。

---

① 1857—1858年经济学手稿，《马克思恩格斯全集》第2版第30卷第245、246页。

我国通常采用的积累率概念是用百分数表示的资本积累量，其在国民收入中所占的比重，用公式表示：积累率 $= \frac{资本积累量}{国民收入} = \frac{m - \frac{m}{x}}{m}$。国民收入是一个国家物质生产部门在一定时期内（一般采用一年来计算）新创造的价值。在资本主义社会，新创造的价值分解为 v + m 这两个部分，我国也通常借用 c、v、m 这些符号。

马克思的积累率概念是科学的概念，因为积累率所表现的是国民收入或企业新创造的价值在分割为工资和剩余价值之后，对剩余价值如何作进一步的分割；已分割的工资部分不再进一步分割为用作个人消费的工资和用作资本积累的工资，因此，作为积累率的母体只能是剩余价值，而不能包括工资。用国民收入或新创造的价值作分母，从而将工资加入其内，加大了分母量，人为地降低积累率，对高积累起了掩盖作用。

我国将国民收入的分配划为积累和消费两大部分，这种划分的界限是不清楚的，因为在积累中就包含有消费（追加的积累性消费）；反之，在消费中也包含有积累，如将积累性消费不计入积累，同样会人为地降低积累率，对高积累起掩盖作用。

四、批判西尼耳的节欲论［第 688 页末段—本节完］

纳索·威廉·西尼耳（1790—1864）是英国资产阶级庸俗经济学家，在第 7 章，马克思批判了他在 1837 年提出的“最后 1 小时”谬论，现在，再批判他在 1836 年提出的节欲论。

西尼耳的节欲论提出的历史背景是：1830 年发生了七月革命，法国资产阶级打败了封建复辟势力，夺取了政权，代表大地主利益的马尔萨斯主张销声匿迹，资产阶级和无产阶级的矛盾开始突出。1831 年和 1834 年，里昂工人两次起义，标志着工人阶级登上了历史舞台。在英国农村，1830 年发生了声势浩大的最后一次农民起义运动。空想社会主义在欧洲得到广泛传播，引起资产阶级的恐惧。在这种斗争形势下，出现了西尼耳的经济学，为资本主义制度辩护。

西尼耳提出，“我用节欲一词来代替被看作生产工具的资本一词，”“社会越进步，就越要求节欲。”这是用对资本家进行阿谀奉承的词句来替换经济学的范畴。在西尼耳的笔下，资本家简直就和在专司拯救人类灵魂的毗湿奴神面前赎罪的苦行僧一样，通过他的苦行，使世界得以生存，人类得以进步。

马克思从以下几个方面进行了批判：

第一，资本家在生活上穷奢极欲，大肆挥霍，连资本家自己都不隐讳了。这种享受是封建主不能相比的，而且封建主的挥霍是直截了当的，即挥霍就是积累的减少，资本家的挥霍却会带来更多的积累，他时刻盘算这一点。

第二，资本家的所谓节欲是对占有别人劳动的产品实行节欲，如果越要求进行这种节欲，就意味着进行更多的掠夺，把这种掠夺行为称之为节欲，是乱说一通，在概念上一片混乱。

第三，按照西尼耳的说法，资本家为了社会的进步而苦行其身，即使从人道上考虑，也应该把资本家拯救出来，但拯救的办法只能是推翻资本主义制度，那时，资本家再也不能拿别人的劳动产品进行节欲了。

除本节外，马克思还在第 223—224 页、第 264 页脚注、《资本论》第 3 卷第 498 页等处批判了这种节欲论。

4. 几种同剩余价值分为资本和收入的比例无关但决定积累量的情况：劳动力的剥削程度；劳动生产力；所使用的资本和所消费的资本之间差额的扩大；预付资本的量

资本积累量 $= M \times \frac{m - \frac{m}{x}}{m}$，当积累率已定，资本积累量就取决于剩余价值总量。

剩余价值总量又是怎样决定的呢？在第 9 章中已经讲清楚了，用公式表示：$M = \frac{m}{v} \times V$ 或 $M = k \times \frac{a'}{a} \times n$。现在没有必要再去重复，只是从资本积累的角度对有关的四种情况作一些说明。有人把这四种情况理解成决定剩余价值总量的四个因素，这是不准确的，决定剩余价值总量的仍然是这两个因素：剩余价值率（$\frac{m}{v}$）和可变资本总量（V），或剩余劳动率（$\frac{a'}{a}$）和劳动力价值总量（$k \times n$）。

一、劳动力的剥削程度 ［本节第 2 段—第 697 页第 3 段］

劳动力的剥削程度即剩余价值率，是决定剩余价值总量的一个重要因素。马克思说：“剩余价值率首先取决于劳动力的剥削程度。”（第 691 页）这里的剩余价值率可能是笔误，应该是剩余价值总量或绝对量，因为按照马克思的观点，“剩余价值率是劳动力受资本剥削的程度或工人受资本家剥削程度的准确表现”（第 252 页）。在第 3—5 篇中，对剩余价值率即劳动力的剥削程度作过详尽的论述，现在再从积累的角度进行一些补充。

（一）把工资压低到劳动力价值以下 ［本节第 2 段—第 696 页第 1 段］

已往在论述剩余价值的生产时，马克思总是假定遵守等价交换原则，资本家按照劳动力价值购买劳动力，但是在实际生活中，由于人口的相对过剩，资本家经常将工资压低到劳动力价值以下。这意味着，资本家不仅将剩余价值转化为资本，还将劳动力价值转化为资本，或者说，把劳动力价值转化为剩余价值，进行积累。

就资本家的愿望来说，工资压得越低越好，但永远不可能等于零，假如工人能够靠空气生活，也就不会出卖自己的劳动力。

马克思列举了一些资本家压低工资的材料，例如，向工资水平低的资本主义国家看齐，推销掺假食品，用救济金作为最低工资的补充等，这方面材料在第 13 章中作过揭露，下一章还要进行补充。

（二）延长工作日和提高劳动强度 ［第 696 页第 2 段—第 697 页第 3 段］

通过延长工作日和增加劳动强度来提高对劳动力的剥削程度，在前面已作过论述，现在要补充说明的是，通过这种方法提高劳动力的剥削程度，不仅可以不用追加可变资本，而且也不用相应增加不变资本，甚至不用增加不变资本。这是因为：首先，现有的劳动资料由于使用强度的增加和使用时间的延长，加快了磨损的速度，但不需要扩充厂房设备；其次，用于购买劳动对象的不变资本部分也无须作相应的增加，甚至不增加，这里有三种情况：

第一，在采掘工业中，劳动对象是各种矿山和油田等自然物，是自然界无偿赠予的，这里的不变资本几乎完全由劳动资料组成，因而无论怎样延长工作日和提高劳动强度，都可以不用追加不变资本。

第二，在农业中，只要原有数量的农业工人付出更多的劳动量去耕作，就可以在不追加劳动资料和肥料的条件下，提高土地的肥力，增加农产品的产量和产值，起到和追加肥料同样的作用。

第三，在加工工业中，延长劳动时间和提高劳动强度，会相应增加原料的消耗和增加这方面资本的支出。但是，可以不需要追加劳动资料方面的资本，而且，加工工业所用的原料及劳动资料所用的原料，都来自农业和采掘工业，这些部门可以在不追加资本的情况下，依靠劳动和自然的结合，向加工工业提供所需要的原料（包括生产加工工业劳动资料所需要的原料），这对加工工业是极为有利的，不仅货源充足，而且价格低廉。

二、社会劳动生产率的水平［第 697 页第 4 段—第 699 页末段］

社会劳动生产率的水平对剩余价值的总量及资本积累量的影响有以下三个方面：

（一）随着劳动生产力的提高，体现一定价值的产品量也会增加，商品变得便宜，从而使资本积累量增多［第 697 页末段］

随着劳动生产力的提高，同样劳动时间会生产出更多的产品，单位时间价值量不变，单个商品价值量下降，商品变得便宜了。生活资料的价值下降，会引起劳动力价值的下降，进而引起剩余价值率的提高和剩余价值量的增加。这些在前面论述相对剩余价值的生产时已分析过了。现在要补充的是：

第一，剩余价值率的提高和剩余价值量的增加，会引起资本积累量的增加。

第二，不仅如此，即使剩余价值量不增加，劳动生产率的提高也会引起资本积累量的增加。因为同样的剩余价值量，由于劳动生产率的提高，会带来更多的剩余产品，资本家如保持原有的消费水平，甚至提高了消费水平，仍可以使一部分剩余产品转化为资本，增加资本积累量。这一情况可由下表说明：

劳动生产率	剩余价值	剩余产品	资本家消费	资本积累量
劳动生产率提高之前	6 小时	6 件	3 件（3 小时）	3 件（3 小时）
劳动生产率提高 1 倍后	6 小时	12 件	3 件（1.5 小时）	9 件（4.5 小时）

第三，再退一步，即使资本积累量不变，也可以产生更多的剩余价值。因为在劳动生产率提高后，劳动力价值和生产资料的价值下降，同样的资本积累量，可以购买更多的劳动力和生产资料，从而生产出更多的剩余价值。

（二）随着劳动生产力的提高，对原有不变资本发生反作用［第 698 页末段］

原有不变资本包括两部分，一部分是劳动资料，随着劳动生产力的提高，资本家不仅用追加资本购买先进的劳动资料，而且原来资本购买的价格高、效率低的劳动资料也逐步为价格低效率高的劳动资料所更替。至于不变资本中的另一部分即劳动对象，由于它在一次生产过程中就会全部消耗，当由于劳动生产力的提高使劳动对象变得便宜时，资本家不仅立即用追加资本购买这种便宜的劳动对象，而且同时用原有的资本去购买这种便宜的劳动对象，劳动生产力的提高对原有的劳动对象的影响，比对原有的劳动资料的影响要快得多。此外，随着劳动生产力的提高和技术的改进，原料的产量提高了，品种增加了，质量也提高了，并由此增加了许多新的生产部门，变废料为原料的能力也提高了。

（三）随着劳动生产力的提高，原有生产资料的价值转移会增加［第 699 页第 1—末段］

以纺纱为例，假定劳动生产力提高了 1 倍，同一时间生产的棉纱由 10 磅增加到 20 磅，从新创造的价值来看，现在的 20 磅棉纱的价值仍和原来 10 磅棉纱一样，没有增加，但在这 20 磅棉纱中所包含的生产资料价值比原来 10 磅棉纱要多。假定纺纱用的棉花、纺纱机等生产资料生产的劳动生产力不变，现在 20 磅棉纱中包含的原有的生产资料价值就会增加 1 倍。

一个生产部门由于提高了劳动生产力，在同样的时间内，转移了更多的旧资本的价值。这虽然没有创造出新的价值，但却把资本积累造成的不断膨胀的价值保存了下来，使之永生下去，同时刺激了有关产品的扩大再生产，例如，纺纱劳动生产力的提高就会刺激棉花、纺纱机的生产，产生连锁反应。

三、所用资本和所费资本的差额［第 701 页末段—第 702 页第 1 段］

如撇开预付资本在周转中的反复使用，所用资本是指投入生产过程中的全部预付资本，所费资本是指在使用中被消耗的资本，这是两个不同的量。发生这种量的差别的主要原因是，其中的劳动资料在全部进入生产过程执行职能时，它的价值在每次生产过程中只是消耗一部分。全部使用而只是部分耗费，这就是说，有相当大部分的劳动资料，虽被使用但却暂时没有发生损耗，这无异于为资本家提供了无偿服务。因此，随着资本投入的增加，所用资本和所费资本之间的差额越来越大，为资本家提供的无偿服务越来越多，这种无偿服务如同自然界为人们提供免费的水、土地、矿产和河流一样。没有这种无偿服务，产品就会变贵，追加资本能够购买的生产资料和劳动力就会大为减少。

由于所用资本和所费资本的差额产生的无偿服务是由劳动资料提供的，这种劳动资料是由已往的工人生产出来的，它作为劳动资料进入资本主义的劳动过程时，穿上了资本的外装，资本家不是把这种无偿服务归功于过去的劳动，而是归功于它的资本形式。正因如此，“资产者和政治经济学家们对过去劳动的功绩赞扬备至；苏格兰的天才麦克库洛赫甚至认为，过去劳动应当得到特殊的报酬（利息、利润等等）。”（第 702 页）马克思斥之为“胡说八道的思想家”（第 702 页），我国学术界有人竭力鼓吹物化劳动创造价值，看来这一观点并非来自其本人的创新。

四、预付资本量［本节末段］

预付资本量越多，雇工就越多，剩余价值也越多。剩余价值越多，资本积累也越多，资本家既可以过着更优裕的生活，又能够更多的“节欲”。

预付资本量越多，对上述三个因素的推动作用也就越大。

预付资本量越多，资本积累量也越多。同样，资本积累量越多，并入追加资本后的预付资本量也会越多。

5. 所谓劳动基金

本节说明资本量是经常变动的，重点说明其中的可变资本量不是固定不变的。

从前两节内容我们可以知道，随着剩余价值量的变动和资本积累量的变动，资本量会经常变动。即使资本量已定，也会由于劳动力、科学和自然力发挥作用的大小，使资本发挥的能量大不相同，这里还不考虑流通过程中资本的周转速度、生产资料和劳动力结合得是否合理。

古典经济学却把社会资本看成是一个有固定作用程度的固定量，英国的功利主义理论家耶利米·边沁和庸俗经济学家马尔萨斯、詹姆斯·穆勒、麦克库洛赫等人奉为教条，特别强调可变资本是一个固定的量，认为工资总额是不变的，每个工人平均工资多少，只取决于工人的人数。

庸俗经济学把这种虚构的东西说成是由于自然界提供的生活资料受土地肥力递减规律的限制。实际上限制工人生活资料消费的不是自然原因，而是社会原因。因为在资本主义制度下，一方面，工人无权过问社会财富的分配，另一方面又不可能用减少资本家的享受来扩大所谓的劳动基金。

庸俗经济学确立的教条的反动目的有二：第一，把工人贫困的原因归之于人口的增长和自然的因素，和资本主义制度无关，为资本主义制度进行辩护；第二，取消工人为提高工资而进行的斗争，因为既然工资总额是已定的，提高工资的斗争就毫无意义。

后来在哥达纲领草案中，拉萨尔接受了庸俗经济学确立的教条，以马尔萨斯的人口理论为依据，提出所谓“铁的工资规律”，受到马克思的严厉批评。

学习本节内容可参考第734—736页中对工资的一般变动取决于工人人口的变动这一谬论的批判。

第二十三章　资本主义积累的一般规律

如果说，上一章是研究资本积累的实质和资本积累量的决定，这一章就是研究资本积累的后果。

资本积累的后果有两个方面，一个是在造成资本家财富的积累的同时，造成工人的贫困、失业和各种苦难的积累，另一个是在利润量不断增加的同时，出现利润率下降的趋势和资本的绝对过剩。本章只研究前一个后果，另一个后果将在第3卷中进行研究。

无论是哪一个后果，都是由于在资本积累过程中，资本有机构成的不断提高引起的，因此，马克思的分析从资本有机构成问题的研究开始，并且先从假定资本有机构成不变的情况下开始。

1. 在资本构成不变时，对劳动力的需求随积累的增长而增长

一、资本有机构成概念［本节第2—3段］

生产资本的构成可以从两方面考察，首先，从生产资本的各个部分在价值增殖过程中所起的不同作用来看，生产资本是由不变资本和可变资本这两部分构成的，这两部分是用价值形式表现出来的，因此我们称之为资本的价值构成。价值构成用c：v表示，采用相对数或百分数，例如，某企业预付生产资本为50万镑，其中生产资料为40万镑，支付工资为10万镑，资本价值构成为4：1或80：20。其次，从生产资本的物质内容上看，生产资本是由生产资料和劳动力这两部分构成的，这两部分的比例或比率，表现了生产的技术水平，因此称之为资本的技术构成。

资本的技术构成和资本的价值构成之间存在着有机联系，资本的价值构成由资本的技术构成决定，资本的价值构成变化也大体上表现了资本的技术构成变化，这种由资本技术构成决定并且反映资本技术构成变化的资本价值构成，称之为资本的有机构成。

在现实生活中，资本的技术构成变化和资本的价值构成变化往往是不一致的，要使价值构成的变化能够准确反映技术构成的变化，就要采用不变价格，不论报告期的生产资料价值和劳动力价值如何变动，均按基期的价值计算。

资本有机构成的高低是由不变资本和可变资本之间的比率表现出来的，不变资本所占的比重越大，资本有机构成就越高；反之，可变资本所占的比重越大，资本有机构成就越低。所谓提高资本有机构成，就是提高不变资本在全部生产资本中的比重。

在不同的生产部门中，资本的有机构成是不同的，重工业中投资在机器设备和厂房的部分占的比重大，称之为高构成部门；以食品工业为代表，投资中用在人工开支的部分占的比重大，称之为低构成部门；以纺织工业为代表，居上述二者之间，称之为中等构成部

门或平均构成部门。

资本有机构成的高低、变动和差别，可以从个别企业看，也可以从个别生产部门看，还可以从一国的社会资本看，现在研究的资本有机构成是从全国范围即整个社会范围来看的。

二、资本有机构成假定不变时资本积累对工人的影响［第708页第2段—第711页末段］

在资本积累时，假定资本有机构成不变，追加的可变资本就会和整个资本同比例地增长。例如，原资本为100亿镑，构成为60亿镑c+40亿镑v，即6∶4，现在追加资本20亿镑，按照原构成，其中追加不变资本12亿镑，可变资本8亿镑，其结果是，总资本由100亿镑增加到120亿镑，增加了20%，可变资本由40亿镑增加到48亿镑，也是增加了20%。

只要可变资本和全部资本同比例地增长，总有一天，会引起雇工供应不足，工资因而提高到劳动力价值以上。在英国，整个15世纪和18世纪上半叶，就出现了这种情况。

但是雇佣工人人数的增加和工资的提高，丝毫不会改变资本主义生产的基本性质，工人仍然从属于资本家，受资本家的剥削。由于雇用了更多的工人，使这种从属关系不仅永久化，也扩大了范围，只是由于剥削的减轻而使这种从属关系的锁链有所放松而已。

古典经济学是很懂得追加劳动力的重要意义的，但是他们错误地认为，资本积累只是转化为工资。马克思比较重视斯密的学生伊登爵士的成就，他指出资本家的财富“几乎完全是靠别人的劳动”。

三、工资的提高受资本积累的限制［第712页第1段—本节完］

在资本有机构成不变时，资本积累会引起工资的提高，但是，它同时又受到资本积累的限制。这是因为资本主义生产的目的是为了追求剩余价值，如果工资的提高使追加资本不能获得追加的利润，资本家就不会进行资本积累，因此，工资的提高只能在不妨害资本积累的前提下进行。如果妨害了积累，就会使积累减少，而积累的减少又会造成对劳动力需求的减少，使工资下降。在这里，积累量是自变量，工资量是因变量。从现象上看，资本积累量多是由于人口增长多和工资低造成的，资本积累量少是由于人口增长少和工资高造成的，这是一种错觉。

2. 在积累和伴随积累的积聚的进程中资本可变部分相对减少

随着资本的积累和机器的发明，资本家不断采用新的技术装备，资本有机构成迅速提高，不变资本增长的比例超过可变资本增长的比例，在这种情况下，可变资本在绝对量上虽也会随着资本积累而增加，但是它的相对量，即与不变资本相比的量，却在不断减少，给工人阶级带来了越来越严重的灾难。

从本节开始，研究在资本有机构成不断提高的情况下，资本积累对工人阶级命运产生的影响，先从资本有机构成不断提高的原因和前提谈起。

一、资本有机构成的不断提高是资本积累和劳动生产力的提高相互作用的结果［本节第 2 段—第 719 页末段］

（一）资本有机构成的提高是劳动生产率提高的表现［本节第 2 段—第 719 页第 2 段］

1. 劳动生产率的提高在技术构成上的表现［本节第 2—3 段］

一个社会的劳动生产率水平表现在一个工人在同样的劳动时间和劳动强度下进行劳动时投入的生产资料量，生产资料的数量所占的比重越大，劳动生产率就越高。生产资料的增长既是劳动生产率提高的结果，又是劳动生产率提高的条件，不论是作为结果还是作为条件，生产资料的相对增加和劳动力的相对减少即技术构成的提高，都是劳动生产率提高的表现。

2. 劳动生产率的提高在价值构成上的表现［第 718 页末段—第 719 页第 2 段］

由于劳动生产率的提高引起资本的技术构成的提高，会反映在资本的价值构成的提高上，即不变资本增长的比例大于可变资本增长的比例，使可变资本相对减少。例如，原资本为 100 亿镑，投在生产资料上 60 亿镑，投在劳动力上 40 亿镑，表现在价值构成上为 6∶4，或不变资本占 60%，可变资本占 40%。现在追加资本 20 亿镑，其中追加生产资料 14 亿镑，追加劳动力 6 亿镑，表现在价值构成上为 7∶3，或不变资本占 70%，可变资本占 30%。资本总量由 100 亿镑增加到 120 亿镑，增加了 20%，其中不变资本由 60 亿镑增加到 74 亿镑，增加了 23%，可变资本由 40 亿镑增加到 46 亿镑，增加了 15%。在资本技术构成提高的情况下，不变资本的增长快于可变资本的增长，不变资本在总资本中所占的比重由 60% 升为 62%，可变资本由 40% 降为 38%。

关于资本的价值构成，有两点应加以注意：

第一，资本的价值构成的提高不能准确地表现资本的技术构成的变化。

随着劳动生产率的提高，生产资料的价值会下降，资本家虽然采用了越来越多的生产资料，提高资本的技术构成，但在价值上并不和生产资料的数量同比例地增长。在提高资本的技术构成的情况下，不变资本和可变资本在数量上的差额会增大，但同生产资料和劳动力之间数量上差额的增大相比较，差额量小，差额量增长慢。

第二，可变资本部分的相对减少不排斥它的绝对量的增加。

在进行资本积累时，提高资本有机构成，会使可变资本部分的相对量减少，但是，只要相对量的减少不超过一定限度，可变资本的绝对量仍然会伴随着资本积累而不断增加。

（二）资本积累和提高劳动生产力的相互作用［第 719 页末段］

1. 资本积累是提高劳动生产力的前提和基础

马克思按照以下三个步骤说明资本积累是提高劳动生产力的前提和基础：

第一，劳动生产力的提高要以大规模的生产为前提。

这是因为只有大规模的生产，才能组织劳动的分工协作；才能节约生产资料的消耗；才能产生机器体系；才能使巨大的自然力为生产服务；才能使生产过程变为科学在工艺上的应用。

第二，大规模的生产以资本主义的商品生产为前提。

在商品生产中，劳动者或者用自己的生产资料分散地、独立地生产商品，或者由于失去生产资料而出卖自己的劳动力，为资本主义生产准备条件。在前一种情况下，劳动者独立经营，不能建立大规模生产，大规模生产只能在后一种雇佣劳动基础上的资本主义形式中建立起来。

第三，资本积累是资本主义生产方式产生的历史基础和条件。

要雇用工人和使用一定数量的生产资料，必须先有一定程度的资本积累。

作为资本主义生产历史基础的资本积累，还只能是资本的原始积累，下一章将专门研究这一问题。

2. 劳动生产力的提高加速资本积累

资本积累是提高劳动生产力的前提和基础，而劳动生产力的提高以及与此相联系的资本有机构成的提高，又增加了剩余产品和剩余价值，从而加速了资本积累。

资本有机构成就是在资本积累和劳动生产力的提高这两种因素的相互作用中不断提高的，同不变资本相比，可变资本部分越来越少了。

二、企业规模扩大的两种方式［第721页第1段—第724页第2段］

劳动生产力和资本有机构成的提高，是以大规模的生产为前提的，大规模的生产又以资本积累为前提，现在要研究的是企业规模的扩大是通过什么途径实现的。

企业规模的扩大是通过资本积聚和资本集中这两条途径或两种方式实现的。

（一）资本积聚［第721页第1段］

资本积聚就是各单个资本家通过本企业的剩余价值转化为资本，使资本得到增长和扩大。由于资本积聚来自本企业的剩余价值，因此，它是直接以资本积累为基础的，甚至可以说和资本积累没有什么区别。如果说有什么区别，资本积累是因，资本积聚是果。但是马克思也说过："生产率的提高最初总是只以资本的积聚为前提，而不是以资本的积累为前提。但以后这两个过程是相互补充的。"①

资本积聚有两个特点：第一，数量少。由于资本积聚只是来自于本企业的剩余价值，数量有限，提高资本有机构成的力量不大；第二，分散。资本积聚是由各个单个资本家分散进行，数量少，不集中，很难建立大规模企业。实际生活中往往出现这种情况，由于资本家中的兄弟分家，资本积聚了，生产规模反而缩小了。使分散的资本集中起来，就可以突破资本积聚的限制，建立起大规模的有机构成高的企业。

（二）资本集中［第721页末段—第724页第2段］

1. 资本集中的特征［第721页末段］

资本集中就是若干原有的单个资本的合并。资本集中不同于资本积聚之处在于，资本积聚来自本企业的剩余价值，它的增长要受到本企业剩余价值量的限制，资本集中只是改变原有资本的分配，因而它的增大不受其本身资本量和剩余价值量的限制，但它也不会增加社会资本的总量。

2. 资本集中的杠杆［第722页第1段］

资本集中最强有力的杠杆，一是竞争，二是信用。这两个杠杆主要为大资本家利用。因为大资本具有各种有利条件：劳动生产率高，商品可以卖得比别人便宜；资本雄厚，在市场不景气的情况下能够站稳脚跟；能够创办中小企业无力创办的资本起点高的企业；比较容易得到银行的贷款。大资本在这些有利条件下，很容易战胜小资本，包括吞并、打垮和排挤中小资本。信用制度的发展，又产生了股份公司形式，将社会上大量小资本联合在

---

① 《剩余价值理论》第1分册第162页。

一起，加速了资本的集中。

3. **资本集中的趋势**［第 722 页末段］

资本集中的趋势是随着资本主义生产和资本积累的发展而不断加强的。首先，随着资本主义生产和资本积累的发展，竞争和信用也以同样程度发展起来；其次，随着资本积累而来的旧资本的分裂，产生出更多的单个资本，为资本集中准备了材料；最后，资本主义生产的扩大，为经过集中才能建立的大企业，一方面创造了社会需要，另一方面又创造了技术手段。但是，资本集中的速度和规模并不受资本量的限制，它可以通过资本分配的变化来实现。

关于资本集中发展趋势的问题，马克思和恩格斯已指出了资本集中发展到一定程度会形成垄断，还指出了资本集中在一个生产部门或一个社会里的极限。这个学说后来由列宁加以系统地发展，根据列宁的帝国主义理论，资本集中的极限在全世界范围内是不可能的，因为资本主义是在尖锐的阶级矛盾中发展的，在没有达到这一极限之前，资本主义制度就会灭亡。如果在世界范围内不能达到这一极限，在一国范围内也是不能达到的。

4. **资本集中的形式和作用**［第 723 页末段—第 724 页第 2 段］

资本集中有两种形式或方法，一是吞并，大资本采用强制的办法吞并中小资本；另一是联合，若干个中小资本联合成大资本。这里也包括大资本之间的联合和吞并。

资本集中和资本积聚一样，能使企业规模扩大，但是，资本集中能够使企业规模的发展速度大大加快，兴办原来单个资本难以建设的大型工程。马克思说："假如必须等待积累使某些单个资本增长到能够修建铁路的程度，那么恐怕直到今天世界上还没有铁路。但是，集中通过股份公司转瞬之间就把这件事完成了。"（第 724 页）

随着企业规模的扩大的加速，资本的技术构成将迅速提高，资本积累将加快，资本集中"成为社会积累的新的强有力的杠杆"（第 724 页）。

资本积聚和资本集中是个别资本扩大或企业规模扩大的两种方式。资本积聚是资本集中的基础，没有事先积聚起来的资本，就谈不上资本集中。资本集中反过来又加强了资本积聚，因为资本集中后，个别资本迅速扩大，资本有机构成迅速提高，可以获得更多的剩余价值。

在下一节中，我们还将了解，资本集中加剧排斥在业工人。在列宁的帝国主义理论中，又指出生产集中发展到一定阶段，必然形成垄断，使自由资本主义走向垄断资本主义。

三、在资本积累过程中资本有机构成的提高对工人的影响［第 724 页第 3—末段］

在资本积累过程中，一方面要追加新的资本，另一方面要更新旧的资本，资本有机构成的提高对这两部分资本的影响是不同的，因而对工人的影响也是不同的。

在追加资本时，由于直接采用劳动生产力较高的的技术装备，一方面，可变资本会相对减少；另一方面，可变资本的绝对量会有所增加。因而追加资本越来越少地吸引工人。

在更替旧资本时，是用新设备替换原有的旧设备，资本量没有变，但是不变资本在相对量上和绝对量上都增加了，可变资本不仅在相对量上，而且在绝对量上都减少了，原有的工人随着每一次设备的更新而不断被排斥，因而旧资本更新的结果是越来越排斥原有的在业工人。被排斥的工人中有一部分会随着资本积累重新进入再生产，另一部分成为相对过剩人口，加入产业后备军。

3. 相对过剩人口或产业后备军的累进生产

一、过剩人口产生的原因与资本主义的人口规律［本节第1段—第726页末段］

（一）过剩人口产生的原因与性质［本节第1—2段］

过剩人口的产生是资本积累或资本不断增长的必然结果。开始时，资本积累只是表现为资本量的扩大，资本有机构成没有提高，随着资本的不断积累，资本不仅在量上继续增加，而且由于有机构成的提高，资本在质的方面也起了变化，从而引起工人失业，即人口的相对过剩。

第一，在提高资本有机构成的情况下，追加资本越来越少地吸引工人，使待业工人就业越来越困难。

在追加资本时，一部分追加不变资本，另一部分追加可变资本，因而在进行资本积累时，不论有机构成是否提高，可变资本的绝对量总会或多或少有所增加，并相应追加雇佣工人。但是，在提高资本有机构成的情况下，由于直接采用比原来更先进的技术设备，使可变资本部分在追加资本的比重上即相对量上越来越少；可变资本增长的速度低于总资本的增长速度，更低于不变资本的增长速度；可变资本相对减少的速度总是快于总资本增长的速度，可变资本的相对量随总资本的增长而递减，因而使追加资本越来越少地吸引工人，待业工人就业越来越困难。

资本对劳动力的需要量不是由资本总量决定的，而是由资本总量中可变资本部分的大小决定的。因此以上所说的可变资本变动的规律也就是资本主义就业人口的变动规律，可变资本的相对减少造成了人口的相对过剩，可变资本以累进的速度相对减少造成了产业后备军的累进生产。

第二，在提高资本有机构成的过程中，原有资本对在业工人进行了排斥。

当原有的技术装备报废需要进行更新时，资本家都采用比原来更先进的技术装备，虽然用来补偿的资本量和原有资本量相同，但资本有机构成提高了，因而原有资本中的可变资本部分不仅相对减少，而且绝对减少。随着原有机器设备一次又一次地更新，原有资本中的可变资本部分的相对量和绝对量不断减少，这意味着原有资本越来越排斥在业工人。被排斥的工人有一部分会随着资本积累时追加可变资本而再回到生产中去，另一部分就成为失业工人，作为相对过剩人口，加入产业后备军。

追加资本是不断转化为原有资本的，每次完成资本积累后，追加资本就并入原有资本。以后的追加资本又成为原有资本，从而和最先存在的原有资本一样，成为绝对排斥在业工人的资本。

第三，资本集中加速排斥在业工人。

资本集中是在不追加资本的情况下，将原有的资本集中起来，合并成一个大资本，迅速提高资本的有机构成，从而加速了可变资本的相对减少和绝对减少，使在业工人受排斥的状况加剧。

关于相对过剩人口产生的原因，后面还要谈到：在追加可变资本时，资本家通过延长工作日和提高劳动强度的办法，而不追加劳动力；资本积累增大了劳动力的供给。

人口的过剩，从表面上看，似乎是工人人口的绝对增长快于生产资料生产的增长造成的，实际上并不如此。在资本积累中，生产资料的增长速度比就业人口增长的速度快得多。人口过剩是由于在资本积累中，随着资本有机构成的提高，一方面越来越少地吸引待业工人，另一方面又越来越多地排斥在业工人，人口的过剩是超过资本增殖的需要造成的，因而这是人口的相对过剩。

（二）资本主义生产方式的人口规律［第 726 页末段］

每一种特殊的、历史的生产方式都有其特有的人口规律，资本主义生产方式的人口规律就是人口的相对过剩，它是随着就业工人不断增加而产生与发展的，一方面是就业人口的绝对增加，另一方面是人口的相对过剩，二者往往结合在一起。

过剩人口的数量在资本主义生产周期的不同阶段和不同部门，发展是不平衡的，产生的形式也有所不同。在繁荣阶段，资本大量吸引工人，到危机阶段，又大量排斥工人。有的部门，由于资本的集中，资本量没有增加，有机构成却提高了，因而资本只是排斥在业工人，而不吸引待业工人；有的部门，资本量增长了，吸收的劳动力却绝对减少了；另一些部门，时而资本增长时有机构成不变，从而按资本增长的比例增加就业工人，时而资本增长时有机构成提高，从而可变资本部分相对缩小。

总起来看，过剩人口不论采取哪一种形式，是明显的排斥，还是不明显的未能被吸引，总是和就业工人人数的增加伴随在一起。在资本积累过程中，对劳动力或者交替采取吸引和排斥两种形式，或者是同时采取吸引和排斥这两种形式，使过剩人口发生剧烈的波动。

二、相对过剩人口的作用［第 728 页末段—第 731 页第 2 段］

马克思指出："过剩的工人人口是积累或资本主义基础上的财富发展的必然产物，但是这种过剩人口反过来又成为资本主义积累的杠杆，甚至成为资本主义生产方式存在的一个条件。"（第 728 页）

首先，相对过剩人口是资本积累的杠杆。

相对过剩人口是资本积累的杠杆表现在当资本突然扩张时，可以不受人口自然增长的限制，得到充分的劳动力。

资本的扩张在不同时期是很不平衡的，当某种商品打开了销路，甚至打开了国际市场，或者国家决定发展交通运输和开矿工程，资本就会突然扩张。要使资本扩张，本身还必须具备以下条件：①社会上有大量的货币资本；②信用事业比较发展，能使分散的资本集中起来迅速投入生产；③有比较先进的技术装备和运输工具；④有充足的劳动力。劳动力的来源有三个方面：一是自然繁殖，二是其他部门转移，三是从产业后备军中雇用。自然繁殖极其缓慢，不可能解决刻不容缓的资本突然扩张的需要；由其他部门转移劳动力又会影响该部门的生产规模；只有相对的过剩人口，他们不受人口自然增长的限制，能够为突然扩张的资本提供现成的充分的劳动力，由于失业在家，饥饿使他们绝对地从属于资本，招之即来。

其次，相对过剩人口是资本主义生产方式存在的条件。

如果我们把相对过剩人口和资本主义的生产周期联系起来看，那么相对过剩人口就不仅仅是资本积累的杠杆，它甚至是资本主义生产方式能否存在的一个重要条件。为此，马克思在第 728 页末段至第 729 页末段，以及在法文版中补充的一段话①，对资本主义生产的周期性及其和相对过剩人口的关系作了阐述，这也是马克思关于经济危机理论的一个重要组成部分。

资本主义经济危机第一次爆发是在 1825 年的英国，也就是说，在更早的时候，资本主义处在幼年时期，生产的周期性形式还没有出现。那时资本主义生产发展虽然比较缓慢，人口的自然增长仍不能满足资本增长的需要，由于那时还没有出现相对过剩人口，资本家采取暴力手段剥夺了小生产，为资本家提供了不断增长的劳动力。1825 年以后，每隔 10 年左右就会发生一次经济危机。资本主义生产采取周期性的形式发展，在危机阶段，产生出大量过剩人口，在繁荣阶段，又大量吸收过剩人口，没有危机阶段排斥出来的大量过剩人口，资本主义经济就不可能复苏和繁荣，资本主义制度就无法生存下去。

产业后备军对资本积累和资本主义生存的重要意义，不论是英国殖民部官员赫·梅里韦尔还是马尔萨斯都认识到了，但是他们把资本主义的人口过剩说成是人口的绝对过剩而不是相对过剩。

从产业后备军对资本主义制度的意义上看，资本主义是不可能消灭失业的。

三、相对过剩人口的增加快于可变资本的相对减少［第 731 页第 3 段—第 732 页末段］

以上我们假定就业工人的增加同可变资本的增加相一致，实际上却是就业工人的增加少于或慢于可变资本的增加。原因在于，可变资本的变动是和劳动小时的变动相一致，和就业人数的变动是不一致的。因为当追加可变资本引起追加劳动量时，可以通过追加劳动力来追加劳动量，也可以不追加劳动力，而只是在原有在业工人中延长劳动时间来追加劳动量。从资本家的利益来看，他们是竭力使较少的工人提供更多的劳动，避免用较多的工人来提供更多的劳动，因为每追加一个劳动力，同时就要相应追加这个劳动力所使用的生产资料，特别是劳动资料，随着生产力的发展，这种追加费用会越来越大。

资本家为减少就业工人，主要办法有两条：第一，延长工作日和提高劳动强度，从外延与内涵两个方面使每个工人提供更多的劳动；第二，用不熟练的工人、妇女、少年和儿童代替熟练工人、男工和成年工。

其结果是相对过剩人口以比可变资本相对减少更快的速度增加，工人的过度劳动生产出更多的产业后备军，更多的产业后备军又通过竞争对在业工人增大压力，反过来又迫使在业工人更过度地劳动，一部分人的过度劳动造成另一部分生产者无事可做，这是资本主义社会所特有的现象。无产阶级革命胜利之后，解决旧社会遗留下来的失业问题，措施之一就是消灭工人的过度劳动。

四、工资一般变动的规律［第 734 页末段—本节完］

工资是劳动力商品的价格，和其他商品一样，撇开货币因素，劳动力商品的价格也是由它的价值决定的，而在这一价值基础上的一般变动，是由市场供求规律调节的。不同之处在于，由于存在着相对过剩人口，劳动力供过于求，使工资经常低于劳动力商品的价值，工资的一般变动，要由相对过剩人口的增减来调节。

在这里，马克思着重批判了为资本主义制度辩护的两个谬论。

① 参见《资本论》第 1 卷法文版中译本，中国社会科学出版社 1983 年版第 675 页末段。

（一）批判工资的一般变动取决于工人人口的变动这一虚构［第734页末段—第735页末段］

经济学中的一个教条认为，工资是由工人人口的变动调节的，而不是由过剩的人口调节的，具体说来就是：随着资本的积累，劳动力供不应求，因而提高了工资，工资提高后，工人生活改善，人口迅速增加，劳动力过剩，工资又下降；工资下降后，工人难以养儿育女，工人人口逐渐减少，这时由于工资低，可以加速积累，人口减少又使劳动力供不应求，工资又提高，如此反复不已。后来，拉萨尔接受了这一教条，写进了哥达纲领草案中去，并把这个教条称之为“铁的工资规律”。马克思在这里对上述经济学教条的批判，也就是对后来所谓“铁的工资规律”的批判。

马克思的批判有以下三点内容：

第一，通过提高工资来增加人口的生产，满足资本积累的需要是一个极其缓慢的过程，在这个过程中，资本家相互进行厮杀，进行你死我活的斗争。如果有哪个资本家一定要等到通过人口的繁殖来满足他的资本积累需要，不等这一天来到，他早就在工业战中被人消灭掉了。因此，由于工人人口少而提高工资，使人口增加，满足资本积累的需要，在时间上是不容许的。

第二，通过提高工资来增加人口的生产，满足资本积累的需要，即使在很短的时间内实现，资本家也会反对。例如，在1849—1859年期间，英国由于农业过剩，人口大量外流，农业工人周工资由7先令提高到8先令或9先令，这种提高本来是微不足道的，但是由于原来工资过低，从百分比上看就很高了。租地农场主并没有耐心等待由于工资的提高带来人口的繁殖，而是采用了更多的机器，这样一来，对劳动力的需求大为减少，不仅不再需要追加劳动力，原有的劳动力都受到了排斥。

第三，认为工人人口少，工资就增加，工资增加，工人人口就会增加，工人人口增加，工资又会下降，工资下降，工人人口又会减少，这一教条是把工人人口在各生产部门分配的规律当作是工资的一般变动规律了。从具体生产部门看，某个生产部门产品市场销售顺畅，发展就快，对劳动力需求增多，工资较高，工人人口增加就迅速。工人一旦饱和之后，工资就会下降，工人流入停止，甚至外流，但这种现象只是工人人口在不同部门重新分配的结果，而不是工人人口绝对增加的结果。

把工资的下降说成是工人自己繁殖太快而引起的结果，这种说法是为资本主义制度辩护的，如果这种教条能够成立，工人为提高工资的斗争将失去意义。

（二）批判所谓游离的资本可以补偿被机器排挤的工人的谬论［第736页末段］

随着资本积累和有机构成的提高，一部分可变资本转化为不变资本，经济学辩护士把这种现象说成是资本发生了游离，这种游离资本可以使被机器排挤出来的工人就业，遭受失业的工人终于可以得到补偿。

马克思对此提出三点批判性意见：

第一，在资本积累过程中，被游离的是工人而不是资本。

随着新机器的采用，不仅原有的在业工人被游离出来，现有的待业工人也难以再找到就业的机会，成为被游离的人。资本积累游离了大量工人，重新就业的只是其中的一部分，这也就是所谓的补偿。

第二，资本的增长不会引起对劳动需求的相应增加，劳动需求的增加也不会引起工人在业人数的相应增加和失业人数的相应减少。

在资本积累过程中，一方面，虽会引起对劳动需求的绝对增加，但在相对量上却是减少的，因而对工人的需求也是相对减少的。而且由于资本家通过使在业工人付出更多的劳动，进一步减少了对工人的需求量。另一方面，资本积累又游离出大量工人，增大了工人的供给量。

结果，一方面，对工人的需求量相对减少了，有时甚至绝对减少了；另一方面，工人的供给量却绝对地增加了，这就不可避免地形成大批游离的工人。

第三，游离的工人符合资本家的利益，资本家绝不会对游离工人构成的产业后备军进行补偿。

产业后备军的存在，压低了在业工人的工资，限制了供求规律作用的范围。例如，当工业生产繁荣时，需要吸收大量劳动力，这时的工资本可以受供求规律的调节而较大幅度地超过劳动力价值，但是，由于产业后备军的存在，可以源源不断地供应大批劳动力，使工资的提高受到很大的限制。

经济学辩护士说游离的资本可以补偿失业工人的损失，这完全是欺骗，是用来反对在业工人和失业工人之间的联合。因为按照辩护士的说法，在供求规律的支配下，产业后备军多，工资就降低，工资降低，积累就增加，积累一增加，产业后备军就被吸收，得到补偿。现在在业工人和失业工人联合起来，在存在产业后备军的情况下，要求提高工资，消灭失业，这是违反供求规律的。其实，违反供求规律的正是资本家，他们总是在生产超过资本需求的产业后备军。

4. 相对过剩人口的各种存在形式。资本主义积累的一般规律

一、相对过剩人口的各种存在形式［本节第1段—第741页末段］

在对相对过剩人口的各种存在形式分析之前，先作两点说明：第一，相对过剩人口的范围不仅是完全失业的工人，还包括半失业状态的工人；第二，相对过剩人口具有周期性与非周期性两种形式。所谓周期性，就是在危机阶段相对过剩人口大量产生，随着经济的复苏和繁荣又逐渐减少；所谓非周期性，就是相对过剩人口的增减和资本主义生产的周期性无关，这是经常出现的形式。现在我们所要研究的相对过剩人口存在的形式是后一种即非周期性的形式，具体的形式主要有三种：流动的形式、潜在的形式和停滞的形式。

（一）流动的过剩人口［本节第2段—第739页第1段］

流动的过剩人口是现代工业中时而被排斥，时而又被吸引的暂时性的失业人口。

流动的过剩人口产生的原因除了由于资本有机构成的提高引起可变资本的相对减小，使在业工人受到排斥之外，还由于资本家采用廉价的少年男工替换了成年男工。

流动过剩人口的出路有二：第一，移居海外，其后果是国内男性人口减少；第二，留在国内待业，但会遇到两个困难，首先是受到分工的束缚，限定其只能在一定的生产部门中求职；其次是这些经受大工业折磨的失业工人，未老先衰，缺少竞争力，就业后也只能降级使用，其结果是在工人中普遍实行早婚，迅速产生出新的一代。

（二）潜在的过剩人口［第739页末段］

潜在的过剩人口指的是农业中的过剩人口。这种过剩人口有三个特点：

第一，由于耕地的有限性，在每块土地上的可变资本不仅会相对减少，而且会绝对减少，因而农业中的人口过剩现象比工业严重。

第二，农业过剩人口以在业的形式出现，因而具有潜在的特点，从表面上看不明显，但是，当城市大量招工时，农业工人就会向城市大量转移，农村人口的过剩性质得到充分表现。

第三，由于农业过剩人口情况严重，农业工人的工资也被压得最低。

（三）停滞的过剩人口［第740页末段］

停滞的过剩人口指的是就业极不规则的在业工人，它的主要形式是现代工业的家庭劳动者，他们在自己的家里为工厂主或包工头做工。

家庭劳动者来源有三：①大工业和农业中的过剩人口；②破产的手工业者；③家庭劳动者的子女及亲属。

这种过剩人口的特点是劳动时间最长而工资又最低，由于他们的生活水平低下，死亡率高而出生率低。

家庭劳动者为资本家提供了一个贮存可供支配的劳动力的蓄水池。

相对过剩人口除了上述三种形式之外，还有一种处于最底层的赤贫。组成赤贫队伍的，除流浪者、罪犯和妓女外，还有三类人：第一类是由于经济危机而失业的有劳动能力的工人；第二类是孤儿和需要救济的贫民的子女，他们是产业后备军的候补者；第三类是老、弱、病、残等失去劳动能力的人。这些人的救济费用大部分转嫁到在业工人和中小企业主身上。

二、资本主义积累的一般规律［第742页第1段—本章完］

（一）资本主义积累一般规律的内容［第742页第1段］

资本主义积累规律的内容有以下三点：第一，资本积累越多，产业后备军就越大；第二，产业后备军越大，常备的过剩人口即长期失业者就越多，"他们的贫困同他们所受的劳动折磨成反比"（第742页）；第三，产业后备军和在业工人中贫苦阶层越大，官方认为需要救济的贫民也就越多。

如何理解马克思在这里说的"他们的贫困同他们所受的劳动折磨成反比"？我国学术界出现各种不同的理解，有的认为应该是成反比①，有的认为应该是成正比②，也有的认为既可以成反比，也可以成正比③。

在回答这一问题时，首先要区分在业工人的贫困和失业工人的贫困。

在业工人的贫困和他们所受的劳动折磨是成正比的，因为：第一，马克思说："在一个产业部门内，工作日越长，工资就越低，这是人所共知的事实。"（第629页）这就是说，在日工资不变或基本不变的情况下，工作日越长，小时工资就越低；第二，在业工人越是过度劳动，失业工人就越多，就业更困难，在业工人受到的竞争压力也越大，工资会进一步下降。这就是马克思指出过的，"他工作得越多，他所得的工资就越少"④；第三，

---

① 参见奚兆永：《关于资本主义社会工人的贫困和劳动折磨"成正比"和"成反比"问题》，《经济研究》1980年第3期。

② 参见张薰华、洪远朋：《〈资本论〉难句试解》第1册，上海人民出版社1977年版第69—70页。

③ 参见陈征：《〈资本论〉解说》第1卷（修订本），福建人民出版社1997年版第611页脚注。

④ 《雇佣劳动与资本》，《马克思恩格斯选集》第1卷第360页。

劳动折磨本身也是贫困的一种表现，劳动折磨越多，是贫困越发严重的表现。

如果就失业工人来说，他们的贫困正是由于缺少劳动折磨。失业越是严重，劳动折磨越少，就越是贫困，二者成反比。常备的过剩人口，长期失业，长期不受劳动折磨，因而也就长期地过着等待救济的贫困生活。

接下来我们就要弄清楚，马克思在这里说的“他们”究竟是指在业工人还是失业工人，或者是全部工人。我们只要把马克思的整段话引述下来，就可以看得很清楚。马克思说：“同现役劳动军相比，这种后备军越大，常备的过剩人口也就越多，他们的贫困同他们所受的劳动折磨成反比。”（第742页）很明显，这里所说的“他们”指的是产业后备军，包括常备的过剩人口，产业后备军和他们所受的劳动折磨只能是成反比，不能作另外的解释。

（二）对工人的失业与贫困的原因归之于人口增长快于资本增殖需要说法的批判［第742页末段—第743页末段］

工人的失业与贫困是资本积累的必然结果，资产阶级经济学却认为是工人人口的增长快于资本积累需要的结果，他们认为，只要减少工人人口，工人就可以免于失业与贫困。他们不懂得，在资本积累中，不断使工人人口适合资本增殖的需要。我们从上述资本主义积累的一般规律内容的一头一尾上可以加以说明。

先说开头，在资本积累过程中，由于劳动生产力的提高，使越来越少的工人使用越来越多的生产资料，但是，在资本主义社会，不是工人使用机器，而是机器使用工人，生产资料的增长快于工人的增长，表现为工人人口的增长快于资本积累的增长。

再说结尾，在资本积累过程中，劳动生产力的提高，创造了大量的物质财富，本来可以使工人生活大为改善。但是，在资本主义制度下，提高劳动生产力是为了追求更多的剩余价值，劳动生产力提高了，劳动条件更恶化了，剥削更加重了，资本家的财富更多了，形成了一极是财富的积累，另一极是贫困、劳动折磨、受奴役、无知、粗野和道德堕落的积累。

随着劳动生产率和剩余价值率的不断提高，劳动力价值会不断下降，但是，除特殊情况（如危机、战争）外，工人购买力是不断提高的。在1891年3月24日恩格斯写的一封信中说：“总的来说，随着工人组织性的加强，他们的反抗力量也在增长，所以工人的一般状况，平均说来，有所改善；任何危机也不能重新使这种状况长期降到低于或者回到原来的出发点，即前次危机所造成的最低水平。”①

（三）批判把资本主义生产的对抗性解释为生产社会财富的自然规律［第744页第1段—本节完］

不少经济学家还是认识到资本积累引起的对抗性质的，但是他们却把这种对抗说成是一种自然规律。只要一些人享有巨大财富，更多的人就会贫困，贫困是财富的必然产物，贫困消灭了，财富也就不存在。要使财富永久存在和不断增长，工人就必须永久饥饿。这种说法的错误在于只看到资本主义社会和已往剥削制度中部分类似的现象，没有看到资本主义积累的本质。

---

① 《马克思恩格斯全集》第38卷第58页。

5. 资本主义积累一般规律的例证

(a) 1846—1866 年的英格兰

一、1846—1866 年英格兰资本积累的重要性［本小节第 1 段］

1846—1866 这 20 年是资本积累迅速发展的时期，因而用这一时期的材料最能说明资本积累的一般规律。在这一时期中，英格兰的例子是典型，原因有三：（1）它是当时资本主义世界中最发达的国家；（2）资本主义生产方式已经得到充分发展；（3）从 1846 年开始实行自由贸易。在此之前，庸俗经济学家把工人的失业与贫困的原因推到保护关税上，现在实行了自由贸易，面对资本积累的严重后果，庸俗经济学家不能再把原因推到保护关税上去了。

二、1846 — 1866 年英格兰资本财富的增长［本小节第 2 段—第 750 页第 2 段］

马克思列举了四种材料：

（1）人口增长材料。说明"最近半世纪以来，英格兰人口的绝对增长虽然很大，但是它的相对增长或增长率却不断下降"。（第 747 页）

（2）利润增长材料。说明利润的增长不仅大大快于人口的增长（1853—1864 年大不列颠应纳税的利润增长 50. 47%，人口增长 12%），而且收入的增长程度是不断提高的（1853—1857 年期间每年利润增长 1. 73%，1861—1864 年期间每年利润增长 9. 3%）。

（3）资本集中材料。

（4）煤、铁、铁路、外贸等部门发展的材料。

马克思用英国政府的一个官员的话作为结论："人口的增加固然迅速，但它赶不上工业和财富的增长。"

三、1846—1866 年英格兰工人的贫困［第 750 页末段—本小节完］

（一）英国财政大臣的供认［第 750 页末段—第 751 页末段］

英国财政大臣格莱斯顿承认这一时期财富的增长"令人陶醉"，他虽然诡辩说："这种增长对工人居民也一定有间接的好处，因为它会降低日用消费品的价格，——富人虽然更富了，穷人至少也不那么穷了。"但是他不得不说："我不敢断定穷的极端程度已经缩小"，工人的生活"十有八九都纯粹是为生存而挣扎"。

（二）福塞特教授的揭露［第 752 页第 1 段］

福塞特教授直截了当地指出了"许多生活必需品日益昂贵"，"富人迅速地变得更富了，而工人阶级的生活却没有什么可以觉察得出来的改善"，指出了工人都是小店主的债务人，几乎成了小店主的奴隶。

（三）工人贫困的具体材料 ［第 752 页末段—第 753 页末段］

关于工人失业与贫困的具体材料，马克思准备在下面各小节中揭露，这里只是介绍了官方需要救济的贫民的统计数字。从统计数字看，贫民增长很快，考虑到官方材料的欺骗性，实际情况更为严重，而且救济效果很差，从伦敦数十年来饿死的人数惊人的增长这一事实就可说明。

（b）不列颠工业工人阶级中报酬微薄的阶层

无论是工业工人或农业工人，大多数都是工资微薄的，因而考察工业无产阶级和农业工人中报酬最微薄的部分，也就是考察工人阶级的大多数。现在考察的是工业工人“在厂外的状况”，具体考察“他们营养和居住的状况”（第 753 页）。

一、不列颠工业工人的营养状况 ［本小节第 1 段—第 757 页第 1 段］

根据官方委派的斯密斯医生的调查，各类城市工人中，“只有一类工人消费的氮素略微超过那个免于患饥饿病的绝对最低量”，“由于缺乏营养而引起疾病或者加重疾病的事例是举不胜举的”。

二、不列颠工业工人的居住状况 ［第 757 页末段—本小节完］

随着资本积累的加快和生产资料的大量集中，流入城市的工人大量增加，并拥挤在一起，“这些房子大都是些阴暗、潮湿、污秽、发臭的洞穴”，“即使把伦敦和纽卡斯尔的许多地区的生活说成是地狱生活，也不算过分”。一间房要住 10 个人，青年男女都混睡在一起；每张床日夜轮流睡 3、4 个人，甚至 5、6 个人，有些人只能睡在地上。后果之一是“这里是引起疾病和死亡的中心”，后果之二是“使人堕落，时间越久，堕落越深”，在这种环境下出生的儿童接受了“一种寡廉鲜耻的洗礼”。

（c）流动人口

所谓流动人口就是“来自农村而大部分在工业中就业的居民阶层”（第 765 页）。他们从事建筑、修铁路、开矿等流动性较大的劳动，他们的住房都是临时性的木棚之类，卫生条件差，成了一支传染病的流动队伍。

矿工的工资在英国工人中算是最优厚的了，但是他们为此却要付出很大的代价，他们的住房、燃料、生活用水是免费的，也就是作为实物工资从工资总额中扣除。矿区人口密集，矿工越住越拥挤，饮水污浊不堪，卫生条件很差。

（d）危机对工人阶级中报酬最优厚的部分的影响

所谓工人阶级中报酬最优厚的部分，指的是工人阶级的贵族。马克思以 1866 年发生的一次金融危机来说明，当发生经济危机时，即使工人中的上层也由于失业而无法生活。被称为工人乐园的比利时，只有少数工人家庭才能达到同囚犯差不多的营养水平。

(e) 不列颠的农业无产阶级

英格兰的农业工人生活原来是比较富裕的，根据一些材料介绍，农业工人在 14 世纪末“生活得很富裕并且能积累财富”，15 世纪更是“英格兰城乡劳动者的黄金时代”。以后的生活便不断下降，1737—1777 年 40 年期间，农村实际生活水平下降了$\frac{1}{4}$，“贫困的农业工人几乎被踩到地下去了”。1863 年的材料说明，英格兰监狱中犯人的饮食比普通农业工人要好得多，而“被判处从事强制性公共劳动的犯人的劳动量，大约只有普通农业工人的一半”。由于居住过挤，使疾病蔓延，道德败坏。马克思摘录了汉特医生在 1864 年调查的英格兰 12 个郡的材料，揭露了农业工人住房的恶劣情况。最后，马克思又引用了不少材料说明农业工人的过剩以及由此建立的帮伙制度。

(f) 爱尔兰

庸俗经济学家认为贫困是由人口的绝对过剩产生的，减少人口才能恢复平衡，作为这一论点有力证明的是 1347—1350 年西欧因鼠疫流行而死亡 2 500 万人（占西欧人口的$\frac{1}{4}$）之后，英国城乡工人生活获得了改善。

这种说法在当时来看就是片面的，因为同时在法国，却是更加残酷的奴役和更加严重的贫困。后来的爱尔兰情况更证明这种观点的荒谬。

1846 年爱尔兰的饥荒毁灭了 100 万以上的人口，此后 20 年，人口又不断大量外流，造成人口的绝对减少。但是在这个资本主义经济发展缓慢，农产品大大减少的地区，资本积累照样进行，资本积聚发展得更快了。相对过剩人口依然存在，而且同 1846 年以前一样庞大，相对过剩人口的生产比人口的绝对减少更快，工资同样很低，劳动折磨更重，居住条件更差。

爱尔兰的例子再一次说明，资本主义积累的一般规律在一些比较落后的资本主义农业地区，也在发生作用。在人口大量减少的情况下，照样出现人口的相对过剩。

第二十四章　所谓原始积累

从对资本主义简单再生产过程的分析中，我们可以得出这样的结论："即使资本在进入生产过程的时候是资本使用者本人挣得的财产，它迟早也要成为不付等价物而被占有的价值，成为无酬的他人劳动在货币形式或其他形式上的化身。"（第658页）本章内容告诉我们，作为资本家最初的资本，从资本主义产生的历史来看，也并非是资本使用者本人通过劳动积累起来的财产，而是通过暴力手段掠夺而来的劳动者的财产。

资本的原始积累为资本主义生产准备了前提条件，但是作为原始积累中的剥夺者，最终也将被剥夺，这是历史发展的必然趋势。

1. 原始积累的秘密

资本积累要以剩余价值为前提，剩余价值又要以资本积累为前提，要脱离这个圈子，只有假定在资本主义积累之前有一个原始积累，资本主义发展的历史也确实如此，这里就有一个如何认识资本的原始积累问题。

马克思从以下几个方面揭露原始积累的实质：

第一，资本原始积累的起源绝不是像有些政治经济学中描述的那样，是由一些聪明而又勤俭度日的人创造出来的，恰恰相反，资本的原始积累来自对本国和他国生产者的掠夺，"在真正的历史上，征服、奴役、劫掠、杀戮，总之，暴力起着巨大的作用"。（第821页）"对直接生产者的剥夺，是用最残酷无情的野蛮手段，在最下流、最龌龊、最卑鄙和最可恶的贪欲的驱使下完成的。"（第873页）［本节第2段］

第二，货币和商品转化为资本的条件是两种极不相同的商品所有者必须互相对立和发生接触，一种所有者是货币、生产资料和生活资料的所有者，另一种所有者是劳动力商品的所有者。劳动力成为商品的条件是劳动者具有双重自由，一是人身自由，二是除自己的劳动力外一无所有。资本主义制度建立在生产者和生产资料分离的基础上，资本的原始积累的过程就成为在资本主义生产方式建立之前使生产者和生产资料相分离的历史过程。［第821页末段］

第三，资本主义社会的经济结构是在封建社会经济结构解体的基础上产生的，生产者为了获得人身自由，一方面，在农村中不再被束缚在土地上；另一方面，在城市中摆脱行会的控制。随着英国在14世纪对农奴制的废除，生产者从被束缚的土地上解放了出来，但是他们并没能摆脱被奴役的地位，在15世纪最后三十多年开始的圈地运动中，被剥夺了生产资料，资本的原始积累改变的只是奴役形式，"封建剥削转化为资本主义剥削"（第823页）。［第822页第1段—第823页第1段］

由于“剥夺人民群众的土地是资本主义生产方式的基础”（第 880 页），因此对原始积累的研究重点要放在剥夺生产者土地这一问题上，实际上，原始积累的手段除了剥夺生产者土地之外，还有对外发动侵略战争，掠夺殖民地等各种野蛮手段。

英国的圈地运动是剥夺生产者生产资料的典型的形式，因此，要以英国为例，研究资本的原始积累。

2. 对农村居民土地的剥夺

英国对农村居民土地的掠夺是从 15 世纪后期开始大规模展开的，在此之前，英国农村的经济结构大致如下：农奴制早在 14 世纪末期已经不存在了；占全国 80% 的农村人口中绝大多数是自由的自耕农；在有些地方穿插有较大的封建领地和租地农场；每个生产者，包括自耕农和农场雇工在内，都分有 4 英亩或更多的耕地和小屋，除耕地外，还可共同使用牧场、荒地、森林、沼泽等公有地，用作放牧和获取燃料；此外，罗马教会在英国占有$\frac{1}{3}$左右的土地。

英国对农民土地及生活资料的剥夺，先后采取了四次重大行动。

第一次，15 世纪最后 30 多年到 16 世纪最初几十年圈地运动的高潮。[第 825 页第 1 段—第 827 页末段]

早在 13 和 14 世纪，英国的羊毛大量输出到法国的佛兰德和意大利的佛罗伦萨，作为当地毛纺织工业的原料，为了适应出口的需要，有些地区的领主强占公有地，圈地养羊。15 世纪新航路的发现，推动了毛纺织工业的发展，羊毛价格上涨，使养羊业的收入超过农业收入 1 倍以上。于是，英国地主大量圈占公有的土地和农民的份地及租地，拆毁农民和农业工人的住屋，把耕地变为牧羊场，正像托马斯·莫尔所说，在英国，“羊吃人”。

虽然当时的执政者是反对圈地的，但毫无效果。

第二次，16 世纪 30 年代的宗教改革，没收了大量教会的土地和财产。[第 828 页末段—第829 页末段]

罗马教会占有英国$\frac{1}{3}$左右的土地，每年有大量财富从英国流向罗马教廷，引发了英国国王和罗马教皇之间的矛盾，16 世纪 30 年代，英国国王和国会以宗教改革名义，没收教会的土地和财产，“很大一部分教会地产送给了贪得无厌的国王宠臣，或者非常便宜地卖给了投机的租地农场主和市民，这些人把旧的世袭佃户大批地赶走，把他们耕种的土地合并在一起”（第 828 页）。

第三次，18 世纪对农民公有地的圈围。[第 830 页末段—第 836 页末段]

18 世纪圈地运动的特点是在立法机关的支持下，先是消灭了自耕农，最后又消灭了农民的公有地。

早在 1660 年查理二世复辟了斯图亚特王朝之后，土地所有者就通过立法实行掠夺。1688 年的政变（又称为“光荣革命”）之后，国有土地被大规模地盗窃和掠夺，变为私人财产。议会又以立法的形式，对农民公有地进行圈围，在 18 世纪形成了圈地运动的又一浪潮。

据有关资料介绍，1760 年以前，议会发布了 208 项圈地法令，圈围了 31.2 万英亩的农民公有地，从1761—1820年，又公布了3 209项圈地法，圈地318万英亩。

其结果是："大约在1750年，自耕农消灭了，而在18世纪最后几十年，农民公有地的最后痕迹也消灭了。"①（第830页）

第四次，19世纪对领地的清扫。[第837页第1段—第840页末段]

19世纪的所谓清扫领地就是领主把居民从领地上清扫出去，这是"对农民土地的最后一次大规模剥夺过程"（第837页）。

以苏格兰高地萨瑟兰德公爵夫人的清扫行动为例，从1814年到1820年，将领地上3 000户1.5万个居民清扫出去，村庄和住屋被破坏或烧毁，将克兰（氏族）的79.4万英亩土地据为己有，划分为29个大牧羊租地农场。到1825年，1.5万个盖尔人被13.1万只羊取代。后来，一部分牧羊场又变成英格兰贵族寻欢作乐的狩猎场。

最后，马克思总结说："掠夺教会地产，欺骗性地出让国有土地，盗窃公有地，用剥夺方法、用残暴的恐怖手段把封建财产和克兰财产转化为现代私有财产——这就是原始积累的各种田园诗式的方法。"（第842页）

3. 15世纪末以来惩治被剥夺者的血腥立法。压低工资的法律

15世纪以来，英国议会通过各种法令对失去土地的流浪者进行残酷迫害，运用国家权力延长工人的工作日，压低他们的工资，禁止工人结社。

一、15世纪末以来惩治被剥夺者的血腥立法 [本节第1段—第846页第2段]

对15世纪末以来的圈地运动，英国国王亨利七世和八世颁布了法令加以禁止和限制，由于没有采取实际行动而成为一纸空文。相反，与此同时颁布的对被赶出家园却不能返回家园"从事劳动"的流浪者惩罚的法令，不仅残酷，而且坚决加以贯彻。

对流浪者的血腥立法是在亨利七世时就开始的，这一时期被处死的失地农民有7.2万人。

亨利八世时期，对青壮年流浪者进行鞭打和监禁，要他们发誓回原地"从事劳动"；如第二次被捕，不仅要再受鞭打，并被割去半只耳朵；如果第三次被捕，就处以死刑。

爱德华六世即位的第一年（1547年）颁布法令规定，流浪者一旦被告发，就判为告发者的奴隶；如逃亡，就判为终身奴隶，并在脸上或胸上打上S（英文奴隶slave的第一个字母）或V（英文流浪者vagabond或vagrant的第一个字母）的烙印。

伊丽莎白执政时期对流浪者实行鞭打，在左耳上打烙印，直至他们被绞死。在这一时期，"成队的流浪者被绞死，每年都要绞死300或400人"。

詹姆斯一世的斯图亚特王朝时期，对流浪者进行当众鞭打和监禁，左肩打上字母R②

---

① 马克思却又说："1801年到1831年农村居民被夺去3 511 770英亩公有地。"（第836页）

② 《资本论》中文译本编者认为R是英文"rogue"（流浪汉）的第一个字母，而2003年2月10日《广州日报》的报道认为R是英文"runaway"（逃跑）的第一个字母。

的烙印，强制劳动，直到处死为止。

法国也有同样的法律。

马克思指出：“被暴力剥夺了土地、被驱逐出来而变成了流浪者的农村居民，由于这些古怪的恐怖的法律，通过鞭打、烙印、酷刑，被迫习惯于雇佣劳动制度所必需的纪律。”（第 846 页）

二、压低工资的法律［第 846 页末段—本节完］

雇佣工人阶级产生于 14 世纪下半叶，当时的生产组织只是手工作坊，还没有建立起资本主义的生产方式。新兴的资产阶级力量单薄，他们要借助国家政权的力量，加强对工人的统治和剥削，通过立法的形式，强制延长工作日，压低工人的工资，禁止工人结社。

关于强制延长工作日的立法，在第 8 章第 5 节中已经作过介绍，这里不再重复。

压低工资的法令是从 1349 年爱德华三世的劳工法开始的，一直到 1813 年废除规定工资的法律。四百多年来劳工法一直对工资的上限作了强制规定，对违反者处以监禁 10 天（支付者）和 21 天（接受者），甚至割耳朵和打烙印。到了真正的工场手工业时期，关于工资的立法既行不通也没有必要，尽管如此，国家仍再三颁布压低工资的法令。

为了维护资产阶级的利益，1349 年的英国第一个劳工法就规定禁止工人结社，工人结社一直被认为是严重的犯罪行为，1799 年和 1800 年英国议会通过禁止结社法，直到 1825 年被迫取消为止。

4. 资本主义租地农场主的产生

在第 2、3 节中，马克思考察了雇佣工人的产生，从本节至第 6 节则考察资本家的产生，本节考察农业资本家的产生，第 5、6 节考察工业资本家的产生。

对农村居民土地进行剥夺的圈地运动，只是直接产生出大土地所有者，而不是租地农场主。租地农场主的产生“是一个延续了许多世纪的漫长过程”（第 852 页）。

一、租地农场主的产生过程［本节第 2 段］

在英国，最早出现的租地农场主是由封建领主庄园里的管事演变而来。管事主要从农奴中挑选出来，负责日常管理和征收租税，他们从领主那里得到大块领地，转租给其他农奴耕种，管事同时成为租地农场主。

14 世纪下半叶，产生雇人耕种的租地农民，进一步，租地农民和地主合作办农场，并按合同规定的比例分配总产品，租地农民变成分成农民，即半租地农场主，再进一步，半租地农场主成为真正的租地农场主。

二、租地农场主实力的增强［第 852 页末段—本节完］

在 15 世纪，新生的租地农场主的实力还是不强的，到了 16 世纪，有两个重要因素，使租地农场主的实力大为增强。

第一个因素，从 15 世纪最后 30 多年到 16 世纪的大半个世纪的农业革命。［第 852 页末段］

这里所说的农业革命主要就是指圈地运动，通过对农民的份地、租地、公有地和生活资料的剥夺，扩大了农场的范围，增加了牲畜的头数，增加了耕地的肥料。

第二个因素，16 世纪发生在欧洲的价格革命。[第 853 页末段]

15 世纪末至 16 世纪初，西班牙和葡萄牙先后开辟了通往美洲和印度的航路，对美洲、非洲和亚洲建立起殖民统治，大量掠夺金银。在 16 世纪内，欧洲黄金数量从 55 万公斤增加到 119.2 万公斤，白银数量从 700 万公斤增加到 2140 万公斤，引起货币贬值，物价上涨，为租地农场主带来了“黄金果”：首先，实际工资下降，增加了租地农场主的利润。“在 16 世纪，工人的状况十分恶化。货币工资提高了，但其提高的程度不及货币贬值和物价相应上涨的程度。因此，工资实际上是下降了。”（第 848 页）其次，由于农产品价格的提高，租地农场主的收入增加了，另一方面，支付的地租却仍按原来租约上的规定不变，既牺牲了雇工的利益，又牺牲了地主的利益。

5. 农业革命对工业的反作用。
工业资本的国内市场的形成

英国在 15 世纪最后 30 多年开始的农业革命，即对农村居民的剥夺和驱逐，为工业资本家的产生准备了各种条件。

一、农业革命对工业的反作用 [本节第 1 段—第 855 页末段]

农业革命对工业的发展，对工业资本家的产生，起着重要的作用：

第一，农村居民被剥夺了土地和家产，不得不去城市工业中找出路，“不断地为城市工业提供大批完全处于行会关系之外的无产者”（第 854 页）。

第二，伴随土地所有权关系的革命而来的是农业生产方式的改进和农业雇工劳动强度的提高，结果是种地的生产者减少了，农作物却并没有减少，甚至比过去更多。随着一部分农村居民的游离，原来被他们直接消费和使用的生活资料和原材料，现在提供给城市工业，成为工业资本的物质要素。

二、工业资本的国内市场的形成 [第 857 页第 1 段—本节完]

“一部分农村居民的被剥夺和被驱逐，不仅为工业资本游离出工人及其生活资料和劳动材料，同时也建立了国内市场。”（第 857 页）这是因为：

第一，以前，农民生产的农作物，大部分留给自己消费和使用，不作为商品投入市场，现在都变成了商品，由租地农场主出售给城市手工工场。

第二，以前的手工产品由农民自己生产和自己直接消费，不作为商品，现在由工场手工业进行生产，手工产品作为商品销往农村。

第三，以前是小生产者分散生产和分散销售，现在是由工场手工业集中生产和集中销售，形成较大规模的市场。

但是，在工场手工业时期，还不可能建立起和资本主义生产方式相适应的国内市场。因为要建立起稳固的、广泛的国内市场，必须要消灭农村家庭手工业，而工场手工业需要

的原料往往是有一定程度加工的原料，从而保留了城市手工业和农村家庭手工业，同时也产生了以农业为副业的新的小农阶级。“只有大工业才用机器为资本主义农业提供了牢固的基础，彻底地剥夺了绝大多数农村居民，使农业和农村家庭手工业完全分离，铲除了农村家庭手工业的根基——纺纱和织布。这样，它才为工业资本征服了整个国内市场。”（第858—859页）

6. 工业资本家的产生

代表新的资本主义生产方式的工业资本家的产生，是社会经济规律的必然结果，但是通过暴力进行原始积累，起了催生和促进的作用。

一、工业资本产生的途径及其特点［本节第1段—第860页第2段］

工业资本家是通过以下两条途径产生的：第一条途径，小行会师傅和独立小手工业者，甚至是雇佣工人，变成小资本家，进而再变成不折不扣的资本家；第二条途径，古老的高利贷资本和商业资本转化为工业资本。

无论是哪一条途径，其本身的发展都是非常缓慢的，第一条途径的进度像“蜗牛爬行”（第860页）一样缓慢，第二条途径又受到“农村封建制度和城市行会制度的阻碍”（第860页）。通过暴力进行的原始积累，大大加快了工业资本家的产生，使工业资本家迅速发展起来，不像租地农场主那样，是在延续了许多世纪的漫长过程中逐渐产生的。

二、原始积累的各种因素的推动作用［第860页末段—本节完］

资本的原始积累是从15世纪末和16世纪初新航路的发现之后，西班牙、葡萄牙、荷兰等国进行的殖民掠夺开始的，“美洲金银产地的发现，土著居民的被剿灭、被奴役和被埋葬于矿井，对东印度开始进行的征服和掠夺，非洲变成商业性地猎获黑人的场所——这一切标志着资本主义生产时代的曙光”（第860—861页）。后起之秀的英国采用一切手段向老牌殖民国家争夺财富，包括海上抢劫和发动商业战争。英国海盗首领德雷克在1577—1580年的远征中，从西班牙商船中抢劫了价值470万镑的财富，德雷克和另一海盗首领霍金斯被提升为海军上将。1588年，英国在英吉利海峡击败西班牙的“无敌舰队”，1652—1654年、1665—1667年、1672—1674年，英荷之间进行了三次商业战争，荷兰最终战败，英国又经过1756—1763年的7年战争，击败了法国。

原始积累的各种因素在17世纪的英国已经形成了一个系统，综合为殖民制度、国债制度、现代税收制度和保护关税制度等。

（一）殖民制度［第861页第2段—第864页第3段］

在真正的工场手工业时期，“殖民制度在当时起着决定性作用”（第864页），因为殖民制度大大地促进了贸易和航运的发展，保证了原料来源和销售市场；掠夺的大量财富转化为资本。

新航路发现之后建立起来的殖民制度，使西班牙和葡萄牙成为16世纪西欧的经济强国。

16世纪末兴起的荷兰，先后排挤了葡萄牙、英国和西班牙的势力，在世界范围内建立起殖民统治，成为“17 世纪标准的资本主义国家”（第 861 页），阿姆斯特丹则成为世界商业中心。荷兰通过采取贿赂、背信弃义、残杀和各种卑鄙行为建立起殖民制度，使“第一个充分发展了殖民制度的荷兰，在 1648 年就已达到了它的商业繁荣的顶点”（第 864 页）。

商业繁荣的荷兰最终不敌建立在工场手工业基础上的英国，从 17 世纪中叶开始，英国通过对荷兰进行三次商业战争的胜利和对法国进行 7 年战争的胜利，在 17 世纪末完全确立了殖民霸国的地位。

英国对殖民地的掠夺的手段是：海上抢劫、贸易垄断、走私、贩卖奴隶和鸦片。1600 年成立的东印度公司，垄断了好望角以东一切国家的贸易，公司及其职员大发横财。1703 年，英国立法会议决定对杀戮美洲土著居民和剥头盖皮的人给予赏金。

（二）国债制度［第 864 页末段—第 866 页第 1 段］

国家发行公债早在中世纪时就已产生，近代国债制度是由殖民制度、海外贸易和商业战争等额外开支引起的，1717 年英国发行国债 5 400 万英镑，1782 年增到 2 亿 3 千万英镑。

工商业者，尤其是银行，在公债发行中用较少的金额贷款给政府，换回更多的像现金一样容易转让的公债券，因此，国债债权人实际上并没有贷出什么钱，却凭空得到一大笔收入。“公债成了原始积累的最强有力的手段之一。它像挥动魔杖一样，使不生产的货币具有生殖力，这样就使它转化为资本，而又用不着承担投资于工业甚至高利贷时所不可避免的劳苦和风险。”（第 865 页）

国际上的债务，也往往来源于债权国的原始积累，例如，荷兰来自威尼斯的巨额贷款，英国来自荷兰的巨额贷款。美国许多身世不明的资本又来自英国资本化了的儿童血液。

（三）现代税收制度［第 866 页末段—第 867 页第 1 段］

由于国债的利息来自国家的收入，国债制度就要求有与之相适应的现代税收制度。

现代财政制度以最必要的生活资料的课税为轴心，实质上是对工农群众的又一次剥夺。

（四）保护关税制度［第 867 页末段］

保护关税制度也是现代税收制度或现代财政制度的一项重要内容。国家通过提高税率限制进口廉价的商品和通过出口补助金支持出口贸易，这不仅掠夺本国人民，也摧毁其附属邻国的一切工业。

（五）奴役儿童和少年［第 868 页第 1—末段］

18 世纪末英国棉纺织工场手工业和早期工厂中，大量雇用童工和少年工，据工厂主约翰·菲尔登揭露：“他们被鞭打，戴上镣铐，受尽挖空心思的残酷虐待；他们大多饿得骨瘦如柴，但还得在皮鞭下干活……他们有时甚至被逼得自杀！”“夜班工人刚下床，日班工人就躺上去，然后再反过来。”马克思称之为英国棉纺织工业的“儿童奴隶制”。

（六）贩卖黑奴［第 869 页末段—第 870 页第 1 段］

早在 1562 年，英国海盗首领豪金斯就到非洲几内亚海岸掠捕黑奴，贩运到西印度海地岛，卖给西班牙殖民统治者。到 18 世纪，利物浦成为转运黑奴的港口，每年贩卖 2 万到 3 万名黑奴，仅 1783—1793 这 10 年间，利物浦的人贩子就获利达 1 500 多万英镑。

从工业资本家产生的历史中，我们可以得出结论：“暴力是每一个孕育着新社会的旧社会的助产婆。暴力本身就是一种经济力。”（第861页）“资本来到世间，从头到脚，每个毛孔都滴着血和肮脏的东西。”（第871页）马克思引用英国工会活动家和政论家托·约·邓宁（1799—1873）的话揭露说：“一旦有适当的利润，资本就胆大起来。如果有10%的利润，它就保证到处被使用；有20%的利润，它就活跃起来；有50%的利润，它就铤而走险；为了100%的利润，它就敢践踏一切人间法律；有300%的利润，它就敢犯任何罪行，甚至冒绞首的危险。”（转引自第871页脚注）

7. 资本主义积累的历史趋势

资本主义积累的历史趋势是：第一步，通过资本的原始积累，少数掠夺者对广大劳动者的生产资料和生活资料进行剥夺，建立起资本主义的生产方式以及与之相适应的资本主义私有制；第二步，在资本主义生产方式建立和发展的基础上，广大劳动者对少数掠夺者的生产资料和生活资料进行剥夺，建立和发展生产资料归全社会所有的公有制。

一、从劳动者的私有制转变为资本主义的私有制 ［本节第1—4段］

有两类私有制，一类是劳动者私有制，另一类是非劳动者私有制，二者的性质有所不同。在中世纪，这两种私有制同时并存，一方面是拥有大片土地的领主或庄园主等非劳动者私有制，另一方面是拥有小块土地和小农具的小生产私有制。进入资本主义社会，这两种私有制都发生了转化，在一般情况下，领主或庄园主转化为资本主义的大土地所有者或租地农场主，小生产者转化为雇佣工人。

和非劳动者私有制相比较，在小生产者的私有制中，劳动者和生产资料是结合在一起的，劳动者同时就是生产资料所有者；和生产资料的劳动者公有制经济相比较，小生产者的私有制是一种孤立的、单个人的劳动者所有制，生产资料直接归劳动者个人所有。这种劳动者的小私有制和它的生产方式是相适应的，劳动者在自己所有或租佃的小块土地上分散进行劳动，使用的也只是适用于个人操作的手工工具，难以进行协作生产和在生产过程内部实行分工。

15世纪末和16世纪初新航路的发现引起市场的扩大和工场手工业的发展，旧的生产方式越来越不能适应生产力发展的要求。14世纪末英国农奴制度的解体，劳动者获得人身自由，15世纪最后30多年开始的圈地运动，使劳动者失去赖以生存的土地和小屋，为资本主义的生产方式和生产关系的建立准备了条件。

和小生产私有制相比较，资本主义私有制是建立在劳动者和生产资料相分离的基础上的，和其他非劳动者私有制相比较，资本主义私有制使用的是人身获得自由的劳动者。这种私有制和新的资本主义的生产方式是相适应的。资本主义生产方式和小生产者的生产方式的区别在于，劳动者在生产过程内部进行分工和协作，共同使用生产资料，生产越来越社会化。

二、从资本主义私有制转变为生产资料的社会主义公有制 ［第873页第1段—本节完］

从资本主义私有制转变为生产资料的社会主义公有制，这是随着资本主义生产方式的发展，和资本主义私有制日益发生冲突的必然结果。

资本主义的私有制在一个很长的时期里，是适应资本主义生产方式的要求的，因而推动着资本主义经济的迅猛发展，但是在一开始就隐藏着一个矛盾，即共同使用生产资料的生产方式和生产资料的资本主义私有制的矛盾。随着生产规模的扩大和社会化的发展，上述矛盾越来越尖锐，资本主义的私有制越来越成为生产方式的桎梏，“这个外壳就要炸毁了。资本主义私有制的丧钟就要响了。剥夺者就要被剥夺了”（第874页）。马克思的判断虽然早了一些，但他所指出的历史发展趋势无疑是非常正确的。

资本主义的生产方式在很长一个时期里，虽然是由劳动者共同使用生产资料，但仍是由资本家私人占有和经营的，他既是生产资料的所有者，又是生产资料的占有者和经营者。19世纪60年代以后股份公司的发展，使资本主义生产方式发生了新的变化，生产资料的所有权和经营权发生新的分离，生产资料交给股份公司共同占有，由股东大会产生出来的管理机构共同经营管理。

生产资料的共同占有和生产资料的私人所有是相矛盾的，生产资料的共同占有要求实行生产资料的共同所有，并且也为这一共同所有准备了充分的条件。

在本节结尾，马克思提出在资本主义时代取得的协作和生产资料共同占有这一成就的基础上，重新建立个人所有制。长期以来，我国学术界根据恩格斯在《反杜林论》中的解释，将马克思提出的重建个人所有制理解为在社会主义社会中实行生活资料的个人所有制。80年代初，人们开始对恩格斯的解释提出了质疑，由此展开了热烈的讨论，一直持续到现在仍争论不止。

从已发表的文章看，主要有以下四种不同的观点：

第一种观点，坚持恩格斯在《反杜林论》中所作的解释，认为重建个人所有制指的是建立生活资料的个人所有制。

第二种观点，认为马克思所说的重建个人所有制指的是生产资料个人所有制。对生产资料个人所有制又有两种对立的解释，一种观点认为重建的生产资料个人所有制就是生产资料的社会主义公有制，另一种观点则认为重建的生产资料个人所有制就是“人人皆有的私有制”，并认为“股份制是实现社会主义社会个人所有制的一个较好形式”①。

第三种观点，认为马克思所说的重建个人所有制指的既不是生产资料的社会主义公有制，也不是生活资料的个人所有制，而是劳动力的个人所有制。

第四种观点，认为马克思所说的重建个人所有制指的既是生产资料的社会主义公有制，又是生活资料的个人所有制，有的认为还包括劳动力的个人所有制。

我认为马克思所说的重建个人所有制指的是建立社会主义的生产资料公有制，具体地说，是建立生产资料的社会公有制，而不是生活资料的个人所有制或劳动力的个人所有制，更不是恢复生产资料的私有制。

1. 从马克思对资本积累历史过程中否定之否定的规律表述上看

马克思指出：“从资本主义生产方式产生的资本主义占有方式，从而资本主义的私有制，是对个人的、以自己劳动为基础的私有制的第一个否定。但资本主义生产由于自然过程的必然性，造成了对自身的否定。这是否定的否定。这种否定不是重新建立私有制，而是在资本主义时代的成就的基础上，也就是说，在协作和对土地及靠劳动本身生产的生产

① 林慧勇：《必须纠正对马克思所有制理论的一个误解——兼评社会主义所有制的变革方向》，《中国经济问题》1989年第2期。

资料的共同占有的基础上，重新建立个人所有制。”（第 874 页）

马克思在这里提出的“重新建立个人所有制”，含义十分明确，指的是建立生产资料归全社会所有的公有制。马克思用否定之否定的辩证法规律形式表述资本主义积累的历史趋势，作为出发点的是以自己劳动为基础的生产资料私有制，在资本的原始积累过程中遭到了剥夺，建立和发展起资本主义的生产资料私有制，这是第一个否定，是资本主义生产资料私有制对小生产者私有制的否定。接着，又在协作和生产资料共同占有这一资本主义时代成就的基础上，建立起生产资料的社会主义公有制，这是第二个否定，是生产资料的社会公有制对资本主义私有制的否定。重新建立起劳动者的生产资料所有制，作为出发点的是劳动者的生产资料私有制，而现在却是劳动者的生产资料公有制，这是一种螺旋式的上升，进入一个新的历史时期。

2. 从重建个人所有制提出的针对性上看

重建个人所有制的提出是由于在资本积累过程中资本主义基本矛盾日益激化，终于发展到“生产资料的集中和劳动的社会化，达到了同它们的资本主义外壳不能相容的地步。这个外壳就要炸毁了。资本主义私有制的丧钟就要响了。剥夺者就要被剥夺了。”（第 874 页）这里所说的“资本主义外壳”不是资本主义的生产资料私有制又会是什么呢？接下来针对资本主义基本矛盾提出来的重建个人所有制，不是建立生产资料的社会主义公有制又会是什么呢？

3. 从马克思对前后两个否定的比较上所作的说明来看

马克思在用否定之否定的辩证规律阐明了资本主义积累的历史趋势之后，紧接着对前后两个否定进行了比较，在比较中点明了在社会主义社会中重建的个人所有制也就是生产资料的“社会所有制”（第 874 页）①。

4. 从马克思在 1877 年写的一封书信中所作的说明来看

后来，马克思在一封书信中对当时编为《资本论》第 1 卷法文版第 32 章的有关重建个人所有制的那段话作了说明，他说：“在那一章末尾，资本主义生产的历史趋势被归结成这样：‘资本主义生产本身由于自然变化的必然性，造成了对自身的否定’；它本身已经创造出了新的经济制度的要素，它同时给社会劳动生产力和一切生产者个人的全面发展以极大的推动；实际上已经以一种集体生产方式为基础的资本主义所有制只能转变为社会所有制。”② 从这一说明中，我们可以看出，马克思所要重建的个人所有制就是生产资料的社会公有制，以重建的个人所有制否定资本主义所有制也就是以生产资料的社会公有制否定资本主义的私有制。

5. 从马克思的一贯论述上看

用重建个人所有制作为生产资料社会主义公有制的另一种表述方法，并不是在写作《资本论》这一著作时才有的。早在 1845 年秋至 1846 年 5 月期间，马克思和恩格斯在他们合著的《德意志意识形态》这一著作中就指出了：“在无产阶级的占有制下，许多生产工具必定归属于每一个个人，而财产则归属于全体个人。现代的普遍交往，除了归全体个人支配，不可能归各个人支配。……随着联合起来的个人对全部生产力的占有，私有制也

---

① 原译为“公有制”，现改译为“社会所有制”。

② 马克思写给《祖国纪事》杂志编辑部的信（1877 年 10—11 月），《马克思恩格斯选集》第 3 卷第 341 页。

就终结了。”① 马克思和恩格斯在1847年12月至1848年1月合写的《共产党宣言》中又说：“当阶级差别在发展进程中已经消失而全部生产集中在联合起来的个人的手里的时候，公共权力就失去政治性质。……代替那存在着阶级和阶级对立的资产阶级旧社会的，将是这样一个联合体，在那里，每个人的自由发展是一切人的自由发展的条件。”② 在1861—1863年经济学手稿中，马克思在谈到社会主义社会中工人对生产资料的占有时指出：“这一对立形式一旦消除，结果就会是他们社会地占有而不是作为各个私的个人占有这些生产资料。资本主义所有制只是生产资料的这种公有制的对立的表现，即单个人对生产条件的所有制（从而对产品的所有制，因为产品不断转化为生产条件）遭到否定的对立的表现。……资本家对这种劳动的异己的所有制，只有通过他的所有制改造为非孤立的单个人的所有制，也就是改造为联合起来的社会个人的所有制，才可能被消灭。”③《资本论》第1卷出版后，马克思在1871年写成的《法兰西内战》这一著作中再次提出重建个人所有制的纲领，他说：“公社是想要消灭那种将多数人的劳动变为少数人的财富的阶级所有制。他是想要剥夺剥夺者。它是想要把现在主要用作奴役和剥削劳动的手段的生产资料、土地和资本完全变成自由的和联合的劳动的工具，从而使个人所有制成为现实。”④

从马克思和恩格斯的这些论述中，我们可以得出这样一些结论：

第一，个人所有制并非专指生活资料的个人所有或劳动力的个人所有，它也可以指生产资料的个人所有制，上面所引述的几段关于个人所有制的话，都是讲生产资料的个人所有制方面内容的。

第二，生产资料的个人所有制不等于是生产资料的私有制，它可以是生产资料的私有制，也可以是生产资料的公有制，既可以是“孤立的单个人的所有制”，又可以是“联合起来的社会个人的所有制”。有些学者认为重建个人所有制指的是实行生活资料的个人所有制，原因之一是将生产资料的个人所有制和生产资料的私有制混为一谈了。因此，如果将重建个人所有制理解为生产资料的所有制，就等于说是恢复生产资料的私有制，这是不能接受的，于是就将对重建个人所有制的解释引向生活资料的个人所有制上来。

第三，马克思所要重建的生产资料个人所有制是生产资料的社会主义公有制，绝不是生产资料的私有制，我们从《资本论》的有关论述中已经得出了这一结论，从上述马克思其他著作中的几段引文看，更进一步说明了这一结论。

6. 生产资料的共同占有和生产资料的公有制二者不能混同

反对将马克思的重建个人所有制理解为建立生产资料的社会主义公有制的一些学者认为，如果作这样的理解，马克思所说的“在协作和对土地及靠劳动本身生产的生产资料的共同占有的基础上，重新建立个人所有制”这句话，就变成了“在生产资料公有制的基础上，重新建立生产资料公有制。”这是毫无意义的同义反复，是不符合逻辑的。这完全是误解。协作和对生产资料的共同占有是对资本主义时代成就的说明，在资本主义时代，怎么能取得生产资料的社会主义公有制这一成就呢？这里所说的协作和生产资料的共同占有，也就是资本主义的生产方式，在这一段话之前，马克思具体分析了资本家剥夺了小生

① 《马克思恩格斯选集》第1卷第129—130页。

② 《马克思恩格斯选集》第1卷第294页，在1888年英文版中对“联合起来的个人”的译文是“巨大的全国联合体”。

③ 《马克思恩格斯全集》第48卷第21页。

④ 《马克思恩格斯选集》第3卷第59页。

产者之后引起的生产方式的变化，小生产者的“生产方式是以土地和其他生产资料的分散为前提的。它既排斥生产资料的积聚，也排斥协作，排斥同一生产过程内部的分工，排斥对自然的社会统治和社会调节，排斥社会生产力的自由发展。……一旦资本主义生产方式站稳脚跟，劳动的进一步社会化，土地和其他生产资料的进一步转化为社会使用的即公共的生产资料，从而对私有者的进一步剥夺，就会采取新的形式”。（第 872—873 页）

在资本主义生产方式的基础上，建立起生产资料的社会主义公有制，完全合乎逻辑，并没有同义反复。相反，将重建个人所有制理解为建立生活资料的个人所有制或劳动力的个人所有制却是不符合逻辑的，生活资料的个人所有制和劳动力的个人所有制如何否定资本主义的生产资料私有制呢？如何成为对小生产者私有制的否定之否定呢？

7. 恩格斯解释为生活资料个人所有制的一个具体原因

恩格斯将马克思的重建个人所有制理解为生活资料的个人所有制，有一个具体原因是要说明一下的，这就是恩格斯在和杜林论战时采用的是《资本论》第 1 卷的第 2 版，和第 1 版一样，它的表述是：“这种否定重新建立个人所有制，然而是在资本主义时代的成就的基础上，在自由劳动者的协作的基础上和他们对土地及靠劳动本身生产的生产资料的公有制上来重新建立。”[①] 从这段文字表述中，将重建个人所有制解释为建立生产资料的公有制，确实不符合逻辑，我想也正是因为表述上不确切，马克思才在后来的法文版中及德文的第 3 版中进行了修订，将这里的生产资料公有制改为生产资料的共同占有。

8. 对重建个人所有制不能作多种解释

能不能将重建个人所有制解释为既是指生产资料的社会主义公有制，又是指生活资料的个人所有制和劳动力的个人所有制呢？我认为不能，理由如下：

第一，这种解释不合乎逻辑，和马克思在这里所说的否定之否定规律不是一回事。马克思提出的问题是资本主义的生产资料私有制和日益发展起来的社会化大生产越来越不相容，解决这一矛盾的根本出路是建立生产资料的社会公有制，这是历史发展的必然趋势，也只有这样才能说明马克思在这里阐述的否定之否定规律。建立生活资料个人所有制和劳动力个人所有制离开马克思提出的资本主义基本矛盾，因而也离开了马克思在这里阐述的否定之否定规律。而且，即使离开这一主题，就生活资料和劳动力的个人所有制而言，小生产者的生活资料和劳动力的个人所有制是怎样的？被否定后建立起来的资本主义的生活资料和劳动力的所有制又是怎样的？在社会主义条件下，以往的生活资料和劳动力的所有制又是怎样被否定和否定之否定的？这些问题也难以说得清楚。

第二，从已往的历史发展过程看，生产资料所有制的状况决定着生活资料的交换和分配的性质和方式，决定着消费资料掌握在谁的手中，也决定着劳动者在生产中的地位，但是我们不能由此得出结论说，在生产资料所有制中也包含有生活资料的所有制和劳动力的所有制，正如同我们不能从生产力决定生产关系中得出生产关系包含在生产力中一样。

第三，生活资料的个人所有制以及劳动力的个人所有制和生产资料的社会主义公有制并没有什么必然的联系。在生产资料的社会主义公有制下存在着生活资料的个人所有制，在小私有制条件下也存在着生活资料的个人所有制。即使在资本主义私有制条件下也存在着生活资料的个人所有制，首先是资本家对生活资料的个人所有制，广大人民群众虽然被剥夺了生产资料和生活资料，但通过出卖自己的劳动力，也得到他们所必需的个人生活资

---

① 马克思：《资本论》第 1 卷德文第 1 版中译本，经济科学出版社 1987 年版第 731 页。

料。另一方面，在社会主义公有制条件下，生活资料也不一定全归个人所有，这不仅指在分配之前，生活资料属于公有，即使在分配之后，生活资料中也会有相当一部分属于社会所有，例如医院、学校、幼儿园、托儿所、文化体育场馆、娱乐场所等，甚至是住宅，按照恩格斯的意见，也是反对工人对它的个人所有制。

第四，生活资料和劳动力个人所有制中所说的个人所有制和重建个人所有制中的个人所有制，含义大不相同，甚至是对立的。重建个人所有制中的个人所有制是社会直接所有，生活资料和劳动力个人所有制中的个人所有制是个人直接所有，对重建个人所有制中的个人所有制所确定的内容，不能作两种不确定的、而且是不相容的解释。

谢韬、辛子陵二人在2007年第6期的《炎黄春秋》杂志上发表的文章中，将马克思提出的重建个人所有制解释为“以个人私有为基础”的所有制，并认为采取的形式是股票，篡改与歪曲了马克思的建立全社会范围的生产资料公有制的观点，将他们的私有化主张硬塞进马克思的著作中，充分暴露他们兜售的民主社会主义是什么货色。

第二十五章　现代殖民理论

本章是对上一章的补充，中心内容是说明资本主义私有制和小生产者私有制是两种极不相同的私有制。西欧的资产阶级政治经济学将这两种不同的私有制混为一谈，在本章中，马克思引用英国资产阶级殖民理论的一个代表人物爱·吉·韦克菲尔德（1796—1862）的言行，驳斥了将两种私有制混同的错误观点。

本章所说的殖民地是指自由移民所开拓的处女地和由于消灭了奴隶制而完全改变了关系的旧种植殖民地。

一、资本主义私有制和小生产者私有制的区别［本章第1段—第877页第1段］

资本主义私有制和小生产者私有制是两种不同的私有制，小生产者私有制是以生产者自己的劳动为基础，而资本主义私有制是以剥削他人劳动（雇佣劳动）为基础；资本主义私有制不仅与小生产者直接对立，而且它的产生是以剥夺小生产者为前提，在小生产者私有制的基础上产生和成长起来的。

西欧资产阶级经济学家否认他们之间的区别和对立，把资本和雇佣劳动之间的交换关系，说成是和简单商品经济一样的平等的等价交换关系，把资本主义占有规律混同于商品生产所有权规律。

殖民地的实际情况否定了上述的错误说法，在那里，这两种私有制存在着严重的对立，“在资本家有宗主国的力量作后盾的地方，资本家就企图用暴力清除以自己的劳动为基础的生产方式和占有方式”。（第877页）同样的资产阶级经济学，出于宗主国利益的考虑，认为只有剥夺劳动者，才能建立起资本主义的生产方式，把资本主义私有制看成和小生产者私有制是势不两立的，自我批驳了将资本主义私有制和小生产者私有制混同的说法。

现代殖民理论的代表人物之一是韦克菲尔德。

二、韦克菲尔德关于在殖民地推行资本主义关系中发现的若干真理［第877页末段—第884页第2段］

韦克菲尔德从宗主国在殖民地推行资本主义关系时遇到的种种困难和矛盾中，终于发现了几条真理：

第一，在殖民地只是拥有货币、生活资料、机器以及其他生产资料，而没有雇佣工人，还不能使一个人成为资本家。由此，他还发现，资本不是一种物，而是一种以物为中介的人和人之间的关系。［第877页末段］

第二，殖民地雇佣工人来源的缺乏是由于劳动者拥有自己的生产资料，特别是和土地结合在一起。因此，要保证雇佣工人的来源，就要使生产者和生产资料，首先是土地分离

开来。[第 878 页第 1 段—第 880 页第 1 段]

第三，没有劳动者和土地等生产资料的分离，就没有农业和工业的分离，就不能消灭家庭手工业，建立资本的国内市场。[第 880 页末段—第 881 页第 1 段]

第四，相对过剩人口是保证劳动力的供给、压低工人的工资和工人对资本家的绝对的从属关系的必要条件，而殖民地的独立生产者却破坏了这些条件。不仅如此，即使今天进入资本主义企业做雇佣工人，明天又会离开工厂成为独立经营的农民或手工业者，甚至自己也雇起工人来，在雇佣劳动市场上变成自己原来主人的竞争者。由于劳动力缺乏，工资高，工人不从属于资本家，使资本主义企业难以生存。[第 881 页末段—第 883 页末段]

第五，从英国农业工人和殖民地农业工人的收入和生活的对比中，看到资本主义的国民财富和人民贫困是一回事。资本主义经济没有发展起来的殖民地的农业工人的工资收入很高，而资本主义经济关系有了很大发展的英国农业工人的生活却很悲惨，像韦克菲尔德在《英国和美国》一书中描绘的那样，“毫无疑问，英国的耕马由于是一种贵重财产，吃得比英国的农民好得多”。这说明，英国的财富来自人民的贫困。[第 884 页第 1—2 段]

三、韦克菲尔德的“系统的殖民”方案 [第 884 页末段—本章完]

针对在殖民地推行资本主义关系遇到的阻力和矛盾，韦克菲尔德提出了“系统的殖民”方案，其主要内容是提高处女地的价格，使移民到美洲的欧洲穷人，由于买不起土地只能当雇佣工人。即使经过长期积累再去购买土地成为独立农民，政府也能用高额的土地收入继续从欧洲输入贫穷的移民。

韦克菲尔德的“系统的殖民”方案由于资本主义经济的迅速发展而成为多余，资本主义关系在殖民地为自己的发展扫清了道路，出现了一个充分的相对过剩的工人人口。

韦克菲尔德的殖民理论充分说明，资本主义私有制和小生产者私有制是两种不同的、对立的私有制，资本主义私有制是以剥夺和消灭小生产者私有制为前提的。